Северный Ледовитый океан

Берингово море

КАМЧАТКА

Магадан ●

Якутск ●

Охотское море

СИБИРЬ

О. САХАЛИН

ФЕДЕРАЦИЯ

ДАЛЬНИЙ ВОСТОК

Хабаровск ●

озеро Байкал

Иркутск ●   ● Улан-Удэ

Владивосток ●

Голоса

Голоса

A Basic Course in Russian

Book 2

Fourth Edition

Richard Robin
The George Washington University

Karen Evans-Romaine
Ohio University

Galina Shatalina
The George Washington University

PEARSON
Prentice Hall

worLd Languages

Upper Saddle River, New Jersey 07458

Library of Congress Cataloging-in-Publication Data

Robin, Richard M.
    Golosa : a basic course in Russian / Richard Robin, Karen Evans-Romaine,
Galina Shatalina. — 4th ed.
        p. cm.
    Includes index.
    ISBN 0-13-198628-7 (bk. 1)
    1.   Russian language—Textbooks for foreign speakers—English. I.
Evans-Romaine, Karen. II. Shatalina, Galina. III. Title.
    PG2129.E5R63   2007
    491.782'421—dc22

                                            2006016912

Senior Acquisitions Editor: Rachel McCoy
Editorial Assistant: Alexei Soma
Director of Marketing: Kristine Suárez
Senior Marketing Manager: Denise Miller
Senior Managing Editor: Mary Rottino
Production Editor: Manuel Echevarria
Project Manager: Lori Hazzard, ICC Macmillan Inc.
Prepress and Manufacturing Buyer: Brian Mackey
Cover Art Director: Jayne Conte
Director, Image Resource Center: Melinda Patelli

Manager, Rights and Permissions: Zina Arabia
Manager, Visual Research: Beth Boyd-Brenzel
Manager, Cover Visual Research &
    Permissions: Karen Sanatar
Image Permission Coordinator: Debbie Latronica
Cover Photo: Richard Robin
Supplements Editor: Meriel Martínez
Senior Media Editor: Samantha Alducin
Marketing Coordinator: William J. Bliss
Publisher: Phil Miller

Credits appear on p. xix, which constitutes a continuation of the copyright page.

This book was set in 11/13 Minion Cyr Regular by ICC Macmillan Inc.
and was printed and bound by Edwards Brothers Inc.
The cover was printed by Phoenix Color Corp. / Hagerstown.

 © 2008, 2003, 1999, 1994 by Pearson Education
Upper Saddle River, NJ 07458

Printed in the United States of America
10 9 8 7 6 5 4 3 2 1

ISBN 0-13-612737-1
       978-0-13-612737-6

Pearson Education LTD., London
Pearson Education Australia PTY, Limited, Sydney
Pearson Education Singapore, Pte. Ltd
Pearson Education North Asia Ltd., Hong Kong
Pearson Education Canada, Ltd., Toronto
Pearson Educación de México, S.A. de C.V.
Pearson Education-Japan, Tokyo
Pearson Education Malaysia, Pte. Ltd
Pearson Education, Upper Saddle River, New Jersey

Contents

Scope and Sequence

Урок		Коммуникативные задания

Preface

Голоса: A Basic Course in Russian, **Fourth Edition,** strikes a true balance between communication and structure. It takes a contemporary approach to language learning by focusing on the development of functional competence in the four skills (listening, speaking, reading, and writing), as well as the expansion of cultural knowledge. It also provides comprehensive explanations of Russian grammar along with the structural practice students need to build accuracy.

Голоса is divided into two books (Book 1 and Book 2) of ten units each. Each book is accompanied by a fully integrated Student Activities Manual (S.A.M.), audio and video recordings, an Instructor's Resource Manual (I.R.M.—available in an online downloadable format), and a Companion Website®, which contains numerous self-grading activities and the audio and video recordings for student use. The units are organized thematically, and each unit contains dialogs, texts, exercises, and other material designed to enable students to read, speak, and write about the topic, as well as to understand simple conversations. The systematic grammar explanations and exercises in *Голоса* enable students to develop a conceptual understanding and partial control of all basic Russian structures. This strong structural base enables students to accomplish the linguistic tasks in *Голоса* and prepares them for further study of the language.

Students successfully completing Books 1 and 2 of *Голоса* will be able to perform the following skill-related tasks.

Listening. Understand simple conversations about daily routine, home, family, school, and work. Understand simple airport announcements, radio and television advertisements, personal interviews, and brief news items such as weather forecasts. Get the gist of more complicated scripts such as short lectures and news items.

Speaking. Use complete sentences to express immediate needs and interests. Hold simple conversations about daily routine, home, family, school, and work. Discuss basic likes and dislikes in literature and the arts. Manage simple transactional situations in stores, Internet cafés, post offices, hotels, dormitories, libraries, and so on.

Reading. Read signs and public notices. Understand common printed advertisements and announcements. Understand simple personal and business correspondence. Get the gist of important details in brief articles of topical interest such as news reports on familiar topics, weather forecasts, and entries in reference books. Understand significant parts of longer articles on familiar topics and brief literary texts.

Writing. Write short notes to Russian acquaintances, including invitations, thank-you notes, and simple directions. Write longer letters providing basic biographical information. Write simple compositions about daily routine, home, family, school, and work.

Students who have completed *Голоса* will also be well on their way toward achieving the ACTFL Standards for Foreign Language Learning, the "five Cs":

◆ **Communication.** *Голоса* emphasizes the use of Russian for "real-life" situations. Students working through the activities in *Голоса* will learn to communicate on a basic level orally and in writing, and will be better prepared to communicate in the Russian-speaking world outside the classroom.

◆ **Culture.** Students completing *Голоса* will understand the essentials of "small-c" culture necessary to function in Russia. The sections on **Культура и быт** (Culture and Everyday Life, formerly called **Между прочим**) provide necessary background information for each unit's topic, and will give students and teachers material for further discussion of Russian culture, in Russian or English. Students completing *Голоса* should have enough control of sociolinguistic aspects of Russian necessary for basic interaction, such as forms of address, greetings and salutations, giving and accepting compliments and invitations, and telephone etiquette. Students will also be acquainted with some of Russia's cultural heritage: famous writers and their works, as well as other figures in the arts.

◆ **Connections.** Students of *Голоса* will learn through readings, audio and video materials, activities, and information in **Культура и быт** about aspects of Russian society, family life, daily rituals, housing, education, the economy, and culture.

◆ **Comparisons.** Through an examination of basic aspects of Russian language and culture, students will be able to make some conclusions about language and culture at home. *Голоса*'s approach to grammar encourages students to think about linguistic structures generally. Through *Голоса*'s approach to "large-" and "small-c" culture, students will be able to compare societies, careers, living spaces, economic and educational systems, family life, and other aspects of Russian and their own native culture.

◆ **Communities.** Through *Голоса*'s reading materials in the textbook, and the listening and video exercises on the Website, students will gain a sense of how Russia might look, sound, and feel, and will be better prepared to engage in active communication with friends and colleagues in the Russian-speaking world.

Foundation for further study. For those who wish to continue their study of Russian, *Голоса* provides a firm footing in grammar, the four language skills, and the five Cs.

Features of the Голоса *Program*

◆ **Focused attention to skills development**
Each language skill (speaking, reading, writing, listening) is addressed in its own right. Abundant activities are provided to promote the development of competence and confidence in each skill area.

◆ **Modularity**
Голоса incorporates the best aspects of a variety of methods, as appropriate to the material. All skills are presented on an equal footing, but instructors may choose to focus on those which best serve their students' needs without violating the structural integrity of individual units or the program as a whole.

- ◆ **Authenticity and cultural relevance**
  Each unit contains authentic materials and realistic communicative activities for all skills. The *Голоса* Website updates materials to account for fast-changing events in Russia.

- ◆ **Spiraling approach**
  Students are exposed repeatedly to similar functions and structures at an increasing level of complexity. Vocabulary and structures are consistently and carefully recycled. Vocabulary patterns of reading texts are recycled into subsequent listening scripts.

- ◆ **Learner-centered approach**
  Each unit places students into communicative settings to practice the four skills. In addition to core lexicon, students acquire personalized vocabulary to express individual needs.

- ◆ **Comprehensive coverage of beginning grammar**
  Communicative goals do not displace conceptual control of the main points of Russian grammar. By the end of Book 1, students have had meaningful contextual exposure to all of the cases in both the singular and plural, as well as tense/aspects. Book 2 spirals out the basic grammar and fills in those items needed for basic communication and for reading texts for the general reader, such as simple prose and press articles.

- ◆ **Abundance and variety of exercises**
  The varied activities in the textbook and S.A.M. and on the Companion Website provide students with many opportunities to practice linguistic competence in all four skills, to improve knowledge of grammar, and to learn more about Russian culture.

- ◆ **Learning strategies**
  Students acquire strategies that help them develop both the productive and receptive skills. This problem-solving approach leads students to become independent and confident in using the language.

- ◆ **Phonetics and intonation**
  Pronunciation is fully integrated and practiced with the material in each unit's audio materials and S.A.M. exercises, rather than covered in isolation. Intonation training includes requests, commands, nouns of address, exclamations, and nonfinal pauses, in addition to declaratives and interrogatives. Dialog and situation practice helps students to absorb aspects of Russian phonetics and intonation.

Textbook and Student Activities Manual Structure

Each *Голоса* textbook and Student Activities Manual (S.A.M.) unit is organized as follows:

Точка отсчёта

О чём идёт речь? This warm-up section uses illustrations and simple contexts to introduce the unit vocabulary. A few simple activities provide practice of the new material, thereby preparing students for the recorded **Разговоры,** which introduce the unit topics.

Разговоры для слушания. Students listen to semiauthentic conversations based on situations they might encounter in Russia, from homestays to shopping. Simple pre-script questions help students understand these introductory conversations. Students learn to grasp the gist of what they hear, rather than focus on every word. The **Разговоры** serve as an introduction to the themes of the unit and prepare students for the active conversational work to follow in **Давайте поговорим.**

Давайте поговорим

Диалоги. As in previous editions, the **Диалоги** introduce the active lexicon and structures to be mastered.

> **Вопросы к диалогам.** Straightforward questions in Russian, keyed to the dialogs.

> **Упражнения к диалогам.** These exercises help develop the language presented in the dialogs. They consist of communicative exercises in which students learn how to search out language in context and use it. Exercises proceed from less complicated activities based on recognition to those requiring active use of the language in context. This set of activities prepares students for the **Игровые ситуации.**

Игровые ситуации. Role plays put the students "on stage" with the language they know.

Устный перевод. This section, which requires students to play interpreter for a non-Russian speaker, resembles the **Игровые ситуации,** but here students find that they must be more precise in conveying their message.

Грамматика

This section contains grammatical presentations designed to encourage students to study the material at home. They feature clear, succinct explanations, charts and tables for easy reference, and numerous examples. Important rules and tricky points are highlighted in special boxes. Simple exercises follow each grammar explanation, for use in class. Additional practice for homework is provided by recorded oral pattern drills and written exercises in the S.A.M.

Давайте почитаем

Authentic reading texts are supplemented with activities that direct students' attention to global content. Students learn strategies for guessing unfamiliar vocabulary from context and for getting information they might consider too difficult. The variety of text types included in **Давайте почитаем** ensures that students gain extensive practice with many kinds of reading material: official forms and documents, public notices, daily schedules, menus, shopping directories, maps, newspaper advertisements, TV and movie schedules, weather reports, classified ads, brief messages, e-mail correspondence, newspaper articles, poetry, and short stories.

Давайте послушаем

Guided activities teach students strategies for developing global listening skills. Questions in the textbook accompany texts on the audio program (scripts appear in the Instructor's Resource Manual). Students learn to get the gist of and extract important information from what they hear, rather than trying to understand every word. They are exposed to a great variety of aural materials, including messages recorded on telephone answering machines, public announcements, weather reports, radio and TV advertisements, brief speeches, conversations, interviews, news features and reports, and poems.

Культура и быт

Culture boxes, spread throughout each unit, serve as an introduction to Russian realia.

Словарь

The **Словарь** at the end of each unit separates active from receptive-skills vocabulary. The **Словарь** at the end of the book lists the first unit in which the entry is introduced both for active and receptive use.

Рабочая тетрадь

The *Голоса* Student Activities Manual is the main vehicle for student work outside of class. It consists of the following parts:

Числительные. Students become familiar with numbers in context and at normal conversational speed. These sections are especially important for transactional situations.

Фонетика и интонация. *Голоса* has been the field's leader in explicit work in phonetics and intonation. This remains unchanged in the fourth edition.

Устные упражнения. In the Oral Drills, students practice active structures.

Письменные упражнения. The written homework section starts with mechanical manipulation and builds up to activities resembling free composition. The fourth edition features more simple English-Russian translation exercises, especially for those constructions that give English speakers problems (e.g. possessives, **y**-constructions, subjectless sentences).

Обзорные упражнения. This section, formerly in the textbook, provides students with further listening and composition practice. Here students read short texts or review material from the textbook and write brief notes and compositions, or prepare in-class presentations, based on material presented in this chapter. This section requires the integration of several skills, with a particular focus on writing.

Видео. All of the online video exercises are in the S.A.M.

Program Components

The *Голоса* program consists of two textbooks, two student activities manuals, audio programs, a companion video, and a Companion Website (where the Instructor's Resource Manual is available in a downloadable format).

Instructor's Resource Manual
Available online (downloadable format), the Instructor's Resource Manual provides registered teachers secure access to scripts for all audio and video exercises, sample tests, information about estimated contact hours required for lessons, and some guidelines for lesson planning.

Audio Program
The *Голоса* audio program features exercises on numbers, phonetics and intonation, oral drills, and an abundance of listening activities unmatched in any other Russian textbook.

Video
The *Голоса* video program features authentic interviews in which Russians you might meet every day—not actors—discuss their daily lives, introduce you to their families, homes, hometowns, workplaces, and events in their lives. This video package, unlike any other available, is now not only on the Companion Website, but also in VHS format for classroom use.

Companion Website: Голоса в сети (www.prenhall.com/golosa)

The *Голоса* Website features a robust set of audio, video, and interactive materials.

Аудиопрограмма. Full audio program for the textbook and the Student Activities Manual, featuring the voices of over two dozen speakers in contemporary standard Russian.

Голоса-Видео. Easy-to-follow video clips, described above. Available in VHS format for instructors and on the Companion Website for students.

Письменные упражнения Онлайн. Expanded online homework takes the drudgery out of doing exercises (for the students) and correcting them (for the instructors).

Интересные места. Links to other real Russian sites, along with related activities.

Руководство для преподавателя. Online Instructor's Manual, available in downloadable format.

New to the Fourth Edition

Textbook

Грамматика. This edition features revised grammar explanations and tables, as well as some new grammar sections.

Давайте почитаем. The fourth edition of *Голоса* features not only updated readings based on authentic Russian materials (advertisements, documents, official announcements, etc.), but a new series: e-mail correspondence between a Russian studying abroad in America and her teacher and friend at home. Each unit features two e-mails with accompanying exercises to help students both focus on aspects of form and grammar and get the gist of what they're reading, thus getting further practice reading and understanding more complex connected prose.

Давайте послушаем. Listening exercises have also been updated to reflect changes in today's Russia.

Student Activities Manual

Обзорные упражнения have not disappeared! These exercises, which encourage students to synthesize newly learned content and skills, have been moved to the S.A.M. in order to allow for the new readings in the textbook.

Acknowledgments

The authors would like to thank Rachel McCoy, our Acquisitions Editor at Prentice Hall, for her careful and patient work with us and her excellent suggestions as we prepared the fourth edition of *Голоса*. We are also deeply grateful to our copyeditor, Audra Starcheus, whose watchful eye and perceptive queries greatly improved these volumes; to Lori Hazzard at ICC Macmillan Inc., for her careful work, excellent communication, and ability to keep the production of this project moving along; and to Scott Garrison and James Link for important technical help which made the authors' jobs much easier. Many thanks also to Mary Rottino, Senior Managing Editor, and Claudia Fernandes, Publishing Coordinator, at Prentice Hall for their work with us on this and prior editions.

The authors would like to thank the following people involved in the audio and video ancillaries for the fourth edition of **Голоса**, Book Two: Valentina Ignatyeva, Aleksei Pimenov, Oksana Prokhvacheva, Olga Rines, and Eduard Yatsenko.

In addition, we would like to thank the following people involved in previously made audio and video recordings for **Голоса:**

Larisa Avrorina, Zenoviy Avrutin, Polina Balykova, Mira Bergelson, Vladimir Bunash, Aleksey Burago, Jennifer Canose, Snezhana Chernova, Jihane-Rachel Dančik, Alina Danilova, Dina Dardyk, Sasha Denisov, Kathleen Evans-Romaine, Olga Fedycheva, Dmitry Galkin, Tatiana Gritsevich, Mikhail Gurov, Valery Gushchenko, Nadezhda Gushchenko, Alexander Guslistov, Ludmila Guslistova, Eugene Gutkin, Ksenia Ivanova, Natalia Jacobsen, Siarhei Kaliada, Zoya Kazakova, Dorzhi Khilkhanov, Olga Komarnitskaya, Svetlana Kravchenko, Olga Kropotova, Nadezhda Krylova, Yuri Kudriashov, Aleksandra Kudriashova, Elena Kudriashova, Tatiana Kudriashova, Ida Kurinnaya, Katya Lawson, Boris Leskin, Son De Li, Anna Litman, Igor Litman, Marina Makarova, Liliana Markova, Rais Mazitov, Aleksandr Morozov, Natasha Naumenko, Yura Naumkin, Svetlana Nikiforova, Yuri Olkhovsky, Mikhail Openkov, Vsevolod Osipov, Elena Ovtcharenko, Inga Pagava, Kristin Peterson, Sergei Petukhov, Artur Ponomarenko, Viktor Ponomarev, Olga Pospelova, Alex Reyf, Maya Rozenblat, Mark Segal, Andrei

Shatalin, Klara Shrayber, Nikolai Smetanin, Yelena Solovey, Svetlana Titkova, Emily Urevich, Mark Yoffe, Andrei Zaitsev, and the George Washington University Language Center.

We would like to thank Jennifer Canose, who checked all recordings against both the original scripts and the final galley proofs.

Special thanks to Vera Belousova, Ohio University, and Irina D. Shevelenko, Smolny College, St. Petersburg University, who provided us with excellent suggestions and helpful information as we prepared the third and fourth editions of *Голоса*, and to Vladimir A. Uspensky, Moscow State University, for valuable information provided for the third edition which reappears in the fourth edition.

We would also like to thank the following reviewers who provided invaluable suggestions for improving this edition:

Charles L. Byrd, University of Georgia
Steven Clancy, University of Chicago, IL
William J. Comer, University of Kansas
Elisabeth Elliott, Northwestern University, IL
Mark J. Elson, University of Virginia
Curtis Ford, University of South Carolina
Serafima Gettys, Lewis University, IL
Linda Ivanits, Pennsylvania State University
Judith E. Kalb, University of South Carolina
Susan Kalina, University of Alaska, Anchorage
Galina Kogan, Portland State University
Elena Kostoglodova, University of Colorado, Boulder

Погода и путешествия

Коммуникативные задания

- Describing the weather
- Preparing for travel
- Weather reports

Грамматика

- Weather
- Feelings: Dative subjectless constructions
- Seasons and instrumental case
- Months and **в** + prepositional case
- Prepositional case ending in **-ý**
- **Быва́ть**

- Invitations: **Дава́й(те)** + future tense, **Приезжа́йте/Приходи́те!**
- Preposition **к** + dative case
- *Whether* vs. *if*: **ли** constructions
- **Если** and **когда́** clauses with future tense

Чтение для удовольствия

- **Фет**

Культура и быт

- The Crimea
- Celsius temperatures

Точка отсчёта

О чём идёт речь?

1-1 Календа́рь.

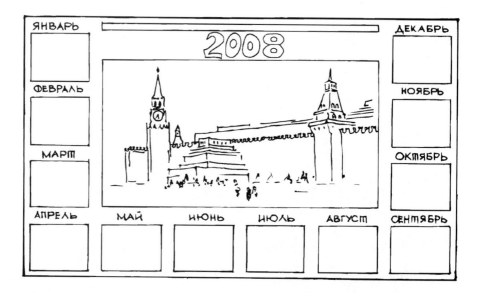

1. Како́й ваш люби́мый ме́сяц?
2. В како́м ме́сяце...
   а. ваш день рожде́ния?
   б. день рожде́ния ва́шей ма́тери?
   в. день рожде́ния ва́шего отца́?
   г. день рожде́ния ва́шего бра́та?
   д. день рожде́ния ва́шей сестры́?
   е. день рожде́ния ва́шего дру́га?

3. В како́м ме́сяце отмеча́ют э́ти пра́здники в США?
   а. Но́вый год
   б. День труда́
   в. День свято́го Валенти́на
   г. День благодаре́ния
   д. День ветера́нов
   е. День рожде́ния Джо́рджа Вашингто́на
   ж. День ма́тери
   з. День отца́

Возмо́жные отве́ты

В январе́.
В феврале́.
В ма́рте.
В апре́ле.
В ма́е.
В ию́не.
В ию́ле.
В а́вгусте.
В сентябре́.
В октябре́.
В ноябре́.
В декабре́.

1-2 Времена́ го́да.

Осень

Зима́

Весна́

Ле́то

1. Вы бо́льше лю́бите о́сень и́ли зи́му?
2. Вы бо́льше лю́бите весну́ и́ли ле́то?
3. Вы бо́льше лю́бите ле́то и́ли зи́му?
4. Вы бо́льше лю́бите о́сень и́ли весну́?

1-3 Что вы де́лаете?

Я купа́юсь.

Я ча́сто загора́ю.

Я ката́юсь на велосипе́де.

Я ката́юсь на лы́жах.

Я ката́юсь на конька́х.

Я гуля́ю.

1-4 Когда́?

1. Когда́ вы купа́етесь?
2. Когда́ вы загора́ете?
3. Когда́ вы ката́етесь на велосипе́де?
4. Когда́ вы ката́етесь на лы́жах?
5. Когда́ вы ката́етесь на конька́х?
6. Когда́ вы отдыха́ете?
7. Когда́ вы гуля́ете?
8. Когда́ у вас день рожде́ния?
9. Когда́ вы хоти́те пое́хать в Москву́?

Возмо́жные отве́ты

Осенью.
Зимо́й.
Весно́й.
Ле́том.
Никогда́.

1-5 Кака́я температу́ра? Ско́лько гра́дусов?

1 гра́дус
2, 3, 4 гра́дус**а**   три гра́дуса = 3°   гра́дуса три = about 3°
0, 5–20 гра́дус**ов**   пять гра́дусов = 5°   гра́дусов пять = about 5°

−5 = **ми́нус** пять гра́дусов = пять гра́дусов **моро́за**

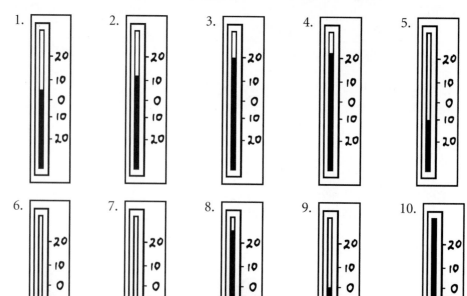

➤ Complete
Written
Exercises 1–3 in
the S.A.M.

Культура и быт

Температу́ра по Це́льсию

В Росси́и говоря́т о температу́ре не по Фаренге́йту, а по Це́льсию.

How can you get comfortable with Celsius? The best way is to learn a few equivalents and their practical consequences from the following list:*

Температу́ра по Це́льсию   Температу́ра по Фаренге́йту

Celsius		Fahrenheit
40	Death Valley	110
35	Very hot	95
30		88
25	Swimming weather	78
20	Room temperature	68
15	Wear a jacket	60
10	Leaves turn color	49
5		40
0	Water freezes	32
−5	Winter in continental U.S.	23
−10		14
−20	Winter in central European Russia	−1
−30	Very cold Frigid	−20
−40	Scales converge; schools close in Russia	−40

*It is also possible to convert from one scale to another mathematically:

From °F to °C:
Say it's 100°F.
To find Celsius:
$(100°F − 32) \times 5/9 = 37.8°C$

From °C to °F:
Say it's 10°C.
To find Fahrenheit:
$(10°C \times 9/5) + 32 = 50°F$

If you mention a temperature in the Fahrenheit scale, be sure to specify that the temperature is **по Фаренге́йту.**

Погода

Хо́лодно. На у́лице ми́нус 5 гра́дусов.

Прохла́дно — гра́дусов 10.

Тепло́ — 20–22 гра́дуса.

Жа́рко — гра́дусов 30.

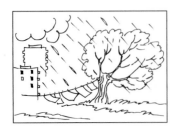

Идёт дождь.

Идёт снег.

Све́тит со́лнце.

Russians don't use the word **краси́вый** to describe the weather.

1. Ну́жен зонт, потому́ что сего́дня. . .

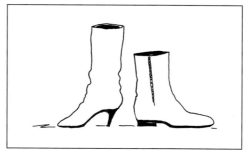

2. Нужны́ сапоги́, потому́ что сего́дня. . .

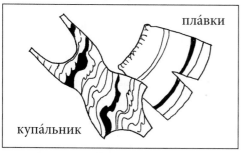

пла́вки

купа́льник

3. Ну́жен купа́льник (нужны́ пла́вки), потому́ что сего́дня. . .

4. Ну́жен плащ, потому́ что сего́дня. . .

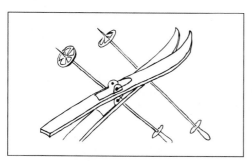

5. Мо́жно ката́ться на лы́жах, потому́ что сего́дня. . .

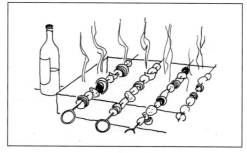

6. Гото́вят шашлы́к, потому́ что сего́дня. . .

1-6 **Что на́до взять?** Ру́сские тури́сты ско́ро прие́дут в ваш го́род. Они́ хотя́т знать, что на́до взять с собо́й. Как вы им отве́тите?

1. На́до взять сви́тер?
   _____ Да, у нас быва́ет прохла́дно.
   _____ Нет, у нас сейча́с жа́рко.

2. На́до взять лы́жи?
   _____ Да, у нас хо́лодно и идёт снег.
   _____ Нет, у нас ре́дко идёт снег.

3. На́до взять шо́рты?
   _____ Да, у нас сейча́с о́чень жа́рко.
   _____ Нет, у нас сейча́с хо́лодно.

4. На́до взять купа́льник?
   _____ Да, у нас сейча́с дово́льно тепло́.
   _____ Да, у нас сейча́с о́чень жа́рко.
   _____ Нет, у нас сейча́с хо́лодно.

5. На́до взять зонт?
   _____ Да, у нас ча́сто идёт дождь.
   _____ Нет, у нас ре́дко идёт дождь.

6. На́до взять пальто́?
   _____ Да, у нас сейча́с дово́льно хо́лодно.
   _____ Нет, у нас сейча́с дово́льно тепло́.
   _____ Нет, у нас сейча́с жа́рко.

 # Разговоры для слушания

Разгово́р 1. Дава́йте пое́дем на да́чу!
Разгова́ривают Ване́сса и Ма́ша.

ДА и́ли НЕТ?

реша́ть/реши́ть – to decide; **изменя́ть/измени́ть** – to change

1. Ма́ша и Ване́сса ду́мали пое́хать на да́чу.
2. Пото́м они реши́ли пойти́ в центр, в библиоте́ку.
3. Они измени́ли свои́ пла́ны, потому́ что бы́ло о́чень хо́лодно.
4. Они́ реши́ли встре́титься в университе́те.

Разгово́р 2. Приезжа́й к нам в Крым!
Разгова́ривают Пе́тя, Джеф и Ива́н.

1. Крым нахо́дится на се́вере и́ли на ю́ге?
2. Пе́тя ду́мает пое́хать к Ива́ну в ма́рте и́ли в ию́не?
3. Джеф не мо́жет пое́хать вме́сте с Пе́тей, потому́ что у него́ заня́тия и́ли у него́ кани́кулы?
4. В конце́ разгово́ра Джеф и Пе́тя реша́ют пое́хать к Ива́ну в го́сти. В како́м ме́сяце они́ пое́дут?

Культура и быт

Крым

The Crimea (**Крым**), made part of Ukraine (**Украйна**) in 1954, is a mostly Russian-populated peninsula on the Black Sea (**Чёрное мо́ре**) and the site of numerous resorts and vacation spas (**куро́рты**). "In the Crimea" is **в Крыму́**.

Разгово́р 3. Ну и моро́з!
Разгова́ривают Джо и Воло́дя.

1. В како́м ме́сяце происхо́дит э́тот разгово́р?
   ____ В ноябре́.
   ____ В декабре́.
   ____ В январе́.
   ____ В феврале́.

2. Ско́лько гра́дусов на у́лице?
   ____ −10.
   ____ −5.
   ____ +5.
   ____ +10.

3. Что говори́т Воло́дя, когда́ он ви́дит, как оде́т Джо?

4. Что ду́мает Джо о ру́сской зиме́?
   ____ В Росси́и не так хо́лодно, как у него́ до́ма.
   ____ В Росси́и о́чень хо́лодно.

5. Почему́ Джо так легко́ оде́т?
   ____ У него́ нет ку́ртки.
   ____ Он забы́л ша́пку.
   ____ Он ду́мает, что тепло́.
   ____ Он ду́мает, что жа́рко.

оде́т – dressed;
легко́ – lightly

Разгово́р 4. Кака́я у вас сейча́с пого́да?
Разгова́ривают Си́нди и Ге́на.

1. Куда́ Ге́на ду́мает пое́хать?
2. Почему́ Ге́на разгова́ривает с Си́нди по телефо́ну?
3. В како́е вре́мя го́да Ге́на хо́чет е́хать?
4. Как отвеча́ет Си́нди на вопро́с Ге́ны?
5. Си́нди говори́т, что они́ с Ге́ной пое́дут и в го́ры, и на пляж. Что Си́нди сове́тует Ге́не взять с собо́й?

Давайте поговорим

 Диалоги

1. **А е́сли бу́дет дождь...**

— Ване́сса, сего́дня така́я хоро́шая пого́да. Мы собира́емся пое́хать на да́чу. Не хо́чешь пое́хать с на́ми?

— Сего́дня не хо́лодно для да́чи? Ведь на у́лице всего́ 12 гра́дусов.

— Это сейча́с 12 гра́дусов. А днём бу́дет тепло́.

— А да́ча далеко́?

— Ме́ньше ча́са на электри́чке. Поду́май, мо́жно гуля́ть в лесу́, собира́ть грибы́... А недалеко́ о́зеро...

— А е́сли пойдёт дождь?

— Если пойдёт дождь, то вернёмся пора́ньше.

— Гм. А где мы встре́тимся?

— Дава́й встре́тимся че́рез час на Финля́ндском вокза́ле.

— Хорошо́. Договори́лись.

2. **Ле́том быва́ет чуде́сная пого́да!**

— Джеф, ты, наве́рное, ещё не́ был у нас на ю́ге?

— Нет, не́ был.

— Так дава́й, приезжа́й к нам в го́сти в Крым!

— Огро́мное спаси́бо, но я не могу́. Весно́й ещё иду́т заня́тия.

— Тогда́ приезжа́й ле́том. Ле́том быва́ет така́я чуде́сная пого́да: со́лнце, тёплое мо́ре...

— Наве́рное, мо́жно загора́ть и купа́ться?

— Коне́чно, мо́жно. Когда́ у тебя́ конча́ются заня́тия?

Russians often substitute the conversational **наве́рно** for **наве́рное.**

— В ма́е. И в ию́не я совсе́м свобо́ден.

— Отли́чно. Тогда́ дава́й договори́мся на ию́нь.

— Прекра́сно.

3. Ну и моро́з!

— Ну и моро́з! У вас всегда́ быва́ет так хо́лодно зимо́й?

— Ну коне́чно же, тебе́ хо́лодно. Посмотри́, как ты оде́т!

— Я же не знал, что у вас в ноябре́ ми́нус 10 гра́дусов!

— Де́сять гра́дусов — э́то ещё ничего́. Ты скажи́, как мо́жно ката́ться на лы́жах без ша́пки?

— Понима́ешь, я всегда́ ката́юсь на лы́жах без ша́пки. Ведь у нас в Филаде́льфии не так хо́лодно, как у вас.

— А о́сенью, наве́рное, совсе́м тепло́?

— Да, да́же в ноябре́-декабре́ не хо́лодно — гра́дусов пять.

— У вас, наве́рное, вообще́ нет зимы́?

— Зима́ у нас начина́ется в январе́. Но ты прав. У нас не о́чень хо́лодно и ре́дко идёт снег.

The verb **быва́ть** has no direct equivalent in English. Meaning "to tend to be" or "to occur," it often is used to describe the weather in a particular month or season.

4. Осенью быва́ет прохла́дно.

— Алло́, Си́нди?

— Ге́на, э́то ты?

— Да, я про́сто хоте́л узна́ть, получи́ла ли ты всю информа́цию о моём прие́зде.

— Да-да́. Я всё уже́ зна́ю.

— Си́нди, я ещё хоте́л спроси́ть, ну́жно ли взять пальто́? Всё-таки о́сенью, наве́рное, быва́ет дово́льно прохла́дно.

— Что ты! В сентябре́ у нас ещё жа́рко. Гра́дусов 25.

— А ку́ртку сто́ит взять?

— Да. И обяза́тельно возьми́ зонт. В Вашингто́не ча́сто идёт дождь.

Сто́ить means both *to cost* and *to be worth.*

5. В сентябре́ ещё тепло́.

— Ну, чемода́н гото́в. Вот я взял футбо́лки, брю́ки, сви́тер...

— А пла́вки?

— Пла́вки? Неуже́ли бу́дем купа́ться?

— Коне́чно! В Со́чи в сентябре́ ещё тепло́.

— И мо́жно купа́ться? Как здо́рово!

— И, мо́жет быть, мы пое́дем ещё в го́ры. А в гора́х действи́тельно хо́лодно.

— Зна́чит, снег бу́дет? Мо́жет быть, сто́ит взять сапоги́?

— Нет, что ты! У нас в гора́х в сентябре́ хо́лодно то́лько но́чью. Так что возьми́ ку́ртку.

Неуже́ли gives the sense of "oh, really?" in questions: "Are we really going swimming?" **Действи́тельно** means "really" in statements: **Мы действи́тельно бу́дем купа́ться.** "We're really going swimming."

Вопросы к диалогам

Диалог 1

1. Как вы ду́маете, с кем разгова́ривает Ване́сса?
2. Как вы ду́маете, кто они́ по национа́льности?
3. Кака́я сего́дня пого́да?
4. Куда́ э́ти де́вушки хотя́т пое́хать?
5. Это ме́сто далеко́?
6. Что мо́жно де́лать там?
7. Где встре́тятся э́ти де́вушки?

Диалог 2

1. Как вы ду́маете, с кем разгова́ривает Джеф?
2. Как вы ду́маете, кто они́ по национа́льности?
3. Когда́ происхо́дит э́тот разгово́р?
4. Почему́ Джеф не мо́жет сейча́с пое́хать в Крым?
5. Когда́ Джеф пое́дет в Крым?

Диалог 3

1. Разгова́ривают дво́е ру́сских и́ли ру́сский и америка́нец?
2. Они́ нахо́дятся в Росси́и и́ли в Аме́рике?
3. Когда́ происхо́дит э́тот разгово́р?
4. Кака́я быва́ет пого́да в Филаде́льфии о́сенью?

Диалог 4

1. Си́нди и Ге́на разгова́ривают по телефо́ну и́ли на у́лице?
2. Когда́ происхо́дит э́тот разгово́р?
3. Почему́ Ге́на хо́чет знать, кака́я пого́да у Си́нди сейча́с?
4. Кака́я пого́да у Си́нди сейча́с?
5. Где живёт Си́нди?

Диалог 5

1. Куда́ е́дут друзья́?
2. Кака́я у них бу́дет пого́да?
3. Что они́ бу́дут де́лать?

Упражнения к диалогам

 1-7 Пого́да. ОТВЕ́ТЬТЕ НА ВОПРО́СЫ.

1. Кака́я сего́дня пого́да?
2. Кака́я у вас быва́ет пого́да зимо́й?
3. Кака́я у вас быва́ет пого́да ле́том?
4. Кака́я у вас быва́ет пого́да весно́й?

5. Кака́я у вас быва́ет пого́да о́сенью?
6. Когда́ у вас са́мая холо́дная пого́да?
7. Когда́ у вас са́мая жа́ркая пого́да?
8. Каку́ю пого́ду вы бо́льше всего́ лю́бите? Почему́?

1-8 Како́й у вас кли́мат? Опиши́те кли́мат там, где вы живёте.

1-9 Что вы лю́бите де́лать? Спроси́те партнёра:

1. Что ты лю́бишь де́лать о́сенью?
2. Что ты лю́бишь де́лать зимо́й?
3. Что ты лю́бишь де́лать весно́й?
4. Что ты лю́бишь де́лать ле́том?

1-10 Путеше́ствие. Узна́йте у партнёра, куда́ он е́здил про́шлым ле́том, что он там де́лал и кака́я была́ пого́да.

1-11 Подгото́вка к разгово́ру. Review the dialogs. How would you do the following?

1. Suggest going to the movies (the dacha, a concert).
2. Say that it is cold (hot, warm).
3. Say that the temperature is 12 (0, 22 degrees) outside.
4. Say if the weather is nice, you can go for a walk (outside, in the forest, in the park).
5. Say that if it rains, you will return early (go to the movies, watch TV).
6. Ask someone where you should meet.
7. Suggest meeting at Finland Station (at the metro station, at the university).
8. Invite someone to come visit your hometown.
9. Say that classes are still going on.
10. Say that the weather is beautiful.
11. Find out if it's possible to sunbathe (go swimming, go skiing).
12. Ask when classes end.
13. Say that you are free in June (at 8:00, tonight).
14. Say that it's not as cold in your hometown as it is in Moscow.
15. Say that winter in your town begins in January (November, December).
16. Say that someone is right.
17. Ask whether you should take a coat (jacket, bathing suit).
18. Say that in summer the temperature is about 25 (15, 30) degrees.
19. Ask if it's worth taking a jacket (boots, bathing suit).
20. Tell a friend to take an umbrella (jacket, bathing suit).
21. Say your suitcase is ready.
22. Say you have taken T-shirts (a sweater, a swimming suit).
23. Express surprise that you will be going swimming (skiing).

Игровые ситуации

1-12 Что де́лать?

1. You and a Russian friend planned to study in the library today, but the weather is so nice that you would rather do something outside. Suggest going to the park. Agree on when and where you will meet.
2. A Russian family has invited you to visit them in the south at the end of September. Find out what the weather will be like and what you should bring.
3. You are spending your first winter in Moscow and are amazed at how cold it is. Your friend asks you what winter is like where you live. Describe a typical winter. Give as much detail as you can.
4. Your Russian friend doesn't have a very good idea of how different the weather can be in different parts of the United States. Describe the seasons in different parts of the country.
5. A Russian friend will visit you next week. She calls to find out what the weather is like and what she should bring. Advise her.
6. Working with a partner, prepare and act out a situation of your own based on the topics of this unit.

 # Устный перевод

1-13 You are a guide for a group of American tourists in Russia. One of the tourists wants to know what kind of weather to expect in Sochi. Help find out at the service desk. Your job is to interpret.

ENGLISH SPEAKER'S PART

1. Hello. We are going to Sochi tomorrow and I'd like to know what the weather is like there at this time of year.
2. Is it really that warm?! Can you actually go swimming?!
3. Does it rain much? Is it worth taking an umbrella?
4. Thank you for your help.

► Грамматика

1. Weather — Adverbs vs. Adjectives

Remember that adjectives always agree with the noun they modify.

When the feminine noun **погóда** is the grammatical subject of the sentence, use a feminine adjective (ending in **-ая, -яя**):

> **Погóда** у нас **жáркая** (**тёплая, прохлáдная, холóдная, чудéсная**).
> У нас **жáркая** (**тёплая, прохлáдная, холóдная, чудéсная**) **погóда**.

When the masculine noun **клúмат** is the grammatical subject of the sentence, use a masculine adjective (ending in **-ый, -ой, -ий**):

> **Клúмат** у нас **жáркий** (**тёплый, прохлáдный, холóдный, чудéсный, хорóший, неплохóй, плохóй**).
> У нас **жáркий** (**тёплый, прохлáдный, холóдный, чудéсный, хорóший, неплохóй, плохóй**) **клúмат**.

Some Russian sentences have no grammatical subject. When there is no grammatical subject for an adjective to agree with, use the adverbial form of the complement (ending in **-о**):

> **Жáрко.** (**Теплó. Прохлáдно. Хóлодно. Чудéсно.**)
> У нас **жáрко** (**теплó, прохлáдно, хóлодно, чудéсно**).
> Сегóдня **жáрко** (**теплó, прохлáдно, хóлодно, чудéсно**).

To add emphasis, use a form of **так** or **такóй**.

Use **так** to modify adverbs:

> Сегóдня **так** хóлодно! (Today is *so* cold!)

Use **такóй** to modify adjectives and nouns:

> Сегóдня погóда **такáя** холóдная! (Today the weather is *so* cold!)
> Сегóдня **такáя** холóдная погóда! (Today it is *such* cold weather!)

Упражнения

1-14 Вы́берите ну́жную фóрму. Select the needed form.

1. В февралé в Москвé погóда бывáет óчень (хóлодно/холóдная).
2. В февралé в Москвé бывáет óчень (хóлодно/холóдная).
3. В ию́ле в Москвé погóда бывáет óчень (жáрко/жáркая).
4. В ию́ле в Москвé бывáет óчень (жáрко/жáркая).
5. Клúмат на Чёрном мóре (тёплый/теплó).
6. На Чёрном мóре (тёплый/теплó).

7. В сентябре́ в Санкт-Петербу́рге (прохла́дная/прохла́дно).

8. В сентябре́ в Санкт-Петербу́рге (прохла́дная/прохла́дно) пого́да.

9. Сего́дня у нас (тепло́/жа́рко/прохла́дно/хо́лодно).

10. Сего́дня пого́да у нас (тёплая/жа́ркая/прохла́дная/холо́дная).

1-15 Запо́лните про́пуски.

1. Пого́да сего́дня _____. Сего́дня _____.

2. Пого́да сего́дня _____. Сего́дня _____.

3. Пого́да сего́дня _____. Сего́дня _____.

4. Пого́да сего́дня _____. Сего́дня _____.

5. Пого́да сего́дня _____. Сего́дня _____.

1-16 Запо́лните про́пуски. Fill in the blanks using correct forms of the words from the box. When choosing the long form (adjective), be sure to make it agree with its noun!

холо́дный ~ хо́лодно	прохла́дный ~ прохла́дно
тёплый ~ тепло́	жа́ркий ~ жа́рко

— Кака́я пого́да быва́ет у вас в январе́?

— У нас _____ кли́мат. Обы́чно быва́ет гра́дусов 15–20.

— Так _____! У вас зимы́ нет! А у нас о́чень _____: ча́сто быва́ет ми́нус 20.

— Неуже́ли у вас така́я _____ пого́да! А ле́том у вас _____?

— Да, ле́том у нас быва́ет о́чень _____ пого́да.
Все купа́ются и загора́ют.

1-17 Вы́берите ну́жную фо́рму. Select the needed form.

Мы смо́трим на ка́рту Росси́и и ду́маем: там (так/тако́й/така́я) холо́дный кли́мат! И, коне́чно, е́сли взять тако́й го́род, как Вашингто́н, то зимо́й там не (так/тако́й/така́я) хо́лодно, как в Санкт-Петербу́рге. Но да́же зимо́й в Санкт-Петербу́рге не всегда́ стои́т (так/тако́й/така́я) холо́дная пого́да, как во мно́гих се́верных регио́нах америка́нского контине́нта. Наприме́р, в Петербу́рге не (так/тако́й/така́я) холо́дная зима́, как в Но́ме (шт. Аля́ска) и́ли да́же в Манито́бе и́ли Саска́тчуане. Да́же пе́ред Но́вым го́дом в Петербу́рге быва́ет не (так/тако́й/така́я) уж холо́дная пого́да: 1–2 гра́дуса *тепла́* (!). А ле́том иногда́ быва́ет (так/тако́й/така́я) тепло́ — 25–30 гра́дусов, что все ду́мают, куда́ пойти́ купа́ться.

1-18 Отве́тьте на вопро́сы.

1. Кака́я сего́дня пого́да?
2. Кака́я у вас быва́ет пого́да в декабре́?
3. Кака́я у вас быва́ет пого́да в а́вгусте?
4. Кака́я у вас быва́ет пого́да в октябре́?
5. Кака́я у вас быва́ет пого́да в апре́ле?
6. Како́й кли́мат в Санкт-Петербу́рге?
7. Како́й кли́мат в Крыму́?
8. Како́й кли́мат в Сиби́ри?
9. Како́й кли́мат во Фло́риде?
10. Како́й у вас кли́мат?

> ➤ *Complete Oral Drills 1–2 and Written Exercises 4–5 in the S.A.M.*

2. Weather: Today, Yesterday, and Tomorrow

Recall that Russian does not have a present-tense form of the verb **быть** — *to be.* That is why sentences like **Пого́да жа́ркая** — *The weather is hot* and **Сего́дня тепло́** — *Today it is warm* contain no verb.

To talk about weather in the past and future, however, you need to use the past or future form of **быть.**

In sentences with a grammatical subject, the verb agrees with the subject.

PAST	FUTURE
Кака́я **была́ пого́да?**	Кака́я **бу́дет пого́да?**
Пого́да была́ холо́дная.	**Пого́да бу́дет** жа́ркая.

In sentences with no grammatical subject for the verb to agree with, use the **оно́** form of the verb.

PAST	FUTURE
Как **бы́ло** вчера́?	Как **бу́дет** за́втра?
Бы́ло хо́лодно.	**Бу́дет** жа́рко.

To talk about rain and snow, Russian uses the verb **идти́**:

PAST	PRESENT	FUTURE
Шёл дождь (снег).	Идёт дождь (снег).	Бу́дет идти́ дождь (снег).
		Пойдёт дождь (снег).

Упражне́ния

1-19 Запо́лните про́пуски. Fill in the blanks with the needed verb. Some blanks require no verb.

1. Кака́я сего́дня _____ пого́да?
2. Сего́дня у нас _____ чуде́сная пого́да.
3. В Крыму́ сейча́с _____ тепло́.
4. Пого́да в Москве́ сего́дня _____ прохла́дная.
5. Кака́я вчера́ _____ пого́да?
6. Вчера́ в Новосиби́рске _____ прохла́дно.
7. В Крыму́ вчера́ пого́да _____ тёплая.
8. Кака́я за́втра _____ пого́да?
9. За́втра у нас _____ чуде́сно.
10. В Ки́еве за́втра _____ тёплая пого́да.

1-20 Запо́лните про́пуски. Fill in the blanks with the needed verb. Some blanks require no verb.

1. — Кака́я сего́дня _____ пого́да?
   — _____ дождь.
2. — Кака́я вчера́ _____ пого́да?
   — _____ дождь.
3. — Кака́я за́втра _____ пого́да?
   — _____ дождь.
4. — Кака́я сего́дня _____ пого́да?
   — _____ снег.
5. — Кака́я вчера́ _____ пого́да?
   — _____ снег.
6. — Кака́я за́втра _____ пого́да?
   — _____ снег.
7. В Москве́ зимо́й ча́сто _____ снег.
8. В Москве́ ле́том ча́сто _____ дождь.

1-21 Отве́тьте на вопро́сы.

1. Сего́дня идёт дождь и́ли снег?
2. Вчера́ шёл дождь и́ли снег?
3. Вы ду́маете, что за́втра бу́дет идти́ дождь и́ли снег?
4. Что вы лю́бите де́лать, когда́ идёт дождь?
5. Что вы лю́бите де́лать, когда́ идёт снег?

➤ *Complete Oral Drills 3–6 and Written Exercises 6–8 in the S.A.M.*

3. Feelings: Dative Subjectless Constructions

Бррр! Мне **хо́лодно!**

To indicate how a person feels (e.g., hot, cool, interested, bored, happy), use the dative case of the person plus the adverbial form (**-o**) of the complement.

Note that these sentences do not contain a verb in the present tense.

PERSON IN DATIVE CASE	+	ADVERB
Кому́		хо́лодно (*cold*)
Мне		прохла́дно (*cool*)
Тебе́		тепло́ (*warm*)
Ему́		жа́рко (*hot*)
Ей		хорошо́ (*good, healthy*)
Нам		пло́хо (*bad, sick*)
Вам		ску́чно (*bored*)
Им		интере́сно (*interested*)
На́шему сосе́ду		ве́село (*happy; having a good time*)
На́шей сосе́дке		гру́стно (*sad*)
На́шим друзья́м		легко́ (*easy*)
		тру́дно (*difficult*)

To talk about how someone **felt** (past) or **will feel** (future), use the past or future tense of the verb **быть.** Since these sentences have no grammatical subject for the verb to agree with, use the **оно́** form of the verb.

Вчера́ мне **бы́ло** хо́лодно.   За́втра нам **бу́дет** ску́чно.

Упражнения

1-22 Change these sentences into subjectless expressions.

Образе́ц: Я ду́маю, что хо́лодно.
  Мне хо́лодно.

1. Мари́я Ива́новна ду́мает, что здесь тепло́.
2. На́ши сосе́ди Алла и Оле́г ду́мают, что в Национа́льном музе́е интере́сно.
3. Вита́лий ду́мает, что э́ту кни́гу тру́дно бу́дет чита́ть.
4. Мы ду́маем, что э́ту кни́гу легко́ чита́ть.
5. Мы ду́маем, что э́то гру́стно.

1-23 Соста́вьте предложе́ния. Make 10 sentences by combining the words from the columns. Be sure to put the person in the dative case!

я	сейча́с		хо́лодно
мы	сего́дня		прохла́дно
вы	вчера́	(бы́ло)	тепло́
ты	за́втра	(бу́дет)	жа́рко
э́та студе́нтка			ску́чно
мой друг			ве́село
			гру́стно

1-24 Соста́вьте предложе́ния. Make sentences by combining the words from the columns. Be sure to put the person in the dative case.

мы		ску́чно	чита́ть по-англи́йски
я		интере́сно	говори́ть о пого́де
наш преподава́тель	(бы́ло)	ве́село	чита́ть прогно́з пого́ды по-ру́сски
америка́нский студе́нт	(бу́дет)	гру́стно	слу́шать ле́кции по исто́рии
на́ша дочь		легко́	ходи́ть в теа́тр
моя́ мать		тру́дно	разгова́ривать о поли́тике
мой брат			поступи́ть в университе́т

1-25 Допиши́те предложе́ния. Complete the following sentences.

1. Мне ску́чно, когда́...
2. Мне ве́село, когда́...
3. Мне гру́стно, когда́...
4. Мне тру́дно чита́ть по-ру́сски, потому́ что...
5. Мне легко́ говори́ть о семье́ по-ру́сски, потому́ что...
6. Мне интере́сно изуча́ть ру́сский язы́к, потому́ что...

➤ *Complete Oral Drills 7–8 and Written Exercises 9–11 in the S.A.M.*

4. Seasons and Instrumental Case

Осень в Москве́ начина́ется в сентябре́.
Осенью идёт дождь и быва́ет прохла́дно.

Зима́ начина́ется в декабре́.
Зимо́й в Москве́ быва́ет о́чень хо́лодно.

Весна́ начина́ется в ма́рте.
Пого́да **весно́й** быва́ет тёплая.

Ле́то начина́ется в ию́не.
Ле́том быва́ет жа́рко.

The Russian equivalents of the English *in the fall, in the winter,* etc. involve a change in the ending of the words for seasons. You may recognize the endings as the instrumental case. Although the English structure contains the preposition *in*, the Russian structure has no preposition. Remember that this is the same structure as for times of day: **у́тром, днём, ве́чером, но́чью.** Be sure to avoid translating word for word!

Упражне́ния

1-26 Отве́тьте на вопро́сы.

> ле́том — о́сенью — зимо́й — весно́й

1. Когда́ у вас идёт снег?
2. Когда́ у вас идёт дождь?
3. Когда́ у вас мо́жно ката́ться на лы́жах?
4. Когда́ у вас мо́жно ката́ться на во́дных лы́жах?
5. Когда́ у вас день рожде́ния?

1-27 Запо́лните про́пуски.

1. (зима́) Сейча́с _____. Мы о́чень лю́бим _____.
   _____ ча́сто идёт снег.
2. (весна́) _____ быва́ет тепло́. _____ начина́ется в ма́рте.
   Мы о́чень лю́бим _____.
3. (ле́то) Ско́ро бу́дет _____. Мы лю́бим _____, потому́ что
   _____ мы купа́емся и загора́ем.
4. (о́сень) _____ начина́ется в сентябре́. Заня́тия начина́ются
   _____. Мы лю́бим _____.

1-28 Отве́тьте на вопро́сы.

1. Что вы лю́бите де́лать весно́й?
2. Что вы лю́бите де́лать зимо́й?
3. Что вы лю́бите де́лать о́сенью?
4. Что вы лю́бите де́лать ле́том?
5. Кака́я у вас быва́ет пого́да весно́й?
6. Кака́я у вас быва́ет пого́да зимо́й?
7. Кака́я у вас быва́ет пого́да о́сенью?
8. Кака́я у вас быва́ет пого́да ле́том?

> ➤ *Complete Oral Drills 9–10 and Written Exercise 12 in the S.A.M.*

5. В + Prepositional Case for Months, Prepositional Case + -у

All of the month names are masculine.

Use **в** + the prepositional case to say *in* a certain month.

янва́рь	в январе́
февра́ль	в феврале́
март	в ма́рте
апре́ль	в апре́ле
май	в ма́е
ию́нь	в ию́не
ию́ль	в ию́ле
а́вгуст	в а́вгусте
сентя́брь	в сентябре́
октя́брь	в октябре́
ноя́брь	в ноябре́
дека́брь	в декабре́

Note the accent shift to the end in the months from September through February, and remember that unaccented **я** is pronounced [ɪ]. Let your ears guide your learning of these forms by paying special attention to them in Oral Drill 11.

The prepositional case for some masculine words ends not in **-e**, but in stressed **-у**. The words you know so far that take this ending are **пол → на полу́**, **год → в году́**, **лес → в лесу́** and **Крым → в Крыму́**. This prepositional ending is indicated in the glossary and in standard dictionaries.

Упражне́ния

1-29 Запо́лните про́пуски.

1. Ве́ра о́чень лю́бит янва́рь, потому́ что _____ она́ ката́ется на конька́х.
2. Па́ша о́чень лю́бит февра́ль, потому́ что _____ мо́жно ката́ться на лы́жах.
3. Окса́на лю́бит май, потому́ что _____ быва́ет тёплая пого́да.
4. Бо́ря не лю́бит а́вгуст, потому́ что _____ о́чень жа́рко.
5. Са́ша лю́бит дека́брь, потому́ что _____ его́ день рожде́ния.
6. Ки́ра не лю́бит ноя́брь, потому́ что пого́да _____ холо́дная.
7. Я люблю́ _____, потому́ что _____.
8. Я не люблю́ _____, потому́ что _____.

1-30 Запо́лните про́пуски. Fill in the blanks in the following paragraph about the weather. Read the text aloud, paying special attention to prepositional case endings, stress, and the effects of stress on vowel reduction.

Календа́рь нам говори́т, что в Евро́пе и в Се́верной Аме́рике о́сень начина́ется в сентябр__, зима́ в декабр__, весна́ в ма́рт__, а ле́то в ию́н__. Но календа́рь не всегда́ говори́т пра́вду. На да́льнем се́вере Кана́ды уже́ ма__, а в лес__ ещё лежи́т снег. А в «холо́дной» Росси́и, в Со́чи, ещё не начался́ ию́н__, а лю́ди уже́ купа́ются в Чёрном мо́ре. И на Украи́не, в Крым__, ра́но начина́ется ле́то. Там мо́жно купа́ться и в сентябр__.

1-31 Как по-ру́сски?

1. Is it already October? I didn't know that it's so warm in October here.
2. Anna loves April, because in April the weather is so nice.
3. What do you usually do in June, July, and August?

1-32 Отве́тьте на вопро́сы. Use months in your answers.

1. В како́м ме́сяце вы роди́лись?
2. Когда́ родила́сь мать?
3. В како́м ме́сяце роди́лся оте́ц?
4. У вас есть бра́тья и́ли сёстры? Если да, когда́ они́ роди́лись?
5. У вас есть де́ти? Если да, когда́ они́ роди́лись?

► *Complete Oral Drill 11 and Written Exercises 13–14 in the S.A.M.*

6. Invitations: Дава́й(те) + Future Tense, Приезжа́йте/Приходи́те!

To suggest that someone do something together with you (once), use **Дава́й(те)** plus the **мы** form of the perfective verb.

Дава́й пойдём в кино́!	*Let's go to the movies.*
Дава́й лу́чше **пое́дем** на да́чу!	*Let's go to the dacha instead.*
Дава́й возьмём зонт.	*Let's take an umbrella.*
Дава́йте встре́тимся че́рез час.	*Let's meet in an hour.*
Дава́й посмо́трим переда́чу.	*Let's watch the show.*
Дава́йте поговори́м.	*Let's have a chat.*
Дава́йте почита́ем.	*Let's read a little.*

To make a **negative suggestion** (*Let's not...*), use the **мы** form of the imperfective future after **дава́й(те)**.

Дава́й **не бу́дем смотре́ть** фильм.
Дава́й **не бу́дем брать** зонт.
Дава́й **не бу́дем говори́ть.**
Дава́й **не бу́дем рабо́тать.**

Also use the imperfective future to suggest habitual or long-term action. Use the **мы** form **бу́дем** plus an imperfective infinitive.

> Дава́й **бу́дем смотре́ть** фи́льмы ка́ждый день.

Russian speakers often omit the **бу́дем** in suggestions for habitual or long-term action:

> Дава́й **смотре́ть** фи́льмы ка́ждый день.

To invite someone to visit you, say

Приезжа́й(те)!	if the person will be coming from somewhere outside your city.
Приходи́(те)!	if the person will be coming from somewhere within your city.

Упражнения

1-33 Вы́берите ну́жную фо́рму.

1. Дава́й (идём/пойдём) в парк.
2. Дава́й (гуля́ем/погуля́ем) в лесу́.
3. Сейча́с хо́лодно! Дава́й не (бу́дем игра́ть/сыгра́ем) на у́лице. Дава́й лу́чше (бу́дем смотре́ть/посмо́трим) фильм по телеви́зору.
4. Дава́йте (бу́дем говори́ть/поговори́м) всегда́ по-ру́сски.
5. Дава́йте (бу́дем писа́ть/напи́шем) письмо́ в Росси́ю на́шему дру́гу.

1-34 Как по-ру́сски?

1. Invite your friend Karl to go with you to Yalta, in the Crimea, in February.
2. Invite your friend Lisa to go to the library with you.
3. You're talking to several friends. Suggest watching a movie.
4. You're talking to your Russian teacher. Suggest always speaking Russian.
5. A group of friends has invited you to go walking in the woods. Suggest that you go to the movies instead.
6. Suggest that you and your friends meet each other at the movie theater.
7. Your friend Pasha wants to watch television. Suggest that you not watch TV, but go to a cafe instead.
8. It looks like rain. Suggest taking an umbrella.
9. Invite Lidia Petrovna (to visit you) in the spring.

➤ *Complete Oral Drills 12–14 and Written Exercises 15–16 in the S.A.M.*

7. To Someone's Place: к кому́

Use **к** + the dative case of the person to indicate going to someone's place or going to see someone.

К кому́ ты идёшь?	Whom are you going to see?
Я иду́ **к Са́ше**.	I'm going to see Sasha.

The invitation *Come to see us* is expressed in Russian as **Приезжа́й(те) к нам!** or **Приходи́(те) к нам!**

Упражнение

1-35 Look at Sonya's schedule and tell whom she went to see each day during the week indicated. The first one is done for you.

> **Образе́ц:** *В понеде́льник Со́ня ходи́ла к врачу́.*

СЕНТЯБРЬ 2008

Пн 6	Врач
Вт 7	Мария Ивановна и Вадим Петрович
Ср 8	Родители
Чт 9	Бывшая соседка по комнате
Пт 10	Новые друзья
Сб 11	Анна Максимовна
Вс 12	Наш преподаватель

► Complete Oral Drill 15 and Written Exercise 17 in the S.A.M.

8. Whether vs. If: ли constructions

These examples show how Russian embeds questions as subordinate clauses into longer sentences.

— Я хоте́л узна́ть, **получи́ли ли вы** всю информа́цию о моём прие́зде.	I wanted to find out *if* (*whether*) you have received all the information about my arrival.
— Нет, мы ещё не зна́ем, **когда́** вы прие́дете.	No, we still don't know *when* you'll arrive.

If the question has a question word, it is simply stated after the main clause.

MAIN CLAUSE	SUBORDINATE CLAUSE
Я хоте́ла узна́ть,	где Ива́н.
Я не зна́ю,	каки́е языки́ зна́ет Анна.
Вы не зна́ете,	кака́я вчера́ была́ пого́да?

If the question does not have a question word, the particle **ли** is used immediately after the word being questioned. In nearly all instances, this is the verb in the subordinate clause. If there is no verb, then **ли** appears after the predicate adjective or adverb.

MAIN CLAUSE	+	VERB	+	ли	+	REST OF SUBORDINATE CLAUSE
Я не зна́ю,		говори́т		ли		Анна по-ру́сски.
Вы не зна́ете,		шёл		ли		дождь вчера́?
Я хоте́л(а) узна́ть,		бу́дет		ли		Ива́н до́ма.
Я не зна́ю,		до́ма		ли		Ива́н.
Ты не зна́ешь,		хо́лодно		ли		на у́лице?

Note that Russian uses the same tense in reported speech as in direct speech.

DIRECT SPEECH	INDIRECT SPEECH
Я хоте́л(а) узна́ть: «Ива́н **бу́дет** до́ма за́втра?»	Я хоте́л(а) узна́ть, **бу́дет ли** Ива́н до́ма за́втра.
Я спроси́л(а): «Кака́я **бу́дет** пого́да?»	Я спроси́ла, кака́я **бу́дет** пого́да.

Remember that a comma always appears before a subordinate clause, whether or not **ли** is necessary.

Упражнения

1-36 Отве́тьте на вопро́сы. Answer in complete sentences, indicating that you do not know. Follow the models.

> **Образцы́:** Кака́я за́втра бу́дет пого́да? → *Я не зна́ю, кака́я за́втра бу́дет пого́да.*
>
> За́втра бу́дет идти́ дождь? → *Я не зна́ю, бу́дет ли идти́ дождь за́втра.*

1. Кака́я сего́дня пого́да в Москве́?
2. Идёт дождь в Москве́?
3. Кака́я была́ пого́да в Москве́ вчера́?
4. Шёл дождь в Москве́ вчера́?
5. Бы́ло жа́рко в Москве́ вчера́?
6. Кака́я бу́дет пого́да в Москве́ за́втра?
7. Бу́дет тепло́ в Москве́ за́втра?
8. Бу́дет идти́ снег за́втра в Москве́?
9. Кака́я у вас бу́дет пого́да за́втра?
10. За́втра бу́дет прохла́дно?

1-37 Change direct speech into indirect speech.

    Образе́ц: Я спроси́л(а): «У нас за́втра бу́дет экску́рсия?»

                      Я спроси́л(а), бу́дет ли у нас за́втра экску́рсия.

1. Я хоте́л(а) узна́ть: «Кака́я за́втра бу́дет экску́рсия?»
2. Мы вас спра́шиваем: «На каки́х языка́х вы говори́те?»
3. Мы хоте́ли узна́ть: «Вы говори́те по-англи́йски?»
4. Гео́ргий Ива́нович спроси́л америка́нку: «В сентябре́ в Теха́се быва́ет хо́лодно?»

1-38 Как по-ру́сски?

1. — Do you know what movie Vadim saw yesterday?
   — I don't know if he saw a movie.
2. — Do you know what languages Lara knows?
   — She knows Russian and German.
   — Do you know if she understands French?
   — No, I don't know.
3. — Do you know what the weather will be like tomorrow?
   — I heard it will be warm. But I don't know if it will rain.
4. — Do you know if it's warm in Moscow today?

➤ *Complete Oral Drill 16 and Written Exercise 18 in the S.A.M.*

9. Если vs. ли

Two Russian words correspond to the English *if.* Use a **ли** construction (see 8) whenever *if* could be replaced by *whether.*

    Я не зна́ю, пойдёт **ли** дождь.   I don't know *if* (*whether*) it will rain.

Use the word **е́сли** only in truly conditional sentences.

    Если пойдёт дождь, то вернёмся   *If* it rains, then we'll return earlier.
    пора́ньше.

Упражнения

1-39 Indicate whether Russian translations of the following sentences would contain **е́сли** or a **ли** construction. You do not have to translate the sentences.

1. We asked if there would be a test tomorrow.
2. The teacher asked if we wanted a test.
3. She said that if there were a test, it would be easy.
4. But if there were a test—even an easy one—we'd have to study.
5. If we didn't study, we might not do well.

1-40 Запо́лните про́пуски. Fill in the blanks.

1. Ты не зна́ешь, (е́сли бу́дет/бу́дет ли) _____ дождь в суббо́ту?
   (Е́сли пойдёт/пойдёт ли) _____ дождь, мы не пое́дем на да́чу.
2. Я возьму́ пальто́, (е́сли бу́дет/бу́дет ли) _____ о́чень хо́лодно.
3. Мы не зна́ем, (е́сли купи́л/купи́л ли) _____ он ку́ртку.
4. Я не зна́ю, (е́сли жа́рко/жа́рко ли) _____ сейча́с.
   (Е́сли пого́да бу́дет/пого́да ли бу́дет) _____ жа́ркая, мы бу́дем мно́го купа́ться и загора́ть.

➤ *Complete Written Exercise 19 in the S.A.M.*

10. Е́сли and Когда́ Clauses with Future Tense

In Russian sentences with future meaning, use future tense throughout.

The English translations of the examples below indicate why this is difficult for native speakers of English who translate English sentences word for word into Russian.

> Когда́ мы **бу́дем** на да́че, мы **бу́дем отдыха́ть и загора́ть.**
> While we *are* at the dacha we *will relax and sunbathe.*

> Е́сли **пойдёт** дождь, то **вернёмся** пора́ньше.
> If it *starts* to rain, then we *will return* earlier.

Упражнения

1-41 Запо́лните про́пуски.

1. We'll look at the Kremlin when we're in Moscow. Мы _____ Кремль, когда́ мы _____ в Москве́.
2. If the weather is hot, we'll swim. Е́сли пого́да _____ жа́ркая, мы _____.
3. If it rains, we'll go to the movies. Е́сли _____ дождь, мы _____ в кино́.

1-42 Как по-ру́сски?

1. Sergei, come visit us in June! We'll go swimming and sunbathe while you're here.
2. We'll talk tonight, if I'm home.
3. If it snows, tomorrow we'll ski.

➤ *Complete Written Exercises 20–21 in the S.A.M.*

1-43 Отве́тьте на вопро́сы.

1. Что вы бу́дете де́лать в суббо́ту, е́сли бу́дет хоро́шая пого́да?
2. Что вы бу́дете де́лать в суббо́ту, е́сли пого́да бу́дет плоха́я?

Давайте почитаем

Прогно́зы пого́ды. Russian weather reports, like their English counterparts, use a more official style than that used in conversational speech. For example, a weather report may indicate whether there will be any precipitation (**оса́дки**), whereas in everyday speech most people talk about rain and snow (**дождь и снег**). Many of the new words in the following passages will therefore be more important for your reading knowledge than for your speaking and writing skills.

1-44 Пого́да.

> ## ПОГОДА
>
> В Москве и Московской области преимущественно без осадков. Ветер восточный, 5–10 метров в секунду. Температура ночью 9–14 тепла, днем 22–27 тепла.
>
> В Ленинградской области без осадков, ветер слабый, температура ночью 8–13 тепла, днем 21–26 тепла.
>
> В Псковской и Новгородской областях сохранится теплая и сухая погода, ветер слабый, температура ночью 10–15 тепла, днем 23–28 тепла.
>
> В северных областях европейской территории преимущественно без осадков, температура ночью 5–10 тепла, днем 15–20 тепла.

1. Этот прогно́з пого́ды на а́вгуст и́ли на февра́ль?

2. О каки́х райо́нах пи́шут?

3. Где бу́дет са́мая тёплая пого́да?

4. Как по-англи́йски?
   о́бласть
   ве́тер
   тепла́

5. Зако́нчите табли́цу.

существи́тельные	прилага́тельные
Москва́	моско́вский
Ленингра́д	_____
Псков	_____
Но́вгород	_____
Евро́па	_____
восто́к	_____
се́вер	_____

6. **Без** зна́чит *without*. Что зна́чит «без оса́дков»?

1-45 В Москве́ переме́нная о́блачность.

> В Москве и Московской области 29 июля переменная облачность без осадков. Днем максимальная температура около 26 градусов. 30–31 июля кратковременный дождь, гроза. Ветер северо-западный и северный, при грозе порывистый. Ночью 10–15, днем 30 июля 20–25 градусов, 31 июля 18–23.
>
> В Ленинградской области 29–30 июля временами дожди. Ночью 10–15, днем 16–21.

1. На каки́е дни э́тот прогно́з пого́ды?

2. На каки́е райо́ны?

3. Где и когда́ мо́жно устро́ить пикни́к?

4. **Запо́лните про́пуски:**
   переме́нн_____ о́блачность
   кратковре́менн_____ дождь

5. The adjective **о́блачный** means *cloudy*. The Russian noun suffix **-ность** is often equivalent to the English noun suffix *-ness*. What does **о́блачность** mean?

6. Match the Russian words with their English counterparts. You won't need a dictionary; use the context of the weather report.
   - i. _____ переме́нный
   - ii. _____ кратковре́менный
   - iii. _____ гроза́
   - iv. _____ максима́льный
   - v. _____ поры́вистый

   - a. maximum
   - b. gusty
   - c. changeable, scattered
   - d. brief
   - e. thunderstorm

1-46 В Москве́ и Моско́вской о́бласти. . . Вы в Москве́. В газе́те вы чита́ете сле́дующий прогно́з пого́ды. Как вы ду́маете, мо́жно ли плани́ровать пикни́к, су́дя по э́тому прогно́зу? Ну́жно ли бу́дет взять зонт?

> В Москве и Московской области без осадков. Ветер юго-западный, 3–7 метров в секунду. Температура ночью 10–15, днем 20–25 градусов.
>
> В Ленинградской области температура ночью 8–13, днем 18–23. Кратковременные дожди.

1-47 В Москве́ небольшо́й снег.

> В Москве и Московской области 22 февраля временами небольшой снег, на дорогах гололедица, днем максимальная температура 2–5 градусов мороза, по области до 9 градусов мороза, ветер западный. 23–24 февраля облачная погода с прояснениями, временами небольшой снег, ветер северо-западный, местами с порывами до 14–19 метров в секунду, температура 23 февраля ночью 4–9 градусов мороза, днем 1–6 градусов мороза, 24 февраля ночью и днем 6–11 градусов мороза, на дорогах гололедица.

1. На како́й географи́ческий райо́н соста́влен э́тот прогно́з пого́ды?
2. На каки́е дни?
3. Како́й день бу́дет са́мый холо́дный?
4. На каки́е дни прогнози́руется гололе́дица (*icy roads*)?
5. **Запо́лните про́пуск.**

   вре́мя — *time*   времена́ми — *at times*
   ме́сто — *place*   места́ми — _____

1-48 Вашингто́н посмотре́ть не удало́сь. Read the e-mails below and answer the questions that follow.

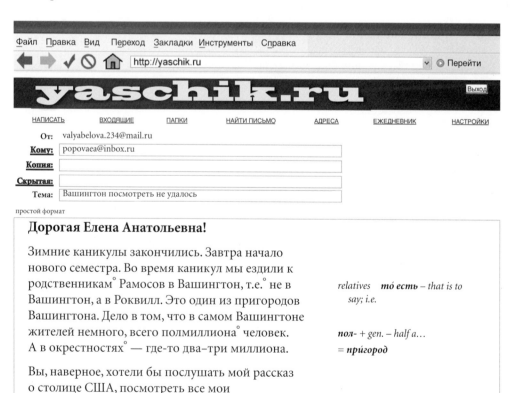

Файл Правка Вид Переход Закладки Инструменты Справка

http://yaschik.ru   ● Перейти

yaschik.ru   Выход

НАПИСАТЬ   ВХОДЯЩИЕ   ПАПКИ   НАЙТИ ПИСЬМО   АДРЕСА   ЕЖЕДНЕВНИК   НАСТРОЙКИ

От: valyabelova.234@mail.ru
Кому: popovaea@inbox.ru
Копия:
Скрытая:
Тема: Вашингтон посмотреть не удалось

простой формат

Дорогая Елена Анатольевна!

Зимние каникулы закончились. Завтра начало нового семестра. Во время каникул мы ездили к родственникам° Рамосов в Вашингтон, т.е.° не в Вашингтон, а в Роквилл. Это один из пригородов Вашингтона. Дело в том, что в самом Вашингтоне жителей немного, всего полмиллиона° человек. А в окрестностях° — где-то два-три миллиона.

Вы, наверное, хотели бы послушать мой рассказ о столице США, посмотреть все мои

relatives   **то́ есть** – *that is to say; i.e.*

пол- + *gen.* – *half a…*

= **при́город**

фотографии. Увы°, не могу удовлетворить Ваше любопытство°, потому что рассказов о Вашингтоне нет. И фотографий Белого дома, Капитолия и памятников° тоже нет, потому что до Вашингтона я так и не доехала и всё из-за нескольких° сантиметров снега. Оказывается, для вашингтонцев самый небольшой снегопад — это настоящая катастрофа. Случилось° всё это так. Выехали мы из Центрпорта на машине 23-го за два дня до Рождества°. Погода стояла тёплая: 5 градусов тепла. Но к° вечеру, когда мы уже подъезжали к Вашингтону, похолодало и пошёл снег. Доехали мы до дома родственников нормально, но к утру выпало сантиметров 15–20 снега. Для нас, конечно, это мелочь°, а здесь это финиш. Дело в том, что дороги° здесь плохо чистят°, если вообще° чистят. В результате в течение° трех дней мы даже не могли выехать из гаража. Но это ещё не самое страшное. Потом пропали° электричество, и, конечно, телефон, и Интернет.

В результате встречали° мы Рождество, как Робинзон Крузо на необитаемом острове. Рождественский обед организовали при свете° свечей°. На столе стояло так много еды! Умоляли° всё съесть. Холодильник ведь не работал!

Это было невероятно: мы находились в 30 километрах от центра столицы самой мощной страны в мире, а оказались совсем изолированы, оторваны° от цивилизации! Весь район° был закрыт. Не ходили автобусы, не работали магазины.

Только 26-го вернулось° электричество, а 27-го можно было свободно ездить. Но уже было поздно. Наши хозяева° должны были уехать на юг встречать Новый год, а нам надо было возвращаться° домой.

Раньше я Вам писала, что в Америке (ну, там, где я бывала) мягкие осень и зимы. И, действительно, сильные° морозы бывают редко. В этом году всю осень погода стояла тёплая-тёплая. На хэллоуинский вечер (31-го октября) я ходила без куртки. Но погода здесь быстро меняется°: один день — +20, а на другой — сразу ноль. Здесь по телевизору показывают такие климатические катаклизмы, которых у нас просто нет: на юго-востоке — частые ураганы, в центре страны — торнадо. Самый обыкновенный снегопад может полностью° парализовать столицу огромной страны.

Валя

alas

удовлетвори́ть любопы́тство
  satisfy — curiosity

monuments

a few

happened

Christmas

by (the time something happened)

a minor thing
roads   clean   at all
в тече́ние (чего́) — *during; over the course of*

disappeared

met = "greeted"

light   of candles
they begged

cut off
neighborhood

returned

hosts

return

strong

changes

= совсе́м

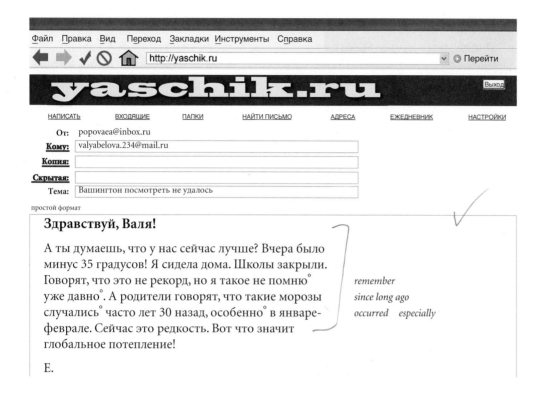

Файл **Правка** **Вид** **Переход** **Закладки** **Инструменты** **Справка**

http://yaschik.ru   ▼ | ⊙ Перейти

yaschik.ru   Выход

НАПИСАТЬ   ВХОДЯЩИЕ   ПАПКИ   НАЙТИ ПИСЬМО   АДРЕСА   ЕЖЕДНЕВНИК   НАСТРОЙКИ

От: popovaea@inbox.ru
Кому: valyabelova.234@mail.ru
Копия:
Скрытая:
Тема: Вашингтон посмотреть не удалось

простой формат

Здравствуй, Валя!

А ты думаешь, что у нас сейчас лучше? Вчера было минус 35 градусов! Я сидела дома. Школы закрыли. Говорят, что это не рекорд, но я такое не помню° уже давно°. А родители говорят, что такие морозы случались° часто лет 30 назад, особенно° в январе-феврале. Сейчас это редкость. Вот что значит глобальное потепление!

remember
since long ago
occurred   especially

Е.

1. Вопро́сы

а. В како́м ме́сяце Ра́мосы пое́хали в Вашингто́н?

б. Кака́я была́ пого́да, когда́ они́ пое́хали?

в. Кака́я пого́да была́ ве́чером?

г. Где живу́т ро́дственники Ра́мосов?

д. Как чи́стят доро́ги там, где живу́т ро́дственники Ра́мосов?

е. Как вы ду́маете, Ра́мосы смотре́ли телеви́зор на Рождество́?

ж. Почему́ Ва́ля не могла́ посмотре́ть Бе́лый дом и Капито́лий?

з. Почему́ госте́й умоля́ли съесть всю еду́?

и. Ва́ля ду́мает, что в Аме́рике холо́дные зи́мы?

к. Почему́ Ва́ля пи́шет, что пого́да в Аме́рике бы́стро меня́ется?

л. Каки́х климати́ческих «катакли́змов», как ду́мает Ва́ля, не быва́ет в Росси́и?

м. Кака́я пого́да стоя́ла в Арха́нгельске, когда́ она́ была́ в Вашингто́не?

н. Как вы ду́маете, 35 гра́дусов моро́за — обы́чная зи́мняя температу́ра для Арха́нгельска? Почему́ вы так ду́маете?

2. **Язы́к в конте́ксте**

a. **Manage to:** (кому́) уда́стся — *someone will manage*; удаётся — *does manage*; удало́сь — *did manage*. This is a subjectless dative construction. No other forms of the verb exist.

b. **Half a – пол + genitive.** To express *half a…* (million, kilometer, etc.), attach **пол-** to the next word in the genitive case: **полмиллио́на, полкиломе́тра, полго́да,** etc.

c. **Of capitals and capitols.** The city (that's *capital*) is **столи́ца**. The building (*capitol*) is **капито́лий**. And when *capital* means *money*, it's **капита́л**.

d. **Из-за** means *because of* (usually something bad). Look at the context to determine what case it takes: **из-за не́скольких сантиме́тров сне́га…**

e. **Prefixed verbs of motion.** This selection has many prefixed verbs that end in **-езжа́ть** or **-е́хать: выезжа́ть/вы́ехать** — *to exit by driving*, **доезжа́ть/ дое́хать** — *to drive as far as*, **подъезжа́ть/подъе́хать** — *to drive up to*, **уезжа́ть/ уе́хать** — *to leave by vehicle*. In Book 1, you have also seen **приезжа́ть/ прие́хать** — *to arrive by vehicle* and **переезжа́ть/перее́хать** — *to move (from one residence to another; literally to cross over by vehicle)*. Russian has a rich system of verb prefixes which change the meaning of a root verb. In later units, you'll see more of this system, but for the time being, keep the following verbal prefixes in mind:

в, во — *into*: **Мы вошли́ в ко́мнату.** — *We entered the room.*

вы — *getting or going out of*: **Мы не вы́ехали из гаража́.** — *We couldn't get out of the garage.*

до — *as far as*: **Мы дое́хали до Вашингто́на.** — *We got as far as Washington.*

пере — *crossing over*: **Мы перее́хали в Кли́вленд.** — *We moved to Cleveland.*
   Дава́йте перейдём на «ты». — *Let's switch over to "ты."*

под — *up to* (but not into): **Мы подъезжа́ли к Вашингто́ну.** — *We were approaching Washington.*

при — *arriving*: **Мы прие́хали домо́й.** — *We came home.*

про — *through*: **Проходи́те в большу́ю ко́мнату.** — *Go on through to the big room.*

у — *away from*: **Они́ должны́ бы́ли уе́хать на юг.** — *They were supposed to leave for the south.*

f. **Необита́емый о́стров.** О́стров (*pl.* **острова́**) is *island*. What kind of island did Robinson Crusoe live on?

g. **Word roots**

мо́щный — *powerful*. Related words are **мо́жно, мочь (могу́, мо́жешь)** and English *might*.

невероя́тный — *unbelievable*. The root **вер** ≅ *belief* or *truth*, is related to the *ver* of "verdict," "veracity," and even "very" (= *truly*). You have seen **ве́рующий** — *religious believer*, **наве́рное** — *probably (true)* and in passive vocabulary, **ве́рить/пове́рить** — *to believe*.

h. Capitalization in Russian. Capitalization in Russian occurs more rarely than in English. Here are some of the basic rules.

  a. Capitalize geographical names, but not adjectives or nouns made from them: **Вашингто́н**, but **вашингто́нский, вашингто́нец**.

  b. Capitalize only the first word of most proper nouns: **Бе́лый дом, Но́вый год**.

  c. Days of the week and months of the year are not capitalized: **понеде́льник, дека́брь**.

1-49 Чте́ние для удово́льствия

Афана́сий Афана́сьевич Фет (1820–1892) — оди́н из лу́чших ру́сских поэ́тов. Он мно́го писа́л о приро́де. Его́ оте́ц был ру́сский дворяни́н Шенши́н, а мать не́мка, Фет (Foeth). Так как его́ роди́тели пожени́лись в лютера́нской це́ркви в Герма́нии, брак счита́лся незако́нным в Росси́и, поэ́тому его́ официа́льная фами́лия была́ фами́лия ма́тери, Фет.

> **брак** — *marriage*
> **дворяни́н (дворя́нка)** — *nobleman (noblewoman)*
> **лу́чший** — *best*
> **незако́нный** — *illegal, illegitimate*
> **поэ́тому** — *thus, therefore*
> **приро́да** — *nature*
> **счита́ться (кем/чем)** — *to be considered*
> **так как** — *because*

Спи — ещё зарёю
Хо́лодно и ра́но;
Звёзды за горо́ю
Бле́щут средь тума́на;

Петухи́ неда́вно
В тре́тий раз пропе́ли.
С колоко́льни пла́вно
Зву́ки пролете́ли.

Ды́шат лип верху́шки
Не́гою отра́дной,
А углы́ поду́шки —
Вла́гою прохла́дной.

(1847)

Словарь

блесте́ть (бле́щут) — *to shine, glisten*

верху́шка — *top*

вла́га — *moisture*

горо́ю = горо́й

дыша́ть (*impf.*) (**дыш-у́, ды́ш-ишь, -ат**) — *to breathe*

за + *instrumental* — *behind*

заря́ — *dawn*

звезда́ (*pl.* **звёзды**) — *star*

звук — *sound*

колоко́льня — *bell tower*

ли́па — *linden tree*

не́га — *bliss*

отра́дный — *pleasant, comforting*

пла́вно — *smoothly*

пету́х — *rooster*

петь/по-, про- — *to sing*

   пропе́ть — *to sing (one song)*

поду́шка — *pillow*

пролете́ть (*perf.*) — *to fly past*

раз — *time*

   в тре́тий раз — *for the third time*

средь = среди́ — *in the midst of*

у́гол (*pl.* **углы́**) — *corner*

Давайте послушаем

1-50 **О пого́де в Москве́.**

1. Как вы ду́маете, како́е сейча́с вре́мя го́да?
2. Ожида́ются ли каки́е-нибу́дь оса́дки?

1-51 **Прогно́з пого́ды для Санкт-Петербу́рга.**

1. Кака́я сейча́с температу́ра?
2. Кака́я бу́дет температу́ра но́чью?
3. Кака́я бу́дет температу́ра днём?
4. Как вы ду́маете, как на́до оде́ться?

1-52 В европейской части России. Посмотрите на карту европейской части России. Прослушайте прогноз погоды. Какая ожидается температура днём в указанных городах? Ожидаются ли осадки? Be ready to supply high temperatures for the underlined cities, as well as what precipitation, if any, is expected.

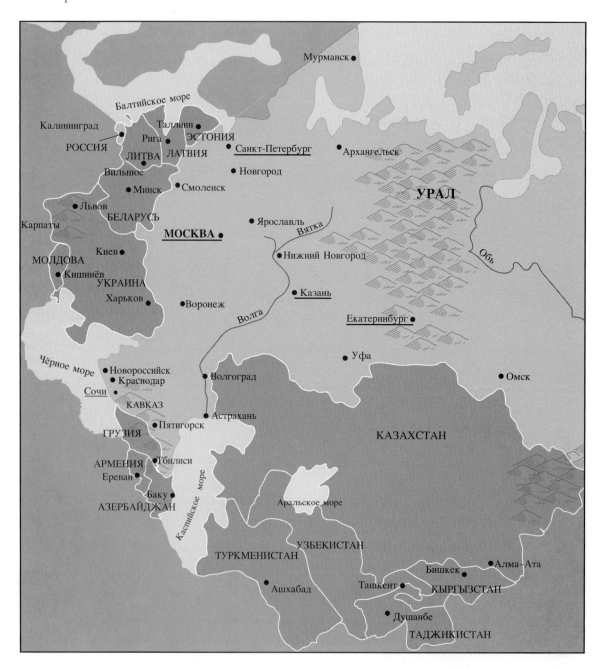

Новые слова и выражения

NOUNS

благодаре́ние	thanksgiving; act of thanking
весна́, весно́й	spring, in the spring
ве́тер	wind
вокза́л (на)	train station
вре́мя го́да (*pl.* времена́ го́да)	season
гора́ (*nom. pl.* го́ры; *prep. pl.* в гора́х)	mountain
гра́дус (5–20 гра́дусов)	degree(s)
дождь (*ending always stressed*)	rain
зима́, зимо́й	winter, in the winter
зо́нт(ик)	umbrella
информа́ция	information
календа́рь (*masc.; ending always stressed*)	calendar
кли́мат	climate
купа́льник	women's bathing suit
лес (в лесу́)	forest
ле́то, ле́том	summer, in the summer
лы́жи (*pl.*)	skis
ме́сто (*pl.* места́)	place
мо́ре	sea
моро́з	frost; intensely cold weather
о́зеро (*pl.* озёра)	lake
о́сень, о́сенью	autumn, in the autumn
пла́вки	men's bathing suit
плащ	raincoat
пляж	beach
пого́да	weather
прие́зд	arrival
путеше́ствие	travel
снег	snow
со́лнце	sun, sunshine
электри́чка	suburban train

Ме́сяцы (*all masculine*) — Months

янва́рь (*ending always stressed*)	January
февра́ль (*ending always stressed*)	February
март	March
апре́ль	April
май	May
ию́нь	June
ию́ль	July
а́вгуст	August
сентя́брь (*ending always stressed*)	September

Новые слова и выражения

октя́брь (*ending always stressed*)	October
ноя́брь (*ending always stressed*)	November
дека́брь (*ending always stressed*)	December

ADJECTIVES

Long Forms

гру́стный	sad
жа́ркий	hot
прекра́сный	wonderful, beautiful
прохла́дный	cool
тако́й	such, so
тёплый	warm
холо́дный	cold
чуде́сный	wonderful, fabulous

Short Forms

гото́в (-а, -ы)	ready
оде́т (-а, -ы)	dressed
пра́в (-а́, пра́вы)	right, correct

VERBS

быва́ть (*impf.*) (быва́-ю, -ешь, -ют)	to tend to be
возвраща́ться/верну́ться (возвраща́-юсь, -ешься, -ются) (верн-у́сь, -ёшься, -у́тся)	to return, go back
гуля́ть/по- (гуля́-ю, -ешь, -ют)	to stroll, take a walk
загора́ть (*impf.*) (загора́-ю, -ешь, -ют)	to sunbathe
ката́ться (*impf.*) (ката́-юсь, -ешься, -ются)	
на велосипе́де	to ride a bicycle
на конька́х	to skate
на лы́жах	to ski
купа́ться (*impf.*) (купа́-юсь, -ешься, -ются)	to swim
получа́ть/получи́ть (получа́-ю, -ешь, -ют) (получ-у́, полу́ч-ишь, -ат)	to receive
собира́ть (собира́-ю, -ешь, -ют)	to collect, gather

успеть

to know how to do

Новые слова и выражения

собира́ться (*impf.*) (собира́-юсь, -ешься, -ются)	to plan (to do something)
узнава́ть/узна́ть (узна-ю́, -ёшь, -ю́т) (узна́-ю, -ешь, -ют)	to find out

Verbs to learn only in the forms given for the time being:

встреча́ться/встре́титься (встреча́-емся, -етесь, -ются) (встре́т-имся, -итесь, -ятся)	to meet up (with each other)
конча́ться (*impf.*) (конча́-ется, -ются)	to come to an end
начина́ться (*impf.*) (начина́-ется, -ются)	to begin

ADVERBS

ве́село	happy, fun
вообще́	in general
гру́стно	sad
действи́тельно	really
дово́льно	fairly
жа́рко	hot
обяза́тельно	surely, *obligatory.*
отли́чно	excellent
пора́ньше	a little earlier
прекра́сно	wonderful, beautiful
прохла́дно	cool
совсе́м	quite, completely
так	such, so
тепло́	warm
хо́лодно	cold

CONJUNCTIONS

е́сли..., то	if..., then

OTHER WORDS AND PHRASES

всего́ (+ *number*)	only (+ number)
Дава́й(те) (+ *мы form of verb in future*)	Let's (+ verb)
Дава́й(те) лу́чше...	Let's ... instead
Здо́рово!	Great!; Cool!
Идёт дождь (снег).	It is raining (snowing).
ли	if, whether (see. 8)
ми́нус	minus

Новые слова и выражения

на у́лице	outside
(не) так(о́й)..., как...	(not) as ... as ...
неуже́ли	Really ...?
по Це́льсию	in Celsius
по Фаренге́йту	in Fahrenheit
Приезжа́й(те)/Приходи́(те) в го́сти.	Come for a visit.
Све́тит со́лнце.	The sun is shining.

PASSIVE VOCABULARY

Крым (*prep.* в Крыму́)	Crimea
куро́рт	resort
моро́за	below zero
опи́сывать/описа́ть	to describe
(опи́сыва-ю, -ешь, -ют)	
(опиш-у́, опи́ш-ешь, -ут)	
оса́дки (*pl.*)	precipitation
разгова́ривать (*impf.*)	to talk, converse
(разгова́рива-ю, -ешь, -ют)	
райо́н	region, neighborhood
тепла́	above zero
труд	labor

PERSONALIZED VOCABULARY

_____

_____

_____

_____

_____

_____

Разговор по телефону

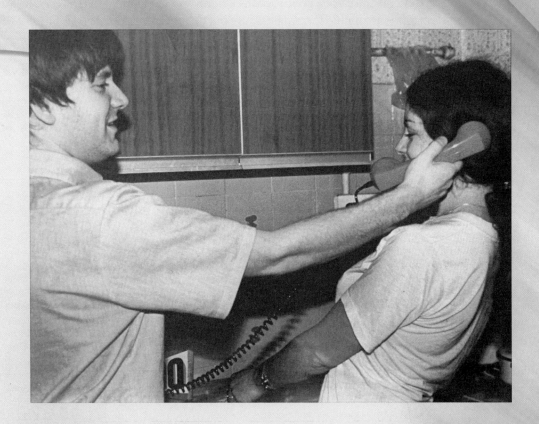

Коммуникативные задания

- Managing telephone conversations
- Leaving and taking telephone messages

Грамматика

- Cardinal numbers 1 to 1,000,000 (nominative)
- Telephone formulae
- **Звони́ть/по- кому́ куда́**
- **Слы́шать/слу́шать, ви́деть/смотре́ть**
- Expressing ability—**мочь/с-**

- Short-form adjectives **свобо́ден, за́нят, до́лжен, рад**
- Overview of verb conjugation

Чтение для удовольствия

- **Чуко́вский. «Телефо́н»**

Культура и быт

- Telephone etiquette
- Phone cards

Точка отсчёта

О чём идёт речь?

Как разгова́ривать по телефо́ну. Talking on the telephone in a foreign language can be difficult since you cannot see the person you are talking to. However, telephone conversations are highly formulaic. Knowing the phrases Russians typically use on the telephone will make your time on the phone much easier.

2-1 Посмотри́те на карти́нки. Вот как ру́сские разгова́ривают по телефо́ну.

	а.	б.	в.
Answering the phone	 **Алло́!**	 **Слу́шаю!**	 **Да!**
Asking for the person you want	 **Здра́вствуйте! Бу́дьте добры́ Ни́ну!**	 **До́брый день! Вади́ма мо́жно?**	 **Алло́, Ди́ма?**
Possible responses	 **Её нет. Что переда́ть?**	 **Я вас слу́шаю.**	 **Сейча́с позову́!**
Ending a Conversation	 **Спаси́бо большо́е.**	 **Извини́те за беспоко́йство.**	 **До свида́ния.**
Possible responses	 **Пожа́луйста!**	**Ничего́!**	 **Пока́. Дава́й.**

2-2 Как вы ду́маете, что говоря́т э́ти лю́ди?

а.

г.

б.

д.

в.

е.

Разгово́ры для слу́шания

> Complete Oral
> Drills 1 and 2
> and Written
> Exercise 1 in
> the S.A.M.

Разгово́р 1. Что случи́лось?

Разгова́ривают То́ля и Ната́ша. Звоня́т Ни́не.

1. Когда́ Ни́на хоте́ла прийти́ на ве́чер?
2. Ско́лько сейча́с вре́мени?
3. Что происхо́дит, когда́ То́ля и Ната́ша звоня́т Ни́не пе́рвый раз?
4. Когда́ Ни́на ушла́ из до́ма на ве́чер?

Как разгова́ривают по телефо́ну

In the U.S. and Canada telephone conversations often wind down gradually, with parties exchanging several rounds of formulaic pleasantries (e.g., *Well, I know you must be busy; Well, I better be going; It was nice to hear from you; Talk to you soon;* etc.). In Russia, however, phone conversations end more abruptly, often even without the **до свида́ния** expected by Americans.

Разгово́р 2. Знако́мство по телефо́ну.
       Разгова́ривают Фили́пп, Ди́ма и тре́тий челове́к.

1. Что происхо́дит, когда́ Фили́пп звони́т Ди́ме пе́рвый раз?
2. Как Фили́пп получи́л но́мер телефо́на Ди́мы?
3. В како́м го́роде живёт Ди́ма?
4. Когда́ прие́хал Фили́пп?
5. Каки́е пла́ны у Фили́ппа на за́втра? Когда́ он бу́дет свобо́ден?
6. Где и когда́ встре́тятся Фили́пп и Ди́ма?

Разгово́р 3. Что переда́ть?
       Разгова́ривают Фили́пп и мать Ди́мы.

1. Почему́ Фили́пп звони́т Ди́ме?
2. Что он хо́чет переда́ть Ди́ме?
3. Что сове́тует ма́ма Ди́мы? Когда́ ему́ лу́чше перезвони́ть?

Разгово́р 4. Хочу́ заказа́ть разгово́р с США.
       Разгова́ривают Лю́ба и Джей́сон.

1. Куда́ и кому́ хо́чет позвони́ть Джей́сон?
2. Лю́ба зна́ет, ско́лько сто́ит тако́й разгово́р? Что она́ говори́т Джей́сону?
3. Джей́сон говори́т, что для Лю́бы э́то бу́дет беспла́тно. Почему́?
4. Почему́ Джей́сон ника́к не мо́жет дозвони́ться до роди́телей?
5. Что Лю́ба сове́тует сде́лать?

Phone cards for both domestic and international long-distance calls are widely available in Russia, in fact often more easily available (for international calls) than in the U.S. Intercity cell-phone use tends to be less frequent than phone-card use in Russia, because of the relatively low price of phone-card calls.

Давайте поговорим

Диалоги

1. Вы не туда попали.

— Алло!
— Здравствуйте! Будьте добры Нину.
— Тут никакой Нины нет. Вы не туда попали.
— Это 213-78-92?
— Нет.
— Извините.

2. Знакомство по телефону.

— Алло!
— Здравствуйте! Можно Нину?
— Я вас слушаю!
— Добрый вечер! Меня зовут Филипп Джонсон.
   Мне Лора Кросби дала ваш телефон и сказала, что я могу вам позвонить.
— Очень приятно с вами познакомиться, Филипп, хотя бы по телефону.
   А, может быть, мы всё-таки встретимся? Завтра вы свободны?
— Да, свободен.
— Вы живёте в том же общежитии, где жила Лора?
— Да. Может быть, вы зайдёте ко мне, скажем, в два часа?
— В два часа? Договорились.

The same is rendered as **тот же**. The pronoun **тот** agrees with the noun it modifies in gender, number, and case.

3. Что передать?

— Алло!
— Алло! Дима?
— Нет, его нет.
— Извините, пожалуйста. Это говорит его американский знакомый, Филипп. Вы не знаете, где он может быть?
— А, Филипп! Рада вас слышать! Не знаю, где он. Что ему передать?
— Передайте, что звонил Филипп. Я его жду в общежитии.
— Хорошо. Знаете что, лучше позвоните ему на мобильник или пошлите SMSку.
— Спасибо большое.
— Или перезвоните через час.

SMS is a synonym for "text message." Russians use both the abbreviation SMS and the diminutive SMSка.

4. Мо́жно отсю́да позвони́ть?

— Любо́вь Петро́вна! У меня́ к вам
больша́я про́сьба. Мо́жно отсю́да
позвони́ть роди́телям в США?
— В при́нципе, мо́жно. Но звони́ть в
США во́все не дёшево.
— А я бу́ду звони́ть по телефо́нной
ка́рточке. Для вас э́то бу́дет беспла́тно.
— А как э́то. . . беспла́тно?
— Я купи́л вот таку́ю ка́рточку. Я набира́ю
но́мер телефо́на на э́той ка́рточке и
пото́м пин-ко́д. . . а пото́м код го́рода и
телефо́н.
— На́до же! И э́то не до́рого?
— Мину́та сто́ит приме́рно пять це́нтов и́ли рубль пятьдеся́т.
— Да, э́то действи́тельно деше́вле.

Вопро́сы к диало́гам

Диало́г 1

1. Кто звони́т Ни́не, мужчи́на и́ли же́нщина?
2. Почему́ э́тот челове́к не мо́жет поговори́ть с Ни́ной?
3. Како́й у Ни́ны телефо́н?

Диало́г 2

1. Кто звони́т Ни́не?
2. Ни́на до́ма?
3. Ни́на и Фили́пп Джо́нсон давно́ зна́ют друг дру́га?
4. Отку́да Фили́пп зна́ет телефо́н Ни́ны?
5. Фили́пп и Ни́на встре́тятся за́втра и́ли послеза́втра?
6. Во ско́лько они́ встре́тятся?

Диало́г 3

1. Разгова́ривают дво́е ру́сских и́ли ру́сский и америка́нец?
2. Почему́ Фили́пп не мо́жет поговори́ть с Ди́мой?
3. Где Фили́пп ждёт Ди́му?

Диало́г 4

1. Где происхо́дит э́тот разгово́р?
2. Что счита́ет Любо́вь Петро́вна: звони́ть в США из Росси́и до́рого и́ли
дёшево?
3. Деше́вле звони́ть по телефо́нной ка́рточке и́ли без ка́рточки?
4. О како́й су́мме де́нег идёт речь во фра́зе «рубль пятьдеся́т»?

Упражнения к диалогам

2-3 Кого́ позва́ть?

Мо́жно Ни́ну?

Бу́дьте добры́ Алексе́я Ива́новича.

How would you ask to speak to these people on the telephone? Make sure you put the name of the person in the accusative case.

1. Васи́лий Миха́йлович
2. Ма́рья Ива́новна
3. Ка́тя и́ли Оле́г
4. Серге́й Петро́вич
5. Еле́на Бори́совна
6. Ми́ша
7. Ге́на
8. Бори́с

2-4 Разгово́ры по телефо́ну. Запо́лните про́пуски.

1. — Алло́!

   — _____!

   — А́ллы сейча́с нет. Что переда́ть?

   — _____, что я её жду в общежи́тии.

   — Хорошо́.

   — _____!

   — Пожа́луйста.

2. — _____!

   — Бу́дьте добры́ Пе́тю.

   — _____.

   — Переда́йте, что я приду́ то́лько в де́вять.

   — _____.

   — Спаси́бо. Извини́те за беспоко́йство.

   — _____.

2-5 Ваш разговóр. Create a dialog of your own, using the words and phrases you have just learned.

 2-6 Телефóнные номерá. Write down the telephone numbers of five friends or relatives. Practice saying these phone numbers to yourself. Then practice dictating them to a partner. Remember that Russians break up the last four digits in phone numbers in both writing and speaking (e.g., 321-98-72 = **трúста двáдцать одúн — девянóсто вóсемь — сéмьдесят два**).

 2-7 Вы не тудá попáли. Review dialog 1. Then role-play the following "wrong number" situation with a partner for each of the names and phone numbers below.

> *Situation:* You call and ask for your friend. When you find out you have gotten the wrong number, ask if the number you wrote down is the one you dialed.

Мáша	132-46-23	Ивáн	342-73-12
Волóдя	221-94-38	Лéна	130-33-02
Антóн	719-65-49		

2-8. Подготóвка к разговóру. Review the dialogs. How would you do the following?

1. Answer the telephone.
2. Ask for the person you want to talk to (Masha, Maksim).
3. Say the person who called has gotten the wrong number.
4. Respond when someone asks for you on the phone.
5. Suggest getting together with someone.
6. Ask if someone is free tomorrow.
7. Ask if you can take a message.
8. Leave a message that you called.
9. Tell someone to call back in an hour.
10. Ask your friends if you can make a call from their house.
11. Describe how to make a phone-card call.

 # Игровые ситуации

2-9 Аллó!

1. You are in Moscow for the first time. Your friend Lisa has given you the phone number of her Russian friend Boris. Call Boris, introduce yourself, and suggest getting together.
2. You arranged to meet your friend Nadya at the movie theater at 2:00. It is now 2:15, the movie starts in 15 minutes, and there is no sign of her. Call her house to find out where she is. Leave a message telling her where you will be.
3. You need to call home quickly. Ask Russian friends, or your Russian host mother, if you can make the call from their apartment. Explain how you'll do it.

4. You are staying in your friend Lena's apartment while she's not there. The phone rings. Answer and take a message.
5. You answer the phone at your friend Misha's apartment. Someone calls asking for Dima. Tell him/her that s/he's gotten the wrong number.
6. With a partner, prepare and act out a situation of your own using the topics of this unit.

Устный перевод

2-10 You are helping a friend in your hometown to call an acquaintance, Zhanna Panova, in Moscow. Zhanna speaks English, but her family does not. Help your friend ask to speak with her, and if she's not available, find out how to reach her. Keep in mind that you are calling from your hometown. For residents of North America the difference is between seven and thirteen hours, for example, 6:00 p.m. in Moscow is 11:00 a.m. Atlantic Time, 10:00 a.m. E.T., 9:00 a.m. C.T., 8:00 a.m. M.T., 7:00 a.m. P.T., 6:00 a.m. Alaska time.

ENGLISH SPEAKER'S PART

1. Hello, could I speak to Zhanna?
2. Do you know when she'll be back?
3. This is her friend _____. I'm calling from (state, province, country).
4. I can't. That's _____ here in _____. I'll be at work, and I can't call Moscow from work. Can I call her *now* at work?
5. Do you have her number at work?
6. Do you think she'll still be there in an hour?
7. At six? That's _____ here in _____. Thank you!

Грамматика

1. Cardinal Numbers 1 to 1,000,000

Not every number has a **ь**, but *no number has more than one* **ь**! Where to put the **ь**? All numbers before 40 have the **ь** at the end; all numbers after 40 have it in the middle.

Write compound numbers as separate words, without hyphens. Each individual word can have its own **ь**: 857 = **восемьсо́т пятьдеся́т семь**.

Numbers beginning with ten thousand continue the pattern shown in the table below. Note that large numbers are separated by thousands with a period or a space, not a comma. For example:

> 10 354: **де́сять ты́сяч три́ста пятьдеся́т четы́ре**
> 732 921: **семьсо́т три́дцать две ты́сячи девятьсо́т два́дцать оди́н**
> 1 501 012: **миллио́н пятьсо́т одна́ ты́сяча двена́дцать**

Ones	Teens	Tens	Hundreds	Thousands	Tens of Thousands
1 оди́н	11 оди́ннадцать	10 де́сять	100 <u>сто</u>	1000 ты́сяча	10 000 де́сять ты́сяч
2 два	12 двена́дцать	20 два́дцать	200 две́<u>сти</u>	2000 две ты́сячи	Pay attention to **два** vs. **две**.
3 три	13 трина́дцать	30 три́дцать	300 три́<u>ста</u>	3000 три ты́сячи	
4 четы́ре	14 четы́рнадцать	40 со́рок	400 четы́<u>реста</u>	4000 четы́ре ты́сячи	
5 пять	15 пятна́дцать	50 пятьдеся́т	500 пять<u>со́т</u>	5000 пять ты́сяч	
6 шесть	16 шестна́дцать	60 шестьдеся́т.	600 шесть<u>со́т</u>	6000 шесть ты́сяч	
7 семь	17 семна́дцать	70 се́мьдесят	700 семь<u>со́т</u>	7000 семь ты́сяч	
8 во́семь	18 восемна́дцать	80 во́семьдесят	800 восемь<u>со́т</u>	8000 во́семь ты́сяч	
9 де́вять	19 девятна́дцать	90 девяно́сто	900 девять<u>со́т</u>	9000 де́вять ты́сяч	

> **Review vowel reduction rules:**
> unstressed **о** → [a] or [ə]
> unstressed **я** → [ɪ]
> unstressed **е** → [ɪ]

Упражнения

2-11 Где ь? For each of the numbers below, indicate whether or not it has a **ь**. If it does, is the **ь** in the middle or at the end?

600	20	16	70	200	30	50	1
18	4	100	90	80	40	8	900

2-12 Indicate the stress in each word. Then read the numbers out loud, paying special attention to stress and vowel reduction.

1. четырнадцать
2. восемнадцать
3. девятнадцать
4. двадцать
5. пятьдесят
6. шестьдесят
7. семьдесят
8. восемьдесят
9. триста
10. пятьсот
11. восемьсот
12. девятьсот

2-13 Say the following telephone numbers. Write them out as words.

1. 167-58-32
2. 346-72-96
3. 521-43-84
4. 424-49-17
5. 686-10-03
6. 974-69-19
7. 891-18-12
8. 294-11-53
9. 752-36-14
10. 619-24-58
11. 120-91-18
12. 465-52-80

➤ *Complete Oral Drill 3 and Written Exercise 2 in the S.A.M.*

2. Звони́ть/позвони́ть кому́ куда́

The verb *to call, to telephone,* **звони́ть/позвони́ть,** takes dative. To call someone's cell phone number is **звони́ть/позвони́ть (кому́) на моби́льник.**

> Ло́ра Кро́сби сказа́ла, что я могу́ **вам** позвони́ть.
> Позвони́те **Ве́ре** на моби́льник. Я не зна́ю, бу́дет ли она́ до́ма.

With this verb, use **в** or **на** followed by the accusative case (**куда́**) of the place being called.

> — Мо́жно отсю́да позвони́ть **в США**?
> — Позвони́ па́пе **на рабо́ту.**

Verb	Person Being Called	Place Being Called
звони́ть/по-	кому́ (*dative*)	куда́ (в/на + *accusative*)
	но́вому сосе́ду Вади́му нашему преподава́телю ру́сской студе́нтке на́шей сосе́дке Мари́и но́вым студе́нтам на́шим друзья́м	в Санкт-Петербу́рг в Москву́ в кинотеа́тр на рабо́ту домо́й

Упражнения

2-14 Отве́тьте на вопро́сы. Answer the questions. Follow the model. Be sure to put the people who were called in the dative case.

    Образе́ц: Вади́м звони́л Ни́не? → *Нет, Ни́на звони́ла Вади́му.*

1. Бори́с звони́л Вади́му?
2. Вади́м звони́л но́вому сосе́ду?
3. Этот студе́нт звони́л Ма́ше?
4. Ка́тя звони́ла но́вому сосе́ду?
5. Михаи́л Ива́нович звони́л Окса́не Петро́вне?
6. Лари́са звони́ла на́шим сосе́дям?
7. Ива́н Петро́вич звони́л на́шей сосе́дке?
8. Но́вые студе́нты звони́ли преподава́телям?
9. На́ши друзья́ звони́ли Алекса́ндру Миха́йловичу?
10. Мари́я звони́ла Васи́лию?

2-15 Соста́вьте предложе́ния. How would you say you called the following places?

    Образе́ц: Ки́ев → *Я звони́л(а) в Ки́ев.*

1. Москва́
2. но́вая библиоте́ка
3. Гру́зия
4. Санкт-Петербу́рг
5. истори́ческий музе́й
6. кино́
7. Колора́до
8. наш университе́т
9. эта шко́ла
10. дом   Домой

2-16 Как по-ру́сски?

1. On Saturday we will call our friend Rick in New York.
2. Usually Rick calls us on Wednesday.
3. — Did you call Marina yesterday?
   — Yes, I called her at work and at home, but she was not there.
4. Call me at 8 p.m. on my cell phone number. I don't know if I'll be at home or not.

2-17 Соста́вьте предложе́ния. Make sentences by combining elements from the columns below. You will need to make the verb agree with the subject, add needed prepositions, and put into the correct case the person or place called.

я			Росси́я
студе́нты	ча́сто		Ки́ев
на́ши друзья́	ре́дко		рабо́та
мы	ка́ждый день	звони́ть	дом
ты	никогда́ не		врач
вы			наш преподава́тель
			ма́ма
			но́вая сосе́дка

> ➤ *Complete Oral Drill 4 and Written Exercise 3 in the S.A.M.*

3. Listening vs. Hearing, Seeing vs. Watching — слы́шать vs. слу́шать, ви́деть vs. смотре́ть

The verbs **слы́шать** and **ви́деть** are often equivalent to the English verbs *to hear* and *to see*.

The verbs **слу́шать** and **смотре́ть** are often equivalent to the English verbs *to listen* and *to watch*.

Я **слы́шала,** что э́тот фильм хоро́ший.

Да, **слу́шаю.**

Как вы сказа́ли? Я вас не **слы́шу.**

Аня **слу́шает** му́зыку.

Я не **ви́жу.**

Они́ **смо́трят** фильм.

English uses "I *can't* hear" and "I *can't* see," but Russians eliminate the word *can't* and say only **Я не слы́шу** and **Я не ви́жу.** The perfective verbs **уви́деть** and **услы́шать** generally have the meaning *to catch a glimpse of* and *to catch the sound of* respectively.

ви́деть/у- (to see)
ви́ж - у
ви́д - ишь
ви́д - ит
ви́д - им
ви́д - ите
ви́д - ят

смотре́ть/по- (to watch)
смотр - ю́
смо́тр - ишь
смо́тр - ит
смо́тр - им
смо́тр - ите
смо́тр - ят

слы́шать/у- (to hear)	слу́шать/по-, про- (to listen)
слы́ш - у	слу́ша - ю
слы́ш - ишь	слу́ша - ешь
слы́ш - ит	слу́ша - ет
слы́ш - им	слу́ша - ем
слы́ш - ите	слу́ша - ете
слы́ш - ат	слу́ша - ют

Упражнения

2-18 Вы́берите ну́жный глаго́л. Pick the correct verb.

1. Я обы́чно (слы́шу/слу́шаю) прогно́з пого́ды по ра́дио.
2. — Вы (слы́шали/слу́шали), кака́я за́втра бу́дет пого́да?
   — Я (слы́шал/слу́шал), что за́втра бу́дет дождь.
3. — Дава́йте (уви́дим/посмо́трим) фильм.
   — Дава́йте лу́чше (услы́шим/послу́шаем) конце́рт.
4. — Вы вчера́ (слы́шали/слу́шали) конце́рт в клу́бе?
   — Что вы сказа́ли? Я вас не (слы́шу/слу́шаю)!
   — Я спроси́л, вы бы́ли на конце́рте?
   — Нет, не была́. Но я (слы́шала/слу́шала), что конце́рт был хоро́ший.
5. Я вообще́ люблю́ (ви́деть/смотре́ть) телеви́зор.
6. — Вы вчера́ (ви́дели/смотре́ли) бра́та?
   — Нет, но я (ви́дел/смотре́л) сестру́.

2-19 Как по-ру́сски?

1. Vanya heard an interesting concert on Sunday.
2. Sonya heard that Vanya went to the concert.
3. Sonya and Vanya saw a movie on Tuesday.
4. Grisha saw the movie too, but he didn't see Sonya and Vanya.

➤ *Complete Oral Drills 5–8 and Written Exercises 4–5 in the S.A.M.*

4. Expressing Ability — мочь/с-

Ло́ра Кро́сби сказа́ла, что я **могу́** вам позвони́ть.

— Не хо́чешь пойти́ в кино́ за́втра?
— Не **могу́.** Мне на́до рабо́тать. Пойдём лу́чше в пя́тницу?
— Договори́лись.

The Russian equivalent of the English *can* is conjugated as follows:

мочь/с- (can, to be able to)
мог - у́
мо́ж - ешь
мо́ж - ет
мо́ж - ем
мо́ж - ете
мо́г - ут
Past tense:
мог, могла́, могли́

The verb form used with мочь/с- is always the infinitive. **Мы мо́жем прочита́ть кни́гу.**

Упражнения

2-20 Запо́лните про́пуски. Fill in the correct form of **мочь**.

1. — Кто сейча́с _____ пойти́ на по́чту?
   — Я не _____, а Ди́ма и Ка́тя свобо́дны. Они́ _____ пойти́.

2. — Аня, у меня́ к тебе́ про́сьба. Я _____ от тебя́ позвони́ть?
   — Коне́чно, _____.

> *Complete Oral Drill 9 and Written Exercise 6 in the S.A.M.*

2-21 Запо́лните про́пуски. Use the correct form of the past tense of *could*.

— Со́ня не _____ найти́ дом Алексе́я.
— Мы то́же не _____ его́ найти́.

5. Review of Short-Form Adjectives

You have seen several adjectives with short-form endings: **до́лжен** — *obligated*, **свобо́ден** — *free, not busy*, **за́нят** — *occupied, busy*, **похо́ж** — *look like*. In this unit you learn new short-form adjectives: **рад** — *glad*, **откры́т** — *open*, and **закры́т** — *closed*.

Short-form adjectives differ from long-form adjectives in the following ways:

1. They occur only in the predicate adjective position; that is, in connection with the verb *to be*. This also means that they appear only in the nominative case.

Мы за́няты.	We [are] *busy*.
Рад вас слы́шать!	[I'm] *glad* to hear from you!

2. Their endings are shorter. Short-form-adjective endings look like noun endings:

   -∅ for masculine singular
   -a for feminine
   -o for neuter
   -ы for plural

3. The plural form is always used with **вы**, even if **вы** refers to only one person.

Анна Петро́вна, вы **за́няты**?

Михаи́л Петро́вич, вы **за́няты**?

This chart gives all forms of the short-form adjectives you know.

	Singular		Plural
он	до́лжен, свобо́ден, за́нят, закры́т, откры́т, похо́ж, рад		
она́	должна́, свобо́дна, занята́, закры́та, откры́та, похо́жа, ра́да	мы́, вы́, они́	должны́, свобо́дны, за́няты, закры́ты, откры́ты, похо́жи, ра́ды
оно́	должно́, свобо́дно, за́нято, закры́то, откры́то, похо́же		

The form used with **я** or **ты** depends on the gender of the person referred to.

The form used with **вы** is always plural, even if only one person is referred to.

Упражнения

2-22 О себе́. Отве́тьте на вопро́сы.

1. Сего́дня вы свобо́дны и́ли за́няты?
2. А за́втра вы бу́дете свобо́дны и́ли за́няты?
3. Что вы должны́ де́лать сего́дня?
4. Что вы должны́ бы́ли де́лать вчера́?
5. Магази́ны в ва́шем го́роде откры́ты и́ли закры́ты в воскресе́нье?
6. В каки́е дни откры́та библиоте́ка ва́шего университе́та?
7. Вы похо́жи на мать?
8. Вы похо́жи на отца́?
9. Ва́ши бра́тья и сёстры похо́жи на роди́телей?
10. Ва́ши де́ти похо́жи на вас?

2-23 Запо́лните про́пуски. Supply the correct forms of the words indicated.

1. **свобо́ден — за́нят**

— Аня, дава́й встре́тимся в во́семь часо́в. Ты _____?

— Нет, я _____. Мо́жет быть, мы встре́тимся за́втра?

— Хорошо́, за́втра я бу́ду _____.

2. **до́лжен — за́нят**

— Хоти́те пойти́ в кино́ сего́дня ве́чером?

— Не мо́жем. Мы _____ занима́ться. Ведь за́втра контро́льная рабо́та. Мо́жет быть, пойдём за́втра?

— За́втра я _____, я _____ рабо́тать.

3. **до́лжен — закры́т**

   Ю́лия и И́горь _____ занима́ться сего́дня, но
   библиоте́ка _____. Поэ́тому они́ занима́ются до́ма.

4. **похо́ж**

   — Э́ти де́ти _____ на роди́телей?
   — Да. Сын _____ на отца́, а дочь _____
      на мать.

5. **свобо́ден — за́нят — до́лжен**

   Кто _____? Кто _____?
   Шу́ра и А́лла _____. Они́ _____ занима́ться.
   Дми́трий _____. Он _____ пойти́ на ры́нок.
   Ки́ра то́же _____. Она́ _____ рабо́тать.
   Алекса́ндра Бори́совна _____. Она́ _____
      пригото́вить обе́д.
   То́лько Бори́с Серге́евич _____. Он отдыха́ет.

6. **откры́т — закры́т**

   — Кни́жный магази́н откры́т сего́дня?
   — Нет, он _____.
   — А «Дом кни́ги» _____?
   — Он то́же _____. Но библиоте́ка _____.
      Пойди́те туда́.

7. **рад — до́лжен**

   Ю́лия _____ , что идёт дождь, потому́ что она́ _____
   занима́ться. А И́горь совсе́м не _____ дождю́. Он хо́чет погуля́ть в
   па́рке.

2-24 Как по-ру́сски?

1. — Are you (*formal*) free today?
   — No, I'm busy. I should study.
   — But the library is closed.

2. — Is this place free?
   — No, it's taken. But these places are free.

3. Is the store open? I have to buy fruit.

4. My sister and I look like our grandmother.

5. I'm glad that I'm free and can go to my friend's place.

> ➤ *Complete Oral Drills 10–11 and Written Exercise 7 in the S.A.M.*

6. Review of Russian Verb Conjugation

All Russian verb forms consist of a *stem* and an *ending*. The *stem* carries the basic meaning of the verb; the *ending* indicates the verb's grammatical function in the sentence. The process of changing verb endings to make a verb agree with its grammatical subject is called *conjugation*. Russian verbs *always* agree with their grammatical subjects.

Conjugation

Conjugation patterns. Russian has two basic verb conjugations. Add endings to the present-future stem. To find this stem, remove the ending (**-ут**, **-ют**, **-ят**, or **-ат**) from the **они́** form of the verb.

е/ё-CONJUGATION

чита́ть (to read)
чита́-**ю**
чита́-**ешь**
чита́-**ет**
чита́-**ем**
чита́-**ете**
чита́-**ют**

> **е or ё**
> These endings are spelled **ё** when stressed, and **е** when unstressed.

идти́ (to go, walk)
ид-**у́**
ид-**ёшь**
ид-**ёт**
ид-**ём**
ид-**ёте**
ид-**у́т**

> For **е/ё**-conjugation verbs, the endings for the **я** and the **они́** forms are spelled -**ю** and -**ют** after vowels and after **ь**. Otherwise they are spelled -**у** and -**ут**.

и-CONJUGATION

говори́ть (to speak)
говор-**ю́**
говор-**и́шь**
говор-**и́т**
говор-**и́м**
говор-**и́те**
говор-**я́т**

> **и**
> These endings are spelled **и** throughout.

слы́шать (to hear)
слы́ш-**у**
слы́ш-**ишь**
слы́ш-**ит**
слы́ш-**им**
слы́ш-**ите**
слы́ш-**ат**

> For **и**-conjugation verbs, the ending for the **я** form is -**ю** and for the **они́** form is -**ят,** *unless* these endings would break the 8-letter spelling rule: After the letters
> **г к х ш щ ж ч ц:**
> • do not write -**ю**, write -**у** instead;
> • do not write -**ят**, write -**ат** instead.

All verbs ending in **-овать/-евать** are **е/ё**-conjugation verbs. The **-ова-/-ева-** from the infinitive is replaced with **-у-** in the conjugated forms:

сове́товать/по- (to advise)
сове́ту-**ю**
сове́ту-**ешь**
сове́ту-**ют**

танцева́ть* (to dance)
танцу́-**ю**
танцу́-**ешь**
танцу́-**ют**

> *Suffix spelled **-ева-** rather than **-ова-** so as not to break the 5-letter spelling rule. Note that the **-овать/-евать** ending does not always mean that conjugated forms feature -**у**: for example, одева́ться is conjugated like занима́ться, reviewed below.

The infinitive is misleading in many Russian verbs. Always rely on the present-future stem. This is especially true of the classes of verbs given below.

All verbs ending in **-авать** are **е/ё**-conjugation verbs. The **-ава-** of the infinitive is not part of the conjugation.

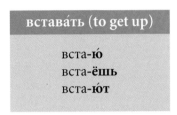

встава́ть (to get up)

вста-**ю́**
вста-**ёшь**
вста-**ю́т**

Other verbs have present-future stems that differ radically from the infinitive:

жить (to live)	**встать (*perf.*, to get up)**	**пить (to drink)**
жив-**у́**	вста́н-**у**	пь-**ю́**
жив-**ёшь**	вста́н-**ешь**	пь-**ёшь**
жив-**у́т**	вста́н-**ут**	пь-**ю́т**

быть (to be)	**е́хать/по- (to go, drive)**	**идти́/пойти́ (to go, walk)**
бу́д-**у**	е́д-**у**	ид-**у́**
бу́д-**ешь**	е́д-**ешь**	ид-**ёшь**
бу́д-**ут**	е́д-**ут**	ид-**у́т**

Verbs with the **-ся** particle take either **е/ё**-conjugation endings (like **занима́ться** or **верну́ться**) or **и**-conjugation endings (like **учи́ться**), with the addition of **-сь** after endings that end in a vowel and **-ся** after endings that end in a consonant.

занима́ться (to study, do homework)	**верну́ться (*perf.*, to return)**
занима́-**ю**-**сь**	верн-**у́**-**сь**
занима́-**ешь**-**ся**	верн-**ёшь**-**ся**
занима́-**ет**-**ся**	верн-**ёт**-**ся**
занима́-**ем**-**ся**	верн-**ём**-**ся**
занима́-**ете**-**сь**	верн-**ёте**-**сь**
занима́-**ют**-**ся**	верн-**у́т**-**ся**

учи́ться (to study, be a student)
уч-у́-сь
у́ч-ишь-ся
у́ч-ит-ся
у́ч-им-ся
у́ч-ите-сь
у́ч-ат-ся

Stress patterns. There are three possible *stress patterns* for Russian verbs:

1. The stress may be *stable* on the stem.
2. The stress may be *stable* on the ending.
3. The stress may be *shifting*. If there is shifting stress, the stress is on the ending in the infinitive and **я** forms, and one syllable closer to the beginning of the word in the other conjugated forms.

	STABLE STRESS			SHIFTING STRESS
STEM STRESS		END STRESS		

чита́ть/про- (to read)	идти́/пойти́ (to go, walk)	писа́ть/на- (to write)
чита́ - ю	ид - у́	пиш - у́
чита́ - ешь	ид - ёшь	пи́ш - ешь
чита́ - ет	ид - ёт	пи́ш - ет
чита́ - ем	ид - ём	пи́ш - ем
чита́ - ете	ид - ёте	пи́ш - ете
чита́ - ют	ид - у́т	пи́ш - ут

слы́шать/у- (to hear)	говори́ть/по- (to speak)	учи́ться/на- (to study)
слы́ш - у	говор - ю́	уч - у́сь
слы́ш - ишь	говор - и́шь	у́ч - ишься
слы́ш - ит	говор - и́т	у́ч - ится
слы́ш - им	говор - и́м	у́ч - имся
слы́ш - ите	говор - и́те	у́ч - итесь
слы́ш - ат	говор - я́т	у́ч - атся

Consonant mutation. Some verbs display *consonant mutation*. So far we have seen the following mutations:

г }
д } → ж
з }

т → ч

с → ш

мочь/с- — *to be able*: могу́, мо́жешь, мо́жет, мо́жем, мо́жете, мо́гут
ви́деть/у- — *to see*: ви́жу, ви́дишь, ви́дят
сказа́ть — *to say*: скажу́, ска́жешь, ска́жут
плати́ть/за- — *to pay*: плачу́, пла́тишь, пла́тят
писа́ть/на- — *to write*: пишу́, пи́шешь, пи́шут

И-conjugation verbs only:

б
п
в } add -л- for the **я** form: **люби́ть** — *to like, love*: люблю́, лю́бишь, лю́бят
ф
м

In **е/ё**-conjugation verbs with consonant mutation, the mutation **з → ж** and **с → ш** may occur in all the conjugated forms:

заказа́ть	показа́ть	рассказа́ть	писа́ть
закаж - у́	покаж - у́	расскаж - у́	пиш - у́
зака́ж - ешь	пока́ж - ешь	расска́ж - ешь	пи́ш - ешь
зака́ж - ет	пока́ж - ет	расска́ж - ет	пи́ш - ет
зака́ж - ем	пока́ж - ем	расска́ж - ем	пи́ш - ем
зака́ж - ете	пока́ж - ете	расска́ж - ете	пи́ш - ете
зака́ж - ут	пока́ж - ут	расска́ж - ут	пи́ш - ут

or the consonant mutation may occur in only some forms:

мочь
мог - у́
мо́ж - ешь
мо́ж - ет
мо́ж - ем
мо́ж - ете
мо́г - ут

> The "middle forms" (**ты, он/она́, мы, вы**) always have the same consonant at the end of the stem (and the same vowel in the ending).

In **и**-conjugation verbs with consonant mutation, the mutation occurs *only* in the **я** form:

люби́ть	купи́ть	гото́вить
лю**бл**ю́	ку**пл**ю́	гото́**вл**ю
лю́бишь	ку́пишь	гото́вишь
лю́бит	ку́пит	гото́вит
лю́бим	ку́пим	гото́вим
лю́бите	ку́пите	гото́вите
лю́бят	ку́пят	гото́вят

> For stems that end in a labial consonant (**б, п, в, ф, м**), add **л** to the **я** form.

плати́ть	ви́деть
пла**чу́**	ви́**жу**
пла́тишь	ви́дишь
пла́тит	ви́дит
пла́тим	ви́дим
пла́тите	ви́дите
пла́тят	ви́дят

Present or Future?

When you conjugate an imperfective verb, you get present tense (**встава́ть:**
Я встаю́ — *I get up*).

When you conjugate a perfective verb, you get perfective future (**встать: Я вста́ну** —
I will get up). Use the perfective future to refer to a single, complete event in the future
when you want to emphasize the result.

When you conjugate the verb **быть** and use it with an imperfective infinitive, you get
imperfective future (**встава́ть: Я бу́ду встава́ть ка́ждое у́тро в семь часо́в.** — *I
will get up every morning at seven*). Use the imperfective future to refer to future events
that extend over a long duration, that are repeated, or for which you do not want to
emphasize the result.

Past Tense

To form the past tense of verbs with infinitives ending in **-ть**, replace **-ть** with **-л** plus
the appropriate ending for gender or number: **-∅, -а, -о, -и**.

	жить	сове́товать	слы́шать	пить
я, ты, он	жил	сове́товал	слы́шал	пил
я, ты, она́	жила́	сове́товала	слы́шала	пила́
оно́	жи́ло	сове́товало	слы́шало	пи́ло
вы, они́	жи́ли	сове́товали	слы́шали	пи́ли

For other verbs, learn the past-tense forms.

	пойти	мочь
я, ты, он	пошёл	мог
я, ты, она́	пошла́	могла́
оно́	пошло́	могло́
вы, они́	пошли́	могли́

Stress patterns are either *stable* or *unstable.* If *unstable,* the instability occurs in the
feminine ending, which, unlike the others, may be *stressed.* This often happens in
single-syllable verbs such as **жить, быть,** and **пить.**

Irregular Verbs

Review the two irregular verbs you know:

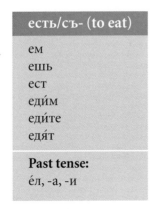

есть/съ- (to eat)
ем
ешь
ест
еди́м
еди́те
едя́т
Past tense:
е́л, -а, -и

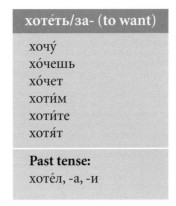

хоте́ть/за- (to want)
хочу́
хо́чешь
хо́чет
хоти́м
хоти́те
хотя́т
Past tense:
хоте́л, -а, -и

Упражнения

2-25 Соста́вьте предложе́ния. Make present-tense sentences by combining elements from the columns below.

		чита́ть газе́ту
		ходи́ть в кино́
		(мочь) ходи́ть в кино́
я		смотре́ть телеви́зор
мы		занима́ться
роди́тели	ча́сто	зака́зывать стол в рестора́не
ты	ре́дко	писа́ть пи́сьма
наш преподава́тель	всегда́	расска́зывать о семье́
вы	не	гото́вить пи́ццу
америка́нцы		пить ко́фе
ру́сские		есть фру́кты
		встава́ть в шесть часо́в
		сове́товать сосе́ду, что де́лать
		хоте́ть отдыха́ть

2-26 Я за́втра э́то сде́лаю. You are asked if you have completed several tasks you were supposed to do. In each case, respond that you will do it tomorrow.

Образе́ц: Вы прочита́ли уро́к? → *Я за́втра его́ прочита́ю.*

1. Вы написа́ли письмо́?
2. Вы показа́ли фотогра́фии?
3. Вы рассказа́ли о семье́?
4. Вы купи́ли кни́ги?
5. Вы пригото́вили пи́ццу?
6. Вы посмотре́ли фильм?
7. Вы позвони́ли дру́гу?
8. Вы заказа́ли стол в рестора́не?
9. Вы поговори́ли со знако́мыми?
10. Вы прочита́ли рома́н?

2-27 Запо́лните про́пуски. Fill in the blanks with the appropriate forms of the verbs. In the past and future tenses, use perfective verbs. For the infinitive, use perfective, unless the action is repetitive (e.g., "I like doing something").

1. (зака́зывать/заказа́ть)
   — Что вы обы́чно _____ на у́жин?
   — Я ча́сто _____ ры́бу и о́вощи, но вчера́ _____ мя́со.

2. (пока́зывать/показа́ть)
   Он лю́бит _____ свои́ фотогра́фии, и за́втра _____ те, кото́рые сде́лал в Москве́.

3. (расска́зывать/рассказа́ть)
   — О чём ты сейча́с _____?
   — Я уже́ _____ о Ки́еве, а сейча́с хочу́ _____ об Оде́ссе.

4. (сове́товать/посове́товать)
   Мой друг всегда́ _____ мне, что взять в рестора́не. Вчера́, наприме́р, он _____ заказа́ть овощно́й сала́т и ку́рицу.

5. (реша́ть/реши́ть)
   — Вы ещё не _____, пое́хать ли в Росси́ю?
   — Нет, мы уже́ всё _____.

6. (поступа́ть/поступи́ть)
   Это пра́вда, что Оле́г сейча́с _____ в университе́т? Да, но он так ма́ло занима́ется, что он, наве́рное, не _____.

7. (покупа́ть/купи́ть)
   Мы обы́чно _____ кни́ги в э́том магази́не. Неда́вно _____ Че́хова и Бу́нина и о́чень хоти́м _____ Ахма́тову.

8. (брать/взять)
   — Почему́ ты не _____ сего́дня суп? Ты же лю́бишь пе́рвое.
   — Да, я всегда́ _____ его́, но сего́дня _____ то́лько второ́е и десе́рт.

9. (есть/съесть, пить/вы́пить)
   Ча́сто на за́втрак мы _____ омле́т и _____ ко́фе. Но вчера́ я _____ ка́шу и чай. За́втра я _____ бутербро́д и _____ апельси́новый сок.

10. (встава́ть/встать)
    Мы обы́чно _____ в семь часо́в, но за́втра мы _____ в шесть часо́в, потому́ что мы е́дем на да́чу.

2-28 Переведи́те на ру́сский язы́к.

1. Mike told us about Russia and showed some pictures of Moscow and other Russian cities.
2. I do not want to order meat for dinner. I will get fish and vegetables.
3. The waiter recommended that they get chicken and potatoes.
4. — Are you still considering what to do?
   — No, we've already decided.
5. Marina applied to graduate school but did not get in. I think she will enroll next year.
6. Mom always says that we need to go to bed at 10:00 and get up at 6:00, but today she told us that we can go to bed and get up later.

2-29 О себе́. Отве́тьте на вопро́сы.

1. Что вы обы́чно де́лаете у́тром? Днём? Ве́чером?
2. Каки́е у вас пла́ны на за́втра? Что вы бу́дете де́лать?
3. Что вы де́лали в суббо́ту?
4. Когда́ вы вста́нете в понеде́льник? Когда́ вы бу́дете встава́ть ле́том?
5. Как вы отдыха́ете ле́том? Осенью? Зимо́й? Весно́й?
6. Как вы отдыха́ете, когда́ хоро́шая пого́да? А как вы отдыха́ете, когда́ о́чень хо́лодно?
7. Где вы у́читесь? Что вы изуча́ете? Вы рабо́таете?
8. Вы должны́ мно́го занима́ться? Где вы обы́чно занима́етесь?
9. Где вы живёте?
10. Где живёт ва́ша семья́? Вы всегда́ там жи́ли? Если нет, где вы жи́ли ра́ньше?
11. Где вы хоти́те жить че́рез де́сять лет? Почему́?

➤ *Complete Oral Drills 12–16 and Written Exercises 8–15 in the S.A.M.*

Давайте почитаем

2-30 Что же хоте́ли переда́ть? Your friend's little brother ripped up her telephone messages. Match the scraps of paper to reinstate the messages. The last half of one message was lost.

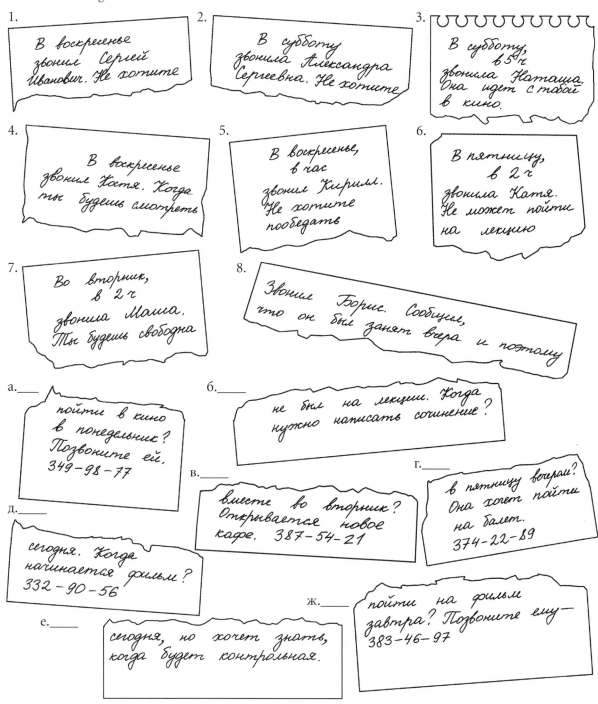

1. В воскресенье звонил Сергей Иванович. Не хотите

2. В субботу звонила Александра Сергеевна. Не хотите

3. В субботу, в 5 ч звонила Наташа. Она идет с тобой в кино.

4. В воскресенье звонил Костя. Когда ты будешь смотреть

5. В воскресенье, в час звонил Кирилл. Не хотите пообедать

6. В пятницу, в 2 ч звонила Катя. Не может пойти на лекцию

7. Во вторник, в 2 ч звонила Маша. Ты будешь свободна

8. Звонил Борис. Сообщил, что он был занят вчера и поэтому

а.____ пойти в кино в понедельник? Позвоните ей. 349-98-77

б.____ не был на лекции. Когда нужно написать сочинение?

в.____ вместе во вторник? Открывается новое кафе. 387-54-21

г.____ в пятницу вечером? Она хочет пойти на балет. 374-22-89

д.____ сегодня. Когда начинается фильм? 332-90-56

е.____ сегодня, но хочет знать, когда будет контрольная.

ж.____ пойти на фильм завтра? Позвоните ему— 383-46-97

2-31 Телефóнные кáрточки

1. **О чём идёт речь?** All phone users believe they pay too much for international calls. You are about to read a pitch for Russian long-distance calling cards. Before you read, answer these questions:
   - What information do you expect such an ad to give you?
   - What selling points do you expect to see about a long-distance card?

2. **Words you'll need.** Before you read the ad, look over these new words.

   воспóльзоваться (*perf. of* **пóльзоваться**) — *to use*
   вы́годный — *lucrative*
   кáчество — *quality*
   киóск — *newsstand*
   любóй — *any*
   подскáзка — *prompt*
   приобрестú — (*perf.*) *to acquire*: **приобретúте!**
   связь (*f.*) — *connection; communication*
   трáтить врéмя — *to waste time*
   удóбный — *convenient*

3. **Что мы хотúм узнáть?** Now read the ad with the following questions in mind:
   - Name three reasons for getting this company's phone card.
   - How can one get the card?
   - How is the card used?

4. **Подрóбнее.** Reread the ad to determine whether it contains the following information:
   - Card users can call just about any place in the world.
   - Those who want to use the card must have Internet access.
   - The menu system for the card can be made multilingual.
   - The card indicates the cheapest times to call.

Звоните дешевле!

Хотите сделать так, чтобы телефонная связь была **дешевой, удобной** и **практичной**? Воспользуйтесь телефонными карточками FIRST RATE! Вы сможете позвонить из дома, с работы — с любого телефона, в том числе и с мобильного, — в страны бывшего СССР или в любой штат США.

Мы предлагаем

- самые низкие тарифы звонков в страны Восточной Европы и бывшего СССР
- самые низкие цены по США
- возможность звонить из России в другие страны
- качественное обслуживание

Телефонные карточки предназначены для междугородной и международной связи. Соединение устанавливается традиционным путем (через телефонную сеть), а через Интернет вы можете заказать и оплатить карточку.

Телефонные карточки FIRST RATE — это. . .

Удобно: Вы не будете тратить время на поиски места, где продаются карточки, Вы сможете приобрести телефонную карточку через Интернет в любое время дня и ночи, 7 дней в неделю.

Экономично: Хорошее качество связи и супернизкие цены. Мы ищем и находим для Вас те компании, которые могут предложить самые выгодные тарифы и качественную связь.

Просто: Звоните с любого телефона в любое время.

Лучше: Никаких дополнительных затрат! Вы оплачиваете карточку — и звоните.

Понятно: Любая информация о карточках — на английском и русском языках. Все подсказки, которые Вы услышите по ходу набора, по Вашему желанию могут быть на русском, английском, польском и китайском языках.

ГДЕ КУПИТЬ ТЕЛЕФОННУЮ КАРТОЧКУ FIRST RATE?
В любом киоске «Роспечать»
Или в Интернете на сайте www.firstrate.ru

А там все просто!

- Выберите страну, в которую собираетесь звонить
- Выберите соответствующую карточку
- Приобретите карточку и ее PIN-код придет на ваш e-mail

5. **Но́вые слова́ из конте́кста.** Now review the ad to figure out the meaning of these words:

   a. **тари́ф** doesn't exactly mean *tariff*. Judging from context, what does it mean?
   b. **ка́чественный** — Ка́чество is *quality*. What does **ка́чественное обслу́живание** mean?
   c. **бы́вший** is an adjective related to **был**. What then is **бы́вший СССР** (**Сою́з Сове́тских Социалисти́ческих Респу́блик**)?
   d. **возмо́жность** — You know **невозмо́жно**. What then is **возмо́жность**?
   e. **опла́чивать** is almost synonymous with a shorter verb with the same root. What is the root, the shorter verb, and the meaning of both words?
   f. **соедине́ние** is a noun related to **соединённый** (**Соединённые Шта́ты Аме́рики**), but it doesn't mean *unification*. What does it mean?
   g. **предназна́чен** (**предназна́чена, предназна́чено, предназна́чены**) means *meant for*. What is at the root of this word?

Review the ad again to find out how to say the following things in Russian.

- the lowest rates
- intercity connection; international connection
- through the telephone network
- high-quality connection
- choose the country you plan to call

Файл Правка Вид Переход Закладки Инструменты Справка	
http://yaschik.ru	Перейти

yaschik.ru

НАПИСАТЬ   ВХОДЯЩИЕ   ПАПКИ   НАЙТИ ПИСЬМО   АДРЕСА   ЕЖЕДНЕВНИК   НАСТРОЙКИ

От: valyabelova.234@mail.ru
Кому: popovaea@inbox.ru
Копия:
Скрытая:
Тема: Мобильники в школе

простой формат

Дорогая Елена Анатольевна!

Могу Вас обрадовать. В американских школах мобильники запрещены°. Если тебя поймают° с мобильником на уроке, то сразу° конфискуют его и могут не вернуть. И дело не только в этикете.	*prohibited catch* *immediately*
К обману° на контрольных работах° здесь относятся очень строго° и считают°, что легко обмануть с помощью° мобильника.	*cheating tests* *strictly consider* *with the aid of*
Как раз из-за этого° у нас на днях был настоящий кризис. Вы помните мою американскую «сестру» Анну, ученицу 12-го класса. Позавчера она писала контрольную работу по химии. Учительницу по этому предмету° Анна ненавидит°. А учительница, в свою очередь,° считает, что Анна «не использует° полностью свой потенциал». Действительно, нельзя сказать, что Анна будущий химик. Естественные° науки ей даются трудно, да и учительница эта, видимо°, не очень-то помогает°.	**как раз и́з-за э́того** — *precisely because of this* *subject hate* **в свою́ о́чередь** —*in turn use* *natural* *apparently helps*
Так вот. Анна писала контрольную. Забыла о том, что° мобильник у неё в рюкзаке включён°. Вдруг° он начинает звонить. Учительница тут же вызывает° Анну, и начинается скандал: ты, мол°, прекрасно знаешь, что мобильники запрещены, тебе на мобильник посылают° ответы на вопросы. Это обман! Мы же тебя выгоним° из школы… Вот такая была сцена°. Ещё надо сказать, что здесь обман на контрольной воспринимается° как ОЧЕНЬ серьёзное нарушение правил. Если ты списал° и тебя поймали°, то° это сразу провал°.	**о том, что** — *about the fact that* *switched on suddenly* *summons* *so to speak* *send* *will expel* *scene* *is taken as* **наруше́ние пра́вил** — *violation of the rules copied caught* **если…то** — *if…then failure ("F")*
Анна стояла и объясняла°, что это не обман, а просто она забыла, что положила° мобильник в рюкзак. И учительница ей поверила°. (Анна всё равно° получила плохую отметку° на контрольной!)	*explained* *had put* *believed* **всё равно́** — *all the same grade*

Другое дело в университете. Там все студенты ходят с трубками. Только не дай Бог°, мобильник зазвонит во время урока. А то° надо сто раз извиняться и надеяться°, что преподаватель в хорошем настроении°.

не дай Бог — God forbid
а то — or else…
hope
mood

Валя

От: popovaea@inbox.ru
Кому: valyabelova.234@mail.ru
Копия:
Скрытая:
Тема: Мобильники в школе

простой формат

Здравствуй, Валя!

Ты хочешь сказать, что в Америке нет шпаргалок°? Впрочем°, это соответствует° образу° «законопослушного° американца». Но у меня другое объяснение. Все говорят, что школьная программа в Америке не очень-то трудная, особенно по точным и естественным наукам. Я знаю многих, кто видел американские учебники по математике и физике. У них у всех одни и те же° впечатления°: учебники красивые с хорошим дизайном, а материал на уровне младших классов. Так что, может быть, в Америке не шпаргалят°, потому что это просто не нужно. А здесь требования° очень высокие, иногда слишком°. И школьники реагируют соответственно°.

crib sheets
on the other hand   matches   image
law-abiding

один и тот же — the exact same
impressions

use crib sheets

demands   too (much)
accordingly

Е.

1. Вопросы

а. Где учится Анна Рамос? В каком классе она учится?

б. Почему учительница химии думала, что Анна обманывала на контрольной работе?

в. Что Анна думает об этой учительнице?

г. Что думает учительница химии об Анне?

д. Анна хорошо знает химию?

е. В вашем университете можно ответить на телефонный звонок во время лекции?

ж. Как вы ду́маете, в Росси́и студе́нты ча́сто прихо́дят на контро́льную рабо́ту со шпарга́лками? А в ва́шем университе́те и́ли шко́ле?

з. Како́е впечатле́ние у Еле́ны Анато́льевны об америка́нских шко́лах?

и. Почему́, по мне́нию Еле́ны Анато́льевны, ру́сские шко́льники иногда́ шпарга́лят?

2. **Язы́к в конте́ксте**

a. **Flavoring particles.** Russian has a few "flavoring" words with no fixed meaning and no grammatical endings:

же — intensifies the words around it: **Мы *же* тебя́ вы́гоним из шко́лы** — *Look, we'll throw you out of school!*

-то — introduces a note of sarcasm: **Но учи́тельница, ви́димо, не *о́чень-то* помога́ет.** — *But apparently the teacher **doesn't exactly** help!*

мол — acts as a colloquial set of oral quotation marks: **Тебе́, *мол*, на моби́льник посыла́ют отве́ты на вопро́сы.** — *So, **she says**, they're sending you the answers through your cell phone.*

Your feel for where you can use flavoring particles will expand with additional exposure to Russian.

b. **Word roots**

относи́ться (отношу́сь, отно́сишься) (к кому́, чему́) — *to relate to something; to feel about something*: **Как вы отно́ситесь к э́тому преподава́телю?** *How do you feel about that teacher?* Remember that **отноше́ние** is relationship.

соотве́тств… < **со** + **отве́т** = *co + respond*: **соотве́тствовать (чему́)** — *to correspond to something; to match something*; **соотве́тственно** — *correspondingly; accordingly*

спи́сывать/списа́ть < **с** + **писа́ть** = *off + write = copy*

помога́ть/помо́чь (помогу́, помо́жешь, помо́гут, помо́г, помогла́) (кому́) — *to help*. You know **мочь (могу́, мо́жешь, мо́гут, мог, могла́)** — *to be able*. Look at this verb as meaning *to enable*. What does the noun **по́мощь** (*она́*) mean?

c. **Word order.** More and more you will find that Russian word order places the new and important information at the end of the sentence, regardless of who is doing what to whom. That's why case is so important in Russian. Look at these sentences:

К обма́ну на контро́льных рабо́тах здесь отно́сятся о́чень стро́го.
Who feels how about what?

Учи́тельницу по э́тому предме́ту Анна ненави́дит.
Who hates whom?

Есте́ственные нау́ки ей даю́тся тру́дно.
Who has trouble with what?

Тебе́, мол, на моби́льник посыла́ют отве́ты на вопро́сы.
Who is sending what to whom by what method?

The following poem is an excerpt from Russia's most famous work about a telephone and one of the best-known Russian poems for children.

Корне́й Чуко́вский (1882–1969) — псевдони́м. Его́ на са́мом де́ле зва́ли Никола́й Ива́нович Корнейчуко́в. Чуко́вский — изве́стный писа́тель, перево́дчик и литературове́д. Среди́ его́ перево́дов из англи́йской литерату́ры «Ма́угли» (Rudyard Kipling's *Jungle Book*). Он написа́л мно́го изве́стных стихо́в для дете́й.

> **Его́ на са́мом де́ле зва́ли** — *He was actually called...*
> **перево́дчик** — *translator*
> **литературове́д** — *literature scholar*
> **среди́** — *among*
> **стихи́** — *poetry*

Телефо́н (1926, отры́вок)

У меня́ зазвони́л телефо́н.
— Кто говори́т?
— Слон.
— Отку́да?
— От верблю́да.
— Что вам на́до?
— Шокола́да.
— Для кого́?
— Для сы́на моего́.
— А мно́го ли присла́ть?
— Да пудо́в э́так пять
Или шесть:
Бо́льше ему́ не съесть.
Он у меня́ ещё ма́ленький!

А пото́м позвони́л
Крокоди́л.
И со слеза́ми проси́л:
— Мой ми́лый, хоро́ший,
Пришли́ мне кало́ши.
И мне, и жене́, и Тото́ше.
— Посто́й, не тебе́ ли
На про́шлой неде́ле
Я вы́слал две па́ры
Отли́чных кало́ш?
— Ах те, что ты вы́слал
На про́шлой неде́ле,
Мы давно́ уже́ съе́ли
И ждём не дождёмся,
Когда́ же ты сно́ва пришлёшь
К на́шему у́жину

Дю́жину
Но́вых и сла́дких кало́ш!

А пото́м позвони́ли зайча́тки:
— Нельзя́ ли присла́ть перча́тки?

А пото́м позвони́ли марты́шки:
— Пришли́те, пожа́луйста, кни́жки!

А пото́м позвони́л медве́дь
Да как на́чал, как на́чал реве́ть.

— Погоди́те, медве́дь, не реви́те,
Объясни́те, чего́ вы хоти́те?

Но он то́лько «му» да «му»,
А к чему́, почему́ —
Не пойму́!
— Пове́сьте, пожа́луйста, тру́бку!

Слова́рь

верблю́д — *camel*
вы́слать (*perf.*) — *to send, send out*
да = и
дю́жина = 12
ждём не дождёмся — *We can't wait!*
зазвони́ть (*perf.*) — *to begin ringing*
зайча́тки (*sing.* **зайчо́нок**) — *baby rabbits*
кало́ши — *galoshes*
к чему́ — *What for?*
марты́шка — *monkey*
медве́дь — *bear*
Объясни́те — (**объясни́ть**, *perf.*) — *Explain!*
отли́чный — *excellent*
отры́вок — *excerpt*
пове́сить тру́бку — *to hang up* (*the receiver*)
Погоди́те — *Wait!*
поня́ть (**пойм-у́, -ёшь, -му́т**) (*perf.*) — *to understand*
посто́й — *Wait a minute.*
присла́ть (*perf., imperative:* **пришли́**) — *to send*
проси́ть (*impf.*) — *to ask for something, to request*
пуд — (*a weight measure, equivalent to about 36 lbs.*)
реве́ть = гро́мко пла́кать — *to cry loudly*
сла́дкий — *sweet*
слеза́ — *tear;* **со слеза́ми** — *in tears*
слон — *elephant*
сно́ва = ещё раз
э́так — *or so, about*

Давайте послушаем

2-32 Радионяня

The children's radio program **Радионяня** was very popular in the 1960s and 1970s. **Радионяня** taught everything from proper spelling and speech habits to the rules of etiquette. The format was always the same: An overly pedantic teacher, Nikolai Vladimirovich, challenged two childlike adults, Sasha and Alik, to make a proper invitation, accept a gift politely, or use words correctly. Sasha and Alik would bumble through each assignment, trying again and again, until they finally got it all right.

In this episode, Nikolai Vladimirovich asks Sasha and Alik to make a telephone call. In the course of the lesson, the two stooges show how *not* to do everything they are supposed to do: asking for someone on the phone, excusing oneself after dialing a wrong number, and limiting one's use of the phone lines (many of which are shared party lines) to short, essential conversations.

You will need these expressions:

> **уме́ть (уме́-ю, -ешь, -ют)** + *infinitive* — *to know how*
> **(не)ве́жливо** — *(im)politely*

1. Nikolai Vladimirovich tells Sasha to show how to use the telephone. Sasha makes six telephone calls, and does something wrong in every call except the last one. Listen to the recording and determine what sorts of mistakes he makes.

2. Listen to the episode again. Use context to determine the meanings of these words. They are given in the order you hear them.

   брать тру́бку
   набира́ть но́мер
   телефо́н за́нят
   Подождём мину́тку. . .

3. Listen once again and determine the most likely meaning for the following words and phrases.

   а. назва́ть себя́
   i. answer the phone
   ii. hang up the phone
   iii. give one's number
   iv. give one's name

   б. угада́ть
   i. to make a guess
   ii. to take a message
   iii. to dial the operator
   iv. to call back

в. Тем бо́лее!

    i. All the more reason!

    ii. Not at all!

    iii. Never mind!

    iv. That's a good question!

г. пыта́ются дозвони́ться

    i. are unable to get to sleep at night

    ii. are trying to get through on the phone

    iii. are getting more and more worried

    iv. are beginning to feel put upon

4. At the end of the recording Nikolai Vladimirovich gives some general advice about tying up the phone lines. Summarize what he has to say. Be as specific as you can.

Новые слова и выражения

NOUNS

го́род (*pl.* города́)	city
код го́рода	area code
контро́льная рабо́та	quiz, test
про́сьба	request
разгово́р	conversation; telephone call
телефо́нная ка́рточка	telephone card

ADJECTIVES

беспла́тный	free (of charge)
закры́т, -а, -о, -ы	closed
за́нят, занята́, за́нято, за́няты	busy
откры́т, -а, -о, -ы	open
рад, ра́да, ра́ды (чему́)	glad
телефо́нный	telephone (*adj.*)
то́т же (та́ же, то́ же, те́ же)	the same

VERBS

встава́ть/встать	to get up
(встаю́, -ёшь, -ю́т)	
(вста́н-у, -ешь, -ут)	
дозвони́ться (*perf.*) (до кого́)	to get through (*to someone*) on the phone
(дозвон-ю́сь, -и́шься, -я́тся)	
заходи́ть/зайти́	to stop by
(захож-у́, захо́д-ишь, -ят)	
(зайд-у́, -ёшь, -у́т; зашёл, зашла́)	
звони́ть/по- (кому́ куда́)	to call
(звон-ю́, -и́шь, -я́т)	
мочь/с-	to be able
(могу́, мо́жешь, мо́гут; мог, могла́, могли́)	
перезвони́ть (*perf.*) (кому́)	to call back
(перезвон-ю́, -и́шь, -я́т)	
танцева́ть/по-	to dance
(танцу́-ю, -ешь, -ют)	

Verbs for which you need to know only the following forms:

дал, дала́, да́ли	gave
(я) жду	I'm waiting
переда́ть (*perf. imper.* переда́йте)	to transmit; to convey

Новые слова и выражения

ADVERBS

отсю́да — from here

OTHER WORDS AND PHRASES

во́все не	not at all
всё-таки	nevertheless
Вы не туда́ попа́ли.	You have the wrong number.
Извини́те за беспоко́йство.	Sorry to bother you.
На́до же!	(*an expression of surprise or disbelief*)
Ничего́.	It's no bother.
Сейча́с позову́.	I'll call [him, her] to the phone.
хотя́ бы по телефо́ну	even if only by phone
Что (кому́) переда́ть?	What should I pass on (to whom)? (Any message?)

NUMBERS 1–1,000,000 — See Section 1.

PASSIVE VOCABULARY

деше́вле	cheaper
знако́мство	friendship; becoming acquainted

PERSONALIZED VOCABULARY

_____

_____

_____

_____

_____

_____

Как попасть?

Коммуникативные задания

- Describing your city
- Getting around town in Russia
- Giving and understanding simple directions
- Reading maps and directions
- Reading about a city's transportation system

Грамматика

- **В го́роде есть . . .**
- Having: Overview
- Asking for directions: **Как попа́сть . . . куда́? Как добра́ться до . . . чего́? Где нахо́дится . . . что?**
- Telling where something is located: **спра́ва от чего́, сле́ва от чего́, напро́тив чего́, (не)далеко́ от чего́, бли́зко от чего́,**

ря́дом с чем, на ю́ге, на се́вере, на восто́ке, на за́паде, в це́нтре
- Giving simple directions
- Means of transportation: **е́здить ~ е́хать/по- на чём**
- How long does it take?
- Going verbs: **ходи́ть ~ идти́/пойти́; е́здить ~ е́хать/пое́хать**
- Forming the imperative
- Verb aspect and the imperative

Чтение для удовольствия

- **Окуджа́ва. «После́дний тролле́йбус»**

Культура и быт

- Public transportation in Russian cities
- Taxis, official and unofficial

Точка отсчёта

О чём идёт речь?

3-1 Достопримеча́тельности го́рода. Посмотри́те на фотогра́фии достопримеча́тельностей Москвы́ и Санкт-Петербу́рга. Каки́е места́ вы бы хоте́ли посмотре́ть?

Москва́

Это Кра́сная пло́щадь и Кремль. Это географи́ческий центр го́рода.

Это Арба́т. Этот истори́ческий райо́н го́рода нахо́дится недалеко́ от це́нтра.

Это Третьяко́вская галере́я. В ней мо́жно уви́деть шеде́вры ру́сского иску́сства.

Это Моско́вский университе́т. Здесь у́чится бо́лее 24 000 студе́нтов. Он нахо́дится на Воробьёвых гора́х.

Санкт-Петербург

Это Зи́мний дворе́ц. Здесь ра́ньше жи́л царь. Тепе́рь э́то музе́й Эрмита́ж.

Это Петропа́вловская кре́пость. Здесь Пётр I на́чал стро́ить своё «Окно́ в Евро́пу».

Это Спас на крови́. Здесь в 1881 году́ был уби́т импера́тор Алекса́ндр II.

Это Марии́нский теа́тр. Здесь ра́ньше танцева́л Михаи́л Бары́шников.

3-2 Что есть у вас в го́роде?

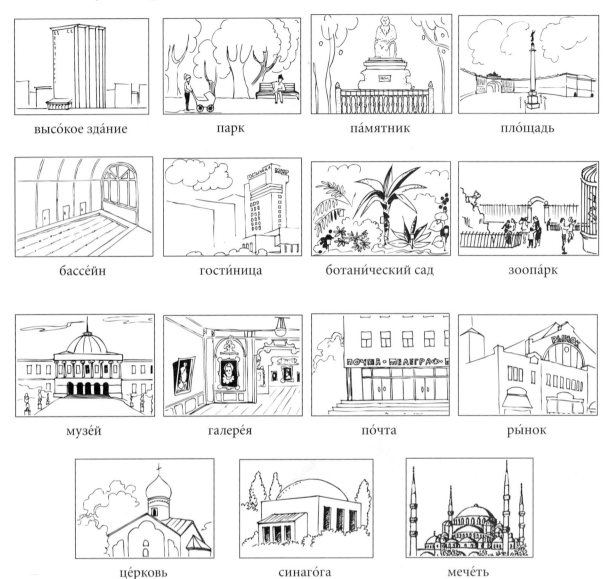

высо́кое зда́ние   **парк**   **па́мятник**   **пло́щадь**

бассе́йн   **гости́ница**   **ботани́ческий сад**   **зоопа́рк**

музе́й   **галере́я**   **по́чта**   **ры́нок**

це́рковь   **синаго́га**   **мече́ть**

1. У вас в го́роде есть высо́кие зда́ния? Они́ но́вые и́ли ста́рые? В како́м го́роде ва́шей страны́ есть са́мое высо́кое зда́ние? Как оно́ называ́ется?

2. Каки́е у вас па́рки? Они́ больши́е и́ли ма́ленькие? Они́ краси́вые? У вас есть люби́мый парк? Как он называ́ется?

3. У вас в це́нтре го́рода стои́т па́мятник? Он но́вый и́ли ста́рый?

4. В ва́шем го́роде есть пло́щадь? Она́ больша́я и́ли ма́ленькая? Вы лю́бите туда́ ходи́ть?

5. У вас в го́роде и́ли в университе́те есть бассе́йн? Мо́жно купа́ться весь год и́ли то́лько ле́том?

6. Каки́е у вас в го́роде гости́ницы? (больши́е, ма́ленькие, дороги́е, дешёвые, ую́тные)

7. У вас в го́роде есть ботани́ческий сад? Он большо́й и́ли ма́ленький? Как он называ́ется? Он нахо́дится в це́нтре го́рода? Вы там бы́ли?

8. Зоопа́рк есть у вас? Он большо́й и́ли ма́ленький? Ва́ша семья́ лю́бит туда́ ходи́ть?

9. В ва́шем го́роде есть музе́и и галере́и? Вы лю́бите туда́ ходи́ть? Что мо́жно там посмотре́ть? (америка́нское иску́сство, африка́нское иску́сство, ру́сское иску́сство, европе́йское иску́сство, совреме́нное иску́сство, класси́ческое иску́сство)

10. По́чта у вас но́вая и́ли ста́рая? Она́ больша́я и́ли ма́ленькая? Вы ча́сто и́ли ре́дко хо́дите на по́чту?

11. У вас в го́роде есть ры́нок? Что там продаю́т?

12. У вас в го́роде есть ста́рые це́ркви, синаго́ги и́ли мече́ти? А но́вые есть?

3-3 Ви́ды тра́нспорта.

метро́

авто́бус

трамва́й

тролле́йбус

такси́

маши́на

велосипе́д

1. Каки́е ви́ды тра́нспорта есть в ва́шем го́роде? Каки́х ви́дов тра́нспорта нет у вас?

2. В больши́х города́х в Росси́и есть метро́. В каки́х города́х ва́шей страны́ есть метро́?

3. В больши́х и ма́леньких города́х в Росси́и есть авто́бусы, трамва́и и тролле́йбусы. В каки́х города́х ва́шей страны́ есть авто́бусы, трамва́и и тролле́йбусы?

4. В Москве́ мно́гие лю́ди е́здят на рабо́ту на метро́. В каки́х города́х ва́шей страны́ мно́гие е́здят на рабо́ту на метро́? У вас в го́роде мно́гие е́здят на рабо́ту на метро́?

5. У вас в го́роде мно́гие е́здят на рабо́ту на авто́бусе? На маши́не? На велосипе́де? На такси́?

6. Вы е́здите на заня́тия на авто́бусе? На велосипе́де? На метро́? Или вы хо́дите на заня́тия пешко́м?

3-4 Куда́ идти́?

1. **Вопро́сы к карти́нке.** Что́бы купи́ть газе́ту, де́вушка должна́ идти́ напра́во и́ли нале́во? Что́бы попа́сть в це́рковь, де́вушка должна́ идти́ напра́во и́ли пря́мо?

2. **Пра́ктика.** Tell a partner to go in various directions as quickly as you can until it becomes automatic. Use the phrases: **Иди́ пря́мо, иди́ нале́во, иди́ напра́во.**

3-5 Далеко́ и́ли недалеко́? Look at the metro map of Moscow to the right. Imagine that you are at Tretyakov station (**ста́нция метро́ «Третьяко́вская»**). Ask a partner where various stations are located. Your partner will find the stations and tell you whether they are nearby or far away.

— Вы не зна́ете, как попа́сть на Ле́нинский проспе́кт?
— **Это далеко́.**

— Вы не зна́ете, где нахо́дится Макдо́налдс?
— **Это недалеко́.** [и́ли: Это **ря́дом/бли́зко.**]

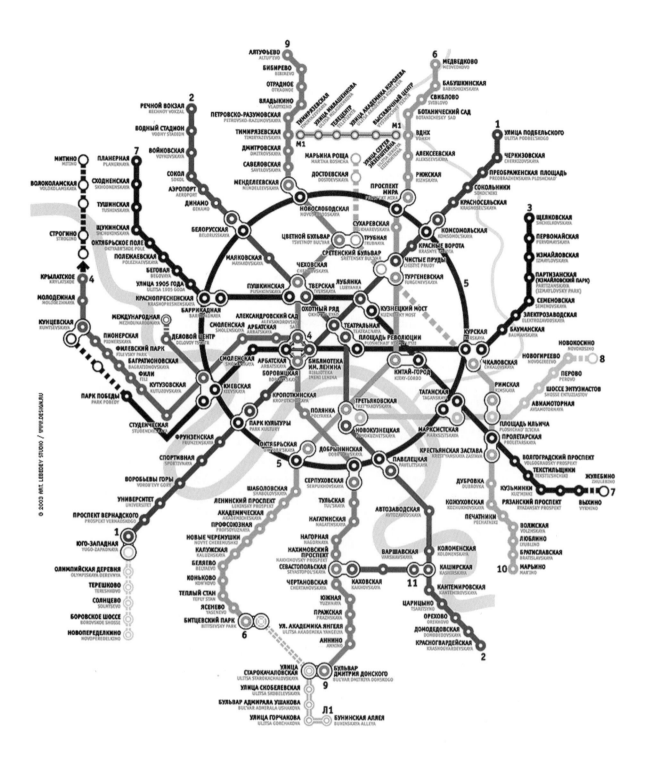

Разговоры для слушания

Разгово́р 1. Как попа́сть на пло́щадь Маяко́вского?
Разгова́ривают Ме́ган и прохо́жий.

1. Куда́ Ме́ган хо́чет пое́хать?
   а. в Кремль   в. на пло́щадь Маяко́вского
   б. на пло́щадь Пу́шкина   г. в университе́т

2. Каки́е авто́бусы туда́ иду́т?
   а. 1-й   в. 25-й
   б. 3-й   г. 29-й

3. Како́й тролле́йбус идёт в э́то ме́сто?
   а. 1-й   в. 25-й
   б. 3-й   г. 29-й

4. Где мо́жно купи́ть тало́ны на городско́й тра́нспорт?
   а. в кио́ске   в. на ста́нции метро́
   б. у води́теля   г. в магази́нах

Культура и быт

Биле́ты на тра́нспорт

Major Russian cities have an extensive public transportation system consisting of a **метро́** — *subway,* **авто́бусы** — *buses,* **тролле́йбусы** — *electric buses,* and **трамва́и** — *trams,* or *electric streetcars on rails.* Fares are low by North American standards. Passengers buy **биле́ты** or **тало́ны** in advance at kiosks, or from the bus driver.

Разгово́р 2. Где нахо́дится Макдо́налдс?
Разгова́ривают Ада́м, прохо́жий и милиционе́р.

1. Куда́ хо́чет идти́ Ада́м?
2. Ада́м спра́шивает прохо́жего, как туда́ попа́сть, но не получа́ет отве́та. Почему́?
3. Пото́м Ада́м обраща́ется к милиционе́ру. На ка́ком ви́де тра́нспорта он сове́тует Ада́му е́хать?
4. На како́й остано́вке Ада́м до́лжен вы́йти?
5. Кака́я у́лица ему́ нужна́?
6. Как называ́ется пло́щадь, кото́рую Ада́м до́лжен найти́?

Разгово́р 3. Вы не туда́ е́дете.

Разгова́ривают Тим и пожила́я же́нщина.

пожила́я – elderly

1. Куда́ хо́чет пое́хать Тим?
2. Пассажи́р говори́т Ти́му, что он не туда́ е́дет. Како́й вид тра́нспорта ему́ ну́жен?
3. На како́й ста́нции метро́ ну́жно сде́лать переса́дку?
4. На како́й остано́вке он до́лжен вы́йти?
5. Како́й ему́ ну́жен тролле́йбус?
6. Тим ду́мает, что дое́хать до университе́та на городско́м тра́нспорте о́чень сло́жно. Как он реша́ет е́хать в университе́т?

Культу́ра и быт

In St. Petersburg, and increasingly in Moscow, there are full-time **контролёры** who both sell and check for tickets on the bus, trolley, or tram. Passengers without tickets or with improperly validated tickets are fined.

Вы сейча́с выхо́дите? Public transportation is often crowded. If you find yourself far from the door and you want to get off, ask the person in front of you **Вы сейча́с выхо́дите?** — *Are you getting out now?* If the answer is no, he or she will stand aside to let you pass.

Давайте поговорим

Диалоги

1. Можно пройти пешком?

Tell me

— Скажите, пожалуйста, как
попасть на проспект
Стачек?
— Проспект Стачек? А что
вам там нужно?
— Кинотеатр «Зенит».
— Это недалеко. Вам надо
сесть на метро и проехать
одну станцию. Надо выйти
на станции «Автово».
— И кинотеатр рядом?
— Да. Идите прямо и налево.
— Спасибо.

2. Как туда попасть?

— Я слушаю.
— Сара, здравствуй! Это
Лариса. Ты сегодня не
хочешь пойти в кино?
— Сегодня не могу.
— А завтра в семь часов?
— Хорошо.
— Ты знаешь, где находится
кинотеатр «Экран»?   *is found*
— Нет, не знаю. Как туда
добраться? *– get to*

— Это недалеко от института. Нужно сесть на пятый трамвай   *–sit –5°*
и проехать одну остановку.
— Одну остановку? А можно пешком?   *necessary – by foot*
— Конечно, можно. Туда идти десять минут.

90 ◆ Урок 3

3. Вы не туда́ е́дете.

— Ва́ши биле́ты, пожа́луйста.
— Пожа́луйста. Скажи́те, ско́ро бу́дет «Гости́ный двор»?
— Молодо́й челове́к, вы не туда́ е́дете. Вам на́до вы́йти че́рез одну́ остано́вку и сесть на пе́рвый тролле́йбус.
— Зна́чит, на сле́дующей остано́вке?
— Нет, че́рез одну́, на второ́й.
— Вы сейча́с выхо́дите?
— Нет.
— Разреши́те пройти́.

4. До университе́та не довезёте?

— До университе́та не довезёте?
— Куда́ и́менно вам ну́жно?
— Гла́вный вход. Ско́лько э́то бу́дет сто́ить?
— А ско́лько мо́жете дать?
— Две́сти.
— Ма́ло. Это далеко́. Дава́йте три́ста.
— Так до́рого?!
— Не хоти́те — не на́до.
— Ну, ла́дно.
— Сади́тесь.

Культу́ра и быт

Ско́лько сто́ит прое́хать на такси́?

Despite the presence of taxi meters, fares may be negotiable between driver and passenger. Many ordinary citizens use their own cars as unregistered taxis to supplement their income. Whether or not you take an official taxi, be sure to negotiate the fare before getting into the car.

5. Я не могу́ найти́ ва́шу у́лицу.

— Алло́, Аня?
— Нет, её здесь нет. Это Ве́ра.
— Ве́ра, э́то Ке́лли.
— Ке́лли? Где ты?
— На ста́нции метро́ «Петрогра́дская». Ника́к не могу́ найти́ ва́шу у́лицу.
— Хорошо́. Слу́шай внима́тельно. Ты ви́дишь Каменноостро́вский проспе́кт?
— Ви́жу.
— Иди́ пря́мо по Каменноостро́вскому проспе́кту до у́лицы Рентге́на и поверни́ нале́во. Наш а́дрес — у́лица Рентге́на, дом 22, кварти́ра 47.

Вопро́сы к диало́гам

Диало́г 1

1. Эти мужчи́ны разгова́ривают на у́лице и́ли по телефо́ну?
2. Они́ в Росси́и и́ли в Аме́рике? Почему́ вы так ду́маете?
3. О чём спра́шивает пе́рвый мужчи́на: о кинотеа́тре и́ли о музе́е?
4. Это далеко́ и́ли недалеко́?
5. Мо́жно туда́ прое́хать на тролле́йбусе?

Диало́г 2

1. Эти де́вушки разгова́ривают по телефо́ну. Кто кому́ звони́т?
2. Почему́ де́вушки не иду́т в кино́ сего́дня ве́чером?
3. Когда́ они́ пойду́т в кино́?
4. В како́й кинотеа́тр они́ иду́т?
5. Где нахо́дится э́тот кинотеа́тр?
6. Ско́лько вре́мени идти́ из институ́та в кинотеа́тр?

Диало́г 3

1. Этот разгово́р происхо́дит на у́лице и́ли в авто́бусе?
2. Куда́ молодо́й челове́к хо́чет пое́хать?
3. Он туда́ е́дет?
4. Что ему́ на́до сде́лать?

Диало́г 4

1. Этот разгово́р происхо́дит на у́лице и́ли в авто́бусе?
2. Куда́ молодо́й челове́к хо́чет пое́хать?
3. Ско́лько он хо́чет заплати́ть?
4. А ско́лько возьмёт води́тель?

Диало́г 5

1. Аня звони́т Ке́лли, и́ли Ке́лли звони́т Ане?
2. Почему́ Ке́лли не разгова́ривает с Аней?
3. С кем она́ разгова́ривает?
4. Где Ке́лли сейча́с нахо́дится?
5. Кака́я у неё пробле́ма?
6. Како́й а́дрес у Ве́ры и Ани?

Упражне́ния к диало́гам

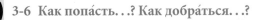

3-6 Как попа́сть…? Как добра́ться…?

1. With a partner, read the following dialogs out loud.

а.

— Как попа́сть на
   проспе́кт Ста́чек?
— Вам на́до сесть на
   метро́… и
   прое́хать одну́
   ста́нцию. На́до
   вы́йти на ста́нции
   «А́втово».

б. — Как добра́ться до Эрмита́жа?
   — Вам на́до сесть на седьмо́й тролле́йбус и прое́хать две остано́вки.

в.

— Где нахо́дится
   кинотеа́тр «Рола́н»?
— Вам на́до сесть на
   трамва́й.
— А мо́жно пешко́м?
— Коне́чно. Туда́ идти́
   де́сять мину́т.

г.

— Я ника́к не могу́ найти́
   твой дом.
— Иди́ пря́мо по
   проспе́кту Смирно́ва
   до Каха́новской у́лицы
   и поверни́ напра́во.

2. Now read the following dialogs, filling in the blanks with appropriate words and phrases.

    а. — Скажи́те, пожа́луйста, _____ _____ на Сенну́ю пло́щадь?
       — Вам на́до _____ на пя́тый авто́бус и _____ одну́ остано́вку.
       — А мо́жно _____?
       — Коне́чно. Туда́ идти́ де́сять мину́т.

    б. — Скажи́те, пожа́луйста, _____ _____ до пло́щади Восста́ния?
       — Вам на́до _____ на метро́ и _____две_____. На́до _____
       на ста́нции «Маяко́вская». Иди́те напра́во по Не́вскому проспе́кту, и
       вы её уви́дите.

    в. — Вы не зна́ете, где _____ Ру́сский музе́й?
       — Вам на́до _____ на метро́ и _____ одну́ _____.
       На́до _____ на ста́нции «Не́вский проспе́кт». Иди́те _____ по
       кана́лу Грибое́дова до пло́щади Иску́сств и _____ напра́во. Сра́зу
       уви́дите музе́й.
       — Спаси́бо большо́е.

3-7 Подгото́вка к разгово́ру. Review the dialogs. How would you do the following?

1. Ask how to get to Stachek Avenue (**проспе́кт Ста́чек**) (McDonald's, the Zenith movie theater, the Hermitage, Red Square).
2. Tell someone to get on the metro (bus, tram).
3. Tell someone to go one stop (two stops) on the metro (trolley).
4. Tell someone to get off at the Avtovo metro station.
5. Ask where the Ekran movie theater (the Mariinsky Theater, the Bolshoi Theater, the Tretiakov Gallery) is located.
6. Ask if you can get somewhere by walking.
7. Say it takes ten minutes (20 minutes, 5 minutes) to walk there.
8. Ask if the Gostinyi Dvor stop is coming up.
9. Tell someone that s/he is going the wrong way.
10. Tell someone to get off in two stops.
11. Ask someone if s/he will be getting off at the next stop.
12. Ask someone in a crowded bus to let you pass.
13. Ask a taxi driver to take you to the university.
14. Ask how much the fare will be.
15. Tell someone you can't find his/her street (house, apartment).
16. Tell someone to listen carefully.
17. Tell someone to go straight (turn right, turn left).

Игровые ситуации

3-8 Как попа́сть. . .? Как добра́ться. . .?

1. In Moscow stop someone on the street and ask him/her if you are far from the Rolan movie theater. Find out how to get there.
2. In Moscow ask a taxi driver to take you to Red Square. Find out how much the fare is.
3. You are on a trolleybus in Moscow. Another passenger asks you if the University stop is coming up soon. Explain that s/he is going the wrong way. S/he will need to get off at the next stop and get on the metro. S/he should look for **Университе́т** station.
4. You have gotten lost on the way to a friend's house in St. Petersburg. You are on Nevsky Avenue (**Не́вский проспе́кт**), not far from Gostinyi Dvor. Call up your friend, explain where you are, and find out how to get to his/her house.
5. You are on a crowded bus in St. Petersburg. Find out if your stop (**гости́ница «Прибалти́йская»**) is coming up soon. Find out when you need to get off. Then make your way toward the front of the bus.
6. From your own town, telephone your Russian-speaking friends Viktor and Lara. Invite them to a party at your place for Saturday night. Be sure to tell them when the party starts and how to get there.
7. With a partner, prepare and act out a situation of your own using the topics of this unit.

Устный перевод

3-9 You are the group leader for some American tourists in St. Petersburg. One of your charges wants to go to the Russian Museum. You don't know how to get there from the hotel, so the two of you ask someone at the front desk. You are the interpreter.

ENGLISH SPEAKER'S PART

1. Can you tell me how to get to the Russian Museum?
2. Is the museum far from the metro stop?
3. It all seems very complicated. I think I'll go by cab.

3-10 Интервью́. Find out as much as you can about the town where a classmate, your teacher, or a Russian-speaking guest was born.

3-11 Моноло́г. Расскажи́те о ва́шем го́роде. Он большо́й и́ли ма́ленький? Где он нахо́дится? Каки́е зда́ния, па́рки, па́мятники, музе́и, сады́ и други́е интере́сные места́ есть у вас в го́роде?

Грамматика

1. В го́роде есть. . .

To name points of interest in your city, use this structure:

В на́шем го́роде *or* **У нас в го́роде**	+ **есть** +	nominative case

В на́шем го́роде есть интере́сный музе́й. *Our city has* an interesting museum.

У нас в го́роде есть большо́й университе́т. *Our city has* a big university.

To say that your city does not have something, use this structure:

В на́шем го́роде *or* **У нас в го́роде**	+ **нет** +	genitive case

В на́шем го́роде нет библиоте́ки. *Our city does not have* a library.

У нас в го́роде нет пло́щади. *Our city does not have* a square.

Упражнение

3-12 Соста́вьте предложе́ния. Following the model, create sentences by indicating whether or not your town has these things.

> **Образе́ц:** теа́тр → *В на́шем го́роде есть теа́тр.*
> or *У нас в го́роде есть теа́тр.*
> or *В на́шем го́роде нет теа́тра.*
> or *У нас в го́роде нет теа́тра.*

1. больша́я центра́льная пло́щадь
2. кафе́
3. ста́рая ма́ленькая библиоте́ка
4. знамени́тый университе́т
5. хоро́ший музе́й
6. большо́й спорти́вный зал
7. но́вая по́чта

2. Having: Overview

To say that a thing has something, use the structure **где** + **есть** + **что** (lit. *In this place there is . . .*). The word **есть** is not always necessary, especially when there is a modifier in the sentence.

В го́роде есть библиоте́ка.	*The city has a library.*
В библиоте́ке есть интере́сные кни́ги.	*The library has interesting books.*
В э́тих кни́гах цветны́е фотогра́фии.	*These books have color photographs.*
На фотогра́фиях — наш го́род.	*In the photographs is our town.*

To say that a person has something, use the structure **у кого́** + **есть** + **что** (lit. *By this person there is . . .*):

У меня́ есть брат.	*I have a brother.*
У бра́та есть но́вая сосе́дка.	*My brother has a new neighbor.*
У его́ но́вой сосе́дки есть соба́ка.	*His new neighbor has a dog.*

To say that a thing or person does not have something, use **где** (for places) or **у кого́** (for people) + **нет** + **чего́**:

В го́роде нет библиоте́ки.	*The town does not have a library.*
У меня́ нет бра́та.	*I do not have a brother.*

Упражнения

3-13 Соста́вьте предложе́ния. Make positive sentences following the models.

Образцы́:

наш университе́т — больши́е общежи́тия → *В на́шем университе́те есть больши́е общежи́тия.*

наш преподава́тель — но́вая маши́на → *У на́шего преподава́теля есть но́вая маши́на.*

1. мой друг — два бра́та
2. на́ше общежи́тие — кафе́
3. библиоте́ка — чита́льный зал и буфе́т
4. я — велосипе́д
5. наш университе́т — библиоте́ка, музе́й и спорти́вный зал
6. на́ша кварти́ра — CD-пле́йер и телеви́зор
7. мы — CD-пле́йер и телеви́зор
8. э́та кни́га — краси́вые фотогра́фии
9. мы — краси́вые фотогра́фии
10. наш го́род — больши́е па́рки

3-14 Соста́вьте предложе́ния. Make negative sentences following the models.

Образцы́:

э́то общежи́тие — лифт → *В э́том общежи́тии нет ли́фта.*

э́та студе́нтка — но́вая кни́га → *У э́той студе́нтки нет но́вой кни́ги.*

1. наш го́род — метро́
2. на́ша библиоте́ка — буфе́т
3. наш преподава́тель — маши́на
4. мой друг — ко́шка
5. э́тот ма́ленький го́род — зоопа́рк
6. я — сын
7. моя́ сосе́дка — дочь
8. на́ша кварти́ра — ковёр
9. ты — телеви́зор
10. вы — CD-пле́йер

3-15 Как по-ру́сски?

➤ *Complete Oral Drills 1–2 and Written Exercises 1–2 in the S.A.M.*

1. The university has a new dormitory.
2. The new dormitory has a store and a cafeteria.
3. The old dormitory didn't have TV sets.
4. My neighbor doesn't have a computer.
5. Who has a television?

3. Asking for Directions

To request simple directions, use one of the following phrases:

Где нахо́дится (что)?
(кинотеа́тр «Экра́н», Эрмита́ж, Не́вский проспе́кт, библиоте́ка, ближа́йшая ста́нция метро́, ближа́йшая остано́вка авто́буса)

Where is . . .?
(the Ekran movie theater, the Hermitage, Nevsky Avenue, the library, the nearest metro station, the nearest bus stop)

Где нахо́дятся (что)?
(кинотеа́тры, лу́чшие рестора́ны, музе́и, теа́тры)

Where are . . .?
(the movie theaters, the best restaurants, the museums, the theaters)

Как попа́сть (куда́)?
(в кинотеа́тр «Экра́н», в Эрмита́ж, на Не́вский проспе́кт, в библиоте́ку, на ближа́йшую ста́нцию метро́, на ближа́йшую остано́вку авто́буса)

How can I get to . . .?
(the Ekran movie theater, the Hermitage, Nevsky Avenue, the library, the nearest metro station, the nearest bus stop)

Как добра́ться (до чего́)?
(до кинотеа́тра «Экра́н», до Эрмита́жа, до Не́вского проспе́кта, до библиоте́ки, до ближа́йшей ста́нции метро́, до ближа́йшей остано́вки авто́буса)

How can I get to . . .?
(the Ekran movie theater, the Hermitage, Nevsky Avenue, the library, the nearest metro station, the nearest bus stop)

It is polite to begin such questions with a phrase such as **Скажи́те, пожа́луйста, . . .**
or **Вы не ска́жете, . . . ?**

Упражнения

3-16 Где нахо́дится. . . ? Ask where the following St. Petersburg sites are.

1. Петропа́вловская кре́пость
2. Гости́ный двор
3. Эрмита́ж
4. Ру́сский музе́й
5. Спас на крови́
6. Исаа́киевский собо́р
7. Каза́нский собо́р
8. Театра́льная пло́щадь
9. Санкт-Петербу́ргский университе́т
10. Дворцо́вая пло́щадь

3-17 Как попа́сть. . . ? Как добра́ться до. . . ? Using both of these phrases, ask
how to get to the following places in Moscow. The phrase following the verb
попа́сть answers the question **куда́** (**в** or **на** + accusative case). The phrase
добра́ться до takes the genitive case.

> **Образе́ц:** Кремль → *Как попа́сть в Кремль?*
> → *Как добра́ться до Кремля́?*

1. Большо́й теа́тр
2. Моско́вский университе́т
3. Третьяко́вская галере́я
4. Истори́ческий музе́й
5. Кра́сная пло́щадь
6. Арба́т
7. ста́нция метро «Юго-За́падная»
8. ГУМ
9. гости́ница «Междунаро́дная»
10. ботани́ческий сад

> ► *Complete Oral Drills 3–4 in the S.A.M.*

4. Telling Where Something Is Located

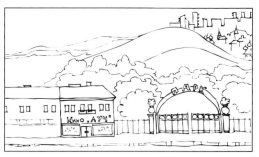

Кинотеа́тр «Заря́» нахо́дится **спра́ва от** библиоте́ки и **сле́ва от** гастроно́ма. Он нахо́дится **напро́тив** по́чты.

Кинотеа́тр «Луч» нахо́дится **недалеко́ от** па́рка, но **далеко́ от** це́нтра го́рода. Он **бли́зко от** па́рка.

Use a noun or noun phrase in the genitive case after the following spatial adverbs:

спра́ва от	to the right of
сле́ва от	to the left of
напро́тив	across from
бли́зко от	near to
далеко́ от	far from
недалеко́ от	not far from

After the spatial adverb **ря́дом с** — *next to*, use a noun or noun phrase in the instrumental case:

Библиоте́ка ря́дом с но́вым кинотеа́тром.

The library is next to the new movie theater.

Кинотеа́тр ря́дом с но́вой библиоте́кой.

The movie theater is next to the new library.

Кремль нахо́дится ря́дом с Кра́сной пло́щадью.

The Kremlin is next to Red Square.

You can also indicate what street something is on (**Кинотеа́тр нахо́дится на Тверско́й у́лице.** — *The movie theater is on Tverskaya Street.*) or what area of the city it's in (**Кинотеа́тр нахо́дится на се́вере [на ю́ге, на восто́ке, на за́паде, в це́нтре] го́рода.** — *The movie theater is in the north [south, east, west, center] of town.*).

Упражнения

3-18 Отве́тьте на вопро́сы.

1. Вы живёте далеко́ и́ли недалеко́ от университе́та?
2. Вы живёте далеко́ и́ли недалеко́ от университе́тской библиоте́ки?
3. Что нахо́дится спра́ва от университе́тской библиоте́ки?
4. Что нахо́дится сле́ва от университе́тской библиоте́ки?
5. Что нахо́дится напро́тив университе́тской библиоте́ки?
6. Университе́тская библиоте́ка нахо́дится бли́зко от спорти́вного за́ла?
7. Что нахо́дится ря́дом со спорти́вным за́лом?
8. Ваш университе́т нахо́дится в це́нтре го́рода?
9. Каки́е достопримеча́тельности нахо́дятся на ю́ге ва́шего го́рода? На се́вере? На восто́ке? На за́паде? В це́нтре?

3-19 Запо́лните про́пуски.

— Наш дом нахо́дится недалеко́ _____ университе́та.
— Зна́чит, вы живёте совсе́м _____ от библиоте́ки!
— Да, как раз спра́ва _____ библиоте́ки! И _____ с мои́м до́мом есть та́кже большо́й парк.

3-20 Как по-ру́сски?

1. Nastya lives across the street from a school.
2. She lives to the left of the post office.
3. Her apartment is not far from downtown.
4. It is far away from the university.
5. Nastya's apartment is close to a movie theater.
6. It is to the right of a store.
7. Our dorm is near the gym, but far from the library.

3-21 Indicate in Russian the location of five buildings in your town or on your campus.

> ➤ *Complete Oral Drills 5–8 and Written Exercises 3–5 in the S.A.M.*

5. Giving Simple Directions

The Russian word **на́до** (or its synonym **ну́жно**), used to express necessity, is often used in giving directions. As always with the words **на́до** and **ну́жно**, if a person is mentioned, the person will be in the dative case.

— Скажи́те, пожа́луйста, как попа́сть на проспе́кт Ста́чек?	Please tell me how to get to Stachek Avenue.
— **Вам на́до** сесть на метро́ и прое́хать одну́ ста́нцию.	*You need to* get on the subway and go one station.

To tell someone what means of transportation to take:

> на́до сесть на метро́ (авто́бус, трамва́й, тролле́йбус)
> на́до взять такси́

To tell someone what stop (station) to get out at:

> на́до вы́йти на сле́дующей остано́вке, че́рез одну́ остано́вку (на второ́й остано́вке), че́рез две остано́вки (на тре́тьей остано́вке)

на́до вы́йти на сле́дующей остано́вке (на́до прое́хать одну́ остано́вку)

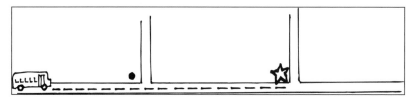

на́до вы́йти че́рез одну́ остано́вку (на второ́й остано́вке, на́до прое́хать две остано́вки)

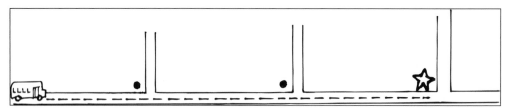

на́до вы́йти че́рез две остано́вки (на тре́тьей остано́вке, на́до прое́хать три остано́вки)

The verb **повора́чивать/поверну́ть** takes the accusative for the street onto which you are turning:

Вам надо **поверну́ть на Петро́вку** (на Новолесну́ю у́лицу, на Не́вский проспе́кт).	You need to *turn onto Petrovka* (onto Novolesnaya Street, onto Nevsky Avenue).

The following short dialog contains the basic expressions needed to tell someone how to get somewhere on foot:

— Скажи́те, пожа́луйста, как попа́сть в библиоте́ку?
— **Иди́те пря́мо** до кинотеа́тра, пото́м **иди́те** (**поверни́те**) **нале́во на у́лицу Ле́рмонтова.** Когда́ уви́дите шко́лу, **иди́те напра́во.** А пото́м вы уви́дите библиоте́ку.

Please tell me how to get to the library.
Walk straight until you get to the movie theater, then *go (turn) to the left onto Lermontov Street.* When you see the school, *go right.* Then you'll see the library.

Упражне́ние

3-22 Как по-ру́сски?

— Please tell me how to get to the university.
— You have to get on bus number two. You have to go two stops.
— Is it possible to walk there?
— Yes, go straight until you get to the library, then turn right onto Pushkin Street.

➤ *Complete Oral Drill 9 and Written Exercises 6–7 in the S.A.M.*

6. Means of Transportation: е́здить ~ е́хать/по- на чём

To indicate means of transportation in Russian, use **на** followed by the name of the vehicle in the prepositional case.

Влади́мир Петро́вич е́дет на рабо́ту **на авто́бусе.**

Ната́лья Па́вловна е́дет на рабо́ту **на метро́.**

Ле́на и Са́ша е́дут на рабо́ту **на маши́не.**

Упражнение

3-23 Как они́ е́дут на рабо́ту?

Образе́ц: *Она́ е́дет на рабо́ту на трамва́е.*

1.

2.

3.

4.

5.

6.

> ➤ *Complete Oral Drills 10–12 in the S.A.M.*

7. How Long Does It Take?

To find out how long it takes to get somewhere, use the following expressions.

Ско́лько вре́мени **идти́** до Эрмита́жа (до кинотеа́тра, до библиоте́ки, до рабо́ты, домо́й)?	*How long does it take to get (walk) to the Hermitage (the movie theater, the library, work, home)?*	Within city, on foot.
Ско́лько вре́мени **е́хать** до Эрмита́жа на авто́бусе (на трамва́е, на маши́не, на метро́, на такси́)?	*How long does it take to get (ride) to the Hermitage by bus (by tram, by car, by metro, by taxi)?*	Within city, via transport.
Ско́лько вре́мени **е́хать** до Санкт-Петербу́рга (до Колора́до, до Москвы́, до Аля́ски)?	*How long does it take to get (drive, go by train) to St. Petersburg (Colorado, Moscow, Alaska)?*	To another city or country, via transport.

Сколько времени **лете́ть** в Санкт-Петербург (в Колора́до, в Москву, на Аля́ску)?	*How long does it take to get (fly) to St. Petersburg (Colorado, Moscow, Alaska)?*	Via air travel.

Possible answers include:

Идти́ до Эрмита́жа 10 мину́т.	*It takes 10 minutes to get (walk) to the Hermitage.*	Within city, on foot.
Ехать до Эрмита́жа на авто́бусе 3 мину́ты.	*It takes 3 minutes to get (ride) to the Hermitage by bus.*	Within city, via transport.
Ехать до Санкт-Петербу́рга 10 часо́в.	*It takes 10 hours to get (drive, go by train) to St. Petersburg.*	To another city or country, via transport.
Лете́ть в Санкт-Петербу́рг 2 часа́.	*It takes 2 hours to get (fly) to St. Petersburg.*	Via air travel.

Упражнения

3-24 О себе́. Отве́тьте на вопро́сы. Tell how long it takes to get from where you live to the following places.

1. Ско́лько вре́мени идти́ до библиоте́ки?
2. Ско́лько вре́мени идти́ до по́чты?
3. Ско́лько вре́мени е́хать до по́чты на маши́не?
4. Ско́лько вре́мени е́хать до бассе́йна на маши́не?
5. Ско́лько вре́мени идти́ до университе́та?
6. Ско́лько вре́мени идти́ до па́рка?
7. Ско́лько вре́мени е́хать до Кана́ды?
8. Ско́лько вре́мени е́хать до Ме́ксики?
9. Ско́лько вре́мени лете́ть в Росси́ю?
10. Ско́лько вре́мени лете́ть в Япо́нию?

3-25 Ско́лько вре́мени. . . ? First, ask how long it takes to walk to the following places in Moscow. Then ask how long it takes to get to the same places on a bus.

1. Большо́й теа́тр
2. Моско́вский университе́т
3. Третьяко́вская галере́я
4. парк Го́рького
5. Кра́сная пло́щадь
6. Макдо́налдс
7. ГУМ
8. Кремль
9. Арба́т
10. Истори́ческий музе́й

➤ *Complete Oral Drill 13 in the S.A.M.*

8. Going Verbs: ходи́ть ~ идти́/пойти́, е́здить ~ е́хать/пое́хать

The *multidirectional* verbs ходи́ть and е́здить refer to motion there and back. The *unidirectional* verbs идти́ and е́хать refer to motion in one direction only.

Use ходи́ть and е́здить to refer to single round trips in the past.

В про́шлом году́ мы **е́здили** в Москву́. Когда́ мы там бы́ли, мы **ходи́ли** в Большо́й теа́тр.	Last year we *went* to Moscow. While we were there, we *went* to the Bolshoi Theater.

Use ходи́ть and е́здить to refer to repeated round trips in the past, present, or future.

В про́шлом году́ мы **е́здили** в Москву́ три ра́за. Тепе́рь мы туда́ **е́здим** ка́ждый ме́сяц. В бу́дущем году́ мы **бу́дем е́здить** в Москву́ ка́ждую неде́лю.	Last year we *went* to Moscow three times. Now we *go* there every month. Next year we *will go* to Moscow every week.
В про́шлом году́ мы ре́дко **ходи́ли** в кино́. Тепе́рь мы ча́сто **хо́дим** туда́. В бу́дущем году́ мы **бу́дем ходи́ть** туда́ ча́ще.	Last year we rarely *went* to the movies. Now we *go* often. Next year we *will go* more frequently.

The use of future-tense multidirectional verbs (such as **бу́дем ходи́ть, бу́дем е́здить**) is rare. In most contexts, you should use the verbs shown in the chart below: **пойду́т, пое́дут** (and their other conjugated forms).

The masculine past-tense form of **идти́, шёл**, is used for precipitation.

Сего́дня идёт дождь (снег).	It's raining (snowing) today.
Вчера́ шёл дождь (снег).	It rained (snowed) yesterday.

The multidirectional ходи́ть and е́здить and the unidirectional идти́ and е́хать are all *imperfective* verbs. You will learn more about Russian verbs of motion later. For the time being, this table summarizes which verbs to use to say *go* in all three tenses.

	You Want To Say . . .	By Foot	By Vehicle
Future	They will go	пойду́т	пое́дут
Present	They are going They are setting out for . . .	иду́т	е́дут
	They make trips to . . .	хо́дят	е́здят
Past	They went (set out for)	пошли́	пое́хали
	They went (made one round trip or several round trips)	ходи́ли	е́здили

Conjugation					
Going By Foot			**Going By Vehicle**		
ходи́ть	идти́	пойти́	е́здить	е́хать	пое́хать
multidirectional imperfective present tense	*unidirectional imperfective present tense*	*unidirectional perfective future tense*	*multidirectional imperfective present tense*	*unidirectional imperfective present tense*	*unidirectional perfective future tense*
хож - у́	ид - у́	пойд - у́	е́зж - у	е́д - у	пое́д - у
хо́д - ишь	ид - ёшь	пойд - ёшь	е́зд - ишь	е́д - ешь	пое́д - ешь
хо́д - ит	ид - ёт	пойд - ёт	е́зд - ит	е́д - ет	пое́д - ет
хо́д - им	ид - ём	пойд - ём	е́зд - им	е́д - ем	пое́д - ем
хо́д - ите	ид - ёте	пойд - ёте	е́зд - ите	е́д - ете	пое́д - ете
хо́д - ят	ид - у́т	пойд - у́т	е́зд - ят	е́д - ут	пое́д - ут
Past tense: ходи́л, -а, -и	*Past tense:* *(precipitation)* шёл	*Past tense:* пошёл пошла́ пошли́	*Past tense:* е́здил, -а, -и	*Avoid past tense for now*	*Past tense:* пое́хал, -а, -и

Упражнения

3-26 Вы́берите ну́жный глаго́л. Pick the correct verb for the following dialogs.

1. Going by foot in the present tense.
   — Do you often *walk*? (хо́дите пешко́м/идёте пешко́м)
   — No, but I'm *walking* to work today because my car is broken. (хожу́/иду́)

2. Going by vehicle in the present tense.
   — I usually *go* to campus by bus, but today I'm *going* by taxi. (е́зжу/е́ду)
   — We're also *going* by cab. (е́здим/е́дем)

3-27 Which verb will you use for *go* in the following dialog? Use context to determine which verb is needed.

— Did Natasha go to Pskov last week?
— Yes. She often goes to Pskov. Her parents live there. She is going again today.
— Does she usually go by train?
— Usually, but today she's going by bus.

3-28 Выберите нужный глагол. Pick the correct verb to express *going* in the following dialog. Pay attention to context:

— Are you going to class today? (хо́дите/идёте)
— I don't go to class on Fridays. (хожу́/иду́)
— Did you go to class yesterday? (ходи́ли/пошли́)
— First we went to class. Then we went to the library. Then we went to the store. Then we went home. (ходи́ли/пошли́)

sidebar: Review Oral Drills 11–12 and complete Written Exercises 8–11 in the S.A.M.

3-29 Как по-ру́сски?

Vasily Petrovich will walk to work today. Tomorrow he'll go to work on the subway. And how will you go to work?

9. Forming the Imperative

When giving directions or issuing commands, it is often possible to use either the expression of necessity you already know (**Вам на́до прое́хать одну́ остано́вку**) or the imperative (command) form of the verb (**Проезжа́йте одну́ остано́вку**). You have already learned a number of imperatives as vocabulary items: **Скажи́те! Извини́те! Прости́те! Иди́те!**

The following steps show how to find the imperative form of most verbs.

Find the third-person plural stem of the verb by removing the ending from the **они́** form of the verb.		
прочита́ - ~~ют~~ сове́ту - ~~ют~~	говор - ~~ят~~ напи́ш - ~~ут~~	отве́т - ~~ят~~ гото́в - ~~ят~~
a. If the stem ends in a vowel, add **-й**. The stress will be the same as in the **они́** form. прочита́ + й = прочита́й посове́ту + й = посове́туй	**b.** If the stem ends in a consonant and the stress *in the first-person singular* (**я** form) is on the ending, add stressed **-и́**. (говоря́т, говорю́) говор + и́ = говори́ (напи́шут, but напишу́) напиш + и́ = напиши́ (поверну́т, поверну́) поверн + и́ = поверни́	**c.** If the stem ends in a consonant and the stress is *not* on the ending in the first-person singular (**я** form), add **-ь**. (отве́тят, отве́чу) отве́т + ь = отве́ть (гото́вят, гото́влю) гото́в + ь = гото́вь

108 ◆ **Урок 3**

1. The commands given above are familiar (**ты** forms). To make them formal (**вы** forms), simply add **-те.**

прочита́йте	говори́те	отве́тьте
посове́туйте	напиши́те	гото́вьте
	поверни́те	

2. To form the imperative of verbs with the **-ся** particle, follow the steps above as if the verb did not have the particle. Then add **-ся** after a consonant, **-сь** after a vowel.

занима́ ~~ют~~ - ся	занима́ + й + ся	→	занима́йся
	занима́ + й + те + сь	→	занима́йтесь
у́ч ~~ат~~ - ся	уч + й + сь	→	учи́сь
(у́чатся, but учу́сь)	уч + й + те + сь	→	учи́тесь

3. Learn these forms, which do not follow the above rules.

вы́йти	→	вы́йди(те) — *Exit.*
пое́хать	→	поезжа́й(те) — *Go.* (This model is used for all verbs with **-ехать**)
дава́ть	→	дава́й(те) — *Let's . . . .* (This model is used for all verbs with **-ава-**)
дать	→	да́й(те) — *Give.*
есть	→	е́шь(те) — *Eat.*

Упражнение

3-30 Give the imperatives in both the **ты** and the **вы** forms for the following verbs.

1. прочита́ть	7. написа́ть	13. пригото́вить
2. отвеча́ть	8. посмотре́ть	14. идти́
3. игра́ть	9. сказа́ть	15. поверну́ть
4. де́лать	10. показа́ть	16. пое́хать
5. отдыха́ть	11. купи́ть	17. дать
6. посове́товать	12. отве́тить	18. дава́ть

> ▶ *Complete Oral Drills 14–15 and Written Exercises 12–13 in the S.A.M.*

10. Verb Aspect and the Imperative

1. To tell someone to perform a single complete action *one time*, use a *perfective* verb.

Извини́те!	Excuse me.
Прости́те!	Excuse me.
Скажи́те, пожа́луйста, . . .	Tell me, please, . . .
Пройди́те!	Pass through.
Вы́йдите че́рез одну́ остано́вку.	Get out at the second stop.
Поверни́те на у́лицу Га́шека.	Turn onto Gashek Street.
Принеси́те суп, пожа́луйста.	Bring soup, please.
Прочита́йте уро́к 12.	Read lesson 12.
Напиши́те упражне́ние 8.	Write exercise 8.

2. To tell someone to do something *continuously* or *repeatedly,* use an *imperfective* verb.

Всегда́ говори́те пра́вду!	Always tell the truth.
Говори́те по-ру́сски на заня́тиях ру́сского языка́.	Speak Russian in Russian class.
Занима́йтесь три часа́ ка́ждый день.	Study three hours every day.
Чита́йте немно́го ка́ждый день.	Read a little every day.
Пиши́те упражне́ния аккура́тно.	Write the exercises carefully.

3. To tell someone *not* to do something, use an *imperfective* verb.

Не говори́те об э́том.	Don't talk about that.
Не смотри́те э́тот фильм.	Don't see that movie.
Не чита́йте э́ту газе́ту.	Don't read this newspaper.
Не пиши́те пи́сьма на ле́кции.	Don't write letters in class.

4. A few commands, usually polite invitations, are almost always given in the imperfective.

Сади́тесь!	Have a seat.
Входи́те!	Come in.
Приезжа́йте!	Come for a visit [*from out of town*].
Приходи́те!	Come for a visit [*from within town*].

Упражнения

3-31 Соста́вьте предложе́ния. Make these **на́до** sentences into direct commands. Assume you are on **ты.**

1. На́до прочита́ть э́тот журна́л!
2. На́до написа́ть письмо́!
3. На́до посове́товать ему́, что де́лать!
4. На́до спроси́ть о контро́льной рабо́те!
5. На́до отве́тить на вопро́с!
6. На́до пригото́вить у́жин!
7. На́до сказа́ть пра́вду!
8. На́до позвони́ть в США!
9. На́до рассказа́ть всё!
10. На́до поверну́ть напра́во на Тверску́ю у́лицу!

3-32 Соста́вьте предложе́ния. Negate the commands you made in Exercise 3-31 above.

3-33 Как по-ру́сски?

1. (To a child) Write a letter to Grandma.
2. (To an adult) Don't write exercise twelve.
3. (To a number of people) Always speak Russian in class.
4. (To a child) Look at this book.
5. (To an adult) Don't watch the film.

➤ *Complete Oral Drills 16–17 and Written Exercise 14 in the S.A.M.*

Давайте почитаем

3-34 Пра́вила по́льзования метрополите́ном. The following is an excerpt of the rules for using the Moscow metro system. Before reading the text, think about what you might expect to find in such a document, and jot down a few items. Then read the text. [Source: www.metro.ru]

Метрополите́н — оди́н из основны́х ви́дов городско́го пассажи́рского тра́нспорта, мно́гие ста́нции кото́рого представля́ют собо́й па́мятники исто́рии, культу́ры, архитекту́ры и охраня́ются госуда́рством.

Ли́ца, находя́щиеся на террито́рии метрополите́на, должны́ быть взаи́мно ве́жливыми, уступа́ть места́ в ваго́нах поездо́в инвали́дам, пожилы́м лю́дям, пассажи́рам с детьми́ и же́нщинам, соблюда́ть чистоту́ и обще́ственный поря́док.

Ста́нции метрополите́на откры́ты для вхо́да и переса́дки с одно́й ли́нии на другу́ю ежедне́вно с 6 часо́в утра́ до 1 ча́са но́чи.

Разреша́ется беспла́тно провози́ть:

- Дете́й в во́зрасте до 6 лет.
- Лы́жи, де́тские велосипе́ды, са́нки, рыболо́вные у́дочки, музыка́льные инструме́нты.

Запреща́ется провози́ть (находи́ться с ни́ми в вестибю́ле ста́нции):

- Громо́здкий бага́ж.
- Огнестре́льное ору́жие.
- Легковоспламеня́ющиеся, взры́вчатые, отравля́ющие, ядови́тые и злово́нные вещества́ и предме́ты, в том числе́ бытовы́е га́зовые балло́ны.
- Велосипе́ды и подо́бные им тра́нспортные сре́дства (за исключе́нием складны́х).
- Живо́тных и птиц вне кле́ток и́ли специа́льных конте́йнеров (су́мок).

Находя́сь на эскала́торе, необходи́мо стоя́ть спра́ва лицо́м по направле́нию его́ движе́ния, проходи́ть с ле́вой стороны́, держа́ться за по́ручень, держа́ть малоле́тних дете́й на рука́х и́ли за́ руку, не заде́рживаться при схо́де с эскала́тора.

В ваго́не сле́дует не прислоня́ться к дверя́м, не меша́ть вхо́ду и вы́ходу пассажи́ров, при подъе́зде к ста́нции назначе́ния подгото́виться к вы́ходу.

На террито́рии метрополите́на запреща́ется:

- Кури́ть.
- Распива́ть спиртны́е напи́тки и находи́ться в нетре́звом состоя́нии.
- Входи́ть на нерабо́тающий эскала́тор без разреше́ния рабо́тников метрополите́на. Создава́ть ситуа́ции, меша́ющие движе́нию пассажиропото́ка.
- Сиде́ть, ста́вить ве́щи на ступе́ни и по́ручни эскала́торов, бежа́ть по эскала́торам и платфо́рмам.
- Проходи́ть и находи́ться на ста́нции без о́буви.

- Спуска́ться на путь.
- Открыва́ть две́ри ваго́нов во вре́мя движе́ния и остано́вок, а та́кже препя́тствовать их откры́тию и закры́тию на остано́вках.

Словарь

бежа́ть — *to run*

бытово́й — *everyday*

ваго́н — *car* (*of a train*)

ве́жливый — *polite*

взаи́мно — *mutually*

вид — *type*

движе́ние — *movement*

держа́ть (*impf.*) — *to hold*

держа́ться (*impf.*) — *to hold on*

запреща́ется — *it is forbidden*

злово́нный — *bad-smelling*

лицо́ (lit. *face*) — *legal term for an individual*

кури́ть — *to smoke*

меша́ть — *to prevent, hinder, get in the way*

    меша́ющий — *preventing, hindering*

мно́гие ста́нции кото́рого — *many of whose stations* (see Unit 6 on **кото́рый**)

направле́ние — *direction*

находя́щиеся — from **находи́ться** — *located*

обще́ственный — *societal, public*

основно́й — *basic*

охраня́ются госуда́рством — *are protected by the government*

подо́бный — *similar*

по́ручень — *railing, handle*

поря́док — *order*

пото́к — *flow*

представля́ют собо́й — *are*

препя́тствовать — *to prevent, hinder*

путь — *rail*

разреша́ется — *it is permitted*

разреше́ние — *permission*

са́нки (*always plural*) — *sled(s)*

складно́й — *folding*

соблюда́ть (*impf.*) — *to observe (a rule)*

состоя́ние — *condition*

спуска́ться — *to descend*

ступе́нь — *step*

уступа́ть ме́сто (*impf.*) — *to give up one's place*

чистота́ — *cleanliness*

ядови́тый — *poisonous*

Вопро́сы: Now go back through the text and answer the following questions.

1. What is the purpose of the first paragraph? Is this something you would expect to see in a list of rules?

2. When does the metro open and close?

3. Which of the following are not listed among those to whom one should give up one's seat:
   a. elderly
   b. veterans
   c. passengers with children
   d. disabled

4. If **без** is *without* and **плати́ть** is *pay,* then what do you think **беспла́тно** means?

5. You know the word **ры́ба** from Book 1, Unit 9. What do you think **рыболо́вные у́дочки** means?

6. Which of the following are not listed among those items you may transport on the metro for free:
   a. musical instruments
   b. children's bicycles
   c. small children
   d. bicycles

7. Beginning at what age do children have to pay a fare to ride the metro?

8. Look at the list of items you may not transport on the metro.
   a. If **легко́** means *easy* and **пла́мя** means *flame,* what do you think **легковоспламеня́ющиеся** means?
   b. If **ого́нь** means *fire* and **стреля́ть** means *shoot,* what do you think **огнестре́льное ору́жие** means?
   c. Look at the phrase **Живо́тных и птиц вне кле́ток и́ли специа́льных конте́йнеров (су́мок). Живо́тных и птиц** means *animals and birds.* The word **кле́тка** means *cage.* What do you think the entire phrase means? What does the word **вне** probably mean? Think also about the phrase **вне́шняя поли́тика** — *foreign policy.*
   d. Is it all right to carry animals in something other than a cage?
   e. In the phrase **гро́моздкий бага́ж,** what do you suspect **гро́моздкий** means?

9. Name five things that are forbidden in the metro. You have not been given every word in the vocabulary list; try to draw conclusions from what you have been given, without using a dictionary.

Файл Правка Вид Пе́реход Закладки Инструменты Справка

http://yaschik.ru   ◉ Перейти

yaschik.ru   Выход

| НАПИСАТЬ | ВХОДЯЩИЕ | ПАПКИ | НАЙТИ ПИСЬМО | АДРЕСА | ЕЖЕДНЕВНИК | НАСТРОЙКИ |

От: valyabelova.234@mail.ru
Кому: popovaea@inbox.ru
Копия:
Скрытая:
Тема: Я учу́сь води́ть

простой формат

Дорогая Елена Анатольевна!

Я учусь водить машину! Меня учит Макс.
Помните°, я о нём писала раньше. Он русского   *remember*
происхождения°. Сам Макс не говорит по-русски.   *origin*
Его отец говорит, но не очень хорошо.

Так вот. Мы с Максом стали° встречаться. У него   *began*
старая машина «Тойота». Она еле-еле° ходит, но   *just barely*
машина есть машина. И на этой машине он меня
повсюду возит°. И вдруг° в одно прекрасное утро   *drives (someone) around*   *suddenly*
он посадил меня за руль° и сказал: «Давай, езжай!»   **за руль** — *behind the wheel*
Я была в шоке! Как° езжай? Во-первых, я не умею.°   *whaddaya mean*   *I don't know how.*
Во-вторых, у меня нет водительских прав, а
в-третьих… Зато° очень хотелось попробовать°. И   *but on the other hand   to try*
действительно, никого вокруг° не было. Улица была   *around*
пустая°. Мы договорились, что я доеду до угла —   *empty*
всего метров двести. И я это сделала! И оказалось,
что это не так трудно. И Макс предложил° учить   *offered*
меня водить по-настоящему. На следующий день я
взяла все нужные документы и пошла получать
«учебные» права. Это разрешает быть за рулём,
если со мной сидит водитель с правами. И Макс
меня учит уже две недели.

Впрочем°, в пригороде без машины не   *incidentally*
обойдёшься°. Машина здесь вовсе не роскошь°, а   *make do   luxury*
предмет первой необходимости°. Автобусы ходят   *need*
редко. Других видов транспорта, кроме такси, нет.
Есть местный поезд (типа электрички°), но до   *suburban train*
ближайшей станции далеко. Раньше в университет
меня возили° Рамосы — или Виктор, или мой   *drove (someone) around*
«брат» Роб. Иногда я ездила на автобусе.

В этом отношении наша «семья» нетипична.
Большинство американских студентов живёт на
территории университета в общежитиях, даже если

родители не очень далеко. А мы живём дома и ездим в университет. Конечно, в первом случае° дети учатся жить самостоятельно, но комната в общежитии дорого стоит. Рамосы решили, что лучше сэкономить на общежитии.

case

Макс даже поменял° часы работы, чтобы° учить меня водить. Мне с ним легко и удобно, может быть, потому что у него русские корни°. Я ему сказала, что могу научить его русскому. Любовь? Рано об этом говорить, но что-то есть.

changed   in order to

roots

А как быть с Игорем? Я, конечно, чувствую себя виноватой°. Правда, перед отъездом мы оба поняли, что это может быть конец. Мы решили просто не говорить на эту тему, но всё-таки…°

чу́вствовать себя винова́той — *feel guilty*

all the same

Валя

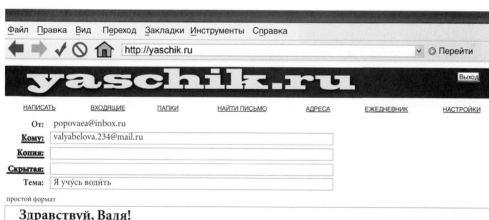

Файл Правка Вид Переход Закладки Инструменты Справка

http://yaschik.ru   Перейти

yaschik.ru

Выход

НАПИСАТЬ   ВХОДЯЩИЕ   ПАПКИ   НАЙТИ ПИСЬМО   АДРЕСА   ЕЖЕДНЕВНИК   НАСТРОЙКИ

От: popovaea@inbox.ru
Кому: valyabelova.234@mail.ru
Копия:
Скрытая:
Тема: Я учу́сь води́ть

простой формат

Здравствуй, Валя!

Только води машину осторожнее°!

more carefully

Что касается° Игоря, я прекрасно понимаю тебя! Но я думаю, что он отнесётся к твоим чувствам° с пониманием. Ведь учёба за рубежом° — это во многом готовность воспринимать°, испытывать° новое и научиться пользоваться° этим опытом° в жизни.

что каса́ется (чего́) — *as far as such-and-such is concerned   feelings*

за рубежо́м — *abroad*
perceive   try out
use   experience

Е.

1. **Вопросы**

а. Кто у́чит Ва́лю води́ть маши́ну?

б. У Ва́ли есть води́тельские права́? Она́ ра́ньше води́ла маши́ну?

в. На у́лице бы́ли маши́ны, когда́ Ва́ля се́ла за руль пе́рвый раз?

г. Как вы ду́маете, Ва́ля хорошо́ во́дит маши́ну?

д. Как Ва́ля сейча́с отно́сится к Ма́ксу?

е. С кем Ва́ля встреча́лась до прие́зда в США?

ж. Что ду́мает Еле́на Анато́льевна об отноше́ниях Ва́ли с Игорем и Ма́ксом?

з. Что ду́маете вы?

и. Вы уме́ете води́ть маши́ну?

к. У вас есть води́тельские права́?

л. В ва́шем го́роде тру́дно получи́ть води́тельские права́?

м. Как вы ду́маете, ско́лько вре́мени ну́жно учи́ться, что́бы получи́ть води́тельские права́?

н. Каки́е ви́ды тра́нспорта есть в ва́шем го́роде?

о. В ва́шем го́роде маши́на о́чень нужна́ и́ли мо́жно обойти́сь без неё?

2. **Язы́к в конте́ксте**

a. **Verbs of learning and teaching.** You have seen the verb **учи́ться** *to be in school.* Literally **учи́ться** is *to teach oneself.* It is part of a number of verbs of teaching and learning. Most students of Russian are exposed to teaching/learning verbs later in their study of the language. In this passage we see **учи́ть/научи́ть кого́-что де́лать что: Макс у́чит Ва́лю води́ть маши́ну** — *Max is teaching Valya to drive* and **учи́ть/научи́ть кого́-что чему́: Я могу́ научи́ть Ма́кса ру́сскому языку́** — *I can teach Max Russian.* For English speakers this verb's logic is "backwards": not to **teach** something to **someone,** but to **learn** someone **to something.**

b. **On and in the corner. Угол** is *corner:* (**чего́**) **угла́**; *in the corner* — **в углу́**; *on the corner* — **на углу́**.

c. **"Walking" vehicles.** People can walk or ride. But vehicles themselves "walk": **Вот идёт авто́бус** — *There goes the bus.* **Авто́бусы сего́дня ме́дленно хо́дят** — *The buses are running slowly today.*

d. **Хоте́ться.** Russian can turn **хоте́ть** — *to want* into a "dative" verb:
Я хочу́ — *I want* → **Мне хо́чется** — *I feel like* (lit. "it" wants itself to me)
Мы хоте́ли — *We wanted* → **Нам хоте́лось** — *We felt like* (lit. "it" wanted itself to us).

e. **Пе́ред (кем, чем)** — *in front of; before*

f. **Word roots**

большинство́ < **большо́й, бо́льше.** It's usually defined as 50% + 1.
води́ть (вожу́, во́дишь, во́дят) маши́ну — *to drive.* **Права́** literally are *rights.* (**Я зна́ю свои́ права́!** — *I know my rights!*) But **води́тельские права́** are a kind of document. Which kind?
ме́стный по́езд — a kind of train. **Ме́сто** is *place* or *locale.*
обходи́ться/обойти́сь (обойду́сь, обойдёшься) — *to make do* (lit. *to go around*). So if something is **необходи́мо,** it "cannot be gotten around." It's *necessary.* The noun is **необходи́мость.** Find examples of both the verb and the noun in the e-mail.

повсю́ду < сюда́ + все = *all over the place*

самостоя́тельно — са́мо + стоя́ть or *self-standing*. What's the actual English word?

чувств-: this root has to do with "feelings." The first **в** is silent: [чуств-] In this exchange you have seen:

чу́вствовать (**чу́вствую, чу́вствуешь**) — *to feel*. **Мы о́ба э́то чу́вствуем** — *We both feel that*. When **чу́вствовать** has no direct object (like the *that* of *we feel that*), we add the word **себя́** — *self*: **Она́ чу́вствует себя́ винова́той** — *She feels guilty*. Then there's the noun **чу́вство** — *feeling*: **Я понима́ю э́ти чу́вства.**

3-36 Чте́ние для удово́льствия

Була́т Окуджа́ва (1924–1997) писа́л стихи́ и рома́ны, но был изве́стен бо́льше всего́ как «бард»: он пел свои́ стихи́, как америка́нские «ба́рды» 60-х годо́в, наприме́р, Боб Ди́лан. Окуджа́ва роди́лся в Москве́, но жил пото́м на Кавка́зе. Его́ оте́ц был грузи́н, а ма́ма армя́нка. В 1937 году́ его́ роди́тели бы́ли аресто́ваны. Его́ отца́ расстреля́ли, а мать отпра́вили в ла́герь. Он око́нчил Тбили́сский университе́т в Гру́зии и пото́м преподава́л ру́сскую литерату́ру в шко́ле в Калу́ге. В 1956 году́, во вре́мя о́ттепели, он перее́хал в Москву́ и на́чал писа́ть пе́сни. «После́дний тролле́йбус» — одна́ из его́ изве́стных пе́сен.

армя́нка — национа́льность же́нщины из Арме́нии
во вре́мя — *during*
грузи́н — национа́льность мужчи́ны из Гру́зии
изве́стный (**изве́стен**) — *famous*
ла́герь — *camp; prison camp*
отпра́вить (*perf.*) — *to send*
о́ттепель (*fem.*) — the "thaw": *a period of relative freedom after the death of Stalin*
пе́сня — *song*
петь (*impf.*) — *to sing*
расстреля́ть (*perf.*) — *to shoot; to execute by shooting*
свой — *his own*

Була́т Окуджа́ва

«После́дний тролле́йбус» (1963)

Когда́ мне невмо́чь переси́лить беду́,
Когда́ подступа́ет отча́янье,
Я в си́ний тролле́йбус сажу́сь на ходу́,
В после́дний, в случа́йный.

После́дний тролле́йбус, по у́лицам мчи,
Верши́ по бульва́рам круже́нье,
Чтоб всех подобра́ть, потерпе́вших в ночи́ круше́нье.

После́дний тролле́йбус, мне дверь отвори́!
Я зна́ю, как в зя́бкую по́лночь
Твои́ пассажи́ры, матро́сы твои́,
Прихо́дят на по́мощь.

Я с ни́ми не раз уходи́л от беды́,
Я к ним прикаса́лся плеча́ми.
Как мно́го, предста́вьте себе́, доброты́
В молча́нии.

После́дний тролле́йбус плывёт по Москве́.
Москва́, как река́, затуха́ет,
И боль, что скворчо́нком стуча́ла в виске́
Стиха́ет.

Слова́рь

беда́ — *misfortune*
боль (*fem.*) — *pain*
верши́ть круже́нье (*impf.*) — *to make a circle, have a circular route*
висо́к — *temple* (*by the ear*)
доброта́ — *kindness*
затуха́ть (*impf.*) — *to die out* (*like a candle*)
зя́бкий = прохла́дный
матро́с — *sailor*
мне невмо́чь = я не могу́
молча́ние — *silence*
мчать (*imperative* **мчи**) (*impf.*) — *to rush*
на ходу́ — *in motion, while walking; spontaneously*
не ра́з — *more than once*
отвори́ть (*perf.*) = **откры́ть** — *to open*
отча́яние (**отча́янье**) — *despair*
плыть (**плывёт**) (*impf., unidirectional*) — *to swim, float, sail*
подобра́ть (*perf.*) — *to pick up*
подступа́ть (*impf.*) — *to approach; begin*
потерпе́ть круше́нье (*perf.*) — *to suffer in a shipwreck*
предста́вьте себе́ — *imagine!*
прикаса́ться плеча́ми (*impf.*) — *to rub shoulders* (*in a crowd*)
приходи́ть на по́мощь — *to come to help, to come to someone's aid*
река́ — *river*
сажу́сь — **сади́ться** (*impf.*) — *to sit down*
скворчо́нок — *baby starling*
случа́йный — *accidental; random*
стиха́ть (*impf.*) — *to quiet down; subside*
стуча́ть (*impf.*) — *to knock*
уходи́ть (*impf.*) — *to leave*
чтоб (= **что́бы**) — *in order to* (see Unit 9)

Ещё о но́вых слова́х:

1. If **си́льный** means *strong* and the prefix **пере-** means *across*, what do you think **переси́лить** (*perf.*) means?
2. If **доброта́** is *kindness*, then how do you say *kind* in Russian?

Давайте послушаем

3-37 Разгово́р с такси́стом. A visitor to Moscow State University is in too much of a hurry to go on public transportation and takes a taxi instead. Listen to the conversation to answer these questions.

1. Where exactly does the passenger want to go?
2. How much is the trip going to cost? Does the passenger think the amount charged is reasonable?
3. Why does the passenger begin to "backseat drive"? What phrases led you to your conclusions?
4. What does the passenger say at the end of the conversation?

3-38 Добро́ пожа́ловать в Москву́! Вы в гру́ппе иностра́нных студе́нтов. Вы то́лько что прие́хали в Москву́, где вы бу́дете учи́ться в одно́м из институ́тов. Ва́шу гру́ппу встреча́ет представи́тель институ́та Серге́й База́ров. По доро́ге в общежи́тие, где вы бу́дете жить, он вам расска́зывает немно́го о ме́сте, где вы бу́дете жить, и о городско́м тра́нспорте в Москве́.

> представи́тель – representative

1. **Пе́ред прослу́шиванием (Before listening).** Как вы ду́маете, что ска́жет Серге́й База́ров?

   ☑ Да, он э́то ска́жет!
   ☐ Мо́жет быть, он э́то ска́жет.
   ☒ Нет, он э́того не ска́жет!

   а. ☐ Общежи́тие, где бу́дут жить студе́нты, нахо́дится далеко́ от институ́та. Ка́ждый день на́до бу́дет е́здить на метро́.
   б. ☐ От институ́та до це́нтра го́рода не о́чень далеко́. Мо́жно пройти́ пешко́м.
   в. ☐ В Москве́ лу́чше не по́льзоваться такси́. Э́то о́чень до́рого.
   г. ☐ В Москве́ есть муниципа́льные такси́, а та́кже неофициа́льные ча́стные такси́.
   д. ☐ Когда́ вы догова́риваетесь с такси́стом о прое́зде, лу́чше говори́ть с иностра́нным акце́нтом.
   е. ☐ До институ́та мо́жно дое́хать ещё и на авто́бусе.
   ж. ☐ Для студе́нтов есть специа́льный авто́бус, кото́рый регуля́рно хо́дит ме́жду общежи́тием и институ́том.
   з. ☐ За́втра пе́рвый день заня́тий. Студе́нты бу́дут о́чень за́няты.

   Тепе́рь прослу́шайте за́пись, что́бы узна́ть, бы́ли ли ва́ши прогно́зы пра́вильны.

2. Посмотри́те на план моско́вского метро́ на стр. 87. Укажи́те, где нахо́дятся ста́рый ко́рпус институ́та и общежи́тие.

3. В э́том те́ксте вы узна́ли но́вые слова́. Что соотве́тствует чему́?

а. еди́ный биле́т

i.

б. ка́рточка

ii.

в. ко́рпус

iii.

г. муниципа́льное такси́

iv.

д. счётчик

v.

е. такси́ст

vi.

ж. ча́стник   vii.

4. На каки́е ви́ды тра́нспорта годи́тся «еди́ный биле́т»?

а.    б.

в.    г.

5. Серге́й База́ров дал студе́нтам не́сколько сове́тов. Посмотри́те на карти́нки. Что он бы сказа́л? What would Bazarov say about each of these pictures?

не́сколько сове́тов – several bits of advice

Хорошо́ и́ли пло́хо?

Новые слова и выражения

NOUNS

автóбус	bus
áдрес (*pl.* адресá)	address
ботанúческий сад	botanical garden
вид трáнспорта	means of transportation
водúтель	driver
вход	entrance
галерéя	gallery
гóрод (*pl.* городá)	city
гостúница	hotel
достопримечáтельность (*fem.*)	sight, place, object of note
зал	hall, large room
спортúвный зал (спортзáл)	gym, athletic facility
занятие (*usually plural:* занятия)	class(es) (*in college, institute, university*)
здáние	building
зоопáрк	zoo
искýсство	art
кинотеáтр	movie theater
Кремль (*endings always stressed*)	Kremlin
метрó	metro, subway
мечéть (*fem.*)	mosque
останóвка (автóбуса, трамвáя, троллéйбуса)	(bus, tram, trolley) stop
пáмятник	monument
пересáдка	transfer (train, plane, bus, etc.)
плóщадь (на) (*fem.*)	square
пóчта (на)	post office
проспéкт (на)	avenue
рекá	river
синагóга	synagogue
стáнция (метрó) (на)	(metro) station
странá	country, nation
таксú	taxi
трамвáй	tram
троллéйбус	trolley
центр	center; downtown
цéрковь (*fem.*) (*pl.* цéркви, церквéй, в церквя́х)	church

Новые слова и выражения

ADJECTIVES

ближа́йший	nearest
высо́кий	tall
гла́вный	main
городско́й	city (*adj.*)
знамени́тый	famous
истори́ческий	history, historical
сле́дующий	next
совреме́нный	modern
спорти́вный	sports, athletic
университе́тский	university
центра́льный	central

VERBS

выходи́ть/вы́йти
(выхож-у́, вы́ход-ишь, -ят)
(вы́йд-у, вы́йд-ешь, вы́йд-ут;
imperative вы́йди, вы́йдите)
to exit

доезжа́ть/дое́хать (до чего́)
(доезжа́-ю, -ешь, -ют)
(дое́д-у, -ешь, -ут)
to get as far as

е́здить (*multidirectional*)
(е́зж-у, е́зд-ишь, -ят)
to ride

называ́ться (*impf.*)
(называ́-ется, -ются)
to be called (*used for things, not people or animals*)

находи́ть/найти́
(нахож-у́, нахо́д-ишь, -ят)
(найд-у́, найд-ёшь, -у́т; нашёл,
нашла́, нашли́)
to find

отвеча́ть/отве́тить (на что)
(отвеча́-ю, -ешь, -ют)
(отве́чу, отве́т-ишь, -ят)
to answer (something)

повора́чивать/поверну́ть (куда́)
(повора́чива-ю, -ешь, -ют)
(поверн-у́, -ёшь, -у́т)
to turn (right, left, etc.)

попа́сть (*perf.*)
(попад-у́, -ёшь, -у́т; *past:* попа́л)
to get to

прое́хать (*perf.*)
(прое́д-у, -ешь, -ут)
to go past

пройти́ (*perf.*)
(пройд-у́, -ёшь, -у́т)
to go (*a certain distance*)

Новые слова и выражения

садиться/сесть (*lit.* to sit down); to get onto (a bus,
  (саж-у́сь, сад-и́шься, -я́тся)   tram, trolley, subway)
  (ся́д-у, -ешь, -ут)
ходи́ть (*multidirectional*) to walk
  (хож-у́, хо́д-ишь, -ят)

Verbs to be learned only in these forms:
добра́ться (*perf.*) to get to
находи́ться (*impf.*) to be located
  (нахо́д-ится, -ятся)

ADVERBS

бли́зко (от чего́) close (to something)
внима́тельно carefully
(не)далеко́ (от чего́) (not) far (from something)
до́рого expensive
и́менно exactly
нале́во (to the) left (of something)
напра́во (to the) right (of something)
напро́тив (чего́) opposite (something)
пешко́м on foot
пря́мо straight ahead
ря́дом (с чем) adjacent, next (to something)
сле́ва (от чего́) on the left (of something)
спра́ва (от чего́) on the right (of something)

PREPOSITIONS

до (чего́) until, up to
по (чему́) along

OTHER WORDS AND PHRASES

Вы не туда́ е́дете. You're going the wrong way.
Вы сейча́с выхо́дите? Are you getting off now?
До (чего́) не довезёте? Would you take me to …?
Как добра́ться (до чего́) How does one get to …?
Как попа́сть (куда́)? How does one get to …?
ника́к не могу́… I just can't …
Поверни(те) (напра́во, нале́во). Turn (right, left).
Разреши́те пройти́. Please allow me to pass.
Сади́тесь. Have a seat.
Ско́лько вре́мени идти́/е́хать (куда́)? How long does it take to get (somewhere)?
Ско́лько э́то бу́дет сто́ить? How much will it cost?

Новые слова и выражения

PASSIVE VOCABULARY

бо́лее (чего́)	more than
географи́ческий	geographical
милиционе́р	policeman
обраща́ться (*impf.* обраща́-юсь, -ешься, -ются) (к кому́)	to turn to (someone)
пожило́й	elderly
прохо́жий	passerby
райо́н	neighborhood
стро́ить	to build
тало́н	ticket (for city transit); coupon
уби́т, -а, -о, -ы	killed
ча́стник	private (unregistered) taxi driver
шеде́вр	masterpiece

PERSONALIZED VOCABULARY

Y 1,2 ; review gen pl., write verbs.
Y 10 и 12 13, Ø of what parents said.
Read trans diag + Б 14

Гостиница

Коммуникативные задания

- Making hotel and travel arrangements
- Dealing with common travel problems
- Reading ads for hotel and travel services

Грамматика

- Ordinal numbers
- Expressing dates
- Review: Genitive plural of modifiers and nouns
- Adjectives following numbers
- Accusative plural of animate nouns and their modifiers
- Prefixed verbs of motion

Чтение для удовольствия

- Ильф и Петро́в. «Брони́рованное ме́сто»

Культура и быт

- Russian hotels
- Hot water in the summer
- Arranging travel in Russia
- Buying train tickets

Точка отсчёта

О чём идёт речь?

Гости́ница.

В бюро́ обслу́живания мо́жно заказа́ть биле́ты в теа́тр.

Администра́тор про́сит ваш па́спорт, что́бы зарегистри́ровать вас.

Ну́жно обрати́ться **в па́спортный отде́л,** е́сли вы потеря́ли па́спорт и́ли хоти́те продли́ть ви́зу.

Это **обме́н валю́ты.** Здесь мо́жно обменя́ть до́ллары на рубли́.

Драгоце́нности мо́жно оста́вить **в ка́мере хране́ния.**

На́до оста́вить ключ у дежу́рной.

В гардеро́бе на́до оста́вить пальто́.

На эта́ж мо́жно подня́ться **на ли́фте.**

В но́мере есть крова́ть, пи́сьменный стол и телеви́зор.

Вот **буфе́т.** Здесь мо́жно заказа́ть чай и бутербро́д.

Газе́ты и журна́лы мо́жно купи́ть **в газе́тном кио́ске.**

В рестора́не мо́жно пообе́дать.

В магази́не «Сувени́ры» мо́жно купи́ть матрёшки, шкату́лки и други́е сувени́ры.

Культура и быт

Гости́ница

Large Western hotels in Russia look like any other Holiday Inn or Ramada. But smaller hotels and lodging in the provinces share a number of features not commonly found in America or Europe.

The sign saying **Администра́тор** (*Manager*) directs you to the registration desk. There the receptionist will ask for your passport for registration. In many hotels, other passport operations, such as requests for visa extensions, are handled through the **па́спортный отде́л.**

Бюро́ обслу́живания, also called **серви́с-бюро́,** books tickets for travel and for local theaters.

Like most other public places, hotels have a **гардеро́б,** a coat-check for those using facilities such as the restaurants and bars. In nearly all places, use of the **гардеро́б** is not optional. It is considered uncouth to run around inside a building in a heavy coat.

In many hotels a **дежу́рная** is responsible for the comings and goings on each floor, making sure that only registered guests are sleeping there. In larger hotels, she is also keeper of the keys for her floor: when leaving the hotel for the day, you must turn in your key to her. You can turn to the **дежу́рная** about problems in your room. You can also sometimes order tea through the **дежу́рная** when the **рестора́н** or **буфе́т** is closed.

Удо́бства. Creature comforts vary widely from place to place. Only the most expensive hotels catering to foreign tourists approach "all the comforts of home." Lower-priced hotels, especially in smaller cities, feature dormitory-style accommodations: shared bathrooms for all of the rooms on a floor, spotty hot water, and televisions in common lounges.

4-1 Куда́ идти́? Предста́вьте себе́, что вы в ру́сской гости́нице. Куда́ ну́жно идти́ в э́тих ситуа́циях?

1. Вы то́лько что прие́хали. На́до зарегистри́роваться.
2. Вы хоти́те пое́сть.

3. Вы не хоти́те оставля́ть драгоце́нности в но́мере.

4. У вас есть ви́за на одну́ неде́лю, но вы хоти́те жить здесь две неде́ли.

5. Вам нужны́ рубли́.

6. Вы хоти́те купи́ть ма́ленький пода́рок.

7. Вы хоти́те пойти́ в теа́тр.

с (чего) – from (opposite of **на**)

8. Вы то́лько что вошли́ с у́лицы. Вы в пальто́. Вы идёте в рестора́н и не хоти́те поднима́ться в но́мер, что́бы оста́вить пальто́.

9. В ва́шем но́мере о́чень хо́лодно.

10. Вы хоти́те купи́ть газе́ту.

11. Вы с друзья́ми хоти́те хорошо́ поу́жинать.

12. Вы идёте в музе́й и должны́ оста́вить ваш ключ.

13. Вы гото́вы уе́хать и должны́ заплати́ть за но́мер.

 # Разговоры для слушания

Разгово́р 1. У нас заброни́ровано 30 мест.
Разгова́ривают Джеф и рабо́тники гости́ницы.

ДА и́ли НЕТ. Если НЕТ, то почему́?

1. Руководи́тель америка́нской гру́ппы говори́т, что он заброни́ровал два́дцать мест.

2. В э́той гру́ппе 10 мужчи́н и 10 же́нщин.

3. Руководи́тель гру́ппы заброни́ровал места́ на пять дней.

4. Джеф ра́ньше разгова́ривал с Зинаи́дой Соколо́вой.

5. Администра́тор говори́т, что америка́нцы заброни́ровали места́ то́лько на три дня.

6. Америка́нцы полу́чат свои́ номера́, когда́ уе́дет неме́цкая гру́ппа.

Разгово́р 2. Пробле́мы с номера́ми.
Разгова́ривают Джеф и рабо́тница гости́ницы.

1. В како́м но́мере не закрыва́ется фо́рточка?

2. Что говоря́т о со́рок тре́тьем но́мере?

3. Что говори́т администра́тор о горя́чей воде́ в гости́нице?

4. Что говоря́т о пятьдеся́т четвёртом но́мере?

5. Что говори́т администра́тор гости́ницы о тре́тьем этаже́?

Разгово́р 3. Я потеря́л докуме́нты...
Разгова́ривают тури́ст и рабо́тница гости́ницы.

1. Како́й докуме́нт потеря́л тури́ст?

2. Что ещё он потеря́л?

3. Когда́ он по́нял, что он потеря́л всё?

4. Где рабо́тница гости́ницы сове́тует тури́сту иска́ть поте́рянные ве́щи?

5. Где тури́ст нахо́дит свои́ ве́щи?

Давайте поговорим

Диалоги

1. Для нас заброни́ровано 30 мест.

— Здра́вствуйте!
— Здра́вствуйте! Я руководи́тель америка́нской гру́ппы студе́нтов. Мы то́лько что прие́хали. Для нас заброни́ровано 30 мест.
— Гру́ппа США? У меня́ на вас нет никако́й бро́ни.
— Как нет? Мы с ва́ми ра́ньше договори́лись по телефо́ну: 12 мужчи́н, 18 же́нщин на 5 дней.
— Не зна́ю. Я ли́чно ни с кем не догова́ривалась.
— Мину́точку! Я записа́л и́мя. Сейча́с найду́. Вот. Соколо́ва Зинаи́да Бори́совна.
— Сейча́с я её позову́. Мы всё вы́ясним.

2. Не волну́йтесь.

— Здра́вствуйте! Мы заброни́ровали 30 мест на пять дней.
— Есть. То́лько не на пять дней, а на четы́ре дня. Вы же уезжа́ете 15-ого?
— Соверше́нно ве́рно. Всё пра́вильно.
— Не волну́йтесь. Мы всё реши́м.
— Не по́нял. В чём де́ло?
— Де́ло в том, что у нас пока́ живёт гру́ппа неме́цких тури́стов.
— Да, но...
— Они́ уезжа́ют че́рез не́сколько часо́в. Они́ уе́дут, и вы полу́чите номера́.
— По́нял.

3. У нас не́сколько пробле́м с номера́ми.

— До́брый день!
— Здра́вствуйте!
— Я руководи́тель гру́ппы америка́нских студе́нтов. У нас не́сколько пробле́м с номера́ми.
— Я вас слу́шаю.
— Зна́чит так, в три́дцать пе́рвом но́мере фо́рточка не закрыва́ется, хо́лодно.
— Так, а да́льше?
— Да́льше. В со́рок тре́тьем но́мере нет горя́чей воды́.
— Так, что каса́ется фо́рточки, я сра́зу вы́зову ма́стера. А горя́чей воды́ у нас в пе́рвой полови́не ию́ня не быва́ет.

Most Russian windows have a mini-window, **фо́рточка,** that airs a room without chilling it.

Горя́чей воды́ ле́том иногда́ не быва́ет

In most cities hot running water comes from a central heating plant (**теплоста́нция**). Maintenance usually occurs in the summer. Each neighborhood loses its hot water supply for a two-week period, during which apartment dwellers often resort to visiting friends or relatives across town for an occasional shower.

4. **Я потеря́л докуме́нты.**

— До́брое у́тро! Вы не помо́жете мне?

— В чём де́ло?

— Я бою́сь, что я потеря́л докуме́нты и ключи́.

— Каки́е и́менно докуме́нты?

— Па́спорт и ви́зу. Ой, и ещё биле́т на самолёт! И де́ньги! Де́нег нет!

— Мо́жет быть, вы их забы́ли в но́мере? Иди́те поищи́те!

— Да в то́м-то и де́ло! Ключе́й от но́мера у меня́ нет. Я не могу́ войти́!

— Сейча́с я вам откро́ю э́тот но́мер, и мы с ва́ми пои́щем.

— Спаси́бо. Но понима́ете, у меня́ же рейс че́рез четы́ре часа́. Я лечу́ в Ирку́тск!

— Ничего́. Не волну́йтесь. Мы всё найдём.

— Я наде́юсь.

5. **В ка́ссе на вокза́ле.**

— Здра́вствуйте! Мне, пожа́луйста, оди́н биле́т в Москву́ на 20-ое ноября́.

— На «Кра́сную стрелу́»? Она́ отхо́дит в по́лночь и прихо́дит к восьми́ утра́.

— Хорошо́. А ско́лько сто́ит одно́ ме́сто?

— В купе́ — две ты́сячи рубле́й.

— Э́то дово́льно до́рого. Други́е поезда́ есть?

— Есть по́езд в 00.40. Прихо́дит в Москву́ к десяти́ утра́. Ме́сто в купе́ сто́ит почти́ ты́сячу рубле́й.

— Вот э́то лу́чше! Оди́н биле́т на 00.40.

— Ваш па́спорт, пожа́луйста.

— Вот, пожа́луйста.

Культура и быт

Сре́дства сообще́ния — Intercity Transportation

Желе́зные доро́ги. The backbone of Russia's transportation infrastructure is its railroads. Trains (**по́езд,** *pl.* **поезда́**) are comfortable and punctual. Most passengers travel from one city to another on overnight sleepers. A train car or **ваго́н** is divided into **купе́** — *compartments* (*indeclinable neuter and pronounced* [купэ́]), with two upper bunks (**ве́рхние места́**), and two lower bunks (**ни́жние места́**). Those who prefer a bit more privacy and are willing to pay double fare can travel in a **спа́льный ваго́н (СВ)**, with two passengers per **купе́.** On most trains, bed linens (**посте́ль**) are included in the price of the ticket, but occasionally passengers must pay a nominal charge for them on less expensive trains. Passengers can also order **чай** for a small charge. Less expensive third-class cars without separate compartments and with three-tiered bunks (**плацка́ртный ваго́н, плацка́рт**) are also available on some overnight trains. There are also seats in nonsleeper cars (**сидя́чий ваго́н, сидя́чие места́**) on intercity day trains; these too are increasingly divided into first, second, and third class. Travel by train should be thought out in advance. Last-minute tickets can be hard to come by, especially in the summer.

Самолёт. Plane tickets are easier to get than train tickets, but air travel within Russia is more expensive and less reliable. Delays and cancellations are common. One must often confirm and reconfirm airline tickets for noninternational flights after each stopover. The verb is **подтвержда́ть/подтверди́ть биле́т.**

Междугоро́дный авто́бус. Intercity bus routes exist, and travel on intercity buses is becoming increasingly comfortable; however, bad roads can make long-distance bus travel undependable. Buses may leave from a train station (**вокза́л**), or from a separate bus station (**авто́бусный вокза́л, автовокза́л**).

Доро́ги. With the exponential rise in car ownership, more and more Russians are taking to the road (**доро́га**) to commute to growing suburbs (**при́город**) or the **да́ча,** and for intercity travel. Harsh weather still makes for challenging road conditions outside major cities, however.

Автосто́п. Intercity hitchhiking is a risky operation, especially for foreigners traveling without the company of trusted Russian friends.

Вопросы к диалогам

Диалог 1

происхо́дит – happens, takes place

1. Где происхо́дит э́тот разгово́р?
2. Кто разгова́ривает?
3. Когда́ прие́хала гру́ппа америка́нских студе́нтов?
4. Ско́лько челове́к в гру́ппе америка́нских студе́нтов?
5. Ско́лько мужчи́н в гру́ппе?
6. Ско́лько же́нщин в гру́ппе?

Диало́г 2

1. Зинаи́да Бори́совна разгова́ривает с руководи́телем америка́нских студе́нтов. Она́ зна́ет, что они́ заброни́ровали 30 мест?
2. У америка́нцев бронь на пять дней и́ли на четы́ре дня?
3. Гру́ппа америка́нских студе́нтов уезжа́ет четы́рнадцатого и́ли пятна́дцатого?
4. Гру́ппа неме́цких тури́стов уезжа́ет че́рез не́сколько мину́т и́ли че́рез не́сколько часо́в?
5. Америка́нские студе́нты полу́чат номера́ сейча́с и́ли когда́ уе́дут не́мцы?

Диало́г 3

1. Кто разгова́ривает с администра́тором гости́ницы?
2. У них не́сколько проблем с биле́тами и́ли с номера́ми?
3. Почему́ хо́лодно в три́дцать пе́рвом но́мере?
4. Кого́ вы́зовет администра́тор?
5. Кака́я проблема в со́рок тре́тьем но́мере?
6. Когда́ в э́той гости́нице быва́ет горя́чая вода́?

Диало́г 4

1. Что потеря́л молодо́й челове́к?
2. Почему́ он не мо́жет поиска́ть э́ти ве́щи в но́мере?
3. Когда́ у него́ рейс?

Диало́г 5

ДА и́ли НЕТ? Е́сли НЕТ, то да́йте пра́вильный отве́т.

1. Молодо́й челове́к е́дет в Петербу́рг.
2. «Кра́сная стрела́» отхо́дит в по́лночь и прихо́дит к девяти́ утра́.
3. «Кра́сная стрела́» — дово́льно дорого́й по́езд.
4. Есть друго́й по́езд в 00.40.
5. Биле́т на э́тот по́езд сто́ит две ты́сячи рубле́й.

Упражнения к диалогам

4-2 Но́вые слова́ и конте́кст. Review the dialogs and find the words in the column on the left. Then, using context to help you, pick the definition from the column on the right that best suits each word.

1. бро́ня
2. но́мер
3. ма́стер
4. фо́рточка
5. вокза́л

а. часть окна́
б. монтёр
в. зда́ние для обслу́живания пассажи́ров поездо́в
г. ко́мната в гости́нице
д. зарезерви́рованное ме́сто в гости́нице

4-3 Но́вые слова́ и ко́рни. You can guess the general meaning of many Russian verbs if you recognize the root. The roots in the verbs below have been highlighted. In each case jot down a word you know that looks like the highlighted part of the verb.

1. вы́**ясн**ить
2. за**брони́**ровать
3. у**зна́ть**

Now review the use of these verbs in the dialogs and match each verb with the appropriate English translation.

a. to clear up
b. to find out
c. to reserve

4-4 Глаго́лы с части́цей -ся. Review the dialogs and find six verbs with the reflexive ending -ся (-сь). Then use context to help you match each verb with one of the definitions below.

1. agree
2. close
3. concern (have to do with)
4. fear
5. hope
6. worry

4-5 Подгото́вка к разгово́ру. Review the dialogs. How would you do the following?

1. Say that you have just arrived in town.
2. Say that you jotted down someone's name.
3. Say that you have reserved a room for five (two, ten) days.
4. Say you are leaving on the 15th (22nd, 10th).
5. Ask what is the matter.
6. Complain that the window doesn't close (there's no hot water, your TV doesn't work, the elevator is not working).
7. Ask someone to help you.
8. Say that you have lost your documents (passport, visa, money, keys, plane ticket).
9. Say that your flight leaves in four hours (25 minutes, 2 hours).

10. Ask how much a ticket for one place in a four-person compartment costs.
11. Ask if there are other trains besides the one you have booked.
12. Say that your train leaves at midnight (in 4 hours, tomorrow).

 ## Игровые ситуации

4-6 Путешествие в России . . .

1. You are leading a group of foreign students in Russia. You are arranging travel for the group through a private travel agency. Tell the agent that there are 9 men in the group and 21 women. Find out if there are TVs in the rooms.
2. You have arrived at the hotel the agent booked to find out that the hotel does not have a record of your reservation. The agent gave you the name of the person she talked to: **Мари́я Льво́вна Воскресе́нская.** Get the situation straightened out.
3. You have just checked into your hotel room and discovered that the TV doesn't work. Ask the hotel staff to call a repairman or put you in a different room.
4. You have just checked out of your hotel and find that your passport is missing. You may have left it in your room. Explain the situation and get the staff to let you into the room.
5. Buy a train ticket from Moscow to St. Petersburg. You want a place in a four-person compartment on an inexpensive train.
6. With a partner, prepare and act out a situation of your own that deals with the topics of this unit.

 ## Устный перевод

4-7 В гости́нице. You are living and studying in Russia. Another English speaker, whose Russian is considerably worse than yours, is very unhappy with her/his room and would like to talk it over with the dormitory director. You have agreed to interpret for them.

ENGLISH SPEAKER'S PART

1. Good afternoon. I'd like to talk to you about my room.
2. Well, the thing is, I was told I would have a TV and a refrigerator.
3. I made the arrangements with Ivan Semyonovich. He told me I would have two rooms, a refrigerator, and a TV. I've got a letter from him here to that effect.
4. Well, I can do without a second room. Can't you just move a TV and a refrigerator into my room? I see them in the hallways on every floor.
5. Well, what do you suggest then? As you can see from the letter, I paid extra for a TV and a refrigerator.
6. All right. I guess I'll have to live with that. Thanks for your attention.

4-8 Моноло́г. Tell about a memorable trip you have taken. Talk about how you got there, where you stayed, and what you did. Try to make your talk as interesting as possible, while still staying within the bounds of the Russian you know.

Грамматика

1. Ordinal Numbers

Russian adjectival or ordinal numbers (*first, second,* etc.) are generally close to their counterpart cardinal numbers (*one, two,* etc.). There are a few differences you should note, however. The first few cardinal numbers are significantly different from their ordinal counterparts and need to be memorized:

пе́рвый	first
второ́й	second
тре́тий	third
четвёртый	fourth

Note that **тре́тий** is an exceptional soft adjective. In nearly all forms, **и** changes to **ь**: **тре́тий,** but **тре́тья.**

	Masc.	Neuter	Fem.	Plural
Nominative	тре́тий	тре́тье	тре́тья	тре́тьи
Accusative	(*like nom./gen.*)		тре́тью	(*like nom./gen.*)
Genitive	тре́тьего		тре́тьей	тре́тьих
Dative	тре́тьему		тре́тьей	тре́тьим
Instrumental	тре́тьим		тре́тьей	тре́тьими
Prepositional	тре́тьем		тре́тьей	тре́тьих

For most numbers ending in **-ь**, drop the **-ь** and add an adjectival ending:

пять	пя́тый
шестна́дцать	шестна́дцатый
три́дцать	тридца́тый

The ordinal numbers *sixth* to *eighth* are end-stressed. The number *eighth* involves a fleeting vowel, and *seventh* an added consonant. Both maintain **-ь** before the adjectival ending.

шесть	шесто́й
семь	седьмо́й
во́семь	восьмо́й

For cardinal numbers with a **ь** in the middle, change the **ь** to **и** in the ordinal form. There may be a stress change.

пятьдеся́т	пятидеся́тый
се́мьдесят	семидеся́тый
пятьсо́т	пятисо́тый

A few other forms should simply be memorized.

со́рок	сороково́й
девяно́сто	девяно́стый
сто	со́тый
две́сти	двухсо́тый
три́ста	трёхсо́тый
четы́реста	четырёхсо́тый
ты́сяча	ты́сячный
две ты́сячи	двухты́сячный

Only the last word in a compound number becomes ordinal and is declined as an adjective. Note that the last word for a number is not necessarily the last digit.

Мы живём в три́ста **двадца́том** но́мере.	We are staying in room 320.
На́ши сосе́ди живу́т в три́ста два́дцать **второ́м** но́мере.	Our neighbors are staying in room 322.

Упражнения

4-9   В како́м но́мере они́ живу́т?

> **Образе́ц:**   21 → *Они́ живу́т в два́дцать пе́рвом но́мере.*

2, 3, 4, 5, 6, 7, 8, 9, 10, 11, 12, 13, 14, 15, 20, 21, 22, 23, 25, 30, 33, 40, 44, 50, 55, 90, 96, 100, 107, 128, 200, 201, 300, 309, 400, 427, 1012, 2000

4-10· В како́й аудито́рии вы занима́етесь?

> **Образе́ц:**   110 → *Мы занима́емся в сто деся́той аудито́рии.*

> ► *Complete Oral Drill 1 in the S.A.M.*

1, 2, 3, 4, 5, 6, 7, 8, 9, 10, 11, 12, 13, 14, 15, 20, 21, 25, 37, 40, 43, 50, 54, 60, 68, 118, 200, 205, 300, 360, 400, 416, 500

2. Expressing Dates

You know how to ask *In which month?* (**В каком месяце?**) and how to tell in what month an event takes place (the preposition **в** followed by the name of the month in the prepositional case).

— **В каком месяце** вы будете в Москве? — *In what month* will you be in Moscow?

— Наша группа будет в Москве **в мае.** Мы уезжаем **в июне.** — Our group will be in Moscow *in May*. We leave *in June*.

To ask *On what date?* use the question **Какого числа?**

Какого числа вы приезжаете? — *On what date* are you arriving?

To indicate a precise date on which an event takes place, use the genitive case of both the date and the month. The date should be an ordinal (adjectival) number.

Мы приезжаем **одиннадцатого мая** и уезжаем **пятнадцатого.** — We're arriving *on the eleventh of May* and leaving *on the fifteenth.*

If the year is included, it is also expressed in the genitive case. Only the last number in a compound number is in its ordinal form as a singular adjective in the genitive case. Be sure to include the word *year* in the genitive case, **года**.

Мы переехали **третьего апреля** (**тысяча девятьсот**) **девяносто четвёртого года.** — We moved *on April 3, 1994.*

To give the year alone, though (not after the month or the date and month), use **в** plus the prepositional case. Put only the last of a compound number into its ordinal form as a singular adjective in the prepositional case. Include the word *year* in the prepositional case, **году**.

Мы переехали **в две тысячи третьем году.** — We moved *in 2003.*

девятнадцатого ниабря

Восемонкытьистосо день

тысяча девятсот восемьдесят пятого года

В каком месяце?	Какого числа?		
в январе	первого		
в феврале	второго		
в марте	третьего	января	
в апреле	четвёртого	февраля	1972-ого года
в мае	пятого	марта	↓
в июне	шестого	апреля	1984-ого года
в июле	седьмого	мая	↓
в августе	восьмого	июня	1997-ого года
в сентябре	девятого	июля	↓
в октябре	десятого	августа	двухтысячного года
в ноябре	одиннадцатого	сентября	↓
в декабре	двенадцатого	октября	две тысячи пятого года
	↓	ноября	
	девятнадцатого	декабря	
	двадцатого		
	↓		
	двадцать девятого		
	тридцатого		
	тридцать первого		

Printed dates generally abbreviate the obligatory word **года** or **году** with a **г.** (See the exercises in this section.) Do the same when you write about a specific year.

Упражнения

4-11 Брони туристов. Olga Mikhailovna takes the reservations for foreign groups coming to the hotel where she works. Look at her notes below, and create sentences telling when the various groups are scheduled to arrive and to leave.

Образец: японцы — 20.8–22.8

Японская группа приезжает двадцатого августа и уезжает двадцать второго.

	A	B	C	D	E	F
1	ТУРГРУППА	СТРАНА	ПРИЕЗД	ОТЪЕЗД	КОЛ.МУЖ.	КОЛ.ЖЕН
2	НТА	Япония	20.08	22.08	22	21
3	Adventure Tours	США	03.01	03.01	12	9
4	Галактик Трэвл	Италия	03.01	03.01	15	16
5	GoRussia	Канада	29.04	10.05	30	30
6	Лю Фу	КНР	17.02	28.02	15	13
7	Rusreisen	Германия	01.03	07.03	17	19
8	Nordic Travel	Швеция	30.06	13.07	12	14
9	Rumbos	Испания	03.01	03.01	8	8
10	В пути	Украина	03.01	03.01	21	8
11	Syegye Travel	Корея	03.01	03.01	11	9

4-12 Русские писатели. Прочитайте вслух.

1. Александр Сергеевич Пушкин родился в 1799 г. Он умер в 1837 г.
2. Иван Сергеевич Тургенев родился в 1818 г. Он умер в 1883 г.
3. Фёдор Михайлович Достоевский родился в 1821 г. Он умер в 1881 г.
4. Лев Николаевич Толстой родился в 1828 г. Он умер в 1910 г.
5. Анна Андреевна Ахматова родилась в 1889 г. Она умерла в 1966 г.
6. Борис Леонидович Пастернак родился в 1890 г. Он умер в 1960 г.

4-13 Русские писатели. Ответьте на вопросы. Найдите информацию в упражнении 4-12.

1. В каком году родился Пушкин?
2. В каком году родился Тургенев?
3. В каком году родился Достоевский?
4. В каком году родился Толстой?
5. В каком году родилась Ахматова?
6. В каком году родился Пастернак?

4-14 Русские цари. Прочитайте вслух.

1. Царь Иван Грозный родился в 1530 г. Он умер в 1584 г.
2. Император Пётр I (Первый) родился в 1672 г. Он умер в 1725 г.
3. Императрица Анна Ивановна родилась в 1693 г. Она умерла в 1740 г.
4. Императрица Елизавета Петровна родилась в 1709 г. Она умерла в 1762 г.
5. Императрица Екатерина II (Вторая) родилась в 1729 г. Она умерла в 1796 г.
6. Император Николай II (Второй) родился в 1868 г. и умер в 1918 г.

4-15 Русские цари. Ответьте на вопросы. Найдите информацию в упражнении 4-14.

1. В каком году родился Иван Грозный?
2. В каком году родился Пётр I?
3. В каком году родилась Анна?
4. В каком году родилась Елизавета?
5. В каком году родилась Екатерина II?
6. В каком году родился Николай II?

4-16 Дни рождения. Ответьте на вопросы.

1. Какого числа вы родились?
2. Какого числа родилась ваша мать?
3. А ваш отец?
4. Когда родились ваши братья и сёстры?
5. Когда родилась ваша жена (родился ваш муж)?
6. Когда родились ваши дети?

4-17 Пого́да. Отве́тьте на вопро́сы.

са́мый – the most

➤ Complete Oral Drill 2 and Written Exercises 1–2 in the S.A.M.

1. В како́м ме́сяце у вас быва́ет са́мая жа́ркая пого́да?
2. В како́м ме́сяце у вас быва́ет са́мая холо́дная пого́да?
3. В како́м ме́сяце у вас быва́ет хоро́шая пого́да?
4. В каки́х ме́сяцах у вас быва́ет снег?
5. В каки́х ме́сяцах у вас быва́ет дождь?

3. Review: Genitive Plural of Modifiers and Nouns

Uses

1. The genitive case is used after the prepositions **у, без, до, по́сле, из, от, с** (when it means *from*), and **напро́тив**.

   У моего́ бра́та есть телеви́зор.   *My brother* has a television.
   Мы **из Аме́рики.**   We are *from America.*

2. The genitive case is used after **нет, не́ было,** and **не бу́дет** to indicate absence or nonexistence.

   У нас **нет маши́ны.**   We *don't have a car.*
   У нас **не́ было маши́ны.**   We *didn't have a car.*
   У нас **не бу́дет маши́ны.**   We *won't have a car.*

3. The genitive case is used to express possession ('s) or *of*.

   Э́то кни́га **на́шей сосе́дки.**   This is *our neighbor's* book.

4. The genitive case is used after numbers.

   • genitive *singular* noun after numbers ending in **два (две), три,** or **четы́ре.**

   У Ива́на **две сестры́.**   Ivan has *two sisters.*
   Они́ купи́ли **три́дцать**   They bought *thirty-four magazines.*
   четы́ре журна́ла.

   • genitive *plural* after numbers that end in some way other than **оди́н (одна́, одно́), два (две), три,** or **четы́ре.** This includes the numbers 5 through 20, 25–30, 35–40, and so on, as well as numbers denoting hundreds (100, 200, 300, . . .), thousands (1000, 2000, . . .), etc.

   У Джо́на **пять сестёр.**   John has *five sisters.*
   Они́ купи́ли двена́дцать   They bought *twelve tickets.*
   биле́тов.

5. The genitive case is used after the words **ско́лько** — *how many, how much,*
мно́го — *many, a lot,* **немно́го** — *a little,* **не́сколько** — *a few,* and **ма́ло** — *a few,*
too little.

- genitive *singular* of nouns denoting things that are not counted (e.g., milk,
  sugar, time); **не́сколько** is not used with such nouns.

Ско́лько молока́ мне купи́ть?	*How much milk* should I buy?
Здесь **мно́го воды́.**	There's *a lot of water* here.
У нас **ма́ло вре́мени.**	We have *little time.*

- genitive *plural* of nouns denoting things that may be counted (e.g., books,
  students, questions).

Ско́лько у вас **студе́нтов?**	*How many students* do you have?
У меня́ **мно́го книг.**	I have *a lot of books.*
У нас **не́сколько вопро́сов.**	We have *a few questions.*
В э́том го́роде **ма́ло гости́ниц.**	This town has (*too*) *few hotels.*

Упражнение

4-18 Reread the dialogs in this unit, and find all the words in the genitive case. In
each instance, explain why the genitive case is used, and tell whether the word is
singular or plural.

Forms: Genitive Plural of Nouns

You learned the forms of the genitive plural in Book 1, Unit 7. Recall that endings fall
into the following categories:

1. **"Zero"-ending** for hard feminine and neuter nouns. Sometimes this involves a
   stress shift or the addition of a vowel.

Nominative Singular	Genitive Plural
гости́ница	гости́ниц
ме́сто	мест
жена́	жён
сестра́	сестёр
остано́вка	остано́вок
фо́рточка	фо́рточек
письмо́	пи́сем
копе́йка	копе́ек

2. **"Soft-zero" ending** for feminine nouns ending in consonant + **-я.**

Nominative Singular	Genitive Plural
неде́ля	неде́ль
ку́хня	ку́хонь

Into this category falls the following irregular form, in which the **ь** is absent.

Nominative Singular	Genitive Plural
песня	песен

3. **-ий ending.** Nouns that end in **-ие** or **-ия** take the genitive plural ending **-ий.**

Nominative Singular	Genitive Plural
общежи́тие	общежи́тий
ста́нция	ста́нций

4. **-ей ending** for masculine nouns ending in consonants **-ж, -ш, -щ, -ч,** and all nouns ending in **-ь.**

Nominative Singular	Genitive Plural
ключ	ключе́й
руководи́тель	руководи́телей
день	дней
гара́ж	гаражи́ей

5. **-ов, -ев ending.** Hard-stem masculine nouns ending in all other consonants take the genitive plural ending **-ов,** with the following exceptions, when the ending will be **-ев** instead:

- If the nominative singular ending is **-й: трамва́й → трамва́ев.**
- If the **-ов** ending would break a spelling rule: **америка́нец → америка́нцев.**
- If the nominative plural ending is soft: **сту́лья → сту́льев.**

Nominative Singular	Genitive Plural
час	часо́в
авто́бус	авто́бусов
ме́сяц	ме́сяцев

Recall the genitive forms of some words that usually or always appear in the plural. These words generally follow the rules noted above.

Nominative Plural	Genitive Plural
де́ньги	де́нег
брю́ки	брюк
перча́тки (sg. перча́тка)	перча́ток
роди́тели	роди́телей
очки́	очко́в

Some, however, are exceptional forms that need to be reviewed and memorized.

Nominative Singular	Nominative Plural	Genitive Plural
семья́	се́мьи	семе́й
друг	друзья́	друзе́й
сын	сыновья́	сынове́й
мать/дочь	ма́тери/до́чери	матере́й/дочере́й
дя́дя/тётя	дя́ди/тёти	дя́дей/тётей
сосе́д	сосе́ди	сосе́дей
год	го́ды	лет
сапо́г	сапоги́	сапо́г
пла́тье	пла́тья	пла́тьев
ребёнок	де́ти	дете́й
челове́к	лю́ди	люде́й/челове́к

The last of these depends on context. The genitive plural of **челове́к** is **люде́й** after the noncounting words **мно́го, немно́го,** and **ма́ло,** but is **челове́к** after the counting words **ско́лько, не́сколько,** and numbers five and above.

— Ско́лько челове́к там бы́ло?
— Там бы́ло совсе́м немно́го люде́й, челове́к де́сять.

Summary Chart of Genitive Plural Nouns		
Nominative Singular Ending	**Genitive Plural Ending**	
-а, -о	"zero ending"	групп, фо́рточек мест, о́кон
consonant + -я	**-ь**	неде́ль
-ие, -ия	**-ий**	общежи́тий, ста́нций
-ж, -ш, -щ, -ч, -ь	**-ей**	ключе́й рубле́й
-ц, -й Nom. pl. ending: **-ья**	**-ев**	ме́сяцев трамва́ев бра́тьев пла́тьев
any other consonant	**-ов**	тури́стов

➤ *Nouns of foreign origin that end in -o, -и, or -у are indeclinable. They look the same in the genitive plural as in the nominative singular and every other case.*

Genitive Plural of Modifiers

The genitive ending for all plural modifiers is **-ых** (spelled **-их** for soft-stem modifiers and if necessary to avoid breaking the 7-letter spelling rule: **но́вых, после́дних, хоро́ших**).

Special modifiers have corresponding endings:

Genitive Plural of Special Modifiers		
мо - и́х	на́ш - их	э́т - их
тво - и́х	чь - их	одн - и́х
ва́ш - их	сво - и́х	вс - ех

Упражнения

4-19 Как по-ру́сски?

Elena is the director of a group of Canadian tourists. In the group are 15 young teachers: 7 women and 8 men. They reserved 9 rooms in a large hotel in Moscow. The hotel has 27 floors, several good cafés, and many small stores.

4-20 Тури́сты купи́ли мно́го . . .

1. газе́та
2. журна́л
3. тетра́дь
4. ша́пка
5. ма́йка
6. откры́тка
7. сувени́р
8. пла́тье
9. слова́рь
10. каранда́ш
11. пода́рок
12. фотогра́фия

> ➤ *Complete Oral Drills 3–8 and Written Exercises 3–6 in the S.A.M.*

4. Adjectives Following Numbers

Modifiers in a phrase beginning with a number are either nominative singular or genitive plural.

After 1: nominative singular modifiers and noun

> оди́н хоро́ший магази́н
> одна́ хоро́шая гости́ница

After 2, 3, 4: genitive plural modifiers, genitive singular noun
(Note: With a feminine noun, the adjective may be nominative plural.)

> два но́вых сувени́ра   две но́вые библиоте́ки
> три ру́сских рестора́на   три ру́сские студе́нтки
> четы́ре больши́х магази́на   четы́ре больши́е гости́ницы

After 5 and above: genitive plural modifiers and noun

> пять но́вых сувени́ров
> двена́дцать америка́нских тури́стов
> три́дцать ру́сских студе́нток

Упражнения

4-21 О себе́. Отве́тьте на вопро́сы.

1. Ско́лько у вас мла́дших бра́тьев?
2. Ско́лько у вас ста́рших бра́тьев?
3. Ско́лько у вас мла́дших сестёр?
4. Ско́лько у вас ста́рших сестёр?
5. Ско́лько у вас дочере́й и сынове́й?
6. Ско́лько у вас дя́дей и тётей?
7. Ско́лько у вас англо-ру́сских словаре́й?
8. Ско́лько у вас ру́сско-англи́йских словаре́й?
9. Ско́лько у вас сосе́дей по ко́мнате?
10. Ско́лько пи́сем вы получи́ли на про́шлой неде́ле?

4-22 О ва́шем го́роде и университе́те. Отве́тьте на вопро́сы.

1. Ско́лько у вас в го́роде библиоте́к?
2. Ско́лько у вас в го́роде школ?
3. Ско́лько у вас в го́роде университе́тов?
4. Ско́лько у вас в го́роде гости́ниц?
5. Ско́лько у вас в университе́те общежи́тий?
6. Ско́лько у вас в университе́те спорти́вных за́лов?
7. Ско́лько у вас в университе́те бассе́йнов?
8. Ско́лько у вас в университе́те студе́нтов?
9. Ско́лько у вас в университе́те аспира́нтов?
10. Ско́лько у вас в университе́те преподава́телей и профессоро́в?
11. Ско́лько у нас в аудито́рии мест?

> ► *Complete Oral Drill 9 and Written Exercise 7 in the S.A.M.*

5. Accusative Plural of Modifiers and Nouns

The accusative plural of all *inanimate* nouns and their modifiers looks like the nominative plural.

> Мы чита́ем **интере́сные но́вые кни́ги.**

The accusative plural of all *animate* nouns and their modifiers looks like the genitive plural.

> Мы зна́ем **интере́сных но́вых студе́нтов.**
> Я ви́жу **ва́ших дочере́й.**

Упражнения

4-23 О себе́. Отве́тьте на вопро́сы.

1. Вы чита́ете ру́сские газе́ты?
2. Вы чита́ете америка́нские газе́ты?
3. Вы зна́ете ру́сских студе́нтов?
4. Вы зна́ете други́х иностра́нных студе́нтов?
5. Вы зна́ете америка́нских студе́нтов?
6. Вы лю́бите иностра́нные фи́льмы?
7. Вы лю́бите францу́зские фи́льмы?
8. Каки́е други́е фи́льмы вы лю́бите?
9. Вы зна́ете францу́зских актёров?
10. Каки́х други́х иностра́нных актёров вы зна́ете?

4-24 Как по-ру́сски?

➤ *Complete Oral Drill 10 and Written Exercise 8 in the S.A.M.*

1. Do you know any Russian writers?
2. Have you seen the Canadian tourists at the hotel?
3. Do you frequently watch American movies?
4. Which movies do you like?
5. Which actors do you like?

6. Prefixed Verbs of Motion

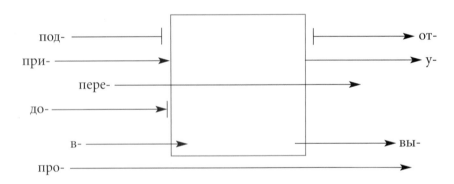

The dialogs in this unit contain several verbs of motion with prefixes:

Мы то́лько что **прие́хали.**	We just *arrived.*
Вы **уезжа́ете** 15-го?	Are you *leaving* on the 15th?
Они́ **уе́дут,** и вы полу́чите номера́.	They *will leave* and you will get the rooms.
Ключе́й от но́мера нет. Я не могу́ **войти́.**	I don't have my room keys. can't *get in.*
«Кра́сная стрела́» **отхо́дит** в по́лночь.	The Red Arrow *departs* (moves away from the platform) at midnight.
Подойди́те че́рез час.	*Come up* [to the desk] in an hour.

The **prefixes** give information about the direction and extent of the action. The **stems** give information about the type of motion—by foot or by vehicle.

Prefixes		Stems	
при-	arrival	**-ходи́ть/ -йти́**	motion under one's own power
у-	departure		
в-	entrance (into)		
вы-	exit (out of)		
от-	motion away from something nearby	**-езжа́ть/ -е́хать**	motion in some vehicle
пере-	motion across		
под-	motion toward something nearby		
про-	motion for a measured distance, or motion past something		
до-	motion reaching a goal		

Sometimes **ъ** or **о** is inserted between the prefix and the stem: въезжа́ть/ въе́хать, войти́, подойти́.

By definition, prefixed motion verbs are only unidirectional. They are in regular imperfective/perfective pairs. Prefixed verbs of motion with the stems **-ходи́ть** and **-езжа́ть** are imperfective. Prefixed verbs of motion with the stems **-йти́** and **-е́хать** are perfective.

to arrive (*on foot*)			
приходи́ть (*impf.*)		прийти́ (*perf.*)	
Present:	**Past:**	**Future (not present!):**	**Past:**
прихож-у́	приходи́л	прид-у́	пришёл
прихо́д-ишь	приходи́ла	прид-ёшь	пришла́
прихо́д-ят	приходи́ли	прид-у́т	пришли́

to arrive (*by vehicle*)			
приезжа́ть (*impf.*)		прие́хать (*perf.*)	
Present:	**Past:**	**Future (not present!):**	**Past:**
приезжа́-ю	приезжа́л	прие́д-у	прие́хал
приезжа́-ешь	приезжа́ла	прие́д-ешь	прие́хала
приезжа́-ют	приезжа́ли	прие́д-ут	прие́хали

Я обы́чно **прихожу́** домо́й в пять часо́в, а вчера́ **пришёл** в семь.	I *usually arrive home* at five, but *yesterday I arrived* at seven.
Я обы́чно **приезжа́ю** домо́й в пять часо́в, а вчера **прие́хал** в семь.	I *usually arrive home* at five, but *yesterday I arrived* at seven.

All other verbs with the infinitive root **-йти́** maintain the **-й** in their conjugated form. For example:

уйти́ (to leave by foot) (*perf.*)	
уйд-у́	**Past:**
уйд-ёшь	ушёл
уйд-ёт	ушла́
уйд-ём	ушли́
уйд-ёте	
уйд-у́т	

Summary Chart for Prefixed Verbs of Motion		
Verb	**On foot**	**By vehicle**
arrive come	**приходи́ть/прийти́** Я обы́чно прихожу́ домо́й в пять часо́в. *I usually arrive home at five.*	**приезжа́ть/прие́хать** Мы приезжа́ем на юг ка́ждый год. *We come south every year.*
leave (to a place out of range of vision)	**уходи́ть/уйти́** Дире́ктора нет. Он ушёл. *The director isn't here. He left.*	**уезжа́ть/уе́хать** Дире́ктора нет. Он уе́хал отдыха́ть. *The director isn't here. He left on vacation.*
enter	**входи́ть/войти́** Тури́ст откры́л дверь и вошёл. *The tourist opened the door and went in.*	**въезжа́ть/въе́хать*** Такси́ст въе́хал в гара́ж. *The taxi driver drove into the garage.*
exit, step out	**выходи́ть/вы́йти** Это на́ша остано́вка. Вы сейча́с выхо́дите? *This is our stop. Are you getting off now?*	**выезжа́ть/вы́ехать*** Такси́ст откры́л дверь гаража́ и вы́ехал. *The taxi driver opened the garage door and drove out.*
go up toward, approach	**подходи́ть/подойти́** Ма́льчик подошёл к учи́телю. *The boy approached the teacher.*	**подъезжа́ть/подъе́хать*** Шофёр подъе́хал к гости́нице. *The driver drove up to the hotel.*
go away from (something nearby, such as a train platform)	**отходи́ть/отойти́** По́езд отхо́дит в 12 часо́в. *The train pulls out at twelve o'clock.*	**отъезжа́ть/отъе́хать*** Мы отъе́хали от стены́. *We pulled away from the wall.*
go a measured distance, pass	**проходи́ть/пройти́** — Мо́жно пройти́? — Проходи́те. *— May I go past (you)?* *— Yes, go on through.*	**проезжа́ть/прое́хать** Проезжа́йте три остано́вки. *Go three stops.*

(continued)

* Less likely to be used in elementary Russian.

Summary Chart for Prefixed Verbs of Motion (*continued*)		
Verb	**On foot**	**By vehicle**
go across (on foot) move, change residences (by vehicle)	**переходи́ть/перейти́** Мы сейча́с перехо́дим у́лицу. *We're crossing the street now.*	**переезжа́ть/перее́хать** Мы перее́дем в Калифо́рнию. *We'll move to California.*
reach a goal	**доходи́ть/дойти́** Я тебе́ позвоню́, когда́ дойду́ до до́ма. *I'll call you when I get home (reach the house).*	**доезжа́ть/дое́хать*** У нас ма́ло бензи́на. Мы дое́дем до го́рода? *We don't have much gas left. Will we make it to the city?*

* Less likely to be used in elementary Russian.

Упражне́ния

4-25 Запо́лните про́пуски глаго́лами движе́ния в ну́жной фо́рме.

1. приходи́ть/прийти́
   - а. Они́ всегда́ _____ ко мне в го́сти.
   - б. Когда́ он _____ к тебе́ вчера́?
   - в. Роди́тели _____, и мы се́ли у́жинать.
   - г. Ты зна́ешь, что Мари́на _____ во вто́рник?

2. приезжа́ть/прие́хать
   - а. Кака́я гру́ппа _____ 15-го ию́ля?
   - б. Эти студе́нты _____ то́лько вчера́.
   - в. Я обы́чно _____ на рабо́ту часо́в в во́семь.
   - г. Когда́ он _____, скажи́ ему́, что я верну́сь по́здно.

3. уходи́ть/уйти́
   - а. Где де́ти? Куда́ они́ _____?
   - б. Мы всегда́ _____ с рабо́ты в шесть часо́в.
   - в. Когда́ ты _____ в университе́т, всегда́ закрыва́й о́кна.
   - г. За́втра я _____ на ле́кцию о́чень ра́но.

4. уезжа́ть/уе́хать
   - а. Вчера́ мои́ друзья́ _____ отдыха́ть во Флори́ду.
   - б. Че́рез неде́лю мы _____ в Москву́.
   - в. — Где Серге́й?
       — Он уже́ _____ домо́й.
   - г. Ка́ждое ле́то я _____ к роди́телям.

5. входи́ть/войти́; выходи́ть/вы́йти

   а. Мы откры́ли дверь и _____ в кварти́ру.

   б. Он _____ из до́ма часо́в в семь.

   в. Профе́ссор всегда́ _____ в аудито́рию в де́вять часо́в.

   г. Они́ купи́ли кни́ги и _____ из магази́на.

6. въезжа́ть/въе́хать; выезжа́ть/вы́ехать

   а. Мы уви́дели, что его́ маши́на _____ в гара́ж.

   б. Во ско́лько вы обы́чно _____ из до́ма?

   в. Если они́ _____ у́тром, часа́ че́рез три они́ бу́дут здесь.

7. проходи́ть/пройти́; проезжа́ть/прое́хать

   а. Вы сейча́с не выхо́дите? Мо́жно _____?

   б. Вам на́до_____ две остано́вки и вы́йти на второ́й.

   в. Молодо́й челове́к, вы уже́ _____ Эрмита́ж! Вам на́до
      вы́йти и _____ одну́ остано́вку в ту сто́рону.

в ту сто́рону – the other way

8. переходи́ть/перейти́; переезжа́ть/перее́хать

   а. — Где здесь мо́жно _____ у́лицу?
      — Я обы́чно _____ там, напро́тив ста́нции метро́.

   б. В а́вгусте моя́ сестра́ _____ в Москву́. У неё там бу́дет
      но́вая рабо́та.

9. доходи́ть/дойти́; доезжа́ть/дое́хать

   а. Мы _____ до кинотеа́тра до нача́ла сеа́нса — не
      беспоко́йся, мы не опозда́ем!

   б. Во ско́лько вы обы́чно _____ до до́ма?

   в. Если они́ уе́дут сейча́с, они́ _____ до Влади́мира к ча́су.

к ча́су – by one o'clock

4-26 Соста́вьте предложе́ния.

друг	вчера́	приезжа́ть/прие́хать	в Росси́ю
роди́тели	у́тром	приходи́ть/прийти́	из до́ма
студе́нты	в 7 часо́в	уезжа́ть/уе́хать	в университе́т
де́ти	5-ого ма́рта	уходи́ть/уйти́	с рабо́ты
маши́на	ве́чером	входи́ть/войти́	в ко́мнату
сестра́	ча́сто	въезжа́ть/въе́хать	в Калифо́рнию
гру́ппа		выходи́ть/вы́йти	из гости́ницы
бизнесме́нов		выезжа́ть/вы́ехать	в гара́ж

▶ *Complete Oral Drills 11–16 and Written Exercises 9–11 in the S.A.M.*

Давайте почитаем

4-27 Знако́мство с Калифо́рнией

1. **О чём идёт речь?** Ва́ши знако́мые Са́ша и Ма́ша пришли́ к вам посове́товаться. Они́ пока́зывают вам э́ту рекла́му и спра́шивают, сто́ит ли записа́ться на э́ту пое́здку. Пре́жде чем отве́тить, прочита́йте информа́цию. Узна́йте:

   а. Ско́лько дней тури́сты бу́дут в США?

   б. В каки́х города́х побыва́ют тури́сты?

   в. Каки́е достопримеча́тельности они́ смо́гут посмотре́ть в ка́ждом го́роде?

   г. Что бу́дут де́лать тури́сты в го́роде Бо́рстоу?

   д. Что плани́руется для тури́стов в Сан-Франци́ско?

   е. Ва́ши знако́мые Са́ша и Ма́ша хотя́т пое́хать в ма́ленькой гру́ппе. Они́ гото́вы жить вме́сте в одно́м но́мере. Ско́лько им на́до бу́дет заплати́ть за экску́рсию?

   ж. За что на́до заплати́ть дополни́тельно?

дополни́тельно – additionally

2. **Ва́ше мне́ние.** Да́йте ва́ше мне́ние об э́той пое́здке. Каки́е предложе́ния соотве́тствуют ва́шему мне́нию? Почему́ вы так ду́маете?

мне́ние – opinion

соотве́тствовать (чему́) – to correspond with, match

ДА и́ли НЕТ?

   а. Тури́стам, наве́рное, бу́дет интере́сно посмотре́ть, как де́лают фи́льмы в США.

   б. Это хоро́шая пое́здка, потому́ что тури́сты пое́дут в Диснейле́нд.

   в. Тури́сты в э́той гру́ппе, наве́рное, бу́дут игра́ть в руле́тку.

   г. Гру́ппа познако́мится с америка́нскими инде́йцами.

   д. Восьмо́й день (Сан-Франци́ско) — са́мый интере́сный.

   е. Наве́рное, бу́дет вре́мя для се́рфинга.

   ж. Тури́сты бу́дут жить в о́чень комфорта́бельных гости́ницах.

   з. Эта пое́здка о́чень дёшево сто́ит.

   и. У тури́стов в э́той гру́ппе бу́дет мно́го свобо́дного вре́мени.

   к. Во вре́мя э́той пое́здки мо́жно посмотре́ть почти́ всё, что в Калифо́рнии сто́ит посмотре́ть.

ЗНАКОМСТВО С КАЛИФОРНИЕЙ
11 ДНЕЙ / 10 НОЧЕЙ

Турагентство "ИНГЕОКОМ ТУР КОНСАЛТИНГ"

1 день. Воскресенье. ЛОС-АНДЖЕЛЕС. Прибытие в аэропорт, встреча с русскоговорящим сопровождающим. Трансфер в отель "PACIFIC SHORE". Размещение в отеле.

2 день. Понедельник. Завтрак в ресторане отеля. Обзорная экскурсия по городу с посещением[1] "UNIVERSAL STUDIOS" в сопровождении русскоговорящего гида.

---

[1]*visit*

3 день. Вторник. Завтрак в ресторане отеля. Посещение "DISNEYLAND."

4 день. Среда. ЛАС-ВЕГАС. Завтрак в ресторане отеля. Переезд из ЛОС АНДЖЕЛЕСА в город-казино ЛАС-ВЕГАС с остановкой в городе БОРСТОУ в шоппингцентре, где расположены филиалы[2] 95 самых известных[3] магазинов. Прибытие в ЛАС-ВЕГАС. Размещение в отеле "EXCALIBUR & CASINO".

5 день. Четверг. ГРАНД КАНЬОН. Завтрак в ресторане отеля. Экскурсия на целый день в ГРАНД КАНЬОН (это захватывающее однодневное путешествие, включающее полёт над ГРАНД КАНЬОНОМ на самолёте на расстояние 400 миль, приземление в аэропорту ГРАНД КАНЬОНА и автобусная экскурсия по южному кольцу (SOUTH RIM) и индейским поселениям.[4] Возвращение[5] в отель.

6 день. Пятница. ФРЕСНО, "КАЛИКО ГОУСТ ТАУН." Завтрак в ресторане отеля. Переезд из ЛАС ВЕГАСА в город ФРЕСНО с посещением "КАЛИКО ГОУСТ ТАУН" — маленького городка, построенного на старых золотоносных шахтах, восстановленных под старину[6] с театрализованным представлением. Прибытие в г. ФРЕСНО. Размещение в отеле "HOLIDAY INN CENTRE PLAZA".

7 день. Суббота. САН-ФРАНЦИСКО. Завтрак в ресторане отеля. Переезд из ФРЕСНО в

САН-ФРАНЦИСКО через национальный парк "ЙОЗЕМИТ". Прибытие в САН-ФРАНЦИСКО. Размещение в отеле "SHANNON COURT HOTEL."

8 день. Воскресенье. Завтрак в ресторане отеля. Обзорная экскурсия по городу с русскоговорящим гидом. Экскурсия закончится на знаменитом[7] 39-ом пирсе, где Вашему вниманию будет предложен[8] широкий выбор экзотических блюд в рыбных ресторанах. Те, кто не проголодался, могут совершить прогулку[9] по маленьким сувенирным магазинчикам, посмотреть красивые окрестности.[10] Через два часа все желающие поужинают в китайском ресторане отеля.

9 день. Понедельник. Завтрак в отеле. Свободное время.

10 день. Вторник. ГАМБРИЯ. Завтрак в ресторане отеля. Переезд из САН-ФРАНЦИСКО в город ГАМБРИЯ (город художественных галерей, магазинов и ресторанов, парков и пляжей) по знаменитой "дороге длиной в 17 миль" через город МОНТЕРЕЙ (бывшая столица Калифорнии). Размещение в отеле "GAMBRIA PINES LODGE".

11 день. Среда. САНТА-БАРБАРА. Завтрак в ресторане отеля. Переезд из ГАМБРИИ в САНТА-БАРБАРУ. Обзорная экскурсия по городу. Трансфер в аэропорт г. ЛОС-АНДЖЕЛЕС. Вылет в Москву.

ЦЕНА С ЧЕЛОВЕКА:

Тип номера	При группе от 10 человек	При группе от 20 человек
Одноместный номер	3.660,00 у.е.	3.310,00 у.е.
Двухместный номер	3.330,00 у.е.	2.975,00 у.е.
Дети до 12 лет с двумя родителями	1.885,00 у.е.	1.885,00 у.е.

В ЦЕНУ ВКЛЮЧЕНО:
- Проживание в двухместных номерах в ★★★ отелях
- Завтраки
- Ужин в китайском ресторане в Сан-Франциско
- Все переезды, трансферы и экскурсии на современных автобусах
- Входные билеты на все вышеперечисленные экскурсии
- Ассистент/переводчик/координатор на протяжении всей поездки
- Авиаперелёт по маршруту Москва-Лос-Анджелес-Москва прямым рейсом авиакомпании "Трансаэро".

НЕ ВКЛЮЧЕНО В ПРОГРАММУ:
- Стоимость визы в цену не включена, она составляет 150,00 у.е. Мы поможем в получении визы и консультации.
- Медицинская страховка на этот период составит 22,50 у.е.

---

[2]*branch (of a store)*   [3]*well known*   [4]*settlement*   [5]*return*   [6]восстано́вленных под старину́ *restored to look like olden times*   [7]*famous*   [8]ва́шему внима́нию бу́дет предло́жен *you will be offered*   [9]соверши́ть прогу́лку *to take a stroll*   [10]*surrounding areas*

3. Words from roots

бы́вший — *former* ← **был**

вы́лет — *departure by plane.* The root **лёт** has to do with flying (cf. **самолёт** — *plane*). The prefix **вы-** usually means *out.* See **полёт** below.

золотоно́сный — *gold-bearing.* What then were **золотоно́сные ша́хты**?

пое́здка ← **по** + **е́здить**

прожива́ние ← **жив.** What then does the phrase **прожива́ние в оте́ле** mean?

полёт — *flight.* The root **лёт** has to do with flying (cf. **самолёт** — *plane*). Note above **вы́лет** — *plane departure.*

приземле́ние — *landing*: **при** = *arriving*; **земля́** = *land or earth.*

проголода́ться ← **голо́дный** — *hungry.* What then does the verb mean?

размеще́ние ← **ме́сто.** What then does the phrase **размеще́ние в оте́ле** mean?

расстоя́ние — *distance*: **рас** = *apart* ("*dis-*"); **стоя́ть** = *stand*; **стоя́ние** = *stance*

совреме́нный ← **со** + **вре́мя** = "*con*" + "*temp.*" What is the English equivalent?

4. Сино́нимы

сто́имость — цена́

прибы́тие — прие́зд

перее́зд — трансфе́р

це́лый — весь

городо́к; (*чего́* — городка́) — небольшо́й го́род

оте́ль — гости́ница. Find the word **оте́ль** in the text. What gender is it and how can you tell?

располо́жен, располо́жена, располо́жено, располо́жены — нахо́дится, нахо́дятся

у.е. = усло́вная едини́ца (до́ллар)

5. Number compounds

однодне́вный — In what context is **однодне́вная экску́рсия** used?

двухме́стный — What is **прожива́ние в двухме́стных номера́х**? (Hint: Would it be more desirable/expensive to feature **прожива́ние в одноме́стных номера́х** or **трёхместных номера́х**? Is there such a thing as **трёхместные номера́** in American hotels?)

6. Но́вые слова́ по конте́ксту. In which contexts did you find these new words?

включено́ (and other forms) — Judging from what is talked about, what does this word mean? (*Hint*: The word begins with the prefix **в-**. What does the English equivalent start with?)

маршру́т — It may look like "march route," but look at the context. What is a better English equivalent?

рейс: прямо́й рейс — You know that **пря́мо** means *straight* or *direct*. What does it mean if your plane is going **прямы́м ре́йсом?**

составля́ть/соста́вить shows up twice in the last section of this announcement. What does the context suggest about its meaning?

страхо́вка — Before going on a foreign trip, it is wise to get **медици́нская страхо́вка**. If you plan to drive, you should get **автомоби́льная страхо́вка.** What then is **страхо́вка?**

7. **Verbal adjectives.**

  a. Verbal adjectives are adjectives made from verbs. The forms here are **present active verbal adjectives.** They often correspond to English verbal adjectives ending in *-ing* and mean . . . *who or which does something*:

  > встре́ча с **русскоговоря́щим** ги́дом   a meeting with a *Russian-speaking* guide (a guide who speaks Russian)
  >
  > путеше́ствие, **включа́ющее** полёт. . .   travel *including* a flight (travel which includes a flight)

  As you can see, these verbal adjectives can precede or follow the noun they modify. Like all adjectives, these forms agree in gender, number, and case with the noun.

  b. **Verbal adjectives which function as nouns.** Many verbal adjectives are used alone. You can assume that the missing noun is **челове́к:**

  > В гости́нице бы́ло мно́го **отдыха́ющих.**   There were many *vacationing [people]* (vacationers) in the hotel.
  >
  > Мы с сестро́й **ве́рующие.**   My sister and I *are religious.* (**ве́ровать** — *to keep faith,* i.e., people who keep faith)

  Knowing this, figure out what the following expressions mean:

  > . . . **встре́ча с русскоговоря́щим сопровожда́ющим** (**сопровожда́ть** — *to accompany*)
  >
  > **Все жела́ющие поу́жинают в кита́йском рестора́не оте́ля.** (**жела́ть = хоте́ть**)

  c. **Formation.** Replace **-т** in the **они́** form of the verb with **-щ-** and add the appropriate adjectival ending.

  Now return to the text and find the present active verbal adjectives for these verbs:

  говори́ть — to speak
  сопровожда́ть — to accompany
  захва́тывать — to grip
  включа́ть — to include
  жела́ть — to wish, to desire

8. **Обзо́рное упражне́ние по словарю́.** Now see if you can use some of the new expressions from this text to ask some questions pertinent to a typical tour. You may have to recombine some of the elements from the brochure.
   a. Will we have a Russian-speaking guide?
   b. Is the cost of a visa included in the price?
   c. How much does medical insurance come to?
   d. How much does a stay in a double room cost? How much does a single cost?
   e. Is there a wide assortment of dishes at the hotel restaurant?

f. When is the plane departure?

g. Do we have a direct flight?

h. Is our itinerary San Francisco — New York — Moscow?

What other questions could you ask, based on what you learned in this brochure?

4-28 На́ше приключе́ние

yaschik.ru

Выход

НАПИСАТЬ   ВХОДЯЩИЕ   ПАПКИ   НАЙТИ ПИСЬМО   АДРЕСА   ЕЖЕДНЕВНИК   НАСТРОЙКИ

От: valyabelova.234@mail.ru

Кому: popovaea@inbox.ru

Копия:

Скрытая:

Тема: Наше приключение

простой формат

Дорогая Елена Анатольевна!

У нас с Максом было приключение° в пути°. Это было и страшно, и весело — я никогда об этом не забуду.

adventure   **в пути́** — lit. on the way; i.e. on the road

Давайте я начну сначала. Мы с Максом узнали, что Земфира° даёт концерты в ряде американских городов. Её концерт в Нью-Йорке мы пропустили°. Но можно было успеть° на концерт в Балтиморе. Макс о Земфире раньше не слышал, и я рассказала ему, что Земфира — это феномен, который нельзя пропустить. Рамосы договорились с вашингтонскими родственниками, чтобы° мы пожили у них. Балтимор — час езды от Вашингтона.

Zemfira — a Russian rock star

missed

to manage

so that

Вначале все было хорошо. Мы нормально доехали до Роквилла. На следующий день на концерт. Вернулись в Роквилл, а потом в воскресенье, к вечеру, сели в машину, чтобы ехать домой. Доехали до какого-то° городка в Мэриленде. Макс решил заехать на бензоколонку заправиться°. Но потом, когда он сел заводить° машину, вместо привычного° рёва° мы услышали только щёлк°. Что это могло быть? Аккумулятор°? Вода в бензине? Стартёр? Оказалось, что действительно сломался стартёр.

some (sort of)

fill up   start up
usual   roar
click   car battery

Сначала я не стала особенно волноваться°, потому что на этой заправке была станция

worry

техобслуживания. Но потом выяснилось: сегодня воскресенье, механика нет. И завтра тоже не будет: праздник — День президентов. (Все государственные праздники падают° на понедельник.)

fall

Что делать? Мы начали продумывать варианты.

Добраться до мотеля и прожить там два дня, пока не° отремонтируют машину? Дорого. И Макс должен быть на работе уже во вторник.

пока́ не — until

Ехать домой автостопом? Опасно°, даже вместе с Максом.

dangerous

Позвонить родственникам Рамосов, чтобы они нас забрали°? Это, конечно, был самый логичный вариант: ведь мы находились всего в двух часах от их дома. Но не очень хотелось беспокоить° их. С Максом они только что познакомились, да и мне тоже было как-то неудобно°.

come get

bother

uncomfortable; awkward

У Макса была идея: недалеко от нас в соседнем городе Уилмингтон останавливаются° и поезда, и рейсовые автобусы. Он позвонил на оба вокзала (и железнодорожный, и автобусный) и узнал расписания: оказалось, что если мы сразу поймаем° такси, то успеем° на последний вечерний автобус в Нью-Йорк. А оттуда за нами приедут или Рамосы, или брат Макса.

stop

catch
will manage to get to

Макс договорился с хозяином бензоколонки оставить° машину на ремонт, хотя очень волновался, что его обдерут°. Но решил заниматься этим вопросом потом, когда он через несколько дней вернётся за машиной.

leave behind
rip off

Одним словом, мы успели на автобус и через несколько часов были уже дома. А с машиной получилось не так уж плохо, как мы думали. Правда, по нашим меркам°, ремонт стоил огромные деньги. Но Макс меня уверял, что могло быть намного хуже°.

по на́шим ме́ркам — by our standards

worse

Валя

← → ✓ ⊘ ⌂ | http://yaschik.ru | ▾ ⊙ Перейти

yaschik.ru

Выход

НАПИСАТЬ   ВХОДЯЩИЕ   ПАПКИ   НАЙТИ ПИСЬМО   АДРЕСА   ЕЖЕДНЕВНИК   НАСТРОЙКИ

От: popovaea@inbox.ru
Кому: valyabelova.234@mail.ru
Копия:
Скрытая:
Тема: Наше приключение

простой формат

Здравствуй, Валя!

Слава Богу, что всё закончилось благополучно! Я
только не поняла одну вещь: почему, находясь° в   *while staying*
Америке, ты решила, что нужно пойти на русский
рок-концерт? Пусть Макс показывает тебе
американскую культуру. (О том, является° ли   *is*
концерт Земфиры явлением° в культуре, можно,   *phenomenon*
конечно, поспорить°!)   *debate*

Один только совет: не рассказывай маме о твоём
«приключении». Зачем ей напрасно° волноваться°?   *for nothing   get upset*

Е.

1. Вопро́сы

а. В како́й го́род Макс и Ва́ля реши́ли пое́хать?

б. На како́й конце́рт они́ пое́хали?

в. Они́ бы́ли на э́том конце́рте?

г. Что случи́лось в Мэ́риленде по доро́ге домо́й после конце́рта?

д. Почему́ маши́на не рабо́тала?

е. Почему́ нельзя́ бы́ло сра́зу отремонти́ровать маши́ну?

ж. Почему́ Ва́ля не хоте́ла звони́ть ро́дственникам Ра́мосов в Ро́квилл?

з. Почему́ Ва́ля и Макс не пое́хали домо́й автосто́пом?

и. Как, наконе́ц, Ва́ля и Макс добрали́сь домо́й?

к. Что сказа́ла Ва́ля о сто́имости ремо́нта маши́ны Ма́кса? Что сказа́л Макс?

л. Почему́ удиви́лась Еле́на Анато́льевна?

м. Что Еле́на Анато́льевна посове́товала Ва́ле не де́лать?

2. Язы́к в конте́ксте

a. Word roots

Бла́го … Any word with **бла́го** has to do with "goodness." Judging from the context, what does **благополу́чно** mean?

Внача́ле. The root **нач** has to do with beginnings. You have seen the words **снача́ла** and **внача́ле.**

Ре́йсовый авто́бус. You know that **рейс** means *scheduled flight* or, for a train, *scheduled train trip*. Given the context, what then is **ре́йсовый авто́бус?**

Ряд — *row* or *series*. The word **ря́дом** — *next to; nearby* should now make sense: "in a row with."

Уверя́ть/уве́рить: the root **вер** has to do with "truth" (compare: *verdict, veracity verify*). **Уверя́ть** is *to assure*.

Час езды́. You know the verb **е́здить.** Here you see the noun **езда́.** So what does **час езды́** mean? One could also describe a trip as **час ходьбы́.** What would be the difference?

b. Други́е слова́

Бензи́н. When they can't start the car, Valya thinks that maybe it's because of **вода́ в бензи́не.** What is **бензи́н?** Once you know that, you can figure out what a **бензоколо́нка** is. (**Коло́нка** is literally a *column*.)

Запра́вка. The verb **заправля́ться/запра́виться** was glossed for you as *to fill up*. **Запра́вка** is the noun for the place where you would get **бензи́н.** It's a synonym for **бензоколо́нка.**

Слома́ться is what the **стартёр** did. It did it once. Since Max's car is fairly old, one might guess: **она́ ча́сто лома́лась.**

Ехать автосто́пом is a free way of traveling by car. But it's unreliable and somewhat **опа́сно** — *dangerous*.

4-29 Чте́ние для удово́льствия: «Брони́рованное ме́сто»

This text is adapted from a story by **Илья́ Ильф** and **Евге́ний Петро́в.** The main character, Posidelkin, is trying to get a train ticket to a health spa. But obtaining train tickets to popular places during the busy season can be a problem. In the story Posidelkin tries to solve it.

Илья́ Арно́льдович Ильф (псевдони́м, его́ настоя́щая фами́лия Фа́йнзильберг, **1897–1937**) и **Евге́ний Петро́вич Петро́в** (то́же псевдони́м, его́ настоя́щая фами́лия Ката́ев, **1903–1942**) — изве́стные а́вторы юмористи́ческих и сатири́ческих расска́зов, а та́кже рома́нов «Двена́дцать сту́льев» (1928) и «Золото́й телёнок» (1931). Они́ роди́лись в Оде́ссе, но перее́хали в Москву́, где познако́мились и на́чали рабо́тать вме́сте. Они́ е́здили в США в 1935 году́. Результа́т э́той пое́здки — кни́га о́черков «Одноэта́жная Аме́рика» (1936). Ильф у́мер в Москве́ от туберкулёза в траги́ческом 1937 году́. Петро́в рабо́тал корреспонде́нтом на фро́нте и поги́б в авиакатастро́фе в 1942 году́.

настоя́щий — *real, actual*

о́черк — коро́ткое (ма́ленькое) эссе́ и́ли коро́ткий расска́з (по-англи́йски — *sketch*)

поги́б = у́мер (в катастро́фе, на фро́нте)

«Брони́рованное ме́сто» (1932)

Расска́з бу́дет о го́рьком° фа́кте из жи́зни Посиде́лкина.
Беда́° произошла́° не потому́, что Посиде́лкин был глуп.°
Нет, скоре́е° он был умён.°

Де́ло каса́ется° пое́здки по **желе́зной доро́ге**: 13 сентября́
Посиде́лкин до́лжен был пое́хать в Ейск на **цели́тельные
купа́нья** в Азо́вском мо́ре. Всё устро́илось° хорошо́: путёвка°,
о́тпуск°... Но вот — желе́зная доро́га. До отъе́зда° остава́лось°
то́лько два ме́сяца, а биле́та ещё не́ было.

«Пора́ принима́ть экстренные ме́ры, — реши́л
Посиде́лкин. — На городску́ю ста́нцию я не пойду́. И на
вокза́л я не пойду́. Ходи́ть туда́ не́чего°, там биле́та не ку́пишь.
Нет, нет, биле́т на́до достава́ть° ина́че°».

— Е́сли вы меня́ лю́бите, — говори́л Посиде́лкин ка́ждому
своему́ знако́мому, — доста́ньте° мне биле́т в Ейск. **Жёсткое
ме́сто. Для лежа́ния.** Не забу́дьте. На трина́дцатое сентября́.
Наве́рное же у вас есть знако́мые, кото́рые всё мо́гут. Да нет!
Вы не про́сто обеща́йте° — запиши́те в кни́жечку. Е́сли вы
меня́ лю́бите!

Но все э́ти де́йствия° не дава́ли по́лной° гара́нтии.
Посиде́лкин боя́лся° конкуре́нтов.° Во всех прохо́жих° он
ви́дел потенциа́льных пассажи́ров.

«Пло́хо, пло́хо, — ду́мал Посиде́лкин, — на́до де́йствовать°
реши́тельнее.° Нужна́ систе́ма».

Весь ве́чер Посиде́лкин **занима́лся составле́нием схе́мы.**

На бума́жке° бы́ли изображены́° ли́нии, ци́фры и фами́лии.
В докуме́нте стоя́ли характери́стики° ти́па°: «Брунелёвский.
Безусло́вно° мо́жет».

«Ники́форов. Мо́жет, но не хо́чет».

«Ма́льцев-Па́льцев. Хо́чет, но не мо́жет». «Бума́гин. Не хо́чет
и не мо́жет»,

«Кошковладе́льцев. Мо́жет, но сво́лочь°».

«Гла́вное°, — ду́мал Посиде́лкин, — не дава́ть им ни мину́ты
о́тдыха. Ведь э́то все ренега́ты, преда́тели°. Обеща́ют, а пото́м
ничего́ не сде́лают».

Лю́ди пря́тались° от Посиде́лкина. Но он пресле́довал° их
неутоми́мо°: — Мо́жно това́рища° Ма́льцева? Да, Па́льцева. Да,
да, Ма́льцева-Па́льцева. Кто спра́шивает? Скажи́те — Лёля.
Това́рищ Ма́льцев? Здра́вствуйте, това́рищ Па́льцев. Нет, э́то не
Лёля. Э́то я, Посиде́лкин. Това́рищ Ма́льцев, вы же мне
обеща́ли. Ну да, в Ейск, для лежа́нья. Почему́ не́когда°? Тогда́ я
за ва́ми зае́ду на такси́. Не ну́жно? А вы действи́тельно меня́ не
обма́нете°?

За неде́лю до отъе́зда к Посиде́лкину пришёл **соверше́нно
неизве́стный граждани́н** и вручи́л° ему́ биле́т в Ейск. **Сча́стью**

---

bitter
trouble; occurred; stupid
rather; **неглуп**

was about; **railroad**

spas

was set up; travel plans;
vacation; departure; there remained

It's time to take emergency measures

useless

get hold of; another way

get hold of

second-class sleeper

promise

actions; full
feared; competitors; passersby

act
more decisively
worked on a chart

paper; drawn; numbers
characterizations; such as
doubtless

swine

the main thing

traitors

hid; followed
tirelessly; comrade

нет вре́мени

will come by for you
trick

totally unknown citizen
handed; **his happiness was boundless**

нé было предéла. Посидéлкин обня́л° граждани́на, поцеловáл° его в гу́бы°, но **так и не вспóмнил лицá.**

hugged; kissed

lips; couldn't remember his face

В тот же день приéхал курьéр на мотоци́кле от Мáльцева-Пáльцева с билéтом в Ейск. Посидéлкин благодари́л,° но дéньги вы́дал **со смущённой душóй.** «Придётся° оди́н билéт продáть на вокзáле», — реши́л он.

сказáл спаси́бо;

with mixed feelings; нáдо

Ах, напрáсно,° напрáсно Посидéлкин не вéрил° в человéчество°!

in vain; believed

humanity

За день до отъéзда Посидéлкин **оказáлся держáтелем** тридцати́ восьми́ билéтов (жёстких, для лежáнья). В уплáту за билéты ушли́ все отпускны́е° дéньги.

turned out to be the holder of

for vacation

Какáя пóдлость°! Никтó не оказáлся° предáтелем и́ли ренегáтом!

meanness; turned out to be

А билéты **всё прибывáли.** Посидéлкин ужé пря́тался, но его находи́ли. Коли́чество° билéтов возрослó° до сорокá четырёх.

continued to come in

quantity; grew

За час до отхóда пóезда Посидéлкин стоя́л на вокзáле и упрáшивал прохóжих: — Купи́те билéт в Ейск! Целéбные купáнья — Ейск!

Но покупáтелей нé было. Все отли́чно знáли, что билéта на вокзáле не ку́пишь и что нáдо дéйствовать чéрез знакóмых.

Ехать Посидéлкину бы́ло ску́чно.

В вагóне° он был оди́н°.

train car; alone

И, глáвное, бедá произошлá не потому́, что Посидéлкин был глуп. Нет, скорéе он был умён. Прóсто у негó бы́ли сли́шком° влия́тельные° знакóмые.

too

influential

Словáрь

вéрить (вéр-ю, -ишь, -ят)/по- (**во что**) — *to believe* (*in something*): **Напрáсно он не вéрил в человéчество.** — *In vain did he not believe in humanity.*

душá — *soul*: **со смущённой душóй** — *with mixed feelings*

жёсткое мéсто — *second-class seat* (on a train; lit. *hard seat*)

за + (time expression, *acc.*) + **до** (**чегó**) — *X amount of time before Y*: **за день до отъéзда** — *a day before the departure*

касáться (**чегó**) — *to have to do with*: **Дéло касáется поéздки по желéзной дорóге.** — *The affair has to do with a railroad trip.*

порá + *infinitive* — *it's time* (*to do something*): **Порá принимáть мéры.** — *It's time to take measures.*

придётся (**кому́**) — *to end up having to*: **Мне придётся билéт продáть.** — *I'll end up having to sell a ticket.*

Давайте послушаем

4-30 В аэропорту́. Разгова́ривают дво́е знако́мых.

1. Где происхо́дит э́тот разгово́р?
2. Кто разгова́ривает?
3. Кто э́ти лю́ди по национа́льности?
4. Каки́е у них пла́ны?
5. Посмотри́те на карти́нки. Реши́те, что случи́лось в тече́ние разгово́ра и в како́м поря́дке. Now look at the pictures and decide which illustrate things that happen in the course of the conversation. Once you have eliminated the "false" pictures, arrange the remaining pictures in their correct order.

For this exercise, you will need a new verb, **лете́ть** — *to fly*. This verb is unidirectional, like **е́хать**. It can also appear as a prefixed motion verb: **прилета́ть/прилете́ть** (*to arrive by air*) and its opposite **улета́ть/улете́ть** (*to depart by air*). The conjugations are below.

лете́ть (to fly; *impf., unidirectional*)
леч-у́
лет-и́шь
лет-и́т
лет-и́м
лет-и́те
лет-я́т

прилетáть (to arrive by air; *impf.*)	прилетéть (to arrive by air; *perf.*)
прилетá-ю	прилеч-ý
прилетá-ешь	прилет-и́шь
прилетá-ет	прилет-и́т
прилетá-ем	прилет-и́м
прилетá-ете	прилет-и́те
прилетá-ют	прилет-я́т

4-31 Запóлните прóпуски.

а. багáж — билéты — кóфе — посáдки — рейс

— Тóлько что объяви́ли наш _____. Мóжет быть, пойдём
   регистри́ровать _____.
— Зачéм спеши́ть? До _____ остáлся час. Пойдём лýчше _____ пить.
— Но мы должны́ сдать _____.
— Ты, конéчно, прав.

б. за билéтом — послéдний

— Кто здесь _____?
— Я.
— Вы _____ стои́те?
— Да.

в. друзéй — междугорóдный телефóн-автомáт — молодóй человéк — рейс

— Ой, _____ задéрживается на два часá! Я пойдý звони́ть, чтóбы
   предупреди́ть _____. _____, вы бýдете стоя́ть?
— Да.
— А вы не знáете, где _____?

г. пройти́ — подхóдит

— Как хорошó! _____ нáша óчередь!
— Молодóй человéк! У вас америкáнский пáспорт! Вы не в ту óчередь стáли.
   Вам нáдо _____ в зал Интури́ста.

д. мест — местá

— Скóлько у вас _____?
— Я сдаю́ два _____.

е. лети́те — прилети́те

— Мóжно забрáть компью́тер, когдá вы _____.
— Да, но…
— Или не _____! Другóго вы́хода нет.

Новые слова и выражения

NOUNS

бро́нь (бро́ня) (*fem.*)	reservation
ваго́н	train car
вокза́л (на)	railway station
гардеро́б	cloakroom
гру́ппа	group
дежу́рная	hotel floor manager
же́нщина	woman
ка́мера хране́ния	storage room (*in a museum or hotel*)
ключ (*pl.* ключи́) (от чего́)	key (*to something*)
купе́ (*indecl. neuter*)	compartment in a train (*usually for four*)
лифт	elevator
ма́стер (*pl.* мастера́)	skilled workman
ме́сто (*pl.* места́)	place
мужчи́на	man
но́мер (*pl.* номера́)	room (*in hotel or dormitory*)
обме́н валю́ты	currency exchange
по́езд (*pl.* поезда́)	train
пое́здка	trip (*out of town*)
по́лночь (*fem.*)	midnight
полови́на	half
пробле́ма	problem
рейс	flight
руководи́тель	director
самолёт	airplane
стрела́	arrow
фо́рточка	small hinged pane in window

ADJECTIVES

заброни́рован (-а, -ы)	reserved

VERBS

боя́ться (чего́) (*impf.*) (бо-ю́сь, бо-и́шься, -я́тся)	to be afraid (of)
брони́ровать/за- (брони́ру-ю, -ешь, -ют)	to reserve, to book
волнова́ться (волну́-юсь, -ешься, -ются)	to be worried

входи́ть/войти́ (во что)
    (вхож-у́, вхо́д-ишь, -ят)
    (войд-у́, войд-ёшь, -у́т)
	to enter

Новые слова и выражения

въезжа́ть/въе́хать (во что) (въезжа́-ю, -ешь, -ют) (въе́д-у, -ешь, -ут)	to enter (*by vehicle*)
выезжа́ть/вы́ехать (из чего́) (выезжа́-ю, -ешь, -ют) (вы́ед-у, -ешь, -ут)	to exit (*by vehicle*); to check out of a hotel
выясня́ть/вы́яснить (выясня́-ю, -ешь, -ют) (вы́ясн-ю, -ишь, -ят)	to clarify
догова́риваться/договори́ться (с кем) (догова́рива-юсь, -ешься, -ются) (договор-ю́сь, -и́шься, -я́тся)	to come to an agreement (with someone)
доезжа́ть/дое́хать (до чего́) (доезжа́-ю, -ешь, -ют) (дое́д-у, -ешь, -ут)	to reach a destination (*by vehicle*)
доходи́ть/дойти́ (до чего́) (дохож-у́, дохо́д-ишь, -ят) (дойд-у́, -ёшь, -у́т)	to reach a destination (*on foot*)
запи́сывать/записа́ть (запи́сыва-ю, -ешь, -ют) (запиш-у́, -ешь, -ут)	to note in writing, to write down
звать/по- (зов-у́, -ёшь, -у́т)	to call (*not by phone*)
иска́ть/по- (ищ-у́, и́щ-ешь, -ут)	to search, look for
лете́ть/по- (леч-у́, -и́шь, -я́т)	to fly
наде́яться (*impf.*) (наде́-юсь, -ешься, -ются)	to hope
оставля́ть/оста́вить (оставля́-ю, -ешь, -ют) (оста́вл-ю, оста́в-ишь, -ят)	to leave something behind
отходи́ть/отойти́ (отхож-у́, отхо́д-ишь, -ят) (отойд-у́, -ёшь, -у́т)	to depart
подходи́ть/подойти́ (к кому́/чему́) (подхож-у́, подхо́д-ишь, -ят) (подойд-у́, -ёшь, -у́т)	to approach, to come up toward
помога́ть/помо́чь (кому́) (помога́-ю, -ешь, -ют) (помог-у́, помо́ж-ешь, помо́г-ут; помо́г, помогла́, помогли́)	to help (someone)

Новые слова и выражения

приезжа́ть/прие́хать
   (приезжа́-ю, -ешь, -ют)
   (прие́д-у, -ешь, -ут)
	to arrive (*by vehicle*)

прилета́ть/прилете́ть
   (прилета́-ю, -ешь, -ют)
   (прилеч-у́, прилет-и́шь, -я́т)
	to arrive (*by air*)

приходи́ть/прийти́
   (прихож-у́, прихо́д-ишь, -ят)
   (прид-у́, -ёшь, -у́т)
	to arrive (*on foot*)

проходи́ть/пройти́
   (прохож-у́, прохо́д-ишь, -ят)
   (пройд-у́, -ёшь, -у́т)
	to pass (*on foot*)

теря́ть/по- (теря́-ю, -ешь, -ют)	to lose

уезжа́ть/уе́хать
   (уезжа́-ю, -ешь, -ют)
   (уе́д-у, -ешь, -ут)
	to depart (*by vehicle*)

узнава́ть/узна́ть
   (узна-ю́, -ёшь, -ю́т)
   (узна́-ю, -ешь, -ют)
	to find out

уходи́ть/уйти́
   (ухож-у́, ухо́д-ишь, -ят)
   (уйд-у́, -ёшь, -у́т)
	to depart (*on foot*)

ADVERBS

ве́рно	it's correct; correctly
и́менно	precisely, exactly
ли́чно	personally
пока́	for the time being
пра́вильно	it's correct, proper; correctly; properly
соверше́нно	absolutely, completely
сра́зу	immediately

OTHER WORDS AND PHRASES

В то́м-то и де́ло.	That's just the point.
В чём де́ло?	What's the matter?
Де́ло в то́м, что…	The thing is that…
Како́го числа́?	On what date?
Мину́точку!	Just a minute!
что каса́ется (чего́)	with regard (to something)

Новые слова и выражения

PASSIVE VOCABULARY

бюро́ обслу́живания	service bureau
вызыва́ть/вы́звать	to summon
(вызыва́-ю, -ешь, -ют)	
(вы́зов-у, -ешь, -ут)	
драгоце́нности (*pl.*)	valuables
желе́зная доро́га	railroad
импера́тор (императри́ца)	emperor (empress)
обменя́ть (*perf.*)	to exchange
(обменя́-ю, -ешь, -ют)	
обраща́ться/обрати́ться	to turn to (someone)
(обраща́юсь, обраща́ешься, -ются)	
(обращу́сь, обрати́шься, -я́тся)	
остава́ться/оста́ться	to remain
(остаю́-сь, оста-ёшься, -ю́тся)	
(оста́н-усь, оста́н-ешься, -утся)	
У нас оста́лся час.	We have an hour left.
отъезжа́ть/отъе́хать (от чего́)	to move away from (*by vehicle*)
(отъезжа́-ю, -ешь, -ют)	
(отъе́д-у, -ешь, -ут)	
подъезжа́ть/подъе́хать (до чего́)	to approach (*by vehicle*)
(подъезжа́-ю, -ешь, -ют)	
(подъе́д-у, -ешь, -ут)	
поднима́ться/подня́ться (куда́)	to go up/upstairs
(поднима́-юсь, -ешься, -ются)	
(подним-у́сь, подни́м-ешься, -утся)	
продли́ть (*perf.*)	to extend, renew
(продлю́, продли́шь, -я́т)	
проси́ть/по-	to request, ask for
(прошу́, про́сишь, -ят)	
рабо́тник (рабо́тница)	employee
регистри́ровать/за-	to register
(регистри́ру-ю, -ешь, -ют)	
с (чего́)	from (opposite of **на**)
царь (*endings always stressed*)	tsar
что́бы	in order to

Новые слова и выражения

PERSONALIZED VOCABULARY

_____

_____

_____

_____

_____

_____

Кино и телевидение

Коммуникативные задания

- Talking about movies and television
- Expressing likes and dislikes
- Agreeing and disagreeing
- Reading television and movie schedules

Грамматика

- Review: **нра́виться/понра́виться** vs. **люби́ть**
- Making comparisons
- Reflexive verbs
- Conjugation of **дава́ть/дать**-type verbs
- Verbal adjectives and adverbs for reading

Чтение для удовольствия

- **Че́хов. «Смерть чино́вника»**

Культура и быт

- Russian cinematography
- Russian television
- Movie theaters in Russia

Точка отсчёта

О чём идёт речь?

5-1 Фи́льмы и их жанр. The words in bold below are the names of different film genres in Russian. Each is followed by the titles of films exemplifying that genre. Have you seen any of these films? What films of these genres have you seen?

Жанр фи́льма	Америка́нские фи́льмы	Ру́сские фи́льмы
Худо́жественный фильм		
боеви́к	«Казино́ "Роя́ль"»	«Война́», «Брат-2»
дра́ма	«Красота́ по-америка́нски»	«Утомлённые со́лнцем»
истори́ческий	«Гладиа́тор»	«Звезда́»
коме́дия романти́ческая коме́дия	«Остин Па́уэрс»	«Иро́ния судьбы́» «Пи́тер-FM»
нау́чная фанта́стика	«Две ты́сячи пе́рвый год» «Ма́трица»	«Соля́рис»
мю́зикл	«Чика́го»	«Весёлые ребя́та»
экраниза́ция класси́ческой литерату́ры	«Га́млет»	«Га́млет» «Бра́тья Карама́зовы»
детекти́в	«Восто́чный экспре́сс»	«Транссиби́рский экспре́сс»
приключе́нческий фильм / три́ллер	«Психо́з»	«Олига́рх», «Флэ́шка»
фильм у́жасов (ужа́стик)	«Пя́тница 13-ое»	«Вий», «Ве́дьма»
мультфи́льм	«Винни-Пу́х» «Ми́кки Ма́ус»	«Винни-Пу́х» «Ну, погоди́!»
ска́зка	«Га́рри По́ттер и филосо́фский ка́мень»	«Зо́лушка»
Документа́льный фильм	«Ко́смос»	«Росси́йская импе́рия»

5-2 Зна́ете ли вы э́ти фи́льмы? Working in small groups, try to determine which genre best describes each of the following titles.

1. «Анна Каре́нина»
2. «Код да Ви́нчи»
3. «Вестса́йдская исто́рия»
4. «Пира́ты Кари́бского мо́ря»
5. «Мальти́йский со́кол»
6. «Побе́да Тарза́на»
7. «Ро́бин Гуд»
8. «Спя́щая краса́вица»
9. «Зву́ки му́зыки»
10. «Кинг Конг»
11. «Се́вер на се́веро-за́пад»
12. «Коро́ль Лир»
13. «В по́исках Не́мо»
14. «Иису́с Христо́с — суперзвезда́»
15. «Шрэк»
16. «Эколо́гия и мы»

5-3 Кинотеа́тр. Отве́тьте на вопро́сы.

экра́н

пе́рвый ряд   побли́же   середи́на   пода́льше

1. Вы лю́бите ходи́ть в кино́?
2. Когда́ вы обы́чно хо́дите в кино́?
3. С кем вы обы́чно хо́дите в кино́?
4. Вы бо́льше всего́ лю́бите америка́нские и́ли иностра́нные фи́льмы?
5. Вы смотре́ли каки́е-нибудь ру́сские фи́льмы?
6. У вас есть люби́мый режиссёр? Как его́ зову́т? Как называ́ется его́ са́мый знамени́тый фильм?
7. Ско́лько сто́ит биле́т в кино́ у вас в го́роде?
8. Вы лю́бите сиде́ть в пе́рвом ряду́ в кино́?
9. Вы лю́бите сиде́ть побли́же, в середи́не и́ли пода́льше?
10. Вы собира́етесь пойти́ в кино́? Что вы хоти́те смотре́ть?

Разговоры для слушания

Разгово́р 1. Что идёт в кино́?

Разгова́ривают Бо́ря и Джéссика.

1. Каки́е фи́льмы лю́бит Джéссика?
2. Где идёт кинофи́льм «Пи́тер FM»?
3. Что э́то за фильм?
   а. эпи́ческий фильм
   б. мелодра́ма
   в. комéдия
   г. детекти́в
4. Когда́ бу́дет сле́дующий сеа́нс?
5. Каки́е пла́ны у Бо́ри и Джéссики? Что они́ бу́дут де́лать?
6. Ско́лько сто́ят билéты в кино́?

Культура и быт

Сло́во о кино́

Russia has a rich film history. Such post-Revolutionary filmmakers as **Сергéй Эйзенштéйн** (1898–1948) and **Всéволод Пудо́вкин** (1893–1953) turned out films extolling the virtues of the revolution that are universally acclaimed as pioneering masterworks even today.

Films of the forties and fifties showed less creativity. Then, in the 1960s, Soviet film began to make advances against the strictures imposed by the State.

By the 1980s, long before Gorbachev's policies of **гла́сность** and **перестро́йка,** State authorities had largely abandoned film as a propaganda vehicle, preferring to concentrate on radio and television.

Among Russian films that have enjoyed a warm critical reception (as well as modest box office receipts) in the West are *Moscow Does Not Believe in Tears* (**Москва́ слеза́м не вéрит,** 1980, Oscar for best foreign film), *Little Vera* (**Ма́ленькая Вéра,** 1988), *Taxi Blues* (**Такси́-блюз,** 1990), *Burnt by the Sun* (**Утомлённые со́лнцем,** 1994, another Oscar winner), *Prisoner of the Mountains* (**Кавка́зский плéнник,** 1996), *The Thief* (**Вор,** 1997), *Brother-2* (**Брат-2,** 2000), *East-West* (**Восто́к-За́пад,** 2000), *Russian Ark* (**Ру́сский ковчéг,** 2002), and *Nightwatch* (**Ночно́й дозо́р,** 2004).

Serious Russian cinematographers hold up Italian and French cinema as models for their artistic merits. However, Russian moviegoers often prefer commercial Hollywood films both at the box office and for home rental. Recently Russian cinema has enjoyed increased financial and popular support and has witnessed both the revival and the development of various genres, particularly dramatic, patriotic, and historical films, including *War* (**Война́,** 2002) and *Star* (**Звезда́,** 2002); films on religious themes, such as *The Island* (**Остров,** 2006); and horror films, including *Nightwatch* and *Daywatch* (**Дневно́й дозо́р,** 2006), and the Gogol-based *Witch* (**Вéдьма,** 2006).

Разгово́р 2. Что пока́зывают по телеви́зору?

Разгова́ривают Жа́нна и Джéссика.

1. Кака́я переда́ча идёт по пе́рвому кана́лу?
2. Что ду́мает Джéссика о футбо́ле?
3. Како́й фильм мо́жно посмотре́ть по кана́лу НТВ?
4. Отку́да Джéссика зна́ет об э́том фи́льме? Что она́ ду́мает о нём?
5. Почему́ Джéссика ду́мает, что лу́чше посмотре́ть но́вости?

Разгово́р 3. Что сейча́с передаю́т?

Разгова́ривают Вéра и Кен.

1. Кото́рый час?
2. Что мо́жно посмотре́ть по телеви́зору?
3. Кто тако́й Га́лкин?
4. Что говори́т Кен о ю́море на иностра́нном языке́?
5. Что ду́мает Вéра: ле́гче понима́ть Га́лкина и́ли Жване́цкого?
6. В кото́ром часу́ бу́дет конце́рт Га́лкина?

Культура и быт

Что передаю́т по ТВ?

Most communities in Russia proper have access to three or four national networks, one of which may share time with a local channel (**кана́л** or **програ́мма**). Cable and satellite services provide access to Russian and Western cable channels, such as various Russian and foreign sports and music networks (including the domestic version of MTV), and news networks including CNN, but the number of subscribers is significantly lower than in North America. Russian networks broadcast a mix of Russian and foreign TV series and soap operas, educational shows, sports, movies, quiz shows, and documentaries. News, public affairs, and talk shows take up a large portion of the broadcast schedule, with nightly newscasts running a half hour in prime time on the biggest national networks. Russian made-for-TV film series also draw large audiences: recent hits have included BBC-like series based on Boris Pasternak's *Doctor Zhivago* (2006), Alexander Solzhenitsyn's *First Circle* (**В кру́ге пе́рвом,** 2006), and Mikhail Bulgakov's *Master and Margarita* (2005). Russian television features many foreign films, either dubbed or broadcast in Russian by a less expensive alternative: a slightly muted soundtrack from the original show with simultaneous talk-over translation.

Давайте поговорим

Диалоги

1. **Какие фильмы тебе нравятся?**

— Джессика, какие фильмы тебе
нравятся?
— Больше всего мне нравятся
комедии.
— Ты знаешь, сейчас идёт
довольно интересный фильм.
— Правда? А как он называется?
— «Питер FM». Ты его смотрела?
— Нет, не смотрела. Что это за
фильм? Комедия?
— Да, но скорее романтическая.
— Тогда это, наверное, серьёзнее,
чем просто комедия.
— Да, серьёзнее. Но, главное, он несложный. Мне кажется, что ты его
поймёшь.
— Хорошо. Когда начинается сеанс?
— Сейчас позвоню, узнаю.

2. **Возьмём билеты сейчас.**

Автоответчик: Здравствуйте. Вы
набрали номер кинотеатра
«Волгоград». Сегодня на нашем
экране вы сможете посмотреть
фильм Оксаны Бычковой «Питер
FM». Сеансы в 18, 20 и 22 часа.
Билеты стоят 200 рублей.

— Джессика, следующий сеанс
начинается в 8 часов.
— Может быть, возьмём билеты
сейчас?
— Хорошо. Потом пойдём куда-нибудь поесть, а потом на фильм.
— Отлично.

3. **Два биле́та на два́дцать ноль-ноль.**

— Де́вушка, бу́дьте добры́, два биле́та на два́дцать ноль-ноль.
— Побли́же, пода́льше?
— В середи́не.
— 12-й ряд годи́тся?
— Годи́тся. *will be ok "пройдёт"*
— Четы́реста рубле́й.

4. **Что пока́зывают по телеви́зору?**

— Что сего́дня пока́зывают по телеви́зору?
— Сейча́с посмо́трим програ́мму. Так. . . . По пе́рвому кана́лу виктори́на.
— Ну, че́стно говоря́, таки́е переда́чи мне не о́чень нра́вятся.
— А по тре́тьему кана́лу пока́зывают кинофи́льм «Пи́тер FM».
— «Пи́тер FM»? Я то́лько вчера́ смотре́ла э́тот фильм.
— Ну и как? Он тебе́ понра́вился?
— Если че́стно, я удиви́лась: он был гора́здо ле́гче и поня́тнее, чем я ожида́ла.
— Да, э́то несло́жный фильм. Поня́ть его́ легко́.

5. **Понима́ть ю́мор — трудне́е всего́.**

— Ве́ра, что сейча́с передаю́т по телеви́зору?
— Сейча́с передаю́т конце́рт Га́лкина.
— А кто тако́й Га́лкин?
— Га́лкин — изве́стный наш ко́мик.
— Я бою́сь, что я не пойму́ его́.
— Но у него́ таки́е смешны́е ве́щи!
— По-мо́ему, понима́ть ю́мор — трудне́е всего́.
— Мо́жет быть, ты прав. Но Га́лкина понима́ть несло́жно.
— Хорошо́, дава́й посмо́трим вме́сте. Если я что-нибудь не пойму́, то ты мне всё объясни́шь.

жук — Bicho, "un vivo"

Вопросы к диалогам

Диалог 1

предлага́ть/
предложи́ть – to
propose, suggest

1. Джéссике бóльше всегó нрáвятся комéдии и́ли наýчная фантáстика?
2. Что предлагáет посмотрéть её рýсский знакóмый?
3. Это комéдия и́ли мелодрáма?
4. Фильм простóй и́ли слóжный?
5. Друзья́ знáют, когдá начинáется слéдующий сеáнс?

Диалóг 2

1. В какóй кинотеáтр звони́л знакóмый Джéссики?
2. Какóй фильм идёт в э́том кинотеáтре?
3. Кто режиссёр э́того фи́льма?
4. Скóлько стóит билéт на фильм?
5. Друзья́ решáют поéсть до фи́льма и́ли пóсле фи́льма?

Диалóг 3

1. Скóлько билéтов покупáет знакóмый Джéссики?
2. В какóм рядý они́ бýдут сидéть?
3. Скóлько стóят билéты?

Диалóг 4

1. На слéдующий день Джéссика разговáривает с други́м знакóмым. Они́
   дýмают пойти́ в кинó и́ли посмотрéть телеви́зор?
2. Джéссике нрáвятся виктори́ны?
3. Что покáзывают по трéтьему канáлу?
4. Когдá Джéссика смотрéла э́тот фильм?
5. Что онá сказáла об э́том фи́льме?

Диалóг 5

1. Разговáривают двóе рýсских и́ли рýсская и америкáнец?
2. Концéрт Гáлкина мóжно посмотрéть по телеви́зору и́ли в теáтре?
3. Кто такóй Гáлкин?
4. Кто бои́тся, что понимáть Гáлкина бýдет трýдно?
5. Почемý он так дýмает?

Упражнения к диалогам

5-4 Что это за фильм? Say as much as you can about the following films.

> **Образе́ц:**   «А́нна Каре́нина»
> *«А́нна Каре́нина» — экраниза́ция рома́на Льва Толсто́го.*
> *Э́то серьёзный фильм.*

Назва́ние фи́льма	Режиссёр	В гла́вных роля́х
«Спи́сок Ши́ндлера»	С. Спи́лберг	Л. Ни́сон
«Звёздные во́йны»	Дж. Лу́кас	М. Ха́мил, К. Фи́шер, Х. Форд
«Коро́ль Лев» (мультфи́льм)	Р. Алерс и Р. Ми́нкофф	М. Бро́дерик, Дж. Айронс, Дж. Э. Джонс
«Тита́ник»	Дж. Ка́мерон	Л. ди Ка́прио, К. Уи́нслет
«Чика́го»	Р. Ма́ршал	Р. Гир, Р. Зе́львегер, К. Зе́та-Джонс
«Ночь тру́дного дня»	Р. Ле́стер	Битлз
«Коро́ль Лир»	Г. Ко́зинцев	Ю. Ярвет
«Кинг Ко́нг»	М. Ку́пер	Ф. Рэй, Р. Армстронг

5-5 Бу́дьте добры́, два биле́та на два́дцать ноль-ноль. With a partner, take turns ordering two tickets for the following times. Use the 24-hour clock, the norm for all official schedules in Russian.

1:00	6:00
2:00	7:00
3:00	8:00
4:00	9:00
5:00	10:00

5-6 Подгото́вка к разгово́ру. Review the dialogs. How would you do the following?

1. Ask someone what kinds of movies s/he likes best.
2. Say what kinds of movies you like best.
3. Say that there is an interesting (new, funny) movie showing.
4. Ask what the name of a movie is.

5. Ask if someone has seen «Пи́тер FM».
6. Ask someone to describe a movie.
7. Ask when the next showing of a movie starts.
8. Purchase two (four, five) tickets for the 8:00 (10:00) show.
9. Tell the ticket seller that you want seats in the middle (front, back, 12th row, 18th row).
10. Ask what is on TV.
11. Say that you'll take a look at the TV guide.
12. Say that there's a game show (movie, news) on channel one (two, four).
13. Say that you don't like game shows.
14. Ask how someone liked a film.
15. Say that you understood more than you expected.

 # Игровые ситуации

5-7 Пойдём в кино́! Посмо́трим телеви́зор!

1. In Russia, your Russian friend suggests going to a movie. Consult the movie directory on page 182 to see what's playing. Talk about what kinds of films you like and find out as much as you can about the movies listed. Then decide which movie you would like to see.
2. At a Russian movie theater, get two tickets to the eight o'clock showing of «**Война́**». Your friend likes to sit fairly close to the screen.
3. In Russia, you and a Russian friend are spending the evening watching TV. Consult the TV guide and discuss what you will watch over the course of the evening.
4. A Russian friend has come to visit you in the U.S. You would like to take her to see an American movie, but your friend worries that she won't understand anything. Suggest a film that you think she'll understand, tell her a little bit about it, and try to assuage her fears. (Remember to keep it simple, staying within the bounds of the Russian you know.)
5. With a partner, prepare and act out a situation of your own based on the topics of this unit.

ТВ

1 КАНАЛ

5.00 Новости. **5.05** Доброе утро. **9.00, 12.00, 15.00, 18.00, 23.30, 03.00** Новости. **9.15** Семейные узы. **10.15** Кольцо. Сериал с Настасьей Кински. **11.20** Детективы. **11.35** Дисней-клуб. **12.20** Лолита. Без комплексов. **13.20** Понять. Простить. **14.00** Другие новости. **15.20** Вне закона. **16.00** Любовь как любовь. 202-ая серия. **17.00** Федеральный судья. **18.20** Пять минут до метро. 71-ая серия. **19.10** Пусть говорят. **20.00** Сестры по крови. 84-я серия. **21.00** Время. **21.30** За все тебя благодарю. 2-я серия. **22.30** Сергей Бодров. Последние 24 часа. **23.40** Битва за космос (Фильм 2. Первый спутник). **00.15, 01.30** "Война да Винчи". Боевик.

РОССИЯ

7.00, 8.00, 11.00, 14.00, 20.00 Вести. **5.45** Доброе утро, Россия! **8.45** Гарем. **9.45** Вести. Дежурная часть. **11.30** Местное время. Вести-Москва. **12.50** Частная жизнь. **13.45** Вести. Дежурная часть. **14.20** Вести-Москва. **14.40** Суд идет. **16.00** Кулагин и партнеры. **16.40** Вести. Дежурная часть. **17.40** Обреченная стать звездой. 344-я серия. **18.40** Волчица. 227-я серия. **19.40** Вести. Дежурная часть. **20.45** Местное время. Вести-Москва. **21.05** Спокойной ночи, малыши. **21.15** Вызов. 1-я и 2-я серии. **23.15** Дежурный по стране. **00.15** Вести +. **00.35** Честный детектив. **01.05** Синемания **01.40** Дорожный патруль. **01.50** На последнем дыхании. **03.15** Канал "Евроньюс" на русском языке. **04.45** Вести. Дежурная часть.

ТВЦ

11.00, 14.00, 18.00, 22.00, 0.10. События. Время московское. **6.00** Информационно-развлекательный канал Настроение. **8.30** Два капитана. **10.10** Неуловимые мстители. **11.30** Петровка, 38. **11.45** События. **12.00** В центре внимания (Дворянское гнездо). **12.30** Моя Пречистенка. **13.30** Деловая Москва. **14.30** Петровка, 38. **14.45** События. **15.05** Мультпарад (Таежная сказка, Петушок-Золотой Гребешок). **16.30** Новое "Времечко". **17.30** Петровка, 38. **17.45** События. **19.50** Доказательство вины (Похитители душ) — Пять минут деловой Москвы. **20.45** События. **21.05** Городской романс (75-я и 76-я серии). **22.50** В центре внимания. **23.25** События. Время московское. **23.45** Петровка, 38. **00.05** Белое золото. **01.30** Репортер с Михаилом Дегтярем. **01.45** Код неизвестен. **03.35** Одно дело на двоих.

КАНАЛ НТВ

6.00 Сегодня утром. **10.00, 13.00, 16.00, 19.00, 22.00** Сегодня. **9.05** Кулинарный поединок. **10.25** Особо опасен. Сериал. **11.00** Таксистка-3 (1-я серия. До свидания, девочка). **12.05** Квартирный вопрос. **13.30** Улицы разбитых фонарей. **14.35** Внимание! Говорит Москва! **15.30** Обзор. Чрезвычайное происшествие. **16.25** Возвращение Мухтара-2. **18.30** Обзор. Чрезвычайное происшествие. **19.40** Врачебная тайна. 33-я серия. **20.40** Улицы разбитых фонарей. **21.45** Сталин.live. **23.30** Молодые и злые. **00.30** Top Gear. **01.00** Возвращение Мухтара-2. **02.40** Траур.

КУЛЬТУРА

06.30 Евроньюс. **10.00, 19.30, 23.30** Новости культуры. **10.20** "В главной роли" у Юлиана Макарова. **10.35** Программа передач. **11.20** Учитель танцев. **13.40** Картофелины и драконты. **14.05** Пятое измерение. **14.35** Дети как дети. **15.45** Театральная летопись. **16.15** Встречайте бабушку. **16.25** Дрессировщики. **17.20** Порядок слов. Книжные новости. **17.30** Полуденные сны. **17.55** Сергей Доренский. Классный вечер. **19.00** Ночной полет. **19.55** Плоды просвещения. **20.50** Больше, чем любовь. **21.30** Апокриф. **22.15** Карел Чапек. Война с саламандрами. **23.00** Кто мы? (Премьера русского абсурда). **23.55** Недвижимая гроза. **01.15** Тайна скрипичной души. **02.35** Н. Римский-Корсаков. Испанское каприччио. Дирижер В. Понькин. **02.50** Программа передач.

СПОРТ

7.00, 9.00, 13.00, 16.40, 20.50, 00.05 Вести Спорт. **04.55** Хоккей. (Чемпионат России. "Ак Барс" (Казань) — "Локомотив" (Ярославль)). **7.10** Футбол. (Церемония вручения международных футбольных премий. Трансляция из Австрии). **9.15** Самый сильный человек. (Этап Кубка мира-2006. Трансляция из Кипра). **10.30** Форт Баярд. **12.05** Автоспорт. (Дакар - 2007). **13.15** Баскетбол. (Евролига УЛЕБ. ЦСКА (Россия) — "По-Ортез" (Франция)). **15.15** Баскетбол один на один. Битва за корону. **15.45** Сборная России. (Светлана Кузнецова). **16.55** Биатлон. (Кубок мира. Трансляция из Германии). **18.55** Волейбол. (Лига чемпионов. Мужчины. "Локомотив-Белогорье" (Россия) — "Дюрен" (Германия). Прямая трансляция). **21.05** Биатлон. (Кубок мира. Трансляция из Германии). **00.20** Автоспорт. (Дакар - 2007). **01.10** Сборная России. (Светлана Кузнецова). **01.45** Волейбол. (Лига чемпионов. Мужчины. "Локомотив-Белогорье" (Россия) — "Дюрен" (Германия). **03.25** Спортивные танцы (Кубок "Спартака").

КИНО

Альфа Дог (драма, США). Киноцентр на Красной Пресне. **Ведьма** (фильм ужасов, Россия). Победа, София. **Война** (боевик, Россия). Ашхабад. **Волкодав** (фэнтези, Россия). Киноплекс на Ленинском, Матрица, Победа. **Гадкие лебеди** (фантастика, Россия). Художественный. **Гадкий утенок и я** (детский, Дания). Искра, 5 звезд, Солнцево. **Жара** (комедия, Россия). Синема. **Делай ноги** (детский, Австралия/США). Аврора, Витязь, Горизонт. **Казино "Рояль"** (боевик, США/Великобритания). Каро-фильм, Киноплекс на Ленинском, Кунцево, Патриот. **Консервы** (боевик, Россия). Будапешт, Космос, Митино. **Кровь и шоколад** (драма, США). Бумеранг, Ладога, Прага. **Лабиринт фавна** (триллер, Испания/США). Кинотеатр на Красной Пресне, Спутник. **Многоточие** (драма, Россия). Киноцентр на Красной Пресне, Романов-Синема. **Моя**

прекрасная леди (мюзикл, США). Иллюзион. **На краю счастья** (драма, США). Люксор. **Наука сна** (драма, Франция). 5 звезд на Новокузнецкой. **Не говори никому** (триллер, Франция). Орбита, Родина, Солярис. **Не хочу забывать** (драма, Южная Корея). 35 ММ. **Ночь в музее** (комедия, США). Каро-фильм, Победа, Экран. **Париж, я люблю тебя** (драма, Швейцария), Дом Ханжонкова. **Паутина Шарлотты** (детский, США). Байконур, Варшава, Энтузиаст. **Питер-FM** (комедия, Россия). Октябрь. **Престиж** (драма, США/Великобритания). Киноцентр на Красной Пресне, Люксор. **Рокки Бальбоа** (драма, США). Байконур, Матрица, Пушкинский, Пять звезд, Ролан. **Спи со мной** (драма, Канада). 35 ММ. **Черная книга** (драма, Бельгия/Великобритания). Горизонт, Ролан.

 5-8 Я с тобо́й не согла́сен. In small groups discuss movies that have made an impression on you. Name a movie and tell when you saw it and why you did or didn't like it. Agree and disagree with each other, discussing each film for as long as possible before someone in the group names another movie. Some useful phrases are given below.

> Если че́стно, . . .
> По-мо́ему, . . .
> Мне ка́жется, что . . .
> Ты прав(а́), но . . .
> Я (не) согла́сен (согла́сна) . . .

Этот фильм мне (не) понра́вился, потому́ что…	…он (не) смешно́й.
	…я его́ не по́нял(а).
	…он сло́жный.
	…он ску́чный.
	…на́до хорошо́ знать америка́нскую (ру́сскую…) жизнь.
	…арти́сты хорошо́ (пло́хо) игра́ли.
	…мне (не) нра́вятся фи́льмы Бе́ргмана (Сто́уна…).
	…мне вообще́ не нра́вятся коме́дии (нра́вится нау́чная фанта́стика).

5-9 Моноло́г. Расскажи́те о ва́шем са́мом люби́мом фи́льме. Как он называ́ется? Что э́то за фильм? Каки́е актёры в нём игра́ют? Как зову́т режиссёра э́того фи́льма? Когда́ вы его́ смотре́ли? Ско́лько раз вы его́ смотре́ли? Почему́ он вам понра́вился?

Устный перевод

5-10 A Russian film director has come to your town. You are at a screening of one of her subtitled films. A friend of yours who does not know Russian wants to talk to the director. You offer to interpret.

ENGLISH SPEAKER'S PART

1. Hello. My name is _____. I don't speak any Russian, but I wanted to thank you and tell you how much I enjoyed your film.
2. Well, I can't say I understood everything. I think it's hard to understand a film when you don't even know the language. But I liked it anyway.
3. I disagree. I think it's harder to understand humor than anything else. But I think your film is much more serious and complex than just a comedy.
4. Well, I know that you must be busy. I'd like to tell you once again that the film is wonderful.

Грамматика

1. Нра́виться/понра́виться vs. люби́ть

Recall that *to like something* is often expressed with **нра́виться/по-,** which actually means *to please* and takes dative. Note these examples:

— Я вчера́ смотре́ла но́вый фильм. — Ну и как? **Он тебе́ понра́вился?**	Yesterday I saw a new movie. Well, how was it? *Did you like it?* (*Did it please you?*)
— Я вчера́ смотре́ла но́вую переда́чу. — Ну и как? **Она́ тебе́ понра́вилась?**	Yesterday I saw a new TV show. Well, how was it? *Did you like it?"* (*Did it please you?*)
— Очень! Посмотри́ её. **Она́ тебе́ о́чень понра́вится!**	A lot! Watch it—you'll really like it! (*It will really please you.*)

Both **люби́ть** and **нра́виться** can be equivalent to English *to like*. However, they are not always interchangeable. Follow the guidelines in the chart below.

	нра́виться/по-	люби́ть	Comments
Future	Вам понра́вится э́тот фильм.		In future tense, use **понра́виться**.
Present	Мне нра́вится э́тот фильм.	Я люблю́ э́тот фильм.	In present tense, the verbs are close in meaning. **Люби́ть** is a bit stronger.
		Я люблю́ ходи́ть в кино́.	Use **люби́ть** with infinitives.
Past	Мне понра́вился э́тот фильм. *gusto*		I liked (and still like) this film.
	Мне нра́вился э́тот фильм. *gustaba*	Я люби́л(а) э́тот фильм.	I used to like this film.
		Я люби́л(а) ходи́ть в кино́.	Use **люби́ть** with infinitives.

Упражнения

5-11 **Каки́е фи́льмы кому́ нра́вятся?**

> **Образе́ц:** Кири́лл — э́тот фильм → *Кири́ллу нра́вится э́тот фильм.*

1. Бори́с — мультфи́льмы
2. Матве́й — серьёзные фи́льмы
3. Со́фья Петро́вна — коме́дии
4. Окса́на — э́ти фи́льмы
5. Михаи́л Влади́мирович — фильм «Пи́тер-FM»
6. э́тот актёр — иностра́нные фи́льмы
7. на́ша сосе́дка — э́тот но́вый документа́льный фильм
8. молоды́е лю́ди — нау́чная фанта́стика
9. Алекса́ндр Миха́йлович и Лари́са Ива́новна — фильм «Восто́к-За́пад»
10. на́ши друзья́ — ру́сские фи́льмы

5-12 **Запо́лните про́пуски.**

> понра́вился — понра́вилось — понра́вилась — понра́вились

1. — Вы смотре́ли э́тот фильм? — Да, он мне о́чень _____.
2. — Вы чита́ли э́ту кни́гу? — Да, она́ мне о́чень _____.
3. — Вы смотре́ли э́ти францу́зские коме́дии? — Да, но они́ мне не _____.
4. — Вы ви́дели но́вое пла́тье Ла́ры? — Да, и оно́ мне _____.
5. — Вам _____ но́вая кни́га Пеле́вина?
6. — Вам _____ рестора́н, где вы у́жинали вчера́?
7. — Вам _____ э́то но́вое зда́ние?
8. Вам _____ фильм «Рэ́мбо»?
9. Вам _____ но́вые документа́льные фи́льмы?
10. Вам _____ коме́дия, кото́рую мы смотре́ли вчера́?

5-13 **Соста́вьте предложе́ния.** Indicate you think these people *will like* the following things.

> **Образе́ц:** Марк — э́тот фильм
> *Я ду́маю, что Ма́рку понра́вится э́тот фильм.*

1. ты — э́та но́вая коме́дия
2. на́ша сосе́дка — документа́льный фильм о Росси́и?
3. наш преподава́тель — э́ти худо́жественные фи́льмы
4. э́ти де́ти — но́вый мультфи́льм
5. мы — э́ти но́вые мю́зиклы
6. вы — «Соля́рис»

5-14 О себе. Ответьте на вопросы.

1. Вам нравится кино?
2. Вам нравятся комедии?
3. Вам нравятся детективы?
4. Вам нравится научная фантастика?
5. Вам нравятся мюзиклы?
6. Вам нравятся приключенческие фильмы?
7. Какие фильмы вам больше всего нравятся?
8. Какие фильмы вам больше всего не нравятся?
9. Вы смотрели какие-нибудь русские фильмы? Они вам понравились?
10. Вы смотрели фильм на прошлой неделе? Он вам понравился?

5-15 Как по-русски?

1. Vera likes to go to the movies.
2. Yesterday she saw a new American movie. She liked it a lot.
3. Her mother doesn't like American movies.
4. Vera's mother likes French and Russian movies.
5. On Friday she went to a French comedy. She liked it very much.
6. Vera's brother doesn't like movies.
7. But he'll probably like the documentary about Russian history.
8. He likes to watch television and read.

> *Complete Oral Drills 1–6 and Written Exercises 1–3 in the S.A.M.*

2. Making Comparisons

The comparative forms of adjectives and adverbs correspond to English forms such as *prettier* or *more pretty*. The following comparative forms come only in the predicate adjective position, that is, after the verb *to be*.

«Братья Карамазовы» — сложный роман, а «Идиот» **сложнее.**	*The Brothers Karamazov* is a complex novel, but *The Idiot* is *more complex.*
Трудно читать по-испански, но читать по-русски **труднее.**	It is difficult to read in Spanish, but it's *more difficult* to read in Russian.

Formation of comparatives

The comparative forms of most Russian adjectives and adverbs have the ending **-ee.**

ADJECTIVE	ADVERB	COMPARATIVE	
интересн-ый	интересн-о	интересн-ее	more interesting
понятн-ый	понятн-о	понятн-ее	more understandable
серьёзн-ый	серьёзн-о	серьёзн-ее	more serious

If the stem has only one syllable, the stress in the comparative normally shifts to the ending.

ADJECTIVE	ADVERB	COMPARATIVE	
сло́жн-ый	сло́жн-о	сложне́е	more complex
ско́р-ый	ско́р-о	скоре́е	sooner, more likely
тёпл-ый	тепл-о́	тепле́е	warmer
тру́дн-ый	тру́дн-о	трудне́е	more difficult
у́мн-ый	у́мн-о	умне́е	smarter

The comparative **холодне́е** — *colder* is also stressed on the ending.

In colloquial Russian the comparative ending **-ее** may be rendered as **-ей: скоре́е → скоре́й. Иди́ скоре́й!** — *Come quickly!*

A number of comparatives are irregular and must simply be memorized. These forms end in an unaccented **-е,** and most involve a consonant mutation at the end of the stem. Here are the irregular forms given in this unit.

ADJECTIVE	ADVERB	COMPARATIVE	
хоро́ший	хорошо́	лу́чше	better
плохо́й	пло́хо	ху́же	worse
большо́й	мно́го	бо́льше	bigger
ма́ленький	ма́ло	ме́ньше	smaller, less
молодо́й	мо́лодо	моло́же	younger
ста́рый	—	ста́рше	older (*for people*)
ре́дкий	ре́дко	ре́же	more rarely
ча́стый	ча́сто	ча́ще	more frequently
бли́зкий	бли́зко	бли́же	closer
далёкий	далеко́	да́льше	further
дорого́й	до́рого	доро́же	more expensive
дешёвый	дёшево	деше́вле	cheaper
до́лгий	до́лго	до́льше	longer
коро́ткий	ко́ротко	коро́че	shorter
лёгкий	легко́	ле́гче	lighter, easier
просто́й	про́сто	про́ще	simpler
ра́нний	ра́но	ра́ньше	earlier
по́здний	по́здно	по́зже (*or* поздне́е)	later
жа́ркий	жа́рко	жа́рче	hotter

Hint: Use the Oral Drills to help you learn these forms.

Structure of comparative sentences

Than is rendered by **чем,** which is always preceded by a comma.

Вы говори́те по-ру́сски лу́чше, **чем** мы.	You speak Russian better *than* we do.
В Москве́ холодне́е, **чем** в Санкт-Петербу́рге.	It's colder in Moscow *than* in St. Petersburg.

Russians often replace **чем** + nominative case with genitive (dropping the **чем**).

Вы говори́те по-ру́сски лу́чше, **чем мы.**	Вы говори́те по-ру́сски лу́чше **нас.**

The adverbs **гора́здо** — *much* and **ещё** — *even* strengthen the comparison.

Вы говори́те по-ру́сски **гора́здо** лу́чше, чем мы.	You speak Russian *much* better than we do.
Вы говори́те по-ру́сски **ещё** лу́чше, чем мы.	You speak Russian *even* better than we do.

If you want to put a comparative phrase in a case other than the nominative, then you must use the comparative **бо́лее** — *more,* plus an adjective in the appropriate case. The opposite is **ме́нее** — *less.*

Ле́на хо́дит **на бо́лее по́здние** сеа́нсы, чем мы с тобо́й.	Lena goes to *later* showings than you and I do.
Он рассказа́л нам **о ме́нее интере́сных** фи́льмах, чем ты.	He told us about *less interesting* films than you.

If you want to say something is the most—the biggest, the most popular, the cheapest, and so forth—then use the superlative adjective **са́мый** plus the adjective in its noncomparative form. Both adjectives modify the noun according to gender, number, and case.

Я ви́дела э́тот фильм **в са́мом краси́вом** кинотеа́тре в Петербу́рге.	I saw that movie in *the most beautiful* movie theater in St. Petersburg.
Ле́на всегда́ хо́дит **на са́мые по́здние** сеа́нсы.	Lena always goes to *the latest* showings.

You can say *best* two ways: **са́мый хоро́ший** or **са́мый лу́чший.**

Упражнения

5-16 Заполните пропуски. Fill in the blanks with the needed comparative form.

1. Смотреть телевизор интересно, а читать ещё _____.
2. Маша очень серьёзная, а её брат ещё _____.
3. Эти фотографии красивые, а твои фотографии ещё _____.
4. Говорить по-французски трудно, а говорить по-русски ещё _____.
5. «Братья Карамазовы» — роман сложный, а «Бесы» ещё _____.
6. Сегодня жарко, а вчера было ещё _____.
7. В Санкт-Петербурге холодно, а на Аляске ещё _____.
8. Ваня часто ходит в кино, а Кира ходит ещё _____.
9. Мы рано встаём, а преподаватель встаёт ещё _____.
10. Гриша живёт далеко от университета, а Соня живёт ещё _____.
11. Эти книги дорогие, а те книги ещё _____.
12. Наше общежитие очень большое, а новое общежитие ещё _____.

5-17 Подумайте! Which of the following sentences can be rephrased without **чем**? (*Hint:* The things being compared must be in the nominative case.)

1. Москва больше, чем Санкт-Петербург.
2. В Москве холоднее, чем в Санкт-Петербурге.
3. Понимать на иностранном языке легче, чем говорить.
4. Билет в театр дороже, чем билет в кино.
5. О политике интереснее поговорить, чем о погоде.

5-18 Составьте предложения. Rephrase the following comparisons without **чем**.

> **Образец:** Вы говорите лучше, чем я. → *Вы говорите лучше меня.*

1. Я пишу больше, чем Антон.
2. Антон пишет меньше, чем я.
3. Эти студенты читают быстрее, чем Гриша.
4. Гриша читает медленнее, чем эти студенты.
5. Моя сестра ходит в кино чаще, чем Соня.
6. Соня ходит в кино реже, чем моя сестра.
7. Этот американский студент старше, чем Лара.
8. Лара моложе, чем этот американский студент.
9. Лара встаёт раньше, чем мы.
10. Мы встаём позже, чем Лара.

5-19 Зако́нчите предложе́ния. Complete the following sentences with something that makes sense, both logically and grammatically.

1. Я занима́юсь бо́льше, чем...
2. Чита́ть по-ру́сски ле́гче, чем...
3. Гото́вить пи́ццу про́ще, чем...
4. Я встаю́ по́зже, чем...
5. Мы говори́м по-ру́сски лу́чше, чем...
6. Весно́й у нас тепле́е, чем...
7. Я моло́же, чем...
8. Я ре́же смотрю́ телеви́зор, чем...

5-20 Са́мое-са́мое. Make the following sentences superlative.

> **Образе́ц:** Санкт-Петербу́рг — краси́вый го́род. (в Росси́и) →
> *Санкт-Петербу́рг — са́мый краси́вый го́род в Росси́и.*

1. Москва́ — большо́й го́род. (в Росси́и)
2. Мы живём в дорого́м го́роде. (Росси́и)
3. Яку́тск — холо́дный го́род. (в Росси́и)
4. Биле́ты в Большо́й теа́тр дороги́е. (в Москве́)
5. Моско́вское метро́ хоро́шее. (в Росси́и)
6. «Война́ и мир» — дли́нный рома́н. (Толсто́го)

> Complete Oral Drills 7–13 and Written Exercises 4–8 in the S.A.M.

3. Reflexive Verbs

The Russian verbs for *begin, end, open,* and *close* have **nonreflexive** and **reflexive** forms. The reflexive forms end in the particle **-ся**.

Use the nonreflexive form (without **-ся**) when an animate being is the grammatical subject.

Ва́ня начина́ет рабо́ту.	Vanya begins work.
Ва́ня открыва́ет кни́гу.	Vanya opens the book.
Ва́ня закрыва́ет кни́гу.	Vanya closes the book.

Use the reflexive form (with **-ся**) when something inanimate is the grammatical subject.

Рабо́та начина́ется в 9 часо́в.	Work begins at 9 o'clock.
Рабо́та конча́ется в 5 часо́в.	Work ends at 5 o'clock.
Библиоте́ка открыва́ется в 9 часо́в.	The library opens at 9 o'clock.
Библиоте́ка закрыва́ется в 7 часо́в.	The library closes at 7 o'clock.

The verb **конча́ться/ко́нчиться** — *to come to a conclusion* is rarely used without the **-ся** particle in contemporary spoken Russian. Use the verb **зака́нчивать/зако́нчить** in reference to someone finishing an activity.

Рабо́та конча́ется в 6 часо́в.	Work ends at 6 o'clock.
Я зака́нчиваю рабо́тать в 6 часо́в.	I finish work(ing) at 6 o'clock.
Рабо́та начнётся в 10 часо́в.	Work will begin at 10 o'clock.
Я начну́ рабо́тать в 10 часо́в.	I will begin work(ing) at 10 o'clock.

открыва́ть(ся)/откры́ть(ся) (to open)	
открыва́-ю	откро́-ю
открыва́-ешь	откро́-ешь
открыва́-ет(ся)	откро́-ет(ся)
открыва́-ем	откро́-ем
открыва́-ете	откро́-ете
открыва́-ют(ся)	откро́-ют(ся)

закрыва́ть(ся)/закры́ть(ся) (to close)	
закрыва́-ю	закро́-ю
закрыва́-ешь	закро́-ешь
закрыва́-ет(ся)	закро́-ет(ся)
закрыва́-ем	закро́-ем
закрыва́-ете	закро́-ете
закрыва́-ют(ся)	закро́-ют(ся)

начина́ть(ся)/нача́ть(ся) (to begin)	
начина́-ю	начн-у́
начина́-ешь	начн-ёшь
начина́-ет(ся)	начн-ёт(ся)
начина́-ем	начн-ём
начина́-ете	начн-ёте
начина́-ют(ся)	начн-у́т(ся)

Past tense of нача́ться:

начался́, начало́сь, начала́сь, начали́сь

конча́ться/ко́нчиться (to come to an end)	
конча́-ется	ко́нч-ится
конча́-ются	ко́нч-атся

зака́нчивать/зако́нчить (to complete, end)	
зака́нчива-ю	зако́нч-у
зака́нчива-ешь	зако́нч-ишь
зака́нчива-ет	зако́нч-ит
зака́нчива-ем	зако́нч-им
зака́нчива-ете	зако́нч-ите
зака́нчива-ют	зако́нч-ат

Упражнения

5-21 О себе́. Отве́тьте на вопро́сы.

1. Когда́ вы на́чали учи́ться в университе́те?
2. В како́м ме́сяце начина́ется уче́бный год в ва́шем университе́те? В како́м ме́сяце конча́ется уче́бный год?
3. Во ско́лько открыва́ется университе́тская библиоте́ка? Когда́ она́ закрыва́ется?

4. Когда́ начина́ется ва́ша пе́рвая ле́кция? Когда́ она́ зака́нчивается?

5. Вы смо́трите телеви́зор? Когда́ начина́ется ва́ша люби́мая переда́ча?

6. Вы смотре́ли фильм на про́шлой неде́ле? Когда́ он начался́? Когда́ он ко́нчился?

7. Когда́ вы начнёте занима́ться сего́дня ве́чером? Когда́ вы зако́нчите?

5-22 Вы́берите пра́вильный глаго́л.

1. Когда́ (открыва́ет/открыва́ется) кинотеа́тр?

2. Кто (открыва́ет/открыва́ется) кинотеа́тр?

3. Кинотеа́тр (открыва́ет/открыва́ется) в шесть часо́в, но пе́рвый сеа́нс (начина́ет/начина́ется) в семь.

4. После́дний сеа́нс (зака́нчивает/конча́ется) в оди́ннадцать часо́в.

5. Уче́бный год (начина́ет/начина́ется) в сентябре́ и (зака́нчивает/конча́ется) в ию́не.

6. Мы (на́чали/начали́сь) учи́ться здесь в сентябре́.

7. Они́ (начну́т/начну́тся) но́вую рабо́ту на сле́дующей неде́ле.

8. Когда́ вы (око́нчите/око́нчитесь) университе́т?

9. Ско́ро (откро́ет/откро́ется) но́вое кафе́.

10. Когда́ (закрыва́ет/закрыва́ется) библиоте́ка?

> *Complete Oral Drills 14–17 and Written Exercises 9–11 in the S.A.M.*

4. Verb Conjugation: дава́ть/дать and передава́ть/переда́ть

The verb **дать** — *to give* is one of only four truly irregular verbs in Russian. Prefixed forms of **дава́ть/дать** follow the same conjugation pattern.

дава́ть/дать (to give)	
даю́	дам
даёшь	дашь
даёт	даст
даём	дади́м
даёте	дади́те
даю́т	даду́т
Imperative:	
дава́й	дай
Past tense:	
дава́л	дал, дала́, да́ли

передава́ть/переда́ть (to broadcast, to pass along)	
передаю́	переда́м
передаёшь	переда́шь
передаёт	переда́ст
передаём	передади́м
передаёте	передади́те
передаю́т	передаду́т
Imperative:	
передава́й	переда́й
Past tense:	
передава́л	переда́л, передала́, переда́ли

The prefix **пере-** often indicates action across or through something. Thus **переда́ть** can mean *to broadcast* or *to pass along* (as in passing along a message, or passing something at the table).

Упражнения

5-23 Запо́лните про́пуски. Use forms of the verb **передава́ть/переда́ть.**

1. Что сейча́с _____ (*are they broadcasting*) по пе́рвому кана́лу?
2. _____ (*Pass! — formal*) приве́т Влади́миру Ма́рковичу!
3. _____ (*Pass! — informal*) соль, пожа́луйста.
4. Мне _____ (*was told*), что Ири́ны Васи́льевны сего́дня не бу́дет на рабо́те.

5-24 Соста́вьте предложе́ния. Make sentences by combining elements from the following columns.

SUBJECT (NOM.)	ADVERB	VERB	INDIRECT OBJECT (DAT.)	DIRECT OBJECT (ACC.)
я	ча́сто		мне	кни́ги
ты	всегда́		тебе́	ди́ски
мой брат	никогда́ не	дава́ть	моему́ бра́ту	газе́ты
ба́бушка	за́втра	дать	ба́бушке	де́ньги
мы	вчера́		нам	биле́ты в кино́
вы	ра́ньше		вам	журна́л
роди́тели			роди́телям	

> ➤ *Complete Oral Drill 18 and Written Exercise 12 in the S.A.M.*

Давайте почитаем

5-25 Кино́ в Москве́. Посмотри́те информа́цию о кино́ на страни́це 182. Отве́тьте на сле́дующие вопро́сы.

1. Каки́е фи́льмы са́мые популя́рные в Москве́?
2. Из каки́х стран фи́льмы в э́тих кинотеа́трах?
3. Каки́е из э́тих фи́льмов вы смотре́ли?
4. Каки́е вам понра́вились? Каки́е вам не понра́вились?
5. Каки́е вы хоти́те посмотре́ть?

5-26 На вкус и на цвет това́рищей нет!

| Файл | Правка | Вид | Переход | Закладки | Инструменты | Справка |

yaschik.ru Выход

НАПИСАТЬ   ВХОДЯЩИЕ   ПАПКИ   НАЙТИ ПИСЬМО   АДРЕСА   ЕЖЕДНЕВНИК   НАСТРОЙКИ

От:	valyabelova.234@mail.ru
Кому:	popovaea@inbox.ru
Копия:	
Скрытая:	
Тема:	На вкус и на цвет това́рищей нет!

простой формат

Дорогая Елена Анатольевна!

Прожив° в этой стране уже шесть месяцев, я пришла к такому выводу°: чем больше каналов ТВ, тем меньше есть, что смотреть. Типичная кабельная система даёт 200–300 каналов. Есть, конечно, хорошие программы, качественные сериалы, которые показывают и у нас. Есть ещё и киноканалы типа HBO. Там можно посмотреть сравнительно° новые фильмы — те, которые только что вышли на DVD. Кстати, о видеопиратстве — здесь его практически нет. В магазине не купишь самый последний фильм за 3–5 долларов. Надо ждать, пока он не сошёл с экрана°, и только потом его можно купить на DVD — и не за 150–200 рублей, а за 15–20 долларов!

Как я сказала, большинство° каналов — ерунда: бесконечные ток-шоу, дешёвые мультики, «магазины на диване», бессмысленные комедии ситуаций, которым, к сожалению, мы начали подражать°. Это, наверно, самое худшее°: я терпеть° не могу этот смех за кадром°, как будто надо учить

having resided
conclusion

comparatively

пока́… с экра́на — until after its theatrical run

the majority

imitate   the worst   put up with
за ка́дром — off camera

зрителей°, где смеяться! Потом есть пять-шесть спортивных каналов. Один канал полностью° посвящён° гольфу!

Чуть лучше обстоит дело с латиноамериканскими каналами. У Рамосов их четыре. Они с удовольствием смотрят сериалы один за другим. Это, конечно, нам ближе, — их так часто показывали у нас в России, когда я была маленькой. Правда, здесь приходится их смотреть без перевода с испанского. Но и так° всё понятно.

На американском ТВ есть один большой плюс: если учишь иностранный язык, то можно найти, что посмотреть. Испанские программы — это само собой°. Но в любой° момент найдёшь передачи на других иностранных языках: новости на китайском, мыльную оперу на хинди, гейм-шоу на французском. Новости я даже как-то видела на урду!

Кстати, есть и русскоязычный канал — хуже не придумаешь! Он показывает какие-то старые фильмы, которые давно уже никому не нужны. Когда я впервые узнала об этом канале, я пыталась° Макса им заинтересовать. Он сопротивлялся: «Я, мол, языка не знаю, да и программы какие-то идиотские!» Потом сама поняла: язык языком°, а программы действительно глупые°.

Из англоязычных программ Макс предпочитает° не самые интеллектуальные. На днях я пришла к нему домой. Как Вы думаете, что он смотрел по телику? Профессиональную борьбу. Ничего себе профессиональная. Двое делают вид, что дерутся°. Кому это может понравиться?!

Тут, конечно, ничего не скажешь — на вкус и на цвет товарищей нет!

Валя

viewers

по́лностью = совсе́м

is dedicated

и так — *here: even so*

э́то само́ собо́й — *that's obvious*

any

tried

язык языко́м — *whatever you might say about language*

глу́пый = идио́тский

prefers

fight

yaschik.ru

Выход

НАПИСАТЬ   ВХОДЯЩИЕ   ПАПКИ   НАЙТИ ПИСЬМО   АДРЕСА   ЕЖЕДНЕВНИК   НАСТРОЙКИ

От: popovaea@inbox.ru
Кому: valyabelova.234@mail.ru
Копия:
Скрытая:
Тема: На вкус и на цвет товарищей нет!

простой формат

Здравствуй, Валя!

Я уверена, что на американском телевидении много
ценного, но среди моря слабых° программ хорошее   *weak*
трудно найти. Ведь если там один канал полностью
отдаётся гольфу, то, наверное, какой-то канал
посвящается и балету!

Я рада, что твои вкусы стали приближаться к
моим. Я ругаю° наше телевидение именно потому,   *condemn*
что оно стало очень похожим на самое плохое
американское. Это, на мой взгляд°, уничтожает°   *viewpoint   destroys*
наши культурные ценности. Я не против
развлекательных° программ, но сколько можно   *entertainment*
смотреть дешёвые реалити-шоу или скандальные
передачи? И поскольку у нас нет богатого° выбора   *rich*
каналов, каждое новое реалити-шоу — это на одну
оперу или балет меньше.

Е.

1. Вопросы

а. Думает ли Валя, что телевидение в США лучше, чем в России?

б. Какие программы особенно нравятся Вале?

в. Какие программы ей не нравятся?

г. Какие программы смотрит американская «семья» Вали?

д. Что смотрит Макс по телевизору?

е. Как вы думаете, Валя и Макс часто смотрят телевизор вместе?

ж. Валя говорит, что в американских кабельных сетях есть один большой плюс.
О чём именно она говорит?

з. Думает ли Елена Анатольевна, что Валя права?

и. Какие вкусы у Елены Анатольевны?

к. У вас дома (или в университете) есть кабельное телевидение?

богатый – rich
богаче – richer

л. Думаете ли вы, что телевидение делает богаче культуру страны?

м. Какие программы в США, по-вашему, интересные, а какие нет?

2. **Язы́к в конте́ксте**

a. **Назва́ния языко́в.** Not all languages are adjectives ending in -**ский**. In these passages we saw **хи́нди** and **урду́**, which are indeclinable. Other "non-**ский**" language names decline: **латы́нь, и́диш, иври́т: Кто зна́ет иври́т? Кто говори́т на иври́те?**

b. **Англи́йские аббревиату́ры.** English abbreviations are usually read with the names of English letters: *HBO* is **эйч-би-о.** *DVD* is **ди-ви-ди.**

c. **Учи́ть (что): More on "learning" verbs.** As a non-reflexive verb **учи́ть** + direct object is similar to **изуча́ть**. But **изуча́ть** suggests greater intellectual content. One might say **Мы *изуча́ли* англи́йский язы́к** or **Мы *учи́ли* англи́йский язы́к,** but only **Мы *изуча́ли* вопро́сы макроэконо́мики.**

d. **Но́вые поле́зные слова́**

   де́лать вид — *to pretend*

   ерунда́ — *nonsense; junk*

   за (чем) — *behind; after*. What does **оди́н за други́м** mean?

   прихо́дится — *have to*. This form looks like a verb, but it functions like a subject-less dative construction: **(мне) придётся** — *(I'll) have to*; **(мне) прихо́дится** — *(I "always") have to*; **(мне) пришло́сь** — *(I) had to*. These forms always convey *having* to do something undesirable. The present tense **прихо́дится** always indicates repetition: **Здесь прихо́дится их смотре́ть без перево́да с испа́нского.** — *Here one has to watch without a translation from Spanish.*

   профессиона́льная борьба́ — Given Valya's description, what do you think it is?

e. **Латиноамерика́нские сериа́лы.** Valya says about *telenovelas:* **Это, коне́чно, нам бли́же, — их так ча́сто пока́зывали у нас, когда́ я была́ ма́ленькой.** Throughout the 1990s and early 2000s, Russian television filled much programming time with Latin American *telenovelas*. Now Russian networks have similar home-grown **телесериа́лы.**

f. **Word roots**

   бесконе́чный < **без** + **коне́ц**

   бессмы́сленные < **без** + **смысл** — *sense*

   вкус — noun for **вку́сно**. If **това́рищ** is *comrade*, what does the adage **На вкус и на цвет това́рищей нет** mean?

   посвящён, посвящена́, посвящены́ — *dedicated*. What does the verb **посвяща́ться** mean?

   смея́ться is related to **смешно́**. If you find a joke humorless, you might say sarcastically: **Очень смешно́, но я не смею́сь!**

   сопротивля́ться < **про́тив** — *opposite, against*.

   це́нный, це́нность < **цена́** — *cost*, but also *worth, value*

5-27 Чтéние для удовóльствия. Have you been annoyed by others sitting near you in a movie theater? Read the following story by Anton Chekhov and see what happened in a theater before the birth of movies.

Антóн Пáвлович Чéхов (1860–1904) роди́лся в Таганрóге, на ю́ге Росси́и. Он учи́лся на медици́нском факульте́те Москóвского университéта. Ужé в университéтские гóды нáчал писáть и публиковáть юмористи́ческие расскáзы и скóро стал профессионáльным писáтелем. Он писáл не тóлько расскáзы, но и пьéсы, напримéр, «Дя́дя Вáня» и «Три сестры́». Егó женá, Ольга Кни́ппер, былá актри́сой Москóвского худóжественного теáтра. В 1897 годý больнóй туберкулёзом Чéхов переéхал в Ялту, в Крым. Он у́мер в 1904 годý.

пьéса — *play*
стать (чем/кем) — *to become*
туберкулёз — *tuberculosis*

Смерть чинóвника (1883)

(*Death of a Bureaucrat*)

В оди́н прекрáсный вéчер не мéнее прекрáсный экзекýтор°, Ивáн Дми́триевич Червякóв, сидéл во вторóм ряду́ крéсел и глядéл в бинóкль на «Корневи́льские колоколá°». Он глядéл и **чýвствовал себя́ на верхý блажéнства**. Но вдруг°... В расскáзах чáсто встречáется это «но вдруг». Áвторы прáвы: жизнь так полнá° неожи́данностей°! Но вдруг лицó° его поморщи́лось°, глазá° подкати́лись°, **дыхáние останови́лось... он отвёл от глаз бинóкль**, нагнýлся° и... апчхи!!! Чихнýл°, как ви́дите. **Чихáть никомý и нигдé не возбраня́ется.** Чихáют и мужики́°, и полицеймéйстеры°, и иногдá дáже и **тáйные совéтники**. Все чихáют. Червякóв нискóлько° не сконфýзился°, утёрся° платóчком° и, как вéжливый° человéк, **поглядéл вокрýг себя́**: не обеспокóил° ли он когó свои́м чихáнием? Но тут уж пришлóсь° сконфýзиться. Он уви́дел, что старичóк°, сидéвший° впереди́° негó, в пéрвом ряду́ крéсел, старáтельно° вытирáл° свою́ лы́сину° и шéю° перчáткой и бормотáл° что-то°. В старичкé Червякóв узнáл° стáтского° генерáла Бризжáлова, слýжащего° **по вéдомству путéй сообщéния.**

«Я его обры́згал°! — подýмал Червякóв. — Не мой начáльник°, чужóй°, но всё-таки нелóвко°. Извини́ться° нáдо».

Червякóв кашлянýл°, **подáлся тýловищем вперёд** и зашептáл° на ухо° генерáлу:

— Извини́те, вáше-ство°, я вас обры́згал... я нечáянно°...

администрáтор
смотрéл
"The Bells of Corneville"
felt he was at the heights of bliss; suddenly
full
unexpected events; face; wrinkled up
eyes; rolled back; his breathing stopped... he took the binoculars from his eyes; bent over; sneezed
Sneezing is not forbidden to anyone anywhere
peasant men; police chiefs
high-ranking bureaucrats; not at all
embarrassed; wiped; handkerchief; polite
looked around; disturbed
it was necessary
стáрый человéк; sitting in front
vigorously; was wiping off; bald head; neck
mumbled; something; recognized
civil service; who served
in the communications ministry
spattered
boss; someone else's; awkward; to apologize

coughed; bent forward
whispered; ear
your excellency
accidentally

— Ничего́-ничего́°. . . | *It's nothing.*

— Ра́ди бо́га°, извини́те. Я ведь. . .я не жела́л°! | *For heaven's sake; хоте́л*

— Ах, сиди́те°, пожа́луйста! Да́йте° слу́шать! | *Sit down!; Let me*

Червяко́в сконфу́зился, глу́по° улыбну́лся и на́чал гляде́ть на сце́ну°. Гляде́л он, но уж блаже́нства° бо́льше не чу́вствовал. Его́ на́чало помучивать° беспоко́йство°. В антра́кте° он подошёл к Бризжа́лову, походи́л во́зле° него́ и, поборо́вши° ро́бость°, пробормота́л:

stupidly; smiled

stage; bliss

torment; worry

intermission; beside

fighting off timidity

— Я вас обры́згал, ва́ше-ство. Прости́те. . . **Я ведь. . .не то чтобы. . .**

I didn't mean to

— Ах, полноте́°. . . Я уж забы́л, а **вы всё о то́м же!** — сказа́л генерал и нетерпели́во° **шевельну́л ни́жней губо́й.**

*Enough!; **You keep going on about it***

impatiently

his lower lip trembled

«Забы́л, **а у самого́ ехи́дство в глаза́х,** — поду́мал Червяко́в, подозри́тельно° погля́дывая° на генера́ла. — И говори́ть не хо́чет. . . На́до бы ему́ объясни́ть°, что я **во́все не** жела́л. . . что э́то зако́н° приро́ды°, а то поду́мает, что я плю́нуть° хоте́л. Тепе́рь не поду́мает, так по́сле поду́мает! . .»

he has a nasty look in his eyes

suspiciously; glancing

*explain; **not at all**; law*

nature; spit

Придя́ домо́й, Червяко́в рассказа́л жене́ о своём неве́жестве°. Жена́, **как показа́лось ему́,** сли́шком° легкомы́сленно° отнесла́сь к происше́дшему°; она́ то́лько испуга́лась°, а пото́м, когда́ узна́ла, что Бризжа́лов «чужо́й», успоко́илась°.

Having come home

*rudeness; **as it seemed to him***

too; lightly; regarded

the occurrence; was startled

calmed down

— А всё-таки° ты сходи́°, извини́сь, — сказа́ла она́. Поду́мает, что ты **себя́ в пу́блике держа́ть** не уме́ешь°!

even so; иди́

***to behave yourself in public;** know how*

— **То́-то вот и есть!** Я извиня́лся, да он ка́к-то° стра́нно°. . . **Ни одного́** сло́ва пу́тного° не сказа́л. Да и **не́когда бы́ло** разгова́ривать.

***That's just it!;** somehow*

*strangely; **not a single**; comprehensible*

there was no time

На друго́й день Червяко́в наде́л° но́вый вицмунди́р°, подстри́гся° и пошёл к Бризжа́лову объясни́ть. . . Войдя́° в приёмную° генера́ла, он уви́дел там мно́го проси́телей°, а ме́жду проси́телями и **самого́ генера́ла, кото́рый** уже́ на́чал **приём проше́ний.** Опроси́в° не́сколько проси́телей, генера́л по́днял глаза́° и на Червяко́ва.

***The next day;** put on*

civil servant's uniform; trimmed his hair

having entered; reception room

petitioners

the general himself, who

***visiting hours;** having questioned*

raised his eyes

— Вчера́ в «Арка́дии», е́жели° припо́мните°, ва́ше-ство, — на́чал докла́дывать° экзеку́тор, — я чихну́л-с° и. . . неча́янно обры́згал. . . Изв. . .

е́сли; recall

report

sir

— Каки́е пустяки́. . . Бог° зна́ет что! **Вам что уго́дно?** — обрати́лся° генера́л к сле́дующему° проси́телю.

***What nonsense!;** God*

***What do you want?;** addressed; next*

«Говори́ть не хо́чет! — поду́мал Червяко́в, бледне́я°. — Се́рдится°, зна́чит. . . . Нет, **э́того нельзя́ так оста́вить.** . . Я ему́ объясню́».

turning pale; he's angry

I can't leave things like this

Когда́ генера́л ко́нчил бесе́ду° с после́дним
проси́телем и напра́вился° во вну́тренние°
апартаме́нты, Червяко́в шагну́л° за ним и забормота́л°:

— Ва́ше-ство! Ежели я осме́ливаюсь° беспоко́ить°
ва́ше-ство, то и́менно° из чу́вства°, могу́ сказа́ть,
раска́яния°!. . . Не наро́чно°, **са́ми изво́лите зна́ть-с!**

Генера́л **состро́ил плакси́вое лицо́** и махну́л
руко́й.°

— Да вы про́сто смеётесь°, ми́лости́сдарь°! —
— сказа́л он, **скрыва́ясь за две́рью.**

«Каки́е же тут насме́шки? — поду́мал Червяко́в.
— **Во́все тут нет никаки́х насме́шек!** Генера́л, а не
мо́жет поня́ть! **Когда́ так,** не ста́ну° же я бо́льше
извиня́ться пе́ред э́тим фанфаро́ном°! **Чёрт с ним!**
Напишу́ ему́ письмо́, а ходи́ть не ста́ну! Ей-Бо́гу°, не
ста́ну!»

— Так ду́мал Червяко́в, идя́° домо́й. Письма́ генера́лу он
не написа́л. Ду́мал, ду́мал и **ника́к не вы́думал э́того письма́.**
Пришло́сь на друго́й день идти́ самому́° объясня́ть.

— Я вчера́ приходи́л беспоко́ить ва́ше-ство, —
забормота́л он, когда́ генера́л по́днял на него́ вопроша́ющие°
глаза́, — **не для того́, что́бы** смея́ться°, **как вы изво́лили
сказа́ть.** Я извиня́лся **за то, что,** чиха́я°, бры́знул-с. . .а
смея́ться я и не ду́мал. **Сме́ю ли я** смея́ться? Ежели мы бу́дем
смея́ться, так **никако́го тогда́, зна́чит, и уваже́ния к
персо́нам. . . не бу́дет. . .**

— **Пошёл вон!!** — га́ркнул° вдруг **посине́вший и
затря́сшийся** генера́л.

— Что-с — спроси́л шёпотом° Червяко́в, мле́я° **от
у́жаса.**

— Пошёл вон!! — повтори́л генера́л, **зато́пав нога́ми.**

В животе́° у Червяко́ва что-то оторвало́сь°. **Ничего́ не
ви́дя, ничего́ не слы́ша,** он попя́тился° к две́ри, вы́шел на
у́лицу и поплёлся°. . . Придя́ машина́льно° домо́й, **не снима́я
вицмунди́ра,** он лёг° на дива́н и. . .по́мер°.

разгово́р
headed; inner
stepped; began to mumble
dare; to bother
precisely; feeling
regret; on purpose; **You know that yourself, sir.**
made a crybaby face
waved his hand (brushed him off)
are mocking me; my dear sir
disappearing behind the door
What does he mean, mocking him?
I'm not mocking at all!
Если так; *не бу́ду*
big-head; **To the devil with him!**
Honest to God

going
He just couldn't come up with the letter
himself

questioning; **not in order to**
to mock; **as you said;** *потому́ что*
sneezing
Would I dare?
**then there won't be any respect for important
    people**
Get the hell out of here!; *barked*
who turned blue and began to shake
in a whisper; growing numb
with horror
stamping his feet
stomach; something snapped; **Not seeing or
    hearing anything;** *backed up*
dragged himself along; mechanically; **not taking
    off his uniform;** *lay down; died (croaked)*

Слова́рь

-с = суда́рь, суда́рыня — *sir, ma'am*

Тепе́рь не поду́мает, так по́сле поду́мает! — *He may not think that now, but he will later!*

утёрся плато́чком — *wiped himself off with a handkerchief*

червя́к — *worm*

чиха́ть/чихну́ть — *to sneeze*
(чиха́-ю, -ешь, -ют)
(чихн-у́, -ёшь, -у́т)

Грамма́тика те́кста

This story contains verbal adjectives and adverbs. You will receive a more thorough introduction to both in Unit 10. Here is an overview, in order to help you better understand the language of this and later stories.

Verbal adverbs are just that: adverbs made from verbs. They answer the questions adverbs normally address: "how," "why," or "when." Russian has two kinds of verbal adverbs: present (imperfective) and past (perfective).

Imperfective verbal adverbs denote action that occurs simultaneously with the main verb of the sentence. In this story you see:

Забы́л, а у самого́ ехи́дство в глаза́х, — поду́мал Червяко́в, подозри́тельно **погля́дывая** на генера́ла.	"He forgot, but he has a nasty look in his eyes," thought Chervyakov, *glancing* suspiciously at the general.
— Да вы про́сто смеётесь, милости́сдарь! — сказа́л он, **скрыва́ясь** за две́рью.	"Why, you're just mocking me, my dear sir!" he said, *disappearing* behind the door.
Я извиня́лся за то, что, **чиха́я,** бры́знул-с.	I apologized because, *while sneezing*, I spattered you, sir.
Ничего́ не ви́дя, ничего́ не слы́ша, он попя́тился к две́ри.	*Seeing nothing, hearing nothing,* he backed up toward the door.

Imperfective verbal adverbs come from present-tense verbs (**они́** form):

while sneezing:	чиха́-~~ют~~	→	чиха́ + **я**	→	чиха́я
while hiding:	скрыва́-~~ются~~	→	скрыва́ + **я** + **сь**	→	скрыва́ясь
while hearing:	слы́ш-~~ат~~	→	слы́ш + **а**	→	слы́ша
			(**а** not **я** to observe the 8-letter spelling rule)		

Perfective verbal adverbs denote action that occurred before the action indicated by the main verb in the sentence. They are often rendered as "having" done something or after doing something:

Опроси́в не́сколько проси́телей, генера́л по́днял глаза́ и на Червяко́ва.	*Having questioned* a few petitioners, the general raised his eyes to Chervyakov as well.
Он подошёл к Бризжа́лову и, **поборо́вши** ро́бость, пробормота́л…	He went up to Brizzhalov and, *fighting off* timidity, mumbled …
Войдя́ в приёмную генера́ла, он уви́дел там мно́го проси́телей.	*Having entered* the general's reception room, he saw many petitioners there.

Forming perfective verbal adverbs:

after learning:	узна́ - л	→	узна́ +	**в**	→	узна́в
after asking:	опроси́ - л	→	опроси́ +	**в**	→	опроси́в
after meeting:	встре́ти - лся	→	встре́ти +	**вшись**	→	встре́тившись
after arriving:	приш - ёл	→	прид +	**я**	→	придя́
	(all -**ёл** verbs)		Use future tense **они́:**			
			ут → я			

The form **поборо́вши** in the Chekhov story is old; the final -**ши** is no longer used except with reflexive endings.

Verbal adjectives. This story also contains verbal adjectives, sometimes called participles. These are adjectives made from verbs. They describe not simultaneous actions, like verbal adverbs, but rather the people or things in action. There are four kinds of verbal adjectives: present active, present passive, past active, and past passive. In the story we see only active verbal adjectives in both the present and past tenses.

A **present active verbal adjective** describes a person or thing doing something. It can be formed only from an imperfective verb. It can sometimes be translated as *who/which is doing* something.

В старичке́ Червяко́в узна́л ста́тского генера́ла Бризжа́лова, **слу́жащего** по ве́домству путе́й сообще́ния.	In the old man Chervyakov recognized the civil service general Brizzhalov, who served (*was serving*) in the ministry of communications.

Formation. To form present active participles (adjectives), start with the **они**-form. Drop the final **т.** Then add **-щий.**

the person serving: служа-т → служа + **щ** + adjectival ending → служащий
(Obey 7- and 5-letter rules!)   служащая
служащее
etc.

Past active verbal adjectives are usually used in past-tense narration. They can be formed from either an imperfective or a perfective verb. The imperfective form could be translated as "who/which was doing" something. The perfective form could be translated as "who/which did something."

Он уви́дел, что старичо́к, **сиде́вший** впереди́ него́, в пе́рвом ряду́ кре́сел, стара́тельно вытира́л свою́ лы́сину и ше́ю перча́ткой.	He saw that the old man *sitting* in front of him, in the first row of seats, was vigorously wiping off his bald head and neck with his glove.
—Пошёл вон!! — га́ркнул вдруг **посине́вший и затря́сшийся** генера́л.	"Get the hell out!" suddenly barked the general, *who had turned blue* and *begun to shake.*

Formation. Start with the past tense. The **-л** (if present) goes to **-в.** Then add **-ший.**

who was sitting:	сиде́-л	→	сиде́ + **в** + **ший**	→	сиде́вший сиде́вшая, etc.
who went blue:	посин-е́л	→	посине́ + **в** + **ший**	→	посине́вший посине́вшие, etc.
who began to shake:	затря́с-ся	→	затря́с + **ший** + **ся**	→	затря́сшийся, затря́сшаяся, etc. (always **-ся,** never **сь**)

Давайте послушаем

5-28 Сегодня передаём. Russian television "station breaks" usually feature an announcement of the programs to come. Listen to the announcement of one day's programs. Pick five that you think you might want to watch. Indicate when they will be broadcast and why you would be interested in them.

Новые слова и выражения

NOUNS

автоотве́тчик	answering machine
арти́ст	performer
биле́т на (+ acc.)	ticket for a certain time
боеви́к	action-adventure
вещь (fem.)	thing
виктори́на	quiz show
детекти́в	mystery
дра́ма	drama
жанр	genre
жизнь (fem.)	life
кана́л	TV channel
коме́дия	comedy
ко́мик	comic, comedian
конце́рт	concert
мелодра́ма	melodrama
мультфи́льм	cartoon
мю́зикл	musical
но́вости	news
переда́ча	broadcast, program
програ́мма	program, schedule; program, show; channel
режиссёр	(film) director
ряд (в ряду́)	row
сеа́нс	showing
середи́на	middle
ска́зка	fairytale
телеви́дение	television (programming, media)
телеви́зор	television (TV set)
три́ллер	thriller (movie)
у́жас	horror
фильм у́жасов (ужа́стик)	horror film
фанта́стика	fantasy
нау́чная фанта́стика	science fiction
фильм	movie
документа́льный фильм	documentary
приключе́нческий фильм	adventure film
худо́жественный фильм	feature length film (*not documentary*)
фильм у́жасов (ужа́стик)	horror film
экра́н (на)	screen
экраниза́ция	film version
ю́мор	humor

Новые слова и выражения

PRONOUN

что́-нибудь   something

ADJECTIVES

дешёвый	inexpensive
документа́льный	documentary
дорого́й	expensive
изве́стный	famous
класси́ческий	classical
коро́ткий	short
лёгкий	easy
нау́чный	science, scientific
поня́тный	understandable
приключе́нческий	adventure
просто́й	simple
романти́ческий	romantic
сло́жный	complicated, complex
смешно́й	funny, laughable
согла́сен (согла́сна)	agree
худо́жественный	artistic
худо́жественный фильм	feature length film (*not documentary*)

VERBS

зака́нчивать/зако́нчить   to finish (something)
   (зака́нчива-ю, -ешь, -ют)
   (зако́нч-у, -ишь, -ат)

закрыва́ть(ся)/закры́ть(ся)   to close
   (закрыва́-ю, -ешь, -ют)
   (закро́-ю, -ешь, -ют)

идти́ (*impf.*)   to be playing (*of a movie*)

конча́ться/ко́нчиться   to end, be finished (*intrans.*)
   (конча́-ется, -ются)
   (ко́нч-ится, -атся)

набира́ть/набра́ть   to dial
   (набира́-ю, -ешь, -ют)
   (набер-у́, -ёшь, -у́т)

начина́ть(ся)/нача́ть(ся)   to begin
   (начина́-ю, -ешь, -ют)
   (начн-у́, -ёшь, -у́т; на́чал, начала́, на́чали;
   начался́, начало́сь, начала́сь, начали́сь)

нра́виться/по- (кому́)   to be pleasing to
   (нра́вится, нра́вятся)

Новые слова и выражения

объясня́ть/объясни́ть (объясня́-ю, -ешь, -ют) (объясн-ю́, -и́шь, -я́т)	to explain
ожида́ть (*impf.*) (ожида́-ю, -ешь, -ют)	to expect
открыва́ть(ся)/откры́ть(ся) (открыва́-ю, -ешь, -ют) (откро́-ю, -ешь, -ют)	to open
передава́ть/переда́ть (переда-ю́, -ёшь, -ю́т) (переда́м, переда́шь, переда́ст, передади́м, передади́те, передаду́т; переда́л, передала́, переда́ли)	to broadcast
пое́сть (*perf.*) (пое́м, пое́шь, пое́ст, поеди́м, поеди́те, поедя́т)	to have a bite, to eat
понима́ть/поня́ть (понима́-ю, -ешь, -ют) (пойм-у́, -ёшь, -у́т; по́нял, поняла́, по́няли)	to understand
удивля́ться/удиви́ться (чему́) (удивля́-юсь, -ешься, -ются) (удивл-ю́сь, -удиви́шься, -я́тся)	to be surprised (at something)
умере́ть (*perf.*) (*past:* у́мер, умерла́, у́мерли)	to die

ADVERBS

бо́лее	more (*with adjective in comparisons*)
гора́здо	much (*in comparisons*)
дово́льно	quite
ещё	even (*in comparisons*)
куда́-нибудь	somewhere
легко́	easily
ме́нее	less (*with adjective in comparisons*)
побли́же	near the front (*in movie theater*)
пода́льше	near the back (*in movie theater*)
че́стно	honestly

SUBJECTLESS CONSTRUCTIONS

ка́жется (кому́)	it seems

Новые слова и выражения

CONJUNCTIONS

чем	than (*in comparisons*)

OTHER WORDS AND PHRASES

бо́льше всего́	most of all
Годи́тся.	That's fine.
Кто тако́й...?	Just who is...?
по-мо́ему	in my opinion
по пе́рвому (второ́му,...) кана́лу	on channel 1 (2, ...)
по телеви́зору	on television
скоре́е (всего́)	rather; most likely
че́стно говоря́	to tell the truth
Что э́то за... (*noun in nom.*)	What kind of a ... is it?

PASSIVE VOCABULARY

дли́нный	long
како́й-нибудь	some/any kind of
расска́з	story
ро́дина	motherland

PERSONALIZED VOCABULARY

_____

_____

_____

_____

_____

_____

Что почитать?

Коммуникативные задания

- Books, authors, genres
- Borrowing books
- Getting a library card
- Poems as Russians read them:
  Пу́шкин, Ахма́това, Евтуше́нко

Грамматика

- Звать vs. называ́ться
- **Ну́жен**
- **Мне на́до** vs. **я до́лжен/должна́**
- **Кото́рый** constructions
- Negative constructions: **ни- . . . не**

- Constructions with **-то** and **-нибудь**
- Declension of last names

Культура и быт

- Detective novels
- Declamatory style in reading poetry
- Genres of some famous Russian literary works
- Residence permit: **propи́ска**

Чтение для удовольствия

- **Зо́щенко. «Сердца́ трёх»**

Точка отсчёта

О чём идёт речь?

Алекса́ндр Серге́евич Пу́шкин (1799–1837). Мно́гие счита́ют, что Пу́шкин — оте́ц ру́сской литерату́ры. Он был ма́стером всех жа́нров: писа́л рома́ны, расска́зы, стихи́ и да́же рома́н в стиха́х.

Никола́й Васи́льевич Го́голь (1809–1852). Расска́зы и пье́сы Го́голя о жи́зни в Росси́и принесли́ ему́ изве́стность. Среди́ са́мых знамени́тых произведе́ний Го́голя — сатири́ческий рома́н «Мёртвые ду́ши» и коме́дия «Ревизо́р».

Ива́н Серге́евич Турге́нев (1818–1883) — а́втор рома́нов о социа́льной жи́зни Росси́и XIX ве́ка. Са́мое изве́стное произведе́ние Турге́нева в мирово́й литерату́ре — «Отцы́ и де́ти».

Фёдор Миха́йлович Достое́вский (1821–1881) — оте́ц «психологи́ческого рома́на». Среди́ произведе́ний Достое́вского: «Преступле́ние и наказа́ние», «Бе́сы», «Идио́т», «Бра́тья Карама́зовы».

Лев Никола́евич Толсто́й (1828–1910). Рома́ны «Война́ и мир» и «Анна Каре́нина» изве́стны всем. В них чита́тель знако́мится не то́лько с жи́знью Росси́и XIX ве́ка, но и с филосо́фией Толсто́го, кото́рая ста́ла осно́вой для де́ятельности таки́х истори́ческих фигу́р, как Га́нди и М.Л. Кинг.

Анто́н Па́влович Че́хов (1860–1904) начина́л как а́втор коро́тких сатири́ческих расска́зов, но в нача́ле XX ве́ка бо́льше занима́лся драматурги́ей. Его́ перу́ принадлежа́т пье́сы «Ча́йка», «Дя́дя Ва́ня», «Три сестры́» и «Вишнёвый сад».

Анна Андре́евна Ахма́това (1889–1966) — изве́стный ру́сский поэ́т. В сове́тское вре́мя она́ подверга́лась репре́ссиям со стороны́ прави́тельства. Её гла́вное произведе́ние «Ре́квием» бы́ло впервы́е опублико́вано в СССР то́лько в 1987 году́.

Бори́с Леони́дович Пастерна́к (1890–1960) изве́стен на За́паде свои́м рома́ном «До́ктор Жива́го». В Росси́и же Пастерна́ка це́нят не то́лько как романи́ста, но и как поэ́та и перево́дчика Шекспи́ра и Гёте. Он был награждён Но́белевской пре́мией в 1958 году́, но его́ заста́вили отказа́ться от пре́мии.

Мари́на Ива́новна Цвета́ева (1892–1941) — лири́ческий поэ́т нача́ла XX ве́ка. По́сле револю́ции она́ эмигри́ровала в Че́хию и пото́м во Фра́нцию. Она́ верну́лась в СССР в 1939 году́. Цвета́ева ста́ла же́ртвой ста́линских репре́ссий, и в 1941 году́ поко́нчила жизнь самоуби́йством.

Алекса́ндр Иса́евич Солжени́цын (р. 1918) — лауреа́т Но́белевской пре́мии по литерату́ре (1970). Гла́вная те́ма его́ рома́нов — ма́ссовые репре́ссии сове́тского пери́ода. Он был вы́слан из Сове́тского Сою́за. С 1974 по 1993 г. Солжени́цын жил в США, в шта́те Вермо́нт. В 1994 он верну́лся в Росси́ю и тепе́рь живёт в Москве́ и на да́че.

Культура и быт

Детекти́вный рома́н (детекти́в)

During the last five years the detective novel has become arguably the most popular genre in Russian fiction. The fashion began in the early 1990s with translations and wide distribution of classic Western detective novels. Beginning at the end of the twentieth century, Russian writers began to publish detective fiction that has enjoyed enormous popularity. The most famous and highly respected of these writers is Muscovite **Григо́рий Ша́лвович Чхартишви́ли,** who publishes detective fiction under the pseudonym **Бори́с Аку́нин.** His most famous detective hero **Эра́ст Петро́вич Фандо́рин** is known to virtually all educated readers. The novels of his Fandorin series both follow the genre and depart from it in their late nineteenth-century settings: his prose is a stylization of the rich language of that era. Some of Akunin's titles include **«Осо́бые поруче́ния»** (*Special Assignments,* 1999), **«Смерть Ахилле́са»** (*The Death of Achilles,* 1999), **«Туре́цкий гамби́т»** (*The Turkish Gambit,* 2000), **«Азазе́ль»** (*Azazello,* 2001), **«Корона́ция»** (*Coronation,* 2001), and a collection of stories, **«Нефри́товые чётки»** (*Jade Prayer Beads,* 2007).

Ио́сиф Алекса́ндрович Бро́дский (1940–1996) на́чал как поэ́т в 60-х года́х. В 1972 г. Бро́дский был вы́нужден уе́хать в США, где он писа́л стихи́ и эссе́ на ру́сском и англи́йском языка́х. Он стал лауреа́том Но́белевской пре́мии в 1987 году́.

Ви́ктор Оле́гович Пеле́вин (р. 1962) пи́шет расска́зы и рома́ны о жи́зни совреме́нной Росси́и и об отноше́нии Росси́и к За́паду и к филосо́фии и рели́гии Восто́ка. Среди́ его́ са́мых изве́стных произведе́ний сбо́рник расска́зов «Жизнь насеко́мых», рома́ны «Омо́н Ра», «Чапа́ев и пустота́» и «Generation П».

Людми́ла Евге́ньевна Ули́цкая (р. 1943) по образова́нию био́лог-гене́тик. Она́ пи́шет рома́ны, расска́зы и пье́сы об исто́рии и совреме́нной жи́зни в Росси́и ча́сто с психологи́ческой и филосо́фской то́чки зре́ния. Среди́ её са́мых изве́стных произведе́ний рома́ны «Ка́зус Куко́цкого», по кото́рому сде́лали сериа́л, и «Меде́я и её де́ти», а та́кже по́весть «Со́нечка». Но́вый рома́н называ́ется «Даниэ́ль Штайн, перево́дчик».

6-1 Поэ́т и́ли проза́ик? Put the names of famous writers under the appropriate heading:

Поэ́ты   **Проза́ики**

Алекса́ндр Пу́шкин, Анто́н Че́хов, Лев Толсто́й, Фёдор Достое́вский, Анна Ахма́това, Мари́на Цвета́ева, Никола́й Го́голь, Бори́с Пастерна́к, Ива́н Турге́нев, Ви́ктор Пеле́вин, Людми́ла Ули́цкая

6-2 Жáнры. Look at the literary genres in the lists below.

Литератýра

поэ́зия/стихи́	прóза
стихотворéние («Ты и вы» Пýшкина)	расскáз/пóвесть («Смерть Ивáна Ильичá» Толстóго)
поэ́ма («Поэ́ма без герóя» Ахмáтовой)	пьéса («Три сестры́» Чéхова)
	ромáн («Дóктор Живáго» Пастернáка)

Working in groups, categorize the following Russian literary works under the appropriate genre. Make a list of those works with which you are not familiar. Then ask members of other groups if they have heard of these works and if they know what literary genre they belong to.

«Войнá и мир» — Л. Толстóй

«Петербýрг» — А. Бéлый

«Я вас люби́л . . .» — А. Пýшкин

«Дя́дя Вáня» — А. Чéхов

«Отцы́ и дéти» — И. Тургéнев

«Господи́н из Сан-Франци́ско» — И. Бýнин

«Бáбий Яр» — Е. Евтушéнко

«Архипелáг ГУЛАГ» — А. Солжени́цын

«На дне» — М. Гóрький

«Нос» — Н. Гóголь

«Есть в бли́зости людéй завéтная чертá . . .» — А. Ахмáтова

«Двенáдцать стýльев» — Ильф и Петрóв

«Чапáев и пустотá» — В. Пелéвин

6-3 В какóм вéке? Match each author with the correct century.

_____ Алексáндр Пýшкин

_____ Антóн Чéхов

_____ Ви́ктор Пелéвин

_____ Лев Толстóй

_____ Людми́ла Ули́цкая   а. восемнáдцатый век

_____ Алексáндр Солжени́цын   б. девятнáдцатый век

_____ Фёдор Достоéвский   в. двадцáтый век

_____ Анна Ахмáтова   г. двáдцать пéрвый век

_____ Мари́на Цветáева

_____ Никола́й Гóголь

_____ Бори́с Пастернáк

_____ Иóсиф Брóдский

Разговоры для слушания

Разгово́р 1. О ру́сской поэ́зии.
          Разгова́ривают Бе́тти и Ди́на.

1. Како́е зада́ние у Бе́тти на за́втра? Что она́ должна́ вы́учить наизу́сть?
2. Ди́на счита́ет, что тру́дно бу́дет вы́учить э́ти стихи́?
3. Бе́тти ле́гче чита́ть про́зу и́ли поэ́зию?
4. В э́том разгово́ре мно́го говори́ли об Ио́сифе Бро́дском. Что мо́жно сказа́ть о нём? Отве́тьте ДА и́ли НЕТ:
    а. Он писа́л то́лько про́зу.
    б. Он уе́хал в США в 70-х года́х.
    в. Он получи́л Но́белевскую пре́мию по литерату́ре.
    г. Он писа́л и по-ру́сски и по-англи́йски.
    д. Он сейча́с живёт в Москве́.

Разгово́р 2. Что почита́ть?
          Разгова́ривают Окса́на и Ник.

1. Ник лети́т за́втра в Самарка́нд. Ско́лько вре́мени он бу́дет в самолёте?
2. Каки́е писа́тели нра́вятся Ни́ку?
3. Како́го писа́теля Окса́на сове́тует Ни́ку чита́ть?
4. В како́м ве́ке он писа́л?
5. Окса́на предлага́ет Ни́ку сбо́рник расска́зов Ильфа́ и Петро́ва. Что она́ говори́т об э́тих писа́телях?

Разгово́р 3. Чита́тельский биле́т.
          Разгова́ривают Ник и библиоте́карь.

1. Где у́чится Ник?
2. Ник хо́чет получи́ть чита́тельский биле́т в библиоте́ке. Каки́е докуме́нты он до́лжен показа́ть в библиоте́ке?
3. Кака́я информа́ция вхо́дит в «направле́ние»?

Давайте поговорим

 Диалоги

1. **Надо вы́учить наизу́сть . . .**

— Бе́тти, здра́вствуй! Проходи́!
— Здра́вствуй, Ди́на! Я то́лько на па́ру часо́в.
  У меня́ огро́мное дома́шнее зада́ние.
— Что за зада́ние?
— Нам на́до вы́учить наизу́сть како́е-то
  стихотворе́ние.
— Стихи́! Как интере́сно! Дай посмотре́ть, как
  называ́ются.
— Это стихотворе́ние Евтуше́нко. А
  называ́ется оно́ «Окно́ выхо́дит в бе́лые
  дере́вья».
— Гм, стихотворе́ние о́чень дли́нное. Хо́чешь, я тебе́ помогу́?
— Дава́й.

2. **Ты лю́бишь стихи́?**

— Мег, ты лю́бишь стихи́?
— Мне ка́жется, что стихи́ понима́ть о́чень
  тру́дно. Мне гора́здо ле́гче чита́ть ру́сскую
  про́зу.
— Но всё-таки на́до знать на́шу поэ́зию. Ты
  когда́-нибудь чита́ла Ахма́тову?
— Нет, не чита́ла.
— Тогда́ бери́ сбо́рник её стихо́в. Если что́-
  нибудь бу́дет непоня́тно, я тебе́ объясню́.
— Хорошо́.

3. Какая литература тебе нравится?

— Ник, ты завтра уезжаешь в Самарканд, да?
Ты взял что-нибудь почитать?
— Нет, ничего не взял.
— Я могу тебе дать что-нибудь. Какая
литература тебе нравится?
— Мне больше всего нравится проза.
— Тогда возьми сборник рассказов Бунина.
Он тебе понравится.
— А понимать его не трудно?
— Ну, как тебе сказать? У Бунина стиль
сложный. Но я думаю, что ты поймёшь.

4. Пародия на русское общество.

— Валя, дай мне что-нибудь почитать.
— Я могу тебе дать Ильфа и Петрова.
— Ильфа и Петрова?
— Да. Ты когда-нибудь слышал об их
романе «Двенадцать стульев»?
— Да, что-то слышал. Кажется, есть
такой фильм «Двенадцать стульев».
— Да, это экранизация их романа. Это
пародия на русское общество, но
понимать его несложно.
— Ну что ж, я постараюсь его
прочитать. Спасибо большое.

5. Чита́тельский биле́т.

— Мо́жно ли получи́ть чита́тельский
биле́т?
— Вы иностра́нец? Вы у нас у́читесь?
— Да. В Моско́вском лингвисти́ческом
университе́те.
— У вас есть направле́ние от
университе́та?
— Направле́ние? А что э́то тако́е?
— Это спра́вка, в кото́рой ука́зывается
ме́сто, где вы у́читесь.
— И где мо́жно получи́ть тако́й докуме́нт?
— В ва́шем декана́те.
— И что ещё ну́жно?
— Нужна́ ещё фотогра́фия.
— И всё?
— Всё. До свида́ния.

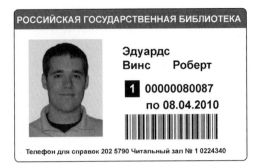

Вопросы к диалогам

Диало́г 1

1. Бе́тти пришла́ к Ди́не, и́ли Ди́на пришла́ к Бе́тти?
2. Како́е у Бе́тти дома́шнее зада́ние?
3. Каки́е стихи́ должна́ Бе́тти вы́учить наизу́сть?
4. Кто написа́л э́то стихотворе́ние?

Диало́г 2

1. Что ду́мает Мег о ру́сских стиха́х?
2. Ей ле́гче чита́ть про́зу и́ли поэ́зию?
3. Она́ хорошо́ зна́ет поэ́зию Ахма́товой?
4. Что ей даю́т почита́ть: одно́ стихотворе́ние и́ли сбо́рник стихо́в?

Диало́г 3

1. Куда́ уезжа́ет Ник?
2. Ни́ку бо́льше нра́вится про́за и́ли поэ́зия?
3. Ему́ даю́т почита́ть сбо́рник расска́зов и́ли сбо́рник стихо́в?
4. Како́го а́втора он бу́дет чита́ть?

Диало́г 4

1. Ва́ля даёт знако́мому кни́гу и́ли видеоди́ск?
2. Кто написа́л рома́н «Двена́дцать сту́льев»?
3. Есть фильм по э́тому рома́ну?

4. «Двена́дцать сту́льев» — паро́дия на ру́сские фи́льмы и́ли паро́дия на ру́сское о́бщество?
5. Ва́ля ду́мает, что понима́ть э́тот рома́н сло́жно?

Диало́г 5

1. Э́тот разгово́р происхо́дит в библиоте́ке и́ли в кни́жном магази́не?
2. Америка́нец хо́чет получи́ть сбо́рник стихо́в и́ли чита́тельский биле́т?
3. Где он у́чится?
4. Что тако́е «направле́ние»?
5. Где мо́жно получи́ть направле́ние?
6. Что ещё ну́жно э́тому америка́нцу, что́бы получи́ть чита́тельский биле́т?

Упражнения к диалогам

6-4 Что э́то за писа́тель? Practice describing the following authors in terms of nationality, genre, and century.

>   **Образе́ц:**   Чарлз Ди́ккенс →
>   *Чарлз Ди́ккенс — англи́йский проза́ик девятна́дцатого ве́ка.*

Курт Воннегу́т	Эмили Ди́кинсон
Викто́р Гюго́	Дэн Бра́ун
Марк Твен	Сти́вен Кинг
Миге́ль Серва́нтес	Уолт Уи́тмен
Ма́йя Анджелу	Элис Уо́лкер
Ро́берт Фрост	Уи́льям Шекспи́р

6-5 Узна́йте у партнёра.

1. Ты лю́бишь чита́ть стихи́?
2. Ты зна́ешь каки́е-нибудь ру́сские стихи́?
3. Тебе́ ну́жно бы́ло учи́ть стихи́ в шко́ле?
4. Ты зна́ешь наизу́сть како́е-нибудь стихотворе́ние на англи́йском языке́?
5. Ты лю́бишь чита́ть про́зу?
6. Ты бо́льше чита́ешь рома́ны и́ли расска́зы?
7. Что ле́гче, по-тво́ему: чита́ть про́зу и́ли поэ́зию?
8. Ты когда́-нибудь чита́л(а) ру́сскую литерату́ру? Что ты чита́л(а)?
9. Ты лю́бишь нон-фи́кшн?
10. У тебя́ есть люби́мый писа́тель? Как его́ зову́т? Кто он (она́) по национа́льности?
11. У тебя́ есть люби́мый рома́н? Как он называ́ется? Кто его́ написа́л?
12. У тебя́ есть люби́мое стихотворе́ние? Как оно́ называ́ется? Оно́ коро́ткое и́ли дли́нное? Оно́ сло́жное и́ли просто́е?
13. Ты когда́-нибудь ходи́л в теа́тр? Каки́е пье́сы ты смотре́л?
14. Ты пи́шешь стихи́?
15. Ты пи́шешь про́зу?

6-6 Определе́ния. Объясни́те по-ру́сски значе́ние сле́дующих слов. Try to explain, in Russian, the meaning of the following words.

Образе́ц: направле́ние →
Это спра́вка, в кото́рой ука́зывается ме́сто, где вы у́читесь.

1. библиоте́ка
2. общежи́тие
3. кинотеа́тр
4. худо́жественная литерату́ра
5. поэ́зия
6. расска́з
7. по́весть
8. рома́н
9. пье́са
10. стихотворе́ние
11. детекти́в
12. нау́чная фанта́стика
13. паро́дия
14. о́бщество
15. экраниза́ция класси́ческой литерату́ры
16. докуме́нта́льный фильм
17. чита́тельский биле́т
18. декана́т
19. дома́шнее зада́ние
20. преподава́тель

6-7 Определе́ния. Now think of five words you know in Russian whose meaning you can explain to the class. See if your classmates can guess which word you are describing.

6-8 Поговори́м о литерату́ре.

1. Imagine that a student from Russia will be visiting your class for a discussion of the reading habits and preferences of Russian students and those from your country. In preparation for this discussion do the following.

   a. Prepare a detailed answer (3–5 minutes) to the following questions:
      What do you read for pleasure?
      How does what you read differ from what your parents or friends read?
      How do you decide what to read?
      How does what you read for courses differ from what you read for pleasure?

   b. Write 10 questions to ask the guest about the reading habits of Russian students.

2. Act out the visit of the Russian guest. As you do so, remember that this meeting has been set up as a discussion, not a question-and-answer session. Here are two tips to help you manage the discussion well.

   a. Strive to give more information than required as you answer questions. For example, if you are asked what you read, you might answer that you read Dickens because you love English novels, rather than merely saying "Dickens."

   b. Acknowledge the statements made by others, using expressions such as the following:

   Я ду́маю, что Марк прав . . .

   Я не согла́сен/согла́сна . . .

   Я по́нял/поняла́, что́ вы сказа́ли, но мне ка́жется, что . . .

If possible, record the discussion so that you can listen to it afterward. Were you able to use these response phrases? Are there additional places in your discussion where you could have used them?

6-9 Подгото́вка к разгово́ру. Review the conversations. How would you do the following?

1. Say you have a big homework assignment.
2. Say you have to memorize a poem (dialog).
3. Tell someone the name of a book you are reading (for example, *Doctor Zhivago, Anna Karenina*).
4. Ask your friend if she likes poetry (prose).
5. Say that you think poetry is difficult (easy) to understand.
6. Say that you think prose is easier (harder) to understand than poetry.
7. Ask your friend if he has ever read Akhmatova (Charles Dickens, Dan Brown, Alice Walker, Stephen King).
8. Ask your teacher what kind of literature he or she likes.
9. Say what kind of literature you like best.
10. Ask your friend to give you something to read.
11. Ask your friend if he or she has ever heard of Edgar Allan Poe (Ernest Hemingway, John Steinbeck, Virginia Woolf).
12. Ask the librarian if you can get a library card.
13. Ask your teacher where you can get the paperwork you need from your institute in order to get a library card.

Игровые ситуации

6-10 Что почитáть?

1. You would like to try to read some Russian literature. Ask your friend if she can lend you something. Explain what kind of literature you like best and make sure she gives you something that won't be too difficult.
2. A Russian friend likes to read in English and would like to read some contemporary American literature. Tell him which authors you like and tell him a bit about their work. Then advise him on which author he is most likely to understand.
3. Ask your Russian teacher where and how you can get a library card. Find out what you will need to take with you.
4. You have been invited to talk to a group of Russian high school students. They have asked you to talk about American popular culture. They want to know what kinds of movies and TV shows Americans like and what they like to read. Answer them based on your own tastes.
5. Discuss a book that has been brought to the screen. Tell whether you thought the book or the movie was better.
6. With a partner, prepare and act out a situation of your own based on the topics of this unit.

 # Устный перевод

6-11 A Russian writer is visiting your university and the English Department would like to hold a reception for her. They have asked you to serve as an interpreter.

ENGLISH SPEAKER'S PART

1. I'm very happy to have gotten the chance to meet you. I've read all of your novels.
2. I don't know about that. Your work is very popular here. Perhaps your poetry is a bit difficult for us. But Americans in general aren't big on poetry. However, I think your prose is universal.
3. I think that humor is a universal language. For example, I don't know Russian, but I love Gogol.
4. I'd like to ask you something about your last novel. I liked it a lot.
5. Oh, I'm sorry to keep you. It was a real pleasure to talk to you.

Грамматика

1. Asking About Names: звать vs. называ́ться

— Как **называ́ется** э́та кни́га?
— «Же́нский декамеро́н».
— А как **зову́т** а́втора?
— Юлия Вознесе́нская.

To ask the name of a person or animal, use **зову́т** with the accusative case.

Как   зову́т   { **ва́шего преподава́теля?**
{ **э́ту студе́нтку?**
{ **твою́ ко́шку?**
{ **твои́х друзе́й?**

The words in boldface are direct objects and therefore are in the accusative case.

Как   { **вас**
{ **тебя́**
{ **его́**   } зову́т?
{ **её**
{ **их**

To ask the name of a thing, use **называ́ется** or **называ́ются** with the nominative case.

Как   { называ́ется }   **э́тот рома́н?**
{ называ́ются }   **э́та кни́га?**
э́ти расска́зы?

The words in boldface are grammatical subjects and therefore are in the nominative case.

Как   { **он**
{ **она́** } называ́ется?
{ **они́**   называ́ются?

Note the change in word order when there is a pronoun. Pronouns tend not to be at the end of a sentence and thus come before the verb in these constructions.

Упражне́ния

6-12 О себе́. Отве́тьте на вопро́сы.

1. Как зову́т ва́шего са́мого люби́мого проза́ика?
2. Как зову́т ва́шего са́мого люби́мого поэ́та?
3. Как называ́ется ва́ше са́мое люби́мое литерату́рное произведе́ние?
4. Как зову́т ва́шего са́мого люби́мого режиссёра?
5. Как называ́ется его́ (и́ли её) са́мый изве́стный фильм?

6-13 Зада́йте вопро́сы. Ask the names of the following in Russian.

Образе́ц: твой са́мый люби́мый писа́тель →
Как зову́т твоего́ са́мого люби́мого писа́теля?

1. ты
2. вы
3. твой брат
4. твои бра́тья
5. твоя́ сестра́
6. твои сёстры
7. твои роди́тели
8. твой са́мый люби́мый рома́н
9. твой са́мый люби́мый поэ́т
10. твои са́мые люби́мые поэ́ты
11. твои са́мые люби́мые писа́тели
12. твоё са́мое люби́мое стихотворе́ние
13. твоя́ са́мая люби́мая пье́са
14. твой са́мый люби́мый фильм
15. твой са́мый люби́мый режиссёр

6-14 Зада́йте вопро́сы. Ask the names of the people and things mentioned (in bold) using pronouns.

Образцы́: — У меня́ **оди́н брат.** — *Как его́ зову́т?*

— Я чита́ю **интере́сную кни́гу.** — *Как она́ называ́ется?*

➤ *Complete Oral Drills 1–2 and Written Exercise 1 in the S.A.M.*

1. У нас **но́вый сосе́д.**
2. У нас **но́вая сосе́дка.**
3. Мы смотре́ли **но́вый документа́льный фильм.**
4. Мы чита́ли статью́ о **знамени́том ру́сском режиссёре.**
5. Мы купи́ли биле́ты на **пье́су.**
6. Мы идём на пье́су с **но́выми друзья́ми.**
7. Вы зна́ете **э́тих студе́нтов?**
8. Вы чита́ли **э́ти стихотворе́ния?**

2. Ну́жен, ну́жно, нужна́, нужны́

To express need for an *action,* use the dative of the person + **ну́жно** or **на́до** + infinitive. In such sentences, **ну́жно** and **на́до** are interchangeable.

Нам ну́жно (на́до) вы́учить наизу́сть э́то стихотворе́ние.	We have to memorize this poem. (*lit.* To us is necessary to memorize this poem.)

To express need for a *thing,* use dative of the person + **ну́жен (ну́жно, нужна́, нужны́)** + nominative of the thing needed. **Ну́жен** agrees in gender and number with the thing needed, because that is the grammatical subject of the sentence.

Ей нужны́ кни́ги.	She needs books. (*lit.* To her are necessary books.)

кому́			что
Мне Тебе́ Ему́	нужен		э́тот рома́н
Ей Нам	ну́жно		э́то письмо́
Вам Им	нужна́		э́та кни́га
Этому преподава́телю На́шей сосе́дке Ва́шим роди́телям	нужны́		э́ти стихи́

The future tense of **ну́жен** is **ну́жен бу́дет** (**нужна́ бу́дет, ну́жно бу́дет, нужны́ бу́дут**). The past tense is **ну́жен был** (**нужна́ была́, ну́жно бы́ло, нужны́ бы́ли**).

Ра́ньше Вчера́	мне тебе́ нам *etc.*	ну́жен был		э́тот рома́н
		ну́жно бы́ло		э́то письмо́
		нужна́ была́		э́та кни́га
		нужны́ бы́ли		э́ти стихи́
Сейча́с	мне тебе́ нам *etc.*	ну́жен		э́тот рома́н
		ну́жно		э́то письмо́
		нужна́		э́та кни́га
		нужны́		э́ти стихи́
За́втра	мне тебе́ нам *etc.*	ну́жен		э́тот рома́н
		ну́жно	бу́дет	э́то письмо́
		нужна́		э́та кни́га
		нужны́	бу́дут	э́ти стихи́

Должен vs. надо

Нам надо (*have to*) is slightly different from **мы должны** (*should; ought to; supposed to*). **Должен** comes from **долг** — *duty* or *debt*.

Note these examples for the future and past tense of **должен** constructions.

Вы **должны** занима́ться сего́дня.	You *are supposed to* study today.
Вы **должны бы́ли** занима́ться вчера́.	You *were supposed to* study yesterday.
Вы **должны бу́дете** занима́ться за́втра.	You *will have to* study tomorrow.

Упражнения

6-15 Запо́лните про́пуски.

> ну́жен — ну́жно — нужна́ — нужны́

1. Всем _____ чита́ть ру́сскую литерату́ру.
2. Преподава́телю _____ стихи́ Ахма́товой.
3. Ма́ше _____ пье́са Че́хова.
4. Анне и Ва́диму _____ по́весть «Неде́ля как неде́ля».
5. Та́не _____ рома́н Достое́вского.
6. Ви́ктору Петро́вичу _____ по́вести Го́голя.
7. Со́не _____ сбо́рник расска́зов Куприна́.
8. Кири́ллу _____ стихотворе́ние Пу́шкина «Ты и вы».

6-16 Что и кому́ бы́ло ну́жно? Here is a list of things various people needed last week. Express their needs in sentences.

> **Образе́ц:** Си́ма — э́та пье́са → *Си́ме нужна́ была́ э́та пье́са.*

1. Ва́ня — но́вый журна́л
2. Алла — ру́сская газе́та
3. Серге́й — стихотворе́ние Бро́дского
4. Ната́ша — де́ньги
5. Ве́ня — расска́зы Бу́нина
6. Да́ша — си́нее пла́тье
7. Ди́ма — но́вая кни́га
8. Мари́я — рома́н Толсто́го
9. но́вые студе́нты — чита́тельский биле́т
10. их преподава́тели — спра́вка

6-17 Соста́вьте предложе́ния. Make sentences out of the following elements. Add a form of **был** or **бу́дет** where necessary. Remember to put the people in the dative case.

				но́вая оде́жда
сейча́с	я			де́ньги
сего́дня	мы		ну́жен	но́вый дом
вчера́	мои́ роди́тели	(не)	ну́жно	хоро́шее общежи́тие
ра́ньше	студе́нты		нужна́	знать геогра́фию
за́втра	все		нужны́	хорошо́ знать матема́тику
	?			мно́го чита́ть
				?

> *Complete Oral Drill 3 and Written Exercises 2–3 in the S.A.M.*

3. Кото́рый Constructions

The relative adjective **кото́рый** — *who, which* is used to connect two parts of a sentence.

— Что тако́е направле́ние?

— Это спра́вка, **в кото́рой** ука́зывается ме́сто, где вы у́читесь.

What is a 'napravlenie'?

It's a certificate *in which* the place you study is indicated.

The following sentences show how two short sentences can be connected with **кото́рый.**

Это мой друг. ☐Он☐ мно́го зна́ет о Пу́шкине.

Это мой друг, ☐**кото́рый**☐ мно́го зна́ет о Пу́шкине.

Это на́ша сосе́дка. ☐Она́☐ лю́бит Достое́вского.

Это на́ша сосе́дка, ☐**кото́рая**☐ лю́бит Достое́вского.

Вы зна́ете преподава́теля? ☐Он☐ пи́шет кни́гу об Ахма́товой.

Вы зна́ете преподава́теля, ☐**кото́рый**☐ пи́шет кни́гу об Ахма́товой?

Кото́рый is an adjective with regular adjective endings. It takes its gender and number from the noun to which it refers in the first clause and its case from the noun it replaces in the second clause.

Now look at the examples below. They show **который** in other cases.

Вам понра́вилась кни́га?   Та́ня дала́ вам кни́гу.

Вам понра́вилась кни́га, **кото́рую** Та́ня вам дала́?

Вы чита́ли кни́гу?   Мы говори́м о кни́ге.

Вы чита́ли кни́гу, **о кото́рой** мы говори́м?

Because **кото́рый** constructions are clauses, they are always delineated by commas.

Упражне́ния

6-18 Соста́вьте предложе́ния. Connect the following sentences with the correct form of **кото́рый.**

1. Это но́вая кни́га. Она́ мне о́чень понра́вилась.
2. Это ру́сский фильм. Он мне о́чень понра́вился.
3. Вы зна́ете стихи́? Они́ называ́ются «Я вас люби́л».
4. Вы ви́дели фотогра́фии? Они́ бы́ли здесь.
5. Вы чита́ли после́дний журна́л? Он сейча́с у А́нны.
6. Вы чита́ли письмо́? Оно́ лежа́ло на столе́.

6-19 Соста́вьте предложе́ния. Connect the following sentences with the correct form of **кото́рый.**

1. Как называ́ется но́вая кни́га? Вы чита́ете э́ту кни́гу.
2. Вы чита́ете кни́гу? Мы говори́м об э́той кни́ге.
3. Вы говори́те о кни́ге? Мы знако́мы с э́той кни́гой.
4. В библиоте́ке нет кни́ги. Мне ну́жно чита́ть э́ту кни́гу.
5. Вы купи́ли э́ту кни́гу? Эта кни́га мне о́чень понра́вилась.
6. Вы зна́ете стихи́? Мы говори́м об э́тих стиха́х.
7. Вы вы́учили стихи́? Нам ну́жно знать э́ти стихи́.
8. Преподава́тель говори́т о стиха́х. Мы вы́учили э́ти стихи́.
9. Мой друг пи́шет стихи́. Они́ похо́жи на стихи́ Бло́ка.
10. Вы зна́ете преподава́теля? Мы должны́ позвони́ть э́тому преподава́телю сего́дня.
11. Все говоря́т о преподава́теле. Преподава́тель пи́шет интере́сные рома́ны.
12. Вы хоте́ли поговори́ть с преподава́телем. Его́ сейча́с здесь нет.
13. Как зову́т преподава́теля? Он лю́бит чита́ть стихи́.

6-20 Запо́лните про́пуски. Fill in the blanks with the appropriate forms of **кото́рый.**

1. Как называ́ется стихотворе́ние, _____ вы сейча́с прочита́ли?
2. Произведе́ние, о _____ вы говори́те, хорошо́ всем знако́мо.
3. Вы ви́дели пье́су, _____ пока́зывали вчера́ по телеви́зору?
4. Я могу́ дать тебе́ сбо́рник расска́зов Че́хова, _____ нет у тебя́.
5. Мужчи́на, с _____ мы то́лько что встре́тились, — изве́стный писа́тель.
6. Позвони́ студе́нтам, _____ на́до сдава́ть за́втра экза́мен, и скажи́, что он начнётся на час ра́ньше.
7. Я ничего́ не зна́ю о рома́нах, о _____ ты нам рассказа́л.
8. Кто э́тот иностра́нец, _____ всегда́ хо́дит на ле́кции по литерату́ре?

➤ Complete Oral Drills 4–7 and Written Exercises 4–5 in the S.A.M.

4. Negative Constructions: ни- . . . не

You already know how to make negative statements in Russian using the word **не.** Every negative Russian sentence has only one **не.** In Russian, negative pronouns and adverbs look like question words preceded by the particle **ни-.**

никто́	no one
ничто́ (*usually* ничего́)	nothing
никако́й	no kind of, not any
ника́к	in no way
никогда́	never
нигде́	nowhere
никуда́	(to) nowhere

When these words are used in a sentence, the verb still needs to be negated with **не.** Every negative pronoun and adverb in the sentence is preceded by **ни-.**

Никто́ не говори́т.	No one is talking.
Никто́ никогда́ не говори́т.	No one ever talks.
Никто́ никогда́ ни о чём не говори́т.	No one ever talks about anything.

Никто́, ничто́/ничего́, and **никако́й** decline like their positive counterparts:

Никто́ не звони́л?	No one called?
Я никому́ не звони́ла.	I didn't call anyone.
Мы не чита́ли никако́й про́зы.	We didn't read any prose at all.

Prepositions (**о, в, на,** and so forth) separate the **ни** from its pronoun: **ни у кого́, ни о чём, ни с кем,** etc.

Мы ни о чём не говори́ли.	We didn't talk about anything.
— На како́й ле́кции она́ была́?	— Which lecture did she attend?
— Она́ не была́ ни на како́й ле́кции.	— She did not attend any lecture at all.

Упражнение

6-21 Отве́тьте на вопро́сы отрица́тельно. Answer negatively.

Образе́ц: Кто чита́ет? → *Никто́ не чита́ет.*

1. Кто лю́бит э́тот рома́н?
2. Кому́ ну́жно вы́учить стихи́?
3. Кого́ вы ви́дели в теа́тре вчера́?
4. О ком вы говори́те?
5. Что вы чита́ете?
6. Что вы зна́ете об э́той кни́ге?
7. О чём вы говори́те?
8. Како́й журна́л вы чита́ете?
9. Каку́ю газе́ту лю́бит Анна?
10. О како́й кни́ге вы говори́те?
11. Когда́ вы ката́етесь на лы́жах?
12. Когда́ вы чита́ли Пу́шкина?
13. Где рабо́тает Ви́ктор?
14. Где вы бы́ли вчера́?
15. Куда́ вы идёте?
16. Куда́ вы ходи́ли вчера́?

➤ *Complete Oral Drills 8–10 and Written Exercises 6–7 in the S.A.M.*

5. Constructions with -то and -нибудь

The particles **-то** and **-нибудь** can be added to Russian question words to indicate indefiniteness.

Нам на́до вы́учить **како́е-то** стихотворе́ние.	We have to learn *some* poem.
Ник, ты взял **что́-нибудь** почита́ть?	Nick, did you take *anything* (*something*) to read?

Now look at the following examples and note these guidelines:

1. The particle **-нибудь** is even more indefinite than **-то.**
2. The particles **-нибудь** and **-то** are not directly equivalent to the English *any* and *some.*
3. The particles **-нибудь** and **-то** are used only in *positive* sentences. (In negative sentences, a **ни-** . . . **не** construction must be used — see Section 4.)

Кто́-нибудь звони́л?	**Кто́-то** звони́л.
Did *anyone (someone)* call?	*Someone* called.
Вы **что́-нибудь** купи́ли?	Мы **что́-то** купи́ли.
Did you buy *something (anything)*?	We bought *something*.
Они́ **куда́-нибудь** ходи́ли?	Да, они́ **куда́-то** ходи́ли.
Did they go *somewhere (anywhere)*?	Yes, they went somewhere.

The following chart shows guidelines for the use of **-нибудь** and **-то**. Although you may hear Russians "break" these rules, you are unlikely to make a mistake if you follow the chart.

-нибудь OR **-то?**	
-нибудь	**-то**
Requests and commands Questions Future-tense statements	Present-tense statements Past-tense statements
Сде́лайте что́-нибудь! *Do something!* Кто́-нибудь звони́л? *Did someone call?* Мы что́-нибудь сде́лаем. *We'll do something.*	Кто́-то идёт! *Someone's coming!* Кто́-то звони́л. *Someone called.* Он живёт где́-то в э́том райо́не. *He lives somewhere in this neighborhood.*

Упражнение

6-22 Запо́лните про́пуски. Fill in the blanks with **-то** or **-нибудь**.

1. — Кто-_____ говори́л о Пу́шкине? — Да, кто-_____ говори́л о нём.
2. — Вы когда́-_____ чита́ли его́ стихи́? — Да, мы чита́ли их с интере́сом.
3. — Вы что́-_____ зна́ете о его́ произведе́нии «Евге́ний Оне́гин»? — Мы когда́-_____ бу́дем чита́ть его́.
4. — Вы чита́ли каки́е-_____ но́вые рома́ны? — Я что́-_____ чита́л(а), но я забы́л(а), как он называ́ется. Я его́ купи́л(а) в како́м-_____ кни́жном магази́не.
5. Купи́ мне како́й-_____ сувени́р, когда́ бу́дешь в Москве́!
6. Та́ня вчера́ чита́ла каку́ю-_____ но́вую газе́ту.
7. Юрий сейча́с что-_____ чита́ет.
8. У Вади́ма ско́ро день рожде́ния. Мы за́втра ему́ ку́пим како́й-_____ пода́рок.

Declinable Words

Case	someone, no one	something, nothing	some sort of, no sort of
Nom. (Acc.)	кто́-то, -нибудь никто́ (не)	что́-то, -нибудь, ничего́ (не)	никако́й, никако́е, никака́я, никаки́е
Gen. (Acc.)	кого́-то, -нибудь никого́ (не)	чего́-то, -нибудь, ничего́ (не)	declines like **како́й**, a regular adjective following the 7-letter spelling rule
Prep.	о ко́м-то, -нибудь ни о ко́м (не)	о чём-то, -нибудь, ни о чём (не)	
Dat.	кому́-то, -нибудь никому́ (не)	чему́-то, -нибудь, ничему́ (не)	
Instr.	ке́м-то, -нибудь нике́м (не)	че́м-то, -нибудь ниче́м (не)	

Indeclinable Words

где́-то, -нибудь *(at) somewhere*	куда́-то, -нибудь *(to) somewhere*	когда́-то, -нибудь *at some time (ever)*	ка́к-то, -нибудь *somehow*
нигде́ (не) *nowhere*	никуда́ (не) *nowhere*	никогда́ (не) *never*	ника́к (не) *in no way*

Упражнение

6-23 Раскро́йте ско́бки. Place the words in parentheses into the correct case.

1. — Же́ня, ты (кто́-нибудь) спра́шивал о на́шем зада́нии на за́втра?
   — Нет, не спра́шивал. Но Пе́тя (что́-то) сказа́л о (како́й-то) зада́нии. Ка́жется, нам на́до вы́учить (како́е-то) стихотворе́ние, но я не зна́ю, како́е.
2. — Зи́на, ка́жется, пошла́ на (кака́я-то) ле́кцию о (каки́е-то) но́вых писа́телях. С кем она́ пошла́?
   — (*With no one*). Она́ пошла́ одна́.

➤ *Complete Oral Drills 11–16 and Written Exercises 8–10 in the S.A.M.*

6. Declension of Last Names

Some Russian last names look like adjectives and decline like adjectives throughout.

| Образцы́: | Достое́вский | Толсто́й | Ули́цкая | Вознесе́нская |

Вы чита́ли Достое́вского (Толсто́го, Ули́цкую, Вознесе́нскую)?	Have you read Dostoevsky (Tolstoy, Ulitskaya, Voznesenskaya)?
Вы чита́ли биогра́фию Достое́вского (Толсто́го, Ули́цкой, Вознесе́нской)?	Have you read the biography of Dostoevsky (Tolstoy, Ulitskaya, Voznesenskaya)?
Вы чита́ли статью́ о Достое́вском (Толсто́м, Ули́цкой, Вознесе́нской)?	Have you read an article about Dostoevsky (Tolstoy, Ulitskaya, Voznesenskaya)?
Ско́лько лет бы́ло Достое́вскому (Толсто́му, Ули́цкой, Вознесе́нской), когда́ он(а́) написа́л(а) пе́рвое произведе́ние?	How old was Dostoevsky (Tolstoy, Ulitskaya, Voznesenskaya) when s/he wrote his/her first work?
Вы интересу́етесь Достое́вским (Толсты́м, Ули́цкой, Вознесе́нской)?	Are you interested in Dostoevsky (Tolstoy, Ulitskaya, Voznesenskaya)?

Russian last names whose stems end in **-ин** (**-ын**) or **-ов** (**-ев, -ёв**) look like nouns in the nominative case, but like adjectives in some other cases. The following chart shows the declension of this type of last name. The forms with adjective endings are bold.

	ОН	ОНА	ОНИ
Nom. кто/что	Пу́шкин	Цвета́ев-а	Каре́нин-ы
Acc. кого́/что	Пу́шкин-а	Цвета́ев-у	**Каре́нин-ых**
Gen. кого́/чего́	Пу́шкин-а	**Цвета́ев-ой**	**Каре́нин-ых**
Prep. о ком/о чём	Пу́шкин-е	**Цвета́ев-ой**	**Каре́нин-ых**
Dat. кому́/чему́	Пу́шкин-у	**Цвета́ев-ой**	**Каре́нин-ым**
Instr. кем/чем	**Пу́шкин-ым**	**Цвета́ев-ой**	**Каре́нин-ыми**

Foreign last names decline like regular nouns *if they end in a consonant and refer to a man* (Это стихи́ **Уо́лта Уи́тмена**). Plural foreign last names that end in a consonant also behave like nouns (Мы говори́м о **Джо́нсах**). Foreign last names that end in a vowel and/or refer to a woman do not decline. (Это расска́зы **О. Ге́нри.** Я люблю́ чита́ть **Зо́щенко.** Это рома́н **Вирджи́нии Вульф.**)

First names and patronymics always decline like nouns. (Мы ви́дим **Ю́рия Петро́вича.** Мы говори́ли с **Ю́рием Петро́вичем.** Мы ви́дим **Еле́ну Ви́кторовну.** Мы говори́ли с **Еле́ной Ви́кторовной.**)

Упражнение

6-24 Раскро́йте ско́бки. Put the last names in parentheses into the needed case.

1. — Вы когда́-нибудь чита́ли (Достое́вский)?
   — Да, я люблю́ (Достое́вский).
2. Что вы зна́ете о (Достое́вский)?
3. Вам бо́льше нра́вится (Достое́вский) и́ли (Толсто́й)?
4. Мы чита́ли о (Бара́нская).
5. Я не зна́ю (Бара́нская).
6. Мари́на (Цвета́ева) написа́ла кни́гу о (Пу́шкин).
7. Вы чита́ли кни́гу (Цвета́ева)?
8. Я о́чень люблю́ (Цвета́ева).
9. Что вы зна́ете о Мари́не (Цвета́ева)?
10. «Бра́тья (Карама́зовы)» — о́чень интере́сный рома́н.
11. Вы когда́-нибудь чита́ли «Бра́тьев (Карама́зовы)»?
12. Я о́чень ма́ло зна́ю о «Бра́тьях (Карама́зовы)».

➤ *Complete Oral Drills 17–18 and Written Exercises 11–12 in the S.A.M.*

Давайте почитаем

6-25 Кра́ткая биогра́фия одного́ писа́теля. Many anthologies include short biographies of the authors. Read through the following biographical note from **Избранные расска́зы шестидеся́тых** (Hermitage Press, 1984) to answer these questions.

1. Who is the passage about?
2. When was she born?
3. Where was she born?
4. What was her father's profession?
5. Where did she study?
6. What happened in 1930?
7. How old was she when her first literary works were published?
8. What were the titles of two popular stories she published in 1968?
9. What other literary works are mentioned?
10. What literary magazines are mentioned?

БАРАНСКАЯ НАТАЛЬЯ ВЛАДИМИРОВНА родилась в 1908 году в Петербурге в семье врача. Окончила историко-этнологический факультет Московского университета (1930). Первые литературные произведения были опубликованы, когда автору было 60 лет. Шумным успехом пользовалась ее повесть «Неделя как неделя» («Новый мир», 1968), написанная в форме дневника счастливой благополучной женщины (интересная работа, интеллигентный, непьющий, любящий муж, отдельная квартира, двое детей). Однако тяжелый, изнурительный советский быт (транспорт, очереди и пр.) превращает жизнь молодой женщины в каторгу.

Позднее Баранская опубликовала несколько небольших рассказов в журналах «Звезда», «Юность» и др. Сборник ее произведений «Отрицательная Жизель» (рассказы и маленькие повести) вышел в 1977 году.

Рассказ «Проводы» — один из первых, опубликованных Баранской (вместе с другим маленьким рассказом «У Никитских и на Плющихе») в 1968 году в «Новом мире». Для него характерно внимание к жизни обыкновенных людей, пристальный интерес к мелочам быта, точность и высокий профессионализм.

Now return to the text to answer the following questions about language.

11. Recall that the verb may come before the subject in a Russian sentence. In the following phrase, taken from the first paragraph of the text, underline the verb, and circle the grammatical subject. Remember that the grammatical subject must be in the nominative case, and that the verb will agree with it in gender and number.

Шу́мным успе́хом по́льзовалась её по́весть «Неде́ля как неде́ля» («Но́вый мир», 1968).

Given that **по́льзоваться шу́мным успе́хом** means "to enjoy great success," how would you express this phrase in English?

12. Now look at a more expanded version of this sentence:

Шу́мным успе́хом по́льзовалась её по́весть «Неде́ля как неде́ля» («Но́вый мир», 1968), напи́санная в фо́рме дневника́ счастли́вой благополу́чной же́нщины.

The ending on the word **напи́санная** indicates that it is:

a. a noun
b. an adjective
c. a verb
d. an adverb

To what verb is the word **напи́санная** related?

Verbal adjectives (adjectives formed from verbs) ending in **-нный** or **-тый** are commonly encountered in reading. They form past passive constructions: "x'd" or "which was x'd."

Like all other adjectives, past passive verbal adjectives agree with the noun they modify in gender, number, and case. In this sentence, the word **напи́санная** modifies:

а. Но́вый мир
б. шу́мным успе́хом
в. в фо́рме
г. по́весть

What is the best English translation of the sentence?

a. Great success enjoyed her novella "A Week Like Any Other" (*Novyi mir*, 1968), which was written in the form of a diary of a happy, successful woman.
b. Her novella "A Week Like Any Other" (*Novyi mir*, 1968), written in the form of a diary of a happy, successful woman, enjoyed great success.
c. Her novella "A Week Like Any Other" (*Novyi mir*, 1968), writing in the form of a diary of a happy, successful woman, enjoyed great success.

13. Underline the past passive verbal adjective in the following phrase taken from the last paragraph of the text:

Расска́з «Про́воды» — оди́н из пе́рвых, опублико́ванных Бара́нской . . . в 1968 году́ в «Но́вом ми́ре».

Fill in the blank in the following English translation:

The story "The Send-Off" is one of the first _____ by Baranskaya.

6-26 Как суди́ли поэ́та.

The production and dissemination of literature were tightly controlled during much of the Soviet period. At times nonmembers of the Writers' Union risked arrest for parasitism if they did not hold a regular job but rather devoted their time to writing. Among those who were threatened with such criminal charges was the 1987 laureate of the Nobel Prize for literature, Joseph Brodsky.

Brodsky was arrested, tried, and convicted for parasitism in 1964. Frida Vigdorova, a teacher, writer, and journalist, transcribed his two trials. In the Soviet Union her transcripts circulated widely through *samizdat* (the illegal reproduction and distribution of texts not sanctioned by the official government publishers), and they were published in the West.

After the onset of glasnost, many texts that had previously circulated underground were published openly. The transcripts of Brodsky's trials were published in 1988 in the journal **_Огонёк._**

The beginning of the first transcript is given below. Look through it to find answers to the following questions.

1. In what city did the trial take place?
2. On what date did it occur?
3. The judge asked several questions to get Brodsky to tell about his occupation. List four of them.
4. The judge issued a number of commands during the proceedings. Give three of them.
5. What did Brodsky consider to be his primary occupation?
6. What two workplaces did Brodsky name?
7. How long did Brodsky work at the first place he named?
8. Which of the following statements corresponds to Brodsky's stated opinion about the education of a poet?
   a. Poetry is taught well in postsecondary schools.
   b. Poetry is taught poorly in postsecondary schools.
   c. Poetry is a gift from God.
   d. Poetry is a gift from the human race.

   What part of the text deals with this question?

9. What was one of Brodsky's questions to the court?
10. Did Brodsky's parents still work at the time of the trial?

11. What was the judge's objection to the way Brodsky's lawyer was asking him questions?
12. From what language did Brodsky translate the works his lawyer questioned him about?
13. With what section of the Writers' Union was Brodsky connected?
14. Indicate at least one way in which the proceedings differ from those normally seen in U.S. courtrooms.

ПЕРВЫЙ СУД НАД ИОСИФОМ БРОДСКИМ

Зал суда Дзержинского района,
г. Ленинград, ул. Восстания, 36.
18 февраля 1964 года.
Судья САВЕЛЬЕВА

Судья. Чем вы занимаетесь?

Бродский. Пишу стихи. Перевожу. Я полагаю. . .

Судья. Никаких «я полагаю». Стойте как следует! Не прислоняйтесь к стене! Смотрите на суд! Отвечайте суду как следует! (*Мне*): Сейчас же прекратите записывать! А то выведу из зала! (*Бродскому*): У вас есть постоянная работа?

Бродский. Я думал, что это — постоянная работа.

Судья. Отвечайте точно!

Бродский. Я писал стихи. Я думал, что они будут напечатаны. Я полагаю. . .

Судья. Нас это не интересует. Нас интересует, с каким учреждением вы были связаны.

Бродский. У меня были договоры с издательством.

Судья. Так и отвечайте. У вас договоров достаточно, чтобы прокормиться? Перечислите, какие, от какого числа, на какую сумму.

Бродский. Точно не помню. Все договоры у моего адвоката.

Судья. Я спрашиваю вас.

Бродский. В Москве вышли две книги с моими переводами. . . (*перечисляет*).

Судья. Ваш трудовой стаж?

Бродский. Примерно. . .

Судья. Нас не интересует «примерно»!

Бродский. Пять лет.

Судья. Где вы работали?

Бродский. На заводе, в геологических партиях. . .

Судья. Сколько вы работали на заводе?

Бродский. Год.

Судья. Кем?

Бродский. Фрезеровщиком.

Судья. А вообще какая ваша специальность?

Бродский. Поэт, поэт-переводчик.

Судья. А кто это признал, что вы поэт? Кто причислил вас к поэтам?

Бродский. Никто. (*Без вызова*): А кто причислил меня к роду человеческому?

Судья. А вы учились этому?

Бродский. Чему?

Судья. Чтоб быть поэтом? Не пытались кончить вуз, где готовят... где учат...

Бродский. Я не думал... я не думал, что это дается образованием.

Судья. А чем же?

Бродский. Я думаю, это... (*растерянно*) от Бога...

Судья. У вас есть ходатайство к суду?

Бродский. Я хотел бы знать: за что меня арестовали?

Судья. Это вопрос, а не ходатайство.

Бродский. Тогда у меня нет ходатайства.

Судья. Есть вопросы у защиты?

Адвокат. Есть. Гражданин Бродский, ваш заработок вы вносите в семью?

Бродский. Да.

Адвокат. Ваши родители тоже зарабатывают?

Бродский. Они пенсионеры.

Адвокат. Вы живете одной семьей?

Бродский. Да.

Адвокат. Следовательно, ваши средства вносились в семейный бюджет?

Судья. Вы не задаете вопросы, а обобщаете. Вы помогаете ему отвечать. Не обобщайте, а спрашивайте.

Адвокат. Вы переводили стихи для сборника кубинских поэтов?

Бродский. Да.

Адвокат. Вы переводили испанские романсеро?

Бродский. Да.

Адвокат. Вы были связаны с переводческой секцией Союза писателей?

Бродский. Да.

Now return to the transcript to answer the following questions about language.

15. In the text find the Russian equivalents for the following English words and phrases:
    a. trial
    b. courtroom
    c. judge
    d. lawyer
    e. What do you do (for a living)?
    f. I wrote poems. I thought they'd be printed.
    g. That doesn't interest us. What interests us is what organization you were connected with.
    h. I had agreements with a publishing house.
    i. Do you have enough agreements to live on?
    j. Citizen Brodsky, do you contribute your earnings to your family?
    k. family budget
    l. You're not asking questions, but generalizing.

16. In the text find Russian equivalents for the following Russian words and phrases:
   а. Я ду́маю.
   б. Ва́ши роди́тели то́же рабо́тают?
   в. Они́ на пе́нсии.
   г. Вы живёте вме́сте с роди́телями?
   д. де́ньги, кото́рые зараба́тываете
   е. Вы не спра́шиваете.

17. Underline in the text all of the words having to do with *translation*.

Should you choose to work through the text in greater detail, the following list of words might be helpful.

Слова́рь

вноси́ть — *to contribute*
вноси́ться — *to be contributed*
вы́вести — *to remove*
вы́зов — *defiance*
дава́ться — *to be given*
доста́точно — *enough*
запи́сывать — *to make notes*
за́работок — *earnings*
защи́та — *defense*
как сле́дует — *properly; as is expected*
обобща́ть (*impf.*) — *to generalize*
от како́го числа́ — *from what date*
перечи́слить — *to enumerate*
по́мнить — *to remember*
постоя́нный — *permanent, constant*
прекрати́ть — *to stop*
призна́ть — *to recognize, to acknowledge*
приме́рно — *approximately*

прислоня́ться (**к чему́**) — *to lean against*
причи́слить — *to number (among), to rank (among)*
прокорми́ться — *to live on*
пыта́ться — *to try*
расте́рянно — *flustered*
род челове́ческий — *the human race*
сбо́рник — *collection*
сле́довательно — *consequently*
сре́дства (*pl.*) — *means*
то́чно — *precisely*
трудово́й стаж — *length of time worked*
фрезеро́вщик — *milling-machine operator*
хода́тайство — *petition*
чтоб — *in order to*

6-27 Я порвала́ с Ма́ксом.

| Файл | Правка | Вид | Переход | Закладки | Инструменты | Справка |

http://yaschik.ru   ▾ ⓘ Перейти

yaschik.ru

Выход

| НАПИСАТЬ | ВХОДЯЩИЕ | ПАПКИ | НАЙТИ ПИСЬМО | АДРЕСА | ЕЖЕДНЕВНИК | НАСТРОЙКИ |

От: valyabelova.234@mail.ru
Кому: popovaea@inbox.ru
Копия:
Скрытая:
Тема: Я порвала с Максом

простой формат

Дорогая Елена Анатольевна!

Оказывается, Макс полный невежда°! Интеллекта
никакого! И не только Макс. У меня складывается
впечатление°, что вообще американцы не читают
ничего серьёзнее дешёвых триллеров. Классику мало
кто знает, особенно° нашу.

Спроси любого, кто такой Пушкин. Вряд ли тебе
ответят. Толстого, Достоевского и Чехова знают, хотя
бы слышали о них, но мало кто читал. О Тургеневе,
Лермонтове, Тютчеве, Фете и других наших великих°
писателях и поэтах вообще не слышали.

Ладно, одно дело какой-то Джон Смит не знает, кто
такой Пушкин. Но Макс? Он русский. Его предки°
знали наизусть «Евгения Онегина», «Я вас любил» и
другие шедевры° русской литературы. А ему эта
литература не нужна. Неужели его родители не
смогли передать ему любовь к нашей классике?

Можно было бы° простить Макса. Ведь он
американец второго поколения°. Но он и другую
литературу плохо знает. В школе мы проходили
известных англоязычных классиков — от Шекспира
до Хемингуэя. А здесь в школе проходят каких-то
малоизвестных писателей, о которых никто и не
вспомнит° через 50 лет. Макс, например, вообще не
читает литературу, если может посмотреть
экранизацию или может найти «Sparksnotes» —
профессионально написанные шпаргалки. А чтение
для удовольствия ему незнакомо.

Я поняла, что для Макса жизнь — это вечеринки,
кино, видеоигры и его машина. Я так надеялась°, что
в чужой° стране нашла близкого человека. Но я
ошиблась.

Валя

ignoramus
**складывается
впечатле́ние** — lit.
impression is forming

especially

great

forebears

masterpieces

would
generation

will remember

hoped
foreign, alien

Что почитать? ◆ 239

http://yaschik.ru   Перейти

yaschik.ru   Выход

НАПИСАТЬ   ВХОДЯЩИЕ   ПАПКИ   НАЙТИ ПИСЬМО   АДРЕСА   ЕЖЕДНЕВНИК   НАСТРОЙКИ

От: popovaea@inbox.ru
Кому: valyabelova.234@mail.ru
Копия:
Скрытая:
Тема: Я порвала с Максом

простой формат

Здравствуй, Валя!

Я понимаю твоё разочарование°. Но то, что° Макс - небольшой любитель великой литературы, не значит, что он плохой человек! Просто, когда вы поближе познакомились, вы поняли, что вы люди разные и у вас разные вкусы. И хорошо, что ты поняла это раньше, чем позже. И не надо обобщать. Интересы Макса не характерны для всех американцев. Так рождаются необоснованные стереотипы.

disappointment ***то, что*** — *the fact that*

Так что не грусти! Может быть, сейчас тебе тяжело, но есть и положительный° момент. Без Макса у тебя будет возможность расширить круг° знакомств.

positive
circle

Е.

1. Вопросы

а. Почему Валя думает, что Макс невежда?

б. Что, по её мнению, любят читать американцы?

в. Каких русских классиков они знают? А каких знаете вы?

г. Что Валя думает о преподавании литературы в американской школе?

д. Что, по её мнению, главное в жизни для Макса?

е. Почему она говорит, что ошиблась в Максе?

ж. По мнению Елены Анатольевны, можно ли считать плохим человека, который мало читает?

з. Что могла, по словам Елены Анатольевны, понять Валя, когда узнала Макса больше?

и. Почему Елена Анатольевна говорит, что Валя не должна обобщать?

к. Какой, по словам Елены Анатольевны, положительный момент в том, что Валя порвала отношения с Максом?

2. **Язы́к в конте́ксте**

a. **Any: любо́й vs. -нибудь.** Both of these forms translate as *any,* but they mean different things. Words ending in **-нибудь** are most often used in questions:

Кто́-нибудь э́то зна́ет? — *Does anyone know that?*
Любо́й э́то зна́ет! — *Anyone knows that!*

b. **Но́вые поле́зные слова́**

ма́ло кто — *there are few who…*
ошиба́ться (ошиба́юсь)/ошиби́ться (ошибу́сь, ошибёшься, ошибу́тся, оши́блась) — *to err*

c. **Different: други́е vs. ра́зные.** When *different* means *other,* use **други́е.** When *different* means *various,* use **ра́зные:**

Макс зна́ет други́х писа́телей.	Max knows different (other) authors.
Макс зна́ет ра́зных писа́телей.	Max knows different (various) authors.

d. **Word roots**

необосно́ванный < не + осно́в. The root **осно́в** (**основа́ть** — *to found;* **осно́ва** — *foundation*) comes from the root **нов** — *new.* So what are **необосно́ванные стереоти́пы?**

обобща́ть < общ — *general.* What verb indicates thinking that results in stereotypes?

по́лный — *full.* You have seen the instrumental form of the noun, **по́лностью,** in the meaning of *fully; completely.*

проходи́ть — lit. *to pass on through* as in **Проходи́те в большу́ю ко́мнату.** But here it means *to go through* (*material*); *to cover* (*a subject in school*): **Мы проходи́ли Шекспи́ра.**

расширя́ть/расши́рить < рас + шир. You know that **широ́кий** means *wide.* What does the verb mean?

6-28 Чте́ние для удово́льствия.

Сердца́ трёх (condensed from a story by **Михаи́л Зо́щенко**)

Михаи́л Зо́щенко (1895–1958) на́чал писа́ть в 1920 году́. Он был изве́стным юмори́стом, кото́рый написа́л мно́го коро́тких расска́зов о сове́тской жи́зни. Его́ язы́к — э́то ча́сто язы́к просто́го сове́тского челове́ка. В 1943 и 1946 года́х, в эпо́ху, кото́рую называ́ют «жда́новщиной», по фами́лии Андре́я Жда́нова, сове́тского мини́стра культу́ры, его́, как и А. Ахма́тову, ре́зко критикова́ли во вре́мя проведе́ния кампа́нии про́тив «формали́стов». Их вы́гнали из Сою́за Сове́тских Писа́телей, но реабилити́ровали по́сле сме́рти Ста́лина.

вы́гнать — *to expel*
смерть — *death*
Сою́з Сове́тских Писа́телей — *Union of Soviet Writers* (the official organization through which writers in the Soviet Union received work, wages, and benefits)

Characters: This story is easy to follow as long as you keep the characters straight:

- an engineer and his wife
- the wife's lover, an artist
- the engineer's neighbor
- the engineer's old girlfriend from his childhood days, from the city of Rostov

Сердца́ трёх (1937)

Позво́льте° рассказа́ть о заба́вном° фа́кте.   *allow; amusing*

Оди́н ленингра́дский инжене́р о́чень люби́л свою́ жену́.

То́ есть, вообще́ говоря́°, он **относи́лся к ней** дово́льно   *that is to say; speaking; **felt about her***
равноду́шно°, но когда́ она́ его́ бро́сила°, он почу́вствовал°   *indifferently; abandoned; felt*
к ней пы́лкую° любо́вь. Это быва́ет у мужчи́н.   *passionate*

Она́ же не о́чень его́ люби́ла. И, находя́сь° в э́том году́   *finding herself*
на одно́м из ю́жных куро́ртов°, устро́ила там весьма́°   *resorts; rather*
легкомы́сленный° рома́н° с одни́м худо́жником.   *frivolous; romance*

Муж, случа́йно° узна́в° об э́том, пришёл в негодова́ние°.   *accidentally; having found out; indignation*
И когда́ она́ верну́лась домо́й, он, **вме́сто того́, что́бы**   *instead of parting with her or making up*
расста́ться с ней и́ли примири́ться, стал терза́ть° её   *torment*
сце́нами° ре́вности°.   *scenes; jealousy*

Она́ нигде́ не рабо́тала, **тем не ме́нее,** она́ реши́ла от   *nevertheless*
него́ уйти́.

И в оди́н прекра́сный день, когда́ муж ушёл на рабо́ту,
не жела́я объясне́ний и драм, она́ взяла́ чемода́н со свои́м   *wanting no explanations or dramatic scenes*
гардеро́бом и ушла́ к свое́й подру́ге, что́бы у неё вре́менно°   *temporarily*
пожи́ть.

И в тот же день она́ повида́лась° со свои́м худо́жником   *= встреча́лась*
и рассказа́ла ему́, что с ней.

Но худо́жник, узна́в, что она́ ушла́ от му́жа, встре́тил её кра́йне° хо́лодно. И да́же **име́л наха́льство** заяви́ть°, что на ю́ге быва́ют одни́ чу́вства°, а на се́вере други́е.

Они́ не поссо́рились°, но попроща́лись° **в вы́сшей сте́пени** хо́лодно.

Ме́жду тем муж, узна́в, что она́ ушла́ и́з дому с чемода́ном, пришёл в огорче́ние°. То́лько тепе́рь он по́нял, как пла́менно° её лю́бит.

Он обега́л° всех её родны́х и заходи́л во все дома́, где она́, по его́ мне́нию°, могла́ находи́ться, но нигде́ её не нашёл.

Его́ **бу́рное отча́яние смени́лось** меланхо́лией, о чём он заяви́л одному́ сосе́ду по кварти́ре. Сосе́д отве́тил:

— Я вам дам хоро́ший сове́т: напеча́тайте° объявле́ние в газе́те: де́скать° (как в таки́х слу́чаях пи́шется), люблю́ и по́мню, верни́сь°, я твой, ты моя́ **и так да́лее.** Она́ это прочтёт° и неме́дленно вернётся, поско́льку° се́рдце же́нщины не мо́жет **устоя́ть про́тив печа́ти.**

Этот сове́т **нашёл живе́йший о́тклик в изму́ченной душе́** инжене́ра и он действи́тельно помести́л° своё объявле́ние: «Мару́ся, верни́сь, я всё прощу́°».

За э́то объявле́ние инжене́р заплати́л три́дцать пять рубле́й. Но когда́ он заплати́л де́ньги, он **обрати́л внима́ние** на да́ту и пришёл в у́жас°, узна́в, что его́ объявле́ние поя́вится° то́лько че́рез пятна́дцать дней.

Он стал объясня́ть, что он не велосипе́д продаёт и что он не мо́жет так до́лго ждать. И они́ **из уваже́ния к его́ го́рю** сба́вили° ему́ четы́ре дня, назна́чив° объявле́ние на 1 а́вгуста.

Ме́жду тем на друго́й день по́сле сда́чи объявле́ния он **име́л сча́стье** уви́деться с жено́й и объясни́ться. Он ей сказа́л:

— Семь лет я **ни за что** не хоте́л пропи́сывать° ва́шу мама́шу° в на́шей второ́й ко́мнате, но е́сли вы тепе́рь вернётесь, я её, пожа́луй°, так и пропишу́.

Она́ дала́ согла́сие° верну́ться, но хоте́ла, что́бы он прописа́л та́кже её бра́та. Но он **упёрся на своём** и согласи́лся приня́ть то́лько её мама́шу, кото́рая туда́ че́рез не́сколько часо́в и перее́хала.

Два и́ли три дня у них шло всё о́чень хорошо́. Но пото́м жена́ **име́ла неосторо́жность** встре́титься со свои́м портрети́стом.

---

	extremely; **had the gall;** to declare
	feelings
	quarreled; said good-bye
	lit. **to a high degree**
	meanwhile
	distress
	passionately
	ran around to see
	opinion
	stormy despair was replaced by
	publish
	so-to-say
	come back; **and so forth**
	прочита́ет; in as much as
	cannot withstand the power of the press
	found a lively resonance in the tormented soul of
	placed
	will forgive
	lit. **paid attention**
	horror
	will appear
	out of respect for his misery;
	took off; having designated
	the next day after turning in the ad
	had the good fortune (lit. happiness)
	not for any thing; add to the lease
	= ма́ма
	perhaps
	agreement
	stood his ground
	had the indiscretion

Худо́жник, узна́в, что она́ верну́лась к му́жу, прояви́л° к ней исключи́тельную не́жность°. Он сказа́л ей, что его́ чу́вства сно́ва° вспы́хнули° как на ю́ге и что он тепе́рь опя́ть бу́дет му́читься° и страда́ть°, что она́ всё вре́мя нахо́дится с му́жем, а не с ним.

Весь ве́чер они́ провели́° вме́сте и бы́ли о́чень сча́стливы° и дово́льны°.

Муж, беспоко́ясь°, что её так до́лго нет, вы́шел к воро́там°. Тут у воро́т он уви́дел худо́жника, кото́рый **по́д руку вёл** его́ жену́.

Тогда́ жена́ сно́ва ушла́ от му́жа и, находя́сь **под впечатле́нием пы́лких слов** худо́жника, пришла́ к нему́, что́бы у него́, е́сли он хо́чет, оста́ться°.

Но портрети́ст **не прояви́л к э́тому горя́чего жела́ния**, сказа́в°, что он челове́к непостоя́нный°, что сего́дня ему́ ка́жется одно́, за́втра друго́е, и что **одно́ де́ло** — любо́вь, а **друго́е де́ло** — брак°, и что он бы хоте́л обду́мать э́тот вопро́с.

Тогда́ она́ поссо́рилась с худо́жником и оста́лась жить у подру́ги.

Ме́жду тем её муж, погорева́в° не́сколько дней, неожи́данно° уте́шился°, встре́тив **подру́гу своего́ де́тства** из Росто́ва.

У них и ра́ньше что-то намеча́лось°, но тепе́рь, находя́сь в одино́честве°, он почу́вствовал к ней большу́ю скло́нность° и предложи́л° ей посели́ться° у него́.

В о́бщем° ро́вно° че́рез оди́ннадцать дней вы́шло злосча́стное° объявле́ние.

Сам муж, позабы́в о нём, не **при́нял во внима́ние** э́тот день. Но его́ жена́, томя́сь° у подру́ги, прочита́ла объявле́ние и была́ поражена́° и обра́дована°.

«Всё-таки, — поду́мала она́, — он меня́ лю́бит. В ка́ждой его́ стро́чке° я ви́жу его́ страда́ние°. И я верну́сь к нему́, поско́льку худо́жник большо́й наха́л° и я сама́ винова́та»°.

Не бу́дем волнова́ть чита́телей дальне́йшим описа́нием°. Ска́жем то́лько, что появле́ние° жены́ с газе́той в рука́х бы́ло **равноси́льно разорва́вшейся бо́мбе**.

Муж, перебега́я° от одно́й же́нщины к друго́й, не мог дать ско́лько-нибудь удовлетвори́тельных° объясне́ний.

Жена́ с презре́нием° сказа́ла, что **е́сли бы не э́то объявле́ние**, она́ бы не верну́лась. Подру́га из Росто́ва сказа́ла, что е́сли инжене́р дал тако́е объявле́ние с публи́чным описа́нием свои́х чувств, то он до́лжен был бы подожда́ть како́го-нибудь результа́та.

	displayed
	tenderness
	again; flared up
	torment himself; suffer
	spent (time)
	happy; satisfied
	worrying
	gates
	was leading by the arm
	lit. **under the impression of the passionate words**
	to stay
	showed no burning desire for this
	having said; inconstant
	one thing . . .
	another thing; marriage
	having been sad
	unexpectedly; consoled himself; **girlfriend from his childhood**
	had been about to happen
	loneliness
	attraction; suggested; move in
	all in all; exactly
	ill-fated
	paid no attention
	languishing
	surprised; pleased
	line (of print); suffering
	scoundrel
	at fault
	description; appearance
	equal to an exploded bomb
	running back and forth
	satisfactory
	contempt; **if it hadn't been for that ad**

В о́бщем о́бе° же́нщины, дру́жески обня́вшись°, ушли́ от инжене́ра **с тем, что́бы** к нему́ не возвраща́ться.

both; having hugged each other

with the intention of

Оста́вшись° в кварти́ре вме́сте с мама́шей, инжене́р **впал в бу́рное отча́яние,** и неизве́стно°, **чем бы э́то всё ко́нчилось,** е́сли бы не верну́лась к нему́ его́ подру́га из Росто́ва.

having remained

fell into stormy despair; *it is unknown;* ***how all would have ended***

Пра́вда, на друго́й день к нему́ хоте́ла верну́ться та́кже и жена́, но узна́в от свое́й ма́мы, что молода́я же́нщина из Росто́ва опереди́ла° её, оста́лась у подру́ги.

had gotten there ahead (of her)

Подру́га **устро́ила её на рабо́ту** в психиатри́ческой лече́бнице°, и она́ неда́вно **вы́шла за́муж** за одного́ из психиа́тров. И сейча́с она́ дово́льна и сча́стлива.

got her a job

clinic; ***got married***

Худо́жник, узна́в о её сча́стье°, горячо́ поздравля́л° её с но́вой жи́знью и попроси́л разреше́ния° поча́ще у неё быва́ть.

happiness; congratulated

permission

Что каса́ется объявле́ний, то медли́тельность° э́того де́ла ника́к не **отвеча́ет тре́бованиям жи́зни.** Тут на́до **по кра́йней ме́ре** в шесть раз скоре́е.

as far as … is concerned; slow pace

correspond to life's demands

at least

Культу́ра и быт

Пропи́ска (**пропи́сывать/прописа́ть кого́-то в кварти́ру** — *to add someone's name to a lease*). During the Soviet period, beginning in 1932, one had to have a **пропи́ска,** a residence permit issued by the local authorities. Out-of-towners with family members living in the big cities would often pressure them to add them to the apartment lease, thus making them legal city residents. Today residence permits are still required for legal work status and can be difficult to obtain, particularly in Moscow.

Давайте послушаем

 Listen to the recordings of the poems below. Russians attach great importance to the style of reading. Pushkin is read in a standard dramatic style. Akhmatova's poetry is characterized by intimacy, which is reflected in the reading. Evtushenko is usually read in a somewhat declamatory style.

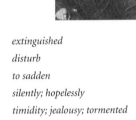

6-29 Алекса́ндр Серге́евич Пу́шкин (1799–1837).

Я вас люби́л (1829)

Я вас люби́л: любо́вь, ещё, быть мо́жет,
В душе́ мое́й уга́сла° не совсе́м;   *extinguished*
Но пусть она́ вас бо́льше не трево́жит°;   *disturb*
Я не хочу́ печа́лить° вас ниче́м.   *to sadden*
Я вас люби́л безмо́лвно°, безнаде́жно°,   *silently; hopelessly*
То ро́бостью°, то ре́вностью° томи́м°;   *timidity; jealousy; tormented*
Я вас люби́л так и́скренно°, так не́жно°,   *sincerely; tenderly*
Как **дай вам Бог** люби́мой быть други́м.   ***God grant***

6-30 А́нна Андре́евна Ахма́това (1889–1966).

Серогла́зый коро́ль (1910)   *The Gray-Eyed King*

Сла́ва тебе́, безысхо́дная боль!   *Glory to you, inescapable pain!*
Умер вчера́ серогла́зый коро́ль.

Ве́чер осе́нний был ду́шен° и ал°,   *stuffy; crimson*
Муж мой, верну́вшись°, споко́йно°   *having returned; calmly*
    сказа́л:

«Зна́ешь, **с охо́ты** его́ принесли́,   *from the hunt*
Те́ло° у ста́рого ду́ба° нашли́.   *body; oak tree*

Жаль короле́ву. Тако́й молодо́й!   *I feel sorry for the queen.*
За́ ночь одну́ она́ ста́ла седо́й.»   *In one night she has turned gray.*

Тру́бку° свою́° на ками́не° нашёл   *pipe; his; fireplace*
И на рабо́ту ночну́ю ушёл.

До́чку° мою́ я сейча́с разбужу́°,   *дочь; will wake up*
В се́рые гла́зки° её погляжу́°.   *глаза́; посмотрю́*

А за° окно́м шелестя́т° тополя́°:   *beyond; rustle; poplars*
«Нет на земле́° твоего́ короля́...»   *earth*

6-31 Евге́ний Алекса́ндрович Евтуше́нко (1933–).

Окно́ выхо́дит в бе́лые дере́вья (1956)

Окно́ выхо́дит° в бе́лые дере́вья°.   *open out; trees*
Профе́ссор до́лго смо́трит на дере́вья.
Он о́чень до́лго смо́трит на дере́вья
и о́чень до́лго мел° кроши́т° в руке́.   *chalk; crumbles*
Ведь э́то про́сто — пра́вила деле́нья°!   *rules of long division*
А он забы́л их — пра́вила деле́нья!
Забы́л —
    поду́мать! —
        пра́вила деле́нья!
Оши́бка°!   *mistake*
    Да!
        Оши́бка на доске́!
Мы все сиди́м° сего́дня по-друго́му°.   *sit; differently*
И слу́шаем и смо́трим по-друго́му,
да и нельзя́ не по-друго́му,
    и нам подска́зка° в э́том не нужна́.   *hint*
Ушла́° жена́ профе́ссора из до́му.   *left*
Не зна́ем мы,
    куда́ ушла́ из до́му.
Не зна́ем,
    отчего́° ушла́ из до́му,   *why*
а зна́ем то́лько,
    что ушла́ она́.
В костю́ме и немо́дном° и нено́вом,   *unfashionable*
как и всегда́ немодном и нено́вом,
да, как всегда́ немо́дном и нено́вом,
спуска́ется° профе́ссор в гардеро́б°.   *goes down; cloakroom*
Он до́лго по карма́нам° и́щет но́мер°:   *pockets; claim check*
«Ну что тако́е?
    Где же э́тот но́мер?
А мо́жет быть,
    не брал° у вас я но́мер?   *get*
Куда́ он де́лся?° —   *Where'd it go?*
    трёт руко́ю лоб.° —   *rubs his forehead*
Ах вот он!!...
    Что ж,
как ви́дно, я старе́ю.°   *I'm getting old*
Не спо́рьте°, тётя Ма́ша,   *argue*
    я старе́ю.
И что уж тут поде́лаешь° — старе́ю...»   *There's nothing to be done*
Мы слы́шим —
дверь внизу́° скрипи́т за ним.°   *door downstairs; squeaks behind him*
Окно́ выхо́дит в бе́лые дере́вья,

в больши́е и краси́вые дере́вья,
но мы сейча́с гляди́м° не на дере́вья,   *смо́трим*
мы мо́лча° на профе́ссора гляди́м.   *silently*
Ухо́дит он,
суту́лый°,   *stooped*
неуме́лый°,   *clumsy*
како́й-то беззащи́тно° неуме́лый,   *helplessly*
я бы сказа́л° —   *I would say*
       уста́ло° неуме́лый,   *tiredly*
под сне́гом, мя́гко° **па́дающим в тишь.**   *softly;* ***falling in the silence***
Уже́ и сам он, как дере́вья, бе́лый,
да,
       как дере́вья,
соверше́нно° бе́лый,   *completely*
ещё немно́го —
       и насто́лько бе́лый°,   *so white that*
что **среди́ них его́ не разгляди́шь.**   ***among [the trees] you can't make him out***

Новые слова и выражения

NOUNS

век	century
декана́т	dean's office
зада́ние	assignment
направле́ние	authorization document; letter of introduction
о́бщество	society
писа́тель	writer
по́весть (*fem.*)	long short story; novella
поэ́зия	poetry
поэ́ма	long poem
поэ́т	poet
про́за	prose
проза́ик	prose writer
произведе́ние	work
пье́са	play
расска́з	short story
револю́ция	revolution
рома́н	novel
сбо́рник	collection
спра́вка	certificate
стиль (*masc.*)	style
стихи́	poem, lines of poetry
стихотворе́ние	poem

PRONOUNS

како́й-нибудь	some kind of, any kind of (*see Section 5*)
како́й-то	some kind of, any kind of (*see Section 5*)
кто́-нибудь	someone, anyone (*see Section 5*)
кто́-то	someone, anyone (*see Section 5*)
никто́ (не)	no one, not anyone (*see Section 4*)
ничего́ (не)	nothing, not anything (*see Section 4*)
что́-нибудь	something, anything (*see Section 5*)
что́-то	something, anything (*see Section 5*)

Новые слова и выражения

ADJECTIVES

дли́нный	long
дома́шний	home (*as in homework*)
дома́шнее зада́ние	homework
кото́рый	which, that, who (*as relative pronoun—see Section 3*)
лингвисти́ческий	linguistic
никако́й (не)	no kind of, not any
ну́жен, нужна́, ну́жно, нужны́	necessary, needed (*see Section 2*)
огро́мный	huge

VERBS

называ́ться (*impf.*)	to be named (of things)
(называ́-ется, -ются)	
получа́ть/получи́ть	to receive, to get
(получа́-ю, -ешь, -ют)	
(получ-у́, полу́ч-ишь, -ат)	
почита́ть (*perf.*)	to read for a little bit
(почита́-ю, -ешь, -ют)	
стара́ться/по-	to try
(стара́-юсь, -ешься, -ются)	
ука́зываться (*impf.*)	to be indicated, noted
(ука́зыва-ется, -ются)	
учи́ть/вы́учить	to memorize
(учу́, у́ч-ишь, -ат)	
(вы́уч-у, -ишь, -ат)	

ADVERBS

где́-нибудь	somewhere, anywhere (*see Section 5*)
где́-то	somewhere, anywhere (*see Section 5*)
ка́к-нибудь	somehow, anyhow (*see Section 5*)
ка́к-то	somehow, anyhow (*see Section 5*)
когда́-нибудь	sometime, anytime, ever (*see Section 5*)
когда́-то	sometime, anytime, ever (*see Section 5*)
наизу́сть	by heart
нигде́ (не)	no where, not anywhere (*see Section 4*)
ника́к (не)	in no way (*see Section 4*)
никогда́ (не)	never, not ever (*see Section 4*)
никуда́ (не)	(to) no where, not to anywhere (*see Section 4*)
почему́-нибудь	for some reason (*see Section 5*)
почему́-то	for some reason (*see Section 5*)

Новые слова и выражения

PREPOSITIONS

от (кого́/чего́)	from

OTHER WORDS AND PHRASES

вы́учить наизу́сть	to memorize, learn by heart
Как тебе́ (вам) сказа́ть?	How should I put it...? (*filler; used to introduce information*)
на па́ру часо́в	for a couple of hours
Проходи́(те)!	Come in!
чита́тельский биле́т	library card

PASSIVE VOCABULARY

бес	demon
вы́нужден	forced, compelled
вы́слан	exiled
гла́вный	main, important
де́рево (*pl.* дере́вья)	tree
де́ятельность (*fem.*)	activity
душа́ (*pl.* ду́ши)	soul
жанр	genre
же́ртва	victim
заста́вить (*perf.*) (кого́) (заста́вл-ю, заста́в-ишь, -ят)	to force someone
изве́стность	fame
коро́ткий	short
мёртвый	dead
мирово́й	world, worldwide
награждён (награжден-а́, -ы́) (чем)	awarded
насеко́мое	insect
осно́ва	foundation, basis
осо́бый	special
отка́зываться/отказа́ться (от чего́) (отка́зыва-юсь, -ешься, -ются)	to decline, reject
относи́ться/отнести́сь (к чему́)	to regard something
перево́дчик	translator
перо́	pen (*archaic, literary*)
персона́ж	character (in a story)
подверга́ться (*impf.*)	to be subjected to
поко́нчила жизнь самоуби́йством (*perf.*)	to commit suicide
поруче́ние	assignment, mission

Новые слова и выражения

прави́тельство	government
принадлежа́ть (*impf.*) (чему́)	to belong to
(принадлеж-у́, -и́шь, -а́т)	
пустота́	emptiness
ревизо́р	inspector general
стать (*perf.*) (кем/чем)	to become
(ста́н-у, -ешь, -ут)	
счита́ть (*impf.*)	to consider, be of the opinion
(счита́-ю, -ешь, -ют)	
то́чка зре́ния	point of view
цени́ть (*impf.*)	to value, appreciate
(цен-ю́, це́н-ишь, -ят)	

PERSONALIZED VOCABULARY

_____

_____

_____

_____

_____

_____

Свободное время

Коммуникативные задания

- Invitations to places and events
- Describing how people spend free time:
  Hobbies, sports, music
- Announcement for a sports club
- Reading about a child prodigy, concerts in
  Moscow

Грамматика

- **Проводи́ть свобо́дное вре́мя**
- Playing games **игра́ть в** + accusative
- Playing musical instruments: **игра́ть на** +
  prepositional
- Additional activity verbs

- Teaching/learning a skill: **учи́ть/научи́ть,
  учи́ться/научи́ться**
- Additional uses of the instrumental case:
  **занима́ться, увлека́ться, интересова́ться,
  стать, быть**
- Instrumental case with **дово́лен**
- Third-person plural for passive/impersonal
  meaning
- **Свой**

Чтение для удовольствия

- **Ильф и Петро́в. «Люби́тели футбо́ла»**

Культура и быт

- Sports in Russia

Точка отсчёта

О чём идёт речь?

A person asking this question is generally interested in your hobbies or other activities that you enjoy when you have free time. Bear in mind that an answer such as "I sleep" is most likely to bring a conversation to a dead halt.

7-1 Свобо́дное вре́мя.

— Как ты прово́дишь свобо́дное вре́мя?
— Я люблю́. . .

обща́ться с друзья́ми

занима́ться спо́ртом

отдыха́ть на приро́де

ходи́ть в похо́ды

вышива́ть

вяза́ть

ката́ться на велосипе́де

ката́ться на ро́ликах

купа́ться

чита́ть

смотре́ть телеви́зор

ходи́ть в кино́

7-2 Спорт.

— Ты занима́ешься спо́ртом?
— Да, я…

— Ты занима́ешься спо́ртом?
— Нет, я спорт не люблю́.

| пла́ваю | бе́гаю | танцу́ю | поднима́ю тя́жести | ката́юсь на лы́жах | ката́юсь на во́дных лы́жах | ката́юсь на конька́х |

игра́ю…

| в хокке́й | в гольф | в футбо́л | в насто́льный те́ннис | в лакро́сс |

| в бадминто́н | в бейсбо́л | в волейбо́л | в баскетбо́л | в америка́нский футбо́л | в те́ннис |

занима́юсь…

| аэро́бикой | бо́ксом | гимна́стикой | карата́э | лёгкой атле́тикой | парусны́м спо́ртом |

| фехтова́нием | фигу́рным ката́нием | гре́блей | бо́улингом | на тренажёрах | на стациона́рном велосипе́де |

7-3 Му́зыка.

— Ты игра́ешь на како́м-нибудь инструме́нте?
— Да, я игра́ю…

— Ты игра́ешь на како́м-нибудь инструме́нте?
— Нет, не игра́ю.
   и́ли
— Нет, но я пою́.

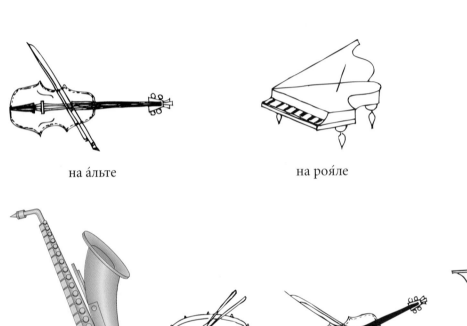

на а́льте

на роя́ле

на ба́нджо

на саксофо́не

на бараба́нах

на скри́пке

на валто́рне

на тромбо́не

на виолонче́ли

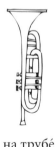

на трубе́

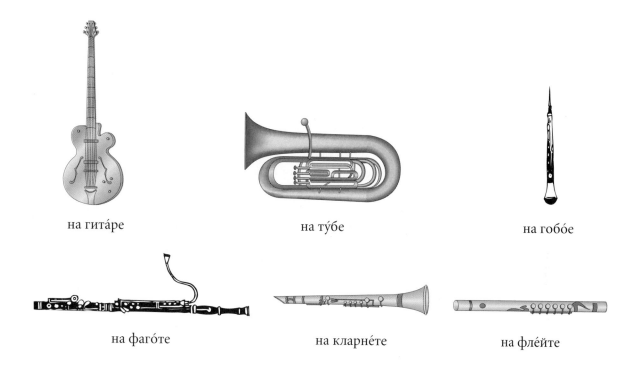

на гита́ре

на ту́бе

на гобо́е

на фаго́те

на кларне́те

на фле́йте

7-4 Музыка́нты. Match the following musicians with the instruments they play(ed).

_____ Пи́нкас Цукерма́н   а. бараба́ны

_____ Влади́мир Го́ровиц   б. виолонче́ль

_____ Мстисла́в Ростропо́вич   в. гита́ра

_____ Жан-Пьер Рампа́л   г. роя́ль

_____ Уи́нтон Марса́лис   д. скри́пка

_____ Влади́мир Ашкена́зи   е. труба́

_____ Джи́мми Хе́ндрикс   ж. фле́йта

_____ Ри́нго Старр   з. саксофо́н

_____ Боб Ди́лан

_____ Брэ́нфорд Марса́лис

Разговоры для слушания

Разгово́р 1. Если вы хоти́те по́льзоваться спорти́вным ко́мплексом.
               Разгова́ривают тре́нер и иностра́нные студе́нты.

заве́дующий = ме́неджер

1. Как зову́т заве́дующего спорти́вным ко́мплексом?
2. Как ча́сто мо́жно занима́ться аэро́бикой в э́том спорти́вном ко́мплексе?
   а. 3 раза в ме́сяц
   б. 3 ра́за в неде́лю
   в. раз в день
   г. 3 ра́за в день

3. Каки́ми из э́тих кома́ндных ви́дов спо́рта мо́жно занима́ться? Мо́жно игра́ть в . . .
   а. баскетбо́л
   б. бейсбо́л
   в. волейбо́л
   г. ре́гби
   д. футбо́л

4. В како́м ви́де спо́рта нужна́ по́мощь от америка́нцев?

5. Оди́н из студе́нтов передаёт вопро́с сосе́да по ко́мнате. О чём он спра́шивает?

6. Когда́ откры́т бассе́йн?

7. Что на́до сде́лать, что́бы пла́вать в бассе́йне?
   а. На́до пройти́ тест по пла́ванию.
   б. На́до получи́ть направле́ние в декана́те.
   в. На́до хорошо́ знать тре́нера.
   г. На́до получи́ть спра́вку от врача́.

8. Где нахо́дится ко́мната заве́дующего?

Разгово́р 2. По телеви́зору — спорт.
         Разгова́ривают Юра и Де́бби.

1. Каки́е ви́ды спо́рта мо́жно сейча́с посмотре́ть по телеви́зору?

2. О каки́х из э́тих ви́дов спо́рта говоря́т Юра и Де́бби?
   а. бейсбо́л
   б. футбо́л (*Это не амери́канский футбо́л, а европе́йский! Как называ́ется э́тот вид спо́рта по-англи́йски?*)
   в. баскетбо́л
   г. волейбо́л
   д. гимна́стика
   е. те́ннис
   ж. гольф
   з. бокс
   и. карата́
   к. пла́вание
   л. лёгкая атле́тика

3. Каки́е ви́ды спо́рта нра́вятся Де́бби? Каки́е ви́ды спо́рта ей не нра́вятся?

4. Како́й вид спо́рта, по мне́нию Де́бби, непопуля́рен в США?

5. Како́й вид спо́рта бу́дут пока́зывать ве́чером?

6. Как вы ду́маете, кто из них бо́льше лю́бит спо́рт?

Разгово́р 3. Му́зыка — увлече́ние серьёзное.

Разгова́ривают Ми́тя и Ми́риам.

1. Почему́ Ми́риам не мо́жет за́втра пойти́ на матч с Игорем?
2. На како́м инструме́нте игра́ет Ми́риам?
3. На каки́х инструме́нтах игра́л Ми́тя в шко́ле?
4. Кем он хоте́л стать? Что случи́лось пото́м?
5. Когда́ Ми́риам заинтересова́лась му́зыкой пе́рвый раз?
6. Что она́ поняла́ уже́ в университе́те?
    а. Она́ должна́ серьёзнее относи́ться к му́зыке.
    б. У неё нет настоя́щих спосо́бностей к му́зыке.
    в. Лу́чше игра́ть на тромбо́не, чем на фле́йте.
    г. Де́вушки всегда́ лю́бят молоды́х люде́й, ко́торые игра́ют на гита́ре.

Разгово́р 4. Не хо́чешь игра́ть с на́ми в те́ннис?

Разгова́ривают Оле́г и Ти́моти.

ДА и́ли НЕТ?

1. Оле́г хо́чет игра́ть в те́ннис с Окса́ной и Ти́моти.
2. Ти́моти о́чень лю́бит те́ннис.
3. Ти́моти говори́т, что все америка́нцы забо́тятся о своём здоро́вье.
4. Ти́моти не о́чень забо́тится о своём здоро́вье.

Давайте поговорим

Диалоги

1. Ты занима́ешься спо́ртом?

— Ти́моти, мы с Окса́ной сего́дня идём игра́ть в те́ннис. Не хо́чешь пойти́ с на́ми?

— Спаси́бо, но, че́стно говоря́, я ма́ло занима́юсь спо́ртом.

— Как же так? У нас счита́ют, что все америка́нцы лю́бят спорт.

— Да как тебе́ сказа́ть? Есть, коне́чно, лю́ди, кото́рые ка́ждый день де́лают заря́дку.

— Ну, чем э́то пло́хо? Они́ забо́тятся о своём здоро́вье.

— А ещё ка́ждый день бе́гают, пла́вают и пры́гают. Они́ всегда́ на дие́те...

— А ты вообще́ не занима́ешься спо́ртом?

— Нет. Кро́ме того́, я и пью, и курю́, и непра́вильно ем. Но я не ду́маю, что э́то зна́чит, что я плохо́й челове́к.

— Да что ты! Ты, коне́чно, прав. Всё э́то ерунда́.

2. Я хоте́ла стать балери́ной.

— Али́са, мне сказа́ли, что ты прекра́сно танцу́ешь.

— Да что ты! Пра́вда, когда́ я была́ ма́ленькой, я мечта́ла стать балери́ной.

— Ну, и что случи́лось?

— Я начала́ учи́ться, но ста́ло я́сно, что балери́ной я так и не ста́ну.

— Но все говоря́т, что у тебя́ большо́й тала́нт.

— Коне́чно, гла́вное — тала́нт. Но ну́жно бо́льше, чем тала́нт. Ну́жно бы́ло учи́ться серьёзнее.

— Но ты, ка́жется, танцу́ешь в како́м-то анса́мбле.

— Да, в люби́тельском, и я э́тим дово́льна. Это то́лько увлече́ние для меня́, э́то не профе́ссия.

Кто занима́ется спо́ртом?

Although Russians are less likely to engage in regular exercise than people in North America, fitness (**фи́тнес**) is becoming increasingly popular, and fitness centers (**фи́тнес-це́нтры, спорт-клу́бы**) are opening in cities everywhere. Moreover, hundreds of Olympic gold medals won over many decades bear testimony to the seriousness with which many Russians view high-level performance in sports.

3. **У меня́ нет спосо́бностей к му́зыке.**

— Ми́риам, не хо́чешь пойти́ на матч? За́втра, в два часа́.
— К сожале́нию, не могу́. У меня́ репети́ция.
— Репети́ция? Кака́я репети́ция?
— У нас ма́ленький анса́мбль. Я игра́ю на флéйте и пою́.
— Как интере́сно! А у меня́, к сожале́нию, нет спосо́бностей к му́зыке.
— Никаки́х?
— Когда́ я был ма́леньким, я был уве́рен, что ста́ну больши́м рок-музыка́нтом.
— Ну, и что случи́лось?
— Я на́чал учи́ться игра́ть на гита́ре. Но ско́ро ста́ло я́сно, что у меня́ тала́нта нет.
— Зато́ ты стал настоя́щим спортсме́ном.

4. **Футбо́л у вас популя́рен?**

— Дéбби, включи́ телеви́зор.
— А что пока́зывают?
— Олимпи́йские и́гры. Не хо́чешь посмотре́ть?
— Ну, как тебе́ сказа́ть? Если бу́дет футбо́л, то смотри́ без меня́.
— Но игра́ют на́ши и ва́ши. Неинтере́сно?
— Чéстно говоря́, не о́чень. Ведь футбо́л у нас не тако́й уж популя́рный вид спо́рта.
— А у нас счита́ют, что америка́нская кома́нда о́чень си́льная.
— А ты зна́ешь, мне всё равно́, кто выи́грывает, кто прои́грывает. Для меня́ гла́вное в спо́рте — обща́ться с друзья́ми.

5. Каки́м ви́дом спо́рта вы интересу́етесь?

— Скажи́те, пожа́луйста, в институ́те есть бассе́йн?
— Есть, в спорти́вном ко́мплексе.
— И что на́до сде́лать, что́бы им по́льзоваться?
— Что́бы по́льзоваться бассе́йном, на́до пройти́ медици́нский осмо́тр.
— А что ещё есть в спорти́вном ко́мплексе?
— Е́сли вы интересу́етесь други́ми ви́дами спо́рта, мо́жно по́льзоваться тренажёрами и́ли занима́ться аэро́бикой.
— У вас мо́жно по́льзоваться велосипе́дами? Сосе́д по ко́мнате проси́л узна́ть об э́том.
— Мо́жно.

Вопросы к диалогам

Диало́г 1

1. Куда́ сего́дня идёт Окса́на?
2. Она́ идёт одна́ и́ли с дру́гом?
3. Ти́моти лю́бит занима́ться спо́ртом?
4. Ти́моти на дие́те?
5. Ти́моти забо́тится о своём здоро́вье?

Диало́г 2

1. Али́са хорошо́ танцу́ет?
2. Когда́ она́ была́ ма́ленькой, она́ мечта́ла стать хорео́графом?
3. Али́са о́чень серьёзно учи́лась та́нцам?
4. В како́м анса́мбле она́ тепе́рь танцу́ет?
5. Бале́т для Али́сы увлече́ние и́ли профе́ссия?
6. Чем она́ дово́льна?

Диало́г 3

1. Почему́ Ми́риам не смо́жет пойти́ на матч за́втра?
2. На како́м инструме́нте она́ игра́ет?
3. Знако́мый Ми́риам то́же занима́ется му́зыкой?
4. Когда́ он был ма́леньким, он мечта́л стать спортсме́ном и́ли музыка́нтом?
5. Он тепе́рь занима́ется спо́ртом и́ли му́зыкой?

Диало́г 4

1. Кто хо́чет смотре́ть телеви́зор: Де́бби и́ли её знако́мый?
2. Что сейча́с пока́зывают по телеви́зору?
3. Каки́е кома́нды игра́ют?
4. Де́бби ду́мает, что футбо́л — популя́рный вид спо́рта в США?
5. Де́бби о́чень хо́чет, что́бы америка́нская кома́нда вы́играла?

Диало́г 5

1. Где нахо́дится бассе́йн институ́та?
2. Что на́до сде́лать, что́бы им по́льзоваться?
3. Что ещё мо́жно де́лать в спорти́вном ко́мплексе?

Упражне́ния к диало́гам

7-5 Спорт. Узна́йте у партнёра.

1. Ты бе́гаешь?
2. Ты пла́ваешь?
3. Ты ката́ешься на велосипе́де?
4. Ты занима́ешься аэро́бикой?
5. Ты танцу́ешь?
6. Ты ката́ешься на конька́х?
7. Ты ката́ешься на лы́жах?
8. Ты по́льзуешься тренажёрами?
9. Ты игра́ешь в футбо́л?
10. Ты игра́ешь в хокке́й?
11. Ты игра́ешь в гольф?
12. Ты игра́ешь в волейбо́л?
13. Каки́ми ви́дами спо́рта ты занима́ешься зимо́й?
14. Каки́ми ви́дами спо́рта ты занима́ешься ле́том?
15. Ты занима́ешься спо́ртом ка́ждый день?

7-6 Семья́ и спорт. Скажи́те партнёру, каки́ми ви́дами спо́рта занима́ются ва́ши ро́дственники.

мать/оте́ц
брат/сестра́
муж/жена́
ба́бушка/де́душка
дя́дя/тётя
двою́родный брат
двою́родная сестра́
племя́нник/племя́нница

(не) лю́бит... (спорт, футбо́л...)
(не) игра́ет в... (хокке́й, те́ннис...)
(не) ката́ется на... (конька́х, ро́ликах...)
(не) занима́ется... (карата́э, аэро́бикой...)
?

7-7 Му́зыка. Узна́йте у партнёра.

1. Каку́ю му́зыку ты лю́бишь?
2. Ты игра́ешь на како́м-нибудь инструме́нте?
3. Ты поёшь?
4. Ты лю́бишь танцева́ть? Под каку́ю му́зыку?
5. Каку́ю му́зыку ты слу́шаешь до́ма?
6. Ты лю́бишь ходи́ть на конце́рты? На каки́е?
7. Ты лю́бишь ходи́ть на бале́т и́ли на о́перу?
8. Каку́ю му́зыку лю́бит твоя́ ма́ма? твой па́па? твои́ бра́тья и сёстры? твой сосе́д/твоя́ сосе́дка по ко́мнате?

7-8 **Подгото́вка к разгово́ру.** Review the dialogs. How would you do the following?

1. Say that you and a friend are going to play tennis (baseball, football).
2. Ask in what way something is bad.
3. Say that your friends think about their health.
4. Say that someone is on a diet.
5. Indicate whether you smoke.
6. Say that something is nonsense.
7. Say that when you were little you dreamed of becoming a ballerina (actor, musician, doctor).
8. Ask what happened.
9. Say whether you have a talent for music.
10. Say that you're happy (unhappy) with something.
11. Tell someone to turn the TV on.
12. Ask what's on TV.
13. Say whether soccer is popular in your country.
14. Say that the American (Russian, French) team is considered to be very good.
15. Say you don't care who wins and who loses.
16. Ask what you need to do in order to use the pool.
17. Ask what equipment is available in the gym.
18. Ask if it's possible to use the bicycles (weight machines, swimming pool).
19. Say that your roommate asked you to find out about something.

7-9 **Два́дцать вопро́сов.** One person in the group is a famous sports figure or musician. Other students find out who it is by asking yes-no questions.

7-10 **Вопро́сы для обсужде́ния.**

относи́ться (к чему́) – *to feel about (something)*

счита́ть, что... – *to consider; to believe (that + clause)*

1. Как вы отно́ситесь к спо́рту?
2. Вы забо́титесь о своём здоро́вье?
3. Что для вас са́мое гла́вное — рабо́та и́ли свобо́дное вре́мя?
4. Каку́ю роль в ва́шей жи́зни игра́ет му́зыка?
5. Мно́гие америка́нские университе́ты даю́т стипе́ндии хоро́шим спортсме́нам. Счита́ете ли вы, что э́то пра́вильно?

7-11 **Да что ты!** With a partner, take turns making unexpected or outrageous statements. The listener should disagree, using expressions such as **Да что ты!** and **Всё э́то ерунда́.**

Образе́ц: — Я слы́шала, что во Фло́риде ча́сто идёт снег!
— Да что ты! Во Фло́риде всегда́ тепло́!

7-12 **Говоря́т, что...** Respond to the following assertions. Your answers should be a minimum of three sentences long and prefaced by expressions such as **Да как тебе́ сказа́ть...**, **Че́стно говоря́...**, **Всё э́то ерунда́**, or **Да что ты!**

Образе́ц:
— Говоря́т, что все америка́нцы лю́бят бейсбо́л.
— Да как тебе́ сказа́ть? Есть лю́ди, кото́рые действи́тельно увлека́ются бейсбо́лом. Но есть и те, кто им вообще́ не интересу́ется. Я, наприме́р, ничего́ не понима́ю в бейсбо́ле.

1. Говоря́т, что все америка́нцы занима́ются спо́ртом.
2. Говоря́т, что в Аме́рике мно́го вегетариа́нцев.
3. Говоря́т, что америка́нцы о́чень ча́сто ничего́ не понима́ют в матема́тике.
4. Говоря́т, что америка́нцы хорошо́ зна́ют иностра́нные языки́.
5. Говоря́т, что америка́нцы ма́ло чита́ют.

Игровые ситуации

7-13 Как прово́дят свобо́дное вре́мя?

1. You are on a semester program at a Russian university and would like to find out about the sports facilities. Ask a Russian student you've just met about the gym.
2. A Russian friend is convinced that all Americans work out every day. Explain what you think the national attitude is toward sports.
3. A Russian friend is interested in how music is taught in American schools. Explain when children take up musical instruments.
4. Explain to a Russian which sports are popular in America. What sports do people like to play? What do they like to watch?
5. A Russian friend who loves sports has offered to take you to a soccer game. If you like sports, agree to go and find out when and where the game will be. If you don't like sports, explain and suggest doing something else.
6. With a partner, prepare and act out a situation of your own based on the topics of this unit.

Устный перевод

7-14 В спортза́ле. You've agreed to help out an English-speaking student who has just arrived in Moscow. S/he wants to use the university sports facilities. Interpret the conversation between the student and the director of the sports complex.

ENGLISH SPEAKER'S PART

1. Good afternoon. I was wondering if you could tell me a little about your sports facilities.
2. I'm interested in swimming. When is the pool open?
3. Hmmm. That sounds awfully complicated. Maybe I'd be better off doing something like aerobics. Do you offer any classes?
4. That's great. Where are the classes held?
5. Thank you very much. I'll see you on Monday then.

Грамматика

1. Как вы проводите свободное время?

To ask someone how s/he spends free time, say **Как вы проводите свободное время?** or **Как ты проводишь свободное время?**

The verb **проводить** is used only for spending time, not money.

The word **время** is neuter (**свободное время**), like all Russian nouns ending in **-мя.**

In English one can say, "I spend my free time *reading*," but this structure is not possible in Russian. Instead, say simply **Я читаю.** — *I read.* or **В свободное время я читаю.** — *In my free time I read.* Other possible answers to this question include **Я занимаюсь спортом.** — *I play sports,* **Я слушаю музыку.** — *I listen to music,* **Я играю на кларнете.** — *I play the clarinet.*

By definition, **свободное время** is time when you are *not* studying, working, or sleeping, but rather pursuing hobbies or other interests. Although many students feel that they have little free time, we urge you to indicate several of your interests when you are asked **Как вы проводите свободное время?**

Упражнения

7-15 Составьте предложения. Create sentences out of the word strings below. Do not change word order, but do put the correct endings on the words and supply the preposition **в** where needed.

1. — Как / вы / проводить / свободный / время?
   — Мы / обычно / читать.
2. — Как / Антон / проводить / свободный / время?
   — Он / слушать / радио.
3. — Как / Маша / и / Гриша / проводить / свободный / время?
   — Они / любить / ходить / кино.
4. — Как / твой / семья / проводить / свободный / время?
   — Свободный / время / мама / смотреть / телевизор / а / папа / писать / стихи. / Я / любить / смотреть / хоккей.

7-16 О себе. Ответьте на вопросы.

> *Complete Oral Drill 1 and Written Exercise 1 in the S.A.M.*

1. Как вы проводите свободное время?
2. Как ваши родители проводят свободное время?
3. Как ваши братья и сёстры проводят свободное время?
4. Если у вас есть дети, как они проводят свободное время?

2. Talking about Sports

The Russian word for sports is always singular: **спорт. Я люблю́ спорт.** — *I love sports.*

- To indicate that you play sports (or participate in sports), say **Я занима́юсь спо́ртом.** — *I do sports.* Note that the verb **занима́ться** is followed by the instrumental case.
- To ask what particular sport(s) someone plays, say **Каки́м ви́дом (Каки́ми ви́дами) спо́рта вы занима́етесь?** — lit. *What type[s] of sport do you play?*
- To talk about participating in certain sports, use the verb **занима́ться** plus the name of the sport in the instrumental case.

Я занима́юсь аэро́бикой (бо́ксом, фехтова́нием).   I do aerobics (I box, I fence).

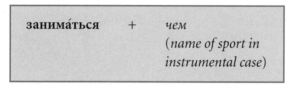

занима́ться	+	чем *(name of sport in instrumental case)*

- To talk about playing a particular game, use the verb **игра́ть/сыгра́ть** — *to play* followed by the preposition **в** plus the *accusative case*.

Я игра́ю в футбо́л (хокке́й, те́ннис, ша́хматы . . .).   I play soccer (hockey, tennis, chess . . .).

игра́ть	+	в	+	что *(name of sport or game in accusative case)*

> The perfective **сыгра́ть** has the meaning *to play one game of.* It cannot be used without mentioning the game. In music, it means *to play one piece.* The piece must be mentioned.

Упражне́ния

7-17 Зада́йте вопро́сы. Ask what sports the following people participate in. Place noun subjects at the end of the question and pronoun subjects before the verb. Have another student answer the question.

Образцы́:   твой брат → *Каки́ми ви́дами спо́рта занима́ется твой брат?*
вы → *Каки́ми ви́дами спо́рта вы занима́етесь?*

1. твоя́ сестра́
2. твои́ роди́тели
3. твой брат
4. твоя́ ба́бушка
5. твой де́душка
6. твои́ друзья́
7. твой преподава́тель
8. твои́ сосе́ди
9. студе́нты в университе́те
10. ты

7-18 Составьте предложения. Make sentences by combining words from the columns below. Pay attention to verb tense.

ра́ньше	я		лакро́сс
вчера́	ты		те́ннис
сего́дня	мы		футбо́л
сейча́с	мой знако́мый		хокке́й
за́втра	моя́ знако́мая	(не) игра́ть в	волейбо́л
в четве́рг	наш преподава́тель		гольф
в суббо́ту	мои́ роди́тели		баскетбо́л
ле́том	америка́нские студе́нты		бейсбо́л
зимо́й	?		насто́льный те́ннис
			ша́хматы
			?

7-19 Составьте предложения. Make sentences by combining words from the columns below. Remember to use the instrumental case after **занима́ться.** Pay attention to verb tense.

ра́ньше	я		спорт
вчера́	ты		аэро́бика
сего́дня	мы		карата́э
на про́шлой неде́ле	мой знако́мый		лёгкая атле́тика
сейча́с	моя́ знако́мая	(не) занима́ться	фехтова́ние
за́втра	наш преподава́тель		па́русный спорт
в понеде́льник	мои́ роди́тели		гре́бля
в суббо́ту	америка́нские		фигу́рное ката́ние
ле́том	студе́нты		бокс
зимо́й	?		гимна́стика
			?

7-20 Запо́лните про́пуски. Fill in the needed verbs (**занима́ться** or **игра́ть**) in the following dialog.

— Вы _____ спо́ртом?
— Да, я спорт о́чень люблю́.
— А каки́ми ви́дами спо́рта вы _____?
— Зимо́й я _____ фигу́рным ката́нием и ещё ката́юсь на лы́жах. Весно́й и о́сенью мы с друзья́ми _____ в футбо́л. Ле́том я пла́ваю, _____ лёгкой атле́тикой и _____ в те́ннис.

7-21 О себе́. Отве́тьте на вопро́сы.

> *Complete Oral Drills 2–3 and Written Exercise 2 in the S.A.M.*

1. Вы лю́бите спорт?
2. Вы занима́етесь спо́ртом ча́ще зимо́й и́ли ле́том?
3. Каки́ми ви́дами спо́рта занима́ются ва́ши ро́дственники?
4. Каки́ми ви́дами спо́рта занима́ются ва́ши знако́мые?
5. Вы счита́ете, что де́ти должны́ занима́ться спо́ртом? Почему́?

3. Playing Musical Instruments: игра́ть на чём

To talk about playing a musical instrument, use the verb **игра́ть** — *to play* followed by the preposition **на** plus the *prepositional case*.

Я игра́ю на фле́йте (тромбо́не, гобо́е,...).   I play the flute (trombone, oboe,...).

> **игра́ть** + **на** + чём
> (*name of instrument in prepositional case*)

Упражнения

7-22 Соста́вьте предложе́ния. Make sentences by combining words from the columns below. Remember to use the prepositional case of the instrument played. Pay attention to verb tense.

ра́ньше	я		фле́йта
вчера́	ты		бараба́ны
на про́шлой неде́ле	мы		скри́пка
сего́дня	мой знако́мый		тромбо́н
сейча́с	моя́ знако́мая	(не) игра́ть на	саксофо́н
за́втра	наш преподава́тель		кларне́т
	мой роди́тели		роя́ль
	америка́нские студе́нты		гита́ра
	?		ба́нджо
			?

7-23 Как по-ру́сски?

1. Nikolai's family loves music. He plays the flute. One brother plays the oboe, and the other plays the violin.
2. Kira's family loves music, too. Her parents play the violin. Her sister plays the saxophone and the drums. Kira plays the French horn, and she wants to play the clarinet.

7-24 О себе́. Отве́тьте на вопро́сы.

1. Вы лю́бите му́зыку?
2. Вы игра́ете на како́м-нибудь музыка́льном инструме́нте?
3. На каки́х инструме́нтах игра́ют ва́ши ро́дственники?
4. На каки́х инструме́нтах игра́ют ва́ши друзья́?
5. Вы ду́маете, что де́ти должны́ игра́ть на музыка́льном инструме́нте? Почему́?

> ➤ *Complete Oral Drill 4 and Written Exercise 3 in the S.A.M.*

4. Additional Activity Verbs

This unit introduces a number of other verbs that might be used to describe free-time activities. All of the verbs listed below are imperfective.

пла́вать, купа́ться	to swim	танцева́ть	to dance
поднима́ть тя́жести	to lift weights	петь	to sing
ходи́ть в похо́ды	to go on hikes	бе́гать	to run
ката́ться на лы́жах	to ski	вяза́ть	to knit
(во́дных лы́жах,	(water-ski,	вышива́ть	to embroider
конька́х, ро́ликах,	skate, rollerskate,	гуля́ть	to walk, take a walk
велосипе́де)	ride a bicycle)	отдыха́ть на	to spend time
обща́ться с друзья́ми	to talk with friends,	приро́де	[relax] outdoors
	spend time with friends		

танцева́ть/по-
танцу́-ю
танцу́-ешь
танцу́-ют
Past tense:
танцева́л, -а, -и

The perfective **потанцева́ть** means *to dance for a little while.*

The verb **петь** — *to sing* is a regular **е/ё**-conjugation verb, but its conjugated forms do not look like the infinitive.

The perfective **спеть** means both *to sing an entire song,* in which case it cannot be used without mentioning the song, or *to sing for a while:* **Дава́й споём!** *Let's sing!*

петь/с-
по-ю́
по-ёшь
по-ю́т
Past tense:
пёл, -а, -и

Если хо́чешь, я тебе́ **спою́** ру́сскую наро́дную пе́сню.

Спой нам что́-нибудь!

If you want, I'll *sing* you a Russian folk song.

Sing something for us!

The verb **вяза́ть** — *to knit* is a **e/ё**-conjugation verb. It has a consonant mutation throughout the conjugation, as well as a shift in stress.

вяза́ть
вяж-у́
вя́ж-ешь
вя́ж-ут

You already know the **и**-conjugation verb **ходи́ть** — *to walk.*

ходи́ть
хож-у́
хо́д-ишь
хо́д-ят
Past tense: ходи́л, -а, -и

The other activity verbs listed are **e/ё**-conjugation verbs.

пла́вать	купа́ться	поднима́ть (тя́жести)
пла́ва-ю	купа́-юсь	поднима́-ю
пла́ва-ешь	купа́-ешься	поднима́-ешь
пла́ва-ют	купа́-ются	поднима́-ют

бе́гать	ката́ться (на лы́жах ...)	вышива́ть
бе́га-ю	ката́-ю-сь	вышива́-ю
бе́га-ешь	ката́-ешь-ся	вышива́-ешь
бе́га-ют	ката́-ют-ся	вышива́-ют

обща́ться	отдыха́ть	гуля́ть
обща́-ю-сь	отдыха́-ю	гуля́-ю
обща́-ешь-ся	отдыха́-ешь	гуля́-ешь
обща́-ют-ся	отдыха́-ют	гуля́-ют

Упражнения

7-25 Кто что делает в свободное время?

Образец: Наташа — вязать → *В свободное время Наташа вяжет.*

1. Гриша — кататься на коньках и на лыжах
2. Алла и Паша — бегать и поднимать тяжести
3. Бабушка — вышивать и вязать
4. Наши соседи — кататься на велосипеде и отдыхать на природе
5. Марина Витальевна — плавать и ходить в походы
6. Анатолий Иванович — петь и танцевать
7. Дмитрий — гулять и общаться с друзьями
8. Лора — кататься на роликах
9. Я — ?

7-26 О себе. Ответьте на вопросы.

Образец: Когда вы ходите в походы?

Я обычно хожу в походы весной.
Я обычно хожу в походы в субботу.
Я никогда не хожу в походы.

1. Когда вы катаетесь на велосипеде?
2. Когда вы плаваете?
3. Когда вы поднимаете тяжести?
4. Когда вы поёте?
5. Когда вы танцуете?
6. Когда вы вяжете?
7. Когда вы вышиваете?
8. Когда вы бегаете?
9. Когда вы гуляете?
10. Когда вы катаетесь на лыжах?
11. Когда вы общаетесь с друзьями?
12. Когда вы отдыхаете на природе?
13. Когда вы катаетесь на роликах?
14. Когда вы играете (или поёте) в музыкальном ансамбле?

> *Complete Oral Drills 5–6 and Written Exercise 4 in the S.A.M.*

5. Teaching/Learning a Skill: учи́ть/научи́ть, учи́ться/научи́ться

You already know the verb **учи́ться** — *to study*. Its perfective form is **научи́ться** — *to learn to do something*. *To teach someone a skill* is **учи́ть/научи́ть**. The person taught is in the accusative case and the skill is either an infinitive or a noun in the dative case.

— Кто тебя́ научи́л пла́вать?	Who taught you to swim?
— Па́па меня́ научи́л пла́вать.	My dad taught me to swim.
— Ско́лько тебе́ бы́ло лет, когда́ ты научи́лся пла́вать?	How old were you when you learned to swim?
— Мне бы́ло шесть лет.	I was six.
— Кто тебя́ научи́л фигу́рному ката́нию?	Who taught you to figure skate?
— В шко́ле нас учи́ли фигу́рному ката́нию.	We learned figure skating in school.

Упражнение

7-27 Соста́вьте предложе́ния. Explain who taught what skill to whom by combining words from the columns below.

учи́тель	я		игра́ть в лакро́сс
ма́ма	ты		игра́ть в те́ннис
сестра́	мы		игра́ть на роя́ле
брат	студе́нты		говори́ть по-ру́сски
кто	моя́ знако́мая	научи́ть	пла́вать
сосе́д	брат		фигу́рное ката́ние
ба́бушка	мои роди́тели		вяза́ть
па́па	наш сосе́д		гото́вить пи́ццу

7-28 Отве́тьте на вопро́сы.

Ско́лько вам бы́ло лет, когда́ вы научи́лись . . .

1. чита́ть?
2. писа́ть?
3. пла́вать?
4. гото́вить?
5. ката́ться на велосипе́де?
6. ката́ться на конька́х?
7. ката́ться на лы́жах?
8. игра́ть в футбо́л?
9. игра́ть в бейсбо́л?
10. игра́ть в волейбо́л?
11. игра́ть в ша́хматы?
12. игра́ть на гита́ре?
13. игра́ть на роя́ле?
14. води́ть маши́ну?

> води́ть маши́ну – to drive a car

7-29 Отве́тьте на вопро́сы.

Кто вас научи́л . . .

1. чита́ть?
2. писа́ть?
3. пла́вать?
4. гото́вить?
5. ката́ться на велосипе́де?
6. ката́ться на конька́х?
7. ката́ться на лы́жах?
8. игра́ть в футбо́л?
9. игра́ть в бейсбо́л?
10. игра́ть в волейбо́л?
11. игра́ть в ша́хматы?
12. игра́ть на гита́ре?
13. игра́ть на роя́ле?
14. води́ть маши́ну?

> ➤ Complete
> Written
> Exercises 5–6 in
> the S.A.M.

6. Verbs That Require the Instrumental Case

You know that the instrumental case is used after **с** — *with.*

Мы с бра́том игра́ли в те́ннис.	*My brother and I* played tennis.
Кремль нахо́дится **ря́дом с Кра́сной пло́щадью.**	The Kremlin is *next to Red Square*

The instrumental case is used after certain verbs, without the preposition **с.** The verbs in this unit that require the instrumental case are listed below.

увлека́ться *чем*	to be wild about, to be into (doing something)
занима́ться *чем*	*lit.* to be occupied with
станови́ться/стать *кем*	to become something or someone
интересова́ться *чем*	to be interested in
по́льзоваться *чем*	to use
быть *кем*	to be something or someone
(See note on **быть** below.)	

— Чем вы увлека́етесь?	What do you really like?
— Спо́ртом.	Sports.
— У вас мо́жно по́льзоваться велосипе́дами?	Is it possible to use the bicycles here?
— Да, и е́сли вы интересу́етесь други́ми ви́дами спо́рта, мо́жно по́льзоваться тренажёрами и́ли занима́ться аэро́бикой.	Yes, and if you are interested in other sports, you can use the exercise equipment or do aerobics.

Когда́ я была́ ма́ленькой, я мечта́ла стать врачо́м.	When I was little I dreamed of becoming a physician.
Когда́ я был ма́леньким, я был уве́рен, что ста́ну изве́стным рок-музыка́нтом.	When I was little I was sure I'd become a big rock star.

становиться/стать (to become)	
становл-ю́-сь	ста́н-у
станов-ишь-ся	ста́н-ешь
станов-ят-ся	ста́н-ут

На́ши студе́нты все стано́вятся спортсме́нами.	Our students all become athletes.
Эта студе́нтка ста́нет спортсме́нкой.	This student will become an athlete.

Note on быть

In sentences stating that a person or thing *is* something (present tense), Russian uses the nominative case for the subject and the complement without a verb: **Я музыка́нт.** — *I am a musician.*

Outside the present tense, the instrumental case conveys nonpermanent states, such as professions (**Он был музыка́нтом.**) or transient conditions (**Когда́ они́ бы́ли ма́ленькими, они́ бы́ли весёлыми, а пото́м ста́ли серьёзными.** — *When they were small, they were fun-loving, but then they became serious.*).

The past of **быть** is often followed by the instrumental case for nouns and their modifers: **Я был изве́стным музыка́нтом.** — *I was a famous musician.* If an adjective or noun of nationality follows the verb, it is expressed in the nominative, not the instrumental, since nationality is not considered a transient state: **На́ша ба́бушка была́ ру́сская, а де́душка был францу́з.** — *Our grandmother was Russian, and our grandfather was French.*

In the future tense and the infinitive **быть** is usually followed by the instrumental case: **Я бу́ду музыка́нтом.** *I will be a musician.* **Я хочу́ быть музыка́нтом.**

Упражнения

7-30 С кем? Отве́тьте на вопро́сы.

1. С кем вы обы́чно хо́дите в кино́?
2. С кем вы говори́те по-ру́сски?
3. С кем вы игра́ете в те́ннис?
4. С кем вы игра́ете в анса́мбле?
5. С кем вы занима́етесь спо́ртом?

7-31 Раскро́йте ско́бки.

— (Что) вы увлека́етесь?
— (Класси́ческий бале́т).
— (Что) увлека́ются ва́ши роди́тели?
— Ма́ма о́чень лю́бит (му́зыка), а па́па интересу́ется (спорт).
— (Каки́е ви́ды) спо́рта занима́ется ваш оте́ц?
— Он бо́льше всего́ игра́ет в (футбо́л). Но он ещё занима́ется (па́русный спорт).
— А ма́ма (кака́я му́зыка) лю́бит?
— Она́ увлека́ется (джаз).
— Скажи́те, пожа́луйста, вы занима́етесь (спорт)?
— Я хожу́ в спорти́вный зал и там по́льзуюсь (тренажёры). Когда́ я был(а́) (ма́ленький, ма́ленькая), я хоте́л(а) стать (профессиона́льный спортсме́н).
— А тепе́рь (кто) вы ду́маете стать?
— Ещё не зна́ю.

7-32 О себе́. Отве́тьте на вопро́сы.

➤ *Complete Oral Drills 7–14 and Written Exercises 7–11 in the S.A.M.*

1. Чем вы интересу́етесь?
2. Чем вы увлека́етесь?
3. Чем увлека́ются ва́ши друзья́?
4. Каки́ми ви́дами спо́рта вы занима́етесь?
5. Когда́ вы бы́ли ма́леньким (ма́ленькой), кем вы мечта́ли стать?

7. Дово́лен\дово́льна\дово́льны and the Instrumental Case

The short-form adjective **дово́лен\дово́льна\дово́льны** — *satisfied, happy* (*with something*) also takes the instrumental case without the preposition **с.**

Анна танцу́ет в люби́тельском анса́мбле, и она́ **э́тим дово́льна.**	Anna dances in an amateur ensemble, and she's *happy with that.*
Анна танцу́ет в люби́тельском анса́мбле, и она **им дово́льна.**	Anna dances in an amateur ensemble, and she's *happy with it* [*the ensemble*].
— Вы **дово́льны ва́шей рабо́той?**	Are you *happy with your job*?
— Да, я **ей** очень **дово́лен.**	Yes, I'm very *happy with it.*

Упражнение

7-33 Кто чем дово́лен?

> **Образе́ц:** Ната́ша — но́вая рабо́та → *Ната́ша дово́льна но́вой рабо́той.*

1. Го́ша — спорти́вный зал
2. Ле́на и Пе́тя — университе́тский бассе́йн
3. Ба́бушка — но́вая кварти́ра
4. На́ши сосе́ди — ремо́нт кварти́ры
5. Ма́ша — фи́тнес-центр на Каза́нской у́лице
6. Анато́лий Ива́нович — студе́нческий анса́мбль
7. Ди́ма — но́вые компа́кт-ди́ски
8. Ло́ра — ста́рые ро́лики
9. Ве́ра Ви́кторовна — рабо́та студе́нтов
10. Вы — ва́ши ку́рсы?

> ➤ *Complete Oral Drill 15 in the S.A.M.*

8. Third-Person Plural for Passive/Impersonal Meaning

Russian often uses the **они́** form of the verb without an explicit grammatical subject to indicate the passive voice or a generally held opinion.

У нас **счита́ют,** что все америка́нцы лю́бят спорт.	Here *it is considered* (lit. *they consider*) that all Americans love sports.
По телеви́зору всегда́ **пока́зывают,** как вы бе́гаете.	On television *they always show* you running.

Упражнение

7-34 Когда́? Ask when the following activities are normally done. Have another student answer the question.

> **Образе́ц:** пла́вать → *Когда́ пла́вают? — Обы́чно пла́вают ле́том.*

1. ката́ться на лы́жах
2. занима́ться аэро́бикой
3. ката́ться на во́дных лы́жах
4. ката́ться на конька́х
5. игра́ть в бейсбо́л
6. игра́ть в хокке́й
7. игра́ть в футбо́л
8. игра́ть в баскетбо́л
9. отдыха́ть на приро́де
10. ходи́ть в похо́ды

> ➤ *Complete Written Exercise 12 in the S.A.M.*

9. Свой

In English, context and/or intonation normally clarify the meaning of the modifiers *his, her,* and *their* in sentences like *Paula loves her brother.* Without a special context or special intonation, we accept that this sentence means that Paula loves her own brother. If we want to say she loves someone else's brother, we provide a context and alter the sentence intonation, such as *Paula knows Sarah's brother quite well. In fact, she loves her brother.*

Russian has different words to refer to one's own (**свой**) and someone else's (**егó, её, их**).

The Russian possessive modifier **свой** — *one's own* always refers to the subject of the clause. Its specific meaning depends on the grammatical subject.

Я забóчусь		I take care of *my* [*own*] health.
Ты забóтишься		You take care of *your* [*own*] health.
Он забóтится		He takes care of *his* [*own*] health.
Онá забóтится	о **своём** здорóвье.	She takes care of *her* [*own*] health.
Мы забóтимся		We take care of *our* [*own*] health.
Вы забóтитесь		You take care of *your* [*own*] health.
Они́ забóтятся		They take care of *their* [*own*] health.

In such sentences, the possessive modifiers **егó, её,** and **их** refer to someone else's.

Он забóтится о **своём** здорóвье.	He takes care of *his* [*own*] health.
vs.	
Он забóтится о **егó** здорóвье.	He takes care of *his* [*someone else's*] health.
Онá забóтится о **своём** здорóвье.	She takes care of *her* [*own*] health.
vs.	
Онá забóтится о **её** здорóвье.	She takes care of *her* [*someone else's*] health.
Они́ забóтятся о **своём** здорóвье.	They take care of *their* [*own*] *health.*
vs.	
Они́ забóтятся об **их** здорóвье.	They take care of *their* [*someone else's*] health.

Therefore, **свой** is obligatory for sentences that refer back to a third-person subject (**он, онá, они́, мой брат, мои́ друзья́,** and so forth), but it is optional for sentences whose subject is **я, ты, мы,** or **вы.** Both of the following sentences mean the same thing:

Я забóчусь о **своём** здорóвье.   Я забóчусь о **моём** здорóвье.

Since **свой** takes its meaning from the subject of the clause it cannot modify the subject.

Ма́ша забо́тится о **свое́й** ма́ме.

> Refers BACK to the subject.

?

Её ма́ма забо́тится о де́тях.

> Can't use **свой** because it modifies the grammatical subject.

Once you begin a new clause, the **свой** is no longer in effect.

Он ду́мает, что **его́** сестра́ не забо́тится о своём здоро́вье.	He thinks *his* [*own*] sister does not take care of her health.

It would be *incorrect* in the sentence above to write **Он ду́мает, что своя́ сестра . . .**
Свой is declined just like **твой,** except that its nominative case forms **свой, своя́, своё, свои** are used only under special circumstances.

Acc. Анна ви́дит **своего́** сосе́да (**свою́** сосе́дку, **свои́х** сосе́дей).
Gen. Анна была́ у **своего́** сосе́да (у **свое́й** сосе́дки, у **свои́х** сосе́дей).
Prep. Анна ду́мала о **своём** сосе́де (о **свое́й** сосе́дке, о **свои́х** сосе́дях).
Dat. Анна помога́ет **своему́** сосе́ду (**свое́й** сосе́дке, **свои́м** сосе́дям).
Instr. Анна говори́ла со **свои́м** сосе́дом (со **свое́й** сосе́дкой, со **свои́ми** сосе́дями).

Упражнение

7-35 **Вы́берите ну́жное сло́во.**

1. Пе́тя и (его́/свой) знако́мый занима́ются спо́ртом. Они́ забо́тятся (об их/о своём) здоро́вье.
2. Аня и (её/своя́) знако́мая занима́ются аэро́бикой. Они́ забо́тятся (об их/о своём) здоро́вье.
3. Оля не занима́ется спо́ртом. Она́ не забо́тится о (её/своём) здоро́вье.
4. Юля получи́ла но́вую рабо́ту. Она́ о́чень дово́льна (её/свое́й) но́вой рабо́той.
5. Жа́нна лю́бит (её/свою́) сестру́.
6. Как зову́т (её/свою́) сестру́?
7. Ва́ня расска́зывает о (его́/своём) бра́те.
8. Где живёт (его́/свой) брат?
9. Со́ня игра́ет в те́ннис (с её/со свое́й) ма́мой.
10. (Её/Своя́) ма́ма хорошо́ игра́ет в те́ннис.
11. Па́ша и Аля подари́ли (их/свои́м) де́тям кни́ги на Но́вый год. Де́ти о́чень дово́льны (их/свои́ми) но́выми кни́гами.

> ➤ *Complete Written Exercises 13–15 in the S.A.M.*

Давайте почитаем

7-36 Заду́мчивый вундерки́нд. The journal *Спу́тник* is similar to *Reader's Digest*. One of its regular features, **Персо́ны гра́та и нон-гра́та,** runs short human-interest stories. Read the following article from **Спу́тник** and answer these questions.

1. Где у́чится Саве́лий Косе́нко?
2. Чем он *не* занима́ется?
3. Как он прово́дит свобо́дное вре́мя?
4. Ско́лько ему́ лет?
5. Ско́лько ему́ бы́ло лет, когда́ он пошёл в шко́лу?
6. В како́м кла́ссе он на́чал учи́ться?
7. Когда́ он поступи́л в вуз?
8. Там он изуча́ет матема́тику и́ли му́зыку?
9. Ско́лько ему́ бы́ло лет, когда́ он научи́лся чита́ть?
10. На како́м музыка́льном инструме́нте он неда́вно научи́лся игра́ть?

Персоны грата и нон-грата

ЗАДУМЧИВЫЙ ВУНДЕРКИНД

Студент факультета информатики и систем управления МГТУ имени Баумана Савелий КОСЕНКО не интересуется политикой, не жует жвачку, не любит сленг и эротику, никогда не пользуется шпаргалками. Всю свою стипендию он без остатка и сожаления отдает маме, которую считает своим лучшим другом. В свободное от занятий время он любит решать задачи и гонять футбол с пацанами. Савелию. . . 11 лет.

Его мама, Елена Борисовна, не видит ничего странного в том, что сын в семь лет пошел в шестой класс общеобразовательной школы, а в 11 поступил в один из наиболее сложных технических вузов России. Ведь читать мальчик научился уже в два года. В четыре решал довольно сложные математические задачи и часто спорил с мамой, настаивая на своем варианте. Сейчас разногласия прекратились: программа маме не по силам. А недавно Савелий самостоятельно научился играть на фортепьяно и теперь сочиняет музыку.

11. **Cognates.** Find as many words related to English as you can.

12. **Learning from context:**

   a. If **жва́чка** is *chewing gum*, what does **жева́ть (жую́, жуёшь)** mean?

   b. What is the most likely meaning of **гоня́ть?**

i. chase	iii. design
ii. compose	iv. study

   c. **Самостоя́тельно** is made up of two roots. What are they? What then must **самостоя́тельно** mean?

   d. What is the most likely meaning of **сочиня́ть?**

i. chase	iii. design
ii. study	iv. compose

13. **Как по-ру́сски?**

   a. he hands over (his stipend to his mother)

   b. at (7) years of age

   c. the disagreements have ceased

Слова́рь

вуз (вы́сшее уче́бное заведе́ние) — *college-level institution* (lit. *higher education institution*)

наста́ивая на своём вариа́нте — *defending his position*

(кому́) **не по си́лам** — *beyond (one's) ability*

общеобразова́тельная шко́ла — *regular public school* (**обще** = *general;* **образова-** = *educate: general education school*)

паца́н — *kid; guy*

реша́ть зада́чи — *solve* (math) *problems*

спо́рить — *to argue*

стра́нный — *strange*

шпарга́лка — *crib sheet*

7-37 Дава́й пойдём на конце́рт!

Major Russian cities feature a very active concert season. Concert life in Moscow is as rich and varied as New York's. Take a look at this small sample of classical concerts below and decide where you want to go this week.

Концерты с 8 по 16 февраля

Московская государственная консерватория им. П. И. Чайковского

Б. Никитская ул., 13. м. «Библиотека имени Ленина». Касса Большого зала: 12.00–15.00, 16.00–19.00 без выходных (12.00–18.00 — предварительная продажа, 18.00–19.00 продажа на текущий концерт).

Концерты в Большом зале:

чт 8. 19.00. Шопен. Концерт № 1 для фортепиано с оркестром. Концерт № 2 для фортепиано с оркестром. Глазунов. «Шопениана». Сюита из сочинений Шопена. Академический симфонический оркестр Московской филармонии, дирижер — Юрий Симинов, солист — Александр Гиндин (фортепиано).

пт 9. 19.00. Л. Бернстайн. «Чичестерские псалмы» для хора, дисканта, органа, арфы и ударных. В. Дашкевич. «Семь зарниц Апокалипсиса». (Первое исполнение в Москве). Канчели. «Amao omi» (Война бессмысленна) для смешанного хора и четырех саксофонов. Московский государственный академический камерный хор. Дирижер — Владимир Минин, солист — Борислав Струлев (виолончель).

сб 10. 14.00. Концерт учащихся детских музыкальных школ г. Москвы. Вход по бесплатным билетам.

сб 10. 19.00. Р. Штраус. «Тиль Уленшпигель». Брух. Концерт № 1 для скрипки с оркестром. Концерт для скрипки и альта с оркестром. П. Штраус. «Смерть и просветление». Симфоническая поэма. Государственный академический симфонический оркестр им. Е. Ф. Светланова. Дирижер — Марк Горенштейн, солисты — Максим Федотов (скрипка), Георгий Капитонов (альт).

пн 12. 19.00. Брамс. Концерт № 1 для скрипки с оркестром. Симфония № 2. Большой симфонический оркестр им. П. И. Чайковского. Дирижер — Владимир Федосеев, солист — Елизавета Леонская (Австрия).

Концертный зал имени П. И. Чайковского

Триумфальная площадь, 4/31. м. «Маяковская». Касса: 12.00–15.00, 16.00–18.30.

чт 8. 19.00. Творческий вечер композитора Александра Клевицкого.

пт 9. 19.00. Органисты парижских соборов. Филипп Лефебр (Собор Парижской Богоматери).

вт 13. 19.00. Шуман. Симфония № 4. Шуберт. Месса для солистов, хора и оркестра. Симфоническая капелла России.

Дирижер — Валерий Полянский, солисты — Елена Семенова (сопрано), Людмила Кузнецкая (меццо-сопрано), Андрей Кузнецов (тенор), Александр Киселев (бас).

ср 14. 19.00. «Брызги шампанского». Танго 20-х – 40-х годов XX века. Камерный «Вивальди-оркестр». Дирижер и солистка — Светлана Безродная.

чт 15. 19.00. Бах. Гарри Гродберг (орган).

пт. 16. 19.00. Памяти Андрея Петрова. Музыка из кинофильмов «Берегись автомобиля», «Человек-амфибия», «Осенний марафон» и др. Симфонический оркестр кинематографии. Дирижер — Сергей Скрипка. Ведущие — Алиса Фрейндлих, Леонид Серебренников. Принимают участие Владимир Качан, Тамара Гвердцители, Эльдар Рязанов.

Вопро́сы к те́ксту:

1. Назва́ния каки́х инструме́нтов вы ви́дите в э́том те́ксте? Каки́х компози́торов вы зна́ете?
2. На како́й конце́рт вы пойдёте, е́сли вы лю́бите совреме́нную (но́вую) му́зыку?

3. Ваш знако́мый, пиани́ст, приезжа́ет в Москву́. Он хо́чет послу́шать конце́рт фортепиа́нной му́зыки. Куда́ вы вме́сте пойдёте?

4. А е́сли вы лю́бите Шопе́на?

5. Вам нра́вится му́зыка для кино́. Како́й конце́рт вас интересу́ет?

6. Вас интересу́ют та́нцы. Куда́ вы пойдёте?

7. Вы рабо́таете недалеко́ от Триумфа́льной пло́щади с 10.00 до 18.00 и хоти́те пойти́ на конце́рт по́сле рабо́ты. Когда́ вы мо́жете купи́ть биле́ты?

8. Вы хоти́те купи́ть биле́ты на конце́рт в консервато́рию, но вы не хоти́те попа́сть в переры́в. Когда́ ка́сса Большо́го за́ла консервато́рии закры́та днём?

переры́в – break

9. Как по-ру́сски:
   a. conductor
   b. composer
   c. choir

7-38 Ещё немно́го о Ра́мосах.

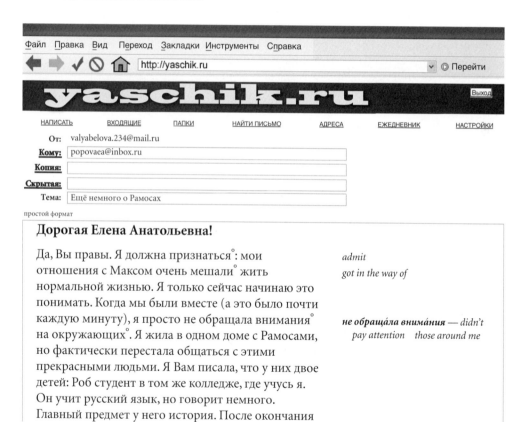

Дорога́я Еле́на Анато́льевна!

Да, Вы пра́вы. Я должна́ призна́ться°: мои отноше́ния с Ма́ксом о́чень меша́ли° жить норма́льной жи́знью. Я то́лько сейча́с начина́ю э́то понима́ть. Когда́ мы бы́ли вме́сте (а э́то бы́ло почти́ ка́ждую мину́ту), я про́сто не обраща́ла внима́ния° на окружа́ющих°. Я жила́ в одно́м до́ме с Ра́мосами, но факти́чески переста́ла обща́ться с э́тими прекра́сными людьми́. Я Вам писа́ла, что у них дво́е дете́й: Роб студе́нт в том же ко́лледже, где учу́сь я. Он у́чит ру́сский язы́к, но говори́т немно́го. Гла́вный предме́т у него́ исто́рия. По́сле оконча́ния

admit
got in the way of

не обраща́ла внима́ния — *didn't pay attention*   *those around me*

университета собирается поступать в юридический институт. Кстати, в Америке на некоторые профессии, напр., на врача, юриста или менеджера в большой фирме, надо учиться долго: 4 года в университете, а затем 2–3 года на специализированном факультете или в аспирантуре.

Анна в последнем классе школы, думает поступать в университет подальше отсюда. Хочет жить самостоятельно°, что родители очень одобряют°. Впрочем°, здесь принято жить отдельно° от родителей раньше, чем у нас.

independently   encourage
but then   separately

Так вот. У Рамосов много своих «семейных» игр, т.е. таких, которые они сами придумали. Одна из них называется Non sequitur, что на латыни значит «то, что не следует». Правила игры самые простые. Первый игрок говорит, что приходит в голову, типа° «я играю в покер». Следующий должен дать любой НЕЛОГИЧНЫЙ ответ, который вообще не относится к этой теме, напр., «русские школьники будут учиться 12 лет». Но если он скажет что-нибудь, что можно было бы интерпретировать как логичный ответ («а русские школьники учатся играть в волейбол»), он теряет° очко°.

like (lit. *of the type*)

loses   point (in a game)

Типичный разговор получается° такой:

comes out

— Русские играют на балалайке.
— Мы не любим, когда наша собака громко° лает.
— Когда начали танцевать твист?
— А как Битлз стали известными?

loudly

Как раз последнюю реплику° можно рассматривать как логичное продолжение разговора, и игрок теряет очко.

line (in a dialog, play, film, etc.)

Казалось бы°, очень простая игра. Но после первых предложений° она становится страшно сложной! Очень трудно не обращать внимания на то, что только что было сказано!

would
sentences

А теперь могу похвастаться°. После нескольких туров° этой игры чемпионом семьи стала я! Мне кажется, что это связано° с тем, что° английский для меня не родной язык (все Рамосы двуязычные). Поэтому мне легче отключиться от того, что было сказано. Было бы интересно попробовать° эту игру дома на русском языке.

boast
rounds
connected   **с тем, что** — *with the fact that*

to try out

Валя

← → ✓ ⊘ ⌂ | http://yaschik.ru | ▾ | ◉ Перейти

yaschik.ru

Выход

От: popovaea@inbox.ru
Кому: valyabelova.234@mail.ru
Копия:
Скрытая:
Тема: Ещё немного о Рамосах

простой формат

Здравствуй, Валя!

Это такая интересная игра! Я сразу рассказала о ней моей дочке (если помнишь, ей 12 лет). Она рассказала всем своим друзьям, и теперь они играют в Non sequitur всё время. Проблема возникает°, только когда они начинают ссориться, какие ответы логичные и какие нелогичные. Мне самой часто приходится решать эти вопросы. Но игра действительно развлекает, а главное — отвлекает их от компьютерных игр и телевизора и вызывает° интерес к языку.

arises

call forth

Мне кажется, что можно использовать° её на уроках иностранного языка. Я обязательно это предложу Лидии Андреевне для её английского!

make use of

Е.

1. Вопросы

а. Почему́ Ва́ля счита́ет, что порва́ть с Ма́ксом бы́ло пра́вильным реше́нием?

б. Ско́лько лет на́до учи́ться в Аме́рике, что́бы стать юри́стом?

в. Ско́лько лет для э́того на́до учи́ться в Росси́и?

г. Кто приду́мал игру́, о кото́рой расска́зывает Ва́ля? Как она́ называ́ется?

д. Ва́ле нра́вится э́та игра́?

е. Почему́ Ва́ля хорошо́ игра́ет в э́ту игру́?

ж. Как вы ду́маете, тру́дно ли игра́ть в э́ту игру́?

з. Что ду́мает Еле́на Анато́льевна об э́той игре́?

и. Где мо́жно по́льзоваться э́той игро́й?

к. О чём иногда́ спо́рят игроки́?

л. Кому́ Еле́на Анато́льевна хо́чет рассказа́ть об игре́? Почему́?

2. Язык в контексте

a. Introductory expressions. So far you have seen **ме́жду про́чим** — *by the way*. In this e-mail exchange we see two more similar expressions: **кста́ти** (also *by the way*), and **впро́чем** — *but then again; on the other hand.*

b. **Learning and studying (continued).** You already know several ways to say you're studying for a profession by naming the subject or department: **Я изучаю медицину. Я учусь на медицинском факультете.** You can also say **Я учусь на** + the accusative case of the name of the profession (always animate): **Я учусь на врача, они учатся на юриста,** etc.

c. **Verbs of stopping.** English uses the verb *stop* to cover a great deal of semantic territory, but it requires different verbs in Russian:

останавливаться/остановиться — *to stop while in motion; to stay over* (at a house, hotel). You saw this verb when Max's car broke down and they had to stop.

переставать (перестаю, перестаёшь)/перестать (перестану, перестанешь) — *to stop or quit an activity.* **Валя перестала общаться с друзьями.** — *Valya stopped seeing her friends.*

d. **Negated direct objects in the genitive case.** Valya says that she just hadn't been paying attention to the people around her: **просто не обращала внимания на окружающих.** *Attention* is **внимание.** *To pay attention* is **обращать/обратить внимание.** But when Valya *doesn't* pay attention, **внимание** appears in the genitive: **внимания.** Negated direct objects often but not always appear in the genitive. At this stage in your Russian, you can consider this kind of genitive negation optional.

e. **Verbs of arguing.** Russian has two: **спорить/поспорить** — *to debate* and **ссориться/поссориться** — *to quarrel.*

f. **"False" negatives: несколько, некоторые.** In Unit 4, you learned the word **несколько** + genitive — *several.* **Некоторые** means *certain ones* and functions as a normal adjective.

g. **Use.** You already have seen **пользоваться (пользуешься) чем. Использовать (используешь)** is similar in meaning but is not reflexive and takes a direct object.

h. **Word roots and contextualized meanings**

влек > **развлекательные программы**
Собака громко лает. What do dogs do loudly?
предлагать/предложить — *to propose* < **пред** – *in front* + **лож** – *pose.*
   Remember that *ложиться спать* is *to go to bed*, that is, *to go into re**pose**.*

7-39 **Чтение для удовольствия. Спорт в русской литературе.**

Илья Ильф и Евгений Петров

This condensed version of an Ilf and Petrov essay on a Moscow soccer game may remind you of games you have seen or heard about.

Before reading the text, think about what you might expect to hear about in a report about a soccer game. Jot down a few ideas. Then read the text and answer the questions below.

Любители футбо́ла (Soccer Fans, 1931)

Для всех гра́ждан° ле́то ко́нчилось. Гра́ждане уже́ хо́дят в кало́шах°, поко́рно ожида́ют° гри́ппа°, ча́сто подхо́дят к тру́бам° центра́льного отопле́ния° и ласка́ют° их холо́дными рука́ми.

А для ревни́телей° футбо́ла — ле́то ещё **в са́мом разга́ре**. Те́сно° сидя́т они́ на стадио́не, накры́в° го́ловы газе́тами, и по их щека́м° стека́ют° то́лстые° ка́пли°. И неизве́стно — дождь ли бежи́т° по щека́м ревни́телей и́ли слёзы° восто́рга° пе́ред кла́ссной° игро́й.

Не́сколько раз в году́ быва́ют све́тлые° и удиви́тельные°, **почти́ что** противоесте́ственные° дни, когда́ в Москве́ не происхо́дит° ни одного́ заседа́ния°. Не звеня́т° в э́ти дни председа́тельские° колоко́льчики°, **никто́ не про́сит сло́ва к поря́дку веде́ния собра́ния,** не слышны́° замоги́льные° голоса́ докла́дчиков°.

Все ушли́. Ушли́ на стадио́н «Дина́мо» смотре́ть футбо́л.

Со всех сторо́н на Страстну́ю пло́щадь стека́ются° люби́тели футбо́льной игры́, ю́ные° и пожилы́е° ревни́тели физкульту́ры°. Отсю́да° на стадио́н «Дина́мо» **ведёт пряма́я доро́га**. Отсю́да многоты́сячные то́лпы иду́т напроло́м°.

Именно° здесь, на э́той прямо́й°, образо́ванной° из Тверско́й у́лицы, Ленингра́дского шоссе́ и **«показа́тельного киломе́тра»**, произошёл° пе́рвый и пока́ еди́нственный° в ми́ре слу́чай, когда́ пешехо́ды° задави́ли° автомоби́ль.

Повторя́ем°. Не автомоби́ль задави́л пешехо́да, а пешехо́ды задави́ли автомоби́ль.

Дра́ма разыгра́лась° на «показа́тельном киломе́тре». Нетерпели́вые° ревни́тели футбо́ла, зави́дев° шерохова́тые° се́рые бастио́ны «Дина́мо», просве́чивавшие° сквозь° ку́щи° Петро́вского па́рка, **разви́ли недозво́ленную ско́рость** и мгнове́нно° смя́ли° ми́рно° пересека́вший доро́гу «фо́рдик», моде́ль «А». «Форд» визжа́л°, как за́йчик°. Но бы́ло по́здно. По нему́ прошло́ пятьдеся́т ты́сяч челове́к, по́сле чего́ потерпе́вший°, есте́ственно°, **был сдан в ути́ль.**

Положе́ние° обыкнове́нных гра́ждан в тако́й день ужа́сно°. Все **пути́ сообще́ния** за́няты люби́телями. **Разма́хивая рука́ми** и гро́мко деля́сь° дога́дками° насчёт° предстоя́щей° игры́, они́

citizens	
galoshes; submissively; await; flu	
pipes; heating	
caress	
fans; **at its height**	
closely packed; having covered	
cheeks; flow	
fat; drops; running	
tears; of ecstasy	
fantastic	
bright	
surprising; **almost;** unnatural	
occurs	
meeting; ring; chairmen's	
little bells; **no one objects to the agenda**	
audible; from beyond the grave	
speakers	
From all sides	
flow together; молодьíе	
ста́рые; спо́рта; from here	
leads a direct road	
crowds; inexorably	
Precisely; direct (road); composed (of)	
"model kilometer"; occurred	
for now; only; case	
pedestrians; crushed	
We repeat.	
was played out	
impatient	
having seen; jagged	
shining; through; greenery	
built up to an illegal speed; in a flash	
crushed; innocently; crossing	
squealed; rabbit	
victim; naturally; **was hauled away for scrap**	
position	
awful; **доро́ги**	
waving their arms; sharing	
guesses; about; forthcoming	

захва́тывают° ваго́ны, мостовы́е°, тротуа́ры°, seize; доро́ги; sidewalks
окружа́ют° одино́чные такси́ и с мо́лящими° surround; begging
ли́цами° про́сят° шофёра отвезти́° их на стадио́н, faces; ask; to drive
про́сят как ни́щие°, со слеза́ми на глаза́х. beggars

В о́бщем°, **так и́ли ина́че**, счастли́вые° So; *in any event*; lucky
облада́тели° биле́тов (обы́чно э́то организо́ванные possessors
че́рез завко́мы зри́тели°) подбира́ются° к стадио́ну. spectators; make their way
Здесь их ожида́ют ещё бо́льшие° то́лпы. Это bigger
неорганизо́ванные зри́тели, кото́рые биле́тов не
доста́ли° и не доста́нут. Пришли́ они́ в наде́жде° на got; hope
чу́до°. miracle

Расчёт° просто́й: у кого́-нибудь из пяти́десяти calculation
ты́сяч заболе́ет° жена́ и́ли прия́тель. «Быва́ют же will get sick; friend
таки́е слу́чаи»°, — мечта́ет° неорганизо́ванный cases; dreams
зри́тель. И э́тот «кто́-нибудь» продаёт свой биле́т.
Или вдруг како́й-нибудь полусумасше́дший° half-insane
индиви́дуум, проби́вшись° **к са́мым воро́там** having made his way; *to the very gates*
се́верной трибу́ны°, разду́мает°; вдруг кто́-то **не** stand; will change his mind
захо́чет идти́ на матч. И то́же прода́ст свой биле́т. ***won't want***

Но напра́сно° неорганизо́ванный зри́тель in vain
уми́льно° загля́дывает° в глаза́ зри́теля ingratiatingly; glances
организо́ванного и шёпчет°: whispers
— Нет у вас ли́шнего° биле́тика? an extra

Всё напра́сно. Жёны и прия́тели в тако́й день не
боле́ют, а полусумасше́дших индиви́дуумов **и во́все** ***just don't exist***
нет.

Утвержда́ют°, впро́чем°, что како́й-то оригина́л They say; however
предложи́л° свобо́дный биле́т **на кру́глую трибу́ну.** offered; ***box***
Едва́° он сообщи́л° об э́том, как утону́л° в толпе́ as soon as; announced; drowned
неорганизо́ванных зри́телей. Мину́ты две
продолжа́лось° тяжёлое топта́нье° и возня́°, а когда́ continued; stampede; chaos
все разошли́сь° с раскрасне́вшимися° ли́цами, **на ме́сте** dispersed; reddened
происше́ствия бы́ли на́йдены° то́лько две пиджа́чные ***at the site of the occurrence***; found
пу́говицы и ку́чка° пе́пла°. И никто́ **до сих пор** не зна́ет, buttons; a little pile; of ashes; ***up to now***
куда́ дева́лся° опроме́тчивый° со́бственник° биле́та. disappeared; hasty; owner

За полчаса́ до нача́ла ма́тча, когда́ зри́тель идёт *A half hour before*
косяко́м, как сельдь, а маши́ны, собра́вшиеся° со всей ***packed like sardines***; gathered
Москвы́, выстра́иваются° в дли́нную весёлую ле́нту°, arrange themselves; ribbon
кинофа́брика высыла́ет **съёмочную гру́ппу,** кото́рая sends out; ***camera crew***
бы́стро накру́чивает° ка́дры°, изобража́ющие° films; shots; depicting
у́личное движе́ние в Нью-Йо́рке. Это необходи́мо° necessary
для карти́ны «Аку́ла° капита́ла». shark

Наконе́ц звучи́т четырёхто́нный суде́йский° referee's
гудо́чек°. Все нево́льно° вздыха́ют°. Куря́щие° зара́нее° whistle; unwittingly; sigh; smokers; in advance
заку́ривают°, что́бы° пото́м не отвлека́ться°, а light up; in order; to get distracted

некуря́щие кладу́т° в рот° мя́тные° драже́° и не́рвно **цо́кают языка́ми.**

Матч прохо́дит с возмуща́ющей° ду́шу° люби́теля быстрото́й. Хотя́ игра́ дли́тся° полтора́° часа́, но люби́телю чу́дится°, что его́ обману́ли°, что игра́ли то́лько две мину́ты. И да́же в э́ти две мину́ты судья́° был я́вно° пристра́стен° к одно́й из сторо́н и вообще́, **будь он,** люби́тель, на по́ле°, всё **бы́ло бы** гора́здо интере́сней, пра́вильней° и лу́чше.

Но **всё же** люби́тель футбо́ла хоро́ший и настоя́щий челове́к. Он мо́лод. Он волну́ется, кипи́т°, **боле́ет душо́й,** высоко́ це́нит° дру́жную игру́ кома́нды°, то́чную° переда́чу° мяча́° и ве́рный° уда́р° по воро́там. Он не лю́бит **так называ́емых** индиви́дуумов, кото́рые игра́ют **са́ми за себя́** и по́ртят° всю чуде́сную му́зыку футбо́ла.

Коне́ц второ́го та́йма прохо́дит° в су́мерках°. В э́ту ти́хую° мину́ту, когда́, **для того́ чтобы отыгра́ться,** остаётся° то́лько не́сколько драгоце́нных° мгнове́ний° и игра́ достига́ет° преде́льного° напряже́ния°, с ме́ста° поднима́ется° пе́рвый пижо́н° в бе́лой за́мшевой° ке́пке° и, ступа́я° по нога́м, устремля́ется° к вы́ходу. Его́ увлека́ет° мечта́ попа́сть в пусто́й° ваго́н трамва́я. Сейча́с же, **вслед за э́тим собы́тием,** определя́ется° число́° пижо́нов, прису́тствующих° на ма́тче. Их приме́рно° три ты́сячи челове́к. Они́ срыва́ются° с ме́ста и, обезу́мев°, бегу́т к вы́ходу. Это жа́лкие° лю́ди, кото́рым трамва́й доро́же футбо́ла. Их презира́ют° как штрейкбре́херов°.

В то вре́мя как они́ с ви́згом°, куса́я° **друг дру́га,** бо́рются° за месте́чко° на коне́чной° остано́вке трамва́я, весь масси́в° зри́телей пережива́ет° после́дние неповтори́мые° комбина́ции° футбо́льного бо́я°.

И ещё мину́ту спустя́° по́сле фина́льного свистка́° все сидя́т° неподви́жно°, встаю́т без суеты́° и чи́нно° выхо́дят на шоссе́°, **поднима́я облака́ пы́ли.** Тут, на «показа́тельном киломе́тре», обсужда́ется° игра́ и **выно́сятся оконча́тельные сужде́ния о том и́ли ино́м игроке́.**

Здесь **пло́хо прихо́дится одино́чке. Хо́чется подели́ться,** а **подели́ться не́ с кем.** С жа́лобной° улы́бкой° подбега́ет° одино́чка к гру́ппам и загова́ривает° с ни́ми. Но все за́няты спо́ром°, и появле́ние° но́вого собесе́дника° встреча́ется° хо́лодно.

---

put; mouth; mint; candies
click their tongues

exasperating; soul
lasts; one and a half
kájemcя; deceived

referee; clearly; biased
if he were; field
would be; more correct
even so

*seethes; **roots with all his heart;** values*
team; precise; passing; ball; accurate
*kick; goalposts; **so-called***
for themselves
ruin

takes place; twilight
*quiet; **to win back***
remains
valuable; moments; reaches
maximum; tension; seat; gets up
twit; suede; cap; stepping
fights his way; exit; carried away
empty
after this event; *is defined; number*
present; approximately
tear themselves away
gone insane; pathetic
scorn
strike-breakers

While; *shriek; biting;* **each other**
fight; place; last
mass; experiences
irreplaceable; moves
fight

later
whistle; sit; motionless; fuss
in orderly fashion; highway
raising clouds of dust
*is discussed; **final judgments are heard about one player or another***

It's tough for the lone spectator
He feels like sharing; no one to share with; *pitiful; smile; runs up*

strikes up conversation; argument
appearance; interlocutor; is met

На после́днем большо́м ма́тче **приключи́лась** ... *an awful thing happened*
беда́ с вели́ким° люби́телем футбо́ла. Он был на ... *great*
стадио́не в большо́й компа́нии°, но **при вы́ходе**° ... *group of friends; at the exit*
растеря́л° прия́телей° в толпе́. И случи́лось для него́ ... *lost; friends*
са́мое ужа́сное — не́ с кем бы́ло подели́ться
впечатле́ниями°. ... *impressions*

Он мета́лся° среди́° чужи́х° равноду́шных° ... *ran around; among; unknown; indifferent;*
спин°, не зна́я°, что де́лать. **Не бу́дучи в си́лах** ... *backs; knowing;* **Unable to restrain his**
сдержа́ть чу́вства, он реши́л посла́ть° кому́- ... **feelings;** *to send*
нибудь телегра́мму. Но кому́?

Результа́том всего́ э́того яви́лось° сле́дующее° ... *was; following*
происше́ствие°: в го́роде Сызра́ни, но́чью, ... *event*
почтальо́н° разбуди́л° ми́рного° служа́щего°, дя́дю ... *postman; woke up; peaceful; civil servant*
ука́занного° люби́теля, и вручи́л° ему́ телегра́мму. ... *aforementioned; handed*
До́лго стоя́л захолу́стный° дя́дя, переступа́я° ... *provincial; moving slowly;*
босы́ми нога́ми по холо́дному по́лу и **си́лясь** ... **barefoot; trying to figure out**
разобра́ть непоня́тную депе́шу°: ... *dispatch*

«Поздравля́ю° счётом° три два по́льзу° сбо́рной° ... *Congratulations; score; in favor; (our) team*
тчк° Ту́рции° выделя́лся° ле́вый край° Ре́бии ... *"stop" (то́чка, period); Turkey; was outstanding;*
зпт° больши́м та́ктом суди́л° Кема́ль Рифа́т зпт ... *wing; (запята́я, comma); refereed;*
обра́дуй° тётю». ... *make happy*

Дя́дя не спал но́чью. Тётя пла́кала° и то́же ... *cried*
ничего́ не понима́ла.

Слова́рь

бежа́ть (*impf.*) — *to run*
   (**бег-у́, беж-и́шь, бег-у́т**)
боле́льщик — *fan* (contemporary word not in this story)
боле́ть (за кого́/что) — *to root for*
   (**боле́-ю, -ешь, -ет**)
граждани́н (*pl.* **гра́ждане**) — *citizen*
дели́ться/подели́ться (чем) — *to share something*
   (**дел-ю́сь, де́л-ишься, -ятся**)
доставáть/доста́ть — *to get* (with difficulty)
   (**доста-ю́, -ёшь, -ю́т; доста́н-у, -ешь, -ут**)
завко́м = **заводско́й комите́т** — *factory committee*
зпт = **запята́я** — *comma*
игра́ — *game, playing*
интере́сней = **интере́снее**
кру́глая трибу́на — *box*
люби́тель — *fan* (note: today the word is **боле́льщик**)
«показа́тельный киломе́тр» — the "model kilometer" of Leningrad
   Avenue [Ленингра́дский проспе́кт] between the Belorussian train station and
   Dinamo Stadium, meant to be a model of new urban planning in 1931

пра́вильней = **пра́вильнее**
продава́ть/прода́ть — *to sell*
   (**прода-ю́, -ёшь, -ю́т**)
   (**прода́м, прода́шь, прода́ст, продади́м, продади́те, продаду́т**)
сбо́рная — *united team* (for a championship match)
тайм — *period; half*
физкульту́ра = **физи́ческая культу́ра (спорт)** — *exercise; gym* (class)
тчк = **то́чка** — *period*

Вопро́сы:

1. If **оди́н** is one, what do these expressions mean?
   - одино́чные (такси́)
   - одино́чки

2. Как по-ру́сски?
   - in hopes of a miracle
   - with tears in their eyes
   - It was too late.
   - Do you have an extra ticket?
   - stepping on people's feet

3. Как по-англи́йски?
   - многоты́сячные
   - безрезульта́тно
   - пиджа́чные пу́говицы
   - кинофа́брика
   - четырёхто́нный

4. Here is the likely complete text of the telegram.

   Поздравля́ю со счётом три два в по́льзу сбо́рной (Росси́и). В кома́нде Ту́рции выделя́лся ле́вый край Ре́бии, и с больши́м та́ктом суди́л Кема́ль Рифа́т, обра́дуй тётю.

   What is left out in the text of telegrams? Why?

5. Note that in Russian you can put participial phrases (phrases that include verbal adjectives) in front of nouns.

Ми́рно пересека́вший доро́гу «фо́рдик».	a Ford innocently crossing the road
Матч прохо́дит с возмуща́ющей ду́шу люби́теля быстрото́й.	The game goes by with a speed that exasperates a fan's soul. (The game goes by with exasperating speed.)

6. Note the use of verbal adjectives. (See the explanations in Unit 5, **Давайте почита́ем.**)

Present Active (**они́** form of the verb, minus final **-т,** plus **-щий**)

возмуща́ющий куря́щий, некуря́щий прису́тствующий	возмуща́ть кури́ть прису́тствовать	возмуща́-ют ку́р-ят прису́тству-ют	exasperating smoker, nonsmoker present (attending)

Past Active (masculine past-tense form, minus **-л,** plus **-вший**)

собра́вшийся раскрасне́вшийся	собра́ться раскрасне́ться	собра́-л-ся раскрасне́-л-ся	the one who gathered the one who turned red

Present Passive (**мы** form, plus an adjectival ending)

так называ́емый неповторя́емый	называ́ть не повторя́ть	называ́-ем не повторя́-ем	so-called irreplaceable (*lit.* unrepeatable)

Past Passive (usually **-нн-** plus an adjectival ending; details will be explained in Unit 10)

организо́ванный ука́занный на́йденный	организова́ть указа́ть найти́	organized indicated (aforementioned) found

7. Note the use of verbal adverbs.

Imperfective (**они́** form, minus ending, plus **-я**)

разма́хивая рука́ми куса́я друг дру́га поднима́я облака́ пы́ли бу́дучи	разма́хивать куса́ть поднима́ть быть	разма́хива-ют куса́-ют поднима́-ют бу́д-ут	waving their arms biting each other raising clouds of dust being (*irregular*)

Perfective (masculine past-tense form, minus **-л,** plus **-в** for non-reflexive verbs and **-вшись** for reflexive verbs)

проби́вшись	проби́ться	проби́-л-ся	having made his way

Давайте послушаем

 7-40 Рекла́ма. You are about to listen to a radio advertisement for a physical
fitness club.

1. List three things you would expect to hear in a similar advertisement in your
   country.

2. Which of the following words do you expect to hear in this passage?

   самочу́вствие ю́ности — *healthy feeling of one's youth*
   подро́сток — *teenager, adolescent*
   стациона́рные велосипе́ды — *stationary bicycles*
   бодиби́лдинг — *body building*
   ведётся по мето́дике (кого́) — *is conducted based on the method (of. . .)*
   ма́стер спо́рта — *sports champion*
   вну́тренний — *indoor* (adj.)
   де́лать заря́дку — *to do calisthenics*

3. Listen to the passage for the following details.
   a. What facilities does this club offer?
   b. What groups of customers are targeted?
   c. What activities are offered?
   d. Outside of the facilities mentioned and the activities offered, what special
      features does the advertiser emphasize? Name at least two.
   e. Who is Vadim Ponomarenko? What is the gist of what he has to say?
   f. Where would one go for more information?

4. Как по-ру́сски?
   a. ping-pong
   b. football (*not soccer*)
   c. to visit our club

5. Как по-англи́йски?
   а. восто́чная борьба́
   б. борьба́
   в. тре́нер
   г. самозащи́та
   д. защи́та

6. Return to #2 above, and check off the words that you indeed heard in the passage.

Новые слова и выражения

NOUNS

спорт и и́гры	sports and games
аэро́бика	aerobics
бадминто́н	badminton
баскетбо́л	basketball
бейсбо́л	baseball
бокс	boxing
бо́улинг	bowling
гимна́стика	gymnastics
гольф	golf
гре́бля	rowing
заря́дка	(*physical*) exercise
карата́э	karate
лакро́сс	lacrosse
лёгкая атле́тика	track
насто́льный те́ннис	table tennis, ping-pong
па́русный спорт	sailing
ре́гби	rugby
ро́лики (*pl.*)	skates, rollerblades
те́ннис	tennis
фехтова́ние	fencing
фигу́рное ката́ние	figure skating
футбо́л	soccer
хокке́й	hockey
ша́хматы	chess

музыка́льные инструме́нты	musical instruments
альт	viola
ба́нджо	banjo
бараба́н	drum
валто́рна	French horn
виолонче́ль (*fem.*)	cello
гита́ра	guitar
гобо́й	oboe
кларне́т	clarinet
роя́ль	piano (*see* фортепиа́но *below*)
саксофо́н	saxophone
скри́пка	violin
тромбо́н	trombone
труба́	trumpet
ту́ба	tuba
фаго́т	bassoon

Новые слова и выражения

фле́йта	flute
фортепиа́но (*indecl.*)	piano (*but usually* я игра́ю на роя́ле)
конце́рт для фортепиа́но	piano concerto

други́е слова́ — **other words**

анса́мбль	ensemble
велосипе́д	bicycle
вид спо́рта	(*individual*) sport
дие́та	diet
ерунда́	nonsense
здоро́вье	health
игра́ (*pl.* и́гры)	game
кома́нда	team
ко́мплекс	complex, center
матч	(*sports*) match
осмо́тр	examination (*as in medical examination*)
пла́вание	swimming
похо́д	hike
приро́да (на)	nature
репети́ция	rehearsal
спортсме́н	athlete
спосо́бность (*fem.*) (к чему́)	aptitude (*for something*)
тала́нт (к чему́)	talent (*for something*)
тренажёр	exercise equipment; exerciser
тре́нер	coach
увлече́ние	hobby

ADJECTIVES

дово́лен/дово́льна (чем)	satisfied, happy (with)
ка́ждый	each
люби́тельский	amateur
медици́нский	medical
настоя́щий	real, genuine
Олимпи́йский	Olympic
прекра́сный	wonderful
свобо́дный	free
свой	one's own
си́льный	strong
спорти́вный	sport
стациона́рный (велосипе́д)	stationary (bicycle)
уве́рен (-а, -ы)	sure (of something)

Новые слова и выражения

VERBS

бе́гать (*impf.*)
   (бе́га-ю, -ешь, -ют)

to run

включа́ть/включи́ть
   (включа́-ю, -ешь, -ют)
   (включ-у́, -и́шь, -а́т)

to turn on

выи́грывать/вы́играть
   (выи́грыва-ю, -ешь, -ют)
   (вы́игра-ю, -ешь, -ют)

to win

вышива́ть (*impf.*)
   (вышива́-ю, -ешь, -ют)

to embroider

вяза́ть (*impf.*)
   (вяж-у́, вя́ж-ешь, -ут)

to knit

гуля́ть (*impf.*)
   (гуля́-ю, -ешь, -ют)

to stroll, take a walk

забо́титься (*impf.*) (о чём)
   (забо́ч-усь, забо́т-ишься, -ятся)

to take care (of something); watch out (for something)

занима́ться (*impf.*)(чем)
   (занима́-юсь, -ешься, -ются)

to be occupied (with something)

игра́ть/сыгра́ть (во что)
   (игра́-ю, -ешь, -ют)
   (сыгра́-ю, -ешь, -ют)

to play (a game or sport)

игра́ть (*impf.*) (на чём)

to play (a musical instrument)

интересова́ться/за- (чем)
   (интересу́-юсь, -ешься, -ются)

to be interested (in something); (*perf.*) to become interested in something

кури́ть (*impf.*)
   (кур-ю́, ку́р-ишь, -ят)

to smoke

мечта́ть (*impf.*) (+ *infinitive*)
   (мечта́-ю, -ешь, -ют)

to dream (of doing something)

обща́ться (с кем)
   (обща́-юсь, -ешься, -ются)

to talk with, chat

петь/с- (по-ю́, -ёшь, -ю́т)

to sing

пла́вать (*impf.*)
   (пла́ва-ю, -ешь, -ют)

to swim

поднима́ть (тя́жести)
   (поднима́-ю, -ешь, -ют)

to lift (weights)

по́льзоваться (*impf.*) (чем)
   (по́льзу-юсь, -ешься, -ются)

to use

проводи́ть вре́мя (*impf.*)
   (провож-у́, прово́д-ишь, -ят)

to spend time

Новые слова и выражения

проигрывать/проиграть (проигрыва-ю, -ешь, -ют) (проигра́-ю, -ешь, -ют)	to lose (a game)
проси́ть/по- (прош-у́, про́с-ишь, -ят)	to request
проходи́ть/пройти́ (прохож-у́, прохо́д-ишь, -ят) (пройд-у́, -ёшь, -у́т)	to pass through
пры́гать (*impf.*) (пры́га-ю, -ешь, -ют)	to jump
станови́ться/стать (кем) (становл-ю́сь, стано́в-ишься, -ятся) (ста́н-у, -ешь, -ут)	to become
счита́ть (*impf.*) (счита́-ю, -ешь, -ют)	to consider
танцева́ть/по- (танцу́-ю, -ешь, -ют)	to dance
учи́ть/на- (кого́ чему́/infinitive) (уч-у́, у́ч-ишь, -ат)	to teach (how to do something)
учи́ться/на- (+ *infinitive*) (уч-у́сь, у́ч-ишься, -атся)	to learn (how to do something)

ADVERBS

непра́вильно	incorrectly, irregularly
я́сно	clearly

CONJUNCTIONS

зато́	but on the other hand; to make up for it
что́бы	in order to

OTHER WORDS AND PHRASES

всё равно́ (кому́)	it doesn't matter (to someone); it's all the same (to someone)
занима́ться спо́ртом	to play sports
Как же так?	How come?! How can that be?
кро́ме того́	besides
Чем э́то пло́хо (хорошо́)?	What's bad (good) about that?
че́стно говоря́	to be honest
Что случи́лось?	What happened?

Новые слова и выражения

PASSIVE VOCABULARY

бежа́ть (*impf., unidirectional*)	to run
(бег-у́, беж-и́шь, бег-у́т)	
боле́льщик	sports fan
достава́ть/доста́ть	to get (with difficulty)
(доста-ю́, -ёшь, -ю́т)	
(доста́н-у, -ешь, -ут)	
мяч	ball
наро́дный	folk
по́мощь (*fem.*)	aid, help
профессиона́льный	professional

PERSONALIZED VOCABULARY

_____

_____

_____

_____

_____

_____

Связь и коммуникации

Коммуникативные задания

- Using the Internet and Internet cafés
- Reading and responding to personal ads

Грамматика

- Sending things: **посыла́ть/посла́ть, отправля́ть/отпра́вить**
- From: **от** vs. **из** vs. **с**
- Put: **класть/положи́ть, ста́вить/поста́вить**
- Saying you miss someone or something: **скуча́ть по кому́/чему́**
- The whole (**весь**) vs. everyone (**все**) vs. everything (**всё**)

- Себя́
- Speaking in generalities: **ты** without **ты** constructions

Чтение для удовольствия

- Че́хов. «Ва́нька»

Культура и быт

- E-mail addresses and URLs
- **На по́чте:** Sending letters and packages

Точка отсчёта

О чём идёт речь?

8-1 Что де́лает Ле́на со свои́м компью́тером? Look at the pictures to follow Lena's activities.

Ле́на ста́вит лэпто́п на стол.

Она́ подключа́ется к Интерне́ту. (У неё о́чень бы́страя связь!)

Она́ кладёт мышь на ко́врик.

Она́ включа́ет компью́тер.

Она́ вво́дит паро́ль и нажима́ет на «Enter».

Ле́на кача́ет две фотогра́фии че́рез электро́нную по́чту.

Она́ их печа́тает.

Ра́зница ме́жду фотогра́фиями больша́я:

Пе́рвая фотогра́фия получи́лась хорошо́.

Втора́я получи́лась пло́хо.

8-2 Расскажи́те, как вы по́льзуетесь компью́тером . . .

☐ Я посыла́ю и получа́ю сообще́ния по e-mail'у.
☐ Я кача́ю му́зыку и видеокли́пы в Интерне́те.
☐ Я по́льзуюсь ча́том (напр., ICQ, AIM).
☐ Я по́льзуюсь компью́тером для телефо́нной свя́зи.
☐ Я обы́чно по́льзуюсь мы́шью.
☐ Я обы́чно по́льзуюсь тачпа́дом.
☐ Я печа́таю бы́стро по-англи́йски.
☐ Я печа́таю бы́стро по-ру́сски.
☐ Я всё понима́ю в компью́терах!
☐ Я ненави́жу компью́теры!

Разгово́ры для слу́шания

Разгово́р 1. Мне ну́жно попа́сть в Интерне́т!
   Разгова́ривают Ле́на и Эрик.

1. Заче́м Эрик и́щет Интерне́т-кафе́?
2. Что Лена сове́тует ему́ сде́лать?
3. Есть ли возмо́жность подключи́ться к Интерне́ту в райо́не, где живёт Ле́на? Что мо́жно сказа́ть о ка́честве её свя́зи с Интерне́том?
4. Когда́ Эрик придёт к Ле́не? Каки́е у него́ пла́ны?
5. Эрик говори́т, что он не уме́ет по́льзоваться тачпа́дом. Чем он по́льзуется вме́сто тачпа́да?
6. Из э́тих двух знако́мых кто понима́ет бо́льше в компью́терах?

Разгово́р 2. Я хочу́ сде́лать ко́пию!
   Разгова́ривают Ната́ша и Дэн.

1. Каки́е фотогра́фии Ната́ша смо́трит на компью́тере у Дэ́на?
2. Ната́ше нра́вится, как она́ получи́лась на фотогра́фиях?
3. Почему́ Ната́ша счита́ет, что бу́дет тру́дно переда́ть фотогра́фии че́рез e-mail?
4. Почему́ Дэн не сра́зу перезапи́сывает фотогра́фии на диск?
5. Кто лу́чше понима́ет, как рабо́тать с компью́терами?

Культура и быт

E-mail addresses and URLs

There are certain conventions to pronouncing e-mail addresses:

Пишут:	Говорят:
npopov@mail.ru	эн-попо́в — соба́чка — мэл — то́чка — ру́
russians@hotmail.com	ра́шэнс — соба́чка — хо́тмэл — то́чка — ком
info@indiana.edu	инфо — соба́чка — индиа́на — то́чка — эду́
www.chart.ru	вэ-вэ-вэ — то́чка — чарт — то́чка — ру
	www is also read as **три-дабл-ю** or **тройно́е дабл-ю.**
www.google.com	вэ-вэ-вэ — то́чка — гугл — то́чка — ком
www.npr.org	вэ-вэ-вэ — то́чка — эн-пэ-эр — то́чка — орг
www.nhl.com	вэ-вэ-вэ — то́чка — эн-ха-эл — то́чка — ком

Unfortunately, there is no uniformity in how web and e-mail addresses are pronounced in Russian. Where the addresses form widely recognized words or brands (e.g. "Google," "Hotmail") no additional explanation is needed. Individual Roman letters present a greater problem. There is an "official" Russian pronunciation of the Roman alphabet, used mostly in scientific notation. But the situation with e-mail and web addresses is more anarchical. English letters that have exact one-to-one equivalents in Russian present few problems (e.g. b = **бэ**, n = **н**, t = **тэ**, etc.). But letters such as c (usually **цэ**), h (**аш, эйч, ха**), j (usually **джей**), q (**ку, кью**), and w (**вэ, дабл-ю, дублевэ́**) can cause confusion.

Разгово́р 3. Би́знес-це́нтр.
 Разгова́ривают Ли́за и рабо́тник би́знес-це́нтра.

1. Что Ли́зе ну́жно в би́знес-це́нтре?
2. Почему́ Ли́за не совсе́м понима́ет, что́ говори́т рабо́тник би́знес-це́нтра?
3. Ско́лько сто́ит по́льзоваться Интерне́том в би́знес-це́нтре?
4. Мо́жно ли распеча́тывать электро́нные сообще́ния?
5. Ско́лько сто́ит посла́ть факс в США?
6. Когда́ закрыва́ется би́знес-це́нтр?

Разгово́р 4. Пи́сьма роди́телям домо́й.
    Разгова́ривают Ва́ся и Ма́ргарет.

1. Почему́ Ма́ргарет ча́сто пи́шет домо́й?
    а. Она́ скуча́ет по свое́й семье́.
    б. Она́ дета́льно опи́сывает ру́сский быт.
    в. Она́ бои́тся, что роди́тели волну́ются о ней.
    г. Она́ обеща́ла, что бу́дет писа́ть ка́ждый день.

2. По мне́нию Ма́ргарет, что ну́жно, что́бы хорошо́ поня́ть ру́сскую жизнь?
    а. роди́ться в Росси́и
    б. име́ть ру́сских друзе́й
    в. хорошо́ знать исто́рию Росси́и
    г. пожи́ть в Росси́и

3. Почему́ Ма́ргарет бои́тся сли́шком мно́го рассказа́ть роди́телям о свое́й жи́зни в Росси́и?

4. Ва́ся ду́мает, что Ма́ргарет хоро́шая дочь? Почему́ он так ду́мает?

Культура и быт

На по́чте

To send (**отпра́вить, посла́ть**) books from Russia, bring them to the post office, and the postal workers will wrap everything for you, weigh the package (**бандеро́ль**), and collect the money owed. You can send other items in boxes as packages (**посы́лка**). The one complication is customs regulations, which change often and without warning. Postal workers can advise patrons on what may not be sent out of the country.

International mail service is generally reliable, but relatively slow. Letters sent by air mail (**а́виа**) take about two weeks to reach the U.S. from Moscow and St. Petersburg. A postcard (**откры́тка**) takes slightly less time. Packages sent by surface mail (**обы́чной/просто́й по́чтой**) take about two months. A reliable express mail service (**экспре́сс-по́чта, ЭМС**), available at greater expense, cuts delivery time to several business days.

It is a good idea to send letters and packages by certified mail (**заказны́м**).

Давайте поговорим

1. Как подключи́ться к Интерне́ту?

— Ле́на, мне на́до подключи́ться к Интерне́ту. Ну́жно оди́н e-mail отпра́вить.

— Э́рик, что́ ты! Нет пробле́м! Это твой лэпто́п? Поста́вь на стол и включи́.

— Что, у вас Интерне́т в до́ме?

— Да весь райо́н подключён. Связь бы́страя.

— Хорошо́. Включи́л. А да́льше?

— Положи́ мышь на ко́врик.

— Так, а да́льше?

— Откро́й окно́ «Сеть»... Так... Сейча́с введи́ вот э́тот паро́ль.

— Нажа́ть на «Enter»?

— Да. Ви́дишь? Получи́лось! Ты уже́ в Сети́.

2. Заче́м посыла́ть себе́ фотогра́фии?

Интерне́т: где и отку́да?

Где: в Интерне́те
Отку́да: из Интерне́та

Где: в Се́ти
Отку́да: из Се́ти

Где: на са́йте
Отку́да: с са́йта

— Дэн, о́чень хоро́шие получи́лись фотогра́фии. А э́то кто?

— Ма́ша, ты что, себя́ не узна́ла? По-мо́ему, ты о́чень хорошо́ получи́лась!

— Ты ду́маешь?

— Да. Хо́чешь, я распеча́таю тебе́ э́ту фотогра́фию?

— Но у тебя́ при́нтера нет.

— А о́чень про́сто. Я пошлю́ себе́ э́ту фотогра́фию по e-mail'у...

— Ты себе́ пошлёшь? Заче́м?

— А пото́м я пойду́ в компью́терный центр и скача́ю её и распеча́таю там.

3. Не на́до боя́ться компью́теров!

The verb **уме́ть** – *to know how* refers to a skill. **Ты уме́ешь пла́вать?** – *Do you know how to swim?* It cannot be replaced with **мочь** – *can.*

— Ната́ша, вот я скача́л пе́сню, хоте́л послу́шать. Но нет зву́ка.

— Ник, дава́й я посмотрю́. Ну, коне́чно, ничего́ не получа́ется! Так э́тот файл не откро́ешь. У тебя́ не тот пле́ер.

— А како́й ну́жен? В компью́терах я ведь ничего́ не понима́ю.

— Вот э́тот. Вот. Нажима́ешь сюда́. Вот так. Ви́дишь? Звук есть.

— Да, всегда́ легко́, когда́ уме́ешь.

— Да что тут уме́ть? Компью́теров про́сто не на́до боя́ться.

4. **В Интернет-кафе.** *freq todolive*

— Простите, мне сказали, что здесь можно пользоваться факсом и *send* электронной почтой.
— Можно. Вам нужен факс или e-mail?
— А какая разница в цене?
— Между Интернетом и факсом? Разница большая. Интернет — тридцать рублей за час.
— А сколько стоит послать факс?
— Факс стоит дороже. Куда вы посылаете?
— В США, в пригород Нью-Йорка.
— Одна страница – сто рублей.

5. **Скучаешь по своим?**

— Маргарет, ты опять идёшь в Интернет-кафе? Скучаешь по своим?
— Дело не в этом. Просто столько впечатлений, хочется всё всем рассказать.
— А по-моему, нашу жизнь в e-mail'е не передашь.
— Ещё бы! Чтобы понять вашу жизнь, обязательно надо у вас пожить.
— А хоть что-нибудь можно передать словами?
— Легче это передать друзьям. С родителями сложнее. Я боюсь, что они будут напрасно волноваться.
— Но ты же пишешь каждый день.
— Совершенно верно! Ведь родителям приятно получать мои сообщения. Их можно распечатать или переслать другим.

Вопросы к диалогам

Диалог 1

1. Что Эрику нужно?
2. Почему Лена говорит, что нет проблем?
3. Что Эрик должен делать, чтобы войти в Сеть?

Диалог 2

1. Маша себя узнала на фотографиях у Дэна на компьютере?
2. Как вы думаете, эти фотографии хорошо получились?
3. Как Дэн думает передать свои фотографии Маше?
4. У Дэна нет принтера. Как он решает этот вопрос?

Диало́г 3

1. Отку́да Ник получи́л но́вую пе́сню?
2. Кака́я у него́ пробле́ма? Что говори́т Ната́ша?
3. Ната́ша помога́ет ему́ реши́ть э́ту пробле́му?

Диало́г 4

1. Э́тот разгово́р происхо́дит в Интерне́т-кафе́ в Росси́и и́ли в США?
2. Ско́лько сто́ит по́льзоваться электро́нной по́чтой?
3. Ско́лько сто́ит посла́ть факс в Нью-Йо́рк?

Диало́г 5

1. Куда́ сейча́с идёт Ма́ргарет?
2. Почему́ она́ так ча́сто туда́ хо́дит?
3. Что тру́дно переда́ть в e-mail'е?
4. Кому́ ей ле́гче писа́ть и кому́ трудне́е? Почему́?

Упражне́ния к диало́гам

 8-3 Культу́ра и быт: Как лу́чше отпра́вить …? You have a friend who needs to send a number of items home. Advise your friend how best to proceed in each of the following instances.

> **Образе́ц:** Ка́тя хо́чет переда́ть знако́мой в Аме́рике всю информа́цию о своём прие́зде. Ей ну́жно э́то сде́лать о́чень бы́стро.
> *Я сове́тую ей посла́ть сообще́ние по e-mail'у.*

ва́жный – important

потеря́ться – to get lost

измени́лся рейс – the flight was changed

1. Са́ша до́лжен отпра́вить ва́жные докуме́нты по по́чте. Он бои́тся, что они́ мо́гут потеря́ться.
2. Эми́ли хо́чет отпра́вить кни́ги домо́й (в США) по по́чте. Ей всё равно́, как до́лго они́ бу́дут идти́. Са́мое гла́вное, что́бы э́то бы́ло дёшево.
3. В после́днюю мину́ту у То́ма измени́лся рейс домо́й. Он до́лжен сро́чно сообщи́ть роди́телям о но́вом ре́йсе, что́бы они́ его́ встреча́ли.
4. У ма́мы Ма́ши ско́ро день рожде́ния, и она́ хо́чет посла́ть ей в США краси́вую откры́тку на ру́сском языке́.
5. Джон до́лжен о́чень бы́стро посла́ть ко́пию ва́жного докуме́нта в свой университе́т.

8-4 А да́льше что? You open up an instruction sheet that has only pictures. Your friend has no idea what they mean. "Interpret" the instructions by filling in the blanks. Choose from the perfective infinitives given. Then review the dialogs to fill in any other vocabulary you might need.

———————

———————

———————

———————

———————

включи́ть
записа́ть
нажа́ть
откры́ть
перезаписа́ть
поста́вить

8-5 Получи́лось? State whether the following things worked out well or not.

Образе́ц: — Посмотри́те на карти́нку!
— *Получи́лась интере́сная карти́нка.* or:
— *На карти́нке всё получи́лось хорошо́.*

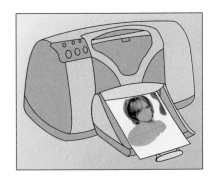

— Что э́то за результа́ты!

— Зда́ние
официа́льно
открыва́ется сего́дня!

— Эта пе́сня ста́ла
хито́м го́да!

8-6 Де́ло не в э́том. Look at the following lines from the fifth dialog.

— Ма́ргарет, ты опя́ть идёшь в Интерне́т-кафе́? Скуча́ешь по свои́м?
— **Де́ло не в э́том.** Про́сто сто́лько впечатле́ний, хо́чется всё всем рассказа́ть.

How does Margaret use the expression **де́ло не в э́том?**

a. To preface an explanation that diverges from what was just said.
b. To indicate that she is in agreement with what was just said.
c. To convey that what comes next should be understood as a joke.
d. To indicate that what she is about to say should not be taken literally.

Once you have checked with your teacher to make sure you understand the use of **де́ло не в э́том,** create a short dialog with a partner using this expression. We have provided the first lines for some dialogs below to help you get started.

1. — Ты опя́ть идёшь в спортза́л? Ты, ка́жется, серьёзно занима́ешься спо́ртом.
2. — Почему́ ты изуча́ешь ру́сский язы́к? Ты интересу́ешься языка́ми?

8-7 Кака́я ра́зница?

1. Review Dialog 4 and determine how the customer asks about the difference in price between the use of the Internet and fax.

   What case is used after the word **ме́жду?**

2. This is your chance to find out some differences between your culture and Russian culture. With a partner, prepare questions concerning cross-cultural differences using the structure you just learned. We have provided some possible comparisons below to start you off.
   - ру́сское кино́ и америка́нское (кана́дское, англи́йское) кино́
   - ру́сская ку́хня и америка́нская (кана́дская, англи́йская) ку́хня
   - програ́мма в ру́сских шко́лах и програ́мма в америка́нских шко́лах

   Now ask your teacher or a Russian visitor the questions you prepared. Try to ask several follow-up questions.

8-8 Подгото́вка к разгово́ру. Review the dialogs. How would you do the following?

1. Say you need an Internet connection.
2. Tell someone to put a piece of equipment on the table.
3. Tell someone to enter a password.
4. Ask if you should press a button (**кно́пка**), computer key (**кла́виша**) or "Enter".
5. Ask if someone knows how to do something.
6. Ask what the difference is between two things.
7. Say you downloaded something but nothing works.
8. Say you need to send an e-mail.

Now review Dialog 5 and find Russian equivalents for the following words and phrases.

9. I miss my friends and family.
10. That's not the point.
11. That's for sure.
12. Can you express anything at all in words?
13. I'm afraid that my parents (friends) will worry for nothing.
14. I think my parents like getting messages.
15. They can print out or forward messages.

Игровые ситуации

8-9 Бу́дем в конта́кте!

1. You have just arrived in Moscow and want to e-mail your parents to say you're all right. Find out where the closest Internet café is, go there, and ask how much it costs to use e-mail at that café.

2. You have been trying to get a good connection to the Internet for your laptop. The connection had been slow and unreliable. Downloads that in the U.S. took a few minutes have now taken hours. But the last straw was when your password stopped being accepted. Ask your Russian friend for advice.

3. You have downloaded some photos from home that you would like to print out in color (**в цве́те, цветны́е фотогра́фии**) if possible. Ask your friends if they have a color printer or if they can tell you where you might be able to make such a print-out.

4. You have a few compact disks with various kinds of content: music, videos, programs. You put the CD into one drive (**дисково́д**), but nothing worked. Then you tried the CD in another drive and you could hear the music, but the videos wouldn't play, and the programs didn't show up. Ask a friend for help.

5. You are about to leave Russia and must say good-bye to a good friend. You both want to stay in touch, but know that international mail can be unreliable. Discuss the pros and cons of e-mail versus phone calls and decide how you will keep in touch.

 ## Устный перевод

8-10 An English-speaking friend goes to an Internet company to set up service.

ENGLISH SPEAKER'S PART

1. Good afternoon. I'd like to get hooked up to the Internet.
2. What's the difference in price?
3. What's the speed of the fast connection?
4. I really don't understand a lot about computers. Can you tell me in real terms what that means? What if I want to download a song?
5. Still, I don't know. The connection is fast, but the service is pretty expensive. And I only really need e-mail and text-chat.
6. OK. How do I sign up?
7. And after this, when will I be able to get on the Internet?

Грамматика

1. Sending Things: посыла́ть/посла́ть, отправля́ть/отпра́вить что, кому́, куда́

Russian has two verb pairs meaning *to send*: **посыла́ть/посла́ть** and **отправля́ть/ отпра́вить. Отправля́ть/отпра́вить** (*send, dispatch*) sounds more official than **посыла́ть/посла́ть** (*send*).

Ско́лько сто́ит **отпра́вить (посла́ть)** сообще́ние e-mail'ом?

How much does it cost *to send* a message by e-mail?

посыла́ть	посла́ть	отправля́ть	отпра́вить
посыла́ - ю	пошл - ю́	отправля́ - ю	отпра́вл - ю
посыла́ - ешь	пошл - ёшь	отправля́ - ешь	отпра́в - ишь
посыла́ - ют	пошл - ю́т	отправля́ - ют	отпра́в - ят

▲ Note the consonant mutation throughout the conjugation of **посла́ть: сл > шл**

▲ Note the consonant mutation in the я form of **отпра́вить: в > вл**

The verb used for forwarding e-mail, **пересыла́ть/пересла́ть**, has the same conjugation as **посыла́ть/посла́ть.**

These verbs have identical verbal environments: **что, кому́, куда́.** The thing that is sent is the *direct object* (**что,** accusative case); the person to whom it is sent is the *indirect object* (**кому́,** dative case); and the place to which it is sent answers the question **куда́** (**в** or **на** plus the accusative case):

Анна посла́ла **сообще́ние бра́ту в Москву́.**

что　　*кому́*　　*куда́*

Indicate the type of sending service being used with the instrumental case:

Этот докуме́нт мо́жно отпра́вить **фа́ксом** и́ли **e-mail'ом.**

One can send this document *by fax* or *by e-mail.*

Я хочу́ посла́ть э́ту бандеро́ль **обы́чной по́чтой.**

I want to send this package *by surface mail.*

To correspond with someone is **перепи́сываться** (**с кем**).

Мы с ним ча́сто **перепи́сываемся**
   по электро́нной по́чте.

He and I often *correspond*
   by e-mail.

Упражнения

8-11 Indicate who will send what tomorrow by filling in the needed form of the verb.

1. Са́ша за́втра _____ (посла́ть) e-mail ма́тери.
2. Я _____ (пересла́ть) тебе́ сообще́ние.
3. Да́ша и Ле́на _____ (посла́ть) фотогра́фии друзья́м.
4. Ты _____ (посла́ть) письмо́ Ната́ше.
5. Мы _____ (посла́ть) пода́рок де́душке на день рожде́ния.
6. Вы _____ (посла́ть) кни́ги себе́ домо́й.
7. На́ши друзья́ _____ (отпра́вить) докуме́нты свои́м роди́телям.
8. Мы _____ (отпра́вить) зада́ние преподава́телю.
9. Ты _____ (отпра́вить) письмо́ в Москву́.
10. Ки́ра _____ (отпра́вить) пи́сьма домо́й.
11. Вы _____ (отпра́вить) програ́мму в Ки́ев.
12. Я _____ (отпра́вить) факс в Росси́ю.

8-12 Make ten truthful sentences by combining the words in the columns below. Do not change word order.

				электро́нной по́чтой
я	ча́сто		пи́сьма	в Росси́ю
мои́ друзья́	ре́дко	отправля́ть	посы́лки	во Фра́нцию
мой брат	никогда́ не	посыла́ть	клипы	в Ме́ксику
моя́ сестра́	ка́ждую неде́лю	пересыла́ть	сообще́ния	домо́й
мои́ роди́тели			пода́рки	роди́телям
			фотогра́фии	друзья́м
				фа́ксом

посы́лка –
package

8-13 Answer the questions.

1. Вы ча́сто посыла́ете пи́сьма? E-mail'ы? Откры́тки? Сообще́ния по электро́нной по́чте?
2. С кем вы перепи́сываетесь?
3. Вы ча́сто отправля́ете фа́ксы?
4. Вы пересыла́ете анекдо́ты, кото́рые вы получа́ете по e-mail'у?
5. Вы получа́ете мно́го спа́ма в e-mail'е?
6. Как ча́сто вы чита́ете e-mail?

➤ *Complete Oral Drills 1–4 and Written Exercises 1–3 in the S.A.M.*

2. From: от vs. из vs. с

To receive something is **получа́ть/получи́ть.**

получа́ть	получи́ть
получа́ – ю	получ - у́
получа́ - ешь	получ - ишь
получа́ - ют	получ – ат

Russian has three prepositions that correspond to the English *from*. They are used in different grammatical environments, as shown below.

— От кого́ вы получи́ли письмо́?	From whom did you get a letter?
— **От ба́бушки.**	*From my grandmother.*
— Отку́да э́ти пи́сьма?	From where are these letters?
— **Из Росси́и** и **с Аля́ски.**	*From Russia* and *from Alaska.*

The concept of "from" is part of a general scheme of "to–at–from" (or **куда́–где–отку́да**), which we can represent graphically:

	КУДА ⟶○	ГДЕ ◉	ОТКУДА ○⟶
people	(к) кому́*	у кого́	от кого́
	(к) дру́гу	у дру́га	от дру́га
в words	во что	в чём	из чего́
	в магази́н	в магази́не	из магази́на
на words	на что	на чём	с чего́
	на рабо́ту	на рабо́те	с рабо́ты
other words	домо́й	до́ма	из до́ма
	сюда́	здесь	отсю́да
	туда́	там	отту́да

*We drop **к** with verbs for sending and keep it with verbs of motion: **Я посыла́ю *ему* письмо́**, but **Я иду́ *к нему*.**

Упражнение

8-14 Make sentences from the following strings of words, giving information about things people received.

> **Образец:** Игорь / получи́ть / посы́лка / сестра́ → *Игорь получи́л посы́лку от сестры́.*

1. Анна / получи́ть / сообще́ние / Ки́ев
2. Серёжа / получи́ть / пи́сьма / друг
3. Ко́стя / получи́ть / де́ньги / мать
4. Алекса́ндра Васи́льевна / получи́ть / бандеро́ль / Фло́рида
5. Со́ня и Яша / получи́ть / пода́рок / Са́ша
6. Вади́м / получи́ть / факс / Аля́ска
7. Даньёл / получи́ть / кни́ги / Москва́
8. Ната́лья Григо́рьевна / получи́ть / письмо́ / дочь
9. Ви́ктор Константи́нович / получи́ть / но́вости / Нью-Йо́рк

бандеро́ль – package

➤ *Complete Oral Drill 5 and Written Exercises 4–5 in the S.A.M.*

3. Put: класть/положи́ть, ста́вить/поста́вить

Russian has several verbs that are equivalent to the English verb *put*. The verb **класть/положи́ть** indicates *putting something in a horizontal position*, like papers. The verb **ста́вить/поста́вить** is used for *putting something in a vertical position*, like books on a shelf, or for putting down furniture or equipment. We also use **ста́вить/поста́вить** for electronics: **Мы ста́вим диск.** — *We put on a disk.*

These verbs are considered motion verbs. Thus, where you put the item is indicated in the accusative case, or with the forms **сюда́/туда́.**

Положи́те кни́ги сюда́.	Put the books down here.
	(This indicates putting the books in a pile, as you would in the post office.)
Поста́вьте кни́ги на по́лку.	Put the books on the shelf.
Поста́вь чемода́н туда́.	Put the suitcase down over there.

класть	положи́ть	ста́вить/по-
кладу́	положу́	ста́влю
кладёшь	поло́жишь	ста́вишь
кладёт	поло́жит	ста́вит
кладём	поло́жим	ста́вим
кладёте	поло́жите	ста́вите
кладу́т	поло́жат	ста́вят
Past:		
клал, кла́ла, кла́ли		

You will most often hear these verbs in their imperative forms, **положи́(те)** and **поста́вь(те).**

Упражнения

8-15 Запо́лните про́пуски.

1. Ми́ша, (положи́/поста́вь) чемода́н Мэ́ри туда́, в большу́ю ко́мнату.
2. Где пи́сьма, кото́рые ты хо́чешь отпра́вить? (Положи́/Поста́вь) их туда́ на стол. Я пойду́ на по́чту и отпра́влю их сего́дня.
3. Это ваш чемода́н? (Положи́те/Поста́вьте) его́ на конве́йер.
4. — Где ва́ши докуме́нты? — Я их (клал/положи́л) на стол у вас в кабине́те.
5. Где диск? (Положи́/Поста́вь) его́ в дисково́д!

8-16 Compose sentences using words from the columns below.

Ма́ша	класть/положи́ть	кни́ги	в	шкаф
студе́нты	ста́вить/поста́вить	докуме́нты	на	стол
администра́тор		чемода́ны		пол
мы		мышь		ко́врик
я		рабо́ты		авто́бус
		носки́		

> *Complete Oral Drills 6–7 and Written Exercise 6 in the S.A.M.*

4. Saying You Miss Someone or Something: скуча́ть по кому́/чему́

In Dialog 5, Margaret's friend asks her: **Ма́ргарет, ты опя́ть идёшь в Интерне́т-кафе́? Скуча́ешь по свои́м?** — *Margaret, are you going to the Internet café again? Do you miss your relatives and friends?*

Note the verb and the verbal environment for the Russian expression *to miss*.

| скуча́ть | + | по | + | кому́/чему́ (dative case) |

Упражне́ние

> *Complete Oral Drill 8 and Written Exercise 7 in the S.A.M.*

8-17 Compose ten sentences by combining the words in the columns below.

я		роди́тели
ты	обы́чно	друзья́
наш преподава́тель	сейча́с	брат и сестра́
вы	в про́шлом году́	(не) скуча́ть по	сосе́д(ка) по ко́мнате
мы	в бу́дущем году́	де́ти
на́ши роди́тели		муж
иностра́нные студе́нты		жена́

5. The Whole (весь) vs. Everyone (все) vs. Everything (всё)

In Dialog 5, Margaret tells her friend: **Хо́чется всё всем рассказа́ть.** — *I want to tell everyone everything.* Let's look at the different ways the Russian modifier **весь** is used.

The modifier **весь** actually means *the whole* or *the entire.* When it modifies a plural noun, it usually means *all* in English.

Весь уро́к об Интерне́те.	*The whole* lesson is about the Internet.
Всё письмо́ о де́тях.	*The entire* letter is about children.
Вся кни́га о жи́зни в Росси́и.	*The whole* book is about life in Russia.
Все э́ти кни́ги нужны́.	*All* these books are needed.

Like all other modifiers, **весь** always agrees with its noun in gender, number, and case. In the examples above, **весь** is in the nominative case because it modifies the grammatical subject of the sentence. Here are some more examples:

Gen. (чего́, кого́)	Здесь нет **всего́ уро́ка** (всего́ письма́, всей кни́ги, всех книг).
Dat. (чему́, кому́)	Мы посла́ли сообще́ния **всем сосе́дям.**
Acc. (что, кого́)	Мы прочита́ли **весь уро́к** (всё письмо́, всю кни́гу, все произведе́ния).
Instr. (чем, кем)	Я занима́юсь **всем уро́ком** (всем письмо́м, всей кни́гой, все́ми кни́гами).
Prep. (о чём, о ком)	Друзья́ говори́ли **обо всём уро́ке** (всём письме́, всей кни́ге, всех веща́х).

Note the special form of the preposition **o** in the phrase **обо всём, обо всей,** and **обо всех.**

The neuter singular **всё** used alone, without an accompanying noun, means *everything.*

Это **всё?**	Is that *everything (all)?*
Вы ви́дели **всё?**	Did you see *everything?*
Друзья́ говори́ли **обо всём.**	The friends talked about *everything.*

The plural **все** used alone, without an accompanying noun, means *everyone* or *everybody.*

Все здесь?	Is *everybody* here?
Вы ви́дели **всех?**	Did you see *everyone?*
Все говори́ли о поли́тике.	*Everyone* was talking about politics.
Друзья́ говори́ли **обо всех.**	The friends talked about *everyone.*

The following table shows the complete declension of **весь**.

Declension of Special Modifier *весь*			
	Masculine	Neuter	Feminine	Plural
Nom. (что, кто)	весь	всё	вся	все
Gen. (чего́, кого́)	всего́		всей	всех
Dat. (чему́, кому́)	всему́		всей	всем
Acc. (что, кого́)	*like nom. or gen.*	всё	всю	*like nom. or gen.*
Inst. (чем, кем)	всем		всей	все́ми
Prep. (о чём, о ком)	всём		всей	всех

This modifier has **е** everywhere one would expect **ы** or **и** (in the masculine singular instrumental, and throughout the plural).

Упражнение

8-18 Fill in the blanks with the needed form of **весь**.

1. — Ва́ня и Ки́ра сде́лали _____ рабо́ту?
   — Нет, но Ва́ня прочита́л _____ кни́гу, а Ки́ра прочита́ла _____ журна́л. Зна́чит, вме́сте они́ сде́лали _____.

2. — _____ студе́нты бы́ли в библиоте́ке?
   — Нет, не _____. Юра был в лаборато́рии.

3. — На э́том ку́рсе ну́жно бы́ло прочита́ть 8 книг!
   — А вы прочита́ли _____ кни́ги?
   — Да, _____. Они́ о́чень понра́вились _____ студе́нтам. И _____ сказа́ли, что хотя́т бо́льше чита́ть.

4. — Сего́дня бу́дет ве́чер. Мы пригото́вим пи́ццу. Ну́жно купи́ть сыр, те́сто, то́матный со́ус.
   — Я куплю́ _____ . А кто бу́дет на ве́чере?
   — Там бу́дут _____ на́ши но́вые друзья́.

5. Вы ви́дели статью́ о на́шем университе́те? Написа́ли обо _____ ка́федрах и обо _____ преподава́телях.

6. — Ка́жется, не у _____ жи́телей райо́на есть Интерне́т.
   — Да что вы! _____ райо́н подключён!

> ► *Complete Oral Drills 9–13 and Written Exercise 8 in the S.A.M.*

6. Себя

The reflexive pronoun **себя** (*myself, yourself, oneself*, etc.) is used to refer to the subject of the sentence. In Dialog 2 Dan asks Masha if she failed to recognize herself (accusative): **Ма́ша, ты что, себя́ не узна́ла?** Then Dan says he'll send the photo *to himself* (dative) at the computer center so that he can print it out there: **Я пошлю́ себе́ э́ту фотогра́фию.**

The reflexive pronoun **себя** is always singular and does not change for gender; however, its case can change depending on context. It has no nominative form, because it refers to the subject of the sentence; it cannot be the subject. It declines as follows:

Себя	
Nom.	—
Gen.	себя́
Dat.	себе́
Acc.	себя́
Inst.	собо́й
Prep.	о себе́

Gen. (чего́, кого́)	Мы бы́ли **у себя́**.	We were *at home* (*at our place*).
	Я был(а́) **у себя́**.	I was *at home* (*at my place*).
Dat. (чему́, кому́)	Я посла́л(а) фо́то **себе́**.	I sent the photo *to myself*.
	Ты посла́л(а) фо́то **себе́**.	You sent the photo *to yourself*.
Acc. (что, кого́)	Анто́н узна́л **себя́**.	Anton recognized *himself*.
	Анна узна́ла **себя́**.	Anna saw *herself*.
Instr. (чем, кем)	Мы взя́ли кни́ги с **собо́й**.	We took books *along* (*with ourselves*).
	Же́ня взяла́ кни́ги с **собо́й**.	Zhenya took books *along* (*with herself*).
Prep. (о чём, о ком)	Вы ду́маете то́лько **о себе́**.	You think only *of yourselves*.
	Они́ ду́мают то́лько **о себе́**.	They think only *of themselves*.

Do not confuse the reflexive pronoun **себя** with the emphatic pronoun **сам** — *self*, which adds emphasis to the noun or pronoun it accompanies. Compare the use of **сам** and **себе́**.

Сам дире́ктор посла́л сообще́ние.	The director *himself* sent a message.
Дире́ктор посла́л **себе́** сообще́ние.	The director sent a message *to himself*.

Упражнение

8-19 Two Russian friends who are coming to visit you have several questions about their upcoming trip. Fill in the blanks in their questions with the needed form of **себя.** Then answer the questions.

1. Ты всё вре́мя бу́дешь у _____?
2. Что ну́жно взять с _____?
3. Ну́жно бу́дет рассказа́ть о _____?
4. Мо́жно бу́дет посла́ть _____ фотогра́фии e-mail'ом?

➤ *Complete Oral Drill 14 and Written Exercise 9 in the S.A.M.*

7. Speaking in Generalities: ты without ты constructions

In Dialog 3, we find the following exchange:

— Нажима́ешь сюда́. Вот так. Ви́дишь? Звук есть.

You press here. Okay. See? Sound!

— Да, всегда́ легко́, когда́ **уме́ешь.**

Sure. It's always easy when you *know how.*

Then in Dialog 5, Margaret's friend tells her: **А по-мо́ему, на́шу жизнь в e-mail'e не переда́шь.** — *You can't convey our life in an e-mail.*

In these exchanges the "you" is a conversational form of the formal "one" (*One presses the mouse button here.*) In Russian, the generalized notion of *you* is expressed by the **ты** form of the verb *without the* **ты.**

These "**ты** without **ты** constructions" may be used with anyone, even groups of people and individuals with whom you are on formal speech terms (**вы**).

Упражнение

8-20 Translate the English phrases into Russian using "**ты** without **ты** constructions."

1. (If you want to know more about Russia), ну́жно там пожи́ть.
2. (If you speak Russian well), мо́жно учи́ться в ру́сском университе́те.
3. (If you study in a Russian university), мо́жно жить в общежи́тии и́ли до́ма.

➤ *Complete Oral Drill 15 in the S.A.M.*

Связь и коммуникации ◆ **319**

Давайте почитаем

8-21 Краткая история российского Интернета. The Internet got off to a slow start in Russia and then quickly mushroomed. Find out more by reading this short article.

1. Why was 1994 an important year for the Russian Internet?
2. What was said about the **.su** suffix?
3. What year is thought of as the birth year for the Internet on Russian territory?
4. What were some of the reasons that the Internet did not catch on quickly in Russia?

Краткая история российского Интернета

Кроме известных доменов **.com, .org** и **.net,** существует ряд доменов, обозначающих сегменты Интернета, принадлежащих различным государствам. Названия сайтов, находящихся на территории Англии, например, кончаются на **.uk**. Китайские сайты имеют расширение **.cn.** В России с 1994 официально зарегистрирован домен **.ru.** С этой даты начинается эпоха российского Интернета. Но использование Интернета в этой стране восходит к 1990 году. Тогда различными институтами были проведены первые сеансы связи с Финляндией через международное телефонное соединение. Вскоре после этого был зарегистрирован домен **.su** (Soviet Union). Эту дату можно считать датой возникновения советского Интернета.

Но в 1990-х годах число пользователей, имевших доступ к Интернету, было крайне низким. С этим связан целый ряд факторов: недоступность нужной технологии, низкое качество телефонной связи и высокая стоимость подключения к Сети — до 500 долларов США в месяц!

Но уже к середине последнего десятилетия XX века Интернет становился все больше и больше каждодневным явлением, сначала на предприятиях и в фирмах, а затем в частных домах. Теперь во многих семьях Интернет давно уже заменил телевидение и стал главным занятием в свободное время.

5. You should be able to guess the meanings of a number of new words. Which of the following words could you guess (a) because they are cognates, words related to English, (b) from context, or (c) because they are related to words you already know? Identify each according to its part of speech (noun, verb, adjective, or adverb).

доме́н [pronounced домэ́н] — you'll get it if you're a geek
сегме́нт
разли́чные < ра́зница
регистри́роваться
испо́льзование
восходи́ть к чему́
соедине́ние — Hint: США stands for Соединённые Шта́ты Аме́рики
вско́ре по́сле э́того
сто́имость
середи́на < noun from сре́дний
десятиле́тие

6. New phrases. Judging from the text, what is the formula for "they consider *something to be something else*"?

7. You have already seen a number of different verbal adjectives in texts you have read:

- **Present active verbal adjectives.** Present active verbal adjectives always end in -щ- plus an adjectival ending.

  Ряд доме́нов, **обознача́ющих** сегме́нты Интерне́та. . .
  A series of domains *designating* segments of the Internet. . .

- **Past active verbal adjectives.** Past active verbal adjectives usually end in -вш- plus an adjectival ending.

  . . . число́ по́льзователей, **име́вших** до́ступ.
  . . . the number of users *who had access.*

- **Short past passive verbal adjectives.** Short past passive verbal adjectives usually end in -н- plus a short-form adjectival ending. The phrase "by so-and-so" is rendered by the instrumental case.

  Тогда́ разли́чными институ́тами **бы́ли проведены́** пе́рвые сеа́нсы свя́зи.
  At that time communications sessions *were conducted* by various institutions.

  Underline all verbal adjectives in the article and indicate what kind they are.

8. Dictionaries (and word lists) can be dangerous! Words take on true meaning only in context. After you have read the article and have checked the unknown words below, look at these English sentences and pick which one has the right meaning for each of the words listed.

ряд

a. There was a whole series of events that led to this.
b. This was the beginning of a new TV series.

расшире́ние

a. The student asked for an extension on his paper.
b. Do you know the filename extension?

проведён

a. The maestro conducted the orchestra.
b. The experiment was conducted by members of the institute.

предприя́тие

a. The lad shows a great deal of promise, ingenuity, and enterprise.
b. Such practices are common to both private corporations and state enterprises.

заня́тие

a. This is currently our club's main activity.
b. We have observed a much volcanic activity recently.

возникнове́ние

a. The appearance of new technologies led the way to speedy communications.
b. My parents saw Frank Sinatra's last appearance on stage back in the 1980s.

Слова́рь

до́ступ — *access;* what then does **недосту́пность** mean?
име́ть — *to have* (usually with abstract direct objects)
кра́ткий — *short*
обознача́ть — *to designate; to signify*
принадлежа́ть (**чему́, кому́**) — *to belong to*
расшире́ние — *extension; file suffix* (e.g. **.com**)
существова́ть — *to exist*
це́лый — *entire*
явле́ние — *phenomenon*

8-22 Со́зданы друг для дру́га? Read through the following personal Internet ads. Were these two people made for each other? Be ready to explain why or why not. You can find similar ads under the **Знако́мство** category of the Russian search engines Yandex.ru and Rambler.ru.

Вера, Россия, Санкт-Петербург

Возраст: 20 лет,

Знак Зодиака: Близнецы

Обо мне: Ну что я могу сказать?. . . пообщайся и узнаешь. Я привлекательная, общительная, с чувством юмора, веселая, когда надо, могу быть серьезной...=), умная, добрая, нежная, жизнерадостная, целеустремленная девушка. Люблю спорт, активный отдых, люблю кататься на велике. Люблю брать от жизни все по максимуму!!!

Познакомлюсь: С парнем в возрасте 21-30 лет

Цель знакомства: Дружба и общение, любовь, отношения, брак, создание семьи

Состою в официальном браке: Нет, не замужем.

Типаж — Рост, см: 165, вес, кг: 50, телосложение: спортивное, есть татуировки

Профессия: Корреспондент

Знание иностранных языков: Русский, английский

Жизненные приоритеты: Карьера, материальное благосостояние, семья, долговременные отношения

Что я буду делать в свободный день: Пойду гулять, приглашу гостей, пойду в ночной клуб, займусь спортом

Отношение к курению: Бросаю.

Отношение к алкоголю: Пью в компаниях изредка.

Отношение к наркотикам: Категорически не приемлю.

Занятия спортом: Прогулки, фитнес, велосипед, ролики, лыжи, сноуборд

Любимые музыкальные направления: Русская поп-музыка, иностранная поп-музыка, этническая, нью-эйдж, танцевальная музыка, электронная

Сексуальная ориентация: Гетеро

Олег, Россия, Санкт-Петербург

Возраст: 23 года

Знак Зодиака: Весы

Обо мне: Люблю общаться глаза в глаза. Зачем долго переписываться, когда можно встретиться и оценить в полной мере понравившегося человечка, а что дальше... почувствуешь и поймешь, что хочет Она и что хочешь Ты!

Познакомлюсь: С девушкой в возрасте 18-25 лет

Цель знакомства: Дружба и общение, переписка, любовь, отношения, брак, создание семьи

Состою в официальном браке: Нет, не женат.

Типаж — Рост, см: 179, вес, кг: 75, телосложение: обычное, нет татуировок.

Профессия: Дизайнер

Знание иностранных языков: Русский, разговорный английский

Жизненные приоритеты: Семья, долговременные отношения

Материальное положение: Стабильный средний доход

Что я буду делать в свободный день: Пойду гулять, займусь спортом, посижу в Интернете.

Мои интересы: Музыка, спорт, фотография, компьютеры

Любимые музыкальные направления: Русский рок, металл

Отношение к курению: Курю.

Отношение к алкоголю: Пью в компаниях.

Отношение к наркотикам: Никогда не принимал.

Сексуальная ориентация: Гетеро

Словарь

благосостоя́ние < **бла́го** — *good* + **состоя́ние** — *state of being*

брак — *marriage*

броса́ть (броса́ю)/бро́сить (бро́шу, бро́сишь, бро́сят) — *to quit (doing something)*

ве́лик — conversational Russian for **велосипе́д**

дохо́д — *income*

жизнера́достный < **жизнь** + **рад**

не́жный — *tender*

обща́ться/пообща́ться — *to commune:* **обще́ние, общи́тельный**

отноше́ние (к чему́) — *attitude (toward something)*

оце́нивать/оцени́ть < **цена́**

па́рень — *guy*

положе́ние — *situation*

привлека́тельный — *attractive*

те́ло — *body*

цель (*она́*) — *goal;* what is your best guess for **целеустремлённый?**

чу́вство — *feeling, sense:* **чу́вствовать**

8-23 Не пора́ ли домо́й?

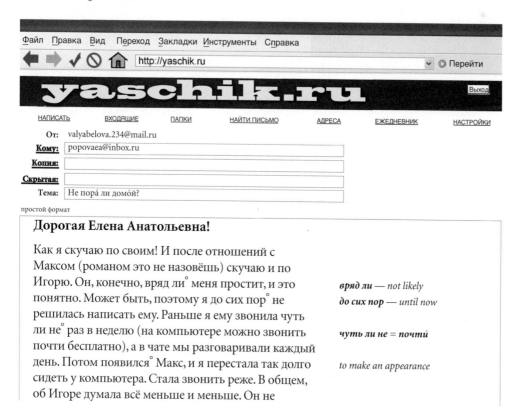

Файл | Правка | Вид | Переход | Закладки | Инструменты | Справка

http://yaschik.ru   Перейти

yaschik.ru   Выход

НАПИСАТЬ   ВХОДЯЩИЕ   ПАПКИ   НАЙТИ ПИСЬМО   АДРЕСА   ЕЖЕДНЕВНИК   НАСТРОЙКИ

От: valyabelova.234@mail.ru

Кому: popovaea@inbox.ru

Копия:

Скрытая:

Тема: Не пора́ ли домо́й?

простой формат

Дорогая Елена Анатольевна!

Как я скучаю по своим! И после отношений с Максом (романом это не назовёшь) скучаю и по Игорю. Он, конечно, вряд ли° меня простит, и это понятно. Может быть, поэтому я до сих пор° не решилась написать ему. Раньше я ему звонила чуть ли не° раз в неделю (на компьютере можно звонить почти бесплатно), а в чате мы разговаривали каждый день. Потом появился° Макс, и я перестала так долго сидеть у компьютера. Стала звонить реже. В общем, об Игоре думала всё меньше и меньше. Он не

вряд ли — *not likely*

до сих пор — *until now*

чуть ли не = почти

to make an appearance

жаловался°, не задавал никаких вопросов. Мне даже не приходило в голову спросить, а почему он тоже меньше пишет, не вызывает меня в ICQ. Теперь всё ясно. Так же, как я стала забывать его, и он, по всей вероятности°, начал забывать меня тоже.

complained

по всей вероя́тности = наве́рно

Это печально°. И главное, я сама виновата°.

sad   at fault

Есть, конечно, и другие причины° для моего настроения°.

reasons
mood

Время проходит быстро. Уже наступила весна. Вроде бы° я должна радоваться. Стоит ясная тёплая погода. Цветут цветы. Все ходят в шортах. А в Архангельске ещё холодно и лежит снег. Я стала думать о том, что° скоро уеду отсюда. Но куда я возвращаюсь? Что буду делать? Если только год назад я хорошо знала, кто я и что я хочу, то теперь будущее туманно°. Во-первых, вообще неизвестно, где я буду дальше учиться. Надо будет куда-нибудь поступать. Друзья по школе разошлись по разным институтам. Лучшие друзья перебрались° в Москву. Я их уже не увижу.

вро́де бы — *I guess*

о том, что — *about the fact that*

foggy

made their way over

Получается, что я возвращаюсь в совершенно чужой° мир. Поймите меня правильно: это вовсе не° значит, что я думаю здесь остаться°. Ведь несмотря на теплоту, которой окружают меня здесь, этот мир тоже чужой. Иногда я чувствую, что как будто° я лечу где-то в космосе, смотрю на Землю и не знаю, где приземлиться.

strange, alien

во́все не — *not at all   to remain*

as if

Елена Анатольевна, прошу извинить меня за такую откровенность. Много эмоций, а поделиться не с кем°.

подели́ться не́ с кем — *there's no one to tell*

Валя

← → ✓ ⊘ 🏠 | http://yaschik.ru | ▾ | ⊙ Перейти

yaschik.ru

Выход

| НАПИСАТЬ | ВХОДЯЩИЕ | ПАПКИ | НАЙТИ ПИСЬМО | АДРЕСА | ЕЖЕДНЕВНИК | НАСТРОЙКИ |

От: popovaea@inbox.ru
Кому: valyabelova.234@mail.ru
Копия:
Скрытая:
Тема: Не пора́ ли домо́й?

простой формат

Здравствуй, Валя!

Я тебя́ прекрасно понимаю. Конечно, когда живёшь в другой стране, у тебя столько я́рких° впечатлений, и положительных, и отрицательных, нужно с кем-то поделиться, и я нисколько не удивля́юсь э́тому. Наоборот°, я очень рада, что ты можешь открове́нно говорить обо всём. Это только помогает. И я уверена, что твоё настроение скоро изменится к лучшему.

bright

just the opposite

Е.

1. Вопро́сы

а. Каки́е сейча́с отноше́ния у Ва́ли с Игорем?

б. Что должно́, по мне́нию Ва́ли, ра́довать её?

в. Что она́ ду́мает о своём бу́дущем?

г. Ду́маете ли вы, что Ва́ля и Игорь бу́дут вме́сте, когда́ она́ вернётся в Росси́ю? Почему́?

д. Где сейча́с нахо́дятся друзья́ Ва́ли, кото́рые жи́ли в её родно́м го́роде?

е. С кем в США Ва́ля мо́жет поговори́ть о свои́х пробле́мах?

ж. Почему́ Еле́на Анато́льевна говори́т, что она́ хорошо́ понима́ет Ва́лю?

з. Что, по-ва́шему, Ва́ля должна́ сде́лать?

2. Язы́к в конте́ксте

a. Word roots

возвраща́ться (возвраща́юсь)/верну́ться (верну́сь, вернёшься). You've seen members of the verb pair for *to return.* Remember that **верну́ться,** while heard more commonly, gives a *future* tense when conjugated.

Земля́ (with a capital letter) is *planet earth.* With a small letter, **земля́** means *land* or *terrain.* What does the verb **приземля́ться/приземли́ться** mean? (Space travelers to the moon **прилуня́ются!**)

Круг means *circle.* You have seen **вокру́г (чего́)** — *around.* In this e-mail you see the sentence **Несмотря́ на теплоту́, кото́рой окружа́ют меня́ здесь, э́тот мир то́же чужо́й.** — *Despite the warmth with which people **surround** me here, this world is also alien.*

-**мен-**. This root means *change*. In the e-mail exchange in Book 1 you saw **меня́ть/поменя́ть** — *to change* (courses). *To be changed* ("to change oneself") is **изменя́ться/измени́ться**.

нисколько не ≠ не́сколько. They look alike, but the stress and the meanings are different. The familiar **не́сколько** is *several*. The new phrase **нискóлько … не** is a double negative meaning *not at all*: **Я нискóлько не удивля́юсь.** — *I am not at all surprised.*

открове́нно < открыва́ть. What then is **открове́нность?**

положи́тельный < -лож- — *pose* and *posit*. You have seen the root **-лож-** as *pose* (**ложи́ться спать** — *to go to bed* "re*pose*"; **предложи́ть** — *to propose*). **Положи́тельный** means *positive*. Elena Anatolievna says that Valya has so many impressions both **положи́тельные** and **отрица́тельные**.

b. **Verbs in -овать** (→ **-ую, -уешь**). The current e-mail exchange adds more verbs to this category: **ра́доваться (ра́дуюсь) чему́** and **жа́ловаться (жа́луюсь) на что**.

c. **Starting and stopping + imperfective infinitive.** All verbs of starting and stopping take an imperfective infinitive:

Мы на́чали **писа́ть.**
Мы ста́ли **чита́ть** мнóго.
Мы закóнчили **писа́ть** экза́мены.
Мы переста́ли **говори́ть** на э́ту те́му.

d. **Asking questions.** You know the verb **спра́шивать/спроси́ть (спрошу́, спро́сишь, спро́сят)**. It takes a direct object (**Дава́й спро́сим ма́му**) and is not normally used with the word **вопро́с**. So what if we want to ask *someone* a *question*? **Мы задаём кому́-то вопро́с: задава́ть (зада́ю, задаёшь, задаю́т)/зада́ть (зада́м, зада́шь, зададу́т)**.

e. **Name calling.** You know how to answer the question **как называ́ется**. *To name something* is **называ́ть/назва́ть (назову́, назовёшь) кого́-что чем**.

f. **More and more. Ва́ля ста́ла ду́мать об Игоре всё ме́ньше и ме́ньше.** As you can see, this construction parallels English, except the word **всё** is required. You can use any comparative: **всё бóльше и бóльше, всё быстре́е и быстре́е**, etc.

g. **There's something/nothing to + infinitive.** In these e-mails, we have seen expression like:

Есть что посмотре́ть. There's something to see.
Есть с кем подели́ться. There's someone to share this with.

Such expressions are negated with a stressed **не́** (not a double negation):

Не́чего смотре́ть. There's nothing to watch.
Не́ с кем подели́ться. There's no one to share with.

h. **ICQ [ай-си-кю].** For chat Americans tend towards AIM, MSN, or any number of chat programs. Russians traditionally have gravitated to ICQ and are largely unaware of the existence of AIM.

8-24 Чте́ние для удово́льствия. Ва́нька. Before the mid-1980s people communicated in writing by postal mail. The story you are about to read, **«Ва́нька»** (Анто́н Па́влович Че́хов, 1860–1904), is about a small boy taken from his home in the countryside to work as a cobbler's apprentice in Moscow after the death of his mother. He writes home to his grandfather for help. This is an adapted version of the 1886 story. Chekhov is well known both as a playwright and a master of the short story.

«Ва́нька»

Ва́нька Жу́ков, девятиле́тний ма́льчик, три ме́сяца **тому́ наза́д** был о́тдан в уче́ние к сапо́жнику° Аля́хину. В ночь под Рождество́° Ва́нька не ложи́лся спать. Когда́ хозя́ева° ушли́, он доста́л° из шка́фа пузырёк с черни́лами° и ру́чку и стал писа́ть.

«Ми́лый° де́душка, Константи́н Мака́рыч! — писа́л он. — И пишу́ тебе́ письмо́. Поздравля́ю° вас с Рождество́м и жела́ю° тебе́ всего́ от Го́спода Бо́га°. Не́ту у меня́ ни отца́ ни ма́меньки, то́лько ты у меня́ оди́н оста́лся»°.

Ва́нька вздохну́л° и продолжа́л° писа́ть.

«А вчера́ хозя́ин меня́ бил° за то, что я кача́л° их ребёнка в лю́льке° и по неча́янности° засну́л°. Все надо мной смею́тся°. А еды́ не́ту никако́й. У́тром даю́т хле́ба, в обе́д ка́ши°, а ве́чером то́же хле́ба. А когда́ их ребёнок пла́чет°, я не сплю, а кача́ю лю́льку. Ми́лый де́душка, **сде́лай ми́лость,** возьми́ меня́ отсю́да домо́й на дере́вню, не́ту никако́й мое́й возмо́жности . . . Кла́няюсь° тебе́ в но́жки и бу́ду ве́чно° Бо́гу моли́ться°, возьми́ меня́ отсю́да, а то умру́° . . .

Де́душка, ми́лый! Не́ту никако́й возмо́жности, про́сто смерть° одна́. Я хоте́л пешко́м на дере́вню бежа́ть°, да сапо́г не́ту, моро́за бою́сь. А когда́ вы́расту° большо́й, то я бу́ду тебя́ корми́ть°, а когда́ умрёшь, я бу́ду моли́ться за° тебя́, как молю́сь за ма́му.

А Москва́ — го́род большо́й. Лошаде́й° мно́го, а ове́ц° не́ту и соба́ки не злы́е°.

Ми́лый де́душка, а когда́ у ба́рышни° Ольги Игна́тьевны бу́дет ёлка°, возьми́ мне **золочёный оре́х** и в зелёный сунду́к° спрячь°. Попроси́ у Ольги Игна́тьевны, скажи́, для Ва́ньки».

Ва́нька вздохну́л° и опя́ть посмотре́л на окно́. Он вспо́мнил°, что за ёлкой° всегда́ ходи́л в лес° дед и брал с собо́й вну́ка. Весёлое бы́ло вре́мя! Когда́ ещё была́ жива́ Ва́нькина° мать и служи́ла° у ба́рышни, Ольга Игна́тьевна корми́ла° Ва́ньку леденца́ми° и вы́учила его́ чита́ть, писа́ть, **счита́ть до ста** и да́же танцева́ть кадри́ль. Когда́ же ма́ма умерла́, сироту́° Ва́ньку привезли́° в Москву́.

Glosses (right margin):

- ***тому́ наза́д*** = ago
- cobbler
- Christmas; masters
- got out; ink
- dear
- congratulate; wish
- Lord God
- remain
- sighed; continued
- beat; rocked
- cradle; by accident; fell asleep; laugh at me
- porridge
- cries
- lit. **Do me a kindness**
- I bow down; eternally; pray
- will die
- death; run, escape
- grow up
- feed; pray for
- horses; sheep
- mean
- mistress of the house
- Christmas tree; **golden nut;** trunk
- hide
- sighed; remembered
- Christmas tree; forest
- Vanya's
- served; fed
- hard candies; **count to a hundred**
- orphan
- they brought

«Приезжа́й, ми́лый де́душка, — продолжа́л Ва́нька, — возьми́ меня́ отсю́да. Пожале́й° ты меня́, сироту́ несча́стную°! Меня́ бьют° и всегда́ ку́шать° хо́чется. А вчера́ хозяин меня́ так уда́рил°, что я упа́л.

Твой внук Ива́н Жу́ков».

Ва́нька сверну́л° испи́санный лист° и вложи́л° его́ в конве́рт. Он поду́мал немно́го и написа́л а́дрес:

На дере́вню де́душке

Пото́м почеса́лся°, поду́мал и приба́вил°: «Константи́ну Мака́рычу». Пото́м он наде́л ша́пку, вы́бежал° на у́лицу, добежа́л до почто́вого я́щика° и су́нул° драгоце́нное° письмо́ в щель°. . .

Убаю́канный° сла́дкими наде́ждами°, он **час спустя́** кре́пко° спал. Ему́ сни́лась° дере́вня. Во сне° он ви́дел де́душку, кото́рый чита́ет его́ письмо́ . . .

have pity; miserable

beat; eat

struck

folded; sheet; inserted

scratched (his head); added

ran out

post box; put in; precious

slot (fem.)

*lulled by; hopes; **an hour later***

soundly; dreamed of; dream

Словарь

бить (бью, бьёшь) — *to beat*

вы́расту < вы́расти — *to grow up.* You have seen the irregular past tense **вы́рос, вы́росла, вы́росли.** The future tense is **вы́расту, вы́растешь, вы́растут.**

Госпо́дь — *the Lord.* This form is limited to set phrases. The word for "God" in most contexts is **Бог.**

жела́ть (кому́ чего́) — *to wish something to someone:* **Жела́ю тебе́ всего́ лу́чшего** — *I wish you all the best.*

жив, жива́, жи́вы — *alive* (short-form adjective like **прав**)

корми́ть (кого́-что чем) — *to feed:* **Они́ корми́ли его́ леденца́ми.** — *They fed him hard candies.*

моли́ться (молю́сь, мо́лишься, мо́лятся, кому́ за кого́-что) — *to pray (to someone for someone):* **Я бу́ду моли́ться за тебя́ Бо́гу** — *I will pray to God for you.*

не́ту is a colloquial form of **нет** when **нет** indicates absence: **У меня́ не́ту отца́ = У меня́ нет отца́.**

овца́ — (gen. pl. **ове́ц**)

оди́н = *alone:* **Ты у меня́ оди́н оста́лся** — *You alone are left for me.* **Про́сто смерть одна́** — *death alone.*

под (что) — *next to; on the eve of:* **под Рождество́** — *right before Christmas.*

поздравля́ть/поздра́вить (поздра́влю, -ишь, с чем) — lit. *to congratulate someone* (on the occasion of a holiday): **Поздравля́ю с Рождество́м** — *I congratulate you on the occasion of Christmas* (= *I wish you a Merry Christmas.*)

с(о)н — *sleep; dream:* **ви́деть (что-кого) во сне** — *to see (something) in a dream; to dream about (something)*

смея́ться (смею́сь, смеёшься над кем) — *to laugh (at someone):* **смею́тся надо мной** — *They laugh at me.* (**над** => **надо** because of <u>**мной**</u>.)

сни́ться — *to be dreamt*. This verb is part of a dative construction: **Ему́ сни́лась дере́вня.** — *He dreamed of the village.* (lit. *The village was dreamt to him.*)

умира́ть/умере́ть (умру́, умрёшь; у́мер, умерла́, у́мерли) — *to die*

хозя́ин — *master; lord of the house. Mistress of the house* = **хозя́йка.** The plural is very irregular: **хозя́ева.**

черни́ла — *ink*. Note that this word is neuter plural.

Partitive genitive: даю́т хле́ба и ка́ши — *they give me **some** bread and **some** cereal*. Genitive case for direct objects often indicates the idea of "some."

Possessives ending in -ин: nicknames ending in **-а** or **-я** produce possessive modifiers by adding an **-ин-** suffix plus the appropriate gender and case endings: **Ва́нька => Ва́нькина мать, Ва́нькин оте́ц, Ва́нькины роди́тели,** etc.

Вопро́сы о языке́:

1. What do you write to someone on a holiday?
2. What does **девятиле́тний** mean? How would you say ten-year-old boy? Five-year-old son? Thirteen-year-old daughter?
3. **Review of imperatives:** Write down all of the imperatives in the story. From what infinitives do they come? Are they imperfective or perfective, and why?

Давайте послушаем

8-25 С кем перепи́сываться? You are about to listen to an advertisement for an Internet penpal service. But the advertiser promises even more.

1. Listen to the advertisement to find out the following.
    a. Who is eligible for this service? Are there any restrictions?
    b. What does the advertisement recommend that applicants be able to do?
    c. The advertiser promises a number of services. Which services are included? According to the announcer, this group will . . .
        *   provide an American pen pal for the applicant
        *   arrange a visa for the pen pal to come to Russia
        *   pay for the pen pal's trip to Russia
        *   help with visa arrangements for a trip to the U.S. to visit the American pen pal
        *   pay for the applicant's trip to America
        *   return the applicant's money if no pen pal answers an initial letter
    d. Name two of the four ways that applicants could get in touch with this organization.

2. Words you may need:

    па́рень (*pl.* **па́рни**) — *guy, fellow*
    любо́й челове́к — *any person*
    граждани́н, гражда́нка — *citizen*
    приобрести́ — *to acquire*
    вступи́тельный внос — *initial dues; initial fee*
    да́нные — *data; information*

3. Language from context

    *   **Владе́ть** means *to have mastery* (*over something*). What phrase is it used with and what case does it take?
    *   **Перепи́ска** is *correspondence*. What then is **перепи́сываться?**
    *   **Де́ло** is *matter*. Judging from context, which best fits the meaning of **де́ло за ва́ми?**
        a. The ball's in your court.
        b. That's water under the bridge.
        c. That's the way the cookie crumbles.
        d. The grass is always greener on the other side.

4. Now decide how you would translate the words in parentheses using words you hear in this advertisement. (The sentences are slightly reworded.)

Вы (will receive) и́мя, а́дрес и фотогра́фию потенциа́льного (acquaintance).

Вы мо́жете познако́миться с иностра́нцами, е́сли вы (use our service).

Наш клуб (will help you) получи́ть ви́зу.

Ваш партнёр (will invite you) к себе́ в США.

Е́сли нет отве́та на ва́ше письмо́, сто́имость взно́са по́лностью (is returned).

В письме́ вы должны́ указа́ть (age, profession, and main biographical information).

Новые слова и выражения

NOUNS

а́дрес (*pl.* адреса́)	address
видеоклѝп	videoclip
впечатле́ние (о ком/чём)	impression (of someone/something)
сто́лько впечатле́ний	so many impressions
звук	sound
Интерне́т	Internet
Интерне́т-кафе́	Internet café
кла́виша	key (*on a keyboard*)
клип	clip
ко́врик	mouse pad
лэпто́п	laptop
мышь	mouse
откры́тка	postcard, greeting card
паро́ль (*m.*)	password
пе́сня (*gen. pl.* пе́сен)	song
по́чта (на)	post office, mail
райо́н	neighborhood
ра́зница (ме́жду чем)	difference (between what)
связь (*fem.*)	connection
сообще́ние	message
страни́ца	page
тачпа́д	touchpad
факс	fax
хит (*pl.* хиты́)	hit (song)
цена́	price
чат	chat (*internet*)

PRONOUNS

все	everyone
всё	everything
себя́	self

ADJECTIVES

бы́стрый	fast
ва́жный	important
подключён/подключена́/подключены́	connected
электро́нный	electronic

Новые слова и выражения

VERBS

вводи́ть/ввести́ (что куда́)
    (ввож-у́, вво́д-ишь, -ят)
    (введ-у́, -ёшь, -у́т) — to enter (*data*)

кача́ть/скача́ть (что отку́да)
    (кача́-ю, -ешь, -ют) — to download

класть (*impf.; perf.* положи́ть) (что куда́)
    (клад-у́, -ёшь, -у́т) — to put (*into a lying position*)

нажима́ть/нажа́ть (на что)
    (нажима́-ю, -ешь, -ют)
    (нажм-у́, -ёшь, -у́т) — to push (*a button/key*)

ненави́деть (*impf.*) (что/кого́)
    (ненави́ж-у, ненави́д-ишь, -ят) — to hate

отправля́ть/отпра́вить (что кому́ куда́)
    (отправля́-ю, -ешь, -ют)
    (отпра́вл-ю, отпра́в-ишь, -ят) — to mail, dispatch

перепи́сываться (*impf.*) (с кем)
    (перепи́сыва-юсь, -ешься, -ются) — to correspond (with someone)

пересыла́ть/пересла́ть (что кому́ куда́)
    (пересыла́-ю, -ешь, -ют)
    (перешл-ю́, -ёшь, -ю́т) — to forward

печа́тать/напеча́тать
    (печа́та-ю, -ешь, -ют) — to type

подключа́ться/подключи́ться (к чему́)
    (подключа́-юсь, -ешься, -ются)
    (подключ-у́сь, подключ-и́шся, а́тся) — to connect (to something)

пожи́ть (*perf.; impf.* жить)
    (пожив-у́, -ёшь, -у́т) — to live (somewhere) for a while

положи́ть (*perf.; impf.* класть) (что куда́)
    (полож-у́, поло́ж-ишь, -ат) — to put (*into a lying position*)

получа́ть/получи́ть
    (получа́-ю, -ешь, -ют)
    (получ-у́, полу́ч-ишь, -ат) — to receive

получа́ться/получи́ться
    (получа́-ется, -ются)
    (полу́ч-ится, -атся) — to turn out

посыла́ть/посла́ть (что кому́ куда́)
    (посыла́-ю, -ешь, -ют)
    (пошл-ю́, -ёшь, -ю́т) — to send

распеча́тывать/распеча́тать
    (распеча́тыва-ю, -ешь, -ют)
    (распеча́та-ю, -ешь, -ют) — to print (out)

Новые слова и выражения

скуча́ть (*impf.*) (по кому́)
(скуча́-ю, -ешь, -ют)

to miss (someone)

ста́вить/по- (что куда́)
(ста́вл-ю, ста́в-ишь, -ят)

to put (*into a standing position*)

удивля́ться/удиви́ться (кому́/чему́)
(удивля́-юсь, -ешься, -ются)
(удивл-ю́сь, удив-и́шься, -я́тся)

to be astonished, surprised
(at someone/something)

узнава́ть/узна́ть (что/кого́)
(узна-ю́, -ёшь, -ю́т)
(узна́-ю, -ешь, -ют)

to recognize

уме́ть (*impf.*) (+ *infinitive*)
(уме́-ю, -ешь, -ют)

to know how (to do something)

хоте́ться (*impf.*) (кому́)
present: хо́чется
past: хоте́лось

to want, feel like

ADVERBS

напра́сно — in vain, for no reason
обяза́тельно — it is necessary
опя́ть — again
отсю́да — from here
отту́да — from there
официа́льно — officially
сли́шком — too (as in "too much")
сра́зу — immediately
сро́чно — urgent
сюда́ — here (*with a motion verb*)
туда́ — there (*with a motion verb*)

OTHER WORDS AND PHRASES

вме́сто (чего́) — instead of
Да что тут уме́ть? — What's to know?
Де́ло не в э́том. — That's not the point.
Ещё бы! — And how! That's for sure!
Заче́м? — Why? (What for?)
ме́жду (чем) — between (what)
по по́чте — by mail
Соверше́нно ве́рно! — Absolutely right!
сто́лько впечатле́ний — so many impressions
Ты что? — Are you kidding?
хоть — (*particle*) even

Новые слова и выражения

PASSIVE VOCABULARY

а́виа	by air mail
бандеро́ль (*fem.*)	package
быт	everyday life
в бу́дущем году́	next year
ви́деть во сне (*impf.*) (кого́ что)	to dream about (someone, something)
возмо́жность	possibility
дисково́д	drive (*computer*)
жи́тель	resident
заказно́й	registered; insured; certified (mail)
измени́ть(ся) (*perf.*)	to change
кно́пка	button
конве́рт	envelope
мне́ние	opinion
по мне́нию (кого́)	in (someone's) opinion
обеща́ть/по- (кому́ что)	to promise (someone something)
(обеща́-ю, -ешь, -ют)	
обы́чный	usual, ordinary
па́рень (па́рня)	guy; boyfriend
перезапи́сывать/перезаписа́ть (что куда́)	to copy
(перезапи́сыв-аю, -ешь, -ют)	
(перезапиш-у́, перезапи́ш-ешь, -ут)	
посы́лка	parcel
потеря́ться	to get lost
цветно́й	color
экспре́сс-по́чта	express mail

PERSONALIZED VOCABULARY

_____

_____

_____

_____

_____

_____

Здоровье

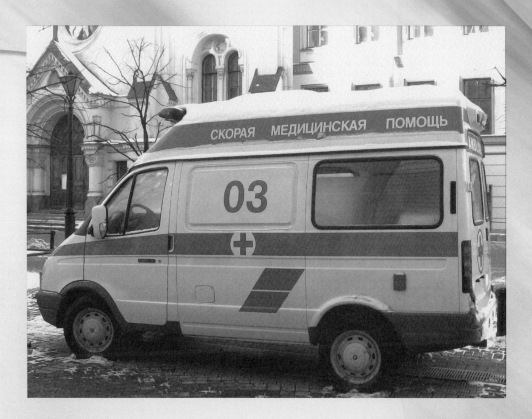

Коммуникативные задания

- Naming parts of the body
- Indicating simple symptoms of illness
- Reading announcements for medical services
- Giving health advice

Грамматика

- Talking about how one feels
- Descriptions of well-being and sickness: **чу́вствовать себя́; у кого́ боли́т что; кому́ пло́хо; просты́ть; бо́лен чем**
- **Хоте́ть, что́бы**
- Verbs of asking: **спра́шивать/спроси́ть** vs. **проси́ть/попроси́ть**

- The instrumental case for instrument
- Bringing: **приноси́ть/принести́, привози́ть/привезти́**
- Answering yes-no questions with key words

Чтение для удовольствия

- Цвета́ева. «Мне нра́вится, что вы больны́ не мной. . .»

Культура и быт

- Attitudes toward well-being
- The doctor-patient relationship
- Health care in Russia

Точка отсчёта

О чём идёт речь?

Ча́сти те́ла.

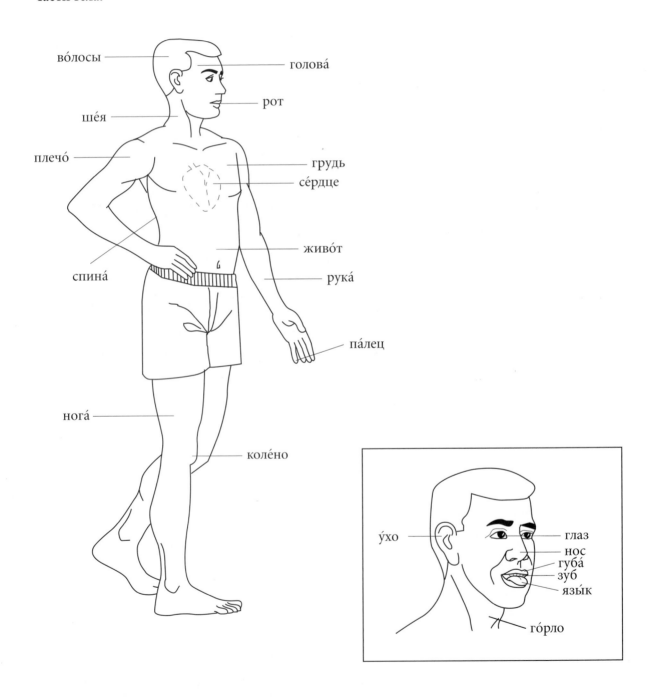

волосы — голова́

шея

плечо́

грудь
се́рдце

живо́т

спина́

рука́

па́лец

нога́

коле́но

рот

у́хо — глаз
нос
губа́
зуб
язы́к

го́рло

9-1 Что боли́т?

Образцы́:

У него́ боли́т зуб.

У неё боля́т но́ги.

У неё боли́т

_____.

У него́ боли́т

_____.

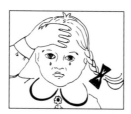

У неё боли́т

_____.

У него́ боля́т

_____.

У неё боля́т

_____.

У него́ боля́т

_____.

У него́ боли́т

_____.

У неё боли́т

_____.

9-2 Как вы себя чу́вствуете? Imagine that you have the flu or a cold. With a partner, take turns asking and answering the following questions about how you feel, what your symptoms are, and how you have been treating the illness. Follow the models.

1. — Как ты себя чу́вствуешь?

   — Я чу́вствую себя́ . . .

хорошо́.　　плóхо.　　нева́жно.　　ху́же.　　лу́чше.

— Я бо́лен.　— Я больна́.　— Я просты́л.　— Я просты́ла.　— У меня́ грипп.
　　　　　　　　　　　　　— Я просту́жен.　— Я просту́жена.

2. — Что с тобо́й?

   — У меня́ боли́т . . .

голова́.　　го́рло.　　пра́вая
　　　　　　　　　　　（ле́вая)
　　　　　　　　　　　рука́.

живо́т.　　се́рдце.　　па́лец.

— У меня́ боля́т . . .

ру́ки.

па́льцы.

у́ши.

но́ги.

— Меня́ . . .

тошни́т.

рвёт/вы́рвало.

vomito / vomité
(pull out)

боле́зны
= illness

— У меня́ . . .

на́сморк.

сопли
mocos

высо́кая
температу́ра.

ка́шель.

— У меня́ аллерги́я (аллерги́ческая реа́кция) на
{
молоко́.
ры́бу.
пеницилли́н.
}

3. — Как ты ле́чишься? *curry*

— Я . . .

лежу́ до́ма.

пью табле́тки/
лека́рство.

принима́ю
антибио́тики.

Разговоры для слушания

Разгово́р 1. Ты ужа́сно вы́глядишь!

Разгова́ривают Ольга и Мо́ника.

1. Мо́ника больна́. Её подру́га Ольга хо́чет вы́звать врача́. А Мо́ника ду́мает, что она́ то́лько простыла и́ли, мо́жет быть, у неё грипп. Она́ не ду́мает, что ну́жно вызыва́ть врача́. Прослу́шайте разгово́р и узна́йте, каки́е у Мо́ники симпто́мы:

У Мо́ники на́сморк.

У Мо́ники боли́т живо́т.

Мо́ника ка́шляет.

У Мо́ники
кру́жится голова́.

У Мо́ники боли́т
го́рло.

Мо́нику вы́рвало.

2. Мо́ника сказа́ла, что мо́жно вы́звать врача́, е́сли
    а. ей бу́дет тру́дно спать.
    б. её ещё раз вы́рвет.
    в. у неё бу́дет высо́кая температу́ра.
    г. она́ почу́вствует себя́ ху́же.

Разгово́р 2. В больни́це.

Разгова́ривают Ка́тя и Эд.

1. Посмотри́те на карти́нки, прослу́шайте разгово́р и поста́вьте карти́нки в ну́жном поря́дке. Listen to the conversation and arrange the pictures in the order in which the events happened by putting the appropriate number next to each.

Сде́лали рентге́н.

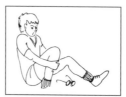

Я не мог встать.

Ребя́та вы́звали ско́рую по́мощь.

Оказа́лось, что я слома́л но́гу.

Мы с ребя́тами игра́ли в баскетбо́л.

Я споткну́лся и упа́л.

2. Ско́лько вре́мени Эду на́до бу́дет лежа́ть в больни́це?
3. Сосе́д Эда попроси́л Ка́тю что́-то ему́ переда́ть. Что она́ должна́ переда́ть Эду?

Разгово́р 3. Результа́т ана́лиза кро́ви.

Разгова́ривают врач и Билл.

1. Билл хо́чет узна́ть результа́ты ана́лиза кро́ви. Би́лла уже́ не тошни́т, но каки́е-то симпто́мы у него́ ещё есть. Что он говори́т врачу́ о свои́х симпто́мах?

2. Что показа́л ана́лиз кро́ви?
   а. аппендици́т
   б. грипп
   в. мононуклео́з
   г. СПИД (синдро́м приобретённого иммунодефици́та)

3. Врач говори́т Би́ллу, что ему́ ну́жно лечи́ться в больни́це. Каки́е причи́ны он называ́ет?
   а. Така́я боле́знь ле́чится то́лько в больни́це.
   б. Это инфекцио́нная боле́знь.
   в. У Би́лла о́чень высо́кая температу́ра.
   г. Би́ллу бу́дет поле́знее, е́сли врач бу́дет его́ наблюда́ть.
   д. У Би́лла аллерги́ческая реа́кция на антибио́тики.

причи́ны –
reasons

наблюда́ть –
observe

Давайте поговорим

 Диалоги

1. Что с тобой?

— Мóника, ты ужáсно вы́глядишь. Что с тобóй?

— Не знáю. Я с утрá ужáсно себя́ чу́вствую. Боли́т живóт . . .

— А гóрло боли́т?

— Да, и головá тóже.

— И кáшляешь. Ты, навéрно, просты́ла. Нáсморк есть?

— Есть. Но сáмое глáвное — живóт.

— Что, тебя́ тошни́т?

— Да, у́тром меня́ дáже вы́рвало.

— Тогдá давáй вы́зовем врачá.

— Нет, нет, нет. Врачá вызывáть не нáдо.

— А температýра?

— Невысóкая. Я мéрила.

— Ну, лáдно. Но éсли зáвтра тебé бýдет так же плóхо . . .

— Тогдá я обещáю пойти́ к врачý.

2. Вы́звали скóрую пóмощь.

— Эд, я пришлá, как тóлько узнáла. Что случи́лось?

— Мы с ребя́тами игрáли в баскетбóл, и я упáл. Вы́звали скóрую пóмощь.

— И что?

— Нóгу сломáл. Тóлько что сдéлали рентгéн.

— Навéрное, хотя́т, чтóбы ты нéсколько дней тут полежáл.

— Ви́димо, да.

— Ну, не волнýйся. Ой, чуть не забы́ла. Твой сосéд по кóмнате попроси́л, чтóбы я принеслá тебé твои́ учéбники. На.

— Спаси́бо, Кáтя!

Культура и быт

Когдá спрáшивают о здорóвье . . .

Don't be surprised at negative comments about the state of your health. Whereas English speakers almost automatically say "Hey, you look great!" to a friend who is feeling terrible, Russian speakers are more likely to comment on the actual physical appearance of health. If you look under the weather, you might hear: **Что с тобóй?! Ты ужáсно вы́глядишь! Ты такóй блéдный (такáя блéдная)!** (*pale*), followed by offers of home remedies or suggestions that you see a doctor.

3. Анализ крови.

— Так … На что вы жа́луетесь?
— Меня́ уже́ не́сколько дней тошни́т, и я всё вре́мя ка́шляю.
— Не́сколько дней?
— Да. И температу́ра 38. И сла́бость …
— Так … э́то мо́жет быть грипп … и́ли …
— Или что?
— На вся́кий слу́чай я хочу́ вам сде́лать ана́лиз кро́ви.
— А э́то мо́жно сде́лать здесь?
— Да, лаборато́рия на второ́м этаже́. Вот направле́ние.

Use **до́ктор** when directly addressing a physician. Otherwise use the word **врач**.

4. Как вы себя́ чу́вствуете?

— Здра́вствуйте, Билл. Как вы сего́дня чу́вствуете себя́? Не лу́чше?
— Ну, в о́бщем, не о́чень. До́ктор, что у меня́?
— К сожале́нию, у вас мононуклео́з. Вам придётся не́сколько дней у нас полежа́ть.
— Почему́ вы не мо́жете про́сто вы́писать мне лека́рство, что́бы я споко́йно лечи́лся до́ма?
— Понима́ете, лю́ди с инфекцио́нными боле́знями у нас ле́чатся то́лько в больни́це.
— А у нас ле́чат до́ма. Антибио́тиками.
— Молодо́й челове́к, мы не у вас. Че́рез не́сколько дней мы вас вы́пишем.

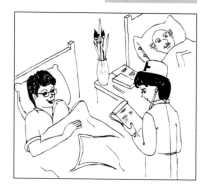

Культура и быт

Врач и больно́й. The doctor-patient relationship in Russia often comes as a shock to Westerners seeking medical assistance. Patients are expected to listen to their doctors and follow their orders explicitly. Medical advice is much more on the side of caution than in the West as reflected by extended hospital stays for observation purposes. Emphasis is not placed on a calming bedside manner.

Культура и быт

Медици́нское обслу́живание

Medical treatment in Russia is in a state of flux. Once totally state-run, health care is now both public and private, and the two can co-exist in one hospital or clinic.

In many state-run **поликли́ники** and **больни́цы** health care is officially free, but conditions can be primitive by Western standards and can be improved through additional payments. Moreover, payments are typically necessary for medications and some items and services not covered by the state health plan. However, doctors do make house calls. A doctor's note (**больни́чный лист** or **спра́вка**) is required for approval of sick leave at some workplaces and for students.

Пла́тные кли́ники, пала́ты (*wards*), and **врачи́** require payment or private health insurance (**страхо́вка**). Residents of larger cities have access to clinics with personnel trained in the West. Some private clinics emphasize "nontraditional" medicine: homeopathy, hypnosis, acupuncture, and a variety of Eastern folk practices. Traditional Russian herbal treatments and home remedies also command a considerable amount of respect.

Вопросы к диалогам

Диало́г 1

1. Мо́ника пло́хо себя́ почу́вствовала сего́дня у́тром и́ли вчера́ ве́чером?
2. Что у неё боли́т?
3. Когда́ её вы́рвало?
4. Кака́я у неё температу́ра?
5. Она́ хо́чет вы́звать врача́?
6. Что она́ обеща́ет де́лать за́втра, е́сли она́ не бу́дет чу́вствовать себя́ лу́чше?

Диало́г 2

1. Эд в общежи́тии и́ли в больни́це?
2. Каки́м ви́дом спо́рта он занима́лся, когда́ он упа́л?
3. С кем он игра́л?
4. Эд слома́л ру́ку и́ли но́гу?
5. Врачи́ хотя́т, что́бы он сра́зу пошёл домо́й и́ли что́бы он не́сколько дней полежа́л в больни́це?
6. Кто попроси́л, что́бы знако́мая принесла́ Эду уче́бники?

Диало́г 3

1. На что жа́луется де́вушка?
2. Кака́я у неё температу́ра?
3. Что хо́чет сде́лать врач?

Диало́г 4

1. Кто здесь разгова́ривает?
2. Где они́?
3. Что у Би́лла?
4. Это инфекцио́нная и́ли неинфекцио́нная боле́знь?
5. Билл хо́чет лечи́ться в больни́це и́ли до́ма?
6. Врач хо́чет, что́бы Билл лечи́лся в больни́це и́ли до́ма?

Упражне́ния к диало́гам

9-3 Что на́до сде́лать, е́сли . . . Вме́сте с партнёром реши́те, что на́до сде́лать в э́тих ситуа́циях.

Ситуа́ции	Возмо́жные отве́ты
1. Ва́ша знако́мая занима́лась аэро́бикой и упа́ла. Она́ ду́мает, что слома́ла ру́ку. Что на́до сде́лать?	а. На́до вы́звать врача́.
	б. На́до вы́звать ско́рую по́мощь.
2. Вас уже́ не́сколько дней тошни́т, и вы не мо́жете есть. Температу́ра высо́кая (39, 5), и боли́т голова́. Что на́до сде́лать?	в. На́до изме́рить температу́ру.
	г. На́до попроси́ть врача́ вы́писать лека́рство.
3. У ва́шего знако́мого на́сморк и боли́т го́рло. Он чу́вствует жар, но он ещё не ме́рил температу́ру. Что на́до сде́лать?	д. На́до сде́лать ана́лиз кро́ви.
	е. На́до сде́лать рентге́н.
4. Вы о́чень больны́. Врач объясня́ет, что ну́жно сде́лать ана́лиз кро́ви, что́бы узна́ть, что с ва́ми. Что на́до сде́лать?	ж. На́до пойти́ в поликли́нику.
5. Ваш знако́мый упа́л, когда́ поднима́лся по ле́стнице. У него́ стра́шно боли́т ле́вая нога́, и он не мо́жет ходи́ть. Что на́до сде́лать?	

> Норма́льная температу́ра по Це́льсию: 36,6.

9-4 Подгото́вка к разгово́ру. Review the dialogs. How would you do the following?

1. Say a friend looks sick.
2. Ask a friend what is wrong with her.
3. Say that you have felt terrible since the morning (since the evening).
4. Say that you have a stomach ache (sore throat, headache, backache).
5. Say that you have caught a cold.
6. Say that you have a cough.
7. Say that you feel nauseated.

8. Say that you vomited.
9. Suggest summoning a doctor (an ambulance).
10. Say there's no reason to summon a doctor (an ambulance).
11. Say that you have a low (high) temperature.
12. Say that you took your temperature.
13. Say that you promise to go to the doctor (to ask the doctor to come, to go to the clinic).
14. Ask someone what happened.
15. Say you fell down.
16. Say that you broke your (right, left) leg (arm).
17. Say that an x-ray (blood test) was done.
18. Tell a friend not to worry.
19. Tell a friend his roommate asked you to give him his textbooks (to ask what happened).
20. Ask how someone feels.
21. Say that you feel good (better, worse, bad).
22. Ask the doctor why she can't simply prescribe you some medicine.

 ## Игровые ситуации

9-5 В России …

1. You have gone to the doctor with a stomach ailment. You feel nauseated and can't eat anything. This has been going on for several days. Describe your symptoms to the doctor.
2. You feel like you have the beginning of a head cold, but you look worse than you feel. The person at the front desk of the dorm wants to call an ambulance. Talk her out of it.
3. You and a friend were running down the stairs and he fell. He is unable to move his leg. Discuss what you should do and get help.
4. You have had cold symptoms for about a week, but now you have a temperature and you feel nauseated. Explain your symptoms to the doctor.
5. The doctor has told you that you have mononucleosis and that you must stay in the hospital. See if you can get him/her to prescribe medicine and let you go home instead.
6. With a partner, prepare and act out a situation of your own based on the topics of this unit.

9-6 Когда́ обраща́ются к врачу́? Russians often don't go to the doctor when many Americans would. By contrast, Russians are more likely to call an ambulance than most Americans. Imagine that you are talking to a Russian. Explain in what instances people in your country seek medical help and how.

Устный перевод

9-7 В Росси́и. In Russia, your English-speaking roommate is quite ill and wants to see a doctor. S/he doesn't feel up to speaking Russian and has asked you to interpret.

ENGLISH SPEAKER'S PART

1. Hello, Doctor.
2. Well, I've been feeling nauseated for the last three or four days. I can't keep anything down.
3. I haven't taken my temperature, but I think it's higher than normal.
4. I thought it was just the flu. I thought I just needed to take it easy for a few days.
5. I've started feeling much worse. I haven't eaten for days and my head is killing me as well.
6. Is it really necessary to go to the hospital? It seems to me I just need some medicine, probably antibiotics.

Грамматика

1. Talking About How One Feels

This unit should provide enough information for you to indicate that you need medical attention if you fall ill during a stay in Russia. In the event of a real illness, however, it is highly likely that you will need more Russian than you know. Do not hesitate to ask medical personnel to repeat questions and instructions, to write down important pieces of information you do not understand, and/or to find someone who can serve as an interpreter.

- **Expressing how you feel: чу́вствовать/по- себя́ (хорошо́, пло́хо).** Use this verb only for discussing health.

  — Как ты **себя́ чу́вствуешь?**
  — Ты зна́ешь, пло́хо.

The perfective **почу́вствовать себя́** focuses attention on the beginning of the feeling.

Я **почу́вствовала себя́** пло́хо и пошла́ домо́й.	I *began to feel* bad and went home.
Я наде́юсь, что вы ско́ро **почу́вствуете себя́** лу́чше.	I hope that you *will feel* better (*will begin to feel* better) soon.

As in all verbs with the suffix **-ова-,** the suffix is replaced with **-у-** in the conjugation.

чу́вствовать/по- себя́ (to feel)
чу́вству-ю себя́
чу́вству-ешь себя́
чу́вству-ют себя́

- **Бо́лен — здоро́в.** To say someone is sick, use the short-form adjective **бо́лен (больна́, больны́).** To say someone is healthy, use the short-form adjective **здоро́в (здоро́ва, здоро́вы).**

Сего́дня Гри́ша **бо́лен,** но вчера́ он был **здоро́в.**	Today Grisha is *sick,* but yesterday he was *healthy.*

- **Бо́лен *чем.*** To indicate what someone is sick with, use the instrumental case of the illness.

Ма́ша **больна́ гри́ппом.**	Masha is *sick with the flu.*
Са́ша **бо́лен анги́ной.**	Sasha is *sick with strep throat.*

- *Кому́ пло́хо.* A common way to say you feel bad or sick is **Мне пло́хо** with the dative case. The past tense is marked by **бы́ло: Вчера́ мне бы́ло пло́хо** — *Yesterday I felt bad.* The future tense is marked by **бу́дет: Если за́втра тебе́ бу́дет так же пло́хо. . .** — *If you feel as bad tomorrow . . . .*

- *Что с кем?* If you look ill or say you don't feel well, a Russian might ask **Что с ва́ми?** or **Что с тобо́й?** — *What's the matter with you?*

- **Просты́л.** The past tense of the perfective verb **просты́ть** is used to indicate that someone has a cold. Literally, one is saying that the person caught a cold and still has it.

Он просты́л.	*He caught a cold.*	*He has a cold.*
Она́ просты́ла.	*She caught a cold.*	*She has a cold.*
Они́ просты́ли.	*They caught a cold.*	*They have a cold.*

You can also use the short-form adjective **просту́жен** — lit. *chilled through:* **Воло́дя просту́жен, и Ве́ра просту́жена. Они́ просту́жены.**

- **У меня́ на́сморк.** Another way to say that someone has a certain illness is to use the **у кого́** construction you already know, without **есть.**

У Ма́ши грипп.	*Masha has the flu.*
У Гри́ши анги́на.	*Grisha has strep throat.*
У них ка́шель.	*They have a cough.*

In the past and future tenses, a form of **был** or **бу́дет** must be used.

У Ма́ши **бу́дет** грипп.	Masha *will have* the flu.
У Гри́ши **была́** анги́на.	Grisha *had* strep.
У них **был** ка́шель.	They *had* a cough.

- **У меня́ боли́т голова́.** — *I have a headache; my head hurts.* Use the expression **у меня́** without **есть.**

The body part that hurts is the grammatical subject of the Russian sentence, and the verb must agree with it. For this verb, then, you need to learn only the third-person singular and plural forms in the present and past tenses.

[Сейча́с] у меня́	**боли́т** рука́ (нога́, у́хо, голова́, живо́т).	[Now] my	hand (leg, ear, head, stomach) *hurts.*
	боля́т ру́ки (но́ги, у́ши).		hands (legs, ears) *hurt.*

[Вчера́] у меня́	**боле́л**	живо́т (глаз).	[Yesterday] my	stomach (eye) *hurt.*
	боле́ла	голова́ (нога́).		head (leg) *hurt.*
	боле́ло	у́хо (коле́но).		ear (knee) *hurt.*
	боле́ли	у́ши (глаза́).		ears (eyes) *hurt.*

- **Меня́ тошни́т. Меня́ вы́рвало.** In the Russian equivalents for *I am nauseated* — **Меня́ тошни́т** and *I threw up* — **Меня́ вы́рвало,** the person is expressed in the accusative case. Since these sentences have no grammatical subject for a verb to agree with, the verb is always in the **оно́** form.

Меня́	
Тебя́	
Её	**тошни́т** (сейча́с)
Его́	**тошни́ло** (ра́ньше)
Нас	
Вас	
Их	**рвёт** (сейча́с)
Этого студе́нта	**вы́рвало** (ра́ньше)
Эту студе́нтку	
На́ших друзе́й	

Упражне́ния

9-8 Зада́йте вопро́сы. Ask how these people feel. Put the subject at the end of the question if it is a noun.

Образцы́: Гри́ша → *Как чу́вствует себя́ Гри́ша?*
он → *Как он чу́вствует себя́?*

1. На́дя
2. она́
3. Ма́ша и Со́ня
4. они́
5. Андре́й
6. он
7. ты
8. вы
9. ва́ши де́ти
10. ваш знако́мый

9-9 Сино́нимы. Match the sentences that have similar meaning.

1. Я просты́л(а).
2. Мне пло́хо.
3. Я бо́лен (больна́).
4. Что с ва́ми?
5. Я не бо́лен (больна́).
6. Я ка́шляю.

а. Я чу́вствую себя́ пло́хо.
б. Я здоро́в(а).
в. У меня́ ка́шель.
г. Я не о́чень хорошо́ себя́ чу́вствую.
д. Что у вас боли́т?
е. У меня́ на́сморк.

9-10 Запо́лните про́пуски.

чу́вствовать/по- себя́   бо́лен   здоро́в

1. — Как вы _____? — Не о́чень хорошо́. Я _____.
2. — Как ты _____ вчера́? — Я _____ о́чень хорошо́. Но сего́дня я _____ пло́хо. — Я наде́юсь, что вы _____ лу́чше за́втра.

3. — Вы _____? Что с ва́ми? — У меня́ боли́т голова́.
4. Вчера́ на рабо́те Ира _____ пло́хо. Она́ пошла́ к врачу́ и получи́ла реце́пт на лека́рство.
5. — Ната́ша, ты _____? — Нет, я совсе́м _____.

9-11 Запо́лните про́пуски. Everyone has a different complaint. Fill in the blanks with the needed form of **боле́ть.**

1. У Вади́ма _____ го́рло.
2. У Со́ни _____ у́ши.
3. У Ми́ти _____ у́хо.
4. У Са́ши _____ нога́.
5. У Бо́ри _____ но́ги.
6. У Ви́ктора _____ ру́ки.
7. У Ка́ти _____ рука́.
8. У Лари́сы _____ живо́т.
9. У Та́ни _____ коле́но.
10. У Ма́ши _____ коле́ни.
11. У Кири́лла _____ глаза́.
12. У Ди́мы _____ глаз.
13. У Ло́ры _____ па́льцы.
14. У Жа́нны _____ се́рдце.

9-12 Соста́вьте предложе́ния. A week later, everyone from exercise **9-11** feels better. Indicate what was wrong with them last week.

        Образе́ц: *У Вади́ма боле́ло го́рло.*

9-13 Соста́вьте предложе́ния. The statements below were made several days ago. Express how these people felt at the time they made their statements.

        Образцы́:   Яша: У меня́ высо́кая температу́ра. →
                    У Яши была́ высо́кая температу́ра.

                    Окса́на: Я чу́вствую себя́ о́чень пло́хо. →
                    Окса́на чу́вствовала себя́ о́чень пло́хо.

1. Ди́ма: У меня́ боли́т рука́.
2. Аня: У меня́ боли́т коле́но.
3. Со́ня и Ло́ра: Нам пло́хо. У нас анги́на.
4. Ка́тя: Я хорошо́ чу́вствую себя́. Я совсе́м здоро́ва.
5. Вади́м: Я хорошо́ чу́вствую себя́. Я совсе́м здоро́в.
6. Анто́н: Я бо́лен гри́ппом. У меня́ боли́т голова́, и меня́ тошни́т.
7. Валенти́на: Я больна́ мононуклео́зом. У меня́ боли́т живо́т, и меня́ тошни́т. У меня́ высо́кая температу́ра.
8. Ле́на: У меня́ боля́т у́ши. Я пло́хо чу́вствую себя́. Я больна́.
9. Алексе́й: У меня́ на́сморк.
10. Таня: Я ужа́сно себя́ чу́вствую. У меня́ жар, меня́ тошни́т, и у меня́ ка́шель.

► *Complete Oral Drills 1–10 and Written Exercises 1–4 in the S.A.M.*

9-14 Отве́тьте на вопро́сы.

1. Как вы чу́вствуете себя́ сего́дня?
2. Как вы себя́ чу́вствовали вчера́?

2. Хоте́ть, что́бы

You already know how to use an infinitive after the verb **хоте́ть** to indicate what someone wants (or wanted) to do.

Анна **хо́чет стать** врачо́м.	Anna *wants to become* a physician.
Я не **хочу́ лежа́ть** в больни́це.	I don't *want to be* in the hospital.
На́ши сосе́ди не **хоте́ли забо́титься** о здоро́вье.	Our neighbors didn't *want to take care* of their health.

To say that one person wants someone else to do something, Russian uses a different structure, as noted in the following sentences.

Па́па Анны **хо́чет, что́бы она́ ста́ла** врачо́м.	Anna's father *wants her to become* a physician.
Врач **хо́чет, что́бы я лежа́л** в больни́це.	The doctor *wants me to be* in the hospital.
Мы **хоте́ли, что́бы на́ши сосе́ди забо́тились** о здоро́вье.	We *wanted our neighbors to take care* of their health.

The conjunction **что́бы** is used after a verb that expresses a request (**хоте́ть, проси́ть/по-, сказа́ть**—see Section 3 below). The verb in the second clause, after **что́бы,** is always in the past tense, even though the meaning is not past tense.

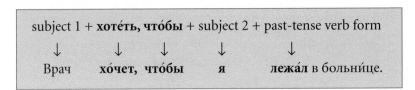

subject 1 + **хоте́ть, что́бы** + subject 2 + past-tense verb form

↓	↓	↓	↓	↓
Врач	**хо́чет,**	**что́бы**	**я**	**лежа́л** в больни́це.

Упражнение

9-15 Что хо́чет врач, что́бы де́лал Гри́ша? Grisha does not want to do anything the doctor has ordered. Indicate that the doctor wants him to do (or not do!) these things.

Образе́ц: Гри́ша не хо́чет лежа́ть → *Врач хо́чет, что́бы Гри́ша*
в больни́це. *лежа́л в больни́це.*

1. Гри́ша не хо́чет принима́ть лека́рство.
2. Он не хо́чет лежа́ть в посте́ли три дня.
3. Он не хо́чет де́лать заря́дку.

4. Он хо́чет кури́ть.
5. Он не хо́чет отдыха́ть.
6. Он не хо́чет пра́вильно есть.
7. Он не хо́чет забо́титься о здоро́вье.

► Complete Oral Drill 11 and Written Exercises 5–6 in the S.A.M.

3. Спра́шивать/спроси́ть vs. проси́ть/попроси́ть

Russian has two "asking" verbs: **спра́шивать/спроси́ть** — *to inquire, to ask a question, to ask for information* and **проси́ть/попроси́ть** — *to request, to ask for a favor.*

Мы **спроси́ли** дру́га, как он чу́вствует себя́.	We *asked* our friend how he felt.
Он сказа́л, что ему́ пло́хо, и он **попроси́л** нас купи́ть ему́ лека́рство.	He said he felt bad and he *asked* us to buy him some medicine.
Сосе́д по ко́мнате **спроси́л,** есть ли у тебя́ все уче́бники.	Your roommate *asked* if (whether) you have all your textbooks.
Сосе́д по ко́мнате **попроси́л** нас переда́ть тебе́ уче́бники.	Your roommate *asked* us to pass along your textbooks.

спра́шивать	спроси́ть
спра́шива-ю	спрош-у́
спра́шива-ешь	спро́с-ишь
спра́шива-ют	спро́с-ят

проси́ть/по-
прош-у́
про́с-ишь
про́с-ят

The verb **проси́ть/по-,** like the verb **хоте́ть,** can be used with a **что́бы** clause since one person is asking someone else to do something. Unlike other verbs that express requests, the verb **проси́ть/по-** can also take an infinitive. The following pairs of Russian sentences have the same meaning.

Врач **попроси́л** меня́ не кури́ть.	Врач **попроси́л, что́бы** я не кури́л(а).	The doctor *asked* me *not to smoke.*
Ка́тя **про́сит** подру́гу позвони́ть.	Ка́тя **про́сит** подру́гу, **что́бы** она́ позвони́ла.	Katya *asks* her friend *to call.*
Мы **попро́сим** сосе́да нам помо́чь.	Мы **попро́сим, что́бы** сосе́д нам помо́г.	We'll ask our neighbor *to help us.*

With other verbs expressing requests, you cannot use an infinitive. You can only use **что́бы.**

Врач **сказа́л, что́бы** я не кури́л.	The doctor *told me* not to smoke.

Упражнения

9-16 Выберите нужный глагол.

1. Зине плохо. Она (спросила/попросила) мужа вызвать врача. Муж (спросил/попросил), что у неё болит.

2. Врач всегда (спрашивает/просит) о здоровье. Он (спрашивает/просит) всех заниматься спортом, не курить и правильно есть.

3. Если я завтра не почувствую себя лучше, я (спрошу/попрошу) врача выписать мне лекарство. Она, наверное, (будет спрашивать/будет просить), какая у меня температура.

4. Эд упал и сломал ногу. Он лежит в больнице. Оксана его (спрашивает/просит), что случилось.

5. Эд упал и сломал ногу. Он лежит в больнице. Сосед по комнате (спросил/попросил), чтобы Оксана передала ему учебники.

9-17 Составьте предложения. You received a letter from Tolya that contained the following questions and requests. Convey the information to another friend.

Образцы: Что нового? → *Толя спрашивает, что нового.*

Расскажи о → *Он просит, чтобы я рассказал(а)*
курсах! *о курсах.*

Ты простыл? → *Толя спрашивает, простыл ли ты.*

1. Какой у тебя любимый курс?
2. Ты сейчас читаешь интересные книги?
3. Расскажи о книге.
4. У тебя есть другие увлечения?
5. Ты занимаешься спортом?
6. Ты часто ходишь в спортивный комплекс?
7. Напиши письмо о том, как ты проводишь свободное время.
8. Правда, что многие американцы делают зарядку каждый день?
9. Что ты думаешь о системе здравоохранения в вашей стране?
10. Купи мне книгу о вашей системе здравоохранения.

**система
здравоохранения**
– health-care
system

➤ *Complete Oral
Drill 12 and
Written
Exercise 7 in
the S.A.M.*

4. The Instrumental Case for Instrument

A fundamental use of the instrumental case is to express the *instrument* by which an action is carried out. In English this idea is often expressed through the word *with* in the sense of *by means of* or *using*.

У нас лечат такую болезнь
антибиотиками.

In our country a disease like that is treated *with (by means of/using) antibiotics.*

Contrast the use of the instrumental case for instrument and the instrumental case used after the preposition **с** meaning *with* or *together with*.

| Надя пишет сочинение **ручкой**. | Nadya is writing her composition *with a pen*. |
| Надя пишет сочинение **с Таней**. | Nadya is writing her composition *with Tanya*. |

Упражнения

9-18 Как по-русски? For each phrase in boldface, indicate whether it would be rendered in Russian by the instrumental case alone, or by **с** plus the instrumental case.

1. Alex went to the movies **with Pasha.** They saw a new Russian film **with subtitles.** They have to write compositions about the film. Alex is going to write out his composition **with a pen,** and Pasha is going to type his on the computer.
2. Usually they treat this disease **with penicillin,** but I'm allergic to it, so they're treating me **with other antibiotics.** The doctor also wants me to take vitamins. My roommate went to the drugstore, and the medicine together **with the vitamins** cost more than I expected.

9-19 Кого чем лечат? Indicate how the following people are being treated.

> Образец: Миша — новое лекарство →
> *Мишу лечат новым лекарством.*

1. Саша — антибиотики
2. Боря — аспирин
3. Лора — витамины
4. Дмитрий Петрович — пенициллин
5. Александра Ивановна — эти таблетки

9-20 Кто чем пишет? Indicate what the following people are using to write.

> Образец: Маша — новый карандаш →
> *Маша пишет новым карандашом.*

1. Соня — красная ручка
2. Лара — синяя ручка
3. Ваня — чёрная ручка
4. Иван Михайлович — белый мел
5. Анна Борисовна — цветной мел
6. я — ?

> ➤ *Complete Oral Drill 13 in the S.A.M.*

5. Bringing: приноси́ть/принести́, привози́ть/привезти́

Russian has special verbs for carrying things. For this unit we will learn only the verbs for *to bring*, **приноси́ть/принести́** for bringing on foot, and **привози́ть/привезти́** for bringing by vehicle.

Твой сосе́д по ко́мнате попроси́л, что́бы я **принесла́** тебе́ твои́ уче́бники.	Your roommate asked me *to bring* your textbooks.
Он **принёс** пода́рок от сосе́да.	He *brought* a present from his roommate.
Мы ему́ **прино́сим** еду́ в больни́цу.	We *are bringing* food to him at the hospital.
Мы **приво́зим** вам кни́ги из Москвы́.	We're *bringing* you books from Moscow.
Она́ мне **привезла́** кни́ги из Москвы́.	She *brought* me books from Moscow.

приноси́ть принести́ (to bring by foot)	
принош-у́	принес-у́
прино́с-ишь	принес-ёшь
прино́с-ят	принес-у́т
Past tense:	
приноси́л(а)	принёс
	принесла́
	принесли́

привози́ть привезти́ (to bring by vehicle)	
привож-у́	привез-у́
приво́з-ишь	привез-ёшь
приво́з-ят	привез-у́т
Past tense:	
привози́л(а)	привёз
	привезла́
	привезли́

от везти́
llevar

Упражне́ние

9-21 Запо́лните про́пуски глаго́лами в ну́жной фо́рме.

1. приноси́ть/принести́

еда́ – food

   а. Сосе́д по ко́мнате ка́ждый день _____ Во́ве еду́ в больни́цу.

   б. Когда́ сосе́д _____ Во́ве еду́ за́втра?

   в. Вчера́ роди́тели _____ еду́ в больни́цу, а друзья́ — цветы́.

   г. Ты за́втра не _____ Во́ве уче́бники? Ему́ лу́чше, и он хо́чет занима́ться.

2. привози́ть/привезти́

    a. Ира вчера́ _____ мне кни́ги из Москвы́.

    б. Эти студе́нты за́втра _____ пода́рки роди́телям в Аме́рику.

    в. Я обы́чно _____ кни́ги и сувени́ры друзья́м из Росси́и.

    г. Во́ва _____ ба́бушке лека́рства из Аме́рики.

➤ *Complete Oral Drills 14–15 and Written Exercises 8–9 in the S.A.M.*

6. Answering Yes-No Questions with Key Words

Compare how Russian and English give short answers to questions.

— Ми́ша бо́лен?	Is Misha ill?
— **Бо́лен.**	*Yes, he is.*
— Он пойдёт к врачу́?	Will he go see the doctor?
— Наве́рное, **пойдёт.**	*He* probably *will.*
— Он зна́ет, что́ с ним?	Does he know what's wrong?
— Нет, **не зна́ет.**	No, *he doesn't.*

As you can see, English uses helping verbs in short answers. To give a short answer in Russian, repeat the word that is the focus of the question.

Упражне́ние

9-22 Отве́тьте на вопро́сы. Give short answers to the following questions.

1. Вы здоро́вы?
2. Вы принима́ете витами́ны?
3. Вы когда́-нибудь лежа́ли в больни́це?
4. Вы вчера́ ходи́ли к врачу́?
5. Вы де́лаете заря́дку?
6. Вы бе́гаете?
7. Вы пла́ваете?
8. Вы забо́титесь о своём здоро́вье?
9. Вы занима́етесь спо́ртом?
10. Вы чу́вствуете себя́ хорошо́?

➤ *Complete Oral Drill 16 in the S.A.M.*

9-23 Как до́лго вы проживёте?

1. Below is a self-test for life expectancy that is divided into three parts: personal qualities, life style, and age. Read the subheading and determine what age is taken as the starting point.

2. Now take the test. How long does it predict you will live?

3. In the text, find each of the following words and expressions. Determine their meaning from context.

   а. прибавля́ть/приба́вить

   б. отнима́ть/отня́ть

   в. пре́дки

   г. боле́знь се́рдца

   д. одино́чество

   е. от (чего́) . . . до (чего́)

   ж. па́чка

   з. стака́н

   и. напи́ток

   к. медици́нская диспансериза́ция (Hint: a word similar in meaning, and more commonly used, is **осмо́тр,** in the following paragraph.)

4. **Счита́ть** means *to consider.* **Вы́ше сре́днего** means *above average.* What is **Если ваш дохо́д счита́ется вы́ше сре́днего. . .?** Why is the verb reflexive (**счита́ется**)?

5. **Образова́ние** means *education.* What is **вы́сшее образова́ние?**

6. You know the word **пить** — *to drink.* Which verb in this text is related to it?

7. **Как по-ру́сски?**

   a. with a population of over. . .   d. physical labor

   b. even-tempered   e. in a small town

   c. Is it easy to get you riled?

Словарь

бо́лее = бо́льше

дохо́д — *income*

ежего́дно = ка́ждый год, раз в год

избы́ток ве́са — *extra weight*

инфа́ркт — *heart attack*

-ли́бо = -нибудь

парали́ч — *stroke*

по кра́йней ме́ре — *at least; no less than*

рак — *cancer*

счастли́вый (сча́стлив -а, -о, -ы) — *happy*

супру́г, супру́га — *spouse* (husband, wife)

су́тки = 24 часа́

тре́бовать (чего́) — *to demand* (*something*)

КАК ДОЛГО ВЫ ПРОЖИВЕТЕ?

> **За точку отсчета возьмите 72 года. А после этого займитесь сложением и вычитанием.**

ЛИЧНЫЕ КАЧЕСТВА

— Если вы мужчина — отнимите 3.

— Если вы женщина — прибавьте 4.

— Если вы живете в черте города с населением более 2 миллионов человек — отнимите 2.

— Если вы живете в поселке с населением до 10 тысяч человек или в деревне — прибавьте 2.

— Если кто-либо из ближайших предков (дедушка или бабушка) прожил до 85 лет — прибавьте 2.

— Если все четыре дедушки и бабушки дожили до 80 лет — прибавьте 6.

— Если кто-либо из родителей умер от инфаркта или от паралича в возрасте до 50 лет — отнимите 4.

— Если родители, брат или сестра до 50 лет имели или имеют рак или болезни сердца, или больны диабетом с детства — отнимите 3.

— Если ваш доход считается выше среднего — отнимите 2.

— Если у вас высшее образование — прибавьте 1.

— Если у вас есть научная степень — прибавьте еще 2.

— Если вам 65 лет или более и вы работаете — прибавьте 3.

— Если вы живете с супругом или сожителем — прибавьте 5. Если нет — отнимите 1 за каждые десять лет жизни в одиночестве, начиная с 25 лет.

ОБРАЗ ЖИЗНИ

— Если у вас сидячая работа — отнимите 3.

— Если ваша работа требует постоянного, тяжелого физического труда — прибавьте 3.

— Если вы энергично занимаетесь спортом (теннис, плавание, бег и т.д.) 5 раз в неделю по крайней мере полчаса — прибавьте 4, или 3 раза в неделю — прибавьте 2.

— Спите ли вы более 10 часов каждую ночь? — отнимите 4.

— Вы впечатлительны, агрессивны, вас легко вывести из себя? — отнимите 3.

— Вы уравновешены, спокойны? — прибавьте 3.

— Вы счастливы? — прибавьте 1. Несчастливы? — отнимите 2.

— Штрафовали ли вас за превышение скорости в прошлом году? — отнимите 1.

— Курите более 2 пачек в день? — отнимите 8. От одной до 2 пачек? — отнимите 6. От половины до 1 пачки? — отнимите 3.

— Выпиваете ли вы 1.5 стакана каких-либо алкогольных напитков в сутки? — отнимите 1.

— Ваш избыток веса составляет 20 кг и более — отнимите 8, от 12 кг до 20 кг — отнимите 4, от 4 кг до 12 кг — отнимите 2.

— Если вы мужчина после 40 лет и ежегодно проходите медицинскую диспансеризацию — прибавьте 2.

— Если вы женщина и раз в год проходите осмотр у гинеколога — прибавьте 2.

УТОЧНЕНИЕ ВОЗРАСТА

— Если вам между 30 и 40 — прибавьте 2.

— Если вам между 40 и 50 — прибавьте 3.

— Если вам между 50 и 70 — прибавьте 4.

— Если вам после 70 — прибавьте 5.

Получившаяся у вас после всех сложений и вычитаний окончательная цифра и будет означать возможную продолжительность вашей жизни.

9-24 Как сде́лать зи́му коро́че. Экспре́сс Ltd., a Moscow weekly tabloid, gave its readers some advice on staying healthy through the winter.

1. **Words you will need.** Familiarize yourself with these words before reading this passage.

   вещество́ — *substance*
   выводи́ть/вы́вести — *to remove*
   голода́я — *while going hungry;* **не голода́я** — *without going hungry*
   давле́ние — *pressure*
   кипяти́ть/про- — *to boil*
   кише́чная фло́ра — *intestinal flora*
   наполови́ну = на 50 проце́нтов
   наступле́ние — *onset*
   облива́ть — *pour*
   органи́зм — *organism* (in the sense of the internal workings of the body)
   пита́ться = есть (What case does **пита́ться** take?)
   посеща́ть — *to attend*
   сре́дство = ме́тод
   худе́ть/по- — *to lose weight*
   яд — *toxin*

   Useful expressions. The words below would be useful in your active vocabulary.

   в тече́ние (чего́) — *for a period of . . . :* **в тече́ние дня** — *for a period of one day*
   доста́точно — *enough*
   есте́ственный — *natural*
   несмотря́ (на что, кого́) — *despite . . .*
   о́ба, о́бе — *both:* this word works like **два, две.** It agrees in gender with the noun it modifies and takes genitive singular: **о́бе руки́** — *both hands.*
   переры́в — *break; rest period*
   продолжа́ться — *to last; to go on*

2. **Using what you know.** Most of the words of this article are new to you. Don't read word for word. Remember that this is an advice column. Look for imperatives telling you what to do. List five pieces of advice based on five imperatives.

3. **Main ideas.** What was said about the following topics?
   • losing weight without going hungry
   • boiling water
   • the length of colds caught by people who regularly use the sauna
   • pouring cold water on one's hands
   • evening walks
   • room temperature
   • sleep
   • flu immunizations

ЧАШЕЧКА ГОРЯЧЕЙ ВОДЫ, ХОЛОДНОЕ ОБЛИВАНИЕ, БАНЯ И НЕСКОЛЬКО КИЛОГРАММОВ ЯБЛОК

СДЕЛАЮТ ЗИМУ КОРОЧЕ

С наступлением холодной погоды организм перестраивается на зиму. И чувствуешь себя не так бодро, как летом. «Но каждый может повысить свой тонус», — считает специалист по естественным средствам и методам лечения доктор Хельмут Браммер из Дипхольца (Германия). Если вы воспользуетесь некоторыми его советами, то перенесете зиму без потерь для здоровья.

Попробуем похудеть

В течение одной недели питайтесь только яблоками в неограниченном количестве. Так выводятся шлаки из организма, и вы, не голодая, можете похудеть почти на три килограмма.

Как вывести из организма вредные вещества

Выпивайте ежедневно два литра горячей воды. Утром прокипятите водопроводную воду в течение 10 минут и залейте ее в термос. Каждые полчаса в течение дня выпивайте маленькими глотками по одной чашке. Эта вода, не содержащая минеральных веществ, выводит из организма яды, нормализует кишечную флору.

Попытайтесь закаляться

Один раз в неделю посещайте сауну. Это лучшая профилактика от простуды. И если, несмотря на это, вы все же подхватите насморк, то он пройдет у вас через 4 дня (обычно он продолжается неделю).

Стресс можно предотвратить

Пойте, если утром едете на работу на машине. Во время перерывов на работе обливайте обе руки холодной водой, пока они не покроются мурашками. Это снижает повышенное давление. По вечерам гуляйте по полчаса, даже когда идет дождь. Все это естественным образом нейтрализует стресс, который ослабляет сопротивляемость организма.

Обеспечьте себе здоровый сон

Температура в спальне не должна превышать 17°C. Спите по возможности при открытом окне или форточке (разогретый воздух сушит кожу). Тот, кто в зимние месяцы спит достаточно (минимум 8 часов в сутки), наполовину меньше рискует простудиться.

Не забудьте сделать прививки

Хронические больные (болезни сердца, диабет, астма) или люди с ослабленным здоровьем должны осенью сделать прививки от гриппа. Она защитит вас не только от вируса, но даст мощный импульс иммунной системе.

---

4. **Using context.** Match these words and their meanings below. There is one extra English word.

1. бо́дро
2. перестра́иваться
3. подхвати́ть
4. профила́ктика
5. то́нус
6. ча́шка, ча́шечка
7. шла́ки

a. adjust
b. attend
c. buoyant
d. cup
e. catch
f. prevention
g. physical shape; muscle tone
h. slag; waste

5. **Using roots.** The root **-выс-** (and its variant **-выш-**) means "high" or "raised." Using context, figure out what the following words mean:

повы́сить
превыша́ть
повы́шенное

6. **Cognates.** Foreign verbs are often formed by means of **-овать.** In what context were these cognate verbs used? What do they mean?

нормализова́ть
нейтрализова́ть
рискова́ть

9-25 Каки́е здоро́вые лю́ди!

Файл Правка Вид Переход Закладки Инструменты Справка

http://yaschik.ru   Перейти

yaschik.ru   Выход

НАПИСАТЬ   ВХОДЯЩИЕ   ПАПКИ   НАЙТИ ПИСЬМО   АДРЕСА   ЕЖЕДНЕВНИК   НАСТРОЙКИ

От: valyabelova.234@mail.ru
Кому: popovaea@inbox.ru
Копия:
Скрытая:
Тема: Какие здоровые люди!

простой формат

Дорогая Елена Анатольевна!

Вы, как всегда, правы. Моё настроение° улучшилось. Просто здесь как-то не принято слишком много откровенничать. Есть стереотип, что у американцев всё всегда отлично, всё всегда о'кей. И он соответствует истине°. На вопрос «как ты себя чувствуешь?» есть только один ответ — «fine», даже если ты себя чувствуешь очень плохо.

mood

и́стина = пра́вда

Но я заметила, что американцы болеют редко. Складывается впечатление°, что даже стыдно болеть, это не вписывается в их «рабочую этику». Возьмём, например, Лору. Она учится на одном курсе со мной. За весь учебный год не пропустила° ни одного урока. Ходила на занятия больная. Представляете°, она просыпается с простудой. Температура выше 37. (При этом по Фаренгейту это вообще звучит ужасно: 99 или 100!) И вместо того, чтобы вернуться в общежитие и лечь в постель как нормальный человек, она пьёт какие-то таблетки и, легко одетая, несмотря на прохладную погоду, идёт в университет, заражая°

скла́дывается впечатле́ние — lit. *the impression is forming*

skip

imagine

thereby infecting

Бог знает сколько человек! Но самое удивительное — никаких осложнений от такого неуважения° к болезни нет. На следующий день встаёт совсем здоровая! Закалённый° народ!

lack of respect

sturdily forged

Для этого, конечно, немало объективных причин°. Во-первых, здесь практически никто не курит. В общественных помещениях даже нет мест для курения. Чтобы покурить, надо выйти на улицу, что в холодную погоду не очень хочется.

reasons

Во-вторых, пьют умеренно°. На улице здесь пьяных увидишь реже, чем у нас. Пить разрешено не с 18 лет, а с 21 года. Мало, кто соблюдает°, конечно. В компании никто не будет спрашивать год рождения, но в ресторанах и барах демонстративно проверяют документы. Можно сделать и фальшивый документ (Макс мне предложил достать такой, но я решила, что это рискованно).

moderately

observes, obeys

Можно было бы подумать, что здоровье американцев как-то связано с пищей. Американцы внимательно читают этикетку° на каждой банке°, чтобы узнать, сколько в данном продукте жира° или сахара. Но, с другой стороны, фрукты и овощи, например, здесь какие-то искусственные, как будто° они сделаны из пластика. Помидор даже не надо брать в рот — и так видно, что в нём сплошная° химия.

label   jar, can

fat

as if

100-percent

Что касается медицины, то здесь даже средний врач имеет высокую квалификацию. Медицинская техника самая лучшая. Но всё ужасно дорого, и страховка° иногда не покрывает необходимые процедуры. И лекарства, особенно те, которые продаются только по рецепту, тоже дорого стоят. Американцы в них очень верят, а о наших препаратах и травах° никто не знает.

insurance

herbs, grasses

И самое важное для здоровья — это экология. По сравнению° с нами здесь свежий° воздух и чистая вода, несмотря на урбанизацию страны. Мы, например, живём в большом пригороде, который во многом похож на город. (Чтобы попасть в настоящую деревню, надо проехать ещё два–три часа на машине.) Но всё равно, и в городе, и в деревне экология здесь лучше.

по сравне́нию — *in comparison   fresh*

Валя

yaschik.ru

Выход

НАПИСАТЬ   ВХОДЯЩИЕ   ПАПКИ   НАЙТИ ПИСЬМО   АДРЕСА   ЕЖЕДНЕВНИК   НАСТРОЙКИ

От:	popovaea@inbox.ru
Кому:	valyabelova.234@mail.ru
Копия:	
Скрытая:	
Тема:	Какие здоровые люди!

простой формат

Здравствуй, Валя!

Очень хорошо, что американцы не курят и пьют
мало. Но трудно поверить, что не простужаются.
В университете я училась в одной группе с
американцем, который постоянно болел. Тут
никакой загадки° не было. В зимнюю погоду он   *mystery, riddle*
одевался, как летом — короткие рукава, легкая
куртка. Пил холодные напитки со льдом,
постоянно сидел на холодных ступеньках°. Может   *steps*
быть, такие привычки° безвредны° в Калифорнии,   *habits   harmless*
но русская зима этого не прощает.

Е.

1. **Вопро́сы**

а. Как, по слова́м Ва́ли, все америка́нцы отвеча́ют на вопро́с о самочу́вствии?

б. Что ду́мает Ва́ля о здоро́вье америка́нцев?

в. По мне́нию Ва́ли, что де́лают америка́нцы, когда́ они́ больны́?

г. Где бо́льше ку́рят, в США и́ли в Росси́и?

д. Ва́ля ду́мает, что америка́нцы пьют не сли́шком мно́го. Вы с ней согла́сны?

е. С како́го во́зраста мо́жно пойти́ в бар в Росси́и?

ж. Что Ва́ля говори́т об америка́нской пи́ще? Она́ ей нра́вится?

з. Что ду́мает Ва́ля об америка́нской медици́не?

и. Как вы ду́маете, где лека́рства сто́ят доро́же?

к. Како́й фа́ктор Ва́ля счита́ет гла́вным для здоро́вья?

л. Что говори́т Ва́ля о во́здухе и воде́ в США?

м. Что ду́мает Еле́на Анато́льевна о том, как америка́нцы забо́тятся о своём
здоро́вье? Почему́ она́ так ду́мает?

2. Язы́к в конте́ксте

a. Bed. You now have a new word for bed: **посте́ль** (*она́*). **Крова́ть** (*она́*) refers to a piece of furniture and usually takes **на**: **Они́ сиде́ли на крова́ти.** The connotation for **посте́ль** revolves around what one does *in bed* (sleeping, being sick, etc.). **Посте́ль** usually takes **в**: **Они́ бы́ли в посте́ли.**

b. Medicine: медици́на ≠ лека́рство, препара́т. Лека́рство is what you take to get well. We often refer to a specific **лека́рство** as a **препара́т,** which can take the form of a pill, powder, or liquid. **Медици́на** is (1) what medical students study or (2) the entire medical infrastructure. **Что зна́ют иностра́нцы об америка́нской медици́не?** — *What do foreigners know about medicine as practiced in America?*

c. Food. You have seen several generic words for *food.*

Еда́ is the most generic word, but it doesn't cover as much semantic territory as the English *food.*

Пи́ща refers to food in the sense of diet or nourishment.

Ку́хня is *cuisine* as well as *kitchen.* **Есть ли америка́нская национа́льная ку́хня?**

d. Getting up and waking up. You know the verb **встава́ть** (**встаю́, встаёшь**)/**встать** (**вста́ну, вста́нешь**) — *to get up.* To specify *waking* use **просыпа́ться/просну́ться** (**просну́сь, проснёшься, просну́тся**).

e. Verbs in -ава́ть. In addition to **встава́ть/встать**, cited above, you have seen **достава́ть** (**достаю́, достаёшь**)/**доста́ть** (**доста́ну, доста́нешь**) — *to get hold of* and **признава́ться** (**признаю́сь, признаёшься**)/**призна́ться** (**призна́юсь, призна́ешься**) and **узнава́ть** (**узнаю́, узнаёшь**)/**узна́ть** (**узна́ю, узна́ешь**). The imperfective **-ава́ть** side of the verb always gives **-аю́, -аёшь, -аю́т**, etc. But on the perfective side, the conjugation mimics the verb that most resembles it:

достава́ть/*доста́ть* and **встава́ть/***встать* like *ста́ть* (**ста́ну**)
признава́ться/*призна́ться* and **узнава́ть/***узна́ть* like *знать* (**зна́ю**)
продава́ть/*прода́ть* and **передава́ть/***переда́ть* like *дать* (**дам, дашь**, etc.)

f. Word roots

во́здух — *air* < **-дых-, -дух-, -дох-.** *To breathe* is **дыша́ть** (**дышу́, ды́шишь, ды́шат**). Then there's *to rest* ("to take a breather") **отдыха́ть/отдохну́ть.**

иску́сственный — Valya thinks American fruits and vegetables look like plastic. She calls them **иску́сственные.** What does **иску́сство** mean?

обще́ственный — another **-общ-** word: *public.* Compare to **общежи́тие,** which involves public living space.

осложне́ние < **сло́жный**. The suffixes **-ение** and **-ание** often match the English *-ation*.

покрыва́ть/покры́ть < **-крыв-**, **-кров-** — *cover; shelter*. It's related to **закрыва́ть/закры́ть**.

помеще́ние < **мест-**. This is a synonym for **зда́ние**. Note that the combination **ст** often mutates to **щ**: **прости́ть → прощу́**, **просто́й → про́ще**.

проверя́ть/прове́рить — *to check*. What other **-вер-** words do you know?

проща́ть — the imperfective of what verb? See the note on **помеще́ние** above.

рукава́ — *sleeves* < **рука́**

сре́дний < **сред-**, an extraordinarily productive root. Remember that **среда́** is the *middle* or *median* day. In grammar we talk about **мужско́й род, же́нский род** and then the one in the *middle*: **сре́дний род**. A **сре́дний врач** is the one in the middle, statistically speaking. Then there's **сре́дства ма́ссовой информа́ции (СМИ),** the mass *media*.

9-26 Боле́зни быва́ют ра́зные . . .

The following poem by Marina Tsvetaeva appeared as a song in the classic Russian New Year's film, **Иро́ния судьбы́** (1975).

Мари́на Ива́новна Цвета́ева (1892–1941) родила́сь в Москве́. Её мать была́ пиани́сткой, а оте́ц профе́ссором Моско́вского университе́та. Он основа́л музе́й, кото́рый тепе́рь называ́ется Госуда́рственный музе́й изобрази́тельных иску́сств и́мени А. С. Пу́шкина. В 1922 году́ Цвета́ева уе́хала из Сове́тской Росси́и за грани́цу, к му́жу, Серге́ю Яковлевичу Эфро́ну, кото́рый уже́ находи́лся в Евро́пе. У них бы́ло две до́чери, Ариа́дна и Ири́на. Втора́я дочь, Ири́на, умерла́ в де́тском до́ме в голо́дном 1920 году́ во вре́мя гражда́нской войны́. Сын Гео́ргий роди́лся в 1925 году́. Цвета́ева с семьёй жила́ в Пра́ге, а пото́м в Пари́же. В конце́ тридца́тых годо́в они́ верну́лись в Сове́тский Сою́з. Му́жа арестова́ли и расстреля́ли, дочь Ариа́дну то́же арестова́ли и отпра́вили в ла́герь. Цвета́еву с сы́ном эвакуи́ровали в нача́ле войны́ в Ела́бугу, в Тата́рию, на восто́к от Москвы́. Там она́ поко́нчила с собо́й в а́вгусте 1941 го́да.

голо́дный — *hungry*
гражда́нская война́ — *civil war* (1918–22)
грани́ца — *border*
  за грани́цу — *abroad* (accusative used with a motion verb)
де́тский дом (детдо́м) — **дом, в кото́ром живу́т де́ти без роди́телей**
изобрази́тельные иску́сства — *fine arts*
ла́герь — *camp; prison camp*
основа́ть (*perf.*) — *to found*
расстреля́ть (*perf.*) — *to shoot; execute by shooting*
сосла́ть (*perf.*) — *to exile*

«Мне нра́вится, что вы больны́ не мной . . .» (1915)

Мне нра́вится, что вы больны́ не мной,
Мне нра́вится, что я больна́ не ва́ми,
Что никогда́ тяжёлый шар земно́й
Не уплывёт под на́шими нога́ми.
Мне нра́вится, что мо́жно быть смешно́й —
Распу́щенной — и не игра́ть слова́ми,
И не красне́ть уду́шливой волно́й,
Слегка́ соприкосну́вшись рукава́ми.

Мне нра́вится ещё, что вы при мне
Споко́йно обнима́ете другу́ю,
Не про́чите мне в а́довом огне́
Горе́ть за то, что я не вас целу́ю.
Что и́мя не́жное моё, мой не́жный, не
Упомина́ете ни днём, ни но́чью — всу́е. . .
Что никогда́ в церко́вной тишине́
Не пропою́т над на́ми: аллилу́йя!

Спаси́бо вам и се́рдцем и руко́й
За то, что вы меня́ — не зна́я са́ми! —
Так лю́бите: за мой ночно́й поко́й,
За ре́дкость встреч зака́тными часа́ми,
За на́ши не-гуля́нья под луно́й,
За со́лнце, не у нас над голова́ми, —
За то, что вы больны́ — увы́! — не мной,
За то, что я больна́ — увы́! — не ва́ми!

Словарь

а́довый — *hell, hellish* (*adj.*)
волна́ — *wave*
встре́ча (от сло́ва **встре́титься**) — *meeting*
горе́ть — *to burn*
зака́т (**зака́тный**) — *sunset*
за то́, что — *because* (*of*)
земно́й — *earth* (*adj.*)
зна́я — *knowing*
луна́ — *moon*

над (**чем**) — *over*

не́жный — *tender*

обнима́ть (*impf.*) — *to embrace*

под (**чем**) — *under*

поко́й — *peace*

при (**ком**) — *in someone's presence*

пропе́ть (**пропо-ю́, -ёшь, -ю́т**) (*perf.*) — *to sing*

про́чить (*impf.*) — Here: *to prophesy*

распу́щенный — *frivolous*

ре́дкость — *infrequency*

са́ми — *yourself, oneself*

слегка́ соприкосну́вшись рукава́ми — *when our sleeves touch*

споко́йно — *peacefully; without worrying*

тишина́ — *quiet*

тяжёлый — *heavy*

уду́шливый — *stifling, suffocating*

уплы́ть (**уплывёт**) (*perf.*) — *to swim away*

упомина́ть и́мя всу́е (*impf.*) — *to take someone's name in vain*

целова́ть (**целу́-ю, -ешь, -ют**) (*impf.*) — *to kiss*

шар — *sphere*

Давайте послушаем

9-27 Рекла́ма. You are about to hear an advertisement for a private medical clinic called **Оздорови́тельный це́нтр нетрадицио́нной медици́ны.** The term **нетрадицио́нный** here has a number of applications, referring to folk medicine, oriental treatments, and parapsychology (which many Russians take quite seriously), as well as technological innovations that have not been put into wide use. Here are some terms you may need:

лека́рственные тра́вы и сбо́ры — *medicinal herbs and mixtures*
явле́ние — *phenomenon*
инфа́ркт (миока́рда) — *heart attack*
мануа́льная терапи́я — *chiropractic*

1. Before listening, list some categories of treatment you expect to hear about in such an advertisement.
2. Listen to find out if the advertisement contains any of the categories you expected.
3. Listen again for the following specific information.
   a. The advertisers are proud of the people who work for them. What do they say about their qualifications?
   b. What sort of therapy does this clinic claim is effective, painless, and devoid of harmful side effects?
   c. List at least five disorders that this clinic treats. State as much as you can about the nature of the treatment offered for each disorder.

4. **Words from context.** Break up each of the following words into its constituent parts. Determine each word's part of speech (noun, adjective, verb, etc.) and its meaning. State in what context the words were used.
   а. безболе́зненность
   б. безопа́сность
   в. обезбо́ливание
   г. немедикаменто́зное лече́ние

5. **Recognizing cognates in context.** What do the words **аллерги́ческое явле́ние** and **проте́з** mean? The term **стоматологи́ческий** is a cognate from *stomatological.* To what field of medicine does this word refer?

6. **Cognates.** Listen to the advertisement again to find Russian equivalents for the words below. Do your best to come up with the *nominative* case forms.
   a. consultations
   b. laser therapy
   c. infrared
   d. cardiologist
   e. -itis
   f. stress
   g. psychiatrist
   h. psychologist
   i. anonymous (*adj.*) or anonymity (*n.*)
   j. alcoholic (person, not beverage)

Новые слова и выражения

NOUNS

Части тела

	Body Parts
во́лосы (*pl.*)	hair
глаз (*pl.* глаза́)	eye
голова́	head
го́рло	throat
грудь (*fem.*)	chest, breast
губа́ (*pl.* гу́бы, губа́м, губа́ми, губа́х)	lip
живо́т	stomach
зуб	tooth
коле́но (*pl.* коле́ни)	knee
нога́ (*acc. sing.* но́гу; *pl.* но́ги, нога́м, нога́ми, нога́х)	leg
нос	nose
па́лец (*pl.* па́льцы)	finger
плечо́ (*pl.* пле́чи, плеча́м, плеча́ми, плеча́х)	shoulder
рот	mouth
рука́ (*acc. sing.* ру́ку; *pl.* ру́ки, рука́м, рука́ми, рука́х)	hand; arm
се́рдце	heart
спина́	back
ше́я	neck
у́хо (*pl.* у́ши, уша́м, уша́ми, уша́х)	ear
язы́к (*ending always stressed*)	tongue

Други́е слова́

	Other Words
аллерги́я (на что)	allergy
ана́лиз	test
анги́на	strep throat
антибио́тик	antibiotic
боле́знь (*fem.*)	disease, illness
боль (*fem.*)	pain
больни́ца	hospital
больно́й (*adj. declension*)	patient
грипп	flu
до́ктор	doctor (*used as form of address*)
ка́шель (*masc.*)	cough
кровь (*fem.*)	blood
лека́рство (от чего́)	medicine (for what)
мононуклео́з	mononucleosis
на́сморк	nose cold; stuffed nose; runny nose
пеницилли́н	penicillin
поликли́ника	clinic
просту́да	cold (*illness, not temperature*)
ребя́та (*pl.*)	kids, guys

Новые слова и выражения

рентге́н	x-ray
симпто́м	symptom
сла́бость	weakness
табле́тка	pill
температу́ра	temperature

ADJECTIVES

высо́кий (не-)	high (not)
инфекцио́нный	infectious
ле́вый	left
пла́тный	for pay; requiring payment
поле́зный	useful
пра́вый	right

VERBS

боле́ть (боли́т, боля́т) (*impf.*) (у кого́)	to hurt
вы́глядеть (*impf.*)	to look, appear
(вы́гляж-у, вы́гляд-ишь, -ят)	
вызыва́ть/вы́звать	to call (for), summon
(вызыва́-ю, -ешь, -ют)	
(вы́зов-у, -ешь, -ут)	
выпи́сывать/вы́писать	1. to prescribe; 2. to release (*from hospital*)
(выпи́сыва-ю, -ешь, -ют)	
(вы́пиш-у, -ешь, -ут)	
жа́ловаться (*impf.*)	to complain
(жа́лу-юсь, -ешься, -ются)	
На что вы жа́луетесь?	*lit.* What is your complaint? What's wrong?
ка́шлять (*impf.*)	to cough
(ка́шля-ю, -ешь, -ют)	
лежа́ть/по- (в больни́це)	to lie, to be (in the hospital)
(леж-у́, -и́шь, -а́т)	
лечи́ть(ся)/вы́-	to treat, cure (be treated, be cured)
(лечу́[сь], ле́чишь[ся], ле́чат[ся])	
лома́ть/с- (себе́ что)	to break
(лома́-ю, -ешь, -ют)	
ме́рить/из-	to measure
(ме́р-ю, -ишь, -ят)	
обеща́ть (*impf.*) (кому́)	to promise
(обеща́-ю, -ешь, -ют)	
отпусти́ть (*perf.*)	to release
(отпущ-у́, отпу́ст-ишь, -ят)	

Новые слова и выражения

па́дать/упа́сть	to fall
(па́да-ю, -ешь, -ют)	
(упад-у́, -ёшь, -у́т;	
past упа́л, -а, -и)	
передава́ть/переда́ть	to pass on; to transmit
(переда-ю́, -ёшь, -ю́т)	
(переда́м, переда́шь, переда́ст,	
передади́м, передади́те, передаду́т;	
past переда́л, передала́, переда́ли)	
принима́ть/приня́ть (лека́рство)	to take (medicine)
(принима́-ю, -ешь, -ют)	
(прим-у́, при́м-ешь, -ут;	
past при́нял, приняла́, при́няли)	
приноси́ть/принести́	to bring
(принош-у́, принос́-ишь, -ят)	
(принес-у́, -ёшь, -у́т;	
past принёс, принесла́, принесли́)	
привози́ть/привезти́	to bring (*by vehicle*)
(привож-у́, приво́з-ишь, -ят)	
(привез-у́, -ёшь, -у́т;	
past привёз, привезла́, привезли́)	
проси́ть/по-	to request
(прош-у́, про́с-ишь, -ят)	
просты́ть (*perf.*)	to catch cold
Я просты́л(а).	I have a cold.
растя́гивать/растяну́ть (себе́ что)	to strain, sprain
(растя́гива-ю, -ешь, -ют)	
(растян-у́, растя́н-ешь, -ут)	
рвать/вы́- (кого́)	to vomit
Меня́ рвёт.	I am vomiting.
Меня́ вы́рвало.	I vomited.
сиде́ть/по-	to sit, to be sitting
(сиж-у́, сид-и́шь, -я́т)	
тошни́ть (*impf.*) (кого́)	to be nauseous
Меня́ тошни́т.	I am nauseous.
Меня́ тошни́ло.	I was nauseous.
чу́вствовать/по- себя́	to feel
(чу́вству-ю, -ешь, -ют)	

Новые слова и выражения

ADVERBS

ви́димо	evidently
нева́жно	not too well
споко́йно	calmly
то́лько что	just
ужа́сно	terribly
чуть не	nearly, almost, all but

SUBJECTLESS EXPRESSIONS

бо́льно (кому́)	it is painful (to someone)
лу́чше (кому́)	(someone) feels better
пло́хо (кому́)	(someone) feels bad
тошни́ть (кого́)	to be nauseous
рвать/вы́- (кого́)	to vomit
хорошо́ (кому́)	(someone) feels good
ху́же (кому́)	(someone) feels worse

PREPOSITIONS

за (чем)	behind (what)

CONJUNCTIONS

что́бы	(*see Section 2*)

OTHER WORDS AND PHRASES

аллерги́ческая реа́кция (на что)	allergic reaction (to something)
ана́лиз кро́ви	blood test
в о́бщем	in general
На.	Here it is, take it. (*Said when handing someone something—use only with someone on **ты**.*)
Оказа́лось …	It turned out …
с утра́	since morning
ско́рая по́мощь	ambulance
У меня́ кру́жится голова́.	I feel dizzy.
Что с (кем)?	What's the matter (with someone)?

Новые слова и выражения

PASSIVE VOCABULARY

аппендици́т	appendicitis
жар	fever
наблюда́ть (*impf.*)	to observe
причи́на	reason
реце́пт (на что)	prescription (for)
систе́ма здравоохране́ния	health care system
СПИД (синдро́м приобретённого иммунодефици́та)	AIDS
споткну́ться (*perf.*)	to trip
страхо́вка	insurance

PERSONALIZED VOCABULARY

_____

_____

_____

_____

_____

_____

В гостях

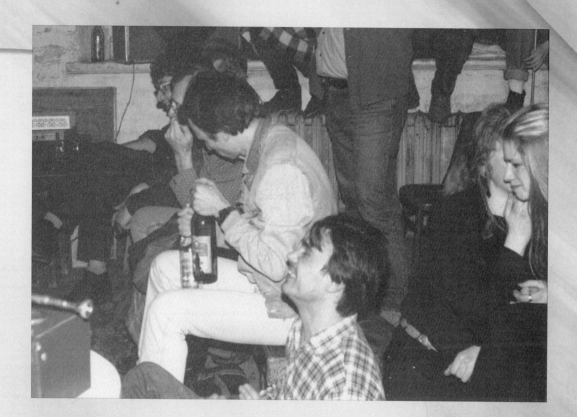

Коммуникативные задания

- Talking about holidays
- Meeting and greeting hosts and guests
- Making toasts
- Writing holiday greetings

Грамматика

- Structure of holiday greetings, invitations, and toasts
- Telling time off the hour
- Location and direction: Review
- Making hypotheses: **Если бы** clauses

- Each other: **друг друга**
- Review of verbal adjectives and adverbs

Чтение для удовольствия

- Че́хов. «Пари́»

Культура и быт

- Russian Orthodox calendar
- Russian hospitality
- House slippers: **та́почки**
- Guest etiquette

Точка отсчёта

О чём идёт речь?

10-1 Америка́нские пра́здники. Каки́е у вас са́мые люби́мые пра́здники?

День благодаре́ния

Рождество́

Па́сха

Но́вый год

День незави́симости

Ха́нука

День ветера́нов

День труда́

День свято́го Валенти́на

Ру́сские пра́здники

1 января́ — Но́вый год.

7 января́ — Рождество́. Orthodox Christmas has been a paid holiday since 1992, and since 2006, the week between New Year's Day and Orthodox Christmas, January 1–7, has been a paid holiday.

13 января́ — Ста́рый Но́вый год. Many Russians celebrate the New Year twice, on the evening and night of December 31 and again on the evening of January 13, when the New Year was celebrated according to the old calendar. This is not an official holiday.

23 февраля́ — День защи́тника Оте́чества, Defenders of the Fatherland Day. Before 1995 this holiday was called **День Сове́тской а́рмии и вое́нно-морско́го фло́та,** Soviet Army-Navy Day, in honor of the founding of the Red Army in 1918. It is considered the masculine equivalent of **Междунаро́дный же́нский день,** and both are paid holidays. On this day women sometimes give their male relatives, friends, and colleagues presents.

8 ма́рта — Междунаро́дный же́нский день, International Women's Day. This holiday was widely observed in socialist countries. Russians still observe this holiday—men give flowers and other gifts to female friends, relatives, and colleagues—but the political edge (the Socialist juridical emphasis on women's equality) is gone.

Па́сха — Passover and Easter. Just as Passover dwarfs Hanukkah in religious significance for Jews, so Russian Easter dwarfs Christmas in significance in the Russian Orthodox Church.

1 ма́я — Пра́здник (День) труда́, formerly **День междунаро́дной солида́рности трудя́щихся,** Labor Day. Once the second biggest national holiday in the former Soviet Union, May 1 (which originated with the *American* labor movement in the nineteenth century) has maintained its official status, perhaps less as a celebration of the working class than as a marking of the beginning of warm weather and the summer **да́ча** season.

9 ма́я — День Побе́ды, Victory Day. This holiday commemorates the surrender of Nazi Germany in 1945. The huge Russian losses during the war—over twenty million dead—give this national holiday a special significance, especially for the generation that was touched by the conflagration.

12 ию́ня — День Росси́и, marks Russia's declaration of independence from the Soviet Union in 1990. Thus the original full name of the holiday was **День деклара́ции о госуда́рственном суверените́те** or **День незави́симости Росси́и.**

4 ноября́ — День наро́дного еди́нства, National Unity Day, has a complicated history. This holiday was instituted in 2005 to commemorate the liberation of Moscow from Polish military intervention in 1612. This celebration was intended to replace the stature of **7 ноября́, День октя́брьской револю́ции,** renamed **День примире́ния и согла́сия,** Day of National Harmony and Reconciliation, in 1996. On November 7, 1917 (October 25 by the calendar in use at the time) Bolshevik forces stormed the Winter Palace, thus toppling the fragile Russian provisional government. For 74 years the event was celebrated as the high holiday of Communism, with parades on Red Square.

The Russians have a twist on the American system of automatic Monday holiday observations. If a holiday falls near a weekend, the weekend is rearranged. If a holiday falls on a Thursday, for example, Thursday, Friday, and Saturday will be days off, and Sunday will be a workday.

Культура и быт

Russian Orthodox Calendar

The dates for Russian holidays, especially those connected with Russian Orthodoxy, can look confusing to those not familiar with the older Julian calendar used by the Serbian and the Russian Orthodox Church. In 1582, under Pope Gregory XIII, the Roman Catholic Church adopted the calendar we use today. But Russia switched from the older Julian calendar to the new Gregorian calendar only after the October Revolution. By the time of the switch, the two calendars were thirteen days apart. As a result, the Russian Orthodox Church (**Русская Православная церковь**) observes Christmas on January 7, not December 25. Orthodox Easter also usually comes after its Roman Catholic and Protestant equivalents. Since the date for Orthodox Easter is calculated differently from that of Roman Catholic and Protestant Easter, the gap between the two holidays varies.

10-2 Когда? Когда отмечают американские праздники?

1. _____ День благодарения
2. _____ Рождество
3. _____ Пасха
4. _____ Новый год
5. _____ День независимости
6. _____ День ветеранов
7. _____ Ханука
8. _____ День труда
9. _____ День святого Валентина

а. Четвёртого июля.
б. Первого января.
в. Двадцать пятого декабря.
г. Четырнадцатого февраля.
д. Тридцать первого октября.
е. В четвёртый четверг ноября.
ж. Тридцать первого мая.
з. Первый праздник в сентябре.
и. Весной.
к. В середине декабря.

10-3 Когда? Когда отмечают русские праздники? Прочитайте информацию о русских праздниках и скажите, когда русские отмечают эти праздники.

1. _____ Праздник труда
2. _____ Рождество
3. _____ Пасха
4. _____ Новый год
5. _____ Старый Новый год
6. _____ День защитников Отечества
7. _____ День Победы
8. _____ День России
9. _____ Международный женский день
10. _____ День народного единства

а. Восьмого марта.
б. Первого января.
в. Двадцать третьего февраля.
г. Двенадцатого июня.
д. Первого мая.
е. Седьмого января.
ж. Четвёртого ноября.
з. Девятого мая.
и. Весной.
к. Тринадцатого января.

Разговоры для слушания

Разгово́р 1. С Но́вым го́дом!
Разгова́ривают Гэ́ри, Нэ́лли, Лэ́на, Свэ́та, Алёша, Ва́ся и Аля.

1. Како́й пра́здник здесь отмеча́ют?
2. О каки́х пра́здниках говоря́т Гэ́ри и Нэ́лли?
3. Нэ́лли расска́зывает, как америка́нцы отмеча́ют Но́вый год. Она́ говори́т, что америка́нцы . . .
   а. пьют ме́ньше шампа́нского.
   б. гото́вят ме́ньше еды́.
   в. приглаша́ют ме́ньше госте́й.
   г. разгова́ривают ме́ньше с друзья́ми.

4. Что Нэ́лли обы́чно *не* де́лает, когда́ она́ встреча́ет Рождество́ до́ма, в США?
   а. Не идёт в го́сти к друзья́м.
   б. Не помога́ет гото́вить обе́д.
   в. Не да́рит пода́рки.
   г. Не идёт в це́рковь.

5. За кого́ предлага́ет тост Алёша?
6. Кто из госте́й опозда́л на ве́чер?
7. Что де́лают го́сти по́сле у́жина?

Разгово́р 2. Америка́нцы отмеча́ют День благодаре́ния в Росси́и.
Разгова́ривают Ре́йчел и На́стя.

1. На како́й америка́нский пра́здник Ре́йчел приглаша́ет На́стю?
2. Что ду́мает На́стя об э́том пра́зднике?
   а. Это национа́льный пра́здник США.
   б. Это са́мый большо́й пра́здник го́да.
   в. Этот пра́здник отмеча́ют в честь пилигри́мов.
   г. На э́тот пра́здник го́сти должны́ принести́ како́е-то национа́льное блю́до.

3. Лэ́на не зна́ет, что едя́т на э́тот пра́здник. Что она́ ду́мает?

Разгово́р 3. За пра́здничным столо́м.

Разгова́ривают На́стя, Эллиот и Ре́йчел.

1. Почему́ удивля́ется На́стя? Кто гото́вил у́жин?
2. Каки́е три блю́да подаю́т Эллиот и Ре́йчел?
3. В своём то́сте Эллиот расска́зывает, как На́стя помога́ла ему́ и Ре́йчел. Что На́стя де́лала для них?
   а. Знако́мила их с ру́сскими.
   б. Пока́зывала интере́сные места́ в го́роде.
   в. Помога́ла с языко́м.
   г. Дава́ла им де́ньги.
   д. Нашла́ им хоро́шую кварти́ру.

4. Эллиот наде́ется, что . . .
   а. Они́ с Ре́йчел ско́ро верну́тся в Росси́ю.
   б. На́стя забу́дет, что Ре́йчел и Эллиот иностра́нцы.
   в. На́стя смо́жет прие́хать в го́сти к ним в Аме́рику.
   г. Они́ с Ре́йчел научи́лись лу́чше говори́ть по-ру́сски.

Культура и быт

Та́почки

In many Russian homes, guests are expected to take off their shoes and put on **та́почки** (*house slippers*). The custom is a matter of practicality: by trading slush-covered winter boots for **та́почки,** guests are assured of comfort, and hosts of clean floors.

Давайте поговорим

Диалоги

1. Заходи́те!

Ле́на: Здра́вствуй, Не́лли! Гэ́ри, приве́т!

Гэ́ри: С пра́здником!

Ле́на: И вас то́же! Что вы стои́те? Заходи́те! Раздева́йтесь, бери́те та́почки!

Све́та: Сади́тесь! Стол гото́в.

Не́лли: Ой, всё вы́глядит так вку́сно!

Све́та: Не стесня́йтесь! Сала́т бери́те! Селёдочку! Икру́!

Алёша: Ребя́та, я хочу́ предложи́ть тост за на́ших америка́нских госте́й.

Ле́на: Да, дава́йте вы́пьем за на́ших ребя́т.

Алёша: Я поднима́ю бока́л за на́ших друзе́й Гэ́ри и Не́лли. Пусть они́ приезжа́ют к нам ча́ще.

2. Е́сли бы вы бы́ли до́ма ...

Алёша: Ребя́та, вы бы так встреча́ли Но́вый год, е́сли бы вы бы́ли у себя́ до́ма?

Гэ́ри: Ты зна́ешь, у нас Но́вый год не тако́й уж большо́й пра́здник.

Не́лли: Да. Вот е́сли бы я зна́ла, что у вас Но́вый год — тако́й большо́й пра́здник, я бы то́же пригото́вила что́-нибудь.

Гэ́ри: У нас са́мый большо́й пра́здник го́да — Рождество́.

Не́лли: И Ха́нука для евре́ев.

Ле́на: Зна́чит, большо́й ве́чер вы устра́иваете на Рождество́?

Гэ́ри: Ну, как тебе́ сказа́ть? Стол действи́тельно большо́й. Но Рождество́ обы́чно отмеча́ют в семье́.

Не́лли: Да. Как раз 25-го я здесь о́чень скуча́ла по свои́м. Ведь е́сли бы я была́ до́ма, мы дари́ли бы друг дру́гу пода́рки, мы с ма́мой гото́вили бы обе́д, пошли́ бы в це́рковь ...

Ле́на: А у вас все хо́дят в це́рковь на Рождество́?

Не́лли: Ве́рующие хо́дят.

Культура и быт

Когда́ вы в гостя́х

Russian hospitality can be overwhelming. So how do you say no? If you want to turn down food, you might try something like **Ой, спаси́бо. Э́то действи́тельно о́чень вку́сно, но я про́сто бо́льше не могу́.** (Keep in mind that etiquette requires your hosts to make a number of attempts to entice you.) Finally you might try: **Я на стро́гой дие́те!** — *I'm on a strict diet!*

If offered something to which you are allergic, you can thank your hosts profusely and then say: **Вы зна́ете, у меня́ на э́то аллерги́я.**

If you are a **вегетариа́нец (вегетариа́нка),** you can say so directly. Note, however, that many Russians assume that vegetarians eat fish and fowl.

If you observe religious dietary restrictions, and you don't mind indicating so openly, you could say: **В мое́й рели́гии э́то запрещено́.** — *In my religion that is forbidden.*

The legal drinking age in Russia is 18. If you do not drink alcohol, say so directly: **Я непью́щий (непью́щая).** — *I don't drink.* If you feel you've had enough to drink but your hosts insist, you might try saying that you don't want to get drunk because of something important happening the next day: **Я бою́сь опьяне́ть. Я ра́но встаю́ за́втра.** Russian traffic regulations on driving under the influence allow for absolutely no blood alcohol level. If you drive to a gathering in Russia, you'll have to avoid drinking and explain: **Я за рулём.** — *I'm at the wheel.*

Поднима́ю бока́л . . . Russian toasts are ubiquitous. Even in informal settings, nearly every sip is preceded by a toast.

---

3. **С наступа́ющим!**

Аля: С наступа́ющим, ребя́та!

Ва́ся: Приве́т! Ребя́та, извини́те, что мы опозда́ли.

Ле́на: Да что ты, Ва́ся! Заходи́те, раздева́йтесь! Прошу́ к столу́!

Аля: Како́й стол пра́здничный! Ле́на, ты, наве́рное, три дня гото́вила.

Ва́ся: Ребя́та, я бы хоте́л тост подня́ть за хозя́йку до́ма.

Алёша: Дава́й. Мы все слу́шаем!

Ва́ся: Друзья́, я предлага́ю вы́пить за Ле́ну. За все го́ды на́шего знако́мства ты нам принесла́ сто́лько сча́стья, сто́лько добра́. Ле́на, за тебя́!

Ле́на: Ой, Ва́ся. Спаси́бо. Ты про́сто пре́лесть.

Алёша: Ребя́та! Уже́ без пяти́ двена́дцать! Сейча́с по телеви́зору бу́дет нового́днее шоу.

Аля: Ребя́та! Дава́йте без телеви́зора! Поста́вьте му́зыку. Бу́дем танцева́ть!

4. Приглашáем к себé!

Рéйчел: Нáстя, мы с Эллиотом хотéли бы пригласи́ть тебя́ на америкáнский прáздник. Ты когдá-нибудь слы́шала о нáшем Дне благодарéния?

Нáстя: Чтó-то я слы́шала. Это, кáжется, ваш национáльный прáздник? А я ду́мала, что он 4-го ию́ля.

Рéйчел: Нет, 4-ое ию́ля — э́то День незави́симости. А День благодарéния мы отмечáем в ноябрé. Устрáиваем большóй обéд.

Нáстя: Я с удовóльствием приду́. А когдá э́то?

Рéйчел: На э́той недéле. В четвéрг. В полови́не шестóго.

Нáстя: Что принести́?

Рéйчел: Приноси́ть ничегó не нáдо. Мы всё сáми.

Нáстя: Договори́лись. До четвергá.

5. Америкáнский прáздник в Росси́и.

Нáстя: Здрáвствуйте, ребя́та! С прáздником!

Эллиот: Здрáвствуй, Нáстя! Проходи́, раздевáйся.

Нáстя: Ой, как вку́сно пáхнет! Рéйчел, ты, навéрное, весь день готóвила.

Рéйчел: Чéстно говоря́, э́то Эллиот всё готóвил.

Эллиот: Нáстя, передáй свою́ тарéлку. Я тебé индéйку положу́.

Нáстя: Спаси́бо.

Эллиот: Тебé картóшку положи́ть?

Нáстя: Спаси́бо.

Рéйчел: И салáт бери́.

6. Я предлагáю тост ...

Эллиот: Нáстя, я предлагáю вы́пить за тебя́. Когдá мы приéхали в Росси́ю, у нас нé было знакóмых и, самá знáешь, мы плóхо знáли язы́к. Но ты знакóмила нас со свои́ми друзья́ми, исправля́ла нáши оши́бки в ру́сском языкé и объясня́ла всё, что бы́ло нам непоня́тно. Спаси́бо.

Рéйчел: Совершéнно вéрно. За тебя́, Нáстя.

Нáстя: Ребя́та, я не знáю, что сказáть. Нáше знакóмство принóсит мне стóлько рáдости. Я чáсто забывáю, что вы инострáнцы. Понимáете, вы мне как роднь́е. Мне прóсто станóвится óчень гру́стно, когдá я ду́маю, что вы скóро от нас уéдете.

Эллиот: Ну, мы надéемся, что в слéдующем году́ ты приéдешь к нам в Штáты.

Рéйчел: Давáйте за э́то вы́пьем.

Нáстя: Давáйте.

Вопросы к диалогам

Диалог 1

1. Кто разгова́ривает в э́том диало́ге?
2. Кто они́ по национа́льности?
3. Кто предлага́ет пе́рвый тост?
4. За кого́ он предлага́ет э́тот тост?

Диалог 2

1. Гэ́ри и Нэ́лли ду́мают, что Но́вый год — са́мый большо́й пра́здник в Аме́рике?
2. На како́й пра́здник Гэ́ри и Не́лли устра́ивают до́ма большо́й стол?
3. Е́сли бы Не́лли была́ до́ма на Рождество́, с кем она́ бы гото́вила обе́д?
4. Е́сли бы Не́лли была́ до́ма на Рождество́, она́ бы пошла́ в це́рковь?

Диалог 3

1. Кто разгова́ривает в э́том диало́ге?
2. Како́й пра́здник они́ отмеча́ют?
3. За кого́ Ва́ся предлага́ет тост?
4. Кто предлага́ет посмотре́ть нового́днее шоу?
5. Кто не хо́чет смотре́ть телеви́зор?

Диалог 4

1. На како́й пра́здник Ре́йчел и Э́ллиот приглаша́ют На́стю?
2. В како́м ме́сяце отмеча́ют э́тот пра́здник?
3. В како́й день отмеча́ют э́тот пра́здник?
4. Ре́йчел про́сит, что́бы На́стя принесла́ что́-нибудь на ве́чер?
5. Когда́ начина́ется ве́чер?

Диалог 5

1. Кто гото́вил обе́д?
2. Что пригото́вили на обе́д?

Диалог 6

1. Кто и за кого́ предлага́ет тост?
2. Как На́стя помогла́ свои́м америка́нским друзья́м?
3. На что наде́ются Э́ллиот и Ре́йчел?

Упражнения к диалогам

10-4 Как принима́ют госте́й?

1. Review the dialogs. Using context to help you, match each expression with the appropriate picture below. More than one expression may be used for a picture.

Заходи́!
Раздева́йся!
Прошу́ к столу́.
Сади́сь! Стол гото́в.
Что принести́?
Переда́й свою́ таре́лку.
Тебе́ карто́шку положи́ть?
Бери́ сала́т!

а.

б.

в.

г.

д.

е.

ж.

2. Отве́тьте на вопро́сы.
   а. Что вы ска́жете, е́сли вас приглаша́ют в го́сти и вы хоти́те узна́ть, ну́жно ли принести́ что́-нибудь (наприме́р, вино́ и́ли торт)?
   б. Что говори́т хозя́ин снача́ла, когда́ прихо́дят го́сти?
   в. Что он говори́т, когда́ хо́чет предложи́ть гостя́м сесть за стол?
   г. Что вы ска́жете, е́сли вам нужна́ соль?
   д. Что ска́жет хозя́ин, е́сли он хо́чет предложи́ть го́стю мя́со?

10-5 Тост. Propose toasts to the members of your class.

Образцы́: За тебя́!
За вас!
За Ле́ну!
За Бори́са!
За на́ших друзе́й!
За всех студе́нтов!

10-6 Подгото́вка к разгово́ру. Review the dialogs. How would you do the following?

1. Greet someone on a holiday.
2. Respond to a holiday greeting.
3. Invite guests to come inside.
4. Offer to take a guest's coat.
5. Ask guests to put on house slippers in place of their shoes.
6. Say how good all the food looks.
7. Indicate what is the biggest holiday of the year in your country.
8. Say that Christmas is normally celebrated within the family.
9. Apologize for being late.
10. Offer a toast to your hostess.
11. Say it is five minutes to twelve.
12. Invite a Russian friend to spend Thanksgiving (Fourth of July, Christmas, New Year's) with you.
13. Say you are organizing a big dinner (a party).
14. Accept an invitation.
15. Ask if you can bring anything.
16. Say it smells good.
17. Offer to put turkey (potatoes, vegetables) on someone's plate.
18. Invite guests to help themselves to salad (meat, potatoes, turkey).

Игровые ситуации

10-7 С пра́здником!

1. You are in Russia for Thanksgiving. Invite a Russian friend to have Thanksgiving dinner with you.
2. You are spending New Year's Eve with Russian friends. They ask how you would spend the holiday if you were at home. Answer, giving as much detail as you can.
3. Your Russian friends are interested in how Americans celebrate birthdays. Explain how you and your family and friends like to celebrate birthdays.
4. It is the end of your semester in Russia and your favorite teacher has invited your class to dinner. You have all had a wonderful time and your group has asked you to propose a toast to your teacher.
5. You are at a party in Russia, where you know very few of the guests. Strike up a conversation with someone and make small talk. Find out as much as you can about this person.
6. Describe how your favorite holiday is celebrated.
7. With a partner, prepare and act out a situation of your own that deals with the topics of this unit.

 # Устный перевод

10-8 Тост. A Russian delegation is visiting your university. You have been asked to interpret at a formal dinner given in their honor. Render the following toast into Russian.

ENGLISH SPEAKER'S PART:

1. I'd like to propose a toast to our Russian friends.
2. You came to our university just a few months ago, but it seems we have known you for many years.
3. When you arrived in this country, you didn't know English very well.
4. To tell the truth, we didn't know if we'd be able to communicate with you at all.
5. But we worried for nothing. I can tell you that our friendship has brought all of us such joy. We often forget that you aren't Americans.
6. You have become like family, and although we are sad that you are leaving so soon, we know that we will see you next year in Russia. To our Russian friends.

Грамматика

1. Wishing Someone a Happy Holiday: С пра́здником!

С пра́здником! serves as an all-purpose holiday greeting. The following specific holiday greetings are also used.

С Но́вым го́дом!	Happy New Year!
С Рождество́м (Христо́вым)!	Merry Christmas!
С днём рожде́ния!	Happy Birthday!

In Dialog 3 a guest says **С наступа́ющим!** on arriving at a New Year's party. She is greeting everyone with the *approaching* New Year (it is still before midnight).

To reply *You too* or *The same to you,* say **И вас то́же (та́кже)!** or **И тебя́ то́же (та́кже)!**

The reason for the use of the instrumental and accusative cases becomes evident if you look at the entire phrase, even though it is generally shortened as noted above:

Поздравля́ю вас (тебя́) с пра́здником! I greet you with the holiday!

Упражнение

10-9 С пра́здником! Соста́вьте коро́ткие диало́ги.

Образе́ц: Но́вый год →
— *С Но́вым го́дом!* — *И тебя́ то́же!*

1. День благодаре́ния
2. Па́сха
3. Но́вый год
4. Рождество́
5. Ха́нука
6. День незави́симости
7. день рожде́ния (*Think about the response!*)
8. пра́здник

> ➤ *Complete Oral Drill 1 and Written Exercise 1 in the S.A.M.*

2. Talking About Celebrating Holidays

To talk about celebrating the New Year, use the verb **встреча́ть: Как вы встреча́ли Но́вый год?** — *How did you celebrate the New Year?* (lit. *How did you greet the New Year?*)

To talk about celebrating other holidays, use the verb **отмеча́ть: Как вы отмеча́ли день рожде́ния (Рождество́, Па́сху, …)?** — *How did you celebrate your birthday (Christmas, Passover/Easter, …)?* You can also use the verb **пра́здновать: Как вы пра́зднуете День благодаре́ния?**

Упражнение

10-10 О себе. Отве́тьте на вопро́сы.

> **Образе́ц:** Где вы отмеча́ли Ха́нуку в про́шлом году́? →
> *Я отмеча́л(а) Ха́нуку до́ма у роди́телей.*
> *Я отмеча́л(а) Ха́нуку в Нью-Йо́рке.*
> *Я не отмеча́л(а) Ха́нуку.*

1. Где вы отмеча́ли Ха́нуку в про́шлом году́?
2. Где вы отмеча́ли День незави́симости в США в про́шлом году́?
3. Как вы обы́чно пра́зднуете америка́нский День незави́симости?
4. Где вы отмеча́ли америка́нский День благодаре́ния в про́шлом году́?
5. Где вы отмеча́ли кана́дский День благодаре́ния в про́шлом году́?
6. Где вы встреча́ли Но́вый год в про́шлом году́?
7. Где вы обы́чно встреча́ете Но́вый год?
8. Как вы обы́чно встреча́ете Но́вый год?
9. Где вы пра́здновали день рожде́ния в про́шлом году́?
10. Как вы обы́чно пра́зднуете день рожде́ния?

> ➤ *Complete Written Exercise 2 in the S.A.M.*

3. Making Toasts

Russians usually offer numerous toasts at festive occasions. The basic form of a toast is **за кого́/что.**

A toast can be as simple as these:

За тебя́!	**За Ната́шу!**	**За на́ших ребя́т!**
За вас!	**За Бори́са!**	**За всех студе́нтов!**

You can introduce a toast using the following formulas. Select one or two to memorize for active use.

Preamble (*optional*)	ЗА	КОГО/ЧТО (*person or thing being toasted in the accusative case*)
Я хочу́ предложи́ть тост Я хоте́л(а) бы предложи́ть тост Я предлага́ю тост Я предлага́ю вы́пить Дава́йте вы́пьем Я поднима́ю бока́л	за	дру́жбу тебя́ вас Ле́ну на́шу подру́гу Вади́ма на́шего дру́га на́ших госте́й на́ших ребя́т всех студе́нтов

Упражнение

10-11 Тост. Propose toasts to the following.

1. Екатери́на Миха́йловна
2. Ю́рий Никола́евич
3. на́ши преподава́тели
4. но́вые профессора́
5. Ди́ма и Ви́ктор
6. На́стя и Ма́ша
7. все́ на́ши друзья́
8. на́ши но́вые сосе́ди
9. ва́ше здоро́вье
10. на́ше знако́мство
11. Вади́м Па́влович
12. Со́фья Бори́совна

➤ *Complete Oral Drill 2 and Written Exercises 3–4 in the S.A.M.*

4. Making Invitations

You already know several ways to make invitations, such as: **Ты не хо́чешь пойти́ на ве́чер?** — *Would you like to go to a party?* and **Дава́йте пойдём на фильм.** — *Let's go to a movie.*

It is also possible to use the Russian verb **приглаша́ть/пригласи́ть** — *to invite.*

На́стя, мы с Эллиотом хоте́ли бы **пригласи́ть** тебя́ на америка́нский пра́здник.	Nastya, Elliot and I would like *to invite* you to an American holiday.

The following imperfective imperatives are considered to be invitations.

Входи́(те)! Заходи́(те)! Проходи́(те)!	Come in.
Раздева́йся! (Раздева́йтесь!)	Take your coat off. (*Let me take your coat.*)
Сади́сь! (Сади́тесь!)	Have a seat.
Приходи́(те) в го́сти!	Come for a visit. (*to someone in your town*)
Приезжа́й(те) в го́сти!	Come for a visit. (*to someone from out of town*)

Упражнение

10-12 Как по-ру́сски?

1. *To someone in your town.*
   a. We would like to invite you to our place for dinner on Saturday.
   b. We would like to invite you to our dacha on Sunday.
   c. We would like to invite you to the movies on Tuesday.

d. Let's go to the library tomorrow.

e. Would you like to go to a party on Friday?

f. Come for a visit this evening.

2. *To someone from another city.*

a. We would like to invite you to visit us in June.

b. We would like to invite you to come to our place in the autumn.

c. Come for a visit.

➤ *Complete Oral Drill 3 and Written Exercise 5 in the S.A.M.*

5. Telling Time Off the Hour

Russians use the 24-hour clock for schedules and the 12-hour clock in conversation.

— Ско́лько сейча́с вре́мени?	What time is it now?
— Сейча́с **3 часа́.**	It's *3 o'clock.*
(**три часа́**)	
Приходи́те **в 7 часо́в!**	Come over *at 7 o'clock.*
(**в семь часо́в**)	
Сеа́нс начина́ется **в 20 часо́в.**	The showing begins *at 8 o'clock.*
(**в два́дцать часо́в**)	

When the 24-hour clock is used, time expressions using minutes are stated as follows.

По́езд отхо́дит **в 18.10.**	The train leaves *at 6:10 p.m.*
(**в восемна́дцать де́сять**)	
Музе́й открыва́ется **в 9.30.**	The museum opens *at 9:30 a.m.*
(**в де́вять три́дцать**)	

In conversational Russian, time expressions using minutes are more complex.

Overview

During the first half of an hour, state the number of minutes *of the next hour.*

Ten minutes after six is said as *Ten minutes of the seventh [hour]:* **де́сять мину́т седьмо́го.**

↑

ordinal number adjective in genitive

During the second half of the hour, state the hour *minus the number of minutes.*

Ten minutes before six is said as *Without ten minutes six:* **без десяти́ шесть.**

↑

cardinal number in genitive after **без**

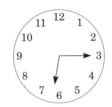

**полови́на седьмо́го
(полседьмо́го)**
lit. half of the seventh [hour]
At 6:30: **В полови́не седьмо́го.**

че́тверть седьмо́го

lit. quarter of the
seventh [hour]

без че́тверти семь

lit. seven without a
quarter

Stating the Time During the First Thirty Minutes of the Hour

The literal translation of *one minute after one* is *one minute of the second [hour]*. This structure is used for all times from one minute to twenty-nine minutes past the hour, as in the following examples.

1.01	Сейча́с одна́ мину́та второ́го.
2.02	Сейча́с две мину́ты тре́тьего.
3.03	Сейча́с три мину́ты четвёртого.
4.04	Сейча́с четы́ре мину́ты пя́того.
5.05	Сейча́с пять мину́т шесто́го.
6.10	Сейча́с де́сять мину́т седьмо́го.
7.13	Сейча́с трина́дцать мину́т восьмо́го.
8.18	Сейча́с восемна́дцать мину́т девя́того.
9.20	Сейча́с два́дцать мину́т деся́того.
10.21	Сейча́с два́дцать одна́ мину́та оди́ннадцатого.
11.23	Сейча́с два́дцать три мину́ты двена́дцатого.
12.29	Сейча́с два́дцать де́вять мину́т пе́рвого.

The words **че́тверть** and **полови́на** or **пол-** are used for *quarter past* and *half past*.

12.15	Сейча́с че́тверть пе́рвого.
6.30	Сейча́с полови́на седьмо́го (полседьмо́го).

Stating the Time During the Last Half of the Hour

The literal translation of *one minute before one* is *without one minute one* (*one without one minute*). The Russian word for *minute* may or may not be stated. This structure is used for all times from one minute to twenty-nine minutes before the hour, as in the following examples.

1.31	Сейча́с без двадцати́ девяти́ (мину́т) два.
2.32	Сейча́с без двадцати́ восьми́ (мину́т) три.
3.33	Сейча́с без двадцати́ семи́ (мину́т) четы́ре.
4.34	Сейча́с без двадцати́ шести́ (мину́т) пять.
5.35	Сейча́с без двадцати́ пяти́ (мину́т) шесть.
6.40	Сейча́с без двадцати́ (мину́т) семь.
7.43	Сейча́с без семна́дцати (мину́т) во́семь.

8.48	Сейча́с без двена́дцати (мину́т) де́вять.
9.50	Сейча́с без десяти́ (мину́т) де́сять.
10.51	Сейча́с без девяти́ (мину́т) оди́ннадцать.
11.53	Сейча́с без семи́ (мину́т) двена́дцать.
12.55	Сейча́с без пяти́ (мину́т) час.
1.56	Сейча́с без четырёх (мину́т) два.
1.57	Сейча́с без трёх (мину́т) два.
1.58	Сейча́с без двух (мину́т) два.
1.59	Сейча́с без одно́й (мину́ты) два.

The expression **без че́тверти** is used for *quarter to:*

1.45	Сейча́с без че́тверти два.

Note the genitive case of the numbers used after the preposition **без**. The forms are given in the list above: for numbers ending in **-ь**, the genitive case ends in **-и**; for the numbers 1–4, the genitive must be learned.

In practice, most people round off clock time expressions to the nearest 5-minute interval.

Stating the Time When Something Takes Place

To state that something will occur *at* a certain time, use the preposition **в** for times on the hour and on the half hour.

Мы пришли́ домо́й **в пять часо́в.**	We came home *at five o'clock.*
Мы пришли́ домо́й **в полови́не четвёртого (в полчетвёртого).**	We came home *at three-thirty.*

The use of **в** is optional when you say that something takes place during the first 29 minutes of the hour.

Мы пришли́ домо́й [**в**] **че́тверть пя́того.**	We came home *at four fifteen.*
Мы пошли́ в кино́ [**в**] **два́дцать мину́т шесто́го.**	We came home *at five twenty.*

Do not use **в** before **без** for stating time in the second half of the hour.

Мы пришли́ домо́й **без че́тверти семь.**	We came home *at six forty-five.*

Specifying Morning or Evening (A.M. or P.M.)

Context often makes it clear whether one is talking about the morning or the evening, as in the sentence **Я за́втракаю в 8 часо́в.** When the specific time might be ambiguous otherwise, add **утра́, дня, ве́чера,** or **но́чи** after the clock time. These expressions are in the genitive case.

(в) три часа́ но́чи ≠ (в) три часа́ дня
(в) во́семь часо́в утра́ ≠ (в) во́семь часо́в ве́чера

Упражнения

10-13 Ско́лько вре́мени? Соста́вьте диало́ги.

Образе́ц: 4.05 → — *Ско́лько сейча́с вре́мени?*
— *Сейча́с пять мину́т пя́того.*

1. 3.10
2. 7.25
3. 2.15
4. 12.20
5. 9.04
6. 1.05
7. 11.30
8. 8.29
9. 6.08
10. 10.30
11. 4.02
12. 2.07
13. 5.15
14. 12.23

10-14 Ско́лько вре́мени? Соста́вьте диало́ги.

Образе́ц: 4.50 → — *Ско́лько сейча́с вре́мени?*
— *Сейча́с без десяти́ пять.*

1. 3.50
2. 7.59
3. 2.45
4. 12.57
5. 9.40
6. 1.32
7. 11.35
8. 8.49
9. 6.55
10. 10.36
11. 4.58
12. 2.47
13. 5.45
14. 12.46

10-15 Дава́йте встре́тимся. Соста́вьте предложе́ния.

Образе́ц: 7.20 → *Дава́й встре́тимся два́дцать мину́т восьмо́го [в два́дцать мину́т восьмо́го].*

1. 2.50
2. 6.30
3. 1.45
4. 11.00
5. 8.40
6. 12.30
7. 10.25
8. 7.15
9. 5.55
10. 9.10
11. 3.50
12. 1.30
13. 4.15
14. 11.45

10-16 О себе́. Отве́тьте на вопро́сы.

легли́ – past tense of **лечь**, perfective of **ложи́ться**

1. Во ско́лько вы обы́чно встаёте? Во ско́лько вы вста́ли сего́дня? Вчера́?
2. Во ско́лько вы обы́чно ложи́тесь? Когда́ вы легли́ вчера́?
3. Когда́ начина́ется ва́ша пе́рвая ле́кция? Когда́ она́ конча́ется?
4. Во ско́лько начина́ется ва́ша втора́я ле́кция? Когда́ она́ конча́ется?
5. Когда́ обы́чно начина́ются вечера́ у вас в университе́те?
6. Во ско́лько начина́ется ва́ша люби́мая програ́мма по телеви́зору?

10-17 Как по-ру́сски?

1. We're leaving for the dacha at 6:45 a.m.
2. That means we'll have to get up at 5 a.m.
3. We'll arrive at 8:15 a.m.
4. Lena has to work in the morning. She'll arrive at the dacha at 3:30 p.m.
5. We invited our neighbors to a small party. The party will begin at 7:30 p.m.
6. The guests will probably leave at 1:00 or 2:00 a.m.

➤ *Complete Oral Drills 4–7 in the S.A.M.*

6. Location and Direction: Review

Remember that Russian has two different words that are equivalent to the English *where* and one word for *where from:*

где	*where at* (used for location)
куда́	*where to* (used for direction toward something)
отку́да	*where from* (used for direction away from something)

To tell where someone or something is located, use the preposition **в** or **на** followed by a place name in the prepositional case. To tell where someone is going, use the preposition **в** or **на** followed by a place name in the accusative case.

— **Где** была́ Анна?   — **Куда́** ходи́ла Анна?
— **В библиоте́ке.**   — **В библиоте́ку.**

— **Где** был Ко́ля?   — **Куда́** ходи́л Ко́ля?
— **На рабо́те.**   — **На рабо́ту.**

Recall that the preposition **в** is used with most enclosed areas (e.g., **шко́ла, библиоте́ка, рестора́н**) and the names of most cities and countries (e.g., **Москва́, Росси́я**), whereas the preposition **на** is used with wide open areas (e.g., **пло́щадь, у́лица**), with events (e.g., **ле́кция, бале́т, ве́чер**), and with "**на** words" (certain words that are used with **на** for historical reasons, e.g., **по́чта, Аля́ска, ста́нция**).

To say someone or something is at someone's place, use the preposition **у** followed by the name of a person in the genitive case. To say someone is going to someone else's place, or going to see someone, use the preposition **к** followed by the name of a person in the dative case.

— **Где** вы бы́ли?   — **Куда́** вы ходи́ли?
— **У друзе́й.**   — **К друзья́м.**

To answer the question **отку́да** — *from where*, use the preposition **из** or **с** followed by a place name in the genitive case. The opposite of **в** is **из**. The opposite of **на** is **с**.

— **Отку́да** пришла́ Анна?   — **Отку́да** пришёл Ко́ля?
— Она́ пришла́ **из библиоте́ки.**   — Он пришёл **с рабо́ты.**

To answer the question **отку́да** with the name of a person (indicating motion away from the person's place), use the preposition **от** followed by the name of a person in the genitive case.

— **Отку́да** вы пришли́?
— Мы пришли́ **от друзе́й.**

The following chart summarizes the structures used for location and direction.

	Where At где	Where To куда	Where From откуда
Person	**у** + *genitive* (**у сосе́да**)	**к** + *dative* (**к сосе́ду**)	**от** + *genitive* (**от сосе́да**)
"**в** noun"	**в** + *prepositional* (**в библиоте́ке**)	**в** + *accusative* (**в библиоте́ку**)	**из** + *genitive* (**из библиоте́ки**)
"**на** noun"	**на** + *prepositional* (**на рабо́те**)	**на** + *accusative* (**на рабо́ту**)	**с** + *genitive* (**с рабо́ты**)
Here	**здесь**	**сюда́**	**отсю́да**
There	**там**	**туда́**	**отту́да**
Home	**до́ма**	**домо́й**	**из до́ма**

Упражнение

10-18 Как по-ру́сски?

1. — Where are you going, to the lecture or to Sasha's?
   — We're going to a party.
   — Will Sasha be at the party?
   — No, but her sister will be there.

2. — Are you going to the library?
   — No, I'm coming [walking] from there.
   — How long were you there?
   — Four hours.

3. — Did you celebrate New Year's Eve at your parents' house?
   — No, they were at our apartment.

10-19 О себе́. Отве́тьте на вопро́сы.

► *Complete Oral Drills 8–14 and Written Exercises 6–9 in the S.A.M.*

1. Отку́да вы идёте на уро́к ру́сского языка́?
2. Куда́ вы идёте по́сле уро́ка?
3. Где вы бы́ли в суббо́ту?
4. Куда́ вы е́здили про́шлым ле́том?
5. У кого́ вы встреча́ли Но́вый год в э́том году́?

7. Making Hypotheses: Если бы Clauses

In Dialog 2, Alyosha asks Nellie and Gary if they would have celebrated the New Year the same way had they been at home: **Вы бы так встреча́ли Но́вый год, е́сли бы вы бы́ли у себя́ до́ма?** The particle **бы** used in each of the clauses indicates that Alyosha is talking about a hypothetical situation, one he knows to be unreal.

The following examples show how real conditions and hypothetical situations are expressed in English and Russian.

CONDITIONAL STATEMENTS

HYPOTHETICAL STATEMENTS

Past

If Nellie and Gary were in Russia last year, [then] *they* probably *celebrated* the New Year at their friends' home.

Если Не́лли и Гэ́ри в про́шлом году́ бы́ли в Росси́и, они́, наве́рное, **встреча́ли** Но́вый год у друзе́й.

If Nellie and Gary had been home last year, [then] they probably *would have* celebrated the New Year at their parents'.

Если бы Не́лли и Гэ́ри в про́шлом году́ бы́ли до́ма, они́, наве́рное, **встреча́ли бы** Но́вый год у роди́телей.

Present

If Nellie and Gary are in Russia now, *they're* probably at their friends' home.

Если Не́лли и Гэ́ри сейча́с в Росси́и, они́, наве́рное, у друзе́й.

If Nellie and Gary were in Russia now, *they'd* probably be at their friends' home.

Если бы Не́лли и Гэ́ри сейча́с бы́ли в Росси́и, они́, наве́рное, **бы́ли бы** у друзе́й.

Future

If Nellie and Gary are in Russia next year, *they'll* probably spend the New Year at their friends' home.

Если Не́лли и Гэ́ри в бу́дущем году́ бу́дут в Росси́и, они́, наве́рное, **бу́дут встреча́ть** Но́вый год у друзе́й.

If Nellie and Gary were going to be in Russia next year, *they'd* probably spend the New Year at their friends' home.

Если бы Не́лли и Гэ́ри в бу́дущем году́ бы́ли в Росси́и, они́, наве́рное, **встреча́ли бы** Но́вый год у друзе́й.

Russian hypothetical situations are expressed with the particle **бы** plus a verb in the past tense, no matter what tense you have in mind. Both clauses of the hypothetical statement must have the **бы** + past tense construction. Go by these two rules of thumb:

1. If you use **бы** without the past tense, you have made a mistake.
2. If you use only one **бы** in a sentence, you have probably made a mistake. Nearly all **бы** constructions occur in hypothetical statements with two clauses, and both clauses must contain **бы**.

Упражнения

10-20 Check off the hypothetical statements. Leave the conditional statements unmarked.

1. Предложе́ния на англи́йском языке́.
   a. ____If the weather had been nice, we would have gone on a picnic yesterday.
   b. ____Since it was cold, we went to the movies instead.
   c. ____Tomorrow we'll study, even if it's nice outside.
   d. ____If we hadn't relaxed yesterday, we wouldn't have to do homework tomorrow.

2. Предложе́ния на ру́сском языке́.
   a. ____Если за́втра бу́дет хоро́шая пого́да, дава́й пое́дем на да́чу.
   б. ____Если бы мне не на́до бы́ло занима́ться, я бы пое́хала с тобо́й.
   в. ____За́втра у́тром я иду́ в библиоте́ку, да́же е́сли вы пое́дете на да́чу.
   г. ____А е́сли вы пое́дете на да́чу в суббо́ту, я то́же пое́ду.

10-21 Зако́нчите предложе́ния.

1. Если бы у меня́ бы́ло бо́льше вре́мени, . . .
2. Если бы у меня́ бы́ло бо́льше де́нег, . . .
3. Если бы я был (была́) в Росси́и сейча́с, . . .
4. Если бы я был (была́) в Росси́и на Но́вый год, . . .
5. Если бы мне бы́ло 5 лет, . . .
6. Если бы я лу́чше знал(а) ру́сский язы́к, . . .
7. Если бы я мог (могла́) познако́миться с изве́стным челове́ком, . . .
8. Если бы у меня́ была́ маши́на вре́мени, . . .

> ► *Complete Oral Drills 15–17 and Written Exercises 10–13 in the S.A.M.*

8. Each Other: друг дру́га

In Dialog 2, Nellie tells her friends how she would have spent Christmas if she had been at home: **Мы дари́ли бы друг дру́гу пода́рки.** — *We would have given each other gifts.*

The second element in the phrase **друг дру́га** declines like a masculine noun. The first **друг** never changes.

If there is a preposition, it goes between the declined and undeclined **друг.**

Gen.	кого́	друг		дру́га	Мы бои́мся друг дру́га.
	кого́	друг	у	дру́га	Мы бы́ли друг у дру́га.
Dat.	кому́	друг		дру́гу	Мы да́рим друг дру́гу пода́рки.
	кому́	друг	к	дру́гу	Мы хо́дим друг к дру́гу.
Acc.	кого́	друг		дру́га	Мы лю́бим друг дру́га.
Inst.	кем	друг		дру́гом	Мы интересу́емся друг дру́гом.
	кем	друг	с	дру́гом	Мы перепи́сываемся друг с дру́гом.
Prep.	ком	друг	о	дру́ге	Мы говори́м друг о дру́ге.

Упражнение

10-22 Как по-ру́сски?

1. Vasya and Lora love each other.
2. They think about each other often.
3. They call each other every day.
4. They see each other at the university.
5. They study with each other at the library.
6. They are often at each other's apartments.

➤ *Complete Oral Drill 18 in the S.A.M.*

9. Review of Verbal Adjectives and Adverbs

Verbal adjectives and adverbs have been presented gradually throughout this book in the **Чте́ние для удово́льствия** readings. Here we provide you with a general overview. The following summary of verbal adjectives and verbal adverbs will be of use as you continue your study of Russian and as you begin to read Russian texts on your own.

Both verbal adjectives and verbal adverbs are more common in formal language (e.g., scholarly books and articles, newspaper articles, official speeches) than they are in colloquial language (e.g., personal letters and casual conversations). In most of your own production of Russian, it is inappropriate to use verbal adjectives and verbal adverbs. You will encounter them more and more often, however, if you continue to read articles, stories, and books in Russian.

Verbal Adjectives

Verbal adjectives (adjectives made from verbs) are called *participles* in some grammar and reference books. Like other adjectives, verbal adjectives agree with the noun they modify in gender, number, and case. There are four types of verbal adjectives.

1. **Present active** verbal adjectives tell *who or which is doing something*.
   Giveaway sign: -**щ**- plus an adjective ending.

   Formation:

   Note: Sometimes the stress changes.

   входи́ть → они́ вхо́дят   входя́**Щ** + adj. ending
   ↓
   Т

   входя́щий
   входя́щая
   входя́щее
   etc.

   Образе́ц: Го́стя, **входя́щего** в ко́мнату, зову́т Пётр Ива́нович.
   The guest *who is entering* the room is named Pyotr Ivanovich.

2. **Past active** verbal adjectives tell *who or which did something* or *was doing something*.
   Giveaway sign: -**вш**- plus an adjective ending.

   Formation:

   опозда́ть → опозда́л   опозда́**ВШ** + adj. ending
   ↓
   Л

   опозда́вший
   опозда́вшая
   опозда́вшее
   etc.

   Образе́ц: **Опозда́вших госте́й** счита́ют ду́рно воспи́танными.
   Guests who have arrived late are considered poorly brought up.

3. **Present passive** verbal adjectives tell *which is being done*. They are quite rare.
   Giveaway sign: -**м**- plus an adjective ending.

   Formation: Take the **мы** form of the verb and add an adjectival ending.
   The stress follows that of the infinitive (**лю́бим — люби́мый**).

   Образе́ц: Хозя́ева предложи́ли свои́ **люби́мые** блю́да.
   The hosts offered their *favorite dishes* (*the dishes that are loved*).

4. **Past passive** verbal adjectives tell *which was done*. They are formed only from perfective verbs. The person or thing who performed the action may be indicated by a noun phrase in the instrumental case.

Giveaway signs: **-н-** plus short-form adjective ending

                                 -нн- plus long-form adjective ending

                                 -т- plus short- or long-form adjective ending.

Formation:

Infinitive	-ать	not -ать (-ти, -еть, -ить, etc.)
Base form	perfective infinitive: написа́**ть**↓	future **я** form: купл**ю**↓ принес**у́**↓
Determine stress	Move back one syllable if possible: **написа**	Use the **ты** form: **ку́пл** (was **ку́пишь**) **принес** (was **принесёшь**)
Add ending	**-н:** **написан**	unstressed: **-ен, -ена, -ено, -ены** **ку́плен, ку́плена**, etc. stressed: **-ён, -ена́, -ено́, -ены́** **принесён, принесена́**, etc.

The long form is made by doubling the **-н-** and adding regular adjectival endings: **напи́санный, поста́вленный, принесённый.**

Some adjectives with one-syllable roots have past passive participles in **-т: откры́т, откры́та, откры́то, откры́ты, откры́тый**, etc.

    Образе́ц: То́лько ду́рно **воспи́танные го́сти** опа́здывают.
                          Only *guests who were poorly brought up* arrive late.

Verbal adjectives may be placed either before or after the noun:

    Го́стя, **входя́щего** в ко́мнату, зову́т Пётр Ива́нович.
    Входя́щего в ко́мнату го́стя зову́т Пётр Ива́нович.

Verbal Adverbs

Verbal adverbs (adverbs made from verbs) are called *gerunds* in some grammar and reference books. They are used in subordinate clauses. Like other adverbs, verbal adverbs do not have gender and they do not change their form. There are two types of verbal adverbs.

1. **Imperfective** verbal adverbs indicate an action that occurred (occurs, will occur) *at the same time as* the action in the main clause. The tense of the verb in the main clause is very important.

   Giveaway sign: **-я.** You have already seen this in the phrase **Че́стно говоря́** — *to be honest* (lit. *honestly speaking*).

   Formation: Imperfective verbal adverbs come from present-tense verbs (**они́** form):

   приве́тству + ют →⊇ приве́тству + **я** → приве́тству**я**

Образцы́:	**Приве́тствуя** хозя́йку, гость благодари́т её за приглаше́ние.
	While greeting (As he greets) the hostess, the guest thanks her for the invitation.
	Приве́тствуя хозя́йку, гость благодари́л её за приглаше́ние.
	While greeting (As he greeted) the hostess, the guest thanked her for the invitation.

2. **Perfective** verbal adverbs indicate an action that occurred (occurs, will occur) *before* the action in the main clause. The tense of the verb in the main clause is very important.

   Giveaway sign: **-в** (sometimes **-вши** or **-вшись**), or **-я** at end of a *perfective* verb.

   Formation is based on the past tense:

   узна́ - л   →   узна́ + **в**   →   узна́в
   опроси́ - л   →   опроси́ + **в**   →   опроси́в
   встре́ти - лся → встре́ти + **вшись** → встре́тившись

   For all -ёл verbs, use future tense **они́: ут → я**
   вош - ёл   →   войд + **у́т**   →   войдя́

Образцы́:	Гость, **войдя́** в ко́мнату, подхо́дит к хозя́йке.
	A guest, *after entering* the room, walks up to the hostess.

Поприве́тствовав хозя́йку, гость благодари́т её за приглаше́ние.

Having greeted (*After greeting*) the hostess, the guest thanks her for the invitation.

Поприве́тствовав хозя́йку, гость поблагодари́л её за приглаше́ние.

Having greeted (*After greeting*) the hostess, the guest thanked her for the invitation.

Summary of Verbal Adjectives		
	ACTIVE	*PASSIVE*
PRESENT	**-щ-** *who/which is doing*	**-м-** *who/which is being done*
PAST	**-вш-** *who/which was doing* (*did*)	**-н- -нн- -т-** *who/which was done*

Summary of Verbal Adverbs	
IMPERFECTIVE	**-я** *while doing*
PERFECTIVE	**-в** *having done*

Давайте почитаем

10-23 Как себя вести. В книге по этикету автор советует читателю, как вести себя в гостях. Она объясняет, когда и к кому можно обращаться на «ты».

обращаться – address

возраст – age

следует – надо

1. Прочитайте текст и узнайте:

   а. Как нужно обращаться к детям? В каком возрасте обращаются к детям на «вы»?

   б. Как следует обращаться к знакомому, которого вы не видели с детства?

   в. Что можно сделать, если вы забыли, как вы обращались к знакомому раньше?

КОГДА И К КОМУ можно обращаться на «ты»? Форма обращения на «ты» говорит о более близких[1] отношениях с человеком. «Ты» означает уважение,[2] возникшее к кому-либо на почве товарищества,[3] дружбы или любви.

У нас принято, что члены семьи и другие близкие родственники[4] между собой на «ты». Часто на «ты» обращаются друг к другу сотрудники,[5] коллеги, друзья. «Ты» указывает в этом случае на теплые товарищеские отношения.

Естественно,[6] что дети говорят друг другу «ты». Взрослые говорят им «ты» до тех пор, пока они не становятся подростками.[7] Обычно к чужим[8] детям обращаются на «вы» с 16 лет, т.е. с момента, когда они, получив паспорт, признаются ответственными за свои поступки.[9]

[1]close [2]respect [3]camaraderie [4]relatives [5]co-workers [6]конечно [7]teenagers [8]не своим
[9]признаются... are recognized as being responsible for their deeds

Как обратиться после многолетней разлуки[1] к своему другу детства? В такой обстановке следует, в первую очередь, полагаться[2] на свои чувства. Если уже в те времена вы относились друг к другу с симпатией, и если теперь при встрече[3] проявилась взаимная радость,[4] то «ты» само собой и естественно сорвется с губ.[5] Но если и раньше между вами не было личного[6] контакта, то правильнее обратиться к своему бывшему товарищу на «вы». Если это будет звучать непривычно[7] и возникнет потребность[8] перейти на «ты», то это сделать гораздо легче, чем перейти с «ты» на «вы». В случае сомнения[9] самое правильное — решить этот вопрос сразу же, потому что отказ от[10] «ты» обычно рассматривается как сознательное отдаление.[11]

[1]многолетняя разлука — separation of many years [2]rely [3]при встрече — upon meeting
[4]взаимная радость — mutual joy [5]сорвётся с губ — will burst from one's lips [6]personal
[7]звучать непривычно — sound unusual [8]возникнет потребность — the need will arise
[9]в случае сомнения — in case of doubt [10]отказ от... — refusal to use... [11]сознательное
отдаление — conscious distancing

Может случиться, что вы забыли, как обращались друг к другу раньше. Из этого неловкого положения[1] можно выйти, употребив вначале косвенное обращение.[2] Вместо «Какие же у вас (у тебя) теперь планы?» можно спросить: «Какие теперь планы»?

---

[1]нело́вкое положе́ние — *awkward situation*   [2]ко́свенное обраще́ние — *indirect address*

2. Чита́йте да́льше и узна́йте, кто пе́рвый предлага́ет перейти́ на «ты» в э́тих ситуа́циях:

    а. ста́рший — мла́дший

    б. нача́льник — подчинённый

    в. мужчи́на — же́нщина

ПЕРЕХОД НА «ТЫ». Есть люди, которые очень быстро и легко переходят на «ты», но есть и такие, которые делают это не очень охотно,[1] считая, что для перехода на «ты» недостаточно[2] знакомства, нужна особая дружественность.

В целом нет правил,[3] когда переходить на «ты». Основное правило: переход на «ты» может предложить старший младшему и начальник[4] подчиненному.[5] Между мужчиной и женщиной это правило условно.[6] Разрешить говорить на «ты» — право[7] женщины, мужчина может только просить об этой форме обращения. С предложением перейти на «ты» нужно быть довольно осторожным, потому что отказ[8] может вызвать[9] чувство неловкости,[10] особенно у того, кто сделал это предложение.

Молодой человек может попросить близких старших говорить ему «ты». При этом он сам продолжает говорить им «вы». Если же старший разрешит и себя называть на «ты», то молодой человек должен принять это как знак доверия[11] и соответственно[12] вести себя: в тоне и манере разговора должно выражаться уважение.[13]

---

[1]*willingly*   [2]*insufficient*   [3]пра́вило — *rule*   [4]*boss*   [5]*employee*   [6]*not fixed*   [7]*right*   [8]*refusal*   [9]*cause*   [10]*embarrassment*   [11]*trust*   [12]*accordingly*   [13]должно́… — *respect should be expressed*

3. **Рабо́та со слова́ми.** Now review the entire text. You will find many words related to words you already know. What are the roots of these words?

друже́ственность — *feeling of friendship*
непривы́чно — *strange*
осо́бый — *particular*
отве́тственный — *responsible*
отдале́ние — *distancing*
подро́сток — *teenager* (Hint: **под** = *under*)
пра́вило — *rule* (Hint: a rule is something that's right.)
рассма́тривать — *to view* (*something as something*)
ро́дственник — *relative*
сотру́дник — *co-worker*

10-24 Проща́й, Аме́рика! О!

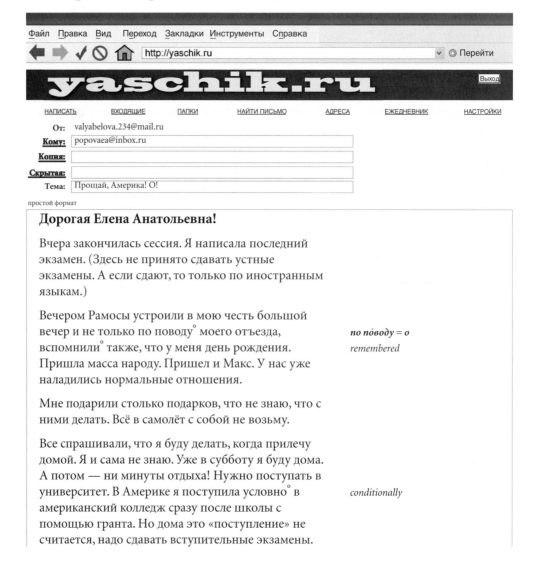

Файл Правка Вид Переход Закладки Инструменты Справка

http://yaschik.ru   Перейти

yaschik.ru

Выход

НАПИСАТЬ   ВХОДЯЩИЕ   ПАПКИ   НАЙТИ ПИСЬМО   АДРЕСА   ЕЖЕДНЕВНИК   НАСТРОЙКИ

От: valyabelova.234@mail.ru
Кому: popovaea@inbox.ru
Копия:
Скрытая:
Тема: Прощай, Америка! О!

простой формат

Дорогая Елена Анатольевна!

Вчера закончилась сессия. Я написала последний экзамен. (Здесь не принято сдавать устные экзамены. А если сдают, то только по иностранным языкам.)

Вечером Рамосы устроили в мою честь большой вечер и не только по поводу° моего отъезда, вспомнили° также, что у меня день рождения. Пришла масса народу. Пришел и Макс. У нас уже наладились нормальные отношения.

по по́воду = о
remembered

Мне подарили столько подарков, что не знаю, что с ними делать. Всё в самолёт с собой не возьму.

Все спрашивали, что я буду делать, когда прилечу домой. Я и сама не знаю. Уже в субботу я буду дома. А потом — ни минуты отдыха! Нужно поступать в университет. В Америке я поступила условно° в американский колледж сразу после школы с помощью гранта. Но дома это «поступление» не считается, надо сдавать вступительные экзамены.

conditionally

Я решила идти на журналистику. В этом решении мне очень помогла мама. Конечно, она хочет, чтобы я жила дома, и у нас в университете хороший факультет. Я долго думала о менеджменте или экономике — сегодня это самые обещающие специальности. Но я знаю свои возможности и недостатки°. Для экономического факультета нужно хорошо знать математику. И хотя я поняла, что мои знания математики куда сильнее, чем у американцев, я боюсь, что их не хватит для учёбы.

shortcomings

Но пишу я хорошо. У меня сейчас хороший английский, и я знакома с другой страной. Журналистику я уже год изучаю в США. Поэтому мне кажется, что на этот факультет я смогу поступить. А потом, если я захочу пойти в бизнес, журналистов всегда берут на работу в PR.

Но об этом потом. Увидимся на будущей неделе!

Валя

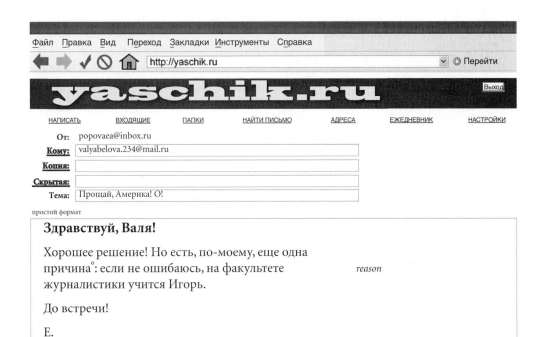

От: popovaea@inbox.ru
Кому: valyabelova.234@mail.ru
Копия:
Скрытая:
Тема: Прощай, Америка! О!

простой формат

Здравствуй, Валя!

Хорошее решение! Но есть, по-моему, еще одна причина°: если не ошибаюсь, на факультете журналистики учится Игорь.

reason

До встречи!

Е.

1. Вопро́сы

а. Как экза́мены в Росси́и отлича́ются от экза́менов в США?

б. Каки́е отноше́ния сейча́с у Ва́ли с Ма́ксом?

в. Когда́ Ва́ля прие́дет домо́й?

г. Что Ва́ля должна́ де́лать, когда́ она́ прие́дет?

д. Где Ва́ля собира́ется учи́ться да́льше? По како́й специа́льности?

е. Каки́е специа́льности, по мне́нию Ва́ли, са́мые обеща́ющие?

ж. Почему́ Ва́ля ду́мает, что она́ посту́пит на журнали́стику без пробле́м?

з. Где мо́жно по́льзоваться специа́льностью Ва́ли?

и. Еле́на Анато́льевна ду́мает, что за реше́нием Ва́ли стои́т ещё одна́ причи́на. Кака́я?

к. Кака́я у вас специа́льность? Почему́ вы её вы́брали?

л. Где мо́жно испо́льзовать таку́ю специа́льность?

2. Язы́к в конте́ксте

а. Проща́й(те) is *farewell.* The subject heading **Проща́й, Аме́рика, О!** comes from a famous 1990s rock song.

b. Exams. There are differences in nuance for the words for exams, tests, and quizzes in Russian and English. The final examination period at the end of a term is called **се́ссия**. The word **экза́мен** usually refers to a final exam given during **се́ссия**. Most **экза́мены** are oral or have an oral component. **Студе́нт сдаёт экза́мен. Преподава́тель принима́ет экза́мен.** Think of the image of a student handing an exam in and the teacher accepting it. The verb **сдава́ть (сдаю́, сдаёшь)/сдать** is an attempt/success pair: **Она́ сдава́ла экза́мен и сдала́.** – *She took the exam and passed.* Smaller tests are **контро́льные рабо́ты** and **те́сты**. There is no exact equivalent of the English word *quiz.*

c. Partitive genitives in -у. Valya was at a party with **ма́сса наро́ду** — *a slew of people.* A number of Russian masculine nouns have a second "partitive" genitive form ending in **-у (-ю)**. The partitive genitive is used with quantities. Used by itself with no quantifier, the partitive genitive means *some.* You have seen phrases like **Хоти́те ча́ю?** — *Want some tea?* Other common partitive genitive noun forms are **сы́ру** – *some cheese* and **са́хару** — *some sugar.*

d. Perfective future as "can't/couldn't." Consider the following sentences over the past few e-mails:

В магази́не не ку́пишь са́мый после́дний фильм. — *You can't buy the latest film.*
Тут ничего́ не ска́жешь … — *There's nothing you can say …*
Рома́ном э́то не назовёшь. — *You couldn't call it a romance.*
Всё в самолёт с собо́й не возьму́. — *I can't take everything with me on the plane.*

e. Enough. The present/future tense verb forms **хвата́ет/хва́тит** (always third person singular) take genitive and convey "to be enough of": **Мои́х зна́ний матема́тики не хва́тит для учёбы в университе́те.** — *My math skills won't suffice for college.*

f. Word roots

Honest. You've seen **честный**. In many countries, we address a judge as **Ваша Честь**. What then does **в честь (кого)** mean?

Строй by itself means *structure*. From that root we get **строить (строю, строишь)** — *to build*, **устраивать/устроить** — *to set up, to organize*. It's also at the center of **настроение** — *mood*, that is, how your feelings are structured.

Ладно means *okay*. So what is meant when Valya says that her relations with Max **сейчас наладились?**

Step. Remember that Elena Anatolievna was shocked when she saw an American student sitting on a cold concrete **ступенька** — *step*. The root **ступ** produces a number of words that we have seen: **поступать/поступить (куда)**, **наступать/наступить** (said of weather — **наступила весна**). In this e-mail, we learn that Valya will have to take **вступительные экзамены**.

10-25 Чтение для удовольствия. The pros and cons of capital punishment have long been the subject of discussion. Here is Chekhov's account of a bet (**пари**) over the merits of life imprisonment versus capital punishment. The story has been slightly condensed.

Пари (1889)
Антон Чехов
I

Была тёмная° осённяя ночь. Старый банкир ходил у себя в кабинете из угла° в угол и вспоминал°, как пятнадцать лет **тому назад,** осенью, он давал вечер. На этом вечере было много умных° людей и велись° интересные разговоры. **Между прочим,** говорили о **смертной казни**. Гости, среди° которых было немало учёных и журналистов, в большинстве° **относились к смертной казни отрицательно.** Они находили этот **способ наказания** устаревшим°, непригодным° для христианских государств и безнравственным°. По мнению° некоторых° из них, смертную казнь **следовало бы заменить пожизненным заключением.**

— Я с вами не согласен,— сказал хозяин-банкир. Я не пробовал° ни смертной казни, ни пожизненного заключения, но если можно судить° a priori, то по-моему, смертная казнь нравственнее и гуманнее заключения. Казнь убивает° сразу, а пожизненное заключение медленно. Какой палач° человечнее°? Тот ли, который убивает вас в несколько минут, или тот, который **вытягивает из вас** жизнь в **продолжение многих лет?**

— **То и другое** одинаково° безнравственно,— заметил° кто-то из гостей, — потому что имеет°

dark

corner

reminisced; = **назад**

intelligent

were conducted; **by the by**

capital punishment; *among*

in the majority

felt negatively about capital punishment

method of punishment; *old-fashioned*

unsuitable

immoral; opinion; several

should be replaced with life imprisonment

tried out

to judge

kills

executioner; more humane

pulls from you; over a period of many years
both the former and the latter; *equally*
remarked; has

одну́ и ту же цель° — **отня́тие жи́зни.** Госуда́рство — не Бог°. Оно́ не **име́ет пра́ва** отнима́ть° **то, чего́** не мо́жет верну́ть, е́сли захо́чет.

Среди́° госте́й находи́лся оди́н юри́ст, молодо́й челове́к лет двадцати́ пяти́. Когда́ спроси́ли его́ мне́ния, он сказа́л:

— И сме́ртная казнь, и пожи́зненное заключе́ние одина́ково безнра́вственны, но е́сли бы мне предложи́ли вы́брать° ме́жду ка́знью и пожи́зненным заключе́нием, то, коне́чно, я бы вы́брал второ́е. **Жить ка́к-нибудь лу́чше, чем ника́к.**

Подня́лся° оживлённый° спор°. Банки́р вдруг кри́кнул°:

— Непра́вда! **Держу́ пари́** на два миллио́на, что вы не вы́сидите° в каземáте° и пяти́ лет.

— Е́сли э́то серьёзно,— отве́тил ему́ юри́ст, — то держу́ пари́, что вы́сижу не пять, а пятна́дцать.

— Пятна́дцать? Идёт°! — кри́кнул банки́р. — Господа́°, я ста́влю° два миллио́на!

— Согла́сен! Вы ста́вите миллио́ны, а я свою́ свобо́ду! — сказа́л юри́ст.

И тепе́рь банки́р, шага́я° из угла́ в у́гол, вспомина́л всё э́то и спра́шивал себя́:

— К чему́° э́то пари́? Кака́я по́льза° **от того́, что** юри́ст потеря́л пятна́дцать лет жи́зни, а я бро́шу° два миллио́на? Мо́жет ли э́то доказа́ть° лю́дям, что сме́ртная казнь ху́же и́ли лу́чше пожи́зненного заключе́ния? Нет и нет. **С мое́й стороны́** э́то была́ **при́хоть сы́того челове́ка,** а со стороны́ юри́ста — проста́я а́лчность° к деньга́м . . .

Да́лее вспомина́л он **о том, что** произошло́° по́сле опи́санного° ве́чера. Решено́ бы́ло, что юри́ст бу́дет отбыва́ть° своё заключе́ние **под строжа́йшим надзо́ром** в одно́м из до́миков, постро́енных в саду́° банки́ра. Усло́вились°, что в продолже́ние пятна́дцати лет он бу́дет **лишён пра́ва переступа́ть поро́г** до́мика, ви́деть живы́х люде́й, слы́шать челове́ческие голоса́ и получа́ть пи́сьма и газе́ты. Ему́ разреша́лось° име́ть° музыка́льный инструме́нт, чита́ть кни́ги, писа́ть пи́сьма, пить вино́ и кури́ть таба́к.

В пе́рвый год заключе́ния юри́ст си́льно страда́л° от одино́чества° и ску́ки°. Из его́ до́мика постоя́нно днём и но́чью слы́шались зву́ки° роя́ля! Он отказа́лся° от вина́ и табаку́: нет ничего́ скучне́е, как пить хоро́шее вино́ и никого́ не ви́деть. А таба́к по́ртит° в его́ ко́мнате во́здух°. В пе́рвый год юри́сту

*goal; **the taking of life***
*God; **have the right;** to take away; **that which***

among

to choose

to live somehow is better than not at all
arose; lively; argument
shouted

I wager
lit. *sit out; prison cell*

*= дог*огоро*ились*
gentlemen; wager

pacing

*for what; usefulness; **from the fact that***
will throw away
to prove

on my part
whim of a self-satisfied person
greed

***about that which;** had occurred*
described
*serve (time); **under the strictest supervision***
garden
= договори́лись
deprived of the right to step across the threshold

it was permitted; to have

suffered; loneliness; boredom
sounds
abstained

ruins; air

посыла́лись кни́ги преиму́щественно° лёгкого
содержа́ния°: рома́ны со сло́жной любо́вной
интри́гой, уголо́вные° и фантасти́ческие расска́зы,
коме́дии и т.п°.

Во второ́й год му́зыка уже́ смо́лкла° в до́мике,
и юри́ст тре́бовал° то́лько кла́ссиков. В пя́тый год
сно́ва послы́шалась му́зыка, и заключённый°
попроси́л вина́. Те, кото́рые **наблюда́ли за ним,**
говори́ли, что весь э́тот год он то́лько ел, пил и
лежа́л на посте́ли°, ча́сто зева́л°, серди́то°
разгова́ривал сам с собо́ю. Книг он не чита́л.
Иногда́ по ноча́м он сади́лся писа́ть, писа́л до́лго
и **под у́тро разрыва́л на клочки́ всё напи́санное.**
Слы́шали **не раз,** как он пла́кал°.

Во второ́й полови́не шесто́го го́да заключённый
за́нялся° изуче́нием языко́в, филосо́фией и исто́рией.

Зате́м° по́сле деся́того го́да юри́ст неподви́жно°
сиде́л за столо́м и чита́л одно́° то́лько ева́нгелие.

В после́дние два го́да заключе́ния юри́ст
чита́л чрезвыча́йно° мно́го **без вся́кого разбо́ра.**
То он занима́лся есте́ственными° нау́ками, **то** тре́бовал
Ба́йрона и́ли Шекспи́ра.

II

Стари́к банки́р вспомина́л всё э́то и ду́мал:
«За́втра в двена́дцать часо́в он получа́ет
свобо́ду. Я до́лжен бу́ду уплати́ть ему́ два
миллио́на. Е́сли я уплачу́, я оконча́тельно°
разорён°...» Пятна́дцать лет тому́ наза́д он
не знал счёта свои́м миллио́нам, тепе́рь же он
боя́лся спроси́ть себя́, чего́ бо́льше — де́нег и́ли
долго́в? Аза́ртная° биржева́я° игра́, риско́ванные
спекуля́ции и горя́чность° **ма́ло по ма́лу привели́
в упа́док его́ дела́.**

— Прокля́тое° пари́! — бормота́л° стари́к. —
Заче́м же э́тот челове́к не у́мер? Ему́ ещё со́рок лет.
Он возьмёт с меня́ после́днее, же́нится°, бу́дет
наслажда́ться° жи́знью ... Нет, э́то сли́шком!
Еди́нственное спасе́ние° — смерть° э́того челове́ка!

Проби́ло° три часа́. В до́ме все спа́ли.
Стара́ясь° не издава́ть ни зву́ка, он доста́л° из шка́фа
ключ от две́ри, кото́рая не открыва́лась в
продолже́ние пятна́дцати лет, наде́л° пальто́ и
вы́шел и́з дому.

mainly

content

criminal

etc. *(и тому́ подо́бное)*

fell silent

demanded

prisoner

watched over him

bed; yawned; angrily

toward morning he ripped to shreds all that had been written
more than once; cried

took up

= *пото́м;* motionless

alone

extremely; **indiscriminately**

то...то... — first...then...then...; natural

totally

broke

could not even count his millions

debts; chancy; stock-market (adj.)

hotheadedness

little by little had brought him to financial ruin
damned; muttered

will marry

enjoy

solution; death

the clock struck

trying; took out

put on

В саду́ бы́ло темно́ и хо́лодно. Шёл дождь.
В ко́мнате заключённого **ту́скло горе́ла свеча́**. Сам
он сиде́л у стола́. Видны́° бы́ли то́лько его́ спина́,
во́лосы на голове́ да ру́ки. На столе́, на двух кре́слах
и на ковре́ бы́ли раскры́тые° кни́ги.

Прошло́ пять мину́т, и заключённый **ни ра́зу**
не шевельну́лся°. Банки́р постуча́л° па́льцем в окно́,
но заключённый не отве́тил. Тогда́ банки́р
вложи́л ключ в замо́чную сква́жину и вошёл в ко́мнату.
Заключённый спал. **Пе́ред его́ склонённою голово́й** на
столе́ лежа́л лист° бума́ги, на кото́ром бы́ло что-то
напи́сано ме́лким° по́черком°.

«Жа́лкий° челове́к! — поду́мал банки́р —
Спит и, вероя́тно, **ви́дит во сне** миллио́ны!
А сто́ит мне слегка́ придуши́ть его́ поду́шкой,
и эксперти́за° не найдёт зна́ков наси́льственной°
сме́рти. Одна́ко° прочтём° снача́ла, что он тут написа́л.

Банки́р взял со стола́ лист и прочёл сле́дующее:
«За́втра в двена́дцать часо́в дня я получа́ю
свобо́ду. Но, пре́жде чем оста́вить° э́ту ко́мнату и
уви́деть со́лнце, я **счита́ю ну́жным** сказа́ть вам
не́сколько слов. **По чи́стой со́вести и пе́ред Бо́гом,**
кото́рый ви́дит меня́, заявля́ю° вам, что я презира́ю°
и свобо́ду, и жизнь, и здоро́вье, и **всё то, что** в
ва́ших кни́гах называ́ются **бла́гами ми́ра.**

Пятна́дцать лет я внима́тельно° изуча́л жизнь.
Пра́вда, я не ви́дел ни земли́,° ни люде́й, но в ва́ших
кни́гах я пил арома́тное вино́, пел пе́сни, люби́л
же́нщин … В ва́ших кни́гах я **взбира́лся на верши́ны**
Эльбру́са и Монбла́на и ви́дел отту́да, как по
утра́м восходи́ло° со́лнце и как по вечера́м залива́ло°
оно́ не́бо°, океа́н и **го́рные верши́ны багря́ным зо́лотом.**
Я ви́дел зелёные леса́, поля́, ре́ки, озёра, города́, слы́шал
пе́ние сире́н … В ва́ших кни́гах я **твори́л чудеса́,** убива́л°,
сжига́л° города́, пропове́довал° но́вые рели́гии,
завоёвыва́л це́лые ца́рства …

Ва́ши кни́ги да́ли мне му́дрость°. Я зна́ю, что
я умне́е вас всех. Вы идёте **не по той доро́ге.**
Ложь° вы принима́ете за пра́вду и безобра́зие° за красоту́.
Вы променя́ли° не́бо на зе́млю°. Я не хочу́ понима́ть вас.

Что́бы показа́ть вам **на де́ле° презре́ние к тому́,
чем живёте** вы, я отка́зываюсь° от двух миллио́нов,
о кото́рых я когда́-то мечта́л° и кото́рые я тепе́рь
презира́ю. Что́бы **лиши́ть себя́ пра́ва** на них я вы́йду
отсю́да за пять часо́в до усло́вленного° сро́ка°
и **таки́м о́бразом** нару́шу° догово́р…»

Margin glosses:

a candle burned dimly
visible
opened
not once
moved; knocked
inserted the key into the keyhole
In front of his inclined head
sheet
small; handwriting
pitiful
most likely; lit. **sees in a dream**
I have only to choke him lightly with a pillow
autopsy; violent
nevertheless; let's read (= прочита́ем)
to leave behind
consider it necessary
in pure conscience and before God
declare; detest
all that which
earthly comforts
attentively
earth
scaled the peaks
rose; filled
sky; **mountaintops with crimsoned gold**
singing of the sirens; worked miracles; *killed*
burned; preached
conquered entire kingdoms
wisdom
along the wrong road
lies; ugliness
have exchanged; earth
by deed
loathing of that by which you live; *renounce*
dreamt
deprive myself of the right
agreed upon; time period
thereby; *will abrogate*

Прочита́в э́то, банки́р положи́л лист на стол, поцелова́л° стра́нного° челове́ка в го́лову, запла́кал° и вы́шел из до́мика. Придя́ домо́й, он лёг спать в посте́ль, но волне́ние° и слёзы° до́лго не дава́ли ему́ усну́ть°...

kissed; strange; cried

agitation; tears
fall asleep

Словарь

господа́ — *gentlemen* (**Господи́н** — *gentleman* is an old form of address roughly equivalent to *Mister,* which was replaced by **това́рищ** — *comrade* after the Bolshevik revolution. It has now made inroads back into the language, especially in official settings. The feminine form is **госпожа́.**)

держа́ть (держу́, де́рж-ишь, -ат) пари́ (*impf.*) — *to make a bet* (This is a slightly archaic expression. In contemporary Russian, for *Do you want to bet on it?,* most speakers would say **Дава́йте поспо́рим!**)

заключённый — *imprisoned person; prisoner* (In the original, Chekhov uses the obsolete word **у́зник.**)

заменя́ть/замени́ть (что чем) — *to replace something with something else:* **На́до замени́ть сме́ртную казнь заключе́нием.** — *Capital punishment should be replaced with imprisonme*nt.

име́ть (име́-ю, -ешь, -ют) (*impf.*) — *to have* (usually used with abstract concepts): **име́ть пра́во** — *to have the right*

относи́ться (*impf.*) **(к чему́)** — *to relate (to something); to feel (a certain way) (about something):* **Относи́лись к сме́ртной ка́зни отрица́тельно.** — *They felt negatively toward capital punishment.*

сад — *garden:* **где: в саду́**

сме́ртная казнь — *capital punishment*

страда́ть (*impf.*) — *to suffer:* **страда́ть от одино́чества** — *to suffer from loneliness*

у́гол — *corner:* **из угла́ в у́гол** — *from corner to corner*

то и друго́е — *both*

тому́ наза́д ≅ **наза́д** — *ago* (**тому́ наза́д** is slightly higher in style)

тре́бовать (тре́бу-ю, -ешь, -ют) (*impf.*) **(чего́)** — *to demand (something)*

Irregular plurals. The story contains these irregular plurals:

леса́ < **лес** — *forest*
поля́ < **по́ле** — *field*
озёра < **о́зеро** — *lake*
города́ < **го́род** — *city*

Reflexive verbs as passive voice. Russian often expresses passive voice by means of reflexive verbs. This is especially true in the imperfective.

Вели́сь интере́сные разгово́ры. — *Interesting discussions were conducted.*
Ему́ разреша́лось име́ть музыка́льный инструме́нт. — *It was permitted for him to have a musical instrument.*
Ему́ посыла́лись кни́ги. — *Books were sent to him.*
Послы́шалась му́зыка. — *Music was heard.*

Давайте послушаем

 10-26 Радионяня: Как принима́ть госте́й и ходи́ть в го́сти.

Вы, наве́рное, по́мните фрагме́нт «Радионя́ни» из Уро́ка 2 «Как по́льзоваться телефо́ном». Тепе́рь «Радионя́ня» расска́зывает, как вести́ себя́ в гостя́х.

А. Часть I: Как принима́ть госте́й. В пе́рвой ча́сти уро́ка Никола́й Влади́мирович пока́зывает Са́ше и Алику, как принима́ть госте́й.

1. Что́бы лу́чше поня́ть часть I, познако́мьтесь с но́выми слова́ми.

> **уме́ть** (*impf.*) — *to know how (to do something)*
> **вести́ себя́** (*impf.*) — *to behave oneself*
> **звать (зов-у́, -ёшь, -у́т)** (*impf.*) — Here: *to invite*
> **быть в гостя́х (где)** — *to be visiting*
> **неве́жливо** — *impolite(ly)*
> **наоборо́т** — *just the opposite; au contraire*
> **необходи́мо** — *it is imperative*
> **Го́споди!** — *Lord!*
> **обма́нывать** (*impf.*) — *to deceive*
> **внима́ние** — *attention*

2. Прослу́шайте пе́рвую часть уро́ка и отве́тьте на вопро́сы:
   а. Никола́й Влади́мирович про́сит Са́шу и Алика показа́ть, как на́до принима́ть госте́й. Кто игра́ет роль хозя́ина? Кто игра́ет роль го́стя?
   б. «Хозя́ин» про́сит го́стя прийти́ «пря́мо сейча́с». Что об э́том ду́мает Никола́й Влади́мирович?
   в. Что ду́мает Са́ша: во ско́лько должны́ прийти́ го́сти?
   г. Что спра́шивает «хозя́ин» о пода́рках? Что об э́том говори́т Никола́й Влади́мирович?
   д. Како́й пода́рок принёс Са́ша Алику? Что ду́мает Алик об э́том пода́рке?

3. Прослу́шайте пе́рвую часть за́писи ещё раз. В каки́х конте́кстах вы услы́шали э́ти слова́? Да́йте их значе́ния:
   а. в после́днюю мину́ту
   б. во́время
   в. благодари́ть/по-
   г. Прошу́ к столу́!

4. Прослу́шайте пе́рвую часть уро́ка после́дний раз. Узна́йте, как сказа́ть по-ру́сски. Based on the segment, how would you say the following in Russian? You may have to recombine some of the elements you heard.

   a. Do you know how to receive guests?
   b. Who will be the host?
   c. I invite you.
   d. We'll assume that it's seven.
   e. I have to say thank you for that?!
   f. Don't arrive at the last minute.

Б. Часть II: Как ходи́ть в го́сти. В э́той ча́сти уро́ка Никола́й Влади́мирович пока́зывает, как ну́жно вести́ себя́ в гостя́х. Он игра́ет роль хозя́ина.

1. Что́бы лу́чше поня́ть часть II, познако́мьтесь с но́выми слова́ми.

   напра́сно — *in vain* (Here it is used as a scolding: You said that in vain = You shouldn't have said that!)

   зря = напра́сно

   де́лать гостя́м замеча́ния — *to comment to (one's) guests*

   Хва́тит, хва́тит! — *Enough already!*

   терпе́ние — *patience*

   Не беспоко́йтесь! = Не волну́йтесь!

   Я и так приду́ — *I'll come anyway*

   Кто по́здно пришёл, тому́ объе́дки и мосо́л! — *Whoever came late gets leftovers and a bone.*

   такти́чно — *tactful(ly)*

   хрю́шка — *piglet*

   осты́ть (осты́нет) (*perf.*) — *to cool down*

   нали́ть (нале́йте!) (*perf.*) — *to pour*

   ру́ки как крю́ки — *hands like hooks;* "*butterfingers*"

   воспи́танный — *(well) brought up*

2. Прослу́шайте пе́рвую часть уро́ка и отве́тьте на вопро́сы ДА и́ли НЕТ.

   a. Никола́й Влади́мирович говори́т: «Чай у нас сего́дня "уче́бный", потому́ что Алик и Са́ша чита́ют уче́бник, когда́ пьют чай.
   б. По слова́м Никола́я Влади́мировича, пе́рвыми за стол всегда́ садя́тся го́сти.
   в. Са́ша и Алик понима́ют, что на́до ждать, пока́ все го́сти ся́дут.
   г. Алик счита́ет, что мо́жно прийти́ в го́сти без специа́льного приглаше́ния.
   д. Са́ша пьёт чай, «как хрю́шка», потому́ что он горя́чий.
   е. Никола́й Влади́мирович объясня́ет, что когда́ зака́нчивают пить чай, пе́рвым из-за стола́ встаёт хозя́ин.

3. Прослу́шайте фрагме́нт ещё раз и узна́йте, как сказа́ть по-ру́сски:

   a. It is not tactful to talk that way.
   b. A polite person comes visiting only when invited.
   c. Pour me another glass of tea!
   d. We will get up when the host gets up.

Новые слова и выражения

NOUNS

Пра́здники

День благодаре́ния
День ветера́нов
День незави́симости
День труда́
Но́вый год
Па́сха
Рождество́
Ха́нука

Holidays

Thanksgiving Day
Veterans Day
Independence Day
Labor Day
New Year
Passover; Easter
Christmas
Hanukkah

Други́е слова́

бока́л
ве́чер (*pl.* вечера́)
добро́
евре́й (-ка)
знако́мство
инде́йка
оши́бка
пилигри́м
пра́здник
ра́дость
ребя́та (*pl.; gen.* ребя́т)
селёдка (селёдочка)
сча́стье
та́почки (*pl.*)
таре́лка
тост
удово́льствие
хозя́ин (*pl.* хозя́ева)
хозя́йка (до́ма)

Other Words

wine glass
party
goodness
Jewish (man, woman)
friendship
turkey
mistake
pilgrim
holiday
joy
kids, guys (*colloquial*)
herring
happiness
slippers
plate
toast (*drinking*)
pleasure
host
hostess

ADJECTIVES

наступа́ющий
национа́льный
нового́дний
пра́здничный
родны́е (*pl., used as noun*)

approaching (holiday)
national
New Year's
festive
relatives

Новые слова и выражения

VERBS

заходи́ть/зайти́   to come in
    (захож-у́, захо́д-ишь, -ят)
    (зайд-у́, -ёшь, -у́т;
    past: зашёл, зашла́, зашли́)

исправля́ть/испра́вить   to correct
    (исправля́-ю, -ешь, -ют)
    (испра́вл-ю, испра́в-ишь, -ят)

находи́ть/найти́   to find
    (нахож-у́, нахо́д-ишь, -ят)
    (найд-у́, -ёшь, -у́т;
    past: нашёл, нашла́, нашли́)

отмеча́ть/отме́тить (что)   to celebrate (a holiday)
    (отмеча́-ю, -ешь, -ют)
    (отме́ч-у, -ишь, -ят)

поднима́ть/подня́ть   to raise
    (поднима́-ю, -ешь, -ют)
    (подним-у́, подни́м-ешь, -ут;
    past: по́днял, подняла́, по́дняли)

положи́ть (*perf.*)   to serve
    (полож-у́, поло́ж-ишь, -ат)

пра́здновать   to celebrate
    (пра́здну-ю, -ешь, -ют)

предлага́ть/предложи́ть   to offer, propose
    (предлага́-ю, -ешь, -ют)
    (предлож-у́, предло́ж-ишь, -ат)

приглаша́ть/пригласи́ть   to invite
    (приглаша́-ю, -ешь, -ют)
    (приглаш-у́, приглас-и́шь, -я́т)

приноси́ть/принести́   to bring
    (принош-у́, прино́с-ишь, -ят)
    (принес-у́, -ёшь, -у́т;
    past: принёс, принесла́, принесли́)

устра́ивать/устро́ить   to arrange, to organize
    (устра́ива-ю, -ешь, -ют)
    (устро́-ю, -ишь, -ят)

ADVERBS

действи́тельно   really, truly
сто́лько (чего́)   so much; so many

Новые слова и выражения

OTHER WORDS AND PHRASES

бы	*see Section 7*
в честь (кого́/чего́)	in honor (of something/someone)
всё, что ну́жно	everything necessary
встреча́ть Но́вый год	to see in the New Year
Как вку́сно па́хнет!	How good it smells!
на э́той (про́шлой, бу́дущей) неде́ле	this (last, next) week
Не стесня́йся (стесня́йтесь).	Don't be shy.
Поста́вь(те) му́зыку.	Put on the music.
Прошу́ к столу́!	Come to the table.
Раздева́йся (Раздева́йтесь).	Take off your coat.
С наступа́ющим!	Happy upcoming holiday! (*said on the eve*)
С пра́здником!	Happy Holiday!
Сади́сь (Сади́тесь).	Have a seat.
Ты про́сто пре́лесть!	How sweet of you!

PASSIVE VOCABULARY

гостеприи́мство	hospitality
Де́нь защи́тника Оте́чества	Defenders of the Fatherland Day
Де́нь наро́дного еди́нства	National Unity Day
Де́нь Побе́ды	Victory Day
День свято́го Валенти́на	Valentine's Day
еда́	food
Междунаро́дный же́нский день	International Women's Day
уме́ть/с- (уме́-ю, -ешь, -ют)	to know how to (*perf.:* to manage to)
чу́вство	feeling, emotion

PERSONALIZED VOCABULARY

_____

_____

_____

_____

_____

Русско-английский словарь

Bold numbers in brackets indicate the unit in which a word is first introduced as active vocabulary. Roman numerals indicate volume number: the number I indicates that the word is from *Golosa*, Book One, and II indicates that the word is from Book Two. Non-bold numbers indicate a first-time use as passive vocabulary. Irregular plural forms are given in this order: nominative, genitive, dative, instrumental, prepositional. Only irregular forms or forms with stress changes are given, e.g. *pl.* **сёстры, сестёр, сёстрам, -ами, -ах**).

For words denoting cardinal and ordinal numbers, see Appendix D.

This glossary does not contain vocabulary for readings in **Давайте почитаем** or exercises in **Давайте послушаем** sections. Please see the marginal glossaries and individual vocabulary lists for each reading.

А

а [I: 1, *see 3.10*] — and (*often used to begin questions or statements*)
абза́ц [I: 5] — paragraph
авангарди́ст [I: 8] — avant-garde artist
а́вгуст [II: 1] — August
а́виа [II: 8] — airmail
автобиогра́фия [I: 4] — autobiography
авто́бус [II: 3] — bus
автоотве́тчик [I: 5, II: 5] — answering machine
а́втор [II: 6] — author
а́дрес (*pl.* **адреса́**) [II: 3, 8] — address
Азия [I: 4] — Asia
аллерги́я (на что) [I: 9, II: 9] — allergy
  аллерги́ческая реа́кция (на что) [II: 9] — allergic reaction (*to something*)
алло́ [I: 5] — hello (*on telephone*)
альбо́м [I: 8] — album
альт [II: 7] — viola
Аме́рика [I: 1] — America (the U.S.)
америка́нец/америка́нка [I: 1] — American (*person*)
америка́нистика [I: 4] — American studies
америка́нский [I: 2; *see 3.6, 3.7*] — American
ана́лиз [II: 9] — test (*medical*), analysis
  ана́лиз кро́ви [II: 9] — blood test
анги́на [II: 9] — strep throat
англи́йский [I: 3; *see 3.6, 3.7*] — English
англича́нин/англича́нка [I: 1] (*pl.* **англича́не, англича́н** [I: 3; *see 3.6, 3.7*]) — English (*person*)
Англия [I: 1] — England
англо-ру́сский [I: 2] — English-Russian
анке́та [I: 1] — questionnaire
анса́мбль [II: 7] — ensemble
антибио́тик [II: 9] — antibiotic
антрополо́гия [I: 4] — anthropology

апельси́н [I: 9] — orange
аппендици́т [II: 9] — appendicitis
апре́ль [II: 1] — April
ара́б/ара́бка [I: 3; *see 3.7*] — Arab
ара́бский [I: 3; *see 3.6, 3.7*] — Arabic
Арме́ния [I: 3] — Armenia
армяни́н (*pl.* **армя́не, армя́н**)**/армя́нка** [I: 3; *see 3.7*] — Armenian
армя́нский [I: 3; *see 3.6, 3.7*] — Armenian
арти́ст [II: 5] — performer
архите́ктор [I: 7] — architect
архитекту́ра [I: 4] — architecture
аспира́нт(ка) [I: 10] — graduate student
аспиранту́ра [I: 4] — graduate school
ассорти́ (*indecl.*) [I: 9] — assortment
  мясно́е ассорти́ [I: 9] — cold cuts assortment
аудито́рия [I: 2, 5] — classroom
аэро́бика [I: 4, II: 7] — aerobics
аэропо́рт (в аэропорту́) [I: 2] — airport

Б

ба́бушка [I: 7] — grandmother
бадминто́н [II: 7] — badminton
бале́т [I: 4] — ballet
бана́н [I: 9] — banana
бандеро́ль (*она*) [II: 8] — package
ба́нджо [II: 7] — banjo
банк [I: 5] — bank
бараба́н [II: 7] — drum
баскетбо́л [II: 7] — basketball
бассе́йн [I: 5] — swimming pool
бе́гать (*impf., multidirectional:* **бе́га-ю, -ешь, -ют**) [II: 7] — to run
бежа́ть (*impf., unidirectional:* **бег-у́, беж-и́шь, бег-у́т**) [II: 7] — to run
бе́жевый [I: 2] — beige

без (кого/чего) [I: 9] — without
бейсбо́л [II: 7] — baseball
бе́лый [I: 2] — white
бензи́н [I: 9] — gasoline
бес [II: 6] — devil, demon
беспла́тный [II: 2] — free (of charge)
беспоко́йство [II: 2] — bother; trouble; worry
   Извини́те за беспоко́йство. [II: 2] — Sorry to
     bother you.
библиоте́ка [I: 4] — library
библиоте́карь (он) [I: 7] — librarian
бизнесме́н [I: 1, 7] — businessperson
биле́т [I: 5, II: 5] — ticket
   биле́т (на что: *acc.*) [II: 5]— ticket (*for an event,*
     for a certain time)
   чита́тельский биле́т [II: 6] — library card
биоло́гия [I: 4] — biology
бифште́кс [I: 9] — steak
благодаре́ние [II: 1] — thanksgiving; act of thanking
   День благодаре́ния [II: 10] —
     Thanksgiving Day
ближа́йший [II: 3] — nearest
бли́зко (от чего) [II: 3] — close (*to something*)
   бли́же [II: 5] — closer
блины́ [I: 9] — Russian pancakes
блу́зка [I: 2] — blouse
блю́до [I: 9] — dish (*food*)
боеви́к [II: 5] — action-adventure
бока́л [II: 10] — wine glass
бокс [II: 7] — boxing
бо́лее [II: 3, 5; *see 5.3*] — more (*with adj.,*
    comparative)
боле́знь (она) [II: 9] — disease, illness
боле́льщик [II: 7] — sports fan
бо́лен (больна́, больны́) [II: 9] — ill, sick
боле́ть (*impf.*: боли́т, боля́т) (у кого)
   [II: 9; *see 9.1*] — to hurt
боль (она) [II: 9] — pain
   бо́льно (кому́) [II: 9] — painful (*to someone*)
больни́ца [I: 7, II: 9] — hospital
больно́й (*adj. decl.*) [II: 9] — patient
бо́льше [II: 5; *see 5.3*] — bigger; more
   бо́льше всего́ [II: 5] — most of all
   бо́льше нет [I: 8] — no more, no longer
большо́й [I: 2] — large
   Большо́е спаси́бо. [I: 3] — Thank you very much.
борщ [I: 9] — borsch
ботани́ческий сад [II: 3] — botanical garden
боти́нки (*sing.* боти́нок) [I: 2] — men's shoes
бо́улинг [II: 7] — bowling

боя́ться (*impf.*: бо-ю́сь, бо-и́шься, -я́тся) (чего)
   [II: 4] — to be afraid of
брат (*pl.* бра́тья, бра́тьев) [I: 1, 7] — brother
брать (бер-у́, -ёшь, -у́т; брала́, бра́ли)/
   взять (возьм-у́, -ёшь, -у́т; взяла́, взя́ли) [I: 9]
    — to take
   Что вы посове́туете нам взять? [I: 9] —
    What do you advise us to order?
брони́ровать/за- (брони́ру-ю, -ешь, -ют)
   [II: 4] — to reserve, to book
бронь (бро́ня) (она) [II: 4] — reservation
брю́ки (*always pl.; gen.* брюк) [I: 2] — pants
бу́блик [I: 9] — bagel
бу́дущий — next
   в бу́дущем году́ [II: 8] — next year
   на бу́дущей неде́ле [II: 10] — next week
Бу́дьте добры́! [I: 9; *see also* быть] — Could you
   please . . .?
   Бу́дьте добры́ (кого)! [II: 2] — Please call . . . to
    the phone.
Бу́дьте как до́ма. [I: 2] — Make yourself at home.
бу́лка (бу́лочка) [I: 9] — small white loaf of
   bread; roll
бу́лочная (*declines like adj.*) [I: 9] — bakery
бульо́н [I: 9] — bouillon
бутербро́д [I: 9] — sandwich (*open-faced*)
буты́лка [I: 9] — bottle
буфе́т [I: 5] — snack bar
бухга́лтер [I: 7] — accountant
бы [II: 10; *see 10.7*] — would
   я бы хоте́л(а). . . [II: 10] — I would like . . .
быва́ть (*impf.*: быва́-ю, -ешь, -ют) [II: 1] —
   to tend to be
бы́стро [I: 3] —quickly, fast (*adv.*)
бы́стрый [II: 8] —fast (*adj.*)
быт [I: 1, II: 8] — everyday life
быть (*fut.*: бу́д-у, -ешь, -ут; была́, бы́ли) [I: 8, 9;
   see 8.1, 9.4, 9.5, 9.6] — to be
бюро́ (*indecl.*) [I: 7] — bureau
   бюро́ недви́жимости [I: 7] — real estate agency
   бюро́ обслу́живания [II: 4] — service bureau
   туристи́ческое бюро́ [I: 7] — travel agency

В

в — in; on; at; to
   + *prepositional case* [I: 1, 4; *see 3.8, 4.2, 5.6*] — in
   + *accusative case for direction* [I: 5; *see 5.6*] — to
   + *accusative case of days of week* [I: 5; *see 5.1*] — on
   + *hour* [I: 5; *see 5.1*] — at

в о́бщем [II: 9] — in general

В то́м-то и де́ло. [II: 4] — That's just the point.

в честь (кого́/чего́) [II: 10] — in honor
(*of something/someone*)

В чём де́ло? [II: 4] — What's the matter?

во-пе́рвых … во-вторы́х … в-тре́тьих [I: 9] —
in the first (second, third) place

Во ско́лько? [I: 5] — At what time?

ваго́н [II: 4] — train car

ва́жный [II: 8] — important

валто́рна [II: 7] — French horn

валю́та — foreign currency

обме́н валю́ты [II: 4] — currency exchange

ва́нная (*declines like adj.*) [I: 6] — bathroom
(*bath/shower; no toilet*)

варе́нье [I: 9] — fruit preserves

ваш (ва́ше, ва́ша, ва́ши) [I: 1, 2; *see 2.4*] —
your (*formal or plural*)

вводи́ть (ввож-у́, вво́д-ишь, -ят)/ввести́ (введ-у́,
-ёшь, -у́т) (что куда́) [II: 8] — to enter (*data*)

ведь [I: 8] — you know; after all (*filler word, never
stressed*)

век [II: 6] — century

велосипе́д [II: 7] — bicycle

стациона́рный велосипе́д [II: 7] —
stationary bicycle

ве́рно [II: 4] — it's correct; correctly

верну́ться (*perf., see* возвраща́ться/верну́ться)
[II: 1] — to return

везде́ [I: 7, 8] — everywhere

ве́рсия [I: 2] — version

ве́рующий (*declines like adj.*) [I: 6] — believer

весёлый; ве́село (*adv.*) [I: 7, II: 1] — cheerful,
happy, fun

Нам бы́ло ве́село. — We had a good time.

весна́ [II: 1] — spring

весно́й [II: 1] — in the spring

весь [I: 5, II: 8; *see 8.5*] — all; whole

весь день [I: 5] — all day

ве́тер [II: 1] — wind

ве́чер (*pl.* вечера́) [I: 1, II: 10] — evening; party

ве́чером [I: 5] — in the evening

До́брый ве́чер! [I: 1] — Good evening!

вещь (*она; all pl. endings stressed except nom.*) [I: 8,
II: 5] — thing

взро́слый [I: 7] — adult; grown up

взять (*perf.* возьм-у́, -ёшь, -у́т; взяла́, взя́ли;
see брать/взять) [I: 9] — to take

Что вы посове́туете нам взять? [I: 9] —
What do you advise us to order?

вид — type

вид спо́рта [II: 7] — individual sport, type of sport

вид тра́нспорта [II: 3] — means of
transportation

видеока́мера [I: 2] — video camera

видеокассе́та [I: 2] — videocassette

видеокли́п [II: 8] — video clip

видеомагнитофо́н [I: 2] — videocassette recorder

ви́деть/у- (ви́ж-у, ви́д-ишь, ят) [I: 6] — to see

ви́деть во сне (*impf.*, кого́/что) [II: 8] — to
dream (*of someone/something*)

ви́димо [II: 9] — evidently

ви́за [I: 2] — visa

викори́на [II: 5] — quiz show (*on television*)

вино́ [I: 9] — wine

виногра́д (*sing. only*) [I: 9] — grapes

виолонче́ль (*она*) [II: 7] — cello

висе́ть (виси́т, вися́т) [I: 6] — to hang

виско́нсинский [I: 4] — Wisconsin (*adj.*)

включа́ть (включа́-ю, -ешь, -ют)/включи́ть
(включ-у́, -и́шь, -а́т) [II: 7] — to turn on

вку́сный [I: 9] — good; tasty

Как вку́сно па́хнет! [II: 10] — How good
it smells!

вме́сте [I: 5] — together

вме́сто (чего́) [II: 8] — instead of

внима́тельно [II: 3] — carefully

внук [I: 7] — grandson

вну́чка [I: 7] — granddaughter

во́все не [II: 2] — not at all

вода́ (*pl.* во́ды) [I: 6] — water

води́тель [II: 3] – driver

возвраща́ться (возвраща́-юсь, -ешься, -ются)/
верну́ться (верн-у́сь, -ёшься, -у́тся) [II: 1] —
to return

возмо́жность [II: 8] — possibility

во́зраст [I: 7] — age

война́ [I: 10] — war

войти́ (*perf., see* входи́ть/войти́ (во что) [II: 4] —
to enter

вокза́л (на) [II: 1, 4] — train station

волнова́ться/вз- (волну́-юсь, -ешься, -ются)
[II: 4] — to be worried

во́лосы (*pl.*) [II: 9] — hair

вообще́ [II: 1] — in general

Во-пе́рвых…, во-вторы́х… [I: 9] — In the first
place …, in the second place …

вопро́с [I: 1, 2] — question

воскресе́нье [I: 5; *see 5.1*] — Sunday

восто́к (на) [I: 10; *see 10.2*] — east

вот [I: 2] — here is . . .
    Вот как?! [I: 4] — Really?!
впечатле́ние (о ком/чём) [II: 8] — impression
    (*of someone/something*)
врач (*ending always stressed*) [I: 7] — physician
вре́мя (*neuter; gen., dat., prep.* вре́мени; *acc.* вре́мя;
    nom. pl. времена́; *gen. pl.* времён) [I: 5] — time
    вре́мя го́да (*pl.* времена́ го́да) [II: 1] — season
    Ско́лько сейча́с вре́мени? [I: 5] — What time
    is it?
все [I: 5, II: 8; *see 8.3*] — everybody; everyone (*used as
    a pronoun*)
всё [I: 2, 3; II: 8, *see 8.3*] — everything; that's all
    всё равно́ (кому́) [II: 7] — it doesn't matter
    (*to someone*); it's all the same (*to someone*)
    всё-таки [II: 2] — nevertheless
    всё, что ну́жно [II: 10] — everything necessary
всегда́ [I: 3, 5] — always
всего́ (+ *number*) [II: 1] — only (+ *number*)
встава́ть/встать (встаю́, -ёшь, -ю́т; вста́н-у, -ешь,
    -ут) [I: 5, II: 2] — to get up
встреча́ть Но́вый год [II: 10] — to see in the
    New Year
встреча́ться (встреча́-емся, -етесь,
    -ются)/встре́титься (встре́т-имся,
    -итесь, -ятся) [II: 1] — to meet up
    (*with each other*)
вто́рник [I: 5; *see 5.1*] — Tuesday
второ́е (*declines like adj.*) [I: 9] — main course;
    entrée
второ́й [I: 4] — second
вуз (вы́сшее уче́бное заведе́ние) [I: 4] — institute
    of higher education
вход [II: 3] — entrance
входи́ть (вхож-у́, вхо́д-ишь, -ят)/
    войти́ (войд-у́, войд-ёшь, -у́т; вошёл, вошла́,
    вошли́) (во что) [II: 4] — to enter
вчера́ [I: 5] — yesterday
въезжа́ть (въезжа́-ю, -ешь, -ют)/въе́хать
    (въе́д-у, -ешь, -ут) (во что) [II: 4; *see 4.6*] — to
    enter (*by vehicle*)
вы [I: 1; *see 1.1*] — you (*formal and plural*)
вы́глядеть (*impf.*: вы́гляж-у, вы́гляд-ишь, -ят)
    [II: 9] — to look (*appearance*)
выезжа́ть (выезжа́-ю, -ешь, -ют)/вы́ехать
    (вы́ед-у, -ешь, -ут) (из чего) [II: 4; *see 4.6*] —
    to exit (*by vehicle*)
вызыва́ть (вызыва́-ю, -ешь, -ют)/
    вы́звать (вы́зов-у, -ешь, -ут) [II: 4, 9] —
    to summon, call

выи́грывать (выи́грыва-ю, -ешь, -ют)/вы́играть
    (вы́игра-ю, -ешь, -ют) [II: 7] — to win
вы́йти (*perf., see* выходи́ть/вы́йти) [II: 3] — to exit
вы́нужден [II: 6] — forced, compelled
выпи́сывать (выпи́сыва-ю, -ешь, -ют)/вы́писать
    (вы́пиш-у, -ешь, -ут)
    [II: 9] — to prescribe; to release (*from hospital*)
вы́пить (вы́пь-ю, -ешь, -ют; *perf.; see* пить)
    [I: 9; *see 9.1*] — to drink
выраже́ния — expressions
    но́вые слова́ и выраже́ния [I: 1] — new words
    and expressions
вы́расти (*perf. past:* вы́рос, вы́росла, вы́росли)
    [I: 7, 10; *see 7.1*] — to grow up
вы́слан (-а, -ы) [II: 6] — exiled
высо́кий [I: 6, II: 3] — high; tall
вы́учить (*perf., see* учи́ть/вы́учить) [II: 6] —
    to memorize
    вы́учить наизу́сть — to memorize [II: 6]
выходи́ть (выхож-у́, выхо́д-ишь, -ят)/
    вы́йти (вы́йд-у, вы́йд-ешь, вы́йд-ут;
    imperative вы́йди, вы́йдите;
    вы́шел, вы́шла, вы́шли) [II: 3] — to exit
    Вы сейча́с выхо́дите? — Are you getting off
    now? (*in public transport*)
вышива́ть (*impf.*: вышива́-ю, -ешь, -ют) [II: 7] —
    to embroider
выясня́ть (выясня́-ю, -ешь, -ют)/вы́яснить
    (вы́ясн-ю, -ишь, -ят) [II: 4] — to clarify
вьетна́мский [I: 9] — Vietnamese
вяза́ть (*impf.*: вяж-у́, вя́ж-ешь, -ут) [II: 7] — to knit

Г

газ [I: 6] — natural gas
газе́та [I: 2] — newspaper
галантере́я [I: 8] — men's/women's accessories
    (*store or department*)
галере́я [II: 3] — gallery
га́лстук [I: 2] — tie
га́мбургер [I: 9] — hamburger
гара́ж (*ending always stressed*) [I: 6] — garage
гардеро́б [II: 4] — cloakroom
гастроно́м [I: 9] — grocery store
где [I: 1; *see 5.5*] — where
    где́-нибудь, где́-то [II: 6; *see 6.5*] —
    somewhere, anywhere
географи́ческий [II: 3] — geographical
ге́ндерные иссле́дования [I: 4] — gender studies
Герма́ния [I: 3] — Germany

гимна́стика [II: 7] — gymnastics
гита́ра [I: 5, II: 7] — guitar
гла́вный [I: 10, II: 3] — main
глаз (pl. глаза́) [II: 9] — eye
глу́пый [I: 7] — stupid
гобо́й [II: 7] — oboe
говори́ть (говор-ю́, -и́шь, -я́т) [I: 3]/сказа́ть
    (скаж-у́, ска́ж-ешь, -ут) [I: 8] — to speak, to say
   Говори́те ме́дленнее. [I: 3] — Speak more slowly.
   Говоря́т, что … [I: 7] — They say that …; It is
    said that …
   Как вы сказа́ли? [I: 1] — What did you say?
год (2–4 го́да, 5–20 лет) [I: 4, 7] — year(s) [old]
   (кому́) + … год (го́да, лет). [I: 7; see 7.4] — … is
    … years old.
   В како́м году́ [See 10.4] — in what year
   Но́вый год [II: 10] — New Year
   встреча́ть Но́вый год [II: 10] — to see in the
    New Year
Годи́тся. [II: 5] — That's fine.
голова́ [II: 9] — head
   У меня́ кру́жится голова́. [II: 9] — I feel dizzy.
головно́й убо́р [I: 8] — hats
го́лос (pl. голоса́) [I: 1] — voice
голубо́й [I: 2] — light blue
гольф [II: 7] — golf
гора́ (nom. pl. го́ры; prep. pl. в гора́х) [II: 1] —
   mountain
гора́здо [II: 5] — much (in comparisons)
го́рло [II: 9] — throat
го́род (pl. города́) [I: 1; II: 2, 3] — city
   код го́рода [II: 2] — area code
городско́й [II: 3] — city (adj.)
горчи́ца [I: 9] — mustard
горя́чий [I: 6] — hot (of things, not weather)
гостеприи́мство [II: 10] — hospitality
гости́ная (declines like adj.) [I: 6] — living room
гости́ница [II: 3] — hotel
гость [I: 7, II: 10] — guest
   быть в гостя́х (у кого́) [I: 10] —to visit someone
госуда́рственный [I: 4] — state (adj.)
гото́в (-а, -ы) [II: 1] — ready
гото́вить/при- (гото́в-лю, -ишь, -ят) [I: 9] — to
   prepare; cook
гото́вый [I: 9] — prepared
   Short form: гото́в: Обе́д гото́в. — Lunch is ready.
гра́дус (5–20 гра́дусов) [II: 1] — degree
   (temperature measure)
грамм (gen. pl. грамм) — gram
грамма́тика [I: 1] — grammar

грани́ца — border
   за грани́цей (answers где) [I: 10] — abroad
гре́бля [II: 7] — rowing
гриб (ending always stressed) [I: 9] — mushroom
грипп [II: 9] — flu
грудь (она) [II: 9] — chest; breast
гру́ппа [II: 4] — group
гру́стный; гру́стно (adv.) [II: 1] — sad
губа́ (pl. гу́бы, губа́м, губа́ми, губа́х)
   [II: 9] — lip
гуля́ть/по- (гуля́-ю, -ешь, -ют) [II: 1] —
   to stroll, take a walk

Д

да [I: 1] — yes
да (unstressed particle) — but
   Да как сказа́ть? [I: 7] — How should I put it?
   Да что тут уме́ть? [II: 8] — What's to know?
дава́й(те) [I: 1; II: 1, see 1.6] — Let's …
   Дава́й(те) лу́чше … [II: 1] — Let's … instead.
   Дава́й перейдём на ты. [I: 10] — Let's
    switch to ты.
   Дава́йте поговори́м! [I: 1] — Let's talk!
   Дава́й(те) пое́дем … [I: 5] — Let's go… (by
    vehicle; to another city)
   Дава́йте познако́мимся! [I: 1] — Let's get
    acquainted!
   Дава́й(те) пойдём … [I: 5] — Let's go…
    (on foot; someplace within city)
   Дава́йте послу́шаем! [I: 1] — Let's listen!
   Дава́йте почита́ем! [I: 1] — Let's read!
дава́ть (да-ю, -ёшь, -ют)/дать (дам, дашь, даст,
   дади́м, дади́те, даду́т; дал, дала́, да́ли)
   [II: 2, 5; see 5.5] — to give
   Да́йте, пожа́луйста, счёт! [I: 9] — Check, please!
давно́ (+ present-tense verb) [I: 8, 10] — for a
   long time
да́же [I: 8] — even
далеко́ (от чего́) [I: 6, II: 3] — far away
да́льше [I: 6, II: 5] — further; next
дать (perf., see дава́ть/дать) [II: 5] — to give
да́ча (на) [I: 5, 6] — dacha; summer cottage
дверь (она) [I: 6] — door
движе́ние [I: 10] — movement
   движе́ние за права́ челове́ка — human-rights
   movement
дво́е [I: 7; see 7.4] — two (most often with дете́й:
   дво́е дете́й)
дво́йка [I: 4] — D (a failing grade in Russia)

двоюродная сестра (*pl.* сёстры, сестёр, сёстрам, -ами, -ах) [I: 7] — cousin (*female*)

двоюродный брат [I: 7] (*pl.* братья, братьев) — cousin (*male*)

девушка [I: 8] — (young) woman
Девушка! [I: 8] — Excuse me, miss!

дедушка [I: 7] — grandfather

дежурная (*adj. decl.*) [II: 4] — hotel floor manager

действительно [I: 10; II: 1, 10] — really, actually

декабрь (*ending always stressed*) [II: 1] — December

деканат [II: 6] — dean's office

декларация [I: 2] — customs declaration

делать/с- (дела-ю, -ешь, -ют) [I: 5, 9] — to do; to make
Я хочу сделать (кому) подарок. [I: 8] — I want to give *someone* a present.

дело — matter, issue
В том-то и дело. [II: 4] — That's just the point.
В чём дело? [II: 4] — What's the matter?
Дело в том, что . . . [II: 4] — The thing is that . . .
Дело не в этом. [II: 8] — That's not the point.

д(е)нь (*он; pl.* дни) [I: 5] — day
День благодарения [II: 10] — Thanksgiving Day
День ветеранов [II: 10] — Veterans Day
День защитника Отечества [II: 10] — Defenders of the Fatherland Day
День Конституции [II: 10] — Constitution Day
День народного единства [II: 10] — National Unity Day
День независимости [II: 10] — Independence Day
День Победы [II: 10] — Victory Day
День примирения и согласия [II: 10] — Day of Harmony and Reconciliation
День святого Валентина [II: 10] — Valentine's Day
День труда [II: 10] — Labor Day
весь день [I: 5] — all day
д(е)нь рождения [I: 2, 8] — birthday (*lit.* day of birth)
днём [I: 5] — during the day (afternoon)
Добрый день! [I: 1] — Good day!
Какой сегодня день? [I: 5] — What day is it today?
Международный женский день [II: 10] — International Women's Day
С днём рождения! [I: 8] — Happy birthday!

деньги (*always pl.; gen.* денег) [I: 8] — money

дерево (*pl.* деревья) [II: 6] — tree

детектив [II: 5] — mystery novel

дети (*gen.* детей) [I: 6, 7; *see* 7.6] — children

детский [I: 8] — children's

дешёвый [I: 8, II: 5] — cheap, inexpensive
дешевле [II: 2, 5] — cheaper
дёшево [I: 8] — cheap(ly); inexpensive(ly)

деятельность [I: 10, II: 6] — activity
общественная деятельность [I: 10] — public activity
политическая деятельность [I: 10] — political activity

джинсы [I: 2] (*always pl.*) — jeans

диалог [I: 1] — dialog

диван [I: 6] — couch

диета (на) [II: 7] — diet

диплом [I: 4] — college diploma

дипломированный специалист [I: 4] — certified specialist

диск [I: 8] — short for компакт-диск (CD)

дискетка [I: 2] — diskette

дисковод [II: 8] — disk drive

дискотека [I: 5] — dance club; disco

длинный [II: 5, 6] — long

днём [I: 5; *see* день] — in the afternoon

до (чего) [II: 3] — up until; before
До свидания. [I: 1, 2] — Good-bye.
до этого [I: 10] — before that

добраться (до чего) [II: 3] — to get to

добро [II: 10] — goodness, kindness

добрый — *lit.* kind
Доброе утро! [I: 1] — Good morning!
Добрый день! [I: 1] — Good afternoon!
Добрый вечер! [I: 1] — Good evening!

довезти (*perf.*) — to take (*someone by vehicle*)
До (чего) не довезёте? [II: 3] — Will you take me to . . . ?

доволен/довольна (чем) [II: 7] – *happy, satisfied* (with)

довольно [I: 3, 4; II: 1, 5] — quite

договариваться (договарива-юсь, -ешься, -ются)/договориться (договор-юсь, -ишься, -ятся) (с кем) [II: 4] — to come to an agreement (*with someone*)
Договорились. [I: 5] — Okay. (We've agreed.)

доезжать (доезжа-ю, -ешь, -ют)/доехать (доед-у, -ешь, -ут) (до чего) [II: 3, 4; *see* 4.6] — to reach a destination (*by vehicle*)

дождь (*ending always stressed*) [II: 1] — rain
Идёт дождь (снег). [II: 1] — It's raining (snowing).

дозвониться (*perf.*) (дозвон-юсь, -ишься, -ятся) (до кого) [II: 2] — to get through (*to someone*) on the phone

дойти́ (*perf.*, *see* доходи́ть/дойти́) (до чего́)
[II: 4; *see 4.6*] — to reach a destination (*on foot*)

до́ктор [II: 9] — doctor (*used as a form of address*)

до́ктор нау́к [I: 4] — doctor of science (*highest academic degree awarded in Russia*)

докуме́нт [I: 2] — document; identification

документа́льный [II: 5] — documentary

до́лго (+ *past-tense verb*) [I: 10] — for a long time
до́льше [II: 5] — longer

до́лжен (должна́, должны́) + *infinitive* [I: 5; *see 5.7*] — must

до́лжность [I: 10] — position; duty

до́ллар (5–20 до́лларов) [I: 8] — dollar

дом (*pl.* дома́) [I: 2] — home; apartment building

до́ма [I: 2] — at home
Бу́дьте как до́ма. [I: 2] — Make yourself at home.

дома́шний [II: 6] — home (*as in homework*)
дома́шнее зада́ние [II: 6] — homework

домо́й [I: 5] — (to) home; homeward (*answers* куда́)

домохозя́йка [I: 7] — housewife

доро́га [II: 4] — road
желе́зная доро́га [II: 4] — railroad

до́рого [I: 8] — expensive(ly)
дорого́й [I: 8, II: 5] — expensive; dear
доро́же [II: 5] — more expensive
Это (совсе́м не) до́рого! [I: 8] — That's (not at all) expensive!

доска́ (*pl.* до́ски) [I: 2] — (black)board

достава́ть (доста-ю́, -ёшь, -ю́т)/доста́ть
(доста́н-у, -ешь, -ут) [II: 7] — to get
(*with difficulty*)

достопримеча́тельность (*она*) [II: 3] — sight, place, object of note

доходи́ть (дохож-у́, дохо́д-ишь, -ят)/дойти́
(дойд-у́, -ёшь, -у́т; дошёл, дошла́, дошли́)
(до чего́) [II: 4; *see 4.6*] — to reach a destination (*on foot*)

дочь (*gen., dat., prep. sg.* до́чери, *instr.* до́черью;
nom. pl. до́чери, дочере́й, дочеря́м, -я́ми, -я́х)
[I: 2, 6, 7] — daughter

драгоце́нности [II: 4] — valuables

дра́ма [II: 5] — drama

друг (*pl.* друзья́) [I: 1, 5, 7] — friend

друг дру́га [II: 10; *see 10.8*] — each other

друго́й [I: 7, 8, 10] — other; another

дру́жба [II: 10] — friendship

ду́мать/по- (ду́ма-ю, -ешь, -ют) [I: 4, 9] — to think

душ [I: 5] — shower

душа́ (*pl.* ду́ши) [II: 6] — soul

дя́дя (*gen. pl.* дя́дей) [I: 7] — uncle

Е

евре́й (-ка) [II: 10] — Jewish (*man, woman*)

европе́йский [I: 3, 4; *see 3.6, 3.7*] — European

Еги́п(е)т [I: 3] — Egypt

его́ [I: 2; *see 2.4*] — his

еда́ [II: 10] — food

едини́ца [I: 4] — F (*grade*)

еди́нственный [I: 7] — the only

её [I: 2; *see 2.4*] — her

е́здить (е́зж-у, е́зд-ишь, -ят) [I: 5, *see 5.4, 8.3, 10.7*;
II: 3, *see 3.8*] — to go (*by vehicle, round trips*)

Ерева́н [I: 3] — Yerevan (*city in Armenia*)

ерунда́ [II: 7] — nonsense

е́сли — if
е́сли говори́ть о себе́, то … [I: 9] — If I use myself as an example, then
е́сли …, то [II: 1; *see 1.10*] — if … then

есть (+ *nom.*) [I: 2, 6, *see 2.8, 6.4, 8.2*;
II: 3; *see 3.1, 3.2*] — there is

есть/съ- (ем, ешь, ест, еди́м, еди́те, едя́т; ел, е́ла)
[I: 9, *see 9.1*] — to eat
пое́сть (*perf.*) [II: 5] — to have a bite to eat

е́хать/по- (е́д-у, -ешь, -ут) [I: 5, *see 5.4, 8.3, 10.7*; II:
3.8] — to go; set out (*by vehicle*)

ещё [I: 3, 4; II: 5] — still; else
Ещё бы! [II: 8] — And how! I'll say!
Что ещё ну́жно? [I: 9] — What else is needed?

Ж

жа́ловаться (*impf.*: жа́лу-юсь, -ешься, -ются)
[II: 9] — to complain
На что вы жа́луетесь? — What's wrong?
(*doctor to patient*)

жанр [II: 5] — genre

жар [II: 9] — fever

жа́реный [I: 9] — fried; grilled

жа́ркий; жа́рко (*adv.*) [II: 1] — hot (*weather*)
жа́рче [II: 5] — hotter
Нам бы́ло жа́рко. — We were hot.

ждать (кого́/чего́) [I: 5, II: 2] — to wait
Жду письма́. — Write! (I'm awaiting your letter.)

желе́зная доро́га [II: 4] — railroad

жена́ (*pl.* жёны) [I: 5, 7] — wife

жена́т [I: 7] — married (*said of a man*)

же́нский [I: 8] — women's
Междунаро́дный же́нский день [II: 10] — International Women's Day

же́нщина [I: 7] — woman

жёлтый [I: 2] — yellow
же́ртва [II: 6] — victim
живо́т [II: 9] — stomach
жизнь (она́) [II: 5] — life
жили́щные усло́вия [I: 6] — living conditions
жи́тель [II: 8] — resident
жить/по- (жив-у́, -ёшь, -у́т; жила́, жи́ли)
[I: 3; perf. II: 8] — to live; (perf.) to live
(somewhere) for a while
Я живу́ … Кто живёт … [I: 1] — I live … who
lives …
журна́л [I: 2] — magazine
журнали́ст [I: 7] — journalist
журнали́стика [I: 4] — journalism

З

за [I: 8] — for
плати́ть/за- за (что: acc.) [I: 8] — to pay for
спаси́бо за (что: acc.) [I: 8] — thank you for
за (чем) [II: 9] — behind (what)
за (+ nom.)
Что э́то за …? (+ nom.) [II: 5] — What kind
of a … is that?
забо́титься (impf.: забо́ч-усь, забо́т-ишься, -ятся)
(о чём) [II: 7] — to take care of
заброни́рован (-а, -ы) [II: 4] — reserved
заброни́ровать (perf., see брони́ровать/за-)
[II: 4] — to reserve, to book
забы́ть (perf. past: забы́ла, забы́ли) [I: 8] — to forget
Я забы́л(а). [I: 5] — I forgot.
зава́рка [I: 9] — concentrated tea
заво́д (на) [I: 7] — factory
за́втра [I: 5] — tomorrow
за́втрак [I: 5] — breakfast
за́втракать/по- (за́втрака-ю, -ешь, -ют)
[I: 5, 10] — to eat breakfast
загора́ть (impf.: загора́-ю, -ешь, -ют) [II: 1] —
to sunbathe
зада́ние [I: 1] — task; assignment
дома́шнее зада́ние [II: 6] — homework
коммуникати́вные зада́ния [I: 1] —
communicative tasks
зайти́ (perf., see заходи́ть/зайти́) [II: 10] —
to come in
заказно́й [II: 8] — registered; insured;
certified (mail)
зака́зывать (зака́зыва-ю, -ешь, -ют) [I: 9]/
заказа́ть (закаж-у́, зака́ж-ешь, -ут)
[I: 10] — to order

зака́нчивать (зака́нчива-ю, -ешь, -ют)/
зако́нчить (зако́нч-у, -ишь, -ат) (что)
[II: 5] — to end, finish (something)
зако́нчите предложе́ния [I: 9] — complete the
sentences
закрыва́ть(ся) (закрыва́-ю, -ешь, -ют)/
закры́ть(ся) (закр-о́ю, -о́ешь, -о́ют)
[II: 5] — to close
закры́т (-а, -о, -ы) [II: 2] — closed
заку́ски [I: 9] — appetizers
зал [II: 3] — hall, large room
спорти́вный зал (спортза́л) [II: 3] — gym,
athletic facility
за́мужем [I: 7] — married (said of a woman)
занима́ть [I: 10] — to occupy
занима́ться (занима́-юсь, -ешься, -ются)
[I: 4, see 4.3; II: 7] — to study, do homework
занима́ться спо́ртом [II: 7] — to play sports
за́нят (-а́, -о, -ы) [I: 8, II: 2] — busy
заня́тие (на) [I: 5, II: 3] — class (in college,
institute, university)
за́пад (на) [I: 10; see 10.2] — west
запи́сывать (запи́сыва-ю, -ешь, -ют)/
записа́ть (запиш-у́, -ешь, -ут) [II: 4] — to
note in writing; to write down; to record
за́пись (она́) [I: 5, S.A.M.] — recording
заплати́ть (perf., see плати́ть) [I: 8] — to pay
заполня́ть (заполн-я́ю, -ешь, -ют)/
запо́лнить (запо́лн-ю, -ишь, -ят)
[I: 2] — to fill in/out (a form; blanks)
Запо́лните про́пуски. [I: 2] — Fill in
the blanks.
заря́дка [II: 7] — (physical) exercise
заста́вить (perf.: заста́вл-ю, -ишь, -ят) (кого́)
[II: 6] — to force
зато́ [II: 7] — on the other hand; to make up for it
заходи́ть (захож-у́, захо́д-ишь, -ят)/зайти́ (зайд-
у́, -ёшь, -у́т; зашёл, зашла́, зашли́) [II: 2, 10]
— to stop by; come in
заче́м [II: 8] — what for
зачёт [I: 4] — passing grade (pass/fail)
защища́ть/защити́ть [I: 10] — to defend
Де́нь защи́тника Оте́чества [II: 10] —
Defenders of the Fatherland Day
зва́ние [I: 10] — title
звать/по- (зову́, зовёшь, -у́т) [II: 2] — to call (not
by phone)
(кого́) зову́т … [I: 1] — (Someone's) name is …
Сейча́с позову́. [II: 2] — I'll call [him, her] to the
phone.

звони́ть/по- (звон-ю́, -и́шь, -я́т) (кому́ куда́)
[II: 2] — to call, phone

звук [II: 8] — sound

зда́ние [II: 3] — building

здесь [I: 1] — here

Здо́рово! [II: 1] — Great! Cool!

здоро́вый [I: 7] — healthy

здоро́вье [II: 7] — health

Здра́вствуй(те)! [I: 1] — Hello!

зелёный [I: 2] — green

зима́ [II: 1] — winter
   зимо́й — in the winter

знако́мство [II: 2, 10] — friendship

знако́мый [I: 10] — acquaintance; friend
   (used as a noun)

знамени́тый [II: 3] — famous

знать (зна́-ю, -ешь, -ют) [I: 3] — to know

зна́чить — to mean
   Зна́чит … [I: 1] — So …
   Зна́чит так … [I: 7] — Let's see …

зову́т (see звать/по-)

зо́нт(ик) [II: 1] — umbrella

зоопа́рк [II: 3] — zoo

зуб [II: 9] — tooth

зубно́й врач [I: 7] — dentist

И

и [I: 3; see 3.10] — and

игра́ (pl. и́гры) [I: 2, II: 7] — game

игра́ть (игра́-ю, -ешь, -ют)/сыгра́ть (сыгра́-ю,
   -ешь, -ют) [I: 5, II: 7; see 7.2, 7.3] — to play
   игра́ть (во что) — to play (a game or sport; see 7.2)
   игра́ть (на чём) — to play (a musical instrument;
      see 7.3)

игрова́я ситуа́ция [I: 1] — role-play

игру́шки [I: 8] — toys

идти́ (иду́, -ёшь, -у́т)/пойти́ (пойд-у́, -ёшь, -у́т)
   [I: 5, 9, see 5.4, 8.3, 10.7; II: 3, see 3.8] —
   to go (on foot); to walk; to set out; to be playing
   (of a movie)
   Идёт дождь (снег). [II: 1] — It's raining
      (snowing).
   Идёт фильм. [II: 5] — A movie is playing.

из (чего́) [I: 8, 10; see II: 8.2, 10.6] — from
   (not a person)

изве́стный [II: 5] — famous
   изве́стность [II: 6] — fame

извини́ть (perf.) — to excuse
   Извини́те. [I: 3, 5] — Excuse me.

Извини́те за беспоко́йство. [II: 2] — Sorry to
   bother you.

изде́лия худо́жественных про́мыслов [I: 8] —
   handicrafts

измени́ть(ся) (perf.) [II: 8] — to change

изуча́ть (изуча́-ю, -ешь, -ют) (что) [I: 3; see 4.3] —
   to study (requires direct object)

изю́м (always sing.) [I: 9] — raisins

ико́на [I: 6] — religious icon

икра́ [I: 9] — caviar

и́ли [I: 4] — or

иллино́йский [I: 4] — Illinois (adj.)

и́менно [II: 3] — exactly, precisely

име́ть [I: 10] — to have (with abstractions and in
   some expressions)
   име́ть ребёнка [I: 10] — to have a child

импера́тор [II: 4] — emperor

императри́ца [II: 4] — empress

импрессиони́ст [I: 8] — impressionist

и́мя (оно) [I: 1; see 1.2] — first name
   и́мя-о́тчество [I: 1] — name and patronymic

инде́йка [I: 9, II: 10] — turkey

инжене́р [I: 7] — engineer

иногда́ [I: 3, 5] — sometimes

иностра́нец/иностра́нка [I: 4] — foreigner

иностра́нный [I: 3, 4] — foreign

институ́т [I: 4] — institute (institution of post-
   secondary education)
   Институ́т иностра́нных языко́в [I: 4] —
      Institute of Foreign Languages

интере́сный [I: 2] — interesting
   Интере́сно … [I: 2] — I wonder …; It's interesting…

интересова́ться/за- (интересу́-юсь, -ешься,
   -ются) (чем) [II: 7] — to be interested in;
   (perf.) to become interested in

Интерне́т [II: 8] — Internet
   Интерне́т-кафе́ [II: 8] — Internet café

инфекцио́нный [II: 9] — infectious

информа́ция [II: 1] — information

Ирку́тск [I: 1] — Irkutsk (city in Siberia)

иска́ть/по- (ищ-у́, и́щ-ешь, -ут) (кого́/что)
   [II: 4] — to search, look for

иску́сство [I: 8, II: 3] — art

искусствове́дение [I: 4] — art history

испа́н(е)ц/испа́нка [I: 3] — Spaniard

Испа́ния [I: 3] — Spain

испа́нский [I: 3; see 3.6, 3.7] — Spanish

исправля́ть (исправля́-ю, -ешь, -ют)/
   испра́вить (испра́вл-ю, испра́в-ишь, -ят)
   [II: 10] — to correct

исторический [I: 4, II: 3] — historical
история [I: 4] — history
Италия [I: 3] — Italy
итальян(е)ц/итальянка [I: 3; *see 3.7*] — Italian
 (*person*)
итальянский [I: 3; *see 3.6, 3.7*] — Italian
их [I: 2; *see 2.4*] — their
июль (*он*) [II: 1] — July
июнь (*он*) [II: 1] — June

К

к (кому́/чему́) [II: 1, 2, 10; *see 10.6*] — towards; to
 someone's house
 к восьми́ утра́ [II: 4] — towards 8:00 a.m.
 к сожале́нию [I: 7] — unfortunately
кабине́т [I: 6] — office
ка́ждый [I: 5, II: 7] — each, every
 ка́ждый день [I: 5] — every day
ка́жется (кому́) [I: 10, II: 5] — it seems
как [I: 4] — how
 Как вас (тебя́) зову́т? [I: 1, 7] —
  What's your name?
 Как ва́ша фами́лия? [I: 1] —
  What's your last name?
 Как ва́ше о́тчество? [I: 1] —
  What's your patronymic?
 Как вы сказа́ли? [I: 1] —
  What did you say? (*formal and plural*)
 Как добра́ться (до чего́)...? [II: 3] —
  How does one get to ...?
 Как же так? [II: 7] — How come? How can that be?
 Как называ́ется (называ́ются)...? [I: 9, II: 6;
  see 6.1] — What is (are) ...called? (*said of things,
  not people*)
 Как попа́сть (куда́)...? [II: 3] — How does one
  get to ...?
 Как по-ру́сски...? [I: 1, 3] — How do you say ...
  in Russian?
 Как тебе́ (вам) сказа́ть? [II: 6] — How should I
  put it?
 Как ты? [I: 2] — How are you? (*informal*)
 Как ты сказа́л(а)? [I: 1] — What did you say?
  (*informal*)
 ка́к-нибудь, ка́к-то [II: 6; *see 6.5*] — somehow,
  anyhow
како́й [I: 2, 4; *see 2.6*] — what; which
 На каки́х языка́х вы говори́те? [I: 3] — What
  languages do you speak?
 Како́го цве́та...? [I: 6] — What color is/are ...?

 Како́го числа́...? [II: 4; *see 4.2*] — (On) what date?
 Како́й сего́дня день? [I: 5] — What day is it?
 како́й-нибудь, како́й-то [II: 5, 6; *see 6.5*] — some
  sort/kind of, any sort/kind of
календа́рь (*он, ending always stressed*) [II: 1] —
  calendar
калифорни́йский [I: 4] — Californian
ка́мера хране́ния [II: 4] — storage room
 (*in a museum or hotel*)
Кана́да [I: 1] — Canada
кана́дец/кана́дка [I: 1; *see 3.6, 3.7*] —
  Canadian (*person*)
кана́дский [I: 3; *see 3.6, 3.7*] — Canadian
кана́л [II: 5] — television channel
 по пе́рвому (второ́му,...) кана́лу [II: 5] —
  on channel 1 (2,...)
кандида́т нау́к [I: 4] — candidate of science (*second-
  highest academic degree awarded in Russia*)
кани́кулы (на) [I: 8] — school/university vacation
капу́ста [I: 9] — cabbage
каранда́ш (*pl.* карандаши́) [I: 2] — pencil
каратэ́ [II: 7] — karate
ка́рта [I: 8] — map
карти́нка [I: 3] — picture
 немно́го о карти́нках [I: 3] — a little about the
  pictures
карто́фель (*он*) (карто́шка) [I: 9] — potato(es)
ка́рточка [I: 8] — card
 креди́тная ка́рточка [I: 8] — credit card
 телефо́нная ка́рточка [II: 2] — phone card
каса́ться (чего́)... [II: 4] — with regard to
 (*something*)
 Что каса́ется (чего́)... [II: 4] — with regard to,
  as for (*something*)
ка́сса [I: 8] — cash register
кассе́та [I: 2] — cassette
кассе́тник (кассе́тный магнитофо́н) [I: 2] —
  cassette player
кастрю́ля [I: 8] — pot
ката́ться (*impf.*: ката́-юсь, -ешься, -ются) [II: 1] —
 на велосипе́де — to ride a bicycle
 на конька́х — to skate
 на лы́жах — to ski
кафе́ [*pronounced* кафэ́] (*оно, indecl.*) [I: 5, 9] — café
 Интерне́т-кафе́ [II: 8] — Internet café
ка́федра (на) [I: 4] — department
 ка́федра англи́йского языка́ [I: 4] — English
  department
 ка́федра ру́сского языка́ [I: 4] — Russian
  department

кафете́рий [I: 9] — snack bar

кача́ть/с- (кача́-ю, -ешь, -ют) (что отку́да) [II: 8] — to download

ка́чество [I: 8] — quality

ка́шель (он) [II: 9] — cough

ка́шлять (impf.: ка́шля-ю, -ешь, -ют) [II: 9] — to cough

квадра́тный [I: 6] — square (adj.)

кварти́ра [I: 3] — apartment

Квебе́к [I: 1] — Quebec

кефи́р [I: 9] — kefir

килогра́мм (gen. pl. килогра́мм) [I: 9] — kilogram

кино́ (indecl.) [I: 5] — the movies

кинотеа́тр [I: 5, II: 3] — movie theater

кио́ск [II: 4] — kiosk (newsstand)

кита́ец/китая́нка [I: 3; see 3.7] — Chinese (person)

Кита́й [I: 3] — China

кита́йский [I: 3; see 3.6, 3.7] — Chinese

кла́виша [II: 8] — key (on a keyboard)

кларне́т [II: 7] — clarinet

класс (в) [I: 7, 10] — class; year of study in grade school or high school (in school: 1st, 2nd, 3rd, etc.)

класси́ческий [II: 5] — classical

класть (клад-у́, -ёшь, -у́т)/положи́ть (полож-у́, поло́ж-ишь, -ат) (что куда́) [II: 8; see 8.3] — to put something down (into a lying position)

кли́мат [II: 1] — climate

клип [II: 8] — clip

ключ (pl. ключи́) (от чего́) [II: 4] — key (to something)

кни́га [I: 2] — book

кни́жный [I: 8] — book(ish)

кно́пка [II: 8] — button

ков(ё)р (ending always stressed) [I: 6] — rug

ко́врик [II: 8] — mousepad

когда́ [I: 3, 5] — when

когда́-нибудь, когда́-то [II: 6; see 6.5] — sometime, anytime, ever

код го́рода [II: 2] — area code

колбаса́ [I: 9] — sausage

колго́тки (pl.) [I: 2] — pantyhose

коле́но (pl. коле́ни) [II: 9] — knee

ко́лледж [I: 4] — in the U.S.: small college; in Russia: similar to community college

колумби́йский [I: 4] — Columbia(n)

кома́нда [II: 7] — team

коме́дия [II: 5] — comedy

ко́мик [II: 5] — comic

комме́рческий [I: 7] — commercial; trade

коммуникати́вные зада́ния [I: 1] — communicative tasks

коммуника́ция [I: 4] — communications

ко́мната [I: 2] — room

компа́кт-ди́ск [I: 2] — CD

ко́мплекс [II: 7] — complex, center

комплиме́нт [I: 3] — compliment

компью́тер [I: 2] — computer

компью́терная те́хника [I: 4] — computer science

компью́терный [I: 2] — computer (adj.)

конве́рт [II: 8] — envelope

коне́чно [I: 4] — of course

контро́льная рабо́та [II: 2] — quiz, test

конфе́ты (sing. конфе́та; конфе́тка) [I: 9] — candy

конце́рт [I: 5, 9, S.A.M.; II: 5] — concert

конча́ться (конча́-ется, -ются)/ко́нчиться (ко́нч-ится, -атся) [impf. II: 1, 5] — to come to an end

копе́йка (5–20 копе́ек) — kopeck

коридо́р [I: 6] — hallway; corridor

кори́чневый [I: 2] — brown

коро́бка [I: 9] — box

коро́ткий [II: 5] — short

коро́че [II: 5] — shorter

косме́тика [I: 8] — cosmetics

костю́м [I: 2] — suit

котле́та [I: 9] — cutlet; meat patty

котле́ты по-ки́евски [I: 9] — chicken Kiev

кото́рый [II: 6; see 6.3] — which, that, who (as relative pronoun)

ко́фе (он, indecl.) [I: 9] — coffee

ко́фе с молоко́м [I: 9] — coffee with milk

ко́фта [I: 2] — cardigan

ко́шка (masc. кот, masc. pl. коты́) [I: 2] — cat (tomcat)

краси́вый [I: 2] — pretty

кра́сный [I: 2] — red

креди́тный [I: 8] — credit (adj.)

креди́тная ка́рточка [I: 8] — credit card

Кремль (он; ending always stressed) [II: 3] — Kremlin

кре́пкий [I: 9] — strong

кре́сло [I: 6] — armchair

крова́ть (она) [I: 2, 6] — bed

кровь (она) [II: 9] — blood

ана́лиз кро́ви [II: 9] — blood test

кро́ме того́ [II: 7] — besides

кроссо́вки (pl.) [I: 2] — athletic shoes

кружи́ться — to spin (intrans.)

У меня́ кру́жится голова́ [II: 9] — I feel dizzy.

Крым (в Крыму́) [II: 1] — Crimea

кто [I: 1] — who

   Кто . . . по национа́льности? [I: 3] — What is . . .'s nationality?

   Кто по профе́ссии . . . [I: 7] — What is . . .'s profession?

   Кто тако́й . . . ? [II: 5] — Just who is . . . ?

   кто́-нибудь, кто́-то [II: 6; see 6.5] — someone, anyone

куда́ [I: 5; see 5.4, 5.5] — where (to)

   куда́-нибудь, куда́-то [II: 5, 6; see 6.5] — somewhere

культу́ра [I: 1] — culture

культу́ра и быт [I: 1] — culture and everyday life

купа́льник [I: 8, II: 1] — woman's bathing suit

купа́ться (*impf.*: купа́-юсь, -ешься, -ются) [II: 1] — to swim

купе́ [II: 4] — four-person compartment in a train

купи́ть (*perf; see* покупа́ть/купи́ть) [I: 8] — to buy

кури́ть (*impf.*: кур-ю́, ку́р-ишь, -ят) [II: 7] — to smoke

ку́рица [I: 9] — chicken

куро́рт [II: 1] — resort

курс (на) [I: 3, 4, 10] — course; year in university or institute

ку́ртка [I: 2] — short jacket

кусо́к (кусо́чек) [I: 9] — piece

ку́хня (на *or* в) [I: 4, 6, 9] — kitchen; cuisine, style of cooking

ку́хонный [I: 8] — kitchen (*adj.*)

Л

лаборато́рия [I: 3, 7] — laboratory

ла́дно [I: 7] — okay

лакро́сс [II: 7] — lacrosse

ла́мпа [I: 6] — lamp

ланге́т [I: 9] — fried steak

ле́вый [II: 9] — left

лёгкий [II: 5]; легко́ (*adv.*) [I: 8, see 8.6; II: 5] — easy; easily

   лёгкая атле́тика [II: 7] — track

   ле́гче [II: 5] — easier

   Нам бы́ло легко́. — It was easy for us.

лежа́ть/по- (леж-у́, -и́шь, -а́т) [I: 6] — to lie

   лежа́ть/по- в больни́це [II: 9] — to be in the hospital

лека́рство (от чего́) [II: 9] — medicine

ле́кция [I: 3, 4] — lecture

лес [II: 1] — forest

   в лесу́ — in the forest

ле́стница [I: 6] — stairway

лет (*see* год) [I: 7] — years

лете́ть/по- (леч-у́, лет-и́шь, -я́т) [II: 4] — to fly

ле́то [II: 1] — summer

   ле́том — in the summer

лечи́ть(ся)/вы- (леч-у́сь, ле́ч-ишься, -атся) [II: 9] — to treat, cure; (*reflexive*) to be treated, cured

ли [II: 1; see 1.8] — if, whether

лимо́н [I: 9] — lemon

лимона́д [I: 9] — soft drink

лингвисти́ческий [I: 4, II: 6] — linguistic

литерату́ра [I: 4] — literature

литр [I: 9] — liter

лифт [II: 4] — elevator

ли́чно [II: 4] — personally

ложи́ться (лож-у́сь, -и́шься, -а́тся)/ лечь (*past*: лёг, легла́, легли́) спать [I: 5, II: 9] — to go to bed

лома́ть/с- (лома́-ю, -ешь, -ют) (себе́ что) [II: 9] — to break

Ло́ндон [I: 1] — London

Лос-Анджелес [I: 1] — Los Angeles

лук [I: 9] — onion(s)

лу́чше [II: 5; see 5.3] — better

   Мне лу́чше. [II: 9] — I feel better.

лы́жи (*pl.*) [II: 1] — skis

   ката́ться на лы́жах — to ski

люби́мый [I: 5] — favorite

люби́тельский [II: 7] — amateur (*adj.*)

люби́ть (*impf.*: любл-ю́, лю́б-ишь, -ят) [I: 4; see 4.5] — to love

любо́й [I: 8] — any

лэпто́п [II: 8] — laptop

М

магази́н [I: 2, 5, 7] — store

магнитофо́н [I: 2] — tape recorder

май [II: 1] — May

ма́йка [I: 2] — t-shirt; undershirt

ма́ленький [I: 2] — small

ма́ло (чего́) [I: 7, II: 4] — few, too little

ма́ма [I: 2] — mom

март [II: 1] — March

ма́сло [I: 9] — butter

ма́стер (*pl.* мастера́) [II: 4] — skilled workman

матема́тика [I: 4] — mathematics

математи́ческий [I: 4] — math

матрёшка [I: 8] — Russian nested doll

матч [II: 7] — match (*sports*)

мать (*она; gen., dat., prep. sg.* ма́тери, *instr.* ма́терью; *nom. pl.* ма́тери, матере́й, -я́м, -я́ми, -я́х) [I: 3, 4, 6, 7] — mother

маши́на [I: 2] — car

МГУ (Моско́вский госуда́рственный университе́т) [I: 4] — MGU, Moscow State University

ме́бель (*она, always sing.*) [I: 6] — furniture

медбра́т (*pl.* медбра́тья, медбра́тьев) [I: 7] — nurse (*male*)

медици́на [I: 4] — medicine

медици́нский [II: 7] — medical

ме́дленно [I: 3] — slowly

медсестра́ (*pl.* медсёстры, -сестёр, -сёстрам, -сёстрами, -сёстрах) [I: 7] — nurse (*female*)

ме́жду (чем) [II: 8] — between

междунаро́дный [II: 2] — international

  междунаро́дные отноше́ния [I: 4] — international affairs

  Междунаро́дный же́нский день [II: 10] — International Women's Day

Ме́ксика [I: 3] — Mexico

мексика́н(е)ц/мексика́нка [I: 3; *see 3.7*] — Mexican (*person*)

мексика́нский [I: 3; *see 3.6, 3.7*]

мел [I: 2] — chalk

мелодра́ма [II: 5] — melodrama

ме́неджер [I: 7] — manager

ме́неджмент [I: 4] — management

ме́нее [II: 5; *see 5.3*] — less (*with adj., comparative*)

ме́ньше [II: 5; *see 5.3*] — smaller; less

меню́ (*оно; indecl.*) [I: 9] — menu

Меня́ зову́т … [I: 1] — My name is …

ме́рить/из- (ме́р-ю, -ишь, -ят) [II: 9] — to measure

мёртвый [II: 6] — dead

ме́сто (*pl.* места́) [II: 1, 4] — place

  ме́сто рабо́ты [I: 7] — place of work

ме́сяц (2–4 ме́сяца, 5 ме́сяцев) [I: 10] — month

метр [I: 6, 8] — meter

  квадра́тный метр — square meter

метро́ [II: 3] — metro, subway

мех (*pl.* меха́) [I: 8] — fur(s)

мече́ть (*она*) [II: 3] — mosque

мечта́ [I: 10] — dream (*aspiration,* not *sleep*)

мечта́ть (*impf.:* мечта́-ю, -ешь, -ют) + *infinitive* [II: 7] — to dream (*of doing something*)

мили́ция [I: 2] — police

милиционе́р [II: 3] — police officer

минера́льный [I: 9] — mineral (*adj.*)

  минера́льная вода́ [I: 9] — mineral water

ми́нус [II: 1] — minus

мину́та [II: 10] — minute

мину́точка: [Одну́] мину́точку! [I: 8, II: 4] — Just a moment/minute!

мирово́й [II: 6] — worldwide

мичига́нский [I: 4] — of Michigan

мла́дше *or* моло́же (кого́) на (год, … го́да, … лет) [I: 7; *see 7.5*] — … years younger than …

мла́дший [I: 5, 7] — (the) younger

мне́ние [II: 8] — opinion

  по мне́нию (кого́) [II: 8] — in (someone's) opinion

мно́гие (*adj.*) [I: 3] — many

мно́го (чего́) (*adv.*) [I: 7, II: 4] — much, many

могу́ [I: 5, *see* мочь/с-] — I can

мо́да [I: 8] — fashion

мо́дный [I: 8] — fashionable

мо́жет быть [I: 4, 5] — maybe

  Не мо́жет быть! [I: 5] — That's impossible!

мо́жно (кому́) + *infinitive* [I: 8; *see 8.5*] — it is possible

  Мо́жно посмотре́ть кварти́ру? [I: 6] — May I look at the apartment?

мой (моё, моя́, мои́) [I: 2; *see 2.4*] — my

Молод(е́)ц! [I: 2] — Well done!

молодо́й [I: 7] — young

  молодо́й челове́к [I: 8] — young man

моло́же *or* мла́дше (кого́) на (год, … го́да, … лет) [I: 7, *see 7.7*; II: 5, *see 5.3*] — … years younger than …

молоко́ [I: 9] — milk

моло́чный [I: 9] — milk; dairy (*adj.*)

мононуклео́з [II: 9] — mononucleosis

мо́ре [II: 1] — sea

морко́вь (*она*) [I: 9] — carrot(s)

моро́женое (*declines like adj.*) [I: 9] — ice cream

моро́з [II: 1] — frost; intensely cold weather

  моро́за [II: 1] — below zero

Москва́ [I: 1] — Moscow

моско́вский [I: 4] — Moscow

мочь/с- (мог-у́, мо́ж-ешь, мо́г-ут; мог, могла́, могли́) [II: 2] — to be able

  ника́к не могу́ … /ника́к не мог (могла́) … [II: 3] — I just can't/couldn't …

муж (*pl.* мужья́, муже́й, мужья́м, -я́ми, -я́х) [I: 5, 7] — husband

мужско́й [I: 8] — men's

мужчи́на [I: 8, II: 4] — man

музе́й [I: 1, 5, 7] — museum

му́зыка [I: 4] — music

  Поста́вь(те) му́зыку. [II: 10] — Put on the music.

музыка́льный [II: 7] — musical
   музыка́льный инструме́нт [II: 7] — musical
     instrument
музыка́нт [I: 7] — musician
мультфи́льм [II: 5] — cartoon
мы [I: 3] — we
   мы с (кем) [I: 9] — (*someone*) and I
мышь (*она*) [II: 8] — mouse
мю́зикл [II: 5] — musical (*show, film*)
мясно́й [I: 9] — meat (*adj.*)
   мясно́е ассорти́ [I: 9] — cold cuts assortment
мя́со [I: 9] — meat
мяч [II: 7] — ball

Н

на [I: 3, 4, *see 3.8, 4.2, 5.6*; II: 10, *see 10.6*] — in;
   on; at; to
   на (+ куда́: *acc.*) [I: 5] — to
   на (+ где: *prep.*) [I: 5] — at; on
   На каки́х языка́х вы говори́те до́ма? [I: 3] —
     What languages do you speak at home?
   на како́м ку́рсе [I: 4] — in what year (*in university
     or institute*)
На. [II: 9] — here it is; take it (*informal, when
   handing something to someone*)
набира́ть (набира́-ю, -ешь, -ют)/набра́ть
   (набер-у́, -ёшь, -у́т) [II: 5] — to dial
наблюда́ть (*impf.*) [II: 9] — to observe
наве́рное [I: 7] — probably
награждён (награжден-а́, -ы́) (чем) [II: 6] —
   awarded
наде́яться (наде́-юсь, -ешься, -ются) (*impf.*)
   [II: 4] — to hope
на́до (кому́) + *infinitive* [I: 8; *see 8.5*] — it is necessary
   На́до же! [II: 2] — (*an expression of surprise or
     disbelief*)
нажима́ть (нажима́-ю, -ешь, -ют)/нажа́ть
   (нажм-у́, -ёшь, -у́т) (на что) [II: 8] — to push
   (*a button/key*)
наза́д [I: 10; *see 10.5*] — ago
называ́ться (*impf.*: называ́-ется, -ются) [II: 3, 6;
   see 6.1] — to be called (*used for things*)
наизу́сть (*adv.*) [II: 6] — by heart, from memory
   вы́учить наизу́сть [II: 6] — to memorize, learn
     by heart
найти́ (*perf.*, *see* находи́ть/найти́) [I: 8, 9] — to find
наконе́ц [I: 5] — finally
нале́во [II: 3] — (to the) left
нали́чные (де́ньги) [I: 8] — cash

намно́го [I: 8] — much (*in comparisons*)
написа́ть (*perf.*, *see* писа́ть/на-) [I: 9, 10] — to write
напи́т(о)к [I: 9] — drink
направле́ние [II: 6] — authorization document;
   letter of introduction
напра́во [II: 3] — (to the) right
напра́сно [II: 8] — in vain
наприме́р [I: 4, 7] — for example
напро́тив (чего́) [II: 3] — opposite (*something*)
наро́дный [II: 7] — folk
насеко́мое [II: 6] — insect
на́сморк [II: 9] — head cold; stuffy nose;
   runny nose
насто́льный те́ннис [II: 7] — table tennis,
   ping-pong
настоя́щий [II: 7] — real
наступа́ющий [II: 10] — approaching (*holiday*)
нау́чный [II: 5] — science, scientific
   нау́чный сотру́дник [I: 10] — researcher
находи́ть (нахож-у́, нахо́д-ишь, -ят)/найти́
   (найд-у́, ёшь, -у́т; нашёл, нашла́, нашли́)
   [II: 3, 10] — to find
находи́ться (*impf.*: нахо́дится, нахо́дятся) [I: 8,
   II: 3] — to be located
национа́льность (*она*) [I: 3; *see 3.7*] — nationality;
   ethnicity
   по национа́льности — by nationality
национа́льный [II: 10] — national
начина́ть(ся) (начина́-ю, -ешь, -ют)/нача́ть(ся)
   (начн-у́, -ёшь, -у́т; на́чал, начала́,
   на́чали; начался́, начало́сь, начала́сь,
   начали́сь) [II: 1, 5; *see 5.4*] — to begin
наш (на́ше, на́ша, на́ши) [I: 2; *see 2.4*] — our
не [I: 3] — not (*negates following word*)
   Не мо́жет быть! [I: 5] — That's impossible!
нева́жно [II: 9] — not very well
невозмо́жно (кому́ + *infinitive*) [I: 8; *see 8.6*] —
   impossible
невысо́кий [II: 9] — not high; not tall
неда́вно [I: 8] — recently
недалеко́ [I: 6] — not far; near; close by
неде́ля (2–4 неде́ли, 5 неде́ль) [I: 5, 10] — week
   на э́той (про́шлой, бу́дущей) неде́ле [II: 10] —
     this (last, next) week
незави́симость — independence
   День незави́симости [II: 10] — Independence Day
нельзя́ (кому́ + *infinitive*) [I: 8; *see 8.6*] — forbidden,
   not allowed
не́м(е)ц/не́мка [I: 3] — German (*person*)
неме́цкий [I: 3] — German

немно́го, немно́жко [I: 3] — a little; a tiny bit

немно́го о карти́нках [I: 3] — a little about the pictures

немно́го о себе́ [I: 1] — a bit about oneself (myself, yourself)

ненави́деть (*impf.*: ненави́ж-у, ненави́д-ишь, -ят) (что/кого) [II: 8] — to hate

непло́хо [I: 3] — pretty well

непра́вильно [II: 7] — incorrectly

не́сколько (чего) [II: 4] — a few, several

нет [I: 2] — no

нет (кого/чего) [I: 6; *see 6.4, 8.2*] — there is not

бо́льше нет [I: 8] — no more, no longer

неуже́ли [II: 1] — Really . . . ?

ни . . . ни . . . [I: 6] — neither . . . nor . . .

нигде́ (не) [II: 6; *see 6.4*] — nowhere

ни́зкий [I: 6] — low

ника́к (не) [II: 6; *see 6.4*] — in no way

ника́к не могу́ . . ./ника́к не мог (могла́) . . . [II: 3] — I just can't/couldn't . . .

никако́й (не) [I: 9, II: 6] — no kind of, not any

никогда́ (не) [I: 5, II: 6; *see 6.4*] — never

никто́ (не) [II: 6; *see 6.4*] — no one

никуда́ (не) [II: 6; *see 6.4*] — nowhere, not to anywhere

ничего́ (не) [I: 5; II: 2, 6, *see 6.4*] — nothing; it's no bother

Я ничего́ не зна́ю. [I: 7] — I don't know anything.

но [I: 3; *see 3.10*] — but

нового́дний [II: 10] — New Year's

новосе́лье [I: 8] — housewarming

но́вости [II: 5] — news

но́вый [I: 2] — new

встреча́ть Но́вый год [II: 10] — to see in the New Year

но́вые слова́ и выраже́ния [I: 1] — new words and expressions

Но́вый год [II: 10] — New Year

нога́ (*acc. sing.* но́гу; *pl.* но́ги, нога́м, нога́ми, нога́х) [II: 9] — leg; foot

но́мер (*pl.* номера́) [I: 5, II: 4] — number; room (*in a hotel or dormitory*)

норма́льно [I: 3] — normally; in a normal way

нос [II: 9] — nose

носки́ (*pl.*) [I: 2] — socks

но́утбук [I: 2] — notebook computer

ночь (*она*) [I: 1] — night (*midnight–4:00 am*)

но́чью [I: 5] — at night

Споко́йной но́чи! [I: 1] — Good night!

ноя́брь (*он; ending always stressed*) [II: 1] — November

нра́виться/по- (нра́в-ится, -ятся) (кому́) [II: 5; *see 5.1*] — to like

Мне нра́вятся рома́ны Пеле́вина. — I like Pelevin novels.

ну [I: 2] — well . . .

ну́жен, нужна́, ну́жно, нужны́ [II: 6; *see 6.2*] — necessary

ну́жно (кому́ + *infinitive*) [I: 8; *see 8.5*] — it is necessary

всё, что ну́жно [II: 10] — everything necessary

Нью-Йо́рк [I: 1] — New York

О

о (об, о́бо) + *prep.* [I: 3; *see 3.9*] — about

О чём . . . ? [I: 3] — What about . . . ?

О чём идёт речь? [I: 1] — What are [we] talking about?

обе́д [I: 4, 5] — lunch

Обе́д гото́в. [I: 6] — Lunch is ready.

обе́дать/по- (обе́да-ю, -ешь, -ют) [I: 5, 9, 10] — to eat lunch

обеща́ть/по- (*impf.*: обеща́-ю, -ешь, -ют) (кому́/что) [II: 8, 9] — *to* promise (*someone something*)

обме́н [I: 3] — exchange

обме́н валю́ты [II: 4] — currency exchange

обменя́ть (*perf.*; обменя́-ю, -ешь, -ют) [II: 4] — to exchange

обору́дование [I: 8] — equipment

образе́ц [I: 1] — example

образова́ние [I: 4, 7] — education

вы́сшее образова́ние [I: 4, 7] — higher education

обраща́ться (обраща́-юсь, -ешься, -ются)/ обрати́ться (обращ-у́сь, обрат-и́шься, -я́тся) (к кому́) [II: 3, 4] — to turn to (*someone*)

обслу́живание — service

бюро́ обслу́живания [II: 4] — service bureau

о́бувь (*она*) [I: 8] — footwear

обуче́ние [I: 7] — schooling

обща́ться (*impf.*: обща́-юсь, -ешься, -ются) (с кем) [II: 7] — to talk with, chat

общежи́тие [I: 3] — dormitory

о́бщество [II: 6] — society

объявле́ние [I: 8] — announcement

объясня́ть (объясня́-ю, -ешь, -ют)/объясни́ть (объясн-ю́, -и́шь, -я́т) [II: 5] — to explain

обыкнове́нный [I: 7] — ordinary

обы́чно [I: 4, 5; *see 4.3*] — usually

обы́чный [II: 8] — usual, ordinary

обяза́тельно [II: 1, 8] — surely; it is necessary

о́вощи (*pl.*) [I: 9] — vegetables

огро́мный [I: 8, II: 6] — huge

    Огро́мное спаси́бо! [I: 8] — Thank you
very much!

огур(е́)ц [I: 9] — cucumber

одева́ться (*impf.:* одева́-юсь, -ешься, -ются)
[I: 5] — to get dressed

оде́жда [I: 2] — clothing

оде́т (-а, -ы) [II: 1] — dressed

оди́н (одна́, одно́, одни́) [I: 6; *see 6.7*] — one

    С одно́й стороны́ . . . , с друго́й стороны́ . . . I: 9] —
On the one hand . . . , on the other hand . . .

ожида́ть (*impf.*) (ожида́-ю, -ешь, -ют) [II: 5] — to
expect

о́зеро (*pl.* озёра) [II: 1] — lake

Ой! [I: 2] — Oh!

Оказа́лось . . . [II: 9] — It turned out . . .

окно́ (*pl.* о́кна) [I: 2, 5] — window

око́нчить (*perf.:* око́нч-у, око́нч-ишь, -ат) [I: 10;
see 10.3] — to graduate from
(*requires direct object*)

октя́брь (*он; ending always stressed*) [II: 1] — October

Олимпи́йский [II: 7] — Olympic

он [I: 2; *see 2.3*] — he; it

она́ [I: 2; *see 2.3*] — she; it

они́ [I: 2; *see 2.3*] — they

оно́ [I: 2; *see 2.3*] — it

опа́здывать (опа́здыва-ю, -ешь, -ют)/опозда́ть
(опозда́-ю, -ешь, -ют) [I: 5] — to be late

    Я не опозда́л(а)? [I: 6] — Am I late?

опи́сывать (опи́сыва-ю, -ешь, -ют)/описа́ть
(опиш-у́, опи́ш-ешь, -ут) [II: 1] — to describe

о́пыт рабо́ты [I: 7] — job experience

опя́ть [II: 8] — again

ора́нжевый [I: 2] — orange (*color*)

оса́дки (*pl.*) [II: 1] — precipitation

о́сень [II: 1] — autumn

    о́сенью — in the autumn

осетри́на [I: 9] — sturgeon (*fish*)

осмо́тр [II: 7] — examination (*medical*)

осно́ва [II: 6] — foundation, basis

осо́бый [II: 6] — special

остава́ться (оста-ю́сь, оста-ёшься, -ю́тся)/
оста́ться (оста́н-усь, -ешься, -утся) [II: 4] —
to remain

    У нас оста́лся час. — We have an hour left.

оставля́ть (оставля́-ю, -ешь, -ют)/оста́вить
(оста́вл-ю, оста́в-ишь, -ят)
[II: 4] — to leave (*something behind*)

остано́вка (авто́буса, трамва́я, тролле́йбуса)
[II: 3] — stop (bus, tram, trolley)

от (кого́/чего́) [II: 6, 8, 10; *see 8.2, 10.6*] — from

отвеча́ть (отвеча́-ю, -ешь, -ют)/
отве́тить (отве́ч-у, отве́т-ишь, -ят) (на что)
[I: 4, II: 3] — to answer (*something*)

    Отве́тьте на вопро́сы. [I: 1] — Answer the
questions.

отде́л [I: 8] — department

отдыха́ть (отдыха́-ю, -ешь, -ют) [I: 5] — to relax

от(е́)ц (*ending always stressed*) [I: 3, 7] — father

оте́чество — fatherland

    Де́нь защи́тника Оте́чества [II: 10] —
Defenders of the Fatherland Day

отка́зываться (отка́зыва-юсь, -ешься, -ются)/
отказа́ться (откаж-у́сь, отка́ж-ешься, -утся)
(от чего́) [II: 6] — to decline, reject

открыва́ть(ся) (открыва́-ю, -ешь, -ют)/
откры́ть(ся) (откро́-ю, -ешь, -ют) [I: 8, 9;
II: 5, *see 5.4*] — to open

откры́т (а, ы) [II: 2] — open

откры́тка [II: 8] — postcard; greeting card

отку́да [I: 8] — where from

    Отку́да вы (ты)? [I: 10] — Where are you from?

    Отку́да вы зна́ете ру́сский язы́к? [I: 3] — How
do you know Russian?

отли́чно [I: 4, 5; II: 1] — perfectly; excellent

отмеча́ть (отмеча́-ю, -ешь, -ют)/отме́тить
(отме́ч-у, -ишь, -ят) (что)
[II: 10] — to celebrate (*a holiday*)

относи́ться (отнош-у́сь, отно́с-ишься, -ятся)/
отнести́сь (отнес-у́сь, отнес-ёшься, -у́тся)
(к чему́) [II: 6] — to regard (*something*)

отойти́ (*perf., see* отхо́дить/отойти́) [II: 4] — to
depart (*on foot*)

отправля́ть (отправля́-ю, -ешь, -ют)/отпра́вить
(отпра́вл-ю, отпра́в-ишь, -ят) [II: 8] — to
send; to mail, dispatch

отпусти́ть (*perf.:* отпущ-у́, отпу́ст-ишь, -ят)
[II: 9] — to release

отсю́да [II: 2, 8; *see 10.6*] — from here

отту́да [II: 8, 10; *see 10.6*] — from there

отхо́дить (отхож-у́, отхо́д-ишь, -ят)/
отойти́ (отойд-у́, -ёшь, -ут; отошёл, отошла́,
отошли́) [II: 4; *see 4.6*] — to depart (*on foot;
used for trains*)

о́тчество [I: 1; *see 1.2*] — patronymic

    Как ва́ше о́тчество? [I: 1] — What's your
patronymic?

и́мя-о́тчество [I: 1] — name and patronymic

отъезжа́ть (отъезжа́-ю, -ешь, -ют)/
   отъе́хать (отъе́д-у, -ешь, -ут) (от чего́)
   [II: 4, *see 4.6*] — to move away from (*by vehicle*)
о́фис [I: 7] — office
официа́льно [II: 8] — official; officially
официа́нт/ка [I: 9] — server
о́чень [I: 3] — very
   Очень прия́тно с ва́ми познако́миться.
   [I: 1] — Pleased to meet you.
о́чередь (*она*) [I: 8] — line
очки́ (*pl.*) [I: 2] — eyeglasses
оши́бка [II: 10] — mistake

П

па́дать (па́да-ю, -ешь, -ют)/упа́сть (упад-у́,
   -ёшь, -у́т; упа́л, -а, -и) [II: 9] — to fall
па́лец (*pl.* па́льцы) [II: 9] — finger; toe
пальто́ (*indecl.*) [I: 2] — coat; overcoat
па́мятник [II: 3] — monument
па́па [I: 2] — dad
па́ра [I: 5] — class period
па́рень (*gen.* па́рня) [II: 8] — guy; boyfriend
парк [I: 5] — park
паро́дия [II: 5] — parody
паро́ль (*он*) [II: 8] — password
па́русный спорт [II: 7] — sailing
парфюме́рия [I: 8] — cosmetics (*store or department*)
па́спорт (*pl.* паспорта́) [I: 2] — passport
Па́сха [II: 10] — Passover; Easter
па́хнет — it smells
   Как вку́сно па́хнет! [II: 10] — How good it
   smells!
педаго́гика [I: 4] — education (*a subject in college*)
пельме́ни [I: 9] — pelmeni (*dumplings*)
пеницилли́н [II: 9] — penicillin
пенсильва́нский [I: 4] — Pennsylvania(n) (*adj.*)
пе́нсия [I: 7] — pension
   на пе́нсии [I: 7] — retired
пе́рвое (*declines like adj.*) [I: 9] — first course
   (*always soup*)
пе́рвый [I: 4] — first
перево́д — translation
   у́стный перево́д [I: 1] — oral interpretation
перево́дчик [II: 6] — translator
передава́ть (переда-ю́, -ёшь, -ют)/
   переда́ть (переда́м, переда́шь, переда́ст,
   передади́м, передади́те, передаду́т; переда́л,
   передала́, переда́ли) (кому́ что) [II: 2, 5, 9] —
   to broadcast; to convey, pass on

Что (кому́) переда́ть? [II: 2]— What should I
   pass on (*to whom*)? (Any message?)
переда́ча [II: 5] — broadcast, program
переезжа́ть (переезжа́-ю, -ешь, -ют)/
   перее́хать (перее́д-у, -ешь, -ут) (куда́)
   [I: 10] — to move, to take up a new living place
перезапи́сывать (перезапи́сыв-аю, -ешь, -ют)/
   перезаписа́ть (перезапиш-у́, перезапи́ш-
   ешь, -ут) (что куда́) [II: 8] — to copy
перезвони́ть (*perf.*) (перезвон-ю́, -и́шь, -я́т)
   (кому́) [II: 2] — to call back
   Перезвони́те [II: 2] — Call back.
перепи́сываться (*impf.*: перепи́сыва-юсь,
   -ешься, -ются) (с кем) [II: 8] — to correspond
   (*with someone*)
переса́дка [II: 3] — transfer (*on plane, train, bus, etc.*)
пересыла́ть (пересыла́-ю, -ешь, -ют)/пересла́ть
   (перешл-ю́, -ёшь, -ют) (что кому́ куда́)
   [II: 8] — to forward
пе́р(е)ц [I: 9] — pepper
перо́ [II: 6] — pen (*archaic, literary*)
персона́ж [II: 6] — character (*in a story or novel*)
перча́тки (*pl.*) [I: 2, 8] — gloves
пе́сня (*gen. pl.* пе́сен) [II: 8] — song
петь/с- (по-ю́, -ёшь, -ют) [II: 7] — to sing
печа́тать/на- (печа́та-ю, -ешь, -ют) [I: 10, II: 8] —
   to publish; type
печа́ть (*она*) [I: 2] — press
пече́нье [I: 9] — cookie(s)
пешко́м [II: 3] — on foot
пи́во [I: 9] — beer
пиджа́к [I: 2] — suit jacket
пилигри́м [II: 10] — pilgrim
пиро́жное [I: 9] — pastry
пирож(о́)к [I: 9] — baked or fried dumpling
писа́тель (*он*) [I: 7, II: 6] — writer
писа́ть/на- (пишу́, пи́шешь, -ут) [I: 3, 9, 10] — to
   write
пи́сьменный [I: 6] — writing
   пи́сьменный стол [I: 2, 6] — desk
письмо́ (*pl.* пи́сьма, пи́сем) [I: 2, 4] — letter (*mail*)
пить (пь-ю, -ёшь, -ют; пила́, пи́ли)/вы́пить
   (вы́пь-ю, -ешь, -ют; вы́пил, -а, -и)
   [I: 9; *see 9.1*] — to drink
пи́цца [I: 9] — pizza
пи́ща [I: 9] — food
пла́вание [II: 7] — swimming
пла́вать (*impf.*: пла́ва-ю, -ешь, -ют) [II: 7] — to
   swim
пла́вки [II: 1] — man's bathing suit

плати́ть/за- (плач-у́, пла́т-ишь, пла́т-ят) (за что: *acc.*) [I: 8] — to pay (*for something*)

   Плати́те в ка́ссу. [I: 8] — Pay the cashier.

пла́тный [II: 9] — for pay, requiring payment

плат(о́)к (*ending always stressed*) [I: 8] — (hand)kerchief

пла́тье [I: 2] — dress

плащ (*ending always stressed*) [II: 1] — raincoat

пле́йер: CD [сиди́]-пле́йер [I: 2] — CD player

   DVD [дивиди́]-пле́йер [I: 2] — DVD player

племя́нник [I: 7] — nephew

племя́нница [I: 7] — niece

плечо́ (*pl.* пле́чи, плеча́м, плеча́ми, плеча́х) [II: 9] — shoulder

плита́ (*pl.* пли́ты) [I: 6] — stove

плов [I: 9] — rice pilaf

пломби́р [I: 9] — creamy ice cream

пло́хо [I: 3] — poorly

   пло́хо (кому́) [II: 9] — (*someone*) feels bad

плохо́й [I: 2] — bad

пло́щадь (на) (*она*) [II: 3] — square (*in a city*)

пляж [II: 1] — beach

по (чему́) [I: 8, *see* 8.5; II: 3] — by way of; by means of; along; on (*a subject*)

   по национа́льности [I: 3] — by nationality

   по по́чте [II: 8] — by mail

   по профе́ссии [I: 7] — by profession

   по телеви́зору [II: 5] — on television

   по Фаренге́йту [II: 1] — in Fahrenheit

   по Це́льсию [II: 1] — in Celsius

   сосе́д/ка по ко́мнате [I: 4] — roommate

по-англи́йски (по-ру́сски, по-япо́нски, *etc.*) [I: 3; *see* 3.6] — in English (Russian, Japanese, *etc.*)

побе́да — victory

   Де́нь Побе́ды [II: 10] — Victory Day

побли́же [II: 5] — near the front (*in a movie theater*)

по́весть (*она*) [I: 10, II: 6] — novella

повора́чивать (повора́чива-ю, -ешь, -ют)/ поверну́ть (поверн-у́, -ёшь, -у́т) (куда́) [II: 3] — to turn (*right, left*)

   Поверни́(те) (напра́во, нале́во). [II: 3] — Turn (*right, left*).

пого́да [II: 1] — weather

погуля́ть (*perf., see* гуля́ть/по-) [II: 1] — to stroll, take a walk

пода́льше [II: 5] — near the back (*in a movie theater*)

подари́ть (*perf., see* дари́ть/по-) (кому́ что) [I: 8] — to give a present

пода́р(о)к [I: 2] — gift

подва́л [I: 6] — basement

подверга́ться (*impf.*) (чему́) [II: 6] — to be subject(ed) to

подгото́вка [I: 1] — preparation

подключа́ться (подключа́-юсь, -ешься, -ются)/ подключи́ться (подключ-у́сь, -и́шься, -а́тся) (к чему́) [II: 8] — to connect (*to something*)

подключён/подключена́/подключены́ [II: 8] — connected

поднима́ть (*impf.*: поднима́-ю, -ешь, -ют) (тя́жести) [II: 7] — to lift (weights)

поднима́ть (поднима́-ю, -ешь, -ют)/ подня́ть (подним-у́, подни́м-ешь, -ут) [II: 10] — to raise

поднима́ться (поднима́-юсь, -ешься, -ются)/ подня́ться (подним-у́сь, подни́м-ешься, -утся) (куда́) [II: 4] — to go up/upstairs

подойти́ (подойду́) [II: 2; *see* 4.6] подходи́ть/подойти́ — to approach

подру́га [I: 1] — friend (*female*)

подтвержда́ть (подтвержда́-ю, -ешь, -ют)/ подтверди́ть (подтверж-у́, подтверд-и́шь, -я́т) [II: 4] — to confirm

поду́мать (*perf., see* ду́мать/поду́мать) [I: 9] — to think

подходи́ть (подхож-у́, подхо́д-ишь, -ят)/ подойти́ (подойд-у́, -ёшь, -у́т; подошёл, подошла́, подошли́) (к кому́/чему́) [II: 2, 4; *see* 4.6] — to approach

подъезжа́ть (подъезжа́-ю, -ешь, -ют)/ подъе́хать (подъе́д-у, -ешь, -ут) (к чему́) [II: 4; *see* 4.6] — to approach (*by vehicle*)

по́езд (*pl.* поезда́) [II: 4] — train

пое́здка [I: 2, II: 4] — trip (*out of town*)

пое́сть (*perf., see* есть/съ-) [II: 5] — to have a bite to eat

пое́хать (*perf., see* е́хать/по-) [I: 5] — to go

   Пое́дем . . . [I: 6] — Let's go . . .

пожа́луйста [I: 2, 3] — please; you're welcome

пожило́й [II: 3] — elderly

пожи́ть (*perf., see* жить/по-) [II: 8] — to live (somewhere) for a while

поза́втракать (*perf., see* за́втракать/по-) [I: 10] — to have breakfast

позва́ть (*perf., see* звать/по-) [II: 2] — to call (*not by phone*)

позвони́ть (*perf., see* звони́ть/по-) (кому́ куда́) [II: 2] — to call, phone

по́здно [I: 5] — late

   по́зже (поздне́е) [II: 5] — later

познако́миться (*perf.*) — to make one's acquaintance

    Дава́йте познако́мимся. [I: 1] — Let's get acquainted.

    Познако́мьтесь! [I: 1] — Let me introduce you! (*lit.* Get acquainted!)

поиска́ть (*perf., see* иска́ть/по-) [II: 4] — to search, look for

пойти́ (*perf., see* идти́) — to go (*by foot*)

    Пойдём! [I: 8] — Let's go!

    пойти́ рабо́тать (куда́) [I: 10] — to begin to work; to begin a job

    Пошли́! [I: 9] — Let's go!

пока́ [I: 1, 9; II: 4] — meanwhile, while, for the time being; See you later! (*informal*)

пока́зывать (пока́зыва-ю, -ешь, -ют)/

    показа́ть (покаж-у́, пока́ж-ешь, -ут) [I: 9] — to show

    Покажи́(те)! [I: 8] — Show!

покупа́тель [I: 8] — customer

покупа́ть (покупа́-ю, -ешь, -ют)/

    купи́ть (куп-лю́, ку́пишь, -ят) [I: 8, 9, 10] — to buy

пол (на полу́; *ending always stressed*) [I: 6] — floor (*as opposed to ceiling*)

поле́зный [II: 9] — useful

поликли́ника [I: 7, II: 9] — health clinic

полити́ческий [I: 10] — political

политоло́гия [I: 4] — political science

по́лка [II: 8] — shelf

по́лночь (*она*) [II: 4] — midnight

полови́на [II: 4] — half

положе́ние: семе́йное положе́ние [I: 7] — family status (*marriage*)

положи́ть (*perf.:* полож-у́, поло́ж-ишь, -ат; *see also* класть/положи́ть) [II: 8, 10] — to put something down (*into a lying position*); to serve (*a dish*)

полтора́ [I: 10] — one and a half

получа́ть (получа́-ю, -ешь, -ют)/

    получи́ть (получ-у́, полу́ч-ишь, -ат) [I: 4, 9; II: 1, 6, 8] — to receive

    Я получи́л(а). [I: 4] — I received.

    Получи́те! [I: 9] — Take it! (*said when paying*)

получа́ться (получа́-ется, -ются)/

    получи́ться (полу́ч-ится, -атся) [II: 8] — to turn out

по́льзоваться (*impf.:* по́льзу-юсь, -ешься, -ются) (чем) [II: 7] — to use

помидо́р [I: 9] — tomato

помога́ть (помога́-ю, -ешь, -ют)/

    помо́чь (помог-у́, помо́ж-ешь, помо́г-ут; помо́г, помогла́, помогли́) (кому́) [II: 4] — to help (*someone*)

по-мо́ему [II: 5] — in my opinion

по́мощь (*она*) [II: 7, 10] — aid, help

    ско́рая по́мощь [II: 9] — ambulance

понеде́льник [I: 5; *see* 5.1] — Monday

понима́ть (понима́-ю, -ешь, -ют)/

    поня́ть (пойм-у́, -ёшь, -у́т; по́нял, поняла́, по́няли [I: 3, II: 5] — to understand

    Я не по́нял (поняла́). [I: 4] — I didn't catch (understand) that.

поня́тный [II: 5] — understandable

    Поня́тно. [I: 2] — Understood.

пообе́дать (*perf., see* обе́дать) [I: 9, 10] — to have lunch

попа́сть (*perf.:* попаду́, -ёшь, -у́т; попа́л, -а, -и) [I: 9, II: 3] — to manage to get in; to get to

    Вы не туда́ попа́ли. [II: 2] — You have the wrong number.

    Как попа́сть (куда́)? [II: 3] — How does one get to . . . ?

    Мы то́чно попадём. [I: 9] — We'll get in for sure.

попроси́ть (*perf., see* проси́ть/по-) [II: 4, 7] — to request, ask for

популя́рный [II: 7] — popular

поруче́ние [II: 6] — assignment, mission

по́рция [I: 9] — portion; order

посети́тель [I: 9] — customer

посла́ть (*perf., see* посыла́ть/посла́ть) (что кому́ куда́) [II: 8] — to send

по́сле (чего́) [I: 2, 10] — after

после́дний [I: 2] — last

послу́шать (*perf., see* слу́шать) [I: 10] — to listen

    Послу́шай(те)! [I: 7] — Listen!

посмотре́ть (*perf., see* смотре́ть) [I: 6] — to look

    Посмо́трим. [I: 6] — Let's see.

посове́товать (*perf., see* сове́товать) [I: 8] — to advise

    Что вы (нам, мне) посове́туете взять? [I: 9] — What do you advise (us, me) to order?

поступа́ть (поступа́-ю, -ешь, -ют)/

    поступи́ть (поступ-лю́, посту́п-ишь, -ят) (куда́) [I: 10; *see* 10.3] — to apply to; to enroll in

посыла́ть (посыла́-ю, -ешь, -ют)/

    посла́ть (пошл-ю́, -ёшь, -ют) (что кому́ куда́) [II: 8] — to send

посы́лка [II: 8] — package, parcel

потол(о́)к [I: 6] — ceiling
пото́м [I: 5] — later; afterwards; then
потому́ что [I: 4] — because
поу́жинать (*perf., see* у́жинать) [I: 9, 10] — to
    have supper
похо́д [II: 7] — hike
похо́ж (-а, -и) (на кого́: *acc.*) [I: 10; *see 10.1*] —
    resemble, look like
почему́ [I: 4, 5, 6] — why
    почему́-нибудь, почему́-то [II: 6; *see 6.5*] — for
        some reason
почита́ть (*perf.*: почита́-ю, -ешь, -ют) [II: 8] — to
    read for a while
по́чта (на) [II: 3, 8] — post office; mail
    по по́чте [II: 8] — by mail
    электро́нная по́чта [II: 8] — e-mail
Пошли́! [I: 9] — Let's go!
поэ́зия [II: 6] — poetry
поэ́ма [II: 6] — long poem
поэ́т [II: 6] — poet
поэ́тому [I: 8] — therefore
прав (-а́, пра́вы) [II: 1] — right, correct
пра́вда [I: 5, 7] — truth
    Пра́вда? [I: 1] — Really?
    пра́вда и́ли непра́вда [I: 5] — true or false
пра́вильно (*adv.*) [II: 4] — correct; it's correct
прави́тельство [II: 6] — government
пра́во (*pl.* права́) [I: 10] — right
    вопро́с прав челове́ка [I: 10] — human
        rights issue
    защи́та гражда́нских прав [I: 10] — defense of
        civil rights
    защи́та прав челове́ка [I: 10] — defense of
        human rights
пра́вый [II: 9] — right
пра́здник [II: 10] — holiday
    пра́здничный [II: 10] — festive
    С пра́здником! [II: 10] — Happy Holiday!
пра́здновать (пра́здну-ю, -ешь, -ют) [II: 10] — to
    celebrate
пра́ктика (на) [I: 4, 7] — practice; internship
    ча́стная пра́ктика [I: 7] — private practice
предлага́ть (предлага́-ю, -ешь, -ют)/
    предложи́ть (предлож-у́, предло́ж-ишь, -ат)
    [I: 8, II: 10] — to offer; propose
предложе́ние — sentence
    Зако́нчите предложе́ния. [I: 9] — Finish the
        sentences.
    Соста́вьте предложе́ния. [I: 2] — Make up
        sentences.

предме́т [I: 4] — subject
прекра́сный; прекра́сно (*adv.*) [II: 1, 7] —
    wonderful, beautiful
пре́лесть (она́) — lovely, sweet
    Ты про́сто пре́лесть! [II: 10] — How sweet
    of you!
преподава́тель (он) [I: 3, 4] — teacher (*in college*)
    преподава́тель ру́сского языка́ [I: 4] — Russian
    language teacher
привози́ть (привож-у́, приво́з-ишь, -ят)/
    привезти́ (привез-у́, -ёшь, -ут; привёз,
    привезла́, привезли́) [II: 9] —
    to bring (*by vehicle*)
приглаша́ть (приглаша́-ю, -ешь, -ют)/
    пригласи́ть (приглаш-у́, приглас-и́шь, -я́т)
    [II: 10] — to invite
Приве́т! [I: 1] — Hi! (*informal*)
приглаше́ние [I: 1] — invitation
при́город [I: 6, 10] — suburb
пригото́вить (*perf., see* гото́вить) [I: 9] —
    to prepare
прие́зд [II: 1] — arrival
приезжа́ть (приезжа́-ю, -ешь, -ют)/
    прие́хать (прие́д-у, -ешь, -ут) [I: 10, II: 4] —
    to arrive (*by vehicle*)
    Приезжа́й(те) (Приходи́те) в го́сти. [II: 1] —
    Come for a visit.
прийти́ (*perf., see* приходи́ть/прийти́) [II: 4] — to
    arrive (*on foot*)
приключе́нческий [II: 5] — adventure (*adj.*)
прилета́ть (прилета́-ю, -ешь, -ют)/
    прилете́ть (прилеч-у́, прилет-и́шь, -я́т)
    [II: 4] — to arrive (*by air*)
приложе́ние к дипло́му [I: 4] — transcript
примире́ние [II: 10] — reconciliation
    Де́нь примире́ния и согла́сия [II: 10] — Day of
    Harmony and Reconciliation
принадлежа́ть (*impf.*: принадлеж-у́, -и́шь, -а́т)
    (кому́/чему́) [II: 6] — to belong to
принима́ть (принима́-ю, -ешь, -ют)/
    приня́ть (прим-у́, при́м-ешь, -ут;
    при́нял, приняла́, при́няли) [I: 8, II: 9] —
    to take; to accept
    принима́ть/приня́ть душ [I: 5] — to take a
    shower
    принима́ть/приня́ть лека́рство [II: 9] — to take
    medicine
приноси́ть (принош-у́, прино́с-ишь, -ят)/
    принести́ (принес-у́, -ёшь, -ут; принёс,
    принесла́, принесли́) [II: 9] — to bring

Принеси́те, пожа́луйста, меню́. [I: 9] — Please bring a menu.

при́нтер [I: 2] — printer

при́нцип — principle

в при́нципе [II: 2] — in principle

приня́ть (прим-у́, при́м-ешь, -ут; при́нял, приняла́, при́няли)

[*perf.* II: 9; *see* принима́ть/приня́ть] — to take

приро́да (на) [II: 7] — nature

приходи́ть (прихож-у́, прихо́д-ишь, -ят)/ прийти́ (прид-у́, -ёшь, -у́т; пришёл, пришла́, пришли́) [I: 9, II: 4] — to arrive (*on foot*)

причи́на [II: 9] — reason

прия́тно [I: 4] — pleasant(ly)

Очень прия́тно с ва́ми познако́миться. [I: 1]— Pleased to meet you.

пробле́ма [II: 4] — problem

проводи́ть вре́мя (*impf.*: провож-у́, прово́д-ишь, -ят) [II: 7] — to spend time

програ́мма [II: 5] — program, show, channel; program, schedule

программи́ст [I: 7] — computer programmer

продава́ть (прода-ю́, -ёшь, -ю́т) [I: 8] — to sell

продав(е́)ц (*ending always stressed*) [I: 7] — salesperson (*man*)

продавщи́ца [I: 7] — salesperson (*woman*)

продли́ть (*perf.*: продлю́, продли́шь, -я́т) [II: 4] — to extend

продово́льственный магази́н [I: 9] — grocery store

проду́кты (*pl.*) [I: 9] — groceries

проезжа́ть (проезжа́-ю, -ешь, -ют)/ прое́хать (прое́д-у, -ешь, -ут) [II: 3, 4] — to go past; go a measured distance (*by vehicle*)

про́за [II: 6] — prose

проза́ик [II: 6] — prose writer

проигрывать (проигрыва-ю, -ешь, -ют)/ проигра́ть (проигра́-ю, -ешь, -ют) [II: 7] — to lose (*a game*)

произведе́ние [I: 10, II: 6] — work (*of art or literature*)

пройти́ (*perf.*: пройд-у́, -ёшь, -у́т) [II: 3] — to go (*on foot, a certain distance*)

Разреши́те пройти́. [II: 3]— Please allow me to pass.

проси́ть/по- (прош-у́, про́с-ишь, -ят) [II: 4, 7, 9] — to request, ask for

Прошу́ к столу́! [II: 10] — Come to the table!

прослу́шать (*perf., see* слу́шать) [I: 10] — to listen

проспе́кт (на) [II: 3] — avenue

Прости́те! [I: 1] — Excuse me!

просто́й [II: 5]; про́сто (*adv.*) [I: 9] — simple; simply

про́ще [II: 5] — simpler

просту́да [II: 9] — cold (*illness*)

просты́ть (*perf.*) [II: 9] — to catch cold

Я просты́л(а). — I have a cold.

про́сьба [II: 2] — request

У меня́ к тебе́ больша́я про́сьба. — I have a big favor to ask you.

профессиона́льный [II: 7] — professional

профе́ссия [I: 7] — profession

Кто по профе́ссии . . . [I: 7]— What is . . .'s profession?

прохла́дный; прохла́дно (*adv.*) [II: 1] — cool

проходи́ть (прохож-у́, прохо́д-ишь, -ят)/ пройти́ (пройд-у́, -ёшь, -у́т; прошёл, прошла́, прошли́) [II: 4, 7] — to pass (*on foot*)

Проходи́те. [I: 2, 6; II: 6] — Go on through; Come in!

прохо́жий [II: 3] — passerby

прочита́ть (*perf., see* чита́ть/про-) [I: 3, 10] — to read

про́шлый [I: 10] — last

в про́шлом году́ [I: 10] — last year

на про́шлой неде́ле — last week

про́ще [II: 5] — simpler

пры́гать (*impf.*: пры́га-ю, -ешь, -ют) [II: 7] — to jump

пря́мо [II: 3] — straight ahead

психоло́гия [I: 4] — psychology

пти́ца [I: 9] — bird; poultry

пустота́ [II: 6] — emptiness

путеше́ствие [II: 1] — travel

пье́са [I: 10, II: 6] — stage play

пюре́ [*pronounced* пюрэ́] [I: 9] — mashed potatoes

пятёрка [I: 4] — A (*grade*)

пя́тница [I: 5; *see* 5.1] — Friday

пя́тый [I: 4] — fifth

Р

рабо́та (на) [I: 4, 5] — work

рабо́тать/по- (рабо́та-ю, -ешь, -ют) [I: 4] — to work

рабо́тник (рабо́тница) [II: 4] — employee

рад (ра́да, ра́ды) [II: 2] — glad

ра́дио (радиоприёмник) [I: 2] — radio

ра́дость [II: 10] — joy

разгова́ривать [I: 3, II: 1] — to converse, talk

разгово́р [I: 1, II: 2] — conversation, telephone call

разгово́ры для слу́шания [I: 1]— listening conversations

Раздева́йся! (Раздева́йтесь)! [II: 10] — Take off your coat.

разме́р [I: 8] — size

ра́зница (ме́жду чем) [II: 8] — difference (*between what*)

Разреши́те — Allow me.

    Разреши́те предста́виться. [I: 1, 3] — Allow me to introduce myself.

    Разреши́те пройти́. [II: 3] — Please allow me to pass.

райо́н [II: 1, 3, 8] — region; neighborhood

ра́но [I: 5] — early

    ра́ньше [I: 3, 4; II: 5] — previously

распеча́тывать (распеча́тыва-ю, -ешь, -ют)/ распеча́тать (распеча́та-ю, -ешь, -ют) [II: 8] — to print (out)

расписа́ние [I: 1, 5] — schedule

распоря́док дня [I: 5] — daily routine

расска́з [II: 5, 6] — story

расска́зывать (расска́зыва-ю, -ешь, -ют)/ рассказа́ть (расскаж-у́, расска́ж-ешь, -ут) [I: 9, 10] — to tell, narrate

    Расскажи́(те) (мне) . . . [I: 7] — Tell (me) . . . (*request for narrative*)

расслы́шать [I: 10] — to hear, to catch

рассо́льник [I: 9] — fish (or meat) and cucumber soup

растя́гивать (растя́гива-ю, -ешь, -ют)/ растяну́ть (растян-у́, растя́н-ешь, -ут) (себе́ что) [II: 9] — to sprain, strain

рвать/вы́- (кого) [II: 9] — to vomit

    Меня́ рвёт. — I am vomiting.

    Меня́ вы́рвало. — I vomited.

ребён(о)к (pl. де́ти, дете́й) [I: 6, 7] — child(ren)

    име́ть ребёнка [I: 10] — to have a child

ребя́та (gen. pl. ребя́т) [I: 10; II: 9, 10] — kids; guys (*conversational term of address*)

ревизо́р [II: 6] — inspector general

револю́ция [II: 6] — revolution

ре́гби [II: 7] — rugby

регистри́ровать/за- (регистри́ру-ю, -ешь, -ют) [II: 4] — to register

регуля́рно [I: 4] — regularly

ре́дко [I: 5, 10] — rarely

    ре́же [II: 5; see 5.3] — more rarely

режиссёр [II: 5] — (*film*) director

рейс [II: 4] — flight

река́ [II: 3] — river

рекла́ма [I: 3] — advertisement

рем(е́)нь (он, ending always stressed) [I: 8] — belt (*man's*)

ремо́нт [I: 6] — renovations

рентге́н [II: 9] — x-ray

репети́ция [II: 7] — rehearsal

рестора́н [I: 5] — restaurant

реце́пт (на что) [II: 9] — prescription (*for*)

реша́ть (реша́-ю, -ешь, -ют)/реши́ть (реш-у́, -и́шь, -а́т) [I: 9, 10] — to decide

рис [I: 9] — rice

ро́дина [II: 5] — motherland

роди́тели [I: 3] — parents

роди́ться (perf.: роди́лся, родила́сь, родили́сь) [I: 7; see 7.1] — to be born

родны́е (pl., used as noun) [II: 10] — relatives

ро́дственник [I: 7] — relative

рожде́ние — birth

    д(е)нь рожде́ния [I: 2, 8] — birthday (*lit.* day of birth)

    С днём рожде́ния! [I: 8] — Happy birthday!

Рождество́ [II: 10] — Christmas

ро́зовый [I: 2] — pink

ро́лики (pl.) [II: 7] — skates

    ката́ться на ро́ликах — to rollerskate, rollerblade

рома́н [I: 8, II: 6] — novel

романти́ческий [II: 5] — romantic

росси́йский [I: 3; see 3.6, 3.7] — Russian (*pertaining to the Russian Federation*)

Росси́я [I: 3, 4] — Russia

россия́нин (pl. россия́не, россия́н)/россия́нка [I: 3; see 3.7] — Russian (*citizen*)

рот (где: во рту) [II: 9] — mouth

роя́ль (он) [II: 7] — piano

руба́шка [I: 2] — shirt

рубль (он) (2–4 рубля́, 5–20 рубле́й; ending always stressed) [I: 7, 8] — ruble

рука́ (acc. sing. ру́ку; pl. ру́ки, рук, рука́м, рука́ми, рука́х) [II: 9] — hand; arm

руководи́тель [II: 4] — director

ру́сский/ру́сская [I: 1, 2, 3; see 3.7] — Russian (*person*)

ру́сско-англи́йский [I: 2] — Russian-English

ру́чка [I: 2] — pen

ры́ба [I: 9] — fish

ры́н(о)к (на) [I: 3, 8] — market

рюкза́к (pl. рюкзаки́) [I: 2] — backpack

ряд (в ряду́) [II: 5] — row

ря́дом (с чем) [I: 6, II: 3] — alongside; next (*to something*)

C

с (+ *genitive*) [I: 9] — Someone owes ...; [II: 9] since; [II: 4, 10] from (*opposite of* на)

    Ско́лько с нас? — How much do we owe?

    С одно́й стороны́..., с друго́й стороны́... [I: 9] — On the one hand..., on the other hand...

с (+ *instrumental*) [I: 9] — with; together with

    С днём рожде́ния! [I: 8] — Happy birthday!

    С наступа́ющим! [II: 10] — Happy upcoming holiday! (*said on the eve*)

    С пра́здником! [II: 10] — Happy Holiday!

    С прие́здом! [I: 2] — Welcome! (*to someone from out of town*)

    С удово́льствием. [I: 5] — With pleasure.

сад (в саду́; *pl. ending always stressed*) [II: 3] — garden

    ботани́ческий сад [II: 3] — botanical garden

сади́ться (саж-у́сь, сад-и́шься, -я́тся)/сесть (ся́д-у, -ешь, -ут) [II: 3] — *lit.* to sit down; to get onto (a bus, tram, trolley, subway)

    Сади́тесь! [II: 3, 10] — Have a seat.

саксофо́н [II: 7] — saxophone

сала́т [I: 9] — salad; lettuce

    сала́т из огурцо́в [I: 9] — cucumber salad

    сала́т из помидо́ров [I: 9] — tomato salad

сальмонеллёз [II: 9] — salmonella

сам (сама́, са́ми) [I: 8] — (one)self

самолёт [II: 4] — airplane

самоуби́йство [II: 6] — suicide

    поко́нчить жизнь самоуби́йством (*perf.*) [II: 6] — to commit suicide

са́мый (+ *adj.*) [I: 5, II: 5; *see 5.3*] — the most (+ *adj.*)

    са́мый люби́мый [I: 5] — most favorite

    са́мый нелюби́мый [I: 5] — least favorite

сантиме́тр [I: 8] — centimeter

сапоги́ (*gen. pl.* сапо́г) [I: 2] — boots

са́хар [I: 9] — sugar

сбо́рник [II: 6] — collection

све́жий [I: 9] — fresh

сви́тер (*pl.* свитера́) [I: 2] — sweater

    спорти́вный сви́тер [I: 2] — sweatshirt

свобо́да [I: 10] — freedom

свобо́дный [II: 7] — free

    свобо́ден (свобо́дна, свобо́дны) (*short form*) [I: 5] — free, not busy

    свобо́дно говори́ть по-ру́сски [I: 3] — to speak Russian fluently

свой (своя́, своё, свои́) [I: 6, II: 7; *see 7.7*] — one's own

связь (*она*) [II: 8] — connection

сде́лать (*perf., see* де́лать/с-) [I: 9] — to do; to make

    Я хочу́ сде́лать (кому́) пода́рок. [I: 8] — I want to give (*someone*) a present.

сеа́нс [II: 5] — showing (*of a film*)

себя́ [II: 8] — self

се́вер (на) [I: 10; *see 10.2*] — north

сего́дня [I: 5] — today

сейча́с [I: 3] — now

секрета́рь (*он, ending always stressed*) [I: 3, 7] — secretary

селёдка (селёдочка) [II: 10] — herring

семе́йное положе́ние [I: 7] — family status (*marriage*)

семина́р [I: 5] — seminar

семья́ (*pl.* се́мьи, семе́й, се́мьям, се́мьями, о се́мьях) [I: 7] — family

    член семьи́ [I: 7] — family member

сентя́брь (*ending always stressed*) [II: 1] — September

се́рдце [II: 9] — heart

середи́на [II: 5] — middle

се́рый [I: 2] — gray

серьёзный [I: 7] — serious

сестра́ (*pl.* сёстры, сестёр, сёстрам, -ами, -ах) [I: 1, 7] — sister

сиде́ть/по- (сиж-у́, сид-и́шь, -я́т) [II: 9] — to sit

си́льный [II: 7] — strong

симпати́чный [I: 7] — nice

симпто́м [II: 9] — symptom

синаго́га [II: 3] — synagogue

си́ний [I: 2] — dark blue

систе́ма здравоохране́ния [II: 9] — health care system

ситуа́ция — situation

    игрова́я ситуа́ция [I: 1] — role-play

сказа́ть (*see* говори́ть/сказа́ть) [I: 8] — to say

    Как тебе́ (вам) сказа́ть? [II: 6] — How should I put it?

    Как ты сказа́л(а)? [I: 1] — What did you say?

    Мне сказа́ли, что... [I: 8] — I was told that...

ска́зка [II: 5] — fairytale

ски́дка [I: 8] — discount

ско́лько [I: 6] — how many; how much

    Во ско́лько? [I: 5] — At what time?

    Ско́лько (кому́) лет? [I: 7] — How old is...?

    Ско́лько вре́мени идти́/е́хать (куда́)? [II: 3] — How long does it take to get (*somewhere*)?

    Ско́лько сейча́с вре́мени? [I: 5] — What time is it?

    Ско́лько (сто́ит, сто́ят)...? [I: 8] — How much do(es)... cost?

Ско́лько у вас ко́мнат? [I: 6] — How many rooms do you have?

Ско́лько э́то бу́дет сто́ить? [II: 3] — How much will it cost?

ско́рая по́мощь [II: 9] — ambulance

ско́ро [I: 8] — soon

скоре́е (всего́) [II: 5] — most likely

скри́пка [II: 7] — violin

скуча́ть (*impf.*: скуча́ю, -ешь, -ют) (по кому́) [II: 8] — to miss (*someone*)

ску́чный [I: 4] — boring

сла́бость [II: 9] — weakness

сла́бый [I: 9] — weak

сла́дкое (*declines like adj.*) [I: 9] — dessert

слайд [I: 2] — slide

сле́ва (от чего́) [I: 6, II: 3] — on the left (*of something*)

сле́дующий [II: 3] — next

сли́вки (*always pl.*) — cream

со сли́вками [I: 9] — with cream

сли́шком [II: 8] — too (as in "too much")

слова́рь (он, *ending always stressed*) [I: 2] — dictionary

сло́во (*pl.* слова́) [I: 1, 3] — word

но́вые слова́ и выраже́ния [I: 1] — new words and expressions

одно́ сло́во [I: 3] — one word

сло́жный [II: 5] — complicated

служи́ть [I: 7] — to serve

служи́ть в а́рмии [I: 7] — to serve in the army

случи́ться (*perf.*) — to happen

Что случи́лось? [II: 7] — What happened?

слу́шай(те) [I: 5] — listen (*command form*)

слу́шать/про- (слу́ша-ю, -ешь, -ют) (кого́/что) [I: 5, 10] — to listen to

слы́шать/у- (слы́ш-у, -ишь, -ат) [I: 9, 10; II: 2] — to hear

смерть (она) [I: 10] — death

смета́на [I: 9] — sour cream

смешно́й [II: 5] — funny

смотре́ть/по- (смотр-ю́, смо́тр-ишь, -ят) [I: 5, 9, 10] — to watch

Смотря́ . . . [I: 9] — It depends . . .

смочь (*perf.*, see мочь/с-) [II: 2] — to be able to; (*perf.*) to manage (*to do something*)

снача́ла [I: 5] — to begin with; at first

снег [II: 1] — snow

Идёт снег. — It's snowing. [II: 1]

Шёл снег. — It snowed. [II: 1]

соба́ка [I: 2] — dog

собира́ть (*impf.*: собира́-ю, -ешь, -ют) [II: 1] — to collect, gather

собира́ться (*impf.*: собира́-юсь, -ешься, -ются) [II: 1] — to plan (*to do something*)

соверше́нно [II: 4] — absolutely, completely

Соверше́нно ве́рно! [II: 8] — Absolutely right!

сове́товать/по- (сове́ту-ю, -ешь, -ют) (кому́) [I: 8, 9] — to advise

Что вы (нам, мне) посове́туете взять? [I: 9] — What do you advise (us, me) to order?

совреме́нный [II: 3] — modern, contemporary

совсе́м [I: 8, II: 1] — quite, completely

совсе́м не [I: 7] — not at all

Это (совсе́м не) до́рого! [I: 8] — That's (not at all) expensive!

согла́сен (согла́сна, -ны) (с кем) [II: 5] — agree

согла́сие [II: 10] — agreement, harmony

День примире́ния и согла́сия [II: 10] — Day of Harmony and Reconciliation

сок [I: 9] — juice

со́лнце [II: 1] — sun, sunshine

Све́тит со́лнце. [II: 1] — The sun is shining.

соль (она) [I: 9] — salt

сообще́ние [II: 8] — message

соотве́тствовать — to match

Что чему́ соотве́тствует? [I: 1] — What matches what?

сосе́д (*pl.* сосе́ди, сосе́дей)/сосе́дка [I: 4] — neighbor

сосе́д/ка по ко́мнате [I: 4, 6] — roommate

соси́ска [I: 9] — hot dog

Соста́вьте предложе́ния. [I: 2] — Make up sentences.

со́ус [I: 9] — sauce

социоло́гия [I: 4] — sociology

сочине́ние [I: 5] — composition

спа́льня [I: 6] — bedroom

спаси́бо [I: 2] — thank you

Огро́мное спаси́бо! [I: 8] — Thank you very much!

специализи́рованный [I: 8] — specialized

специа́льность (она) [I: 4] — major (*specialization in college*)

СПИД (синдро́м приобретённого иммунодефици́та) [II: 9] — AIDS

спина́ (*асс.* спи́ну) [II: 9] — back

споко́йный; споко́йно (*adv.*) [II: 9] — calm(ly)

Споко́йной но́чи! [I: 1] — Good night!

спорт (*always singular*) [I: 7] — sports

вид спо́рта [II: 7] — individual sport, type of sport

па́русный спорт [II: 7] — sailing

спорти́вный [II: 3, 7] — sport (*adj.*)

спорти́вный зал (спортза́л) [I: 6, II: 3] — gym, athletic facility спортсме́н [II: 7] — athlete

спосо́бность (*она*) (к чему́) [II: 7] — aptitude (*for something*)

споткну́ться (*perf.*) [II: 9] — to trip

спра́ва (от чего́) [I: 6, II: 3] — on the right (*of something*)

спра́вка [II: 6] — certificate

спра́шивать (спра́шиваю, -ешь, -ют)/
   спроси́ть (спрош-у́, спро́с-ишь, -ят) [I: 4] —
   to ask

сра́зу [II: 4, 8] — right away, immediately

среда́ (в сре́ду) [I: 5; *see 5.1*] — Wednesday (on Wednesday)

сро́чно [II: 8] — urgent

ста́вить/по- (ста́вл-ю, ста́в-ишь, -ят)
   (что куда́) [II: 8; *see 8.3*] — to put something
   down (*into a standing position*)
   Поста́вь(те) му́зыку. [II: 10] — Put on the music.

стадио́н (на) [I: 5] — stadium

стака́н [I: 9] — glass
   стака́нчик [I: 9] — cup (*measurement*)

станови́ться (становл-ю́сь, стано́в-ишься, -ятся)/
   стать (ста́н-у, -ешь, -ут) (кем/чем) [II: 7] —
   to become

ста́нция (метро́) (на) [II: 3] — (*metro/subway*)
   station

стара́ться/по- (стара́-юсь, -ешься, -ются)
   [II: 6] — to try

ста́рше (кого́) на (год, . . . го́да, . . . лет) [I: 7, *see
   7.5*; II: 5, *see 5.3*] — . . . years older than . . .

ста́рший [I: 5, 7] — older; the elder

ста́рый [I: 2, 7] — old

стать (ста́н-у, -ешь, -ут) (*perf., see*
   станови́ться/стать) [II: 6] — to become

статья́ [I: 4] — article

стена́ (*pl.* сте́ны) [I: 6] — wall

сте́пень [I: 4] — degree (*academic*)
   сте́пень бакала́вра (нау́к) [I: 4] — B.A.
   сте́пень маги́стра (нау́к) [I: 4] — M.A.
   сте́пень кандида́та нау́к [I: 4] — Candidate of
      Science (*second highest academic degree awarded
      in Russia*)
   сте́пень до́ктора нау́к [I: 4] — Doctor of Science
      (*highest academic degree awarded in Russia*)

стесня́ться (стесня́-юсь, -ешься, -ются)
   [II: 10] — to be shy
   Не стесня́йся (стесня́йтесь). [II: 10] — Don't
   be shy.

стиль [II: 6] — style

стихи́ [I: 10, II: 6] — poetry, verse

стихотворе́ние [II: 6] — poem

сто́ить (*impf.:* сто́ит, сто́ят) [I: 8, II: 1] — to cost, be
   worth

стол (*ending always stressed*) [I: 6] — table
   Прошу́ к столу́! [II: 10] — Come to the table!

столо́вая (*declines like adj.*) [I: 6] — dining room;
   cafeteria

сто́лько [II: 8, 10] — so much; so many
   сто́лько впечатле́ний [II: 8] — so many
   impressions

сторона́ — side
   С одно́й стороны́ . . . , с друго́й стороны́ . . . [I:
   9] — On the one hand . . . ,
   on the other hand . . .

стоя́ть (*impf.:* стои́т, стоя́т) [I: 6] — to stand

страна́ [I: 10, II: 3] — country, nation

страни́ца [II: 8] — page

странове́дение [I: 4] — area studies
   странове́дение Росси́и [I: 4] — Russian area
   studies

страхо́вка [II: 9] — insurance

стра́шно [I: 9] — terribly

стрела́ [I: 8, II: 4] — arrow

стро́ить [II: 3] — to build

строи́тельство [I: 10] — construction

студе́нт/студе́нтка [I: 1] — student

стул (*pl.* сту́лья, сту́льев) [I: 6] — (*hard*) chair

суббо́та [I: 5; *see 5.1*] — Saturday

сувени́р [I: 8] — souvenir

су́мка [I: 2] — bag (*woman's*); purse; pocketbook

суп [I: 9] — soup

сча́стье [II: 10] — happiness

счёт [I: 9] — bill; check (*in a restaurant*)

счита́ть (*impf.:* счита́-ю, -ешь, -ют) [II: 6, 7] — to
   consider, be of the opinion

съесть (*perf., see* есть/съ-) [I: 9; *see 9.1*] —
   to eat

сыгра́ть (*perf., see* игра́ть/сыгра́ть) [II: 7; *see 7.2,
   7.3*] — to play

сын (*pl.* сыновья́, сынове́й, сыновья́м,
   сыновья́ми, о сыновья́х) [I: 2, 7] — son

сыр [I: 9] — cheese

сюда́ [II: 8] — here (*with a motion verb*)

сюрпри́з [I: 2] — surprise

Т

табле́тка [II: 9] — pill

так [I: 3, II: 1] — so

та́кже [I: 4; *see 4.8*] — also; too

тако́й [I: 6, II: 1] — such; so (*used with nouns*)

    Кто тако́й . . . ? [II: 5] — Just who is . . . ?

    тако́й же [I: 6] — the same kind of

    (не) так(о́й) . . . , как . . . [II: 1] — (not) as . . . as . . .

    Что э́то тако́е? [I: 3] — Just what is that?

такси́ (*оно, indecl.*) [II: 3] — taxi

тала́нт (**к чему́**) [II: 7] — talent (*for something*)

тало́н [II: 3] — ticket (*for city transit*); coupon

там [I: 2] — there

тамо́жня (**на**) [I: 2] — customs

танцева́ть/по-/про- (**танцу́-ю, -ешь, -ют**) [II: 2, 7] — to dance

та́почки (*pl.*) [I: 2, II: 10] — slippers

таре́лка [I: 8, II: 10] — plate

тачпа́д [II: 8] — touchpad

твой (**твоё, твоя́, твои́**) [I: 2; *see 2.4*] — your (*informal*)

теа́тр [I: 7] — theater

телеви́дение [II: 5] — television programming

телеви́зор [I: 2, 5; II: 5] — television (TV set)

    по телеви́зору [II: 5] — on television

телеста́нция (**на**) [I: 7] — television station

телефо́н [I: 2, II: 2] — telephone; telephone number

    моби́льный телефо́н (**моби́льник**) [I: 2] — cell phone

    по телефо́ну [I: 5] — by phone

телефо́нный [II: 2] — telephone (*adj.*)

    телефо́нная ка́рточка [II: 2] —phone card

те́ло (*pl.* **тела́**) [II: 9] — body

температу́ра [II: 9] — temperature

    по Фаренге́йту [II: 1] — Fahrenheit

    по Це́льсию [II: 1] — Celsius

те́ннис [II: 7] — tennis

    насто́льный те́ннис [II: 7] — table tennis, ping-pong

тепе́рь [I: 4] — now (*as opposed to some other time*)

тёплый; тепло́ (*adv.*) [II: 1] — warm

    Нам бы́ло тепло́. — We were warm.

    тепла́ [II: 1] — above zero

теря́ть/по- (**теря́-ю, -ешь, -ют**) [II: 4] — to lose

теря́ться/по- (**теря́-юсь, -ешься, -ются**) [II: 8] — to get lost

те́сто [I: 9] — dough

тетра́дь (*она*) [I: 2] — notebook

тётя [I: 7] — aunt

те́хника [I: 2] — gadgets

типи́чный [I: 5] — typical

то [II: 1; *see 1.10*] — then (*used in if . . . then constructions*)

това́р [I: 8] — goods

тогда́ [I: 10] — then; at that time; [I: 6] — in that case; then

то́же [I: 4; *see 4.8*] — also; too

то́лько [I: 2] — only

    то́лько что [II: 9] — just

тома́тный [I: 9] — tomato (*adj.*)

    тома́тный со́ус [I: 9] — tomato sauce

торго́вля [I: 8] — trade

торго́вый [I: 8] — trading

торт [I: 9] — cake

тост [II: 10] — toast (*drinking*)

тот (**то, та, те**) [I: 6] — that; those (*as opposed to* **э́тот**)

то́т же (**та́ же, то́ же, те́ же**) [II: 2] — the same

то́чка зре́ния [II: 6] — point of view

то́чка отсчёта [I: 1] — point of departure

то́чно [I: 7] — precisely; for sure

    Мы то́чно попадём. [I: 9] — We'll get in for sure.

тошни́ть (**кого́**) (*impf.*) [II: 9] — to be nauseous

    Меня́ тошни́т. — I am nauseous.

    Меня́ тошни́ло. — I was nauseous.

тради́ция [I: 6] — tradition

трамва́й [II: 3] — tram

тренажёр [II: 7] — exercise equipment

тре́нер [II: 7] — coach

тре́тий (**тре́тье, тре́тья, тре́тьи**) [I: 4] — third

три́ллер [II: 5] — thriller (*movie*)

тро́е [I: 7] — three (*most often with* **дете́й: тро́е дете́й**)

тро́йка [I: 4] — C (*grade*)

тролле́йбус [II: 3] — trolley

тромбо́н [II: 7] — trombone

труба́ [II: 7] — trumpet

труд (*ending always stressed*) [II: 1] — labor

тру́дный [I: 4]; **тру́дно** (*adv.*) [I: 8; *see 8.6*] — difficult

туале́т [I: 6] — bathroom

ту́ба [II: 7] — tuba

туда́ [I: 8, II: 8] — there (*answers* **куда́**)

    Вы не туда́ е́дете. [II: 3] — You're going the wrong way.

туристи́ческий [I: 7] — tourist; travel

тут [I: 2] — here

ту́фли (*gen. pl.* **ту́фель**) [I: 8] — shoes (*usually women's formal*)

ты [I: 1; *see 1.1*] — you (*informal, singular*)

    Дава́й перейдём на «ты». [I: 10] — Let's switch to **ты**.

    Ты что? [II: 8] — Are you kidding?

У

у [I: 2, 6] — at, near, by, "having" "at someone's place"
  у (кого́) [I: 6; *see 6.7*] — at (*somebody's*) house
  у (кого́) + есть (что: *nom.*) [I: 2, 6; *see 2.8, 6.4*] — (*someone*) has (*something*)
    У вас (тебя́, меня́, *etc.*) есть . . . ? [I: 2] — Do you have . . . ?
  у (кого́) + нет (чего́) [I: 6; *see 6.5*] — (*someone*) doesn't have (*something*)
    У меня́ нет. [I: 2] — I don't have any of those.
убира́ть (убира́-ю, -ешь, -ют) (дом, кварти́ру, ко́мнату) [I: 5] — to straighten up (house, apartment, room)
уби́т, -а, -о, -ы [II: 3] — killed
уваже́ние — respect
  С уваже́нием — respectfully yours (*in a formal letter*)
уве́рен (-а, -ы) [II: 7] — sure
уви́деть (*perf., see* **ви́деть/у-**) [I: 6] — to see
увлека́ться (*impf.*: **увлека́-юсь, -ешься, -ются) (чем)** [II: 7] — to be fascinated with, carried away by
увлече́ние [I: 7, II: 7] — hobby
удивля́ться (удивля́-юсь, -ешься, -ются)/ удиви́ться (удивл-ю́сь, удив-и́шься, -я́тся) (кому́/чему́) [II: 5, 8] — to be surprised (*at someone/something*)
удовлетвори́тельно [I: 4] — satisfactor(il)y
удово́льствие [II: 10] — pleasure
  С удово́льствием. [I: 5] — With pleasure.
уезжа́ть (уезжа́-ю, -ешь, -ют)/уе́хать (уе́д-у, -ешь, -ут) [II: 4; *see 4.6*] — to depart (*by vehicle*)
у́жас [II: 5] — horror
  ужа́сно [II: 9] — terrible; terribly
  фильм у́жасов (ужа́стик) [II: 5]— horror film
уже́ [I: 4] — already
у́жин [I: 5] — supper
у́жинать/по- (у́жина-ю, -ешь, -ют) [I: 5, 9, 10] — to eat supper
у́зкий [I: 6] — narrow
узнава́ть (узна-ю́, -ёшь, -ю́т)/узна́ть (узна́-ю, -ешь, -ют) (что/кого́) [I: 8; II: 1; 4, 8] — to find out; to recognize
уйти́ (*perf., see* **уходи́ть/уйти́**) [II: 4; *see 4.6*] — to depart, leave (*on foot*)
ука́зываться (*impf.*: **ука́зыва-ется, -ются)** [II: 6] — to be indicated, noted
украи́н(е)ц/украи́нка [I: 3; *see 3.7*] — Ukrainian (*person*)

украи́нский [I: 3; *see 3.6, 3.7*] — Ukrainian
у́лица (на) [I: 6] — street
  на у́лице [II: 1] — outside
умере́ть (*perf. past:* **у́мер, умерла́, у́мерли)** [I: 10, II: 5] — to die
уме́ть/с- (уме́-ю, -ешь, -ют) [II: 8] — to know how to; (*perf.*) to manage to
  Да что тут уме́ть? [II: 8] — What's to know?
у́мный [I: 7] — intelligent
универма́г [I: 8] — department store
универса́м [I: 9] — self-service grocery store
университе́т [I: 1]
  университе́тский [II: 3] — university (*adj.*)
упражне́ние [I: 1] — exercise
  обзо́рные упражне́ния — summary exercises
уро́к (на) [I: 5] — class; lesson (*practical*)
  уро́к ру́сского языка́ — Russian class
усло́вие — condition
  жили́щные усло́вия [I: 6] — living conditions
у́стный: у́стный перево́д [I: 1] — oral interpretation
устра́ивать (устра́ива-ю, -ешь, -ют)/устро́ить (устро́-ю, -ишь, -ят) [II: 10] — to arrange; organize
у́тро [I: 1] — morning
  До́брое у́тро! [I: 1] — Good morning!
  у́тром [I: 5] — in the morning
у́хо (*pl.* **у́ши, уша́м, уша́ми, уша́х)** [II: 9] — ear
уходи́ть (ухож-у́, ухо́д-ишь, -ят)/уйти́ (уйд-у́, -ёшь, -у́т; ушёл, ушла́, ушли́) [II: 4; *see 4.6*] — to depart, leave (*on foot*)
уча́стие [I: 10] — participation
  принима́ть уча́стие [I: 10] — to participate, take part
уче́бник [I: 2, II: 9] — textbook
уче́бный [I: 4] — academic
учени́к/учени́ца [I: 10]— pupil
учёный (*declines like adj.; masc. only*) [I: 7] — scholar; scientist
учи́тель (он) (*pl.* **учителя́)** [I: 7] — school teacher (*man or woman*)
учи́тельница [I: 7] — school teacher (*woman*)
учи́ть (уч-у́, у́ч-ишь, -ат)/вы́учить (вы́уч-у, -ишь, -ат) [II: 6] — to memorize
  вы́учить наизу́сть — to memorize [II: 6]
учи́ть (учу́, у́ч-ишь, -ат)/научи́ть (кого́ чему́/*infinitive*) [II: 7] — to teach someone (*a skill*)

учи́ться (уч-у́сь, у́ч-ишься, -атся) [I: 4; *see 4.1, 4.3*] — to study; be a student (*cannot have a direct object*); **учи́ться/на-** + *infinitive* [**II: 7**] — to learn (*how to do something*)
   Я учу́сь ... [I: 1] — I study ...

учрежде́ние [I: 7] — office; organization

ую́тный [I: 6] — cozy; comfortable (*about room or house*)

Ф

фаго́т [II: 7] — bassoon

факс [II: 8] — fax

факульте́т (на) [I: 3, 4] — department (*academic*)

фами́лия [I: 1; *see 1.2*] — last name
   Как ва́ша фами́лия? [I: 1] — What's your last name?

фанта́стика [II: 5] — fantasy
   нау́чная фанта́стика — science fiction

фарш [I: 9] — chopped meat, ground meat

февра́ль (ending always stressed**) [II: 1]** — February

фе́рма (на) [I: 7] — farm

фехтова́ние [II: 7] — fencing

фигу́рное ката́ние [II: 7] — figure skating

фи́зика [I: 4] — physics

филологи́ческий [I: 3, 4] — philological (*relating to the study of language and literature*)

филоло́гия [I: 4] — philology (*study of language and literature*)

филосо́фия [I: 4] — philosophy

фильм [II: 5] — movie, film
   документа́льный фильм — documentary film
   приключе́нческий фильм — adventure film
   фильм у́жасов (ужа́стик) [II: 5] — horror film
   худо́жественный фильм — feature-length film (*not documentary*)

фина́нсовый [I: 3] — financial

фина́нсы [I: 4] — finance

фи́рма [I: 3, 7] — firm; company
   комме́рческая фи́рма [I: 7] — trade office; business office
   юриди́ческая фи́рма [I: 7] — law office

фле́йта [II: 7] — flute

фоне́тика [pronounced **фоне́тика] [I: 4]** — phonetics

фортепья́но (indecl.**) [II: 7]** — piano
   конце́рт для фортепья́но [II: 7] — piano concerto

фо́рточка [II: 4] — small hinged pane in window

фотоаппара́т [I: 2] — camera

фотогра́фия (на) [I: 2, 6] — photograph

Фра́нция [I: 3] — France

францу́з/францу́женка [I: 3; *see 3.7*] — French (*person*)

францу́зский [I: 3; *see 3.6, 3.7*] — French

фру́кты [I: 9] — fruit
   фрукто́вый [I: 9] — fruit (*adj.*)

футбо́л [I: 5] — soccer
   футбо́льный матч [I: 5] — soccer game

футбо́лка [I: 2] — t-shirt, jersey

Х

Ха́нука [II: 10] — Hannukah

хи́мия [I: 4] — chemistry

хит (pl. **хиты́) [II: 8]** — hit (song)

хлеб [I: 9] — bread

ходи́ть (хож-у́, хо́д-ишь, -ят) [I: 5, 8, *see 5.3, 8.4, 10.7;* **II: 3,** *see 3.8*] — walk; to make a round trip (*on foot*)

хозя́ин (pl. **хозя́ева) [II: 10]** — host

хозя́йка (до́ма) [II: 10] — hostess

хокке́й [II: 7] — hockey

холоди́льник [I: 6] — refrigerator

холо́дный; хо́лодно (adv.**) [II: 1]** — cold

хоро́ший [I: 2] — good

хорошо́ [I: 2] — well; fine; good
   хорошо́ (кому́) [II: 9] — (*someone*) feels good

хоте́ть (хочу́, хо́чешь, хо́чет, хоти́м, хоти́те, хотя́т) [I: 6; *see 6.1*] — to want
   Не хо́чешь (хоти́те) пойти́ (пое́хать) ...? [I: 5] — Would you like to go ...?

хоте́ться (кому́) (impf.: **хо́чется; хоте́лось) [II: 8, 9]** — to feel like (*doing something*)

хоть [II: 8] — even

хотя́ — although
   хотя́ бы по телефо́ну [II: 2] — at least by phone

худо́жественный [II: 5] — artistic
   худо́жественный фильм — feature-length film (*not documentary*)
   худо́жественная литерату́ра — belles-lettres (*fiction, poetry*)

худо́жник [I: 7] — artist

ху́же [II: 5; *see 5.3*] — worse
   ху́же (кому́) [II: 9] — (*someone*) feels worse

Ц

царь (ending always stressed**) [II: 4]** — tsar

цвет (pl. **цвета́) [I: 2, 6]** — color
   Како́го цве́та ...? [I: 6] — What color is ...?

цветно́й [I: 6, II: 8] — color (*adj.*)

цвето́к (*pl.* цветы́) [I: 7] — flower
цена́ [II: 8] — price
цени́ть (*impf.*: цен-ю́, це́н-ишь, -ят) [II: 6] — to appreciate, value
центр [I: 5, II: 3] — center; downtown
центра́льный [II: 3] — central
це́рковь (*она*) (*pl.* це́ркви, церкве́й, в церквя́х) [II: 3] — church
цирк [I: 5] — circus
цыпля́та табака́ [I: 9] — a chicken dish from the Caucasus

Ч

чаевы́е (*pl.; adj. decl.*) [I: 9] — tip
чай [I: 9] — tea
час (2–4 часа́, 5–12 часо́в) [I: 5] — o'clock
на па́ру часо́в [II: 6] — for a couple of hours
ча́стник [II: 3] — private (unregistered) taxi driver
ча́стный [I: 7] — private (*business, university, etc.*)
ча́стная пра́ктика [I: 7] — private practice
ча́сто [I: 5, 10; II: 5] — frequently, often
часть (*она*) [II: 9] — part
часть те́ла — part of the body
часы́ (*pl.*) [I: 2] — watch; clock
чат [II : 8] — chat (*Internet*)
ча́ще [II: 5; *see* 5.3] — more often, more frequently
чей (чьё, чья, чьи) [I: 2; *see* 2.4] — whose
чек [I: 8] — check; receipt
челове́к (*pl.* лю́ди) [I: 8] — person
чем [II: 5] — than (*in comparisons*)
Чем э́то пло́хо (хорошо́)? [II: 7] — What's bad (good) about that?
чемода́н [I: 2] — suitcase
черда́к (на) (*ending always stressed*) [I: 6] — attic
че́рез (что: *acc.*) [I: 10; *see* 10.5] — in; after (*a certain amount of time*)
чёрно-бе́лый [I: 6] — black and white
чёрный [I: 2] — black
че́стно [II: 5] — honestly
че́стно говоря́ [II: 5, II: 7] — to tell the truth, to be honest
чесно́к [I: 9] — garlic
честь (*она*) [II: 10] — honor
в честь (кого́/чего́) [II: 10] — in honor of
четве́рг [I: 5; *see* 5.1] — Thursday
четвёрка [I: 4] — B (*grade*)
че́тверо [I: 7] — four (*most often with* де́тей: че́тверо дете́й)
че́тверть (*она*) [II: 10; *see* 10.5] — quarter

че́тверть тре́тьего — quarter past two
числи́тельные [I: 1] — numbers
число́ — date (calendar)
Како́е сего́дня число́? [II: 4] — What is the date today?
Како́го числа́…? [II: 4; *see* 4.2] — (On) what date?
чита́тельский биле́т [II: 6] — library card
чита́ть/про- (чита́ю, -ешь, -ют) [I: 3, 10] — to read
почита́ть (*perf.*) [II: 6] — to read for a little while
член [I: 10] — member
что [I: 1, 4; *see* 2.6] — what; that
Ты что? [II: 8] — Are you kidding?
Что́ вы (ты)! [I: 3] — What do you mean?! (*response to a compliment*)
Что ещё ну́жно? [I: 9] — What else is needed?
Что каса́ется (чего́)… [II: 4] — with regard to (*something*)
что́-нибудь [II: 5, 6; *see* 6.5] — something, anything
что́-то [II: 6; *see* 6.5] — something, anything
Что с (кем)? [II: 9] — What's wrong with (*someone*)?
Что случи́лось? [II: 7] — What happened?
Что чему́ соотве́тствует? [I: 1] — What matches what?
Что э́то за…? (+ *nom.*) [II: 5] — What kind of a… is that?
Что э́то тако́е? [I: 3] — (Just) what is that?
что́бы [II: 4, 7, 9; *see* 9.2] — in order to
чу́вство [II: 10] — feeling, emotion
чу́вствовать/по- (чу́вству-ю, -ешь, -ют) себя́ [II: 9] — to feel
чуде́сный [II: 1] — wonderful, fabulous
чулки́ (*pl.*) [I: 8] — stockings
чу́ть не [II: 9] — almost

Ш

шампа́нское [I: 9] — champagne
ша́пка [I: 2] — cap; fur hat; knit hat
ша́хматы [II: 7] — chess
шашлы́к [I: 9] — shish kebab
шеде́вр [II: 3] — masterpiece
ше́я [II: 9] — neck
широ́кий [I: 6] — wide
шкату́лка [I: 8] — painted or carved wooden box (souvenir)
шкаф (в шкафу́) (*ending always stressed*) [I: 2, 6] — cabinet; wardrobe; free-standing closet

шко́ла [I: 2] — school (*primary or secondary, not post-secondary*)

  шко́льник/шко́льница [I: 10] — student in grade school

шля́па [I: 8] — hat (e.g., business hat)

шокола́д [I: A] — chocolate

штат [I: 1] — state

Щ

щи (*gen. pl.* щей) [I: 9] — cabbage soup

Э

эконо́мика [I: 4] — economics

экономи́ческий [I: 4] — economic(s) (*adj.*)

экра́н (на) [II: 5] — screen

экраниза́ция [II: 5] — film version

экспре́сс-по́чта [II: 8] — express mail

электри́чка [II: 1] — suburban train

электро́нный [II: 8] — electronic

  электро́нная по́чта [II: 8] — e-mail

энергети́ческий [I: 4] — energy (*institute*)

энерги́чный [I: 7] — energetic

эта́ж (на) (*ending always stressed*) [I: 5] — floor, story

э́то [I: 2; *see 2.7*] — this is; that is; those are; these are

э́тот, э́та, э́то, э́ти [I: 2; *see 2.7*] — this

Ю

ю́бка [I: 2] — skirt

юг (на) [I: 10; *see 10.2*] — south

ю́мор [II: 5] — humor

юриди́ческий [I: 4, 7] — legal; law

юриспруде́нция [I: 4] — law

юри́ст [I: 7] — lawyer

Я

я [I: 1] — I

я́блоко (*pl.* я́блоки) [I: 9] — apple

язы́к (*ending always stressed*) [I: 3, *see 3.6*; II: 9] — language; tongue

яи́чница [I: 10] — scrambled eggs

яйцо́ (*pl.* я́йца, яи́ц, я́йцам, -ами, -ах) [I: 9] — egg

янва́рь (*он, ending always stressed*) [II: 1] — January

япо́н(е)ц/япо́нка [I: 3; *see 3.7*] — Japanese (*person*)

Япо́ния [I: 3] — Japan

япо́нский [I: 3; *see 3.6, 3.7*] — Japanese

я́сно [II: 4, 7] — it's clear, clearly

Англо-русский словарь

A

A (*grade in school*) — **пятёрка** [I: 4]

able (can): **мочь/с-** (**могу́, мо́жешь, мо́гут; мог, могла́, могли́**) [II: 2] — to be able

about — **о** (**об, о́бо**) (*чём*) [I: 3; *see 3.9*]

above zero — **тепла́** [II: 1]

abroad — **за грани́цей** (*answers* где) [I: 10]

absolutely, completely — **соверше́нно** [II: 4]

Absolutely right! — **Соверше́нно ве́рно!** [II: 8]

academic — **уче́бный** [I: 4]

accept — **принима́ть** (**принима́-ю, -ешь, -ют**)/**приня́ть** (**прим-у́, при́м-ешь, -ут; при́нял, приняла́, при́няли**) [I: 8, II: 9] — to take; to accept

accessories (*men's/women's in a store or department*) — **галантере́я** [I: 8]

accountant — **бухга́лтер** [I: 7]

acquaintance — **знако́мый** (*used as a noun*) [I: 10]

Get acquainted! (Let me introduce you!) — **Познако́мьтесь!** [I: 1]

make one's acquaintance — **познако́миться** (*perf.*) [I: 1]

across (*from something*) — **напро́тив** (**чего́**) [II: 3]

activity — **де́ятельность** [I: 10]

political activity — **полити́ческая де́ятельность** [I: 10]

public activity — **обще́ственная де́ятельность** [I: 10]

address — **а́дрес** (*pl.* адреса́) [II: 3, 8]

adult — **взро́слый** [I: 7]

adventure (*adj.*) — **приключе́нческий** [II: 5]

advertisement — **рекла́ма** [I: 3]

advise — **сове́товать/по-** (**сове́тую, -ешь, -ют**) (**кому́**) [I: 8, 9]

What do you advise (us, me) to order? — **Что вы (нам, мне) посове́туете взять?** [I: 9]

aerobics — **аэро́бика** [I: 4, II: 7]

afraid of — **боя́ться** (*impf.*: **бо-ю́сь, бо-и́шься, -я́тся**) (**чего́**) [II: 4]

after (*a certain amount of time*) — **че́рез** [I: 10; *see 10.5*]

after — **по́сле** (**чего́**) [I: 2, 10]

after all (*filler word, never stressed*) — **ведь** [I: 8]

afternoon: in the afternoon — **днём** [I: 5; *see* день]

afterwards — **пото́м** [I: 5]

again — **опя́ть** [II: 8]

age — **во́зраст** [I: 7]

agency — **бюро́** (*indecl.*) [I: 7]

real estate agency — **бюро́ недви́жимости** [I: 7]

travel agency — **туристи́ческое бюро́** [I: 7]

ago — **наза́д** [I: 10; *see 10.5*]

agree, come to an agreement (*with someone*) — **догова́риваться** (**догова́рива-юсь, -ешься, -ются**)/**договори́ться** (**договор-ю́сь, -и́шься, -я́тся**) (**с кем**) [II: 4]; **согла́сен** (**согла́сна, -ны**) (**с кем**) [I: 5, II: 5]

agreement — **согла́сие** [II: 10]

Де́нь примире́ния и согла́сия [II: 10] — Day of Harmony and Reconciliation

aid — **по́мощь** (*она*) [II: 7, 10]

ambulance — **ско́рая по́мощь** [II: 9]

AIDS — **СПИД** (**синдро́м приобретённого иммунодефици́та**) [II: 9]

airmail — **а́виа** [II: 8]

airplane — **самолёт** [II: 4]

airport — **аэропо́рт** (**в аэропорту́**) [I: 2]

album — **альбо́м** [I: 8]

all — **весь** [I: 5]

all day — **весь день** [I: 5]

not at all + *adj./adv.* — **. . . совсе́м не** [I: 7]

that's all — **всё!** [I: 2]

That's (not at all) expensive! — **Это (совсе́м не) до́рого!** [I: 8]

allergy — **аллерги́я** (**на что**) [I: 9, II: 9]

allergic reaction (*to something*) — **аллерги́ческая реа́кция** (**на что**) [II: 9]

allow (*perf.*) — **разреши́ть**

Allow me to introduce myself. — **Разреши́те предста́виться.** [I: 3]

Allow me to pass. — **Разреши́те пройти́.** [II: 3]

almost — **почти́; чу́ть не** [II: 9]

along — **по** (**чему́**) [II: 3]

alongside — **ря́дом** [I: 6, II: 3]

already — **уже́** [I: 4]

also — **то́же; та́кже** [I: 1, 4; *see 4.8*]

although — **хотя́** [II: 2]

always — **всегда́** [I: 3, 5]

amateur (*adj.*) — **люби́тельский** [II: 7]

ambulance — **ско́рая по́мощь** [II: 9]

America — **Аме́рика** [I: 1]

American — (*person*) **америка́нец/америка́нка**
[I: 1]; **америка́нский** [I: 2; *see 3.6, 3.7*]

American studies — **американи́стика** [I: 4]

analysis — **ана́лиз** [II: 9]

and — **и; а** [I: 1; *see 3.10*]

   And how! I'll say! — **Ещё бы!** [II: 8]

announcement — **объявле́ние** [I: 8]

another — **друго́й** [I: 7, 8, 10]

answer — **отве́т** [I: 2]; answer (*something*) —
   отвеча́ть (отвеча́-ю, -ешь, -ют)/
   отве́тить (отве́ч-у, отве́т-ишь, -ят) (на что)
   [I: 4, II: 3]

   Answer the questions. — **Отве́тьте на**
   вопро́сы. [I: 1]

answering machine — **автоотве́тчик** [I: 5, II: 5]

anthropology — **антрополо́гия** [I: 4]

antibiotic — **антибио́тик** [II: 9]

any — **любо́й** [I: 8]

any sort of — **како́й-нибудь, како́й-то** [II: 5, 6;
   see 6.5]

anyhow — **ка́к-нибудь, ка́к-то** [II: 6; *see 6.5*]

anyone — **кто́-нибудь, кто́-то** [II: 6; *see 6.5*]

anything — **что́-нибудь, что́-то** [II: 6; *see 6.5*]

anything: I don't know anything. — **Я ничего́ не**
   зна́ю. [I: 7]

anytime — **когда́-нибудь, когда́-то** [II: 5, 6; *see 6.5*]

anywhere — **где́-нибудь, где́-то; куда́-нибудь,**
   куда́-то [II: 6; *see 6.5*]

apartment — **кварти́ра** [I: 3]

   apartment building — **дом** (*pl.* **дома́**) [I: 2]

appendicitis — **аппендици́т** [II: 9]

appetizers — **заку́ски** [I: 9]

apple — **я́блоко** (*pl.* **я́блоки**) [I: 9]

apply (*to a college*) — **поступа́ть (поступа́-ю, -ешь,**
   -ют)/поступи́ть (поступ-лю́, посту́п-ишь,
   -ят) (куда́) [I: 10; *see 10.3*]

appreciate — **цени́ть (цен-ю́, це́н-ишь, -ят)** (*impf.*)
   [II: 6]

approach (*by vehicle*) — **подъезжа́ть (подъезжа́-ю,**
   -ешь, -ют)/подъе́хать (подъе́д-у, -ешь, -ут)
   (к чему́) [II: 4; *see 4.6*]

approach (*on foot*) — **подходи́ть (подхож-у́,**
   подхо́д-ишь, -ят)/подойти́ (подойд-у́, -ёшь,
   -у́т; подошёл, подошла́, подошли́)
   (к кому́/чему́) [II: 2, 4; *see 4.6*] — to approach
   approaching (*holiday*) — **наступа́ющий** [II: 10]

April — **апре́ль** [II: 1]

aptitude (*for something*) — **спосо́бность** (*она*)
   (к чему́) [II: 7]

Arab — **ара́б/ара́бка** [I: 3; *see 3.7*]

Arabic — **ара́бский** [I: 3; *see 3.6, 3.7*]

architect — **архите́ктор** [I: 7]

architecture — **архитекту́ра** [I: 4]

area code — **код го́рода** [II: 2]

area studies — **странове́дение** [I: 4]

   Russian area studies — **росси́йское**
   странове́дение [I: 4]

arm — **рука́** (*acc. sing.* **ру́ку;** *pl.* **ру́ки, рук, рука́м,**
   рука́ми, рука́х) [II: 9]

armchair — **кре́сло** [I: 6]

Armenia — **Арме́ния** [I: 3]

Armenian — (*person*) **армяни́н** (*pl.* **армя́не**),
   армя́нка; армя́нский [I: 3; *see 3.6, 3.7*]

arrange — **устра́ивать (устра́ива-ю, -ешь, -ют)/**
   устро́ить (устро́-ю, -ишь, -ят) [II: 10]

arrival — **прие́зд** [II: 1]

arrive (*by air*) — **прилета́ть (прилета́-ю, -ешь,**
   -ют)/прилете́ть (прилеч-у́, прилет-и́шь, -я́т)
   [II: 4]; (*by vehicle*) — **приезжа́ть (приезжа́-ю,**
   -ешь, -ют)/прие́хать (прие́д-у, -ешь, -ут)
   [I: 10, II: 4; *see 4.6*]; (*on foot*) — **приходи́ть**
   (прихож-у́, прихо́д-ишь, -ят)/прийти́
   (прид-у́, -ёшь, -у́т; пришёл, пришла́,
   пришли́) [II: 4; *see 4.6*]

arrow — **стрела́** [I: 8, II: 4]

art — **иску́сство** [I: 8, II: 3]

article — **статья́** [I: 4]

artist — **худо́жник** [I: 7]

   avant-garde artist — **авангарди́ст** [I: 8]

artistic — **худо́жественный** [II: 5]

as . . . as . . . — **так(о́й) . . . , как . . .** [II: 1]

Asia — **Азия** [I: 4]

ask (*a question*) — **спра́шивать (спра́шиваю, -ешь,**
   -ют)/спроси́ть (спрош-у́, спро́с-ишь, -ят)
   (что: *acc.*) [I: 4]; (*for something*) **проси́ть/по-**
   (прош-у́, про́с-ишь, -ят) [II: 4, 7, 9]

assignment — **зада́ние** [II: 6]; **поруче́ние** [II: 6]

   communicative tasks — **коммуникати́вные**
   зада́ния [I: 1]

assortment — **ассорти́** [I: 9]

   cold cuts assortment — **мясно́е ассорти́** [I: 9]

at — **в, на** + *prepositional* [I: 1, 4; *see 3.8, 4.2, 5.6*];
   (*in the vicinity of*) — **у** [I: 2, 6];
   (*somebody's*) house **у** + *genitive* [I: 6; *see 6.7*]

   at + *hour* — **в** + *number* + **час, часа́, часо́в**
   [I: 5; *see 5.1*]

   at first — **снача́ла** [I: 5]

   at that time — **тогда́** [I: 10]

   At what time? — **Во ско́лько?** [I: 5]

athlete — **спортсме́н** [II: 7]

athletic shoes — **кроссо́вки** (*pl.*) [I: 2]

attic — **черда́к** (**на**) (*ending always stressed*) [I: 6]

aunt — **тётя** [I: 7]

August — **а́вгуст** [II: 1]

author — **а́втор** [II: 6]

authorization document — **направле́ние** [II: 6]

autobiography — **автобиогра́фия** [I: 4]

autumn — **о́сень** [II: 1]

   in the autumn — **о́сенью**

avant-garde artist — **авангарди́ст** [I: 8]

avenue — **проспе́кт** (**на**) [II: 3]

awarded — **награждён** (**награжден-а́, -ы**) [II: 6]

B

B (*grade in school*) — **четвёрка** [I: 4]

baby — **ребён(о)к** (*pl.* **де́ти, дете́й**) [I: 7]

   to have a baby — **име́ть ребёнка** [I: 10]

back — **спина́** (*acc.* **спи́ну**) [II: 9]

back: near the back (*in a movie theater*) — **пода́льше** [II: 5]

backpack — **рюкза́к** (*pl.* **рюкзаки́**) [I: 2]

bad — **плохо́й; пло́хо** (*adv.*) [I: 2]

   I feel bad. — **Мне пло́хо.** [II: 9]

badminton — **бадминто́н** [II: 7]

bag (*woman's*) — **су́мка** [I: 2]

bagel — **бу́блик** [I: 9]

bakery — **бу́лочная** (*declines like adj.*) [I: 9]

ball — **мяч** [II: 7]

ballet — **бале́т** [I: 4]

banana — **бана́н** [I: 9]

banjo — **ба́нджо** [II: 7]

bank — **банк** [I: 5]

baseball — **бейсбо́л** [II: 7]

basement — **подва́л** [I: 6]

basketball — **баскетбо́л** [II: 7]

bassoon — **фаго́т** [II: 7]

bathing suit — (*woman's*) **купа́льник** [I: 8, II: 1]; (*man's*) **пла́вки** [II: 1]

bathroom — (*toilet*) **туале́т** [I: 6]; (*bath/shower; no toilet*) — **ва́нная** (*declines like adj.*) [I: 6]

be — **быть** (*fut.*: **бу́д-у, -ешь, -ут; был, бы́ло, была́, бы́ли**) [I: 8; *see* 8.1, 9.4, 9.5, 9.6]

   Be so kind as to . . . — **Бу́дьте добры́!** [I: 9; *see also* **быть**]

beach — **пляж** [II: 1]

beauty — **красота́** [II: 1]

because — **потому́ что** [I: 4]

become — **станови́ться** (**становл-ю́сь, станов-ишься, -ятся**)/**стать** (**ста́н-у, -ешь, -ут**) (**кем/чем**) [II: 6, 7] — to become

bed — **крова́ть** (**она́**) [I: 6]

   go to bed — **ложи́ться** (**лож-у́сь, -и́шься, -а́тся**) **спать** [I: 5]

bedroom — **спа́льня** [I: 6]

beer — **пи́во** [I: 9]

before — **до** (**чего́**)

   before that — **до э́того** [I: 10]

begin — **начина́ть(ся)** (**начина́-ю, -ешь, -ют**)/**нача́ть(ся)** (**начн-у́, -ёшь, -у́т; на́чал, начала́, на́чали; начался́, начало́сь, начала́сь, начали́сь**) [II: 1, 5; *see* 5.4]

behind — **за** (**чем**) [II: 9]

beige — **бе́жевый** [I: 2]

believer (*religious*) — **ве́рующий** (*declines like adj.*) [I: 6]

belles-lettres (*fiction, poetry*) — **худо́жественная литерату́ра** [II: 5]

belong to — **принадлежа́ть** (**принадлеж-у́, -и́шь, -а́т**) (*impf.*) (**кому́/чему́**) [II: 6]

below zero — **моро́за** [II: 1]

belt (*man's*) — **рем(е́)нь** (**он**, *ending always stressed*) [I: 8]

besides — **кро́ме того́** [II: 7]

better — **лу́чше** [II: 5; *see* 5.3]

   I feel better. — **Мне лу́чше.** [II: 9]

between — **ме́жду** (**чем**) [II: 8]

bicycle — **велосипе́д** [II: 7]

   stationary bicycle — **стациона́рный велосипе́д** [II: 7]

big — **большо́й** [I: 2]

   bigger — **бо́льше** [II: 5; *see* 5.3]

bill — **счёт** [I: 9]

biology — **биоло́гия** [I: 4]

bird — **пти́ца** [I: 9]

birth — **рожде́ние**

   birthday (*lit.* day of birth) — **д(е)нь рожде́ния** [I: 2, 8]

   Happy Birthday! — **С днём рожде́ния!** [I: 8]

black — **чёрный** [I: 2]

   black and white — **чёрно-бе́лый** [I: 6]

blackboard — **доска́** (*pl.* **до́ски**) [I: 2]

blood — **кровь** (**она́**) [II: 9]

   blood test — **ана́лиз кро́ви** [II: 9]

blouse — **блу́зка** [I: 2]

blue (*dark*) — **си́ний** [I: 2]; (*light*) — **голубо́й** [I: 2]

body — **те́ло** (*pl.* **тела́**) [II: 9]

book — кни́га [I: 2]
book(ish) (*adj.*) — кни́жный [I: 8]
boots — сапоги́ (*pl.*) [I: 2]
border — грани́ца [I: 10]
boring — ску́чный [I: 4]
born: be born — роди́ться (*perf.*: роди́лся, родила́сь, родили́сь) [I: 7; *see 7.1*]
borshch — борщ [I: 9]
botanical garden — ботани́ческий сад [II: 3]
bother — беспоко́йство [II: 2]
bottle — буты́лка [I: 9]
bouillon — бульо́н [I: 9]
bowling — бо́улинг [II: 7]
box: painted or carved wooden
        box (*souvenir*) — шкату́лка [I: 8]
boxing — бокс [II: 7]
boy — ма́льчик
boyfriend — па́рень (*gen.* па́рня) [II: 8]
bread — хлеб [I: 9]
break — лома́ть/с- (лома́-ю, -ешь, -ют)
        (себе́ что) [II: 9]
breakfast — за́втрак [I: 5]
        eat breakfast — за́втракать/по- (за́втрака-ю,
        -ешь, -ют) [I: 5]
breast — грудь (*она*) [II: 9]
bring — приноси́ть (принош-у́, прино́с-ишь, -ят)/
        принести́ (принес-у́, -ёшь, -ут; принёс,
        принесла́, принесли́) [II: 9, 10];
        (*by vehicle*): привози́ть (привож-у́, приво́з-
        ишь, -ят)/привезти́ (привез-у́, -ёшь, -ут;
        привёз, привезла́, привезли́) [II: 9]
        Please bring a menu. — Принеси́те, пожа́луйста,
        меню́. [I: 9]
broadcast — передава́ть (переда-ю́, -ёшь,
        -ю́т)/переда́ть (переда́м, переда́шь,
        переда́ст, передади́м, передади́те,
        передаду́т; переда́л, передала́, переда́ли)
        [II: 2, 5]
broadcast, program — переда́ча [II: 5]
brother — брат (*pl.* бра́тья, *gen. pl.* бра́тьев) [I: 1, 7]
brown — кори́чневый [I: 2]
build — стро́ить [II: 3]
building — зда́ние [II: 3]
bureau — бюро́ (*indecl.*) [I: 7]
bus — авто́бус [II: 3]
businessperson — бизнесме́н/бизнесме́нка [I: 1, 7];
        коммерса́нт [I: 7]
busy — за́нят (-а́, -о, -ы) [I: 8]
but — но [I: 3; *see 3.10*]
butter — ма́сло [I: 9]

button — кно́пка [II: 8]
buy — покупа́ть (покупа́-ю, -ешь, -ют)/купи́ть
        (куп-лю́, ку́пишь, -ят) [I: 8, 9, 10]
by — (*in the vicinity of*) у [I: 2, 6]; by way of
        (*by means of*) — по [I: 8; *see 8.5*]
        by nationality — по национа́льности [I: 3]
        by phone — по телефо́ну [I: 5]
        by profession — по профе́ссии . . . [I: 7]

C

C (*grade*) — тро́йка [I: 4]
cabbage — капу́ста [I: 9]
        cabbage soup — щи (*pl.; gen.* щей) [I: 9]
cabinet — шкаф (в шкафу́) (*ending always
        stressed*) [I: 2, 6]
café — кафе́ [*pronounced* кафэ́] (*оно, indecl.*) [I: 5, 9]
        Internet café — Интерне́т-кафе́ [II: 8]
cafeteria — столо́вая (*declines like adj.*) [I: 6]
cake — торт [I: 9]
calendar — календа́рь (*он; ending always
        stressed*) [II: 1]
Californian — (*adj.*) калифорни́йский [I: 4]
call (*not by phone*) — звать/по- (зову́, зовёшь, -у́т)
        [II: 2]
        call back — перезвони́ть (*perf.*) (перезвон-ю́,
        -и́шь, -я́т; *imperative* Перезвони́те.) (кому́) [II: 2]
        I'll call [him, her] to the phone. — Сейча́с позову́.
        [II: 2]
        Please call . . . to the phone. — Бу́дьте добры́
        (кого́: *acc.*) [II: 2]
call, phone — звони́ть/по- (звон-ю́, -и́шь, -я́т)
        (кому́ куда́) [II: 2]
called: to be called (*used for things*) — называ́ться
        (*impf.*: называ́-ется, -ются) [II: 3, 6; *see 6.1*]
calmly — споко́йно [II: 9]
camera — фотоаппара́т [I: 2]
        video camera — видеоке́мера [I: 2]
can (able): мочь/с- (могу́, мо́жешь, мо́гут; мог,
        могла́, могли́) [II: 2]
        мо́жно (+ *infinitive*) [I: 8; *see 8.5*]
        Can (I) look at the apartment? — Мо́жно
        посмотре́ть кварти́ру? [I: 6]
        I just can't/couldn't . . . — Ника́к не могу́ . . ./
        ника́к не мог (могла́) . . . [II: 3]
Canada — Кана́да [I: 1]
Canadian — (*person*) — кана́дец/кана́дка
        [I: 1; *see 3.7*]; (*adj.*)
        кана́дский [I: 3; *see 3.6, 3.7*]
candy — конфе́ты (*sing.* конфе́та; конфе́тка) [I: 9]

cap — ша́пка [I: 8]

car — маши́на [I: 2]

card — ка́рточка [I: 8]

   credit card — креди́тная ка́рточка [I: 8]

   phone card — телефо́нная ка́рточка [II: 2]

care: take care of — забо́титься (*impf.*: забо́ч-усь, забо́т-ишься, -ятся) (о чём) [II: 7]

carefully — внима́тельно [II: 3]

carried away by — увлека́ться (*impf.*: увлека́-юсь, -ешься, -ются) (чем) [II: 7]

carrot(s) — морко́вь (*она, always singular*) [I: 9]

cartoon — мультфи́льм [II: 5]

cash — нали́чные (де́ньги) [I: 8]

cash register — ка́сса [I: 8]

cassette — кассе́та [I: 2]

   cassette player — кассе́тник [I: 2]; кассе́тный магнитофо́н [I: 2]

   video cassette — видеокассе́та [I: 2]

   video cassette recorder — видеомагнитофо́н [I: 2]

caviar — икра́ [I: 9]

CD — **CD** [*pronounced* сиди́]; компа́кт-ди́ск [I: 2]; диск [I: 8]

   CD player — пле́йер: CD [сиди́]-пле́йер [I: 2]

ceiling — потол(о́)к [I: 6]

celebrate (*a holiday*) — отмеча́ть (отмеча́-ю, -ешь, -ют)/отме́тить (отме́ч-у, -ишь, -ят) (что) [II: 10]; пра́здновать (пра́здну-ю, -ешь, -ют) (что) [II: 10]

cello — виолонче́ль (*она*) [II: 7]

Celsius (in) — по Це́льсию [II: 1]

center; downtown — центр [II: 3]

centimeter — сантиме́тр [I: 8]

central — центра́льный [II: 3]

century — век [II: 6]

certificate — спра́вка [II: 6]

certified (*mail*) — заказно́й [II: 8]

certified specialist — дипломи́рованный специали́ст [I: 4]

chair — стул (*pl.* сту́лья) [I: 6]

chalk — мел [I: 2, II: 9]

champagne — шампа́нское [I: 9]

change — измени́ть(ся) (*perf.*) [II: 8]

channel — програ́мма [II: 5]; кана́л [II: 5]

   on channel 1 (2, . . .) — по пе́рвому (второ́му, ...) кана́лу [II: 5]

character (*in a story or novel*) — персона́ж [II: 6]

chat (*Internet*) — чат [II: 8]

cheap — дешёвый; дёшево (*adv.*) [I: 8, II: 5]

   cheaper — деше́вле [II: 2, II: 5]

check — чек [I: 8]; (*in a restaurant*) счёт [I: 9]

Check, please! — Да́йте, пожа́луйста, счёт! [I: 9]

cheerful — весёлый [I: 7, II: 1]; ве́село (*adv.*) [II: 1]

cheese — сыр [I: 9]

chemistry — хи́мия [I: 4]

chess — ша́хматы [II: 7]

chest — грудь (*она*) [II: 9]

chicken — ку́рица [I: 9]

   chicken dish (*from the Caucasus*) — цыпля́та табака́ [I: 9]

   Chicken Kiev — котле́ты по-ки́евски [I: 9]

child(ren) — ребён(о)к (*pl.* де́ти, дете́й) [I: 6, 7; *see 7.6*]

   have a child — име́ть ребёнка [I: 10]

children's — де́тский [I: 8]

China — Кита́й [I: 3]

Chinese — (*person*) кита́ец/китая́нка [I: 3; *see 3.7*]; (*adj.*) кита́йский [I: 3; *see 3.6, 3.7*]

chocolate — шокола́д [I: A]

chopped meat — фарш [I: 9]

Christmas — Рождество́ [II: 10]

church — це́рковь (*она*) (*pl.* це́ркви, церкве́й, в церквя́х) [II: 3]

circus — цирк [I: 5]

city — го́род (*pl.* города́) [I: 1]

city (*adj.*) — городско́й [II: 3]

clarify — выясня́ть (выясня́-ю, -ешь, -ют)/вы́яснить (вы́ясн-ю, -ишь, -ят) [II: 4]

clarinet — кларне́т [II: 7]

class — (*class session*) заня́тие (*usually plural:* заня́тия) (на) [I: 5]; (*lesson or recitation*) — уро́к (на) [I: 5]; (*lecture*) ле́кция [I: 3]; (*class period*) па́ра [I: 5]; (*classroom*) аудито́рия [I: 2, 5]; (*course*) курс (на) [I: 4]

classical — класси́ческий [II: 5]

clean (*straighten up a house, apartment, room*) — убира́ть (убира́-ю, -ешь, -ют) (дом, кварти́ру, ко́мнату) [I: 5]

clearly, it's clear — я́сно [II: 4]

climate — кли́мат [II: 1]

clip — клип [II: 8]

cloakroom — гардеро́б [II: 4]

clock — часы́ (*pl.*) [I: 2]

close — закрыва́ть(ся) (закрыва́-ю, -ешь, -ют)/закры́ть(ся) (закр-о́ю, -о́ешь, -о́ют) [II: 5] — to close

close (*to something*) — бли́зко (от чего) [II: 3]; недалеко́ [I: 9]

   closer — бли́же [II: 5]

closed — закры́т (-а,-о,-ы) [II: 2]

closet (*free-standing*) — шкаф (в шкафу́) (*ending always stressed*) [I: 6]

clothing — оде́жда [I: 2]

coach — тре́нер [II: 7]

coat — пальто́ (*indecl.*) [I: 2]

    coat check — гардеро́б [II: 4]

    Take off your coat. — Раздева́йся!
    (Раздева́йтесь)! [II: 10]

code — код

    area code — код го́рода [II: 2]

coffee — ко́фе (*он, indecl.*) [I: 9]

    ко́фе с молоко́м — coffee with milk [I: 9]

cold — (*illness*) просту́да [II: 9]; (*temperature*)
    холо́дный; хо́лодно (*adv.*) [II: 1]

    catch cold — просты́ть (*perf.*) [II: 9]

    I have a cold. — Я просты́л(а).
    Я просту́жен(а). [II: 9]

    intensely cold weather — моро́з [II: 1]

    We were cold. — Нам бы́ло хо́лодно. [II: 1]

cold cuts assortment — мясно́е ассорти́ [I: 9]

collect — собира́ть (*impf.*: собира́-ю, -ешь,
    -ют) [II: 1]

collection — сбо́рник [II: 6]

college — университе́т [I: 1]; (*small*) ко́лледж [I: 4]

color — цвет (*pl.* цвета́) [I: 2]; (*adj., not* black and
    white) цветно́й [I: 6, II: 8]

    What color is ...? — Како́го цве́та ...? [I: 6]

Columbia(n) — колумби́йский [I: 4]

Come for a visit. — Приезжа́й(те)/(Приходи́те) в
    го́сти! [II: 1]

come in — заходи́ть (захож-у́, захо́д-ишь, -ят)/
    зайти́ (зайд-у́, -ёшь, -у́т; зашёл, зашла́,
    зашли́) [II: 2, 10]

    Come on in! — Заходи́те! [II: 10] Проходи́те!
    [I: 2, 6; II: 6]

come to an end — конча́ться (*impf.*: конча́-ется,
    -ются) [II: 1, 5]

comedy — коме́дия [II: 5]

comfortable (*about room or house*) — ую́тный [I: 6]

comic — ко́мик [II: 5]

commercial (*adj.*) — комме́рческий [I: 7]

communications — коммуника́ция [I: 4]

company (*firm*) — фи́рма [I: 3, 7]

compartment (*in a train, four-person*) — купе́ [II: 4]

complain — жа́ловаться (*impf.*: жа́лу-юсь,
    -ешься, -ются) [II: 9]

    What's your complaint? What's wrong? (*doctor to
    patient*) — На что вы жа́луетесь?

completely — совсе́м [I: 8]; соверше́нно [II: 4]

complex (*noun*) — ко́мплекс [II: 7]

complicated — сло́жный [II: 5]

compliment — комплиме́нт [I: 3]

computer — компью́тер [I: 2]

    computer programmer — программи́ст [I: 7]

    computer science — компью́терная те́хника [I: 4]

    notebook computer — но́утбук [I: 2]

concert — конце́рт [I: 5, II: 5]

condition — усло́вие

    living conditions — жили́щные усло́вия [I: 6]

confirm — подтвержда́ть (подтвержда́-ю,
    -ешь, -ют)/подтверди́ть (подтверж-у́,
    подтверд-и́шь, -я́т) [II: 4]

connect (*to something*) — подключа́ться
    (подключа́-юсь, -ешься, -ются)/
    подключи́ться (подключ-у́сь, подключ-
    и́шься , -а́тся) (к чему́) [II: 8]

connected — подключён/подключена́/
    подключены́ [II: 8]

connection — связь (*она*) [II: 8]

consider, be of the opinion — счита́ть (*impf.*: счита́-
    ю, -ешь, -ют) [II: 6, 7]

construction — строи́тельство [I: 10]

contemporary — совреме́нный [II: 3]

conversation — разгово́р [II: 2]

    listening conversations — Разгово́ры для
    слу́шания [I: 1]

converse — разгова́ривать [I: 1, II: 1]

convey, pass on — передава́ть (переда-ю́, -ёшь,
    -ют)/переда́ть (переда́м, переда́шь, переда́ст,
    передади́м, передади́те, передаду́т; переда́л,
    передала́, переда́ли) (кому́ что) [II: 2, 5, 9]

cook (*prepare*) — гото́вить/при- (гото́в-лю,
    -ишь, -ят) [I: 9]

cookie(s) — пече́нье [I: 9]

cooking (*cuisine*) — ку́хня [I: 4, 9]

cool — прохла́дный; прохла́дно (*adv.*) [II: 1]

    We felt cool. — Нам бы́ло прохла́дно.

copy — перезапи́сывать (перезапи́сыв-аю, -ешь,
    -ют)/перезаписа́ть (перезапиш-у́,
    перезапи́ш-ешь, -ут) (что куда́) [II: 8]

correct — прав (-а́, пра́вы) (*short form adj.*) [II: 1];
    ве́рно (*adv.*) [II: 4]; пра́вильно (*adv.*)
    [II: 4]; исправля́ть (исправля́-ю, -ешь, -ют)/
    испра́вить (испра́вл-ю, испра́в-ишь, -ят)
    [II: 10]

    Absolutely right! — Соверше́нно ве́рно! [II: 8]

correspond (*with someone*) — перепи́сываться
    (перепи́сыва-юсь, -ешься, -ются)
    (с кем) [II: 8]

corridor — коридо́р [I: 6]

cosmetics — **косме́тика** [I: 8]

  cosmetics (*store or department*) — **парфюме́рия** [I: 8]

cost — **сто́ить** (**сто́ит, стоят**) [I: 8, II: 1]

cottage: summer cottage — **да́ча** (**на**) [I: 5, 6]

couch — **дива́н** [I: 6]

cough — **ка́шель** (*он*) [II: 9]

cough — **ка́шлять** (*impf.*: **ка́шля-ю, -ешь, -ют**) [II: 9]

country — **страна́** [I: 10, II: 3]

course (*in university or institute*) — **курс** (**на**) [I: 3, 4, 10]

  of a meal: first course (*always soup*) — **пе́рвое** (*declines like adj.*) [I: 9]

  main course (*entrée*) — **второ́е** [I: 9]

cousin — (*female*) **двою́родная сестра́** [I: 7]; (*male*) — **двою́родный брат** [I: 7]

cozy (*about room or house*) — **ую́тный** [I: 6]

cream — **сли́вки** (*always pl.*)

  with cream — **со сли́вками** [I: 9]

credit — **креди́тный** [I: 8]

  credit card — **креди́тная ка́рточка** [I: 8]

Crimea — **Крым** (**в Крыму́**) [II: 1]

cucumber — **огур(е́)ц** [I: 9]

  cucumber salad — **сала́т из огурцо́в**

cuisine — **ку́хня** [I: 4, 6, 9]

culture — **культу́ра** [I: 1]

cure: (*reflexive*) be cured — **лечи́ть(ся)/вы́-** (**лечу́[сь], ле́чишь[ся], ле́чат[ся]**) [II: 9]

currency (*foreign*) — **валю́та**

  currency exchange — **обме́н валю́ты** [II: 4]

cup (*measurement*) — **стака́нчик** [I: 9]

customer — **покупа́тель** [I: 8]; **посети́тель** [I: 9]

customs — **тамо́жня** (**на**) [I: 2]

customs declaration — **деклара́ция** [I: 2]

D

D (*a failing grade in Russia*) — **дво́йка** [I: 4]

dacha — **да́ча** (**на**) [I: 5, 6]

dad — **па́па** [I: 2]

daily routine — **распоря́док дня** [I: 5]

dairy — **моло́чный** [I: 9]

dance — **танцева́ть/по-/про-** (**танцу́-ю, -ешь, -ют**) [II: 2, 7]

  dance club, discotheque — **дискоте́ка** (**на**) [I: 5]

date (*calendar*) — **число́**

  What is the date today? — **Како́е сего́дня число́?** [II: 4]

  (On) what date? — **Како́го числа́…?** [II: 4; see 4.2]

daughter — **дочь** (*gen. and prep. sg.* **до́чери**; *nom. pl.* **до́чери, дочере́й, дочеря́м, -я́ми, -я́х**) [I: 2, 6, 7]

day — **д(е)нь** (*он, pl.* **дни**; *gen. pl.* **дней**) [I: 5]

  all day — **весь день** [I: 5]

  during the day (*afternoon*) — **днём** [I: 5]

  Good day! — **До́брый день!** [I: 1]

  What day is it today? — **Како́й сего́дня день?** [I: 5]

dead — **мёртвый** [II: 6]

dean's office — **декана́т** [II: 6]

dear — **дорого́й** [I: 8, II: 5]

death — **смерть** [I: 10]

December — **дека́брь** (*ending always stressed*) [II: 1]

decide — **реша́ть** (**реша́-ю, -ешь, -ют**)/**реши́ть** (**реш-у́, -и́шь, -а́т**) [I: 9, 10]

declaration — **деклара́ция** [I: 2]

decline, reject — **отка́зываться** (**отка́зыва-юсь, -ешься, -ются**)/**отказа́ться** (**откаж-у́сь, отка́ж-ешься, -утся**) (**от чего́**) [II: 6]

defend — **защища́ть/защити́ть** [I: 10]

  Defenders of the Fatherland Day — **Де́нь защи́тника Оте́чества** [II: 10]

defense — **защи́та** [I: 10]

  defense of civil rights — **защи́та гражда́нских прав** [I: 10]

  defense of human rights — **защи́та прав челове́ка** [I: 10]

degree (*temperature measure*) — **гра́дус** (**5–20 гра́дусов**) [II: 1]

degree (*academic*) — **сте́пень** [I: 4]

  B.A. — **сте́пень бакала́вра** (**нау́к**) [I: 4]

  M.A. — **сте́пень маги́стра** (**нау́к**) [I: 4]

  Candidate of Science (*second highest academic degree awarded in Russia*) — **сте́пень кандида́та нау́к** [I: 4]

  Doctor of Science (*highest academic degree awarded in Russia*) — **сте́пень до́ктора нау́к** [I: 4]

dentist — **зубно́й врач** [I: 7]

depart (*by vehicle*) — **уезжа́ть** (**уезжа́-ю, -ешь,-ют**)/**уе́хать** (**уе́д-у, -ешь, -ут**) [II: 4; *see 4.6*]; (*on foot*) — **уходи́ть** (**ухож-у́, ухо́д-ишь,-ят**)/**уйти́** (**уйд-у́, -ёшь, -у́т; ушёл, ушла́, ушли́**) [II: 4; *see 4.6*]; (*train*) — **отходи́ть** (**отхож-у́, отхо́д-ишь, -ят**)/**отойти́** (**отойд-у́,-ёшь, -у́т; отошёл, отошла́, отошли́**) [II: 4; *see 4.6*]

department — (*academic, small unit*) **ка́федра** (**на**) [I: 4]; (*academic, large unit*) **факульте́т** (**на**) [I: 3, 4]; (*of a store*) **отде́л** [I: 8]

English department — ка́федра англи́йского
  языка́ [I: 4]
  Russian department — ка́федра ру́сского
  языка́ [I: 4]
department store — универма́г [I: 8]
depends: it depends … — Смотря́ … [I: 9]
describe — опи́сывать (опи́сыва-ю, -ешь, -ют)/
  описа́ть (опиш-у́, опи́ш-ешь, -ут) [II: 1]
desk — пи́сьменный стол [I: 2, 6]
dessert — сла́дкое (declines like adj.) [I: 9]
devil — бес [II: 6]
dial — набира́ть (набира́-ю, -ешь, -ют)/набра́ть
  (набер-у́, -ёшь, -у́т) [II: 5]
dialog — диало́г [I: 1]
dictionary — слова́рь (он, pl. словари́) [I: 2]
die — умере́ть (perf. past: у́мер, умерла́, у́мерли)
  [I: 10, II: 5]
diet — дие́та [II: 7]
difference (between what) — ра́зница
  (ме́жду чем) [II: 8]
different (not the same) — друго́й [I: 10]
difficult — тру́дный [I: 4]; тру́дно [I: 8; see 8.6]
dining room — столо́вая (declines like adj.) [I: 6]
diploma (college) — дипло́м [I: 4]
director — руководи́тель [II: 4]; (film)
  режиссёр [II: 5]
discotheque, dance club — дискоте́ка (на) [I: 5]
discount — ски́дка [I: 8]
disease — боле́знь (она) [II: 9]
dish (food) — блю́до [I: 9]
disk drive — дисково́д [II: 8]
diskette — дискéтка [I: 2]
dizzy: I feel dizzy. — У меня́ кру́жится голова́. [II: 9]
do — де́лать/с- (де́ла-ю, -ешь, -ют) [I: 5, 9]
doctor (used as a form of address) — до́ктор [II: 9]
document — докумéнт [I: 2]
documentary — документа́льный [II: 5]
doll: Russian nested doll — матрёшка [I: 8]
dollar — до́ллар (5–20 до́лларов) [I: 8]
door — дверь (она) [I: 6]
dormitory — общежи́тие [I: 3, II: 3]
dough — те́сто [I: 9]
download — кача́ть/с- (кача́-ю, -ешь, -ют) (что
  отку́да) [II: 8]
downtown — центр [I: 5, II: 3]
drama — дра́ма [II: 5]
dream (aspiration, not sleep) — мечта́ [I: 10];
  мечта́ть (impf.: мечта́-ю, -ешь, -ют) +
  infinitive [II: 7]; (of someone/something in sleep)
  ви́деть во сне (impf.) (кого что) [II: 8]

dress — пла́тье [I: 2]; одева́ться (impf.: одева́-юсь,
  -ешься, -ются) [I: 5]
dressed — оде́т (-а, -ы) [II: 1]
drink — напи́т(о)к [I: 9]; (soft drink) лимона́д
  [I: 9]; пить (пь-ю, -ёшь, -ют; пила́, пи́ли)/
  вы́пить (вы́пь-ю, -ешь, -ют; вы́пил, -а, -и)
  [I: 9; see 9.1]
driver — води́тель [II: 3]
drum — бараба́н [II: 7]
dumplings — пельме́ни [I: 9]
duty — до́лжность [I: 10]
DVD player — DVD [дивиди́] плéйер [I: 2]

E

each — ка́ждый [I: 5, II: 7]
each other — друг дру́га [II: 10; see 10.8]
ear — у́хо (pl. у́ши, уша́м, уша́ми, уша́х) [II: 9]
earlier, a little — пора́ньше [II: 1]
early — ра́но [I: 5]
easier — ле́гче [II: 5]
easily — легко́ [II: 5]
east — восто́к (на) [I: 10; see 10.2]
Easter — Па́сха [II: 10]
easy — лёгкий [II: 5]; легко́ (adv.) [I: 8, see 8.6; II: 5]
  easier — ле́гче [II: 5]
  It was easy for us. — Нам бы́ло легко́.
eat — есть/съ- (ем, ешь, ест, еди́м, еди́те, едя́т; ел,
  е́ла) [I: 9; see 9.1]
  eat breakfast — за́втракать/по- (за́втрака-ю,
    -ешь,-ют) [I: 5, 10]
  eat lunch — обе́дать/по- (обе́да-ю, -ешь, -ют)
    [I: 5, 9, 10]
  eat supper — у́жинать/по- (у́жина-ю, -ешь,
    -ют) [I: 5, 9, 10]
  have a bite to eat — пое́сть (perf.) [II: 5]
economics — эконо́мика [I: 4]; (adj.)
  экономи́ческий [I: 4]
education — образова́ние [I: 4]; (a subject in college)
  педаго́гика [I: 4]
  higher education — вы́сшее образова́ние [I: 4]
egg — яйцо́ (pl. я́йца) [I: 9]
  scrambled eggs — яи́чница [I: 10]
Egypt — Еги́п(е)т [I: 3]
elderly — пожило́й [II: 3]
electronic — электро́нный [II: 8]
elevator — лифт [II: 4]
else — ещё [I: 3, 4; II: 5]
  What else is needed? — Что ещё ну́жно? [I: 9]
e-mail — электро́нная по́чта [II: 8]

embroider — вышива́ть (*impf*.: вышива́-ю, -ешь, -ют) [II: 7]

emotion — чу́вство [II: 10]

emperor — импера́тор [II: 4]

employee — рабо́тник (рабо́тница) [II: 4]

empress — императри́ца [II: 4]

emptiness — пустота́ [II: 6]

end (*intrans.*) — конча́ться (конча́-ется,-ются)/ ко́нчиться (ко́нч-ится, -атся) [*impf*. II: 1, 5]; (*trans.*) зака́нчивать (зака́нчива-аю, -аешь, -ают)/зако́нчить (законч-у, -ишь, -ат) [II: 5]

energetic — энерги́чный [I: 7]

engineer — инжене́р [I: 7]

England — Англия [I: 1]

English — (*person*) англича́нин/англича́нка [I: 1] (*pl*. англича́не); англи́йский [I: 3; *see* 3.6, 3.7])

   English-Russian — англо-ру́сский [I: 2]

enroll in (*an institution*) — поступа́ть (поступа́-ю, -ешь, -ют)/поступи́ть (поступ-лю́, посту́п-ишь, -ят) (куда́) [I: 10; *see* 10.3]

ensemble — анса́мбль [II: 7]

enter (*by vehicle*) — въезжа́ть (въезжа́-ю, -ешь, -ют)/въе́хать (въе́д-у, -ешь, -ут) (во что) [II: 4; *see* 4.6]; (*on foot*) — входи́ть (вхож-у́, вхо́д-ишь, -ят)/войти́ (войд-у́, войд-ёшь, -у́т; вошёл, вошла́, вошли́) (во что) [II: 4]

enter (*data*) — вводи́ть (ввож-у́, вво́д-ишь, -ят)/ ввести́ (введ-у́, -ёшь, -у́т) (что куда́) [II: 8]

entrance — вход [II: 3]

entrée — второ́е (*declines like adj.*) [I: 9]

envelope — конве́рт [II: 8]

equipment — обору́дование [I: 8]

ethnicity — национа́льность (*она*) [I: 3; *see* 3.7]

European — европе́йский [I: 3; *see* 3.6, 3.7]

even — да́же [I: 8]; (*in comparisons*) ещё [II: 5]; хоть [II: 8]

evening — ве́чер [II: 10]

   Good evening! — До́брый ве́чер! [I: 1]

   in the evening — ве́чером [I: 5]

ever — когда́-нибудь, когда́-то [II: 6; *see* 6.5]

every — ка́ждый [I: 5, II: 7]

   every day — ка́ждый день [I: 5]

   everyday life — быт [I: 1]

everybody — все [I: 5, II: 8; *see* 8.3]

everyday life — быт [II: 8]

everything — всё [I: 2, 3; II: 8, *see* 8.3]

   everything necessary — всё, что ну́жно [II: 10]

everywhere — везде́ [I: 7, 8]

evidently — ви́димо [II: 9]

exactly — и́менно [II: 3, 4, 7]

examination (*medical*) — осмо́тр [II: 7]

example — образе́ц [I: 1]

   for example — наприме́р [I: 4, 7]

excellent — отли́чный; отли́чно [I: 4, 5; II: 1]

exchange — обме́н [I: 3]; обменя́ть (*perf*.: обменя́-ю, -ешь, -ют) [II: 4]

   currency exchange — обме́н валю́ты [II: 4]

excuse — извини́ть (*perf*.)

   Excuse me! — Прости́те! [I: 1]; Извини́те! [I: 3, 5]

   Excuse me, miss! (*in a service situation*) — Де́вушка! [I: 8]

exercise — упражне́ние (*pl*. упражне́ния) [I: 1]; (*physical*) exercise — заря́дка [II: 7]

   exercise equipment — тренажёр [II: 7]

   summary exercises — обзо́рные упражне́ния

exiled — вы́слан (-а, -ы) [II: 6]

exit (*by vehicle*) — выезжа́ть (выезжа́-ю, -ешь, -ют)/вы́ехать (вы́ед-у, -ешь, -ут) (из чего) [II: 4; *see* 4.6]; (*on foot*) — выходи́ть (выхож-у́, вы́ход-ишь, -ят)/вы́йти (вы́йд-у, вы́йд-ешь, вы́йд-ут; *imperative* вы́йди, вы́йдите; вы́шел, вы́шла, вы́шли) [II: 3]

   Are you getting off now? (*in public transport*) — Вы сейча́с выхо́дите?

expect — ожида́ть (*impf*.: ожида́-ю, -ешь, -ют) [II: 5]

expensive — дорого́й [I: 8, II: 5]; до́рого (*adv*.) [II: 3]

   That's (not at all) expensive! — Это (совсе́м не) до́рого! [I: 8]

   more expensive — доро́же [II: 5]

experience — о́пыт

   job experience — о́пыт рабо́ты [I: 7]

explain — объясня́ть (объясня́-ю, -ешь, -ют)/ объясни́ть (объясн-ю́, -и́шь, -я́т) [II: 5]

express mail — экспре́сс-по́чта [II: 8]

expression — выраже́ние

   new words and expressions — но́вые слова́ и выраже́ния [I: 1]

extend — продли́ть (*perf*.: продлю́, продли́шь, -я́т) [II: 4]

eye — глаз (*pl*. глаза́) [II: 9]

eyeglasses — очки́ (*pl*.) [I: 2]

F

F (*grade*) — едини́ца [I: 4]

fabulous — чуде́сный [II: 1]

factory — заво́д (на) [I: 7]

Fahrenheit (in) — по Фаренге́йту [II: 1]

fairly — дово́льно [I: 3; II: 1, 5]

fairytale — ска́зка [II: 5]

fall — па́дать (па́да-ю, -ешь, -ют)/
    упа́сть (упад-у́, -ёшь, -у́т; упа́л, -а, -и) [II: 9]
fall (*autumn*) — о́сень (*она*) [II: 1]
    in the fall — о́сенью
family — семья́ (*pl.* се́мьи, семе́й,
    се́мьям, се́мьями, о се́мьях) [I: 7]
    family member — член семьи́ [I: 7]
family status (*marriage*) — семе́йное положе́ние
    [I: 7]
famous — знамени́тый [II: 3]; изве́стный [II: 5]
    fame — изве́стность [II: 6]
fan (*sports*) — боле́льщик [II: 7]
fantasy (*book, movie*) — фанта́стика [II: 5]
far (*away*)— далёкий [I: 7]; далеко́ (от чего́)
    [I: 6, II: 3]
    further — да́льше [II: 5]
    not far — недалеко́ [I: 6]
farm — фе́рма (на) [I: 7]
farther — да́льше [I: 6]
fascinated with — увлека́ться (*impf.*: увлека́-юсь,
    -ешься, -ются) (*чем*) [II: 7]
fashion — мо́да [I: 8]
fashionable — мо́дный [I: 8]
fast — (*adv.*) бы́стро [I: 3]; (*adj.*) бы́стрый [II: 8]
father — от(е́)ц (*ending always stressed*) [I: 3]
fatherland — оте́чество [II: 10]
    Defenders of the Fatherland Day — Де́нь
        защи́тника Оте́чества [II: 10]
favor, request — про́сьба [II: 2, 9]
    I have a big favor to ask you. — У меня́ к тебе́
        больша́я про́сьба.
favorite — люби́мый [I: 5]
    least favorite — са́мый нелюби́мый [I: 5]
fax — факс [II: 8]
fear (to be afraid) (*of someone, something*)— боя́ться
    (*impf.*: бо-ю́сь, -и́шься, -я́тся) (*чего*) [II: 4]
February — февра́ль (*ending always stressed*) [II: 1]
feel — чу́вствовать/по- (чу́вству-ю, -ешь, -ют)
    себя́ [II: 9]; feel like (*doing something*) —
    хоте́ться (*кому́*) (*impf.*: хо́чется; хоте́лось)
    [II: 8, 9]
    I feel bad — Мне пло́хо. [II: 9]
    I feel better — Мне лу́чше. [II: 9]
    I feel good — Мне хорошо́. [II: 9]
    I feel worse — Мне ху́же. [II: 9]
feeling — чу́вство [II: 10]
fencing — фехтова́ние [II: 7]
festive — пра́здничный [II: 10]
fever — жар [II: 9]
few: a few, several — не́сколько (*чего*) [I: 7, II: 4]

few, too little — ма́ло (*чего*) [I: 7; II: 4, 7]
    fewer — ме́ньше [II: 5; *see 5.3*]
fiction — худо́жественная литерату́ра [II: 5]
    science fiction — нау́чная фанта́стика [II: 5]
figure skating — фигу́рное ката́ние [II: 7]
fill out (*a form*) — заполня́ть (заполн-я́ю, -ешь,
    -ют)/запо́лнить (запо́лн-ю, -ишь, -ят) [II: 8]
    Fill in the blanks. — Запо́лните про́пуски. [I: 2]
film — фильм [II: 5]
    adventure film — приключе́нческий фильм [II: 5]
    documentary — документа́льный фильм [II: 5]
    feature-length film (*not documentary*) —
        худо́жественный фильм
    film version — экраниза́ция [II: 5]
    horror film — фильм у́жасов (ужа́стик) [II: 5]
finally — наконе́ц [I: 5]
finance(s) — фина́нсы [I: 4]
financial — фина́нсовый [I: 3]
find — находи́ть (нахож-у́, нахо́д-ишь, -ят)/
    найти́ (найд-у́, найд-ёшь, -у́т; нашёл,
    нашла́, нашли́) [I: 8, 9; II: 3, 10]
find out — узнава́ть (узна-ю́, -ёшь, -ю́т)/
    узна́ть (узна́-ю, -ешь, -ют) (*что/кого*)
    [*perf.* I: 8; II: 1, 4, 8]
fine — хорошо́ [I: 2]
    That's fine — Годи́тся. [II: 5]
finger — па́лец (*pl.* па́льцы) [II: 9]
finish — зака́нчивать (зака́нчив-аю, -аешь, -ают)/
    зако́нчить (зако́нч-у, -ишь, -ат) (*что*) [II: 5]
firm (*company*) — фи́рма [I: 3, 7]
first: at first — снача́ла [I: 5]
    first name — и́мя [I: 1]
    in the first (second, third) place — во-пе́рвых (во
        вторы́х, в-тре́тьих) [I: 6, 9]
fish — ры́ба [I: 9]
flight — рейс [II: 4]
floor — (*as opposed to ceiling*) — пол (на полу́;
    ending always stressed) [I: 6]; (*story of a building*)
    — эта́ж (на) (*ending always stressed*) [I: 5]
flower — цвето́к (*pl.* цветы́) [I: 7]
flu — грипп [II: 9]
fluently — свобо́дно [I: 3]
    to speak Russian fluently — свобо́дно говори́ть
        по-ру́сски [I: 3]
flute — фле́йта [II: 7]
fly — лете́ть/по- (леч-у́, лет -и́шь, -я́т) [II: 4]
folk — наро́дный [II: 7]
food — пи́ща [I: 9]; еда́ [II: 10]
foot — нога́ (*pl.* но́ги, нога́м, нога́ми, нога́х) [II: 9]
    on foot — пешко́м [II: 3]

footwear — о́бувь (она́) [I: 8]
for (in exchange for) — за (что: acc.) [I: 8]
    to pay for (something) — плати́ть/за- (за что: acc.) [I: 8]
    thank you (for something) — спаси́бо (за что: acc.) [I: 8]
forbidden — нельзя́ (кому́) [I: 8; see 8.6]
force — заста́вить (perf.: заста́вл-ю, -ишь, -ят) (кого́) [II: 6]
forced, compelled — вы́нужден [II: 6]
foreign — иностра́нный [I: 3, 4]
    foreigner — иностра́н(е)ц/иностра́нка [I: 4]
forest — лес [II: 1]
    in the forest — в лесу́
forget — забы́ть (perf. past: забы́ла, забы́ли) [I: 8]
forward — пересыла́ть (пересыла́-ю, -ешь, -ют)/ пересла́ть (перешл-ю́, -ёшь, -ю́т) (что кому́ куда́) [II: 8]
foundation, basis — осно́ва [II: 6]
France — Фра́нция [I: 3]
free (not busy) — свобо́дный [II: 7]; свобо́ден (свобо́дна, свобо́дны) [I: 5]; (free of charge) — беспла́тный [II: 2]
freedom — свобо́да [I: 10]
French — (person) францу́з/францу́женка; (adj.) францу́зский [I: 3; see 3.6, 3.7]
    French horn — валто́рна [II: 7]
frequently — ча́сто [I: 5, 10; II: 5]
    more frequently — ча́ще [II: 5; see 5.3]
fresh — све́жий [I: 9]
Friday — пя́тница [I: 5; see 5.1]
fried; grilled — жа́реный [I: 9]
friend — друг (pl. друзья́) [I: 1, 7]; friend (female) — подру́га [I: 1]; (acquaintance) знако́мый (used as a noun) [I: 5, II: 2]
friendship — дру́жба; (acquaintance) знако́мство [II: 2, 10]
from — (not a person) из, с (чего́) [I: 8, 10; II: 4, 8, 10, see 8.2; 10.6]; (a person) от (кого́) [I: 10; II: 6, 8, 10, see 8.2; 10.6]
    from here — отсю́да [II: 2, 8; see 10.6]
    from there — отту́да [II: 8, 10; see 10.6]
    from where — отку́да [I: 3]
front: near the front (in a movie theater) — побли́же [II: 5]
frost; intensely cold weather — моро́з [II: 1]
fruit — фру́кты (pl.) [I: 9]; фрукто́вый (adj.) [I: 9]
fun — весёлый [I: 7, II: 1]; ве́село (adv.) [II: 1]
funny — смешно́й [II: 5]
fur — мех (pl. меха́) [I: 8]

fur hat — ша́пка [I: 2]
furniture — ме́бель (она́, always sing.) [I: 6]
further — да́льше [II: 5]

G

gadgets — те́хника [I: 2]
gallery — галере́я [II: 3]
game — игра́ (pl. и́гры) [I: 2, II: 7]
garage — гара́ж (ending always stressed) [I: 6]
garden — сад (в саду́; pl. ending always stressed) [II: 3]
    botanical garden — ботани́ческий сад [II: 3]
garlic — чесно́к [I: 9]
gas (natural) — газ [I: 6]
gasoline — бензи́н [I: 9]
gather — собира́ть (impf.: собира́-ю, -ешь, -ют) [II: 1]
gender studies — ге́ндерные иссле́дования [I: 4]
genre — жанр [II: 5]
geographical — географи́ческий [II: 3]
German — (person) не́м(е)ц/не́мка; (adj.) неме́цкий [I: 3; see 3.6, 3.7]
Germany — Герма́ния [I: 3]
get (with difficulty) — достава́ть (доста-ю́, -ёшь, -ю́т)/доста́ть (доста́н-у, -ешь, -ут) [II: 7]
get (somewhere); manage to get in — попа́сть (perf.: попаду́, -ёшь, -у́т; попа́л, -а, -и) [I: 9, II: 3]
    How does one get to . . .? — Как попа́сть (куда́)? [II: 3]
    Как добра́ться (до чего́) [II: 3]
get off (a bus), exit — выходи́ть (выхож-у́, выхо́д-ишь, -ят)/вы́йти (вы́йд-у, вы́йд-ешь, вы́йд-ут; imperative вы́йди, вы́йдите; вы́шел, вы́шла, вы́шли) [II: 3]
    Вы сейча́с выхо́дите? — Are you getting off now? (in public transport)
get onto (a bus, tram, trolley, subway); sit down (lit.) — сади́ться (саж-у́сь, сад-и́шься, -ятся)/сесть (ся́д-у, -ешь, -ут) [II: 3]
get through (to someone on the phone) — дозвони́ться (perf.: дозвон-ю́сь, -и́шься, -я́тся) (до кого́) [II: 2]
get up — встава́ть (встаю́, -ёшь, -ю́т)/встать (вста́н-у, -ешь, -ут) [I: 5, II: 2]
gift — пода́р(о)к [I: 2]
girl — (little) де́вочка [I: 6]; (young woman) де́вушка [I: 8]
give — дава́ть (да-ю, -ёшь, -ю́т)/дать (дам, дашь, даст, дади́м, дади́те, даду́т; дал, дала́, да́ли) [I: 8; II: 2, 5, see 5.5]

Please give (us, me) the check. — **Да́йте,
пожа́луйста, счёт.** [I: 9]

give (*a present*) — **подари́ть** (**подари́л, подари́ла,
подари́ли**) [I: 8]

give: I want to give (*someone*) a present. — **Я хочу́
сде́лать** (**кому́**) **пода́рок.** [I: 8]

glad — **рад** (**ра́да, ра́ды**) [II: 2]

glass (*drinking*) — **стака́н** [I: 9]; wine glass — **бока́л**
[II: 10]

glasses (*eyeglasses*) — **очки́** (*pl.*) [I: 2]

gloves — **перча́тки** (*pl.*) [I: 2, 8]

go — (*foot*) **ходи́ть ~ идти́/пойти́;** (*vehicle*) **е́здить
~ е́хать/пое́хать** [I: 5, 8, 10, *see 5.4, 8.3, 10.7;*
II: 3, *see 3.8*]

(*on foot, multidirectional, round trips*) — **ходи́ть**
(**хож-у́, хо́д-ишь, -ят**) [I: 5, 8]

(*on foot, unidirectional, single trip*) — **идти́** (**иду́,
-ёшь, -у́т**)/**пойти́** (**пойд-у́, -ёшь, -у́т**) [I: 5, 9]

(*by vehicle, multidirectional, round trips*) — **е́здить**
(**е́зж-у, е́зд-ишь, -ят**) [I: 5]

(*by vehicle, unidirectional, single trip*) — **е́хать/по-**
(**е́д-у, -ешь, -ут**) [I: 5]

(*on foot, go past; go a certain distance*) —
проходи́ть (**прохож-у́, прохо́д-ишь, -ят**)/
пройти́ (**пройд-у́, -ёшь, -у́т; прошёл,
прошла́, прошли́**) [II: 3, 4]

(*by vehicle, go past; go a certain distance*) —
проезжа́ть (**проезжа́-ю, -ешь, -ют**)/
прое́хать (**прое́д-у, -ешь, -ут**) [II: 3, 4]

Go on through (Come on in!) — **Проходи́те!**
[I: 2, 6]

go to bed — **ложи́ться** (**лож-у́сь, -и́шься, -а́тся**)/
лечь (*past:* **лёг, легла́, легли́**) **спать** [I: 5]

go up/upstairs — **поднима́ться** (**поднима́-юсь,
-ешься, -ются**)/**подня́ться** (**подним-у́сь,
подни́м-ешься, -утся**) (**куда́**) [II: 4]

Let's go! — **Пойдём!** [I: 8]

Let's go to . . . instead. — **Пойдём лу́чше . . .** [I: 8]

Let's go! — **Пошли́!** [I: 9]

Would you like to go . . . ? — **Не хо́чешь** (**хоти́те**)
пойти́ (**пое́хать**) **. . . ?** [I: 5]

golf — **гольф** [II: 7]

good — **хоро́ший** [I: 2]; **хорошо́** [I: 2]; (*tasty*) —
вку́сный [I: 9]

Good afternoon! — **До́брый день!** [I: 1]

Good evening! — **До́брый ве́чер!** [I: 1]

Good job! — **Молоде́ц!** [I: 2]

Good morning! — **До́брое у́тро!** [I: 1]

Good night! — **Споко́йной но́чи!** [I: 1]

I feel good. — **Мне хорошо́.** [II: 1]

pretty good — **неплохо́й; неплохо́** [I: 3]

good-bye — **до свида́ния** [I: 1, 2];
(*informal*) **Пока́!** [I: 1]

goodness — **добро́** [II: 10]

goods — **това́ры** [I: 8]

government — **прави́тельство** [II: 6]

grade — (*year of study in grade school or high school*)
класс (в) [I: 7]; passing grade (*pass/fail*) —
зачёт [I: 4]

graduate from (*requires direct object*) — **око́нчить**
(*perf.:* **оконч-у́, око́нч-ишь, -ат**) [I: 10; *see 10.3*]

graduate school — **аспиранту́ра** [I: 4]

graduate student — **аспира́нт(ка)** [I: 10]

gram — **грамм** (*gen. pl.* **грамм**) [I: 9]

grammar — **грамма́тика** [I: 1]

granddaughter — **вну́чка** [I: 7]

grandfather — **де́душка** [I: 7]

grandmother — **ба́бушка** [I: 7]

grandson — **внук** [I: 7]

grapes — **виногра́д** (*always sing.*) [I: 9]

gray — **се́рый** [I: 2]

Great! – **Здо́рово!** [II: 1]

green — **зелёный** [I: 2]

greeting card — **откры́тка** [II: 8]

groceries — **проду́кты** (*pl.*) [I: 9]

grocery store — **продово́льственный магази́н**
[I: 9]; **гастроно́м** [I: 9]; (*self-service*) —
универса́м [I: 9]

group — **гру́ппа** [II: 4]

grow up — **вы́расти** (*perf. past:* **вы́рос, вы́росла,
вы́росли**) [I: 7, 10; *see 7.1*]

guest — **гость (он)** [I: 7, II: 10]

visit (*someone*) — **быть в гостя́х** (**у кого́**) [I: 10]

guitar — **гита́ра** [I: 5, II: 7]

guy — **па́рень** (*gen.* **па́рня**) [II: 8]

guys (*conversational term of address*) — **ребя́та**
(*pl.; gen.* **ребя́т**) [I: 10; II: 9, 10]

gym, athletic facility — **спорти́вный зал (спортза́л)**
[I: 6, II: 3]

gymnastics — **гимна́стика** [II: 7]

H

hair — **во́лосы** (*pl.*) [II: 9]

half — **полови́на** [II: 4]

hall, large room — **зал** [II: 3]

hallway — **коридо́р** [I: 6]

hamburger — **га́мбургер** [I: 9]

hand — **рука́** (*acc. sing.* **ру́ку;** *pl.* **ру́ки, рук, рука́м,
рука́ми, рука́х**) [II: 9]

handicrafts — изде́лия худо́жественных про́мыслов [I: 8]

handkerchief — плат(о́)к (*ending always stressed*) [I: 8]

handsome — краси́вый [I: 2]

hang — висе́ть (виси́т, вися́т) [I: 6]

Hannukah — Ха́нука [II: 10]

happiness — сча́стье [II: 10]

happy — весёлый [I: 7, II: 1]; ве́село (*adv.*) [II: 1]

happy, satisfied (*with something*) — дово́лен/дово́льна (чем) [II: 7]

Happy Birthday! — С днём рожде́ния! [I: 8]

hard (*difficult*) — тру́дный [I: 4]; тру́дно [I: 8; *see 8.6*]

hat — (*cap*) ша́пка [I: 2]; (*business hat*) — шля́па [I: 8]; (*hats as a department in a store*) — головно́й убо́р [I: 8]

hate — ненави́деть (*impf.*: ненави́ж-у, ненави́д-ишь, -ят) (что/кого́) [II: 8]

have: (*someone*) has (*something*) — у (кого́) есть + *nom.* [I: 2, 6; *see 2.8, 6.4*]

Do you have . . . ? — У вас (тебя́, меня́, *etc.*) есть . . . ? [I: 2]

(*someone*) doesn't have (*something*) — у (кого́) нет + *gen.* [I: 6; *see 6.5*]

I don't have any of those. — У меня́ нет. [I: 2]

have (*used for abstractions or compound expressions*) — име́ть [I: 10]

have a child — име́ть ребёнка [I: 10]

have to do with something — каса́ться (каса́ется) (чего́) [II: 4]

he — он [I: 2; *see 2.3*]

head — голова́ [II: 9]

health — здоро́вье [II: 7]

health care system — систе́ма здравоохране́ния [II: 9]

health clinic — поликли́ника [I: 7, II: 9]

healthy — здоро́вый [I: 7]

hear — слы́шать/у- (слы́ш-у, -ишь, -ат) [I: 9, 10; II: 2]; hear, catch — расслы́шать [I: 10]

heart — се́рдце [II: 9]

by heart (*from memory*) — наизу́сть [II: 6]

hello — здра́вствуй(те) [I: 1]; (*on telephone*) Алло́! [I: 5]

help (*someone*) — помога́ть (помога́-ю, -ешь, -ют)/помо́чь (помог-у́, помо́ж-ешь, помо́г-ут; помо́г, помогла́, помогли́) (кому́) [II: 4]; по́мощь (она́) [II: 7, 10]

her(s) — её [I: 2; *see 2.4*]

here — здесь [I: 1]; тут [I: 2]

from here — отсю́да [II: 2, 8; *see 10.6*]

here (*with a motion verb*) — сюда́ [II: 8]

here is . . . — вот . . . [I: 2]

here it is; take it (*informal, when handing something to someone*) — На. [II: 9]

herring — селёдка (селёдочка) [II: 10]

Hi! (*informal*) — Приве́т! [I: 1]

high; tall — высо́кий [I: 6, II: 3]; not high; not tall — невысо́кий [II: 9]

hike — похо́д [II: 7]

his — его́ [I: 2; *see 2.4*]

history — исто́рия [I: 4]; (*adj.*) истори́ческий [I: 4, II: 3]

hit (*song*) — хит (*pl.* хиты́) [II: 8]

hobby — увлече́ние [I: 7, II: 7]

hockey — хокке́й [II: 7]

holiday — пра́здник [II: 10]

Happy Holiday! — С пра́здником! [II: 10]

Happy upcoming holiday! (*said on the eve*) — С наступа́ющим! [II: 10]

home — дом (*pl.* дома́) [I: 2]; (*adj., as in homework*) дома́шний [II: 6]

at home (*answers* где) — до́ма [I: 3]

homeward (*answers* куда́) — домо́й [I: 5]

Make yourself at home. — Бу́дьте как до́ма. [I: 2]

homework — дома́шнее зада́ние [II: 6]

do homework — занима́ться (занима́ -юсь, -ешься, -ются) [I: 4; *see 4.3*]

honestly — че́стно [II: 5]

to be honest, to tell the truth — че́стно говоря́ [II: 5, 7]

honor — честь (она́) [II: 10]

in honor of — в честь (кого́/чего́) [II: 10]

hope — наде́яться (*impf.*: наде́-юсь, -ешься, -ются) [II: 4]

horror — у́жас [II: 5]

horror film — фильм у́жасов (ужа́стик) [II: 5]

hosiery — колго́тки (*pl.*) [I: 2]

hospital — больни́ца [I: 7, II: 9]

be in the hospital — лежа́ть/по- в больни́це [II: 9]

hospitality — гостеприи́мство [II: 10]

host — хозя́ин (*pl.* хозя́ева) [II: 10]

hostess — хозя́йка (до́ма) [II: 10]

hot (*of things, not weather*) — горя́чий [I: 6]

hot (*weather*) — жа́ркий; жа́рко (*adv.*) [II: 1]

hotter — жа́рче [II: 5]

We were hot. — Нам бы́ло жа́рко.

hot dog — соси́ска [I: 9]

hotel — гости́ница [II: 3]

hotel floor manager — дежу́рная [II: 4]

hour — час (2–4 часа́, 5–12 часо́в) [I: 5]

for a couple of hours — на па́ру часо́в [II: 6]

house: at someone's house — **у (кого́)** [I: 6; *see 6.3,*
  6.7]; to someone's house — **к (кому́)** [II: 10;
  see 10.6]
housewarming — **новосе́лье** [I: 8]
housewife — **домохозя́йка** [I: 7]
how — **как** [I: 4]
  How are you? (*informal*) — **Как ты?** [I: 2]
  How do I get to...? — **Как попа́сть**
    (куда́) ...? [II: 3] **Как добра́ться**
    (до чего́) ...? [II: 3]
  How do you say ... in Russian? —
    Как по-ру́сски ...? [I: 1, 3]
  How come? How can that be? — **Как же так?**
    [II: 7]
  How do you know Russian? — **Отку́да вы зна́ете**
    ру́сский язы́к? [I: 3]
  How good it smells! — **Как вку́сно па́хнет!**
    [II: 10]
  How long does it take to get (*somewhere*)? —
    Ско́лько вре́мени идти́/е́хать (куда́)? [II: 3]
  how many (much) — **ско́лько** [I: 6]
  How many rooms do you have? — **Ско́лько у вас**
    ко́мнат? [I: 6]
  How much do(es) ... cost? — **Ско́лько сто́ит**
    (сто́ят) ...? [I: 8]
  How much will it cost? — **Ско́лько э́то бу́дет**
    сто́ить? [II: 3]
  How old is ...? — **Ско́лько (кому́) лет?** [I: 7]
  How should I put it? — **Как тебе́ (вам)**
    сказа́ть? [II: 6]
  How sweet of you! — **Ты про́сто**
    пре́лесть! [II: 10]
huge — **огро́мный** [I: 8, II: 6]
humor — **ю́мор** [II: 5]
hurt — **боле́ть** (*impf.*: **боли́т, боля́т**) (**у кого́**)
    [II: 9; *see 9.1*]
husband — **муж** (*pl.* **мужья́, муже́й, мужья́м,**
    мужья́ми, мужья́х) [I: 5, 7]

I

I — **я** [I: 1]
  (*someone*) and I — **мы с (кем)** [I: 9]
ice cream — **моро́женое** (*declines like adj.*) [I: 9];
    (*creamy ice cream*) **пломби́р** [I: 9]
icon — **ико́на** [I: 6]
identification (*document*) — **докуме́нт** [I: 2]
if — **е́сли** [I: 9]
  if ... then — **е́сли ..., то** [II: 1; *see 1.10*]
  if, whether — **ли** [II: 1; *see 1.8*]

ill — **бо́лен (больна́, больны́)** [II: 9]
Illinois (*adj.*) — **иллино́йский** [I: 4]
illness — **боле́знь** (*она*) [II: 9]
immediately, right away — **сра́зу** [II: 4, 8]
important — **ва́жный** [II: 8]
impossible — **невозмо́жно (кому́)** [I: 8; *see 8.6*];
    That's impossible! — **Не мо́жет быть!** [I: 5]
impression (*of someone/something*) — **впечатле́ние**
    (**о ком/чём**) [II: 8]
impressionist — **импрессиони́ст** [I: 8]
in — **в** + *prepositional* [I: 1, 4; *see 3.8, 4.2, 5.6*];
    на [I: 4; *see 3.8, 4.2, 5.6*]; (*after a certain amount*
    of time has passed) — **че́рез** [I: 10; *see 10.5*]
  in the first (second, third) place — **во-пе́рвых ...**
    во-вторы́х ... в-тре́тьих [I: 9]
  in what year (*at university or institute*) — **на како́м**
    ку́рсе [I: 4]
  in five years' time — **че́рез пять лет**
  in general — **вообще́** [II: 1], **в о́бщем** [II: 9]
  in honor of — **в честь (кого́/чего́)** [II: 10]
  in order to — **что́бы** [II: 4, 7, 9; *see 9.2*]
incorrect(ly) — **непра́вильно** [II: 7]
independence — **незави́симость**
  Independence Day — **День незави́симости** [II: 10]
indicate: to be indicated — **ука́зываться**
    (*impf.*: **ука́зыва-ется, -ются**) [II: 6]
inexpensive — **дешёвый; дёшево** (*adv.*) [I: 8, II: 5]
infectious — **инфекцио́нный** [II: 9]
information — **информа́ция** [II: 1]
insect — **насеко́мое** [II: 6]
inspector general — **ревизо́р** [II: 6]
instead of — **вме́сто (чего́)** [II: 8]
institute (*institution of post-secondary education*) —
    институ́т [I: 4]
  Institute of Foreign Languages — **Институ́т**
    иностра́нных языко́в [I: 4]
  institute of higher education — **вуз (вы́сшее**
    уче́бное заведе́ние) [I: 4]
instructor — **преподава́тель** [I: 4]
instrument (*musical*) — **музыка́льный**
    инструме́нт [II: 7]
insurance — **страхо́вка** [II: 9]
insured (*mail*) — **заказно́й** [II: 8]
intelligent — **у́мный** [I: 7]
interested in — **интересова́ться** (*impf.*: **интересу́-**
    юсь, -ешься, -ются) (**чем**) [II: 7]
  become interested in — **заинтересова́ться**
    (**чем**) [II: 7]
interesting — **интере́сный; интере́сно** (*adv.*) [I: 2]
  It's interesting ... — **Интере́сно ...** [I: 2]

international — междунаро́дный [II: 2]
   international affairs — междунаро́дные
     отноше́ния [I: 4]
   International Women's Day — Междунаро́дный
     же́нский день [II: 10]
Internet — Интерне́т [II: 8]
   Internet café — Интерне́т-кафе́ [II: 8]
internship — пра́ктика (на) [I: 4]
introduce: Let me introduce you
     (*lit.* Get acquainted!) — Познако́мьтесь! [I: 1]
   Allow me to introduce myself. — Разреши́те
     предста́виться. [I: 1, 3]
invitation — приглаше́ние [I: 1]
invite — приглаша́ть (приглаша́-ю, -ешь, -ют)/
    пригласи́ть (приглаш-у́, приглас-и́шь, -я́т)
    [II: 10]
Irkutsk (*city in Siberia*) — Ирку́тск [I: 1]
it — он; она́; оно́ [I: 2; *see 2.3*]
Italian — (*person*) италья́н(е)ц/италья́нка;
    (*adj.*) италья́нский [I: 3; *see 3.6, 3.7*]
Italy — Ита́лия [I: 3]

J

jacket (*short, not an overcoat*) — ку́ртка [I: 2];
    (*suit jacket*) — пиджа́к [I: 2]
January — янва́рь (*он; ending always stressed*) [II: 1]
Japan — Япо́ния [I: 3]
Japanese — (*person*) япо́н(е)ц/япо́нка;
    (*adj.*) япо́нский [I: 3; *see 3.6, 3.7*]
jeans — джи́нсы (*pl.*) [I: 2]
jersey — футбо́лка [I: 2]
Jewish — (*man, woman*) евре́й (-ка) [II: 10]
journalism — журнали́стика [I: 4]
journalist — журнали́ст [I: 7]
joy — ра́дость [II: 10]
judicial — юриди́ческий [I: 4]
juice — сок [I: 9]
July — ию́ль [II: 1]
jump — пры́гать (*impf.*: пры́га-ю, -ешь, -ют) [II: 7]
June — ию́нь [II: 1]
just — то́лько что [II: 9]
   Just a moment! [Одну́] мину́точку! [I: 8]
Just what is that? — Что э́то тако́е?

K

karate — карате́ [II: 7]
kefir — кефи́р [I: 9]
kerchief — плат(о́)к (*ending always stressed*) [I: 8]

key — ключ (*pl.* ключи́) (от чего́) [II: 4]
key (*on a keyboard*) — кла́виша [II: 8]
kidding: Are you kidding? — Ты что? [II: 8]
killed — уби́т, -а, -о, -ы [II: 3]
kilogram — килогра́мм (*gen. pl.* килогра́мм) [I: 9]
   half a kilo — полкило́ [I: 9]
kind — до́брый [I: 1]
   Be so kind as to . . . — Бу́дьте добры́! [I: 9]
kind (*of*) — вид
   individual sport, type of sport — вид
     спо́рта [II: 7]
   means of transportation — вид
     тра́нспорта [II: 3]
   What kind of . . .? — Что э́то за . . .? (+ *nom.*)
     [II: 5]; Како́й э́то . . . ? [I: 2]
kindness — добро́ [II: 10]
kiosk (*newsstand*) — кио́ск [II: 4]
kitchen — ку́хня (на *or* в) [I: 4, 6, 9]
   kitchen — ку́хонный (*adj.*) [I: 8]
knee — коле́но (*pl.* коле́ни) [II: 9]
knit — вяза́ть (*impf.*: вяж-у́, вя́ж-ешь, -ут) [II: 7]
know — знать (зна́-ю, -ешь, -ют) [I: 3]
know how (*to do something*) — уме́ть/с-
    (уме́-ю, -ешь, -ют) [II: 8]
   What's to know? — Да что тут уме́ть? [II: 8]
kopeck — копе́йка (5–20 копе́ек)
Kremlin — Кремль (*он; ending always
    stressed*) [II: 3]

L

labor — труд (*ending always stressed*) [II: 1]
   Labor Day — День Труда́ [II: 10]
laboratory — лаборато́рия [I: 3, 7]
lacrosse — лакро́сс [II: 7]
lake — о́зеро (*pl.* озёра) [II: 1]
lamp — ла́мпа [I: 6]
language — язы́к (*pl.* языки́) [I: 3; *see 3.6*]
   language (*adj.: relating to the study of language and
     literature*) — филологи́ческий [I: 3, 4]
   language department — филологи́ческий
     факульте́т
laptop — лэпто́п [II: 8]
large — большо́й [I: 2]
last — после́дний [I: 2]; про́шлый [I: 10]
   last week — на про́шлой неде́ле
   last year — в про́шлом году́ [I: 10]
last name — фами́лия [I: 1, *see 1.2*]
   What's your last name? — Ка́к ва́ша
     фами́лия? [I: 1]

late — по́здно [I: 5]

    Am I late? — Я не опозда́л(а)? [I: 6]

    be late — опа́здывать (опа́здыва-ю, -ешь, -ют)/опозда́ть (опозд-а́ю, -а́ешь, -а́ют) [I: 5, 10]

    later — по́зже (поздне́е) [II: 5]

later — пото́м [I: 5]; по́зже, поздне́е [II: 5]

law — (*academic discipline*) юриспруде́нция [I: 4]; (*adj.*) юриди́ческий [I: 4, 7]

    law office — юриди́ческая фи́рма [I: 7]

lawyer — юри́ст [I: 7]

learn (*how to do something*) — учи́ться/на- (уч-у́сь, у́ч-ишься, -атся) + *infinitive* [II: 7]

leave, depart (*on foot*) — уходи́ть (ухож-у́, ухо́д-ишь, -ят)/уйти́ (уйд-у́, -ёшь, -у́т; ушёл, ушла́, ушли́) [II: 4; *see 4.6*]

leave (*something behind*) — оставля́ть (оставля́-ю, -ешь, -ют)/оста́вить (оста́вл-ю, оста́в-ишь, -ят) [II: 4]

lecture — ле́кция [I: 3, 4]

left: ле́вый [II: 9]; on the left (*of something*) — сле́ва (от чего́) [I: 6, II: 3]; (*to the*) left — нале́во [II: 3]

leg — нога́ (*acc. sing.* но́гу; *pl.* но́ги, нога́м, нога́ми, нога́х) [II: 9]

lemon — лимо́н [I: 9]

less — ме́ньше [II: 5; *see 5.3*]; (*with adj., comparative*) ме́нее [II: 5; *see 5.3*]

lesson — уро́к (на) [I: 5]

    Russian lesson — уро́к ру́сского языка́ [I: 5]

Let's. . . — дава́й(те) + *future tense of* мы-*form* [I: 1, 8; II: 1, *see 1.6*]

    Let's go. . . (*on foot; someplace within city*) — Дава́й(те) пойдём . . . [I: 5]; Пошли́! [I: 9]

    Let's go. . . (*by vehicle; to another city*) — Дава́й(те) пое́дем . . . [I: 5]

    Let's . . . instead. — Дава́й(те) лу́чше . . . [II: 1]

    Let's listen! — Дава́йте послу́шаем! [I: 1]

    Let's get acquainted. — Дава́йте познако́мимся! [I: 1]

    Let's read! — Дава́йте почита́ем! [I: 1]

    Let's see. . . — Зна́чит так . . . [I: 7]

    Let's switch to ты. — Дава́й перейдём на «ты». [I: 10]

    Let's talk! — Дава́йте поговори́м! [I: 1]

letter (*mail*) — письмо́ (*pl.* пи́сьма, пи́сем) [I: 2, 4]

    letter of introduction — направле́ние [II: 6]

lettuce — сала́т [I: 9]

librarian — библиоте́карь (*он*) [I: 7]

library — библиоте́ка [I: 4]

    library card — чита́тельский биле́т [II: 6]

lie — лежа́ть/по- (леж-у́, -и́шь, -а́т) [I: 6]

    be in the hospital — лежа́ть/по- в больни́це [II: 9]

lie down (*to sleep*) — ложи́ться (лож-у́сь, -и́шься, -а́тся)/лечь (*past:* лёг, легла́, легли́) (спать) [I: 5, II: 9]

life — жизнь (*она*) [II: 5]

    everyday life — быт [II: 8]

lift (*weights*) — поднима́ть (*impf.*: поднима́-ю, -ешь, -ют) (тя́жести) [II: 7]

like — нра́виться/по- (нра́в-ится, -ятся) (кому́) [II: 5; *see 5.1*]

    I like Pelevin novels. — Мне нра́вятся рома́ны Пеле́вина.

like: Would you like to go . . .? — Не хо́чешь (хоти́те) пойти́ (пое́хать) . . .? [I: 5]

    Would you like to see [it, them]? — Хо́чешь посмотре́ть? [I: 6]

likely: most likely — скоре́е (всего́) [II: 5]

linguistic — лингвисти́ческий [I: 4, II: 6]

lip — губа́ (*pl.* гу́бы, губа́м, губа́ми, губа́х) [II: 9]

listen (to) — слу́шать/про- (слу́ша-ю, -ешь, -ют) (кого́/что) [I: 5, 10]

    Listen! — Послу́шай(те)! [I: 5, 7]

liter — литр [I: 9]

literature — литерату́ра [I: 4, II: 5]

little — ма́ленький [I: 2]

    a little — немно́го, немно́жко [I: 3]

    little, too little, few — ма́ло (чего́) [II: 4]

    a little about the pictures — немно́го о карти́нках [I: 3]

    a little bit about oneself (*myself, yourself, themselves, etc.*) — немно́го о себе́ [I: 1]

    a little earlier — пора́ньше [II: 1]

live — жить/по- (жив-у́, -ёшь, -у́т; жила́, жи́ли) [I: 1, 3; *perf.* II: 8]

    live through — пережива́ть (пережива́-ю, -ешь, -ют)/пережи́ть (пережив-у́, -ёшь, -у́т) [II: 10]

living conditions — жили́щные усло́вия [I: 6]

living room — гости́ная (*declines like adj.*) [I: 6]

located: to be located — находи́ться (*impf.*: нахо́дится, нахо́дятся) [I: 8, II: 3]

London — Ло́ндон [I: 1]

long — дли́нный [II: 5, 6]

long: for a long time — давно́ (+ *present tense verb*) [I: 8]; до́лго [I: 10]

    до́льше [II: 5] — longer (*for a longer time*)

look — посмотре́ть (*perf., see* смотре́ть) [I: 6]; (*appearance*) вы́глядеть (*impf.*: вы́гляж-у, вы́гляд-ишь, -ят) [II: 9]

Let's take a look. . . — **Посмо́трим . . .** [I: 6]

look like — **похо́ж (-а, -и) на (кого́:** *acc.*) [I: 10; *see 10.1*]

look for, search — **иска́ть/по- (ищ-у́, и́щ-ешь, -ут) (кого́/что)** [II: 4]

Los Angeles — **Лос-Анджелес** [I: 1]

lose — **теря́ть/по- (теря́-ю, -ешь, -ют)** [II: 4]; (*a game*) — **прои́грывать (прои́грыва-ю, -ешь, -ют)/проигра́ть (проигра́-ю, -ешь, -ют)** [II: 7]

lost: to get lost — **теря́ться/по- (теря́-юсь, -ешься, -ются)** [II: 8]

love — **люби́ть** (*impf.*: **любл-ю́, лю́б-ишь, лю́б-ят**) [I: 4; *see 4.5*]

low — **ни́зкий** [I: 6]

lunch — **обе́д** [I: 4, 5]

Lunch is ready. — **Обе́д гото́в.** [I: 6]

eat lunch — **обе́дать/по- (обе́да-ю, -ешь, -ют)** [I: 5, 9, 10]

M

magazine — **журна́л** [I: 2]

mail — **по́чта** [II: 3, 8]

by mail — **по по́чте** [II: 8]

e-mail — **электро́нная по́чта** [II: 8]

mail, dispatch — **посыла́ть (посыла́-ю, -ешь, -ют)/посла́ть (пошл-ю́, -ёшь, -ю́т) (что кому́ куда́)** [II: 8]; **отправля́ть (отправля́-ю, -ешь, -ют)/отпра́вить (отпра́вл-ю, отпра́в -ишь, -ят)** [II: 8]

main — **гла́вный** [I: 10, II: 3]

major (*specialization in college*) — **специа́льность (она)** [I: 4]

make — **де́лать/с- (де́ла-ю, -ешь, -ют)** [I: 5, 9]

man — **мужчи́на** [I: 8, II: 4]

manage (*to do something*) — **суме́ть** (*perf.*: **суме́-ю, -ешь, -ют**) [II: 10]; (*to get in*) — **попа́сть** (*perf.*: **попаду́, -ёшь, -у́т; попа́л, -а, -и**) [I: 9, II: 3]

We'll get in for sure. — **Мы то́чно попадём.** [I: 9]

management — **ме́неджмент** [I: 4]

manager — **ме́неджер** [I: 7]

many, much — **мно́гие** (*adj.*) [I: 3]; **мно́го (чего́)** [I: 7, II: 4]

so many — **сто́лько** [II: 8, 10]

map — **ка́рта** [I: 8]

March — **март** [II: 1]

market — **ры́н(о)к (на)** [I: 3, 8]

book mart — **кни́жный ры́н(о)к**

married (*said of a man*) — **жена́т** [I: 7]; (*said of a woman*) — **за́мужем** [I: 7]

mashed potatoes — **пюре́** (*indecl.*) [I: 9]

masterpiece — **шеде́вр** [II: 3]

match — **соотве́тствовать**; (*sports*) — **матч** [II: 7]

What matches what? — **Что чему́ соотве́тствует?** [I: 1]

math (*adj.*) — **математи́ческий** [I: 4]

mathematics — **матема́тика** [I: 4]

matter — **де́ло**

It doesn't matter — **всё равно́ (кому́)** [II: 7]

The thing is that . . . — **Де́ло в то́м, что . . .** [II: 4]

What's the matter? — **В чём де́ло?** [II: 4]

May — **май** [II: 1]

May (I/one . . . do something)? — **мо́жно** [I: 8]

maybe — **мо́жет быть** [I: 4]

mean — **зна́чить**

meanwhile, for the time being — **пока́** [I: 9, II: 4]

measure — **ме́рить/из- (ме́р-ю, -ишь, -ят)** [II: 9]

meat — **мя́со** [I: 9]; (*adj.*) **мясно́й** [I: 9]

chopped meat, ground meat — **фарш** [I: 9]

meat patty — **котле́та** [I: 9]

medical — **медици́нский** [II: 7]

medicine — **медици́на** [I: 4]; **лека́рство (от чего́)** [II: 9]

take medicine — **принима́ть (принима́-ю, -ешь, -ют)/приня́ть (прим-у́, при́м-ешь, -ут; при́нял, приняла́, при́няли) лека́рство** [II: 9]

meet up (*with each other*) — **встреча́ться (встреча́-емся, -етесь, -ются)/встре́титься (встре́т-имся, -итесь, -ятся)** [II: 1]

melodrama — **мелодра́ма** [II: 5]

member — **член** [I: 10]

memorize — **учи́ть (учу́, у́ч-ишь, -ат)/вы́учить (вы́уч-у, -ишь, -ат)** [II: 6]

memorized, by heart, from memory — **наизу́сть** (*adv.*) [II: 6]

memorize, learn by heart [II: 6] — **вы́учить наизу́сть**

men's — **мужско́й** [I: 8]

menu — **меню́** (*оно, indecl.*) [I: 9]

Please bring a menu. — **Принеси́те, пожа́луйста, меню́.** [I: 9]

message — **сообще́ние** [II: 8]

meter — **метр** [I: 6, 8]

square meter — **квадра́тный метр** [I: 6]

metro, subway — **метро́** [II: 3]

station (metro/subway) — **ста́нция (метро́) (на)** [II: 3]

Mexican — (*person*) **мексика́н(е)ц/мексика́нка** [I: 3, *see 3.7*]; (*adj.*) **мексика́нский** [I: 3; *see 3.6, 3.7*]

Mexico — **Ме́ксика** [I: 3]

MGU (Moscow State University) — **МГУ (Моско́вский госуда́рственный университе́т)** [I: 4]

Michigan (*adj.*) — **мичига́нский** [I: 4]

middle — **середи́на** [II: 5]

midnight — **по́лночь** (*она*) [II: 4]

milk — **молоко́** [I: 9]; (*adj.*) **моло́чный** [I: 9]

mineral (*adj.*) — **минера́льный** [I: 9]

   mineral water — **минера́льная вода́** [I: 9]

minus — **ми́нус** [II: 1]

minute — **мину́та** [II: 10]

   Just a minute! — **Одну́ мину́точку!** [I: 8]; **Мину́точку!** [II: 4]

miss (*someone*) — **скуча́ть** (*по кому*) (*impf.*: **скуча́ю, -ешь, -ют**) [II: 8]

miss: Excuse me, Miss! — **Де́вушка!** [I: 8]

mission — **поруче́ние** [II: 6]

mistake — **оши́бка** [II: 10]

modern — **совреме́нный** [II: 3]

mom — **ма́ма** [I: 2]

moment: Just a moment! — **мину́точка: Одну́ мину́точку!** [I: 8]

Monday — **понеде́льник** [I: 5; *see 5.1*]

money — **де́ньги** (*always plural; gen.* **де́нег**) [I: 8]

mononucleosis — **мононуклео́з** [II: 9]

month — **ме́сяц** (2–4 **ме́сяца**, 5 **ме́сяцев**) [I: 10, II: 1]

   last month — **в про́шлом ме́сяце**

monument — **па́мятник** [II: 3]

more — **бо́льше** [II: 5; *see 5.3*]; (*with adj., comparative*) **бо́лее** [II: 3, 5; *see 5.3*]

   no more, no longer — **бо́льше нет** [I: 8]

morning — **у́тро**

   Good morning! — **До́брое у́тро!** [I: 1]

   in the morning — **у́тром** [I: 5]

Moscow — **Москва́** [I: 1]; (*adj.*) **моско́вский** [I: 4]

Moscow State University — **МГУ (Моско́вский госуда́рственный университе́т)** [I: 4]

mosque — **мече́ть** (*она*) [II: 3]

most: the most (+ *adj.*) — **са́мый** (+ *adj.*) [I: 5, II: 5; *see 5.3*]

   most favorite — **са́мый люби́мый** [I: 5]

   most likely — **скоре́е (всего́)** [II: 5]

   most of all — **бо́льше всего́** [II: 5]

mother — **мать** (*она; gen. and prep. sg.* **ма́тери**; *pl.* **ма́тери, матере́й, -я́м, -я́ми, -я́х**) [I: 3, 4, 6, 7]

motherland — **ро́дина** [II: 5]

mountain — **гора́** (*pl.* **го́ры, в гора́х**) [II: 1]

mouse — **мышь** (*она*) [II: 8]

mousepad — **ко́врик** [II: 8]

mouth — **рот** (*где:* **во рту**) [II: 9]

move (*change residences*) — **переезжа́ть (переезжа́-ю, -ешь, -ют)/перее́хать (перее́д-у, -ешь, -ут) (куда́)** [I: 10]

move away from (*by vehicle*) — **отъезжа́ть (отъезжа́-ю, -ешь, -ют)/отъе́хать (отъе́д-у, -ешь, -ут) (от чего́)** [II: 4; *see 4.6*]

movement — **движе́ние** [I: 10]

   human rights movement — **движе́ние за права́ челове́ка**

movie, film — **фильм** [II: 5]

movie(s) — **кино́** (*indecl.*) [I: 5]

movie theater — **кинотеа́тр** [I: 5, II: 3]

much, many — **мно́го** (*чего́*) [I: 7, II: 4]

   (*in comparisons*) **гора́здо** [II: 5]; **намно́го** [I: 8]

   so much — **сто́лько** [II: 8, 10]

museum — **музе́й** [I: 1, 5, 7]

mushroom — **гриб** (*pl. ending always stressed*) [I: 9]

music — **му́зыка** [I: 4]

   Put on the music. — **Поста́вь(те) му́зыку.** [II: 10]

musical — **музыка́льный** [II: 7]

   musical instrument — **музыка́льный инструме́нт** [II: 7]

musical (*show, film*) — **мю́зикл** [II: 5]

musician — **музыка́нт** [I: 7]

must — **до́лжен (должна́, должны́)** (+ *infinitive*) [I: 5; *see 5.7*]

mustard — **горчи́ца** [I: 9]

my — **мой (моё, моя́, мой)** [I: 1, 2; *see 2.4*]

mystery novel — **детекти́в** [II: 5]

N

name (*first name*) — **и́мя** (*neuter*) [I: 1; *see 1.2*]; last name — **фами́лия** [I: 1; *see 1.2*]

   My name is . . . — **Меня́ зову́т . . .** [I: 1]

   name and patronymic — **и́мя-о́тчество** [I: 1]

   to be named — **называ́ться** (*impf.*: **называ́-ется, -ются**) [II: 3, 6; *see 6.1*]

   What's your name? — **Как вас (тебя́) зову́т?** [I: 1]

   What's your last name? — **Как ва́ша фами́лия?** [I: 1]

narrate — **расска́зывать (расска́зыва-ю, -ешь, -ют)/рассказа́ть (расскаж-у́, расска́ж-ешь, -ут)** [I: 9, 10]

narrow — **у́зкий** [I: 6]

nation — **страна́** [I: 10, II: 3]

national — **национа́льный** [II: 10]

National Unity Day — **Де́нь наро́дного еди́нства** [II: 10]

nationality — национа́льность (она́) [I: 3; see 3.7]
  by nationality — по национа́льности [I: 3]
natural gas — газ [I: 6]
nature — приро́да (на) [II: 1, 7]
nauseous — тошни́ть (impf.) (кого́) [II: 9]
  I am nauseous. — Меня́ тошни́т.
  I was nauseous. — Меня́ тошни́ло.
near (in the vicinity) — у (чего́) [I: 2, 6]
  near, not far — недалеко́ [I: 6]
  near the front (in a movie theater) — побли́же [II: 5]
  near the back (in a movie theater) — пода́льше [II: 5]
nearest — ближа́йший [II: 3]
nearly — чуть не [II: 9]
necessary — ну́жен, нужна́, ну́жно, нужны́ [II: 6; see 6.2]
  it is necessary — на́до (or ну́жно) (кому́) (+ infinitive) [I: 8; see 8.5]; обяза́тельно [II: 1, 8]
  everything necessary — всё, что ну́жно [II: 10]
neck — ше́я [II: 9]
need — see necessary
neighbor — сосе́д (pl. сосе́ди)/сосе́дка [I: 4]
neighborhood — райо́н [II: 1, 3, 8]
neither . . . nor . . . — Ни . . . ни . . . [I: 6]
nephew — племя́нник [I: 7]
never — никогда́ (не) [I: 5, II: 6; see 6.4]
nevertheless — всё-таки [II: 2]
new — но́вый [I: 2]
  New Year — Но́вый год [II: 10]
  New Year's — нового́дний [II: 10]
  see in the New Year — встреча́ть Но́вый год [II: 10]
news — но́вости [II: 5]
New York — Нью-Йо́рк [I: 1]
newspaper — газе́та [I: 2]
next (future) — бу́дущий [II: 8, 10]
  next year — в бу́дущем году́
  next week — на бу́дущей неде́ле
next — да́льше (adv.) [I: 6, II: 5]; сле́дующий (adj.) [II: 3, 4]
  alongside, next (to something) — ря́дом (с чем) [I: 6, II: 3]
  next, neighboring — сосе́дний [II: 8]
  What's next? — Что да́льше?
nice — симпати́чный [I: 7]
niece — племя́нница [I: 7]
night (midnight–4:00 a.m.) — ночь (она́); (evening, before midnight) ве́чер
  at night — но́чью [I: 5]
  Good night! — Споко́йной но́чи! [I: 1]

no — нет [I: 2]
  no more, no longer — бо́льше нет [I: 8]
no one — никто́ (не) [II: 6; see 6.4]
no way — ника́к (не) [II: 6; see 6.4]
  There's no way I can/could . . . — ника́к не могу́ . . . / ника́к не мог (могла́) . . . [II: 3]
none — никако́й [I: 9]
nonsense — ерунда́ [II: 7]
normally — норма́льно [I: 3]
north — се́вер (на) [I: 10; see 10.2]
nose — нос [II: 9]
  head cold; stuffy nose; runny nose — на́сморк [II: 9]
not (negates following word) — не [I: 3]
  not any, no kind of — никако́й (не) [II: 6]
  not as . . . as . . . — не так(о́й) . . . , как . . . [II: 1]
  not at all — . . . совсе́м не [I: 7]; во́все не [II: 2]
  That's (not at all) expensive! — Это (совсе́м не) до́рого! [I: 8]
  not very well — нева́жно [II: 9]
  there is not + noun — нет (чего́) [I: 6; see 6.5, 8.2]
note in writing, write down, record — запи́сывать (запи́сыва-ю, -ешь, -ют)/записа́ть (запиш-у́, -ешь, -ут) [II: 4]
notebook — тетра́дь (она́) [I: 2]
  notebook computer — но́утбук [I: 2]
nothing; it's no bother — ничего́ (не) [I: 5; II: 2, 6, see 6.4]
  I know nothing. — Я ничего́ не зна́ю. [I: 7]
novel — рома́н [I: 8, II: 6]
novella — по́весть [I: 10, II: 6]
November — ноя́брь (ending always stressed) [II: 1]
now — сейча́с [I: 3]; (as opposed to some other time) — тепе́рь [I: 4]
nowhere — нигде́ (не); никуда́ (не) [II: 6; see 6.4]
number — но́мер [I: 5]
  At what number? — По како́му телефо́ну? [II: 2]
  telephone number — телефо́н [II: 2]
  You have the wrong number. — Вы не туда́ попа́ли. [II: 2]
numbers — числи́тельные [I: 1]
nurse (female) — медсестра́ (pl. медсёстры) [I: 7]; (male) — медбра́т (pl. медбра́тья) [I: 7]

O

oboe — **гобо́й** [II: 7]

observe — **наблюда́ть** (*impf.*) [II: 9]

occupy — **занима́ть** [I: 10]; be occupied with — **занима́ться** (*impf.*: занима́-юсь, -ешься, -ются) (чем) [I: 4, *see 4.3*; II: 7]

o'clock — **час** (2–4 часа́, 5–12 часо́в) [I: 5]

October — **октя́брь** (*ending always stressed*) [II: 1]

of course — **коне́чно** [I: 4]

offer — **предлага́ть** (предлага́-ю, -ешь, -ют)/**предложи́ть** (предлож-у́, предло́ж-ишь, -ат) [I: 8, II: 10]

office — **о́фис** [I: 7]; (*study*) **кабине́т** [I: 6]; (*organization*) **учрежде́ние** [I: 7]

official; officially — **официа́льно** [II: 8]

often — **ча́сто** [I: 5]

more often — **ча́ще** [II: 5; *see 5.3*]

Oh! — **Ой!** [I: 2]

okay — **ла́дно** [I: 7]; **хорошо́**; (*We've agreed.*) — **Договори́лись.** [I: 5]

old — **ста́рый** [I: 2, 7]

older (*the elder*) — **ста́рший** [I: 5, 7]

older: . . . years older than . . . — **ста́рше** (кого́) на (год, . . . го́да, . . . лет) [I: 7, *see 7.5*; II: 5, *see 5.3*]

Olympic — **Олимпи́йский** [II: 7]

on — **на** [I: 3, 4; *see 3.8, 4.2, 5.5*]; **по** (*on a subject*) [I: 8; *see 8.5*]

on (*a day of the week*) — **в** (что: *acc.*)

on (*a certain date*) — (*gen.*): on August 1 — **пе́рвого а́вгуста**

one — **оди́н** (одна́, одно́, одни́) [I: 6; *see 6.7*]

On the one hand . . . , on the other hand . . . — **С одно́й стороны́ . . . , с друго́й стороны́ . . .** [I: 9]

one and a half — **полтора́** [I: 10]

oneself — **сам** (сама́, са́ми) [I: 8]

onion(s) — **лук** [I: 9]

only — **то́лько** [I: 2]; **всего́** [I: 6]; the only — **еди́нственный** [I: 7]

only (+ *number*) — **всего́** (+ *number*) [II: 1]

open — **открыва́ть(ся)** (открыва́-ю, -ешь, -ют)/**откры́ть(ся)** (откро́-ю, -ешь, -ют) [I: 8, II: 5; *see 5.4*]

(*short-form adj.*) **откры́т** (а, ы) [II: 2]

Open the suitcase! — **Откро́йте чемода́н!** [I: 2]

opinion — **мне́ние** [II: 8]

in my opinion — **по-мо́ему** [II: 5]

in (*someone's*) opinion — **по мне́нию** (кого́) [II: 8]

opposite (*something*) — **напро́тив** (чего́) [II: 3]

or — **и́ли** [I: 4]

oral — **у́стный**

oral interpretation — **у́стный перево́д** [I: 1]

orange (*color*) — **ора́нжевый** [I: 2]

orange (*fruit*) — **апельси́н** [I: 9]

order (*portion of food*) — **по́рция** [I: 9]

order (*things, not people*) — **зака́зывать** (зака́зыва-ю, -ешь, -ют)/**заказа́ть** (закаж-у́, зака́ж-ешь, -ут) [I: 9, 10]

in order to — **что́бы** [II: 4, 7, 9; *see 9.2*]

ordinary — **обыкнове́нный** [I: 7]; **обы́чный** [II: 8]

organization (*bureau, office, agency*) — **учрежде́ние** [I: 7]

organize — **устра́ивать** (устра́ива-ю, -ешь, -ют)/**устро́ить** (устро́-ю, -ишь, -ят) [II: 10]

other — **друго́й** [I: 7, 8, 10]

each other — **друг дру́га** [II: 10]

on the one hand . . . , on the other hand — **с одно́й стороны́ . . . , с друго́й стороны́ . . .** [I: 9]

on the other hand; to make up for it — **зато́** [II: 7]

our — **наш** (на́ше, на́ша, на́ши) [I: 2; *see 2.4*]

outside — **на у́лице** [II: 1]

overcoat — **пальто́** (*indecl.*) [I: 2]

owe: someone owes . . . — **с** (кого́) . . . [I: 9]

How much do we owe — **Ско́лько с нас?**

own: one's own — **свой** (своя́, своё, свои́) [I: 6, II: 7; *see 7.7*]

P

package, parcel — **посы́лка** [II: 8]; **бандеро́ль** (*она*) [II: 8]

page — **страни́ца** [II: 8]

pain — **боль** (*она*) [II: 9]

painful — **бо́льно** (кому́) [II: 9]

pancakes — **блины́** [I: 9]

pants — **брю́ки** (*always pl.; gen.* брюк) [I: 2]

pantyhose — **колго́тки** (*pl.*) [I: 2]

paragraph — **абза́ц** [I: 5]

parents — **роди́тели** [I: 3]

park — **парк** [I: 5]

parody — **паро́дия** [II: 5]

part — **часть** (*она*) [II: 9]

part of the body — **часть те́ла**

participation — **уча́стие** [I: 10]

to participate — **принима́ть уча́стие** [I: 10]

party — **ве́чер** (*pl.* вечера́) [I: 1, II: 10]

pass (*by vehicle*) — **проезжа́ть** (проезжа́-ю, -ешь, -ют)/**прое́хать** (прое́д-у, -ешь, -ут) [II: 3, 4];

(*on foot*) — **проходи́ть** (**прохож-у́, проход-ишь, -ят**)/**пройти́** (**пройд-у́, -ёшь, -у́т; прошёл, прошла́, прошли́**) [*perf.*: II: 3, 4, 7]

Please allow me to pass. — **Разреши́те пройти́.** [II: 3]

pass on, convey — **передава́ть** (**переда-ю́, -ёшь, -ю́т**)/**переда́ть** (**переда́м, переда́шь, переда́ст, передади́м, передади́те, передаду́т; переда́л, передала́, переда́ли**) [II: 2, 5, 9]

What should I pass on (*to whom*)? (Any message?) — **Что (кому́) переда́ть?** [II: 2]

passerby — **прохо́жий** [II: 3]

passing grade (*pass/fail*) — **зачёт** [I: 4]

Passover — **Па́сха** [II: 10]

passport — **па́спорт** (*pl.* **паспорта́**) [I: 2]

password — **паро́ль** (*он*) [II: 8]

pastry — **пиро́жное** [I: 9]

patient — **больно́й** (*adj. decl.*) [II: 9]

patronymic — **о́тчество** [I: 1; *see* 1.2]

What's your patronymic? — **Как ва́ше о́тчество?** [I: 1]

name and patronymic — **и́мя-о́тчество** [I: 1]

pay (*for something*) — **плати́ть/за-** (**плачу́, пла́тишь, пла́тят**) (**за что:** *acc.*) [I: 8]

for pay, requiring payment — **пла́тный** [II: 9]

Pay the cashier. — **Плати́те в ка́ссу.** [I: 8]

pelmeni (*dumplings*) — **пельме́ни** [I: 9]

pen — **ру́чка** [I: 2, II: 9]; (*archaic, literary*) **перо́** [II: 6]

pencil — **каранда́ш** (*pl.* **карандаши́**) [I: 2]

penicillin — **пеницилли́н** [II: 9]

Pennsylvania(n) (*adj.*) — **пенсильва́нский** [I: 4]

pension — **пе́нсия** [I: 7]

pepper — **пе́р(е)ц** [I: 9]

perfectly — **отли́чно** [I: 4, 5]

performer — **арти́ст** [II: 5]

permit — *see allow*

person — **челове́к** (*pl.* **лю́ди**) [I: 8]

personally — **ли́чно** [II: 4]

philological (*relating to the study of language and literature*) — **филологи́ческий** [I: 3, 4]

philology (*study of language and literature*) — **филоло́гия** [I: 4]

philosophy — **филосо́фия** [I: 4]

phonetics — **фоне́тика** [*pronounced* **фонэ́тика**] [I: 4]

photograph — **фотогра́фия** (**на**) [I: 2, 6]

physician — **врач** (*ending always stressed*) [I: 7]

physics — **фи́зика** [I: 4]

piano — **роя́ль** (*он*) [II: 7]; **фортепья́но** (*indecl.*) [II: 7]

piano concerto — **конце́рт для фортепья́но** [II: 7]

picture — **карти́нка** [I: 3]

a little about the pictures — **немно́го о карти́нках**

piece — **кусо́к** (**кусо́чек**) [I: 9]

pilgrim — **пилигри́м** [II: 10]

pill — **табле́тка** [II: 9]

ping-pong — **насто́льный те́ннис** [II: 7]

pink — **ро́зовый** [I: 2]

pizza — **пи́цца** [I: 9]

place — **ме́сто** (*pl.* **места́**) [II: 1, 4]

place of work — **ме́сто рабо́ты** [I: 7]

plan (*to do something*) — **собира́ться** (*impf.*: **собира́-юсь, -ешься, -ются**) [II: 1]

plate — **таре́лка** [I: 8, II: 10]

play — **игра́ть** (**игра́-ю, -ешь, -ют**)/**сыгра́ть** (**сыгра́-ю, -ешь, -ют**) [I: 5, II: 7; *see* 7.2, 7.3]

to play a game — **игра́ть** (**во что:** *acc.*) [II: 7; *see* 7.2]

to play a musical instrument — **игра́ть** (**на чём**) [II: 7; *see* 7.3]

play (*stage play*) — **пье́са** [I: 10, II: 6]

playing (*of a movie*) — **идти́** (*impf.*: **ид-ёт, -у́т**) [II: 5]

pleasant — **прия́тно** [I: 4]

please — **пожа́луйста** [I: 2, 3]

Could you please . . .? — **Бу́дьте добры́!** [I: 9; *see also* **быть**]

Pleased to meet you. — **Прия́тно с ва́ми познако́миться.** [I: 1]

pleasure — **удово́льствие** [II: 10]

With pleasure. — **С удово́льствием.** [I: 5]

poem — **стихотворе́ние** [II: 6]

poem (*long*) — **поэ́ма** [II: 6]

poet — **поэ́т** [II: 6]

poetry — **поэ́зия** [II: 6]; poetry, verse — **стихи́** [I: 10, II: 6]

point: That's just the point. — **В то́м-то и де́ло.** [II: 4]

That's not the point. — **Де́ло не в э́том.** [II: 8]

point of view — **то́чка зре́ния** [II: 6]

police — **мили́ция** [I: 2]

police officer — **милиционе́р** [II: 3]

political — **полити́ческий** [I: 10]

political science — **политоло́гия** [I: 4]

pool (*swimming*) — **бассе́йн** [I: 5]

poorly — **пло́хо** [I: 3]

popular — **популя́рный** [II: 7]

portion — **по́рция** [I: 9]

position (*job description*) — **до́лжность** [I: 10]

possibility — **возмо́жность** [II: 8]

possible — мо́жно (+ *infinitive*) [I: 8; *see 8.5*]
   Would it be possible to look at the apartment? —
   Мо́жно посмотре́ть кварти́ру? [I: 6]
post office — по́чта (на) [II: 3]
   parcel post package — бандеро́ль (*она*) [II: 8]
postcard — откры́тка [II: 8]
pot — кастрю́ля [I: 8]
potato(es) — карто́фель (*он*) (карто́шка) [I: 9];
   (*mashed*) — пюре́ (*indecl.*) [I: 9]
practice — пра́ктика (на) [I: 4, 7]
   private practice — ча́стная пра́ктика [I: 7]
precipitation — оса́дки (*pl.*) [II: 1]
precisely — то́чно [I: 7]; и́менно [II: 3, 4]
preparation — подгото́вка [I: 1]
prepare — гото́вить/при- (гото́в-лю, -ишь,
   -ят) [I: 9]
prepared — гото́вый; гото́в [I: 9]
   Lunch is ready — Обе́д гото́в.
prescribe — выпи́сывать (выпи́сыва-ю, -ешь,
   -ют)/вы́писать (вы́пиш-у, -ешь, -ут) [II: 9]
prescription (*for*) — реце́пт (на что) [II: 9]
present — пода́р[о]к [II: 2]
   give someone a present — дари́ть/по-
   (кому́ что) [I: 8]
   I want to give (*someone*) a present. — **Я хочу́
   сде́лать (кому́) пода́рок.** [I: 8]
press — печа́ть [I: 2]
pretty — краси́вый [I: 2]
previously — ра́ньше [I: 3, 4; II: 5]
price — цена́ [II: 8]
primarily — в основно́м [II: 8]
principle: in principle — в при́нципе [II: 2]
print (out) — распеча́тывать (распеча́тыва-ю,
   -ешь, -ют)/распеча́тать (распеча́та-ю,
   -ешь, -ют) [II: 8]
printer — при́нтер [I: 2]
private (*business, university; etc.*) — ча́стный [I: 7]
   private practice — ча́стная пра́ктика [I: 7]
probably — наве́рное [I: 7]
problem — пробле́ма [II: 4]
profession — профе́ссия [I: 7]
   What is . . .'s profession? — Кто по
   профе́ссии . . . ? [I: 7]
professional — профессиона́льный [II: 7]
program: (*broadcast*) — переда́ча [II: 5]; (*channel*)
   програ́мма [II: 5]; (*concert*) програ́мма
   [II: 5]
programmer — программи́ст [I: 7]
promise (*someone something*) — обеща́ть/по-
   (обеща́-ю, -ешь, -ют) (кому́ что) [II: 8, 9]

propose — предлага́ть (предлага́-ю, -ешь, -ют)/
   предложи́ть (предлож-у́, предло́ж-ишь, -ат)
   [I: 8, II: 10]
prose — про́за [II: 6]
   prose writer — проза́ик [II: 6]
psychology — психоло́гия [I: 4]
publish — печа́тать/на- (печа́та-ю, -ешь, -ют)
   [I: 10, II: 8]
pupil — учени́к/учени́ца [I: 10]
purple — фиоле́товый [I: 2]
purse — су́мка [I: 2]
push (*a button/key*) — нажима́ть (нажима́-ю,
   -ешь, -ют)/нажа́ть (нажм-у́, -ёшь, -у́т)
   (на что) [II: 8]
put something down (*into a lying position*) класть
   (клад-у́, -ёшь, -у́т)/положи́ть (полож-у́,
   поло́ж-ишь, -ат) (что куда́) [II: 8; *see 8.3*]
put something down (*into a standing position*)
   — ста́вить/по- (ста́вл-ю, ста́в-ишь, -ят) (что
   куда́) [II: 8; *see 8.3*]
   Put on the music. — **Поста́вь(те) му́зыку.** [II: 10]

Q

quality — ка́чество [I: 8]
quarter — че́тверть (*она*) [II: 10, *see 10.5*]
   quarter past two — че́тверть тре́тьего
Quebec — Квебе́к [I: 1]
question — вопро́с [I: 2]
questionnaire — анке́та [I: 1]
quickly — бы́стро [I: 3]
quite — дово́льно [I: 3, 4; II: 1, 5]; совсе́м [II: 1]
   not quite — не совсе́м
quiz, test — контро́льная рабо́та [II: 2]
quiz show (*on television*) — виктори́на [II: 5]

R

radio — ра́дио (радиоприёмник) [I: 2]
railroad — желе́зная доро́га [II: 4]
rain — дождь (*он, ending always stressed*) [II: 1]
   Идёт дождь. — It's raining. [II: 1]
   Шёл дождь. — It was raining. [II: 1]
raincoat — плащ (*ending always stressed*) [II: 1]
raisins — изю́м (*always sing.*) [I: 9]
rarely — ре́дко [I: 5, 10]
   more rarely — ре́же [II: 5; *see 5.3*]
   rarity — ре́дкость (*она*) [II: 8]
reach a destination (*by vehicle*) — доезжа́ть
   (доезжа́-ю, -ешь, -ют)/дое́хать
   (дое́д-у, -ешь, -ут) (до чего́) [II: 3, 4; *see 4.6*]

reach a destination (*on foot*) — доходи́ть (дохож-у́, дохо́д-ишь, -ят)/дойти́ (дойд-у́, -ёшь, -у́т; дошёл, дошла́, дошли́) (до чего́) [II: 4; *see 4.6*]

read — чита́ть/про- (чита́ю, -ешь, -ют) [I: 3, 10]
    read for a little while — почита́ть (*perf.*) [I: 8, II: 6]

ready — гото́в (-а, -ы) [II: 1]

real — настоя́щий [II: 7]

really — действи́тельно [I: 10; II: 1, 10]; (*Really?*) — Пра́вда? [I: 1]; Вот как?! [I: 4]; неуже́ли [II: 1]

reason — причи́на [II: 9]
    for some reason — почему́-нибудь, почему́-то [II: 6; *see 6.5*]

receipt — чек [I: 8]

receive — получа́ть (получа́-ю, -ешь, -ют)/получи́ть (получ-у́, получ-ишь, -ат) [I: 4, 9; II: 1, 6, 8]

recently — неда́вно [I: 8]

recognize — узнава́ть (узна-ю́, -ёшь, -ю́т)/(узна́-ю, -ешь, -ют) (что/кого́) [II: 8]

reconciliation — примире́ние [II: 10]
    Day of Harmony and Reconciliation — Де́нь примире́ния и согла́сия [II: 10]

record — запи́сывать (запи́сыва-ю, -ешь, -ют)/записа́ть (запиш-у́, -ешь, -ут) [II: 4]

recorder (*tape recorder*) — магнитофо́н [I: 2]

recording — за́пись (*она*) [I: 5, S.A.M.]

red — кра́сный [I: 2]

refrigerator — холоди́льник [I: 6]

regard (*something*) — относи́ться (отнош-у́сь, отно́с-ишься, -ятся)/отнести́сь (отнес-у́сь, отнес-ёшься, -у́тся) (к чему́) [II: 6]

regard: with regard to (*something*) — Что каса́ется (чего́) . . . [II: 4]

region — райо́н [II: 1, 3, **8**]

register — регистри́ровать/за- (регистри́ру-ю, -ешь, -ют) [II: 4]

registered (*mail*) — заказно́й [II: 8]

regularly — регуля́рно [I: 4]

rehearsal — репети́ция [II: 7]

reject, decline — отка́зываться (отка́зыва-юсь, -ешься, -ются)/отказа́ться (отказ-у́сь, отка́ж-ешься, -утся) (от чего́) [II: 6]

relations — отноше́ния (*pl.*) [I: 4]
    междунаро́дные отноше́ния — international affairs

relative — (*in one's extended family*) ро́дственник [I: 7]; relatives — родны́е (*pl., used as noun*) [II: 10]

relax — отдыха́ть (*impf.*: отдыха́-ю, -а́ешь, -ют) [I: 5]

release (*from hospital*) — выпи́сывать (выпи́сыва-ю, -ешь, -ют)/вы́писать (вы́пиш-у, -ешь, -ут) [II: 9]; отпусти́ть (*perf.*: отпущ-у́, отпу́ст-ишь, -ят) [II: 9]

remain — остава́ться (оста-ю́сь, оста-ёшься, -ю́тся)/оста́ться (оста́н-усь, -ешься, -утся) [II: 4]
    We have an hour left. — У нас оста́лся час.

renovations — ремо́нт [I: 6]

request — про́сьба [II: 2]; проси́ть/по- (прош-у́, про́с-ишь, -ят) [II: 4, 7, 9]
    I have a big favor to ask you. — У меня́ к тебе́ больша́я про́сьба.

researcher — нау́чный сотру́дник [I: 10]

resemble — похо́ж (-а, -и) (на кого́: *acc.*) [I: 10; *see 10.1*]

reservation — бро́нь (бро́ня) (*она*) [II: 4]

reserve, book — брони́ровать/за- (брони́ру-ю, -ешь, -ют) [II: 4]
    reserved — заброни́рован (-а, -ы) [II: 4]

resident — жи́тель [II: 8]

resort – куро́рт [II: 1]

respect — уваже́ние
    С уваже́нием — Respectfully yours (*in a formal letter*)

restaurant — рестора́н [I: 5]

retired — на пе́нсии [I: 7]

return — возвраща́ться (возвраща́-юсь, -ешься, -ются)/верну́ться (верн-у́сь, -ёшься, -у́тся) [II: 1]

revolution — револю́ция [II: 6]

rice — рис [I: 9]
    rice pilaf — плов [I: 9]

ride a bicycle — ката́ться (*impf.*: ката́-юсь, -ешься, -ются) на велосипе́де [II: 1]

right, correct — прав (-а́, пра́вы) [II: 1]

right — пра́во (*pl.* права́) [I: 10]
    defense of civil rights — защи́та гражда́нских прав
    defense of human rights — защи́та прав челове́ка
    human rights movement — движе́ние за права́ челове́ка
    human rights issue — вопро́с прав челове́ка

right: пра́вый [II: 9]; on the right (*of something*) — спра́ва (от чего́) [I: 6, II: 3]; (*to the*) right — напра́во [II: 3]

right away — сра́зу [II: 4, 8]

river — река́ [II: 3]

road — доро́га [II: 4]
    railroad — желе́зная доро́га [II: 4]

role-play — **игрова́я ситуа́ция** [I: 1]

roll — **бу́лка (бу́лочка)** [I: 9]

rollerskates, rollerblades — **ро́лики** (*pl.*) [II: 7]
    rollerskate, rollerblade — **ката́ться на ро́ликах**

romantic — **романти́ческий** [II: 5]

room (*in a house or apartment*) — **ко́мната** [I: 2];
    (*in a hotel or dormitory*) — **но́мер** [II: 4]

roommate — **сосе́д/ка по ко́мнате** [I: 4, 6]

routine: daily routine — **распоря́док дня** [I: 5]

rowing — **гре́бля** [II: 7]

row — **ряд (в ряду́)** [II: 5]

ruble — **рубль** (*он*) (**2–4 рубля́, 5–20 рубле́й**;
    ending always stressed) [I: 7, 8]

rug — **ков(ё)р** (*ending always stressed*) [I: 6]

rugby — **ре́гби** [II: 7]

run — **бе́гать** (*impf., multidirectional:* **бе́га-ю, -ешь, -
    ют**) [II: 7]; **бежа́ть** (*impf., unidirectional:* **бег-у́,
    беж-и́шь, бег-у́т**) [II: 7]

Russia — **Росси́я** [I: 3, 4]

Russian — (*person and adj.*) **ру́сский/ру́сская** [I: 1,
    2, 3; *see 3.6, 3.7*]; (*citizen*) — **россия́нин**
    (*pl.* **россия́не)/россия́нка** [I: 3; *see 3.6, 3.7*];
    Russian (*pertaining to the Russian Federation*)
    росси́йский [I: 3; *see 3.6, 3.7*]

    Russian area studies — **ру́сское странове́дение**
       [I: 4]

    Russian class — **уро́к ру́сского языка́** [I: 5]

    Russian department — **ка́федра ру́сского
       языка́** [I: 4]

    Russian language teacher — **преподава́тель
       ру́сского языка́** [I: 4]

    Russian test — **контро́льная (рабо́та) по
       ру́сскому языку́** [II: 2]

    Russian-English — **ру́сско-англи́йский** [I: 2]

Russian nested doll — **матрёшка** [I: 8]

Russian-English — **ру́сско-англи́йский**

S

sad — **гру́стный; гру́стно** (*adv.*) [II: 1]

sailing — **па́русный спорт** [II: 7]

salad — **сала́т** [I: 9]
    cucumber salad — **сала́т из огурцо́в** [I: 9]
    tomato salad — **сала́т из помидо́ров** [I: 9]

salesperson — **продав(е́)ц** (*ending always
    stressed*)/**продавщи́ца** [I: 7]

salmonella — **сальмонеллёз** [II: 9]

salt — **соль** (*она*) [I: 9]

same — **то́т же (та́ же, то́ же, те́ же)** [II: 2]; same
    kind of — **тако́й же** [I: 6]

sandwich (open-faced) — **бутербро́д** [I: 9]

satisfactor(il)y — **удовлетвори́тельно** [I: 4]

satisfied (*with something*) — **дово́лен/дово́льна
    (чем)** [II: 7]

Saturday — **суббо́та** [I: 5; *see 5.1*]

sauce — **со́ус** [I: 9]
    tomato sauce — **тома́тный со́ус** [I: 9]

sausage — **колбаса́** [I: 9]

saxophone — **саксофо́н** [II: 7]

say — **говори́ть (говор-ю́, -и́шь, -я́т)/
    сказа́ть (скаж-у́, ска́ж-ешь, -ут)** [I: 3, 8]
    How should I put it? — **Как тебе́ (вам)
       сказа́ть?** [II: 6]
    They say that . . .; It is said that . . . **Говоря́т,
       что . . .** [I: 7]
    What did you say? (*formal and pl.*) — **Как вы
       сказа́ли?** [I: 1]
    What did you say? (*informal and sing.*) — **Как ты
       сказа́л(а)?** [I: 1]

schedule — **расписа́ние** [I: 1, 5]

scholar — **учёный** (*declines like adj.; masc. only*) [I: 7]

school — (*primary or secondary, not postsecondary*)
    шко́ла [I: 2]; (*college*) — **университе́т** [I: 1]
    graduate school — **аспиранту́ра** [I: 4]

school teacher (*man or woman*) — **учи́тель** (*он*) (*pl.*
    учителя́) [I: 7]; (*woman*) — **учи́тельница** [I: 7]

schooling — **обуче́ние** [I: 7]

science, scientific — **нау́чный** [II: 5]
    science fiction — **нау́чная фанта́стика** [II: 5]

scientist — **учёный** (*declines like adj.; masc. only*) [I: 7]

scrambled eggs — **яи́чница** [I: 10]

screen — **экра́н (на)** [II: 5]

sea — **мо́ре** [II: 1]

search, look for — **иска́ть/по- (ищ-у́, и́щ-ешь, -ут)
    (кого́/что)** [II: 4]

season — **вре́мя го́да** (*pl.* **времена́ го́да**) [II: 1]

seat — **ме́сто** (*pl.* **места́**) [II: 1]

second — **второ́й** [I: 4]

secretary — **секрета́рь** (*он; ending always
    stressed*) [I: 3, 7]

see — **ви́деть/у- (ви́ж-у, ви́д-ишь, ят)** [I: 6, II: 2]

seems: it seems — **ка́жется (кому́)** [I: 10, II: 5]

self — **сам (сама́, са́ми)** [I: 8]; **себя́** [II: 8]

sell — **продава́ть (прода-ю́, -ёшь, -ю́т)** [I: 8]

seminar — **семина́р** [I: 5]

send — **посыла́ть (посыла́-ю, -ешь, -ют)/
    посла́ть (пошл-ю́, -ешь, -ю́т) (что кому́
    куда́)** [II: 8]; **отправля́ть (отправля́-ю, -ешь,
    -ют)/отпра́вить (отпра́вл-ю, отпра́в -ишь,
    -ят)** [II: 8]; sentence — **предложе́ние**

Make up sentences. — **Соста́вьте предложе́ния.** [I: 2]

Complete the sentences. — **Зако́нчите предложе́ния.** [I: 9]

September — **сентя́брь** (*ending always stressed*) [II: 1]

serious — **серьёзный** [I: 7]

serve — **служи́ть** [I: 7]

serve a dish — **положи́ть** (*perf.*: **полож-у́, поло́ж-ишь, -ат;** *see also* **класть/ положи́ть**) [II: 10]

serve in the army — **служи́ть в а́рмии** [I: 7]

server (*in a restaurant*) — **официа́нт/ка** [I: 9]

service — **обслу́живание** [II: 4]

service bureau — **бюро́ обслу́живания** [II: 4]

several — **не́сколько** (**чего́**) [II: 4]

she — **она́** [I: 2; *see 2.3*]

shelf — **по́лка** [II: 8]

shirt — **руба́шка** [I: 2]; (*t-shirt*) **ма́йка** [I: 2]

shish kebab — **шашлы́к** (*ending always stressed*) [I: 9]

shoes (*women's formal*) — **ту́фли** (*pl.*) [I: 8]; (*men's*) **боти́нки** [I: 2]

short — **коро́ткий** [II: 5]

shorter — **коро́че** [II: 5]

should — **до́лжен** (**должна́, должны́**) (+ *infinitive*) [I: 5; *see 5.7*]

shoulder — **плечо́** (*pl.* **пле́чи, плеча́м, плеча́ми, плеча́х**) [II: 9]

show — **пока́зывать** (**пока́зыва-ю, -ешь, -ют**)/ **показа́ть** (**покаж-у́, пока́ж-ешь, -ут**) [I: 9, 10]

quiz show (*on television*) — **виктори́на** [II: 5]

Show! — **Покажи́(те)!** [I: 8]

shower — **душ** [I: 5]

take a shower — **принима́ть** (**принима́-ю, -ешь, -ют**)/**приня́ть** (**прим-у́, при́м-ешь, -ут; при́нял, приняла́, при́няли**) **душ** [I: 5; *perf.* II: 9]

showing (*of a film*) — **сеа́нс** [II: 5]

shy — **стесня́ться** (*impf.*: **стесня́-юсь, -ешься, -ются**) [II: 10]

Don't be shy. — **Не стесня́йся (стесня́йтесь).** [II: 10]

sick — **бо́лен** (**больна́, больны́**) [II: 9]

sight, place, object of note — **достопримеча́тельность** (**она**) [II: 3]

simple — **просто́й** [II: 5]

simpler — **про́ще** [II: 5]

simply — **про́сто** [I: 9]

since — **с** (**чего́**) [II: 9]

since morning — **с утра́** [II: 9]

sing — **петь/с-** (**по-ю́, -ёшь, -ю́т**) [II: 7]

sister — **сестра́** (*pl.* **сёстры, сестёр, сёстрам, -ами, -ах**) [I: 1, 7]

sit — **сиде́ть/по-** (**сиж-у́, сид-и́шь, -я́т**) [II: 9]

sit down, *lit.*; get onto (a bus, tram, trolley, subway) — **сади́ться** (**саж-у́сь, сад-и́шься, -я́тся**)/ **сесть** (**ся́д-у, -ешь, -ут**) [II: 3]

Sit down; have a seat. — **Сади́тесь!** [II: 3, 10]

situation — **ситуа́ция**

role-play — **игрова́я ситуа́ция** [I: 1]

size — **разме́р** [I: 8]

skate — **ката́ться** (*impf.*: **ката́-юсь, -ешься, -ются**) **на конька́х** [II: 1]

rollerskate — **ката́ться на ро́ликах**

ski — **ката́ться** (*impf.*: **ката́-юсь, -ешься, -ются**) **на лы́жах** [II: 1]

skirt — **ю́бка** [I: 2]

skis — **лы́жи** (*pl.*) [II: 1]

slide — **слайд** [I: 2]

slippers — **та́почки** (*pl.*) [I: 2, II: 10]

slowly — **ме́дленно** [I: 3]

small — **ма́ленький** [I: 2]

smaller — **ме́ньше** [II: 5; *see 5.3*]

smart — **у́мный** [I: 7]

smells — **па́хнет**

How good it smells! — **Как вку́сно па́хнет!** [II: 10]

smoke — **кури́ть** (*impf.*: **кур-ю́, ку́р-ишь, -ят**) [II: 7]

snack bar — **буфе́т** [I: 5]; **кафете́рий** [I: 9]

snow — **снег** [II: 1]

Идёт снег. — It's snowing. [II: 1]

Шёл снег. — It snowed. [II: 1]

so — **так** [I: 3, II: 1]; (*with nouns*) **тако́й** [I: 6, II: 1]; (*as an introductory word*) **Зна́чит . . .** [I: 1]

so many, so much — **сто́лько** [II: 8]

so many impressions! — **сто́лько впечатле́ний** [II: 8]

soccer — **футбо́л** [I: 5, II: 7]

soccer game — **футбо́льный матч** [I: 5]

society — **о́бщество** [II: 6]

sociology — **социоло́гия** [I: 4]

socks — **носки́** (*pl.*) [I: 2]

some sort/kind of — **како́й-нибудь, како́й-то** [II: 5, 6; *see 6.5*]

somehow — **ка́к-нибудь, ка́к-то** [II: 6; *see 6.5*]

someone — **кто́-нибудь, кто́-то** [II: 6; *see 6.5*]

something — **что́-нибудь, что́-то** [II: 5, 6; *see 6.5*]

sometime — **когда́-нибудь, когда́-то** [II: 6; *see 6.5*]

sometimes — **иногда́** [I: 3, 5]

somewhere — **где́-нибудь, где́-то** [II: 6; *see 6.5*]; **куда́-нибудь, куда́-то** [II: 5, 6; *see 6.5*] son — **сын** (*pl.* **сыновья́, сынове́й, сыновья́м, сыновья́ми, о сыновья́х**) [I: 2, 7]

song — **пе́сня** (*gen. pl.* **пе́сен**) [II: 8]
   hit (song) — **хит** (*pl.* **хиты́**) [II: 8]

soon — **ско́ро** [I: 8]

Sorry to bother you. — **Извини́те за беспоко́йство.** [II: 2]

soul — **душа́** (*pl.* **ду́ши**) [II: 6]

sound — **звук** [II: 8]

soup — **суп** [I: 9]; fish (*or meat*) and cucumber soup — **рассо́льник** [I: 9]

sour cream — **смета́на** [I: 9]

south — **юг** (**на**) [I: 10; *see 10.2*]

souvenir — **сувени́р** [I: 8]

Spain — **Испа́ния** [I: 3]

Spanish — (*person*) **испа́н(е)ц/испа́нка** [I: 3]; (*adj.*) **испа́нский** [I: 3; *see 3.6, 3.7*]

speak — **говори́ть** (**говор-ю́, -и́шь, -я́т**)/ **сказа́ть** (**скаж-у́, ска́ж-ешь, -ут**) [I: 3, 8]
   Speak more slowly. — **Говори́те ме́дленнее.** [I: 3]

special — **осо́бый** [II: 6]

specialized — **специализи́рованный** [I: 8]

spend time — **проводи́ть вре́мя** (*impf.:* **провож-у́, прово́д-ишь, -ят**) [II: 7]

sport (*adj.*) — **спорти́вный** [II: 3, 7]

sports — **спорт** (*always sing.*) [I: 7]
   individual sport, type of sport — **вид спо́рта** [II: 7]
   play sports — **занима́ться спо́ртом** [II: 7]

sports fan — **боле́льщик** [II: 7]

sprain — **растя́гивать** (**растя́гива-ю, -ешь, -ют**)/ **растяну́ть** (**растян-у́, растя́н-ешь, -ут**) (**себе́ что**) [II: 9]

spring — **весна́** [II: 1]
   in the spring — **весно́й** [II: 1]

square (*adj.*) — **квадра́тный** [I: 6]

square (*in a city*) — **пло́щадь** (**на**) (**она́**) [II: 3]

stadium — **стадио́н** (**на**) [I: 5]

stage play — **пье́са** [I: 10]

stairway — **ле́стница** [I: 6]

stand(s) — **стоя́ть** (**стои́т, стоя́т**) [I: 6]

state — (*public or government*) **госуда́рственный** [I: 4]; (*U.S. state*) **штат** [I: 1]

station (*metro/subway*) — **ста́нция** (**метро́**) (**на**) [II: 3]; (*train*) **вокза́л** (**на**) [II: 1]

status: family status (*marriage*) — **семе́йное положе́ние** [I: 7]

steak — **бифште́кс** [I: 9]
   fried steak — **ланге́т** [I: 9]

still — **ещё** [I: 3, 4; II: 5]

stockings — **чулки́** (*pl.*) [I: 8]

stomach — **живо́т** [II: 9]

stop (*bus, tram, trolley*) — **остано́вка** (**авто́буса, трамва́я, тролле́йбуса**) [II: 3]

stop by — **заходи́ть** (**захож-у́, захо́д-ишь, -ят**)/ **зайти́** (**зайд-у́, -ёшь, -ут; зашёл, зашла́, зашли́**) [II: 2, 10]

storage room (*in a museum or hotel*) — **ка́мера хране́ния** [II: 4]

store — **магази́н** [I: 2, 5, 7]
   grocery store — **гастроно́м** [I: 9]; **продово́льственный магази́н** [I: 9]; **универса́м** [I: 9]

story — **расска́з** [II: 5, 6]

story (*of a building*) — **эта́ж** (**на**) (*ending always stressed*) [I: 5]

stove — **плита́** (*pl.* **пли́ты**) [I: 6]

straight ahead — **пря́мо** [II: 3]

street — **у́лица** (**на**) [I: 6]

strep throat — **анги́на** [II: 9]

stroll, take a walk — **гуля́ть/по-** (**гуля́-ю, -ешь, -ют**) [II: 1]

strong — **си́льный** [II: 7]; **кре́пкий** [I: 9]

student — **студе́нт/студе́нтка** (*adj.*) [I: 1]
   graduate student — **аспира́нт(ка)** [I: 10]
   pupil — **учени́к/учени́ца** [I: 10]
   student in grade school — **шко́льник/шко́льница** [I: 10]

study — (*do homework*) **занима́ться** (*impf.:* **занима́-юсь, -ешься, -ются**) [I: 4; *see 4.3*]; (*be enrolled in courses; cannot have a direct object*) **учи́ться** (*impf.:* **учу́сь, у́чишься, у́чатся**) [I: 4, *see 4.1, 4.3*]; (*an academic discipline — requires direct object*) **изуча́ть** (*impf.:* **изуча́-ю, -ешь, -ют**) (**что:** *acc.*) [I: 3, 4; *see 4.3*]

I'm studying (*doing homework*) — **Я занима́юсь.** [I: 4]

I study (*am enrolled in courses*) — **Я учу́сь.** [I: 1]

I study (*take*) literature — **Я изуча́ю литерату́ру.** [I: 4]

stupid — **глу́пый** [I: 7]

sturgeon (*fish*) — **осетри́на** [I: 9]

style — **стиль** [II: 6]

subject — (*academic discipline*) **предме́т** [I: 4]

suburb — **при́город** [I: 6, 10]

suburban train — **электри́чка** [II: 1]

subject(ed) to — **подверга́ться** (*impf.*) (**чему́**) [II: 6]

subway, metro — **метро́** [II: 3]

station (*metro/subway*) — ста́нция (метро́) (на) [II: 3]

such — тако́й [I: 6, II: 1]

sugar — са́хар [I: 9]

suicide — самоуби́йство [II: 6]
   commit suicide — поко́нчить жизнь самоуби́йством (*perf.*) [II: 6]

suit — костю́м [I: 2]
   suit jacket — пиджа́к [I: 2]

suitcase — чемода́н [I: 2]

summer — ле́то [II: 1]
   in the summer — ле́том

summer cottage — да́ча (на) [I: 5, 6]

summon — вызыва́ть (вызыва́-ю, -ешь, -ют)/ вы́звать (вы́зов-у, -ешь, -ут) [II: 4, 9]

sun, sunshine — со́лнце [II: 1]
   The sun is shining. — Све́тит со́лнце. [II: 1]

sunbathe — загора́ть (*impf.*: загора́-ю, -ешь, -ют) [II: 1]

Sunday — воскресе́нье [I: 5; *see 5.1*]

supper — у́жин [I: 5]
   eat supper — у́жинать/по- (у́жина-ю, -ешь, -ют) [I: 5, 9, 10]

sure — уве́рен (-а, -ы) [II: 7]
   for sure — то́чно [I: 7]
   We'll get in for sure. — Мы то́чно попадём. [I: 9]

surely — обяза́тельно [II: 1]

surprise — сюрпри́з [I: 2]
   surprised (*at someone/something*) — удивля́ться (удивля́-юсь, -ешься, -ются)/удиви́ться (удивл-ю́сь, удив-и́шься, -я́тся) (кому́/чему́) [II: 5, 8]
   (*an expression of surprise or disbelief*) — На́до же! [II: 2]

sweater — сви́тер (*pl.* свитера́) [I: 2]

sweatshirt — спорти́вный сви́тер [I: 2]

sweet — пре́лесть (*она*)
   How sweet of you! — Ты про́сто пре́лесть! [II: 10]

swim — купа́ться (*impf.*: купа́-юсь, -ешься, -ются) [II: 1, 7]; пла́вать (*impf.*: пла́ва-ю, -ешь, -ют) [II: 7]

swimming — пла́вание [II: 7]

swimming pool — бассе́йн [I: 5]

swimsuit — (*man's*) пла́вки (*pl.*) [II: 1]; (*woman's*) купа́льник [I: 8, II: 1]

symptom — симпто́м [II: 9]

synagogue — синаго́га [II: 3]

T

table — стол (*ending always stressed*) [I: 6]
   Come to the table! — Прошу́ к столу́! [II: 10]
   table tennis — насто́льный те́ннис [II: 7]

take — брать (бер-у́, -ёшь, -у́т; брала́, бра́ли)/ взять (возьм-у́, -ёшь, -у́т; взяла́, взя́ли) [I: 9]; принима́ть (принима́-ю, -ешь, -ют)/приня́ть (прим-у́, при́м-ешь, -ут; при́нял, приняла́, при́няли) (*impf.* I: 5; II: 9]
   take medicine — принима́ть/приня́ть лека́рство [II: 9]
   take a shower — принима́ть/приня́ть душ [I: 5]
   take a walk — гуля́ть/по- (гуля́-ю, -ешь, -ют) [II: 1]
   Take off your coat. — Раздева́йся (Раздева́йтесь). [II: 10]
   to take (*someone by vehicle*) — довезти́
   What do you advise us to order? — Что вы посове́туете нам взять? [I: 9]
   Will you take me to . . .? — До (чего́) не довезёте? [II: 3]

Take it! — (*said when paying*) Получи́те! [I: 9]

talent (*for something*) — тала́нт (к чему́) [II: 7]

talk — говори́ть/по- (говор-ю́, -и́шь, -я́т) [I: 1]; разгова́ривать [I: 3]; обща́ться (обща́-юсь, -ешься, -ются) (с кем) [II: 7]
   Let's talk — Дава́йте поговори́м!

tall — высо́кий [I: 6; II: 3, 9]; not tall — невысо́кий [II: 9]

tape recorder — магнитофо́н [I: 2]

task — зада́ние [II: 6]
   communicative tasks — коммуникати́вные зада́ниея [I: 1]

tasty — вку́сный [I: 9]
   Как вку́сно па́хнет! [II: 10] — How good it smells!

taxi — такси́ (*neut., indecl.*) [II: 3]
   private (unregistered) taxi driver — ча́стник [II: 3]

tea — чай [I: 9]
   concentrated tea — зава́рка [I: 9]

teach someone (*a skill*) — учи́ть (учу́, у́ч-ишь, -ат)/ научи́ть (кого́ чему́/*infinitive*) [II: 7]

teacher — (*in college*) преподава́тель (*он*) [I: 3, 4]; (*in primary, secondary schools, male and female*) учи́тель (*он; pl.* учителя́); (*female*) учи́тельница [I: 7]

Russian language teacher — **преподава́тель ру́сского языка́**

team — **кома́нда** [II: 7]

telephone; telephone number — **телефо́н** [I: 2, II: 2]

    at least by phone — **хотя́ бы по телефо́ну** [II: 2]

    by phone — **по телефо́ну** [I: 5]

    cell phone — **моби́льный телефо́н (моби́льник)** [I: 2]

telephone call, conversation — **разгово́р** [I: 1, II: 2]

telephone card — **телефо́нная ка́рточка** [I: 2, II: 2]

telephone operator — **телефони́ст(-ка)** [II: 2]

television — **телеви́зор** [I: 2, 5; II: 5]

    on television — **по телеви́зору** [II: 5]

    television channel — **програ́мма, кана́л** [II: 5]; on channel 1 (2, . . .) — **по пе́рвому (второ́му, . . .) кана́лу** [II: 5]

    television programming — **телеви́дение** [II: 5]

    television station — **телеста́нция (на)** [I: 7]

tell — (*say*) **говори́ть (говор-ю́, -и́шь, -я́т)/ сказа́ть (скаж-у́, ска́ж-ешь, -ут)** [I: 3, 9]; (*tell a story, narrate; recount*) **расска́зывать (расска́зыва-ю, -ешь, -ют)/рассказа́ть (расскаж-у́, расска́ж-ешь, -ут)** [I: 9, 10]

    I was told that . . . — **Мне сказа́ли, что . . .** [I: 8]

    Tell (me) . . . (*request for narrative*) — **Расскажи́(те) (мне) . . .** [I: 7]

    to tell the truth — **че́стно говоря́** [II: 5]

temperature — **температу́ра** [II: 9]

    Celsius (in) — **по Це́льсию** [II: 1]

    Fahrenheit (in) — **по Фаренге́йту** [II: 1]

tend to be — **быва́ть** (*impf.:* **быва́-ю, -ешь, -ют**) [II: 1]

tennis — **те́ннис** [II: 7]

    table tennis — **насто́льный те́ннис** [II: 7]

terrible; terribly — **ужа́сно** [II: 9]; **стра́шно** [I: 9]

test — **контро́льная рабо́та** [II: 2]

test (*medical*), analysis — **ана́лиз** [II: 9]

    blood test — **ана́лиз кро́ви** [II: 9]

textbook — **уче́бник** [I: 2, II: 9]

than (*in comparisons*) — **чем** [II: 5]

thank you — **спаси́бо** [I: 2]

    Thank you very much! — **Огро́мное спаси́бо!** [I: 8]; **Большо́е спаси́бо!** [I: 3]

thanksgiving; act of thanking — **благодаре́ние** [II: 1]

Thanksgiving Day — **День благодаре́ния** [II: 10]

that (*conjunction*) — **что** [I: 4]; (*as relative pronoun*) **кото́рый** [II: 6; see 6.3]

    They say that Moscow is an interesting city. — **Говоря́т, что Москва́ интере́сный го́род.**

that (*over there*) — **тот (то, та, те)** [I: 6]

That's just the point. — **В то́м-то и де́ло.** [II: 4]

That's not the point. — **Де́ло не в э́том.** [II: 8]

theater — **теа́тр** [I: 7]

their(s) — **их** [I: 2; see 2.4]

then — (*afterwards*) **пото́м** [I: 5]; (*back then*) **тогда́** [I: 10]; (*in that case*) **тогда́** [I: 6, II: 1], **то** [II: 1, see 1.10]; (*used in if . . . then constructions*) **тогда́** [I: 6]

there — (*answers где*) **там** [I: 2]; (*answers куда́*) **туда́** [I: 8, II: 8]

    from there — **отту́да** [II: 8, II: 10; see 10.6]

there is — **есть** (+ *nom.*) [I: 2, 6, see 2.8, 6.3, 8.2; II: 3.1, 3.2]

therefore — **поэ́тому** [I: 8]

they — **они́** [I: 2, see 2.3]

thing — **вещь** (*она; all pl. endings stressed except nom.*) [I: 8, II: 5]

thing: The thing is that . . . — **Де́ло в то́м, что . . .** [II: 4]

think — **ду́мать/по- (ду́ма-ю, -ешь, -ют)** [I: 4, 9]

third — **тре́тий (тре́тье, тре́тья, тре́тьи)** [I: 4]

this — **э́тот, э́та, э́то, э́ти** [I: 2; see 2.7]

    this is; that is; those are; these are — **э́то** [I: 2; see 2.7]

those (*over there*) — **тот (то, та, те)** [I: 6]

thriller (*movie*) — **три́ллер** [II: 5]

throat — **го́рло** [II: 9]

    strep throat — **анги́на** [II: 9]

Thursday — **четве́рг** [I: 5; see 5.1]

ticket — **биле́т** [I: 5, II: 5]

    ticket (*for an event, for a certain time*) — **биле́т на** (**что:** *acc.*)

    ticket (*for city transit*); coupon — **тало́н** [II: 3]

tie — **га́лстук** [I: 2]

time — **вре́мя** (*neuter; gen., dat., prep.* **вре́мени;** *acc.* **вре́мя,** *nom. pl.* **времена́;** *gen. pl.* **времён**) [I: 5]

    at that point in time — **тогда́** [I: 10]

    At what time? — **Во ско́лько?** [I: 5]

    for a long time — **давно́** (+ *present-tense verb*) [I: 8, 10]; **до́лго** (+ *past-tense verb*) [I: 10]

    for the time being, meanwhile — **пока́** [I: 9, II: 4]

    We had a good time. — **Нам бы́ло ве́село.** [II: 1]

    What time is it? — **Ско́лько сейча́с вре́мени?** [I: 5]

tip — **чаевы́е** (*pl.; declines like adj.*) [I: 9]

to — **в, на** + *acc. case for direction* [I: 5; see 3.8, 4.2, 5.5]

toast (*drinking*) — **тост** [II: 10]

today — **сего́дня** [I: 5]

toe — **па́лец** (*pl.* **па́льцы**) [II: 9]

together — **вме́сте** [I: 5]

tomato — **помидо́р** [I: 9]; (*adj.*) **тома́тный** [I: 9]

    tomato sauce — **тома́тный со́ус** [I: 9]

tomorrow — **за́втра** [I: 5]

    the day after tomorrow — **послеза́втра** [II: 4]

tongue — **язы́к** (*ending always stressed*) [II: 9]

too — **та́кже** [I: 4; *see 4.8*]; **то́же** [I: 1; *see 4.8*];
    сли́шком (as in "too much") [II: 8]

tooth — **зуб** [II: 9]

touchpad — **тачпа́д** [II: 8]

tourist (*adj.*) — **туристи́ческий** [I: 7]

towards — **к** (**кому́/чему́**) [II: 2]

    towards 8:00 a.m. — **к восьми́ утра́** [II: 4]

toy — **игру́шка** [I: 8]

track — **лёгкая атле́тика** [II: 7]

trade — **торго́вля** [I: 8]

trade (*adj.*) — **комме́рческий** [I: 7]; **торго́вый** [I: 8]

    trade office — **комме́рческая фи́рма** [I: 7]

tradition — **тради́ция** [I: 6]

train — **по́езд** (*pl.* **поезда́**) [II: 4]

    train car — **ваго́н** [II: 4]

train (*suburban*) — **электри́чка** [I: 1]

train station — **вокза́л** (**на**) [II: 1, 4]

tram — **трамва́й** [II: 3]

transcript — **приложе́ние к дипло́му** [I: 4]

transfer (*on plane, train, bus, etc.*) — **переса́дка** [II: 3]

translation — **перево́д**

    oral translation — **у́стный перево́д** [I: 1]

translator — **перево́дчик** [II: 6]

transportation

    means of transportation — **вид**
      тра́нспорта [II: 3]

travel (*adj.*) — **туристи́ческий** [I: 7]

travel (*noun*) — **путеше́ствие** [II: 1]

treat; (*reflexive*) be treated — **лечи́ть(ся)/вы́-**
    (**леч-у́сь, ле́ч-ишься, -атся**) [II: 9]

tree — **де́рево** (*pl.* **дере́вья**) [II: 6]

trip (*out of town*) — **пое́здка** [I: 2, II: 4]

trip — **споткну́ться** (*perf.*) [II: 9]

trolley — **тролле́йбус** [II: 3]

trombone — **тромбо́н** [II: 7]

trouble — **беспоко́йство** [II: 2]

true: Is that true? — **Пра́вда?**

truly — **действи́тельно** [II: 1, 10]

trumpet — **труба́** [II: 7]

trunks: swimming trunks — **пла́вки** (*pl.*) [I: 2]

truth — **пра́вда** [I: 5, 7]

    true or false — **пра́вда и́ли непра́вда** [I: 5]

try — **стара́ться/по-** (**стара́-юсь, -ешься, -ются**)
    [II: 6]

tsar — **царь** (*ending always stressed*) [II: 4]

t-shirt — **ма́йка** [I: 2]; **футбо́лка** [I: 2]

tuba — **ту́ба** [II: 7]

Tuesday — **вто́рник** [I: 5; *see 5.1*]

turkey — **инде́йка** [I: 9, II: 10]

turn (*right, left*) — **повора́чивать** (**повора́чива-ю,**
    -ешь, -ют)/**поверну́ть** (**поверн-у́, -ёшь, -у́т**)
    (**куда́**) [II: 3]

    Turn (*right, left*). — **Поверни́(те)** (**напра́во,**
      нале́во).

turn on — **включа́ть** (**включа́-ю, -ешь, -ют**)/
    включи́ть (**включ-у́, -и́шь, -а́т**) [II: 7]

turn to (*someone*) — **обраща́ться** (**обраща́-юсь,**
    -ешься, -ются)/**обрати́ться** (**обращ-у́сь,**
    обрат-и́шься, -я́тся) (**к кому́**) [II: 3, 4]

turn out — **получа́ться** (**получа́-ется, -ются**)/
    получи́ться (**полу́ч-ится, -атся**) [II: 8]

turn out: It turned out . . . — **Оказа́лось . . .** [II: 9]

two — **два/две**; (*children*) **дво́е** [I: 7]

type — **вид** [II: 3]

type — **печа́тать/на-** (**печа́та-ю, -ешь, -ют**)
    [I: 10, II: 8]

typical — **типи́чный** [I: 5]

U

Ukraine — **Украи́на** [I: 3]

Ukrainian — (*person*) **украи́н(е)ц/украи́нка**;
    (*adj.*) **украи́нский** [I: 3; *see 3.6, 3.7*]

umbrella — **зо́нт(ик)** [II: 1]

uncle — **дя́дя** (*gen. pl.* **дя́дей**) [I: 7]

undershirt — **ма́йка** [I: 2]

understand — **понима́ть** (**понима́-ю, -ешь, -ют**)/
    поня́ть (**пойм-у́, -ёшь, -ут; поняла́,**
    по́няли) [I: 3, II: 5]

    I didn't understand that. — **Я не по́нял**
    (**поняла́**). [I: 4]

understandable — **поня́тный** [II: 5]

Understood! — **Поня́тно.** [I: 2]

unfortunately — **к сожале́нию** [I: 7]

university — **университе́т** [I: 1]; **университе́тский**
    (*adj.*) [II: 3]

until — **до** (**чего́**) [II: 3]

up/upstairs, to go — **поднима́ться**
    (**поднима́-юсь, -ешься, -ются**)/
    подня́ться (**подним-у́сь,**
    подни́м-ешься, -утся) (**куда́**) [II: 4]

urgent — **сро́чно** [II: 8]

use — **по́льзоваться** (*impf.:*
    по́льзу-юсь, -ешься, -ются)
    (**чем**) [II: 7]

useful — **поле́зный** [II: 9]

uselessly, in vain — **напра́сно** [II: 8]

usual, ordinary — **обы́чный** [II: 8]

usually — **обы́чно** [I: 4, 5, *see 4.3*; II: 1]

V

vacation (*school/university*) — **кани́кулы (на)** [I: 8]

Valentine's Day — **День свято́го Валенти́на** [II: 10]

valuables — **драгоце́нности** [II: 4]

value, appreciate — **цени́ть** (*impf.*: **цен-ю́, це́н-ишь, -ят**) [II: 6]

vegetables — **о́вощи** (*pl.*) [I: 9]; (*adj.*) **овощно́й** [I: 9]

verse (poetry) — **стихи́** [I: 10]

version — **ве́рсия** [I: 2]

very — **о́чень** [I: 3]

Veterans Day — **День ветера́нов** [II: 10]

victim — **же́ртва** [II: 6]

victory — **побе́да**
    Victory Day — **День Побе́ды** [II: 10]

video camera — **видеока́мера** [I: 2]

video cassette — **видеокассе́та** [I: 2]

video cassette recorder — **видеомагнитофо́н** [I: 2]

video clip — **видеокли́п** [II: 8]

Vietnamese — **вьетна́мский** [I: 4; *see 3.6, 3.7*]

viola — **альт** [II: 7]

violin — **скри́пка** [II: 7]

visa — **ви́за** [I: 2]

visit someone — **ходи́ть ~ идти́/пойти́ в го́сти** [II: 1, 10]

vocabulary — **ле́ксика** [I: 1]
    vocabulary in action — **ле́ксика в де́йствии**

voice — **го́лос** (*pl.* **голоса́**) [I: 1]

vomit — **рвать/вы́-** (**кого́**) [II: 9]
    I am vomiting. — **Меня́ рвёт.**
    I vomited. — **Меня́ вы́рвало.**

W

wait — **ждать** (**жду, ждёшь, ждут**) (**чего́**) [II: 2]

waiter/waitress — **официа́нт/ка** [I: 9]

walk — **ходи́ть** (**хож-у́, хо́д-ишь, ят**) ~ **идти́** (**иду́, -ёшь, -у́т**)/**пойти́** (**пойд-у́, -ёшь, -у́т**) [I: 5, *see 5.4, 8.3, 10.7*; II: 3, *see 3.8*]

wall — **стена́** (*pl.* **сте́ны**) [I: 6]

want — **хоте́ть** (**хочу́, хо́чешь, хо́чет, хоти́м, хоти́те, хотя́т**) [I: 6; *see 6.1*]
    я бы хоте́л(а) . . . [II: 10] — I would like . . .

want: feel like — **хоте́ться** (*impf.*: **хо́чется; хоте́лось**) (**кому́**) [II: 8]

war — **война́** [I: 10]

wardrobe — **шкаф** (**в шкафу́**) (*ending always stressed*) [I: 2, 6]

warm — **тёплый; тепло́** (*adv.*) [II: 1]

watch — **смотре́ть/по-** (**смотр-ю́, смо́тр-ишь, -ят**) [I: 5, 9]; (*timepiece*) — **часы́** (*pl.*) [I: 2]

water — **вода́** (*pl.* **во́ды**) [I: 6]

we — **мы** [I: 3]

weak — **сла́бый** [I: 9]

weakness — **сла́бость** [II: 9]

weather — **пого́да** [II: 1]

Wednesday — **среда́** (*acc.* **в сре́ду**) [I: 5; *see 5.1*]

week — **неде́ля** (**2–4 неде́ли, 5 неде́ль**) [I: 5, 10]
    this (last, next) week — **на э́той (про́шлой, бу́дущей) неде́ле** [II: 10]

Welcome! (*to someone from out of town*) — **С прие́здом!** [I: 2]
    You're welcome — **пожа́луйста** [I: 2, 3]

well (*adv.*) — **хорошо́** [I: 2]; (*interjection*) — **ну** [I: 2]
    pretty well — **непло́хо** [I: 3]
    not very well — **нева́жно** [II: 9]
    Well done! — **Молод(е́)ц!** (*pl.* **Молодцы́!**) [I: 2]

well (*unstressed particle*) — **да**
    How should I put it? — **Да как сказа́ть?** [I: 7]

west — **за́пад** (**на**) [I: 10; *see 10.2*]

what — **что** [I: 1, 4; *see 2.6*]
    At what time? — **Во ско́лько?** [I: 5]
    What color is/are . . . ? — **Како́го цве́та . . . ?** [I: 6]
    What day is it? — **Како́й сего́дня день?** [I: 5]
    What did you say? (*informal*) — **Как ты сказа́л(а)?** (*formal and plural*) — **Как вы сказа́ли?** [I: 1]
    What do you mean?! (*response to a compliment*) — **Что́ вы (ты)!** [I: 3]
    What for? — **заче́м** [II: 8]
    What happened? — **Что случи́лось?** [II: 7]
    (Just) what is that? — **Что э́то тако́е?** [I: 3]
    What kind of a . . . is that? — **Что э́то за . . . ?** (**что**: *nom.*) [II: 5]
    What languages do you speak? — **На каки́х языка́х вы говори́те?** [I: 3]
    What matches what? — **Что чему́ соотве́тствует?** [I: 1]

What's bad (good) about that? — **Чем это плохо (хорошо)?** [II: 7]

What's to know? — **Да что тут уметь?** [II: 8]

What's wrong with (*someone*)? — **Что с (кем)?** [II: 9]

What's your name? — **Как вас (тебя:** *acc.*) **зовут?** [I: 1, 7]

What's your last name? — **Как ваша фамилия?** [I: 1]

What's your patronymic? — **Как ваше отчество?** [I: 1]

What is (are) . . . called? (*said of things, not people*) — **Как называется (называются) . . . ?** [I: 9, II: 6; *see 6.1*]

What is . . .'s nationality? — **Кто . . . по национальности?** [I: 3]

What is . . .'s profession? — **Кто по профессии . . .** [I: 7]

What's the matter? — **В чём дело?** [II: 4]

What time is it? — **Сколько сейчас времени?** [I: 5]

when — **когда** [I: 3, 5]

where — (*where at*) **где** [I: 1]; (*where to*) — **куда** [I: 5; *see 5.4, 5.5*]

where from — **откуда** [I: 8]

Where are you from? — **Откуда вы (ты)?** [I: 10]

whether — **ли** [II: 1; *see 1.8*]

which — **какой** [I: 2, 4; *see 2.6*]; (*as relative pronoun*) **который** [II: 6; *see 6.3*]

while, meanwhile, for the time being — **пока** [I: 9, II: 4]

white — **белый** [I: 2]

who — **кто** [I: 1]; (*as relative pronoun*) **который** [II: 6; *see 6.3*]

Just who is . . . ? — **Кто такой . . . ?** [II: 5]

whole — **весь** [I: 5; *see II: 8.5*]

whose — **чей (чьё, чья, чьи)** [I: 2; *see 2.4*]

why — **почему** [I: 4, 5, 6]; Why, what for? — **зачем** [II: 9]

wide — **широкий** [I: 6]

wife — **жена** (*pl.* **жёны**) [I: 5, 7]

win — **выигрывать (выигрыва-ю, -ешь, -ют)/ выиграть (выигра-ю, -ешь, -ют)** [II: 7]

wind — **ветер** [II: 1]

window — **окно** (*pl.* **окна, окон**) [I: 2, 5]

small hinged pane in window — **форточка** [II: 4]

wine — **вино** [I: 9]

wine glass — **бокал** [II: 10]

winter — **зима** [II: 1]

in the winter — **зимой**

Wisconsin (*adj.*) — **висконсинский** [I: 4]

with — **с (чем, кем)** [I: 9]

With pleasure! — **С удовольствием!** [I: 5]

without — **без (чего)** [I: 9]

woman — **женщина** [I: 7, 8; II: 4]; (*young woman*) **девушка** [I: 8]

women's — **женский** [I: 8]

International Women's Day — **Международный женский день** [II: 10]

wonder: I wonder . . . — **Интересно . . .** [I: 2]

wonderful — **прекрасный** [II: 1, 7], **чудесный** [II: 1] **прекрасно; чудесно** (*adv.*)

word — **слово** (*pl.* **слова**) [I: 1, 3]

one word — **одно слово** [I: 3]

work — **работа (на)** [I: 4, 5]; **работать/по- (работа-ю, -ешь, -ют)** [I: 4] (*work of art or literature*) — **произведение** [I: 10, II: 6]

place of work — **место работы** [I: 7]

skilled workman — **мастер** (*pl.* **мастера**) [II: 4]

worldwide — **мировой** [II: 6]

worry (*intrans.*) — **волноваться/вз- (волну-юсь, -ешься, -ются)** [II: 4]

worse — **хуже** [II: 5; *see 5.3*]

I feel worse. — **Мне хуже.** [II: 9]

worth (Is it worth it?) — **стоит** (*impf.*) [II: 1]

would — **бы** [II: 10; *see 10.7*]

write — **писать/на- (пишу, пиш-ешь, -ут)** [I: 3, 9, 10]

write down, note in writing — **записывать (записыва-ю, -ешь, -ют)/записать (запиш-у, запиш-ешь, -ут)** [II: 4]

writer — **писатель** (*он*) [I: 7, II: 6]

writing (*adj.*) — **письменный** [I: 6]

wrong number: You have the wrong number. — **Вы не туда попали.** [II: 2]

wrong way: You're going the wrong way. — **Вы не туда едете.** [II: 3]

X

x-ray — **рентген** [II: 9]

Y

year — **год (2–4 года, 5–20 лет)** [I: 4, 7] . . . . . . is . . . years old. — **(кому) . . . год (года, лет).** [I: 7; *see 7.4*]

in what year — **В каком году** [I: 10; *see 10.4*]

New Year — Но́вый год [II: 10]

New Year's — новогóдний [II: 10]

see in the New Year — встреча́ть Но́вый год [II: 10]

yellow — жёлтый [I: 2]

Yerevan (*city in Armenia*) — Ерева́н [I: 3]

yes — да [I: 1]

yesterday — вчера́ [I: 5]

yet — ещё [I: 3, II: 5]

you — (*formal and plural*) вы; (*informal, singular*) ты [I: 1; *see 1.1*]

young — молодóй [I: 7]

young man — молодóй человéк [I: 8]

young woman — дéвушка [I: 8]

younger: (*the*) younger — мла́дший [I: 5, 7]

years younger than . . . — молóже *or* мла́дше (когó) на (год, . . . гóда, . . . лет) [I: 7, *see 7.5*; II: 5, *see 5.3*]

your — (*formal or plural*) ваш (ва́ше, ва́ша, ва́ши); (*informal*) твой (твоё, твоя́, твой) [I: 2; *see 2.4*]

Z

zoo — зоопа́рк [II: 3]

Appendix A: Spelling Rules

The spelling rules account for the endings to be added to stems that end in velars (**г к х**), hushing sounds (**ш щ ж ч**), and **ц.**

For words whose stem ends in one of these letters, do not worry about whether the stem is hard or soft. Rather, always attempt to add the *basic* ending, then apply the spelling rule if necessary.

Never break a spelling rule when adding endings to Russian verbs or nouns!

8-Letter Spelling Rule				
After the letters	**г к х**	**ш щ ж ч**	**ц**	do not write **-ю,** write **-у** instead do not write **-я,** write **-а** instead
7-Letter Spelling Rule				
After the letters	**г к х**	**ш щ ж ч**		do not write **-ы,** write **-и** instead
5-Letter Spelling Rule				
After the letters		**ш щ ж ч**	**ц**	do not write **unaccented -o,** write **-e** instead

USE

We see the spelling rules *most often* in these situations:

1. The 8-letter spelling rule is used in **и**-conjugation verbs.
2. The 7- and 5-letter spelling rules are used in the declension of modifiers and nouns.

Appendix B: Nouns and Modifiers

Hard Stems vs. Soft Stems

Every Russian noun and modifier has either a *hard* (non-palatalized) or a *soft* (palatalized) stem. *When adding endings to hard-stem nouns and modifiers, always add the basic (hard) ending. When adding endings to soft-stem nouns and modifiers, always add the soft variant of the ending.*

However, if the stem of a modifier or noun ends in one of the velar sounds (**г к х**), or one of the hushing sounds (**ш щ ж ч**) or **ц,** do not worry about whether the stem is hard or soft. Rather, always attempt to add the *basic* ending, then apply the spelling rule if necessary (see Appendix A).

One can determine whether a noun or modifier stem is hard or soft by looking at the first letter in the word's ending. For the purposes of this discussion, **й** and **ь** are considered to be endings.

Hard Stems	Soft Stems
Have one of these letters or nothing as the first letter in the ending	Have one of these letters as the first letter in the ending
а	**я**
(э)*	**е**
о	**ё**
у	**ю**
ы	**и**
no vowel (∅)	**ь** **й**

*The letter **э** does not play a role in grammatical endings in Russian. In grammatical endings, the soft variants of **о** are **ё** (when accented) and **е** (when not accented).

Appendix C: Declensions

Nouns

Masculine Singular

		Hard		Soft	
N	*что, кто*	стол Ø	преподава́тель		музе́й
G	*чего́, кого́*	стола́	преподава́теля		музе́я
D	*чему́, кому́*	столу́	преподава́телю		музе́ю
A	*что, кого́*	Inanimate like nominative; animate like genitive			
		стол Ø	музе́й		
		студе́нт**а**	преподава́теля		
I	*чем, кем*	стол**о́м**[1]	преподава́тел**ем**[2]		музе́**ем**
P	*о чём, о ком*	о стол**е́**	о преподава́тел**е**		о музе́**е** о кафете́ри**и**[3]

1. The 5-letter spelling rule applies to words ending in **ц, ж, ч, ш,** and **щ** followed by unstressed endings: for example, **отцо́м** but **америка́нцем.**
2. When stressed, the soft instrumental ending is **-ём**: секретарём, Кремлём.
3. Prepositional case does not permit nouns ending in **-ие.** Use **-ии** instead.

Masculine Plural

		Hard	Soft	
N	*что, кто*	столы́[1]	преподава́тели	музе́и
G	*чего́, кого́*	столо́в[2]	преподава́телей	музе́ев
D	*чему́, кому́*	стола́м	преподава́телям	музе́ям
A	*что, кого́*	Inanimate like nominative; animate like genitive		
		столы́[1]	музе́и	
		студе́нт**ов**	преподава́тел**ей**	
I	*чем, кем*	стола́ми	преподава́телями	музе́ями
P	*о чём, о ком*	о стола́х	о преподава́телях	о музе́ях

1. The 7-letter spelling rule requires **и** for words whose stems end in **к, г, х, ж, ч, ш,** and **щ: па́рки, гаражи́, карандаши́,** etc.
2. The 5-letter spelling rule requires **е** instead of **о** after words ending in **ц, ж, ч, ш,** and **щ** followed by unstressed endings: for example, **отцо́м** but **америка́нц<u>е</u>м.** In addition, in the genitive plural, words ending in hushing sounds **ж, ч, ш,** and **щ** take **-ей:** этаже́й, враче́й, плаще́й, etc.

Feminine Singular

		HARD	SOFT -я	SOFT …ия	SOFT -ь
N	*что, кто*	газе́та	неде́ля	пе́нсия	дверь
G	*чего́, кого́*	газе́ты[1]	неде́ли	пе́нсии	две́ри
D	*чему́, кому́*	газе́те	неде́ле	пе́нсии[2]	две́ри
A	*что, кого́*	газе́ту	неде́лю	пе́нсию	дверь
I	*чем, кем*	газе́той[3]	неде́лей[4]	пе́нсией	две́рью
P	*о чём, о ком*	о газе́те	о неде́ле	о пе́нсии[2]	о две́ри

1. The 7-letter spelling rule requires **и** for words whose stems end in **к, г, х, ж, ч, ш,** and **щ: кни́ги, студе́нтки, ру́чки,** etc.
2. Dative and prepositional case forms do not permit nouns ending in **-ие.** Use **-ии** instead.
3. The 5-letter spelling rule applies to words ending in **ц, ж, ч, ш,** and **щ** followed by unstressed endings: **Са́шей.**
4. When stressed, the soft instrumental ending is **-ёй:** семьёй.

Feminine Plural

		HARD	SOFT -я	SOFT ...ия	SOFT -ь
N	*что, кто*	газéты[1]	недéли	пéнсии	двéри
G	*чегó, когó*	газéт Ø	недéль	пéнсий	дверéй
D	*чемý, комý*	газéтам	недéлям	пéнсиям	дверя́м
A	*что, когó*	Inanimate like nominative; animate like genitive			
		газéты[1]			
		жён Ø	недéли	пéнсии	двéри
I	*чем, кем*	газéтами	недéлями	пéнсиями	дверя́ми дверьми́[2]
P	*о чём, о ком*	о газéтах	о недéлях	о пéнсиях	о дверя́х

1. The 7-letter spelling rule requires **и** for words whose stems end in **к, г, х, ж, ч, ш,** and **щ**: кни́ги, студéнтки, рýчки, etc.
2. This form is less conversational.

Neuter Singular

		HARD	SOFT -Е	SOFT ... ИЕ
N	*что*	окнó	мóре	общежи́тие
G	*чегó*	окнá	мóря	общежи́тия
D	*чемý*	окнý	мóрю	общежи́тию
A	*что*	окнó	мóре	общежи́тие
I	*чем*	окнóм	мóрем	общежи́тием
P	*о чём*	об окнé	о мóре	об общежи́тии[1]

1. Prepositional case forms do not permit nouns ending in **-ие.** Use **-ии** instead.

Neuter Plural

		HARD	SOFT -E	SOFT . . .ие
N	что	о́кна[1]	моря́[1]	общежи́тия
G	чего́	о́к(о)н ∅	море́й	общежи́тий
D	чему́	о́кнам	моря́м	общежи́тиям
A	что	о́кна	моря́	общежи́тия
I	чем	о́кнами	моря́ми	общежи́тиями
P	о чём	об о́кнах	о моря́х	об общежи́тиях

1. Stress in neuter nouns consisting of two syllables almost always shifts in the plural:
   окно́ → о́кна   мо́ре → моря́.

Irregular Nouns

Singular					
N	что, кто	и́мя	вре́мя	мать	дочь
G	чего́, кого́	и́мени	вре́мени	ма́тери	до́чери
D	чему́, кому́	и́мени	вре́мени	ма́тери	до́чери
A	что, кого́	и́мя	вре́мя	мать	дочь
I	чем, кем	и́менем	вре́менем	ма́терью	до́черью
P	о чём, о ком	об и́мени	о вре́мени	о ма́тери	о до́чери

Plural

N	*что, кто*	имена́	времена́	ма́тери	до́чери
G	*чего́, кого́*	имён	времён	матере́й	дочере́й
D	*чему́, кому́*	имена́м	времена́м	матеря́м	дочеря́м
A	*что, кого́*	имена́	времена́	матере́й	дочере́й
I	*чем, кем*	имена́ми	времена́ми	матеря́ми	дочеря́ми дочерьми́
P	*о чём, о ком*	об имена́х	о времена́х	о матеря́х	о дочеря́х

Nouns with Irregular Plurals

N	*кто*	друг друзья́	сосе́д сосе́ди	сын сыновья́	брат бра́тья	сестра́ сёстры
G	*кого́*	друзе́й	сосе́дей	сынове́й	бра́тьев	сестёр
D	*кому́*	друзья́м	сосе́дям	сыновья́м	бра́тьям	сёстрам
A	*кого́*	друзе́й	сосе́дей	сынове́й	бра́тьев	сестёр
I	*кем*	друзья́ми	сосе́дями	сыновья́ми	бра́тьями	сёстрами
P	*о ком*	о друзья́х	о сосе́дях	о сыновья́х	о бра́тьях	о сёстрах

Declension of Adjectives

Hard-Stem Adjectives

		Masculine, Neuter		Feminine	Plural
N	*что, кто*	но́в**ый**	но́в**ое**	но́в**ая**	но́в**ые**
		молод**о́й**[1]	молод**о́е**		
G	*чего́, кого́*	но́в**ого**		но́в**ой**	но́в**ых**
D	*чему́, кому́*	но́в**ому**		но́в**ой**	но́в**ым**
A	*что, кого́*	Modifying inan. noun—like nom.; animate noun—like gen.		но́в**ую**	Modifying inan. noun—like nom.; animate noun—like gen.
I	*чем, кем*	но́в**ым**		но́в**ой**	но́в**ыми**
P	*о чём, о ком*	но́в**ом**		но́в**ой**	но́в**ых**

1. Adjectives whose masculine singular form ends in **-ой** always have stress on the ending.

Soft-Stem Adjectives

		Masculine, Neuter		Feminine	Plural
N	*что, кто*	си́н**ий**	си́н**ее**	си́н**яя**	си́н**ие**
G	*чего́, кого́*	си́н**его**		си́н**ей**	си́н**их**
D	*чему́, кому́*	си́н**ему**		си́н**ей**	си́н**им**
A	*что, кого́*	Modifying inan. noun—like nom.; animate noun—like gen.		си́н**юю**	Modifying inan. noun—like nom.; animate noun—like gen.
I	*чем, кем*	си́н**им**		си́н**ей**	си́н**ими**
P	*о чём, о ком*	си́н**ем**		си́н**ей**	си́н**их**

Adjectives Involving the 5- and 7-Letter Spelling Rules

Superscripts indicate which rule is involved.

		Masculine, Neuter		Feminine	Plural
N	*что, кто*	хоро́ший[7]	хоро́шее[5]	хоро́шая	хоро́шие[7]
		большо́й	большо́е	больша́я	больши́е[7]
		ру́сский[7]	ру́сское	ру́сская	ру́сские[7]
G	*чего́, кого́*	хоро́шего[5]		хоро́шей[5]	хоро́ших[7]
		большо́го		большо́й	больши́х[7]
		ру́сского		ру́сской	ру́сских[7]
D	*чему́, кому́*	хоро́шему[5]		хоро́шей[5]	хоро́шим[7]
		большо́му		большо́й	больши́м[7]
		ру́сскому		ру́сской	ру́сским[7]
A	*что, кого́*	Modifying inan. noun—like nom.; animate noun—like gen.		хоро́шую	Modifying inan. noun—like nom.; animate noun—like gen.
				большу́ю	
				ру́сскую	
I	*чем, кем*	хоро́шим[7]		хоро́шей[5]	хоро́шими[7]
		больши́м[7]		большо́й	больши́ми[7]
		ру́сским[7]		ру́сской	ру́сскими[7]
P	*о чём, о ком*	хоро́шем[5]		хоро́шей[5]	хоро́ших[7]
		большо́м		большо́й	больши́х[7]
		ру́сском		ру́сской	ру́сских[7]

Adjectives whose masculine singular form ends in **-ой** always have stress on the ending.

Special Modifiers

		Masc., Neut.		Fem.	Plural
N	*что, кто*	мой	моё	моя́	мои́
G	*чего́, кого́*	моего́		мое́й	мои́х
D	*чему́, кому́*	моему́		мое́й	мои́м
A	*что, кого́*	inan.: nom. anim.: gen.		мою́	inan.: nom. anim.: gen.
I	*чем, кем*	мои́м		мое́й	мои́ми
P	*о чём, о ком*	моём		мое́й	мои́х

Masc., Neut.		Fem.	Plural
твой	твоё	твоя́	твои́
твоего́		твое́й	твои́х
твоему́		твое́й	твои́м
inan.: nom. anim.: gen.		твою́	inan.: nom. anim.: gen.
твои́м		твое́й	твои́ми
твоём		твое́й	твои́х

		Masc., Neuter		Fem.	Plural
N	*что, кто*	наш	на́ше	на́ша	на́ши
G	*чего́, кого́*	на́шего		на́шей	на́ших
D	*чему́, кому́*	на́шему		на́шей	на́шим
A	*что, кого́*	inan.: nom. anim.: gen.		на́шу	inan.: nom. anim.: gen.
I	*чем, кем*	на́шим		на́шей	на́шими
P	*о чём, о ком*	на́шем		на́шей	на́ших

Masc., Neut.		Fem.	Plural
ваш	ва́ше	ва́ша	ва́ши
ва́шего		ва́шей	ва́ших
ва́шему		ва́шей	ва́шим
inan.: nom. anim.: gen.		ва́шу	inan.: nom. anim.: gen.
ва́шим		ва́шей	ва́шими
ва́шем		ва́шей	ва́ших

		Masc., Neut.		Fem.	Plural
N	*что, кто*	чей	чьё	чья	чьи
G	*чего́, кого́*	чьего́		чьей	чьих
D	*чему́, кому́*	чьему́		чьей	чьим
A	*что, кого́*	inan.: nom. anim.: gen.		чью	inan.: nom. anim.: gen.
I	*чем, кем*	чьим		чьей	чьи́ми
P	*о чём, о ком*	чьём		чьей	чьих

		Masc., Neut.		Fem.	Plural
N	*что, кто*	э́тот	э́то	э́та	э́ти
G	*чего́, кого́*	э́того		э́той	э́тих
D	*чему́, кому́*	э́тому		э́той	э́тим
A	*что, кого́*	inan.: nom. anim.: gen.		э́ту	inan.: nom. anim.: gen.
I	*чем, кем*	э́тим		э́той	э́тими
P	*о чём, о ком*	э́том		э́той	э́тих

Masc., Neut.		Fem.	Plural
весь	всё	вся	все
всего́		всей	всех
всему́		всей	всем
inan.: nom. anim.: gen.		всю	inan.: nom. anim.: gen.
всем		всей	все́ми
всём		всей	всех

		Masc., Neut.	Fem.	Plural		Masc., Neut.	Fem.	Plural
N	*что, кто*	оди́н одно́	одна́	одни́		тре́тий тре́тье	тре́тья	тре́тьи
G	*чего́, кого́*	одного́	одно́й	одни́х		тре́тьего	тре́тьей	тре́тьих
D	*чему́, кому́*	одному́	одно́й	одни́м		тре́тьему	тре́тьей	тре́тьим
A	*что, кого́*	inan.: nom. anim.: gen.	одну́	inan.: nom. anim.: gen.		inan.: nom. anim.: gen.	тре́тью	inan.: nom. anim.: gen.
I	*чем, кем*	одни́м	одно́й	одни́ми		тре́тьим	тре́тьей	тре́тьими
P	*о чём, о ком*	одно́м	одно́й	одни́х		тре́тьем	тре́тьей	тре́тьих

Personal Pronouns

N	кто	что	я	ты	мы	вы	он, оно́	она́	они́
G	кого́	чего́	меня́	тебя́	нас	вас	(н)его́	(н)её	(н)их
D	кому́	чему́	мне	тебе́	нам	вам	(н)ему́	(н)ей	(н)им
A	кого́	что	меня́	тебя́	нас	вас	(н)его́	(н)её	(н)их
I	кем	чем	мной	тобо́й	на́ми	ва́ми	(н)им	(н)ей	(н)и́ми
P	ком	чём	мне	тебе́	нас	вас	нём	ней	них

Forms for **он, она́, оно́,** and **они́** take an initial **н** if preceded by a preposition. For example, in the genitive case, the initial **н** is required in the sentence:

У неё есть кни́га.

But not in the sentence:

Её здесь нет.

Appendix D: Numerals

	Cardinal (one, two, three)	Ordinal (first, second, third)
1	оди́н, одна́, одно́	пе́рвый
2	два, две	второ́й
3	три	тре́тий
4	четы́ре	четвёртый
5	пять	пя́тый
6	шесть	шесто́й
7	семь	седьмо́й
8	во́семь	восьмо́й
9	де́вять	девя́тый
10	де́сять	деся́тый
11	оди́ннадцать	оди́ннадцатый
12	двена́дцать	двена́дцатый
13	трина́дцать	трина́дцатый
14	четы́рнадцать	четы́рнадцатый
15	пятна́дцать	пятна́дцатый
16	шестна́дцать	шестна́дцатый
17	семна́дцать	семна́дцатый
18	восемна́дцать	восемна́дцатый
19	девятна́дцать	девятна́дцатый
20	два́дцать	двадца́тый
21	два́дцать оди́н	два́дцать пе́рвый
30	три́дцать	тридца́тый
40	со́рок	сороково́й
50	пятьдеся́т	пятидеся́тый (пятьдеся́т пе́рвый)
60	шестьдеся́т	шестидеся́тый (шестьдеся́т пе́рвый)
70	се́мьдесят	семидеся́тый (се́мьдесят пе́рвый)
80	во́семьдесят	восьмидеся́тый (во́семьдесят пе́рвый)
90	девяно́сто	девяно́стый (девяно́сто пе́рвый)
100	сто	со́тый
200	две́сти	
300	три́ста	
400	четы́реста	
500	пятьсо́т	
600	шестьсо́т	
700	семьсо́т	
800	восемьсо́т	
900	девятьсо́т	
1000	ты́сяча	
2000	две ты́сячи	
5000	пять ты́сяч	

Collectives

дво́е, тро́е, че́тверо (*apply to children in a family; see Book 1, Unit 7, Section 4*)